KB194079

샹송·깐쏘네

(내가 사랑하는 샹송·깐쏘네 개정2판)

저자 소개

mylenef

음악 애호가

저서: 『뉴에이지 음악 소리풍경 500』, 『아홉 뮤즈와의 대화』, 『월드뮤직 보이스』

샹송·깐쏘네 (내가 사랑하는 샹송·깐쏘네 개정2판)

초판 발행일 2016년 12월 12일
개정2판 발행일 2025년 5월 23일

지은이   mylenef(mylenef@naver.com)
펴낸이   손형국
펴낸곳   (주)북랩
편집인   선일영   편집   김현아 배진용, 김부경, 김다빈
디자인   이현수, 김민하, 임진형, 안유경   제작   박기성, 구성우, 이창영, 배상진
마케팅   김회란, 박진관
출판등록   2004. 12. 1(제2012-000051호)
주소   서울특별시 금천구 가산디지털 1로 168, 우림라이온스밸리 B동 B111호, B113~115호
홈페이지   www.book.co.kr
전화번호   (02)2026-5777   팩스   (02)3159-9637

ISBN   979-11-7224-652-5 03670 (종이책)   979-11-7224-653-2 05670 (전자책)

잘못된 책은 구입한 곳에서 교환해드립니다.
이 책은 저작권법에 따라 보호받는 저작물이므로 무단 전재와 복제를 금합니다.
이 책은 (주)북랩이 보유한 리코 장비로 인쇄되었습니다.

(주)북랩 성공출판의 파트너

북랩 홈페이지와 패밀리 사이트에서 다양한 출판 솔루션을 만나 보세요!

홈페이지 book.co.kr • **블로그** blog.naver.com/essaybook • **출판문의** text@book.co.kr

작가 연락처 문의 ▸ ask.book.co.kr

작가 연락처는 개인정보이므로 북랩에서 알려드릴 수 없습니다.

샹 송 · 깐 쏘 네

유튜브와 떠나는 프랑스·이탈리아 음악 여행

북랩

들어가며

지난날을 돌이켜보면 공간적으로 먼 거리에 존재했었던 샹송과 깐쪼네 음악이 영미의 팝 음악보다도 국내 대중가요에 많은 영향을 준 시기가 있었다. 많은 노래가 번안되어 우리의 입에 오르내렸고, 유명 가수들의 레코드도 적지 않은 양이 소개되었다.

에디트 피아프Édith Piaf는 전설이었고, 이브 뒤테이Yves Duteil와 밀바Milva 등은 내한공연을 가지며 보다 친밀하게 다른 나라 음악의 고유한 매력을 전했다. 물론 이웃 나라 일본을 건너 상륙한 것이었지만, 그 어떤 나라의 대중음악보다도 사랑받았다.

중학교 시절 글쓴이는 친구의 소개로 처음 듣게 된 에디트 피아프의 〈Hymne a l'Amour 사랑의 찬가〉가 주었던 감동을 잊을 수 없다. 이는 샹송과 깐쪼네뿐만 아니라 다양한 월드뮤직의 매력에 관심을 가지게 된 첫 단추가 되었다.

이후로는 유학 가 있는 친구에게 부탁하거나 해외 통신판매를 통해 음반을 조금씩 사 모으기 시작했고, PC 통신 시절 음악동호회에서 알게 된 인연으로 인터넷이 활성화되는 새 천년을 앞두고 몇몇 친구들과 월드뮤직 동호회를 만들어 음악 감상회도 열었다. 그 의미도 잘 모르는 곡들을 골라 느낀 점을 나누며, 잊히고 또 새로운 만남을 반복하면서 더 많은 음악을 접하게 되었다.

지금은 포털사이트의 카페들과 블로그, 전문 라디오방송들과 월드뮤직 축제들, 음악 관련 서적들을 통해 많은 정보를 어렵지 않게 만날 수 있으며, 인터넷을 통해 손쉽게 음반과 음원을 구입할 수 있다. 항상 목이 말랐던 애호가들의 갈증을 충분히 해소하게 된 시대가 되었다.

샹송Chanson과 깐쪼네Canzone는 '노래'를 뜻하는 보통명사지만, 각각 프랑스와 이태리의 대중음악을 지칭하는 고유명사로 받아들여지고 있다.

샹송의 매력은 시어에 있다고 하며, 깐쪼네의 매혹은 구성에 있다고들 한다. 샹송이 시와 수필이라면, 깐쪼네는 소설이나 드라마와 같다. 샹송이 정으로 돌을 쪼아 만들어가는 조각이라면, 깐쪼네는 흙을 붙여 모양을 만들어내는 소조 같은 인상이다. 그래서 샹송의 이미지는 세련되고 정갈하며, 깐쪼네는 장인이 만든 한편의 오페라같이 극적이다.

또한 샹송과 깐쪼네를 듣다 보면, 표현의 자유로움과 풍부함이 부럽기도 하다. 개인과 사회와 시대가 안고 있는 문제와 고민, 행복, 사랑에 대한 인생 이야기가 실로 다채롭게 전개된다. 한 인간으로서 자신의 정체성을 찾아가는 과정들을 풀어놓은 노래로 공감을 불러일으킨다. 그 독특한 토양에 묻어나는 특색이 가미되어 총체적으로 월드뮤직으로서의 아름다운 예감을 그려주는 것이다.

샹송 30인과 깐쪼네 20인에 맞춘 「내가 사랑하는 샹송·깐쪼네」의 개정판인 본 「샹송·깐쪼네」에서는 9인을 교체한 샹송 가수 30인, 1인을 삭제하고 11인을 추가하여 깐쪼네 가수 30인으로 목록을 수정하였다. 따라서 20인의 가수들을 새롭게 만날 수 있다.

- 대부분의 아티스트는 초판의 음반 리뷰를 그대로 실었으며, 일부 수정 보완했다.
- 아티스트와 음반 선정은 여전히 특별한 기준이 없으며, 글쓴이의 취향이 반영되었다. 샹송과 깐쪼네를 처음 대하는 초심자들도 거부감 없이 친숙할 수 있는 명인들을 고려했다.
- 디자인은 가독성을 위해 글자 크기를 조정하였다.
- 아티스트의 사진은 음반의 커버와 내지에서 선별하였다.
- 바이오그래피는 Wikipedia와 홈페이지를, 디스코그래피는 discogs.com와 홈페이지를 참조했다.

- 음반 커버 아래는 초반 발매 연도를 표기했으며, 제작사 및 음반 고유번호는 재발매(CD)의 경우 다를 수 있다.
- 가사는 각주 표기된 인용을 제외하고, 구글 번역 앱을 활용하였다.
- 교정은 곡명을 제외하고 네이버 맞춤법 검사기와 한국어 맞춤법 | 문법 검사기pusan.ac.kr를 병행했으며, 따르지 않은 부분도 있다.
- 주요 수록곡은 유튜브와 연결된 QR코드 스캔을 통해 감상할 수 있다. 음반으로 듣는 것보다는 열악하지만, 음원이나 음반 구입에는 도움이 되지 않을까 한다.
  단 공식 업로드가 아닌 경우 간혹 삭제되는 경우가 있음은 양해를 바란다.

이른바 K-POP의 시대가 도래하면서, 반면에 다양한 세상의 음악들은 그만큼 관심도와 채널이 줄어든 것 같다. 음반의 소장에서 음원의 소비로 바뀐 현대 음악시장에서도 다양한 채널을 통해 많은 음악들이 선보였으면 한다.

삭제된 아티스트

- Armande Altaï
  오페라 샹송의 디바 · 아르망드 알따이
- Clémence
  아리따운 소녀 · 클레멍스
- Élisabeth Anaïs
  매혹의 여류시인 · 엘리자베스 아나이스
- Jean-Luc Lahaye
  프렌치 로큰롤 스타 · 장-뤽 라에
- Lara Fabian
  국제적인 샹소니에 · 라라 파비앙
- Liliane Davis
  청아한 추억의 목소리 · 릴리앙 다비
- Louis (Ronan Choisy)
  새천년의 별 · 루이
- Najoua Belyzel
  가브리엘의 천사 · 나조아 벨리젤
- Nathalie Cardone
  영화 같은 인생 · 나탈리 까르돈느
- Francesco Baccini
  민중의 풍자 노래꾼 · 프란체스카 바치니

Chanson

Canzone

검은 독수리가 물고 온 백장미
Barbara ● 바르바라

본명이 모니크 앙드레 세르프Monique Andrée Serf인 바르바라(1930-1997)는 파리에서 태어났다. 부친은 유대계 혈통으로 행정부 공무원이었다. 어린 시절 잦은 이사를 해야 했는데, 그것은 나치의 유대인 사냥을 피한 조치였다. 제2차 세계대전이 끝난 후 그녀는 노래와 피아노 레슨을 배웠다.

그러나 그녀의 어린 시절은 그리 행복하지 않았다. 피아니스트가 되길 희망했지만 11세 때 오른손에 낭종이 생겨 일곱 번 수술하고 힘줄을 잘라내면서 그 꿈은 산산조각 났다.

또한 10대 때부터 부친으로부터 학대를 받기 시작하였으며, 이를 피해 경찰서까지 가야 했다. 19세가 되어서야 부친은 집을 영원히 떠나면서 이는 종식되었다. 노래 레슨은 그녀의 인생을 바꾸었으며, 1947년 그녀는 파리 음악원의 청강생이 될 수 있었다. 고전 레퍼토리보다는 대중적인 음악을 더 선호했는데, 음악홀에서 에디트 피아프Edith Piaf(1915-1963)의 노래를 접하며 공부를 그만두고 모가도르 극장 합창단 가수로 고용된다.

1950년에 노래하는 피아니스트가 되기 위한 꿈을 이루기 위해 파리를 떠나 벨기에로 갔고, 샤를루아의 예술가 커뮤니티에 가입하며 카바레에서 노래할 수 있었다, 에디트 피아프, 마리안 오스월드Marianne Oswald(1901-1985), 줄리엣 그레코Juliette Gréco(1927-2020) 등의 노래를 불렀고 청중들은 휘파람으로 환호했다. 거기서 자크 브렐Jacques Brel(1929-1978)을 만나며 상호 존경의 우정을 쌓았고, 그는 바르바라에게 자신의 노래를 부를 것을 독려했다.

이후 브렐은 자신이 감독을 맡고 주연한 영화 「Franz 프란츠, 1971」에서 상대역 여주인공을 제안했으며, 브렐이 죽은 지 3년 후인 1981년부터는 브렐이 작곡한 이 영화의 주제인 〈Franz Valse 프란츠의 왈츠〉가 바르바라의 모든 공연에서 연주되었다. 또한 1990년 그녀는 '모가도르 극장 21'에서 〈Gauguin 고갱 (자크 브렐에게 보내는 편지)〉이라는 노래를 작곡할 정도로, 이들의 정신적인 유대는 강렬했다.

파리로 돌아온 후 브렐의 노래를 불렀으며, 조르주 브라상스Georges Brassens(1921-1981)도 만났다. 작은 클럽에서 노래하며 젊은 학생들 사이에서 팬층을 형성하기 시작, 1959년에 첫 앨범 《Barbara À L'Écluse 레클루즈 카바레의 바르바라》를 냈으며, Odeon 레이블과 계약하고 《Chante Brassens, 1960》과 《Chante Jacques Brel, 1961》을 냈다.

* 그녀의 일대기는 장승일님의 저서 「샹송의 디바 바르바라 평전, 한국문화사, 2016」을 참조하기 바란다.

Barbara Chante Barbara

1964 | Philips | 063173-2

1. A Mourir Pour Mourir
2. Pierre
3. Le Bel Age
4. Au Bois De Saint-Amand
5. Je Ne Sais Pas Dire…
6. Gare De Lyon
7. Nantes
8. Chapeau Bas
9. Paris 15 Août
10. Bref
11. Sans Bagages
12. Ni Belle Ni Bonne

Philips 레이블에서 발매되어 자신이 직접 쓴 곡들로 채운 본작부터 그녀의 성공은 시작되었다. 청중과 비평가들 모두에게 환영받던 이 걸작으로, 그녀는 가장 사랑받는 스타 중 한 명이 되었다.

〈Pierre 피에르〉는 최근 오디오 애호가들에 인기가 많은 재즈 아티스트들에 막대한 영향을 미쳤다고 해도 과언이 아닐 명곡 중 하나로, 단순한 연주지만 고급스러운 풍취가 드러난다. 바르바라의 피아노에 미셸 로랭Michel Lorin의 숭엄한 비브라폰 연주는 60여 년이 지난 지금도 퇴색되지 않는 고귀한 표준이 되었다. 연인을 기다리는 초초한 마음은 너무나 시적이다.

오, 피에르… 나의 피에르… 잠이 든 들판 위, 이 고요함 그리고 외침, 별거 아니에요, 밤에 나는 새가, 도망치네요. 땅거미 자는 저녁 이 아름다움, 하늘, 불 그리고 그림자, 나에게 밀려오네요, 소리도 없이… 자른 풀의 향기는, 젖은 땅에서 올라오고, 오솔길을 내려오는 차, 그이야… 아! 피에르, 피에르…1)

역시 대표곡인 〈Nantes 낭트의 비〉는 수많은 상념과 극도의 우울감에 젖어있는 노래로, 그녀의 가장 아픈 부분을 끄집어낸 슬픔이었다.

…'부인, 그랑주 오 루프 거리 25번지로 급히 오십시오, 가망이 별로 없습니다, 그가 당신을 만나고 싶어 합니다.' 긴 방랑의 세월 뒤, 겨우 마지막 때가 되어 그는 편안한 마음으로 나에게 돌아왔어요, 그의 외침은 침묵을 깼어요, 그가 가버린 뒤, 오랫동안 나는 기다리고 있었어요, 이 방랑자를, 이 행방불명자를… 하지만 그는 이제 두 번 다시 나를 보아주지 않았어요, 이미 그는 죽어 있었어요, 그것은 그의 마지막 여행이었지요, 죽기 전에, 그는 나의 미소로 따뜻하게 해주기를 바라고 있었던 거예요, 하지만 그날 밤 죽고 말았어요, '안녕히'라거나 '사랑하고 있다'라고 말 한마디 하지 않고서… 바다에 접한 길, 돌이 깔린 마당의 나무 그늘, 장미꽃 밑에 나는 그를 뉘었어요, 조용히 주무세요, 아버지, 낭트에 비가 옵니다, 나는 기억해요, 낭트의 그 하늘은 내 마음을 슬프게 해요.2)

---

1) 장승일 「샹송의 디바 바르바라 평전」 한국문화사, 2016, 111~112p

이 노래는 19세 때 아무런 메모도 남기지 않고 파리를 떠나 버렸던 아버지가 사망했다는 소식을 들은 1959년 12월의 이야기이다. 15세의 바르바라에 근친상간을 저지른 후 수치심과 우울증으로 가출하여 알코올에 의지한 채 잡일을 하며 숨어 살다 병을 얻어 눈을 감은 부친에 대해 그녀는 1998년 출간된 미완성 회고록에서 이렇게 말했다.

'나는 그가 나에게 저지른 모든 세월을 잊었다. 나의 큰 절망은 내가 그토록 미워했던 아버지에게 "나는 당신을 용서합니다. 당신은 편히 잠들 수 있습니다, 나는 노래하기 때문에 이 문제에서 벗어났습니다"라고 말할 수 없었던 것이다'

〈Paris 15 Août 파리 8월 15일〉은 휴가철로 가족과 함께 스페인으로 떠난 연인의 귀국을 기다리는 외로움의 노래지만, 피아노 선율이 한적한 센강의 물결처럼 너무나 호젓하게 흐른다.

그 외 죽음에 대한 담대한 자세를 엿볼 수 있는 〈A Mourir Pour Mourir 죽기 위해 죽어야 한다면〉과 사랑을 알아가는 사춘기 시절을 노래한 동요풍의 노래 〈Au Bois De Saint-Amand 생타망의 숲에서〉 등의 주요 곡이 수록되었다.

이듬해 샤를 십자가 아카데미에서 그랑프리를 받았고, 그녀는 그 상을 여러 조작으로 나누어 음반에 참여했던 여러 조력자들에게 주어 감사의 뜻을 전했다.

2) 박홍진 「이야기 샹송·칸초네 여행」, 삼호출판사, 1995, 238~239p

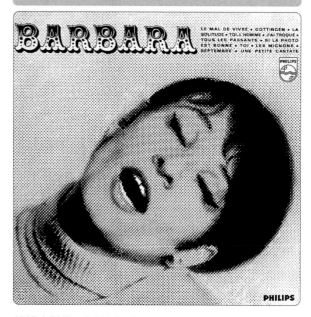

Barbara N°2

1965 | Philips | 063174-2

1. Le Mal de Vivre
2. Si La Photo Est Bonne
3. Septembre (Quel Joli Temps)
4. J'ai Troqué
5. Tous Les Passants
6. Gottingen
7. Toi L'Homme
8. Une Petite Cantate
9. La Solitude
10. Les Mignons
11. Toi

자신의 작곡으로 완성한 두 번째 앨범이다.

〈Septembre (Quel Joli Temps) 9월 (날씨가 좋아)〉에서 가을 하늘 새털구름처럼 흐르는 피아노 왈츠는 아코디언의 따스함이 가미되어 계절적 감성을 불어넣는다.

여름의 끝이 이렇게 아름다웠던가, 올해 포도나무는 아름다운 열매를 맺을 거야, 벌써 제비들이 날아오는 모습이 보여, 우리는 서로 헤어져야 하지만, 서로 사랑했네, 작별 인사를 하기 정말 좋은 시간인걸, 너의 20번째 생일을 축하하기에도 좋은 저녁이야… 어쩌면 사랑이 우리에게 다시 돌아올지도 몰라, 아마도 봄이 바뀌는 어느 날 저녁이면… 나에게 넌 다시 돌아올 테니까, 내 사랑, 내일 만나.

〈Gottingen 괴팅겐〉은 멈추지 않는 회전목마를 타는 듯한 낭만으로, 첼로와 아코디언의 질감이 더없이 감미롭다. 이는 전년도에 독일의 대학도시 괴팅겐의 청년극장 공연 후 작곡한 것이라 한다. 전쟁의 기억이 생생한 그녀에게 독일 공연은 상상조차 할 수 없는 일이었지만, 청년 팬들은 그녀가 요청한 그랜드피아노를 어렵게 무대 위에 준비해 주어 공연은 성사될 수 있었다. 그녀는 자신의 노래를 환호해 준 독일 청년들과 금발의 괴팅겐 아이들, 그리고 독일과 프랑스의 화해를 위해 바친다고 했다.

…물론 우리는, 우리는 센강이 있지만, 그리고 우리의 뱅센 숲도 있지만, 정말 장미가 아름답기 그지없네요, 괴팅겐, 괴팅겐. 우리에게, 우리에겐 창백한 아침이, 베르렌느의 잿빛 영혼이 있지만, 그들에겐 같은 멜랑꼴리가 있지요, 괴팅겐, 괴팅겐. 우리에게 무슨 말을 해야 할지 모를 때, 그들은 그냥 멈춰, 우리에게 미소 짓지요, 괴팅겐의 금발 아이들을. 놀라는 사람들이야 할 수 없지요, 모두들 날 용서해 주길 바랍니다, 어린애들은 모두 꼭 같습니다, 파리에서든 괴팅겐에서든. 오, 결코 다시는 돌아오지 않기를, 피와 증오의 시절이, 이젠, 내가 사랑하는 사람들이 있기 때문, 괴팅겐, 괴팅겐은. 비상종 소리가 울려 퍼지면서, 다시 무기를 쥐어야 할 때가 온다면, 내 가슴은 눈물을 쏟을 것입니다, 괴팅겐, 괴팅겐은.3)

〈Une Petite Cantate 작은 칸타타 한 곡〉은 평화로운 동심의 나라를 연상시키지만, 이는 1965년 8월의 비극에서 비롯되었다. 전년도 카바레에서 만났던 젊은 열정의 세르주 라마Serge Lama와 바르바라의 친구이자 카바레 전속 피아니스트 베넬리는 프랑스 전국 순회공연 중 결혼을 한 달 앞두고 교통사고를 당했다. 베넬리와 운전했던 앙리꼬 마시아스Enrico Macias의 동생 장-클로드는 즉사했고, 라마는 위독했지만 극적으로 살아났다. 이 소식을 들은 바르바라는 촛불을 켜고 자신의 곡을 연주하던 베넬리를 위해 이 곡을 쓴다.

작은 칸타타 한 곡, 손가락 끝에서 나와, 서툰 날 괴롭히다, 하늘나라 네게로 가네, 작은 칸타타 한 곡, 한 때 우리 같이 연주했지, 이젠 나 홀로 서툰 솜씨로, 시 미 라 레 솔 도 파… 가냘픈 너는 떠나버렸네, 저 너머 하늘나라로, 서툰 나는 이렇게 남아, 파 솔 도 파, 미소 짓는 네가 다시 보이네, 여기 이 피아노 앞에 앉아, 말하네 '그래 내가 칠게, 넌 노래해, 불러, 이걸 불러봐 날 위해'… 천사들이 트럼펫으로, 연주할 거야, 널 위해 연주할 거야, 이 작은 칸타타, 우리 한때 연주하던 이 곡을, 천사들이 트럼펫으로, 연주할 거야, 널 위해 연주할 거야, 이 작은 칸타타를, 그것은 네게 날아가리…4)

〈La Solitude 고독〉을 들으면 이처럼 담백하고 고요한 외로움이 또 있을까라는 생각이 든다. 떨리는 그녀의 가창은 지극히 숙명적이다.

…그녀는 마음을 잃게 만들고 울게 만드네, 그녀는 길고 황량한 밤과 창백한 아침을 선물하지, 그녀는 심지어 여름의 중심에 겨울을 불러오고, 슬픈 드레스를 입고 헝클어진 머리로, 절망에 빠진 것 같다며 아름답지 않다고 말하지… 어디든 그녀는 나를 에스코트해, 나를 한 걸음씩 따라오고, 문 밖에서 나를 기다리고 있어, 그녀가 돌아왔고 그녀가 여기 있어, 외로움이, 고독이.

3) 장승일 「샹송의 디바 바르바라 평전」 한국문화사, 2016, 119~120p

4) 앞의 책, 136~138p

Ma Plus Belle Histoire D'Amour

1967 | Philips | 063177-2

1. Parce Que Je T'Aime
2. Y'Aura du Monde
3. La Dame Brune
4. Au Coeur de la Nuit
5. Ma Plus Belle Histoire D'Amour
6. Marie Chenevance
7. A Chaque Fois
8. Madame
9. Les Rapaces

《Ma Plus Belle Histoire D'amour 나의 아름다운 사랑 이야기, 1967》는 현악 협연을 가미하여 보다 따스한 정경을 묘사했다. 물론 고요하며 수채화처럼 투명한 인상은 여전하다.

〈Parce Que Je T'aime 내가 널 사랑하기에〉의 피아노와 현악의 숨결에 실리는 그녀의 음성은 너무나 고고하다.

…네가 다른 나라에 있다면, 그것도 내 나라야, 내가 널 사랑하기 때문이야, 내가 떠나려는 건, 사랑할 시간이 다 가기 전에, 스스로 떠날 줄 알아야 하기 때문이고, 누군가가 슬퍼하는 모습을 볼까 두렵기 때문이야…

〈La Dame Brune 갈색 머리 아가씨〉는 조르주 무스타키 Georges Moustaki(1934-2013)의 작곡으로, 바르바라와 듀엣으로 녹음했다. 서로를 애모하는 갈색 머리 아가씨와 시인의 고백이 담긴 일기장을 엿보는 듯하다. 이 투명한 포크에는 온정이 그윽하게 담긴다.

〈Ma Plus Belle Histoire d'Amour 나의 아름다운 사랑 이야기〉에는 현악의 햇살 아래 아코디언의 바람이 잔잔하고 피아노의 시냇물이 흐른다. 이 정다운 사랑의 찬가는 그녀의 보비노 극장 공연을 찾은 관객들에게 바치는 노래지만, 안온하기 그지없는 로맨스이다.

그것은 9월 어느 저녁이었지요, 당신이 와서 날 기다리고 있었지요, 바로 여기에서, 기억하시나요? 미소 짓는 당신을 바라보면서, 말없이 사랑하는 당신을 바라보면서, 바로 여기에서 난 갑자기 깨달았지요, 이제 난 여행을 끝낸 것입니다, 난 가방을 내려놓았지요, 당신이 날 만나러 온 것입니다, 남들이 뭐라고 하든 상관없습니다, 난 당신께 이 말을 꼭 하렵니다 : 오늘 저녁 난 당신을 당신께 감사드립니다. 남들이 뭐라고 하든 상관없습니다, 난 당신께 말하러 왔습니다, 나의 가장 아름다운 사랑 이야기, 그것은 바로 당신입니다.[5]

〈Madame 마담〉은 그녀의 음성 뒤에 흑백의 멜로 영화 장면이 재생되는 듯하다. 애모하는 부인의 사랑의 고통이 담긴 편지를 받고, 자신도 슬프지만 정중하게 사랑을 끝내겠다고 답신하는 한 남자의 이야기이다.

---

5) 장승일 「샹송의 디바 바르바라 평전」 한국문화사, 2016, 141~142p

Le Soleil Noir

BARBARA
le soleil noir

1968 | Philips | 063178-2

1. Le Soleil Noir
2. Plus Rien
3. Gueule de Nuit
4. Le Sommeil
5. Tu Sais
6. Le Testament
7. Mes Hommes
8. Mon Enfance
9. Du Bout des Levres
10. L'Amoureuse
11. Joyeux Noel
12. Moi Je Me Balance

〈Plus Rien 더 이상 없어〉는 현악 편곡과 지휘를 맡은 작곡가 미셸 콜롱비에Michel Colombier(1939-2004)와 공작이다. 짧은 연주시간이 못내 아쉽지만, 침묵은 세상의 종말이라 말하는 그녀의 고뇌는 침묵보

다 더 검고 깊다.

〈Le Sommeil 잠〉은 앙리 조르다노Henri Giordano 의 피아노와 미셸 포르탈Michel Portal의 색소폰이 빚어내는 몽환적인 슬픔이 머릿속을 파고든다.

잠에서 나의 잠결까지, 나는 긴 하루를 기다리네, 마침내 날 다시 데려오는 밤까지, 마침내 잠, 꿈과 그 경이로움, 크고 흰 새들이 있는 곳, 천천히 회전하고, 눈이 내려, 설원의 큰 새, 그리고 피곤에서 피로로, 나는 항해해, 깨우지 마… 나는 꿈을 꾸네.

〈Mon Enfance 내 어린 시절〉은 피아노에 의존한 독창이지만, 한 소절 한 소절이 각기 다른 상념을 면밀하게 그리고 부드럽게 연결한다. 이는 1966년 초겨울 순회공연 중 인근을 지나치다 들른 생 마르슬랭에서 독일군 점령 시절 가족이 숨어 지냈던 집을 찾고, 천진난만했던 어린 시절을 회상하며 쓴 곡이다.

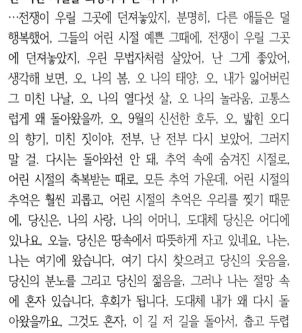

…전쟁이 우릴 그곳에 던져놓았지, 분명히, 다른 애들은 덜 행복했어, 그들의 어린 시절 예쁜 그때에, 전쟁이 우릴 그곳에 던져놓았지, 우린 무법자처럼 살았어, 난 그게 좋았어, 생각해 보면, 오, 나의 봄, 오 나의 태양, 오, 내가 잃어버린 그 미친 나날, 오, 나의 열다섯 살, 오 나의 놀라움, 고통스럽게 왜 돌아왔을까, 오, 9월의 신선한 호두, 오, 밟힌 오디의 향기, 미친 짓이야, 전부, 난 전부 다시 보았어, 그러지 말 걸, 다시는 돌아와선 안 돼, 추억 속에 숨겨진 시절로, 어린 시절의 축복받는 때로, 모든 추억 가운데, 어린 시절의 추억은 훨씬 괴롭고, 어린 시절의 추억은 우리를 찢기 때문에, 당신은, 나의 사랑, 나의 어머니, 도대체 당신은 어디에 있나요, 오늘, 당신은 땅속에서 따뜻하게 자고 있네요, 나는, 나는 여기에 왔습니다, 여기 다시 찾으려고 당신의 웃음을, 당신의 분노를 그리고 당신의 젊음을, 그러나 나는 절망 속에 혼자 있습니다, 후회가 됩니다, 도대체 내가 왜 다시 돌아왔을까요, 그것도 혼자, 이 길 저 길을 돌아서, 춥고 두렵고, 저녁이 깊어갑니다, 도대체 내가 왜 여기에 왔을까요,

나의 과거가 나를 십자가에 매단 이곳에, 영원히 잠들어 있네요 나의 어린 시절은…6)

〈L'Amoureuse 사랑에 빠지다〉는 그녀의 대표곡 중 하나로, 가느다란 아코디언과 옥구슬처럼 떨어지는 피아노로 현대음악과 재즈와 로망스까지 연결하는 아름다운 걸작이다. 가사는 불현듯 찾아온 사랑에 이어지는 불행한 이별을 그렸다.

이듬해 올랭피아 극장 라이브 《Une Soirée Avec Barbara 바르바라의 저녁, 1969》이 출시되었고, 조르주 무스타키Georges Mousta-ki(1934-2013)가 음악을 맡은 영화 「La Fiancée du Pirate · A Very Curious Girl, 1969」의 주제 〈Moi Je Me Balance 난 흔들려〉를 싱글로 발표했다.

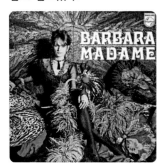

또한 작가 레모 폴라니Remo Forlani의 동명의 희곡을 무대에 올린 「Madame, 1969」에서 연기에 데뷔했다. 그녀가 이 뮤지컬에서 부른 8곡과 이미 발표했던 싱글 4곡을 모은 앨범 《Madame 마담, 1970》을 냈다.

---

6) 장승일 「샹송의 디바 바르바라 평전」 한국문화사, 2016, 19~20p

L'Aigle Noir

1970 | Philips | 832689-2

1. A Peine
2. Quand Ceux Qui Vont
3. Hop La
4. Je Serai Douce
5. Amoureuse
6. L'Aigle Noir (Dédié a Laurence)
7. Drouot
8. La Colère
9. Au Revoir
10. Le Zinzin

본작 《L'Aigle Noir 검은 독수리》는 현악이 충분히 반영되어 보다 풍부한 음악적 감흥을 받게 된다. 그녀의 팬들이라면 최고의 걸작 중 하나로 꼽지 않을까?
첫 곡 〈A Peine 거의〉에서부터 중후한 피아노협주곡은 사계처럼 고저를 달리며 파도처럼 밀려든다. 여전히 자신에게 무심한 연인에게 전하는 사랑의 야상곡이다.

…서로 원하고 서로가 이기기 위해, 길을 잃고 스스로를 찢어버리기 위해, 싸우고 자신을 십자가에 못 박기 위해, 또다시 매일이 시작되었네… 넌 내가 익사하는 파도야, 넌 나의 힘이고, 나의 법이지… 벌써 밤은 빛 속에 빠져들었고, 네 입은 내 목에 닿아 무네, 밖은 어둡고, 네 입이 내 목에 닿아 잠이 드네, 잠 속에서도 난 여전히 널 사랑해, 난 거의 잠들지 못해, 넌 벌써 잠들었고, 너의 몸, 나의 몸은 무거워지네, 잘 자, 내 사랑.

〈Quand Ceux Qui Vont 갈 사람은 가고〉는 웅대한 현악에 죽음에 대한 감정을 풀어놓는다. 그녀는 1967년 11월 베니스 공연을 위해 밀라노로 향하던 길에 어머니의 사망 소식을 듣고 거의 혼수상태에 빠졌다고 한다.

…깊은 땅 아래, 빛이 가려지고, 우리가 사랑했던 사람들이 눈꺼풀을 닫네… 그들의 차가운 대리석 집 아래, 침묵의 정원에서. 가로수 없는 큰 길가에서, 난 당신을 생각해, 나의 어머니, 마지막 추억으로, 따스한 미소로, 마지막 포옹처럼, 아마 그들은 눈을 감고 편히 쉴 거야, 난 당신을 생각해…

〈Je Serai Douce 난 온유하리〉와 〈Amoureuse 사랑에 빠졌네〉는 《Madame 마담, 1970》의 수록곡으로 다시 연주했다.

최고 히트곡 중 하나인 〈L'Aigle Noir 검은 독수리 (Dédié a Laurence)〉는 그녀의 여동생 레진의 4세 딸 로랑스에 헌정했다. 부친에게서 비롯된 불행했던 어린 시절을 회상하며, 그녀는 어린 조카에게 동심을 지켜줄 수 있는 강한 수호신의 상징으로 검은 독수리를 선물한다. 꿈 이야기를 소재로 베토벤의 소나타에서 영감을 받았다는 이 노래는 힘차게 뻗는 가창과 유연하게 비행하는 듯한 선율 그리고 코러스가 동반되는 록 사운드로 웅대한 감동을 준다.

어느 눈부신 낮, 아마도 어느 밤, 한 호숫가에서, 난 잠이 들었어, 그때 갑자기, 하늘을 뚫으려는 듯, 알 수 없는 곳에서 날아와, 출몰하였지, 검은 독수리 하나. 천천히 날개를 펴고, 천천히 돌고 있는 그를 보았지, 내 옆에서, 날개를 퍼덕거리다, 하늘에서 떨어진 것처럼, 그 새는 날아와 앉았네. 그는 루비빛 눈을 하고, 깃털은 밤처럼 검었어, 이마에는 수많은 불길이 밝히는 듯, 왕관을 쓴 그 새는 푸른 금강석이 달려있었지. 부리를 가지고 내 뺨을 만졌어, 내 손안으로 그의 목이 미끄러졌고, 그제야 난 알아보았어, 과거로부터 출몰하여, 그는 내게 돌아왔어. 새야 나를 데리고 가렴, 그 옛날의 나라로 돌아가자꾸나, 그때처럼 어린 시절 내 꿈으로, 가서 따자꾸나, 떨리는 손으로, 저 별들을, 별들을. 그때처럼, 어린 시절 내 꿈으로, 그때처럼, 흰 구름 위에서, 그때처럼, 해를 밝히고, 비도 만들고, 기적도 만들자, 독수리는 날개를 퍼덕거리다, 날아올라 하늘로 다시 돌아갔지…[7]

참고로 프랑스의 행동과학 연구그룹 BVA의 2015년 조사에 따르면, 르노Renaud의 과자점 이름을 딴 〈Mistral Gagnant 미스트랄 가냐트〉와 자크 브렐Jacques Brel(1929-1978)의 〈Ne Me Quitte Pas 떠나지 마〉에 이어 '프랑스인이 가장 좋아하는 노래' 3위로 선정되었다고 한다.

피아노 발라드 〈Drouot 드루오 호텔〉은 멜로디 동기가 계속해서 전조되는 이채로운 악곡으로 보다 드라마틱한 감성을 자극한다. 드루오 호텔은 예술품 경매장으로, 과거의 비밀과 전설이 담긴 소중한 사랑의 애장품을 지폐 몇 장과 맞바꾸며 아픈 가슴으로 경매장을 떠나는 한 여인의 이야기를 담았다.

1971년 끝 무렵에 녹음되어 이듬해 발표한 《La Fleur d'Amour 사랑의 꽃, 1972》에는 또 하나의 히트곡 〈Vienne 비엔나〉가 수록되었다. 자장가처럼 부드러운 이 연가는 밤

---

7) 장승일 「샹송의 디바 바르바라 평전」 한국문화사, 2016, 185~186p

하늘의 별들이 총총 열리고 홀로 연인을 기다리는 고독의 정서마저 향기롭다.

…밤 열두시, 오늘 밤 비엔나에서는, 내 사랑, 당신은 와야 해요, 아시겠죠, 날 당신께 맡겨요, 너무나 아름다워요, 가을은. 당신과 더불어 이 계절을 살고 싶어요, 정말 아름답네요, 비엔나는. 당신과 함께, 비엔나는… 8)

Amours Incestueuses

1972 | Philips | 063182-2

1. Amours Incestueuses
2. Le Bourreau
3. Printemps
4. Remusat
5. La Colère
6. Perlimpinpin
7. Accident
8. La Ligne Droite
9. Clair de Nuit

《Amours Incestueuses 이루어질 수 없는 사랑, 1972》에는 어머니를 여읜 슬픔을 노래한 〈Rémusat 레뮈자〉에 이어, 베트남전쟁 당시에 작곡된 전율의 반전가反戰歌 〈Perlim-pinpin 페르랭팽팽〉에서 분노를 폭발시킨다. 곡목은 그녀의 출생지 인근의 바티뇰 광장에서 파는 솜사탕을 지칭하는 유아어라 한다.

---

8) 장승일 「샹송의 디바 바르바라 평전」 한국문화사, 2016, 192p

누굴 위해, 어떻게, 언제, 그리고 왜? 누굴 상대로, 어떻게, 무얼 상대로? 이젠 진저리나는 당신들의 폭력, 당신들은 어디서 왔으며, 어디로 가는가? 당신들은 누구이고, 누굴 기도하는가? 제발 부탁하노니 입을 다물라…9)

〈La Ligne Droite 직선〉은 조르주 무스타키Georges Mousta-ki(1934-2013)가 작곡한 기타의 목가적인 전반과 그녀가 작곡한 피아노의 후반으로 구성되어 각각 불러주고 있다.

…우리를 붙잡는 괴로움, 우리를 기다리는 고통, 그리고 모든 생각은 모든 몸짓에 집착해. 내 여행의 마지막에 네가 있을 거라는 걸 알아, 온갖 우회에도 불구하고 네가 올 걸 알아, 우리의 이미지로 재창조된 세상에서, 우리는 함께 자고 사랑을 나눌 거야.

〈Printemps 봄〉은 시인 폴 엘뤼아르Paul Éluard (1895-1952)의 시를 노래한 것으로, 사랑의 봄을 기다리는 계절적 서정이 그대로 전해진다.

그리고 타이틀곡인 〈Amours Incestueuses 이루어질 수 없는 사랑〉은 오페라 아리아를 연상시킬 만큼 클래시컬하다. 사랑하지만 이별할 수밖에 없는 슬픈 운명이 그렸다.

《La Louve 암늑대, 1973》에 이어 라이브 실황 앨범을 연달아 내놓았으며, 다시 한번 히트를 기록한 《Seule 홀로, 1981》로 1980년대를 열었다. 1987년 샤틀레Châte-let 극장 라이브에서 부른 〈Seule 홀로〉는 인생 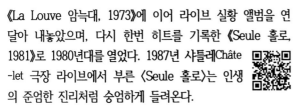 의 준엄한 진리처럼 숭엄하게 들려온다.

우리 둘이 있네, 내 사랑은 노래하고 미소를 짓지, 하지만 하루가 끝나면 지루함 속에, 우리는 혼자임을 깨닫네… 우리는 행운의 정점에 있는 수천 명이야, 하지만 달 아래서 모든 것이 녹아내리는 것을 보는 게 두려워, 우리는 혼자임

9) 장승일 「샹송의 디바 바르바라 평전」 한국문화사, 2016, 193p

을 깨닫네… 두드리는 시간 속에서 늙어가는 우리 둘, 하지만 웃으며 다가오는 사체를 보며, 우리는 혼자임을 깨닫네. 혼자…

그녀는 캐나다의 뮤지컬 감독 뤽 플라몽동Luc Plamondon과 함께 무대극 「Lily Passion, 1986」의 음악을 공동 작곡하고, 배우 제라르 드파르디유Gérard Depardieu와 공동 주연을 맡아 열연했다. 이는 그녀의 노래를 들을 때마다 누군가를 살해하는 살인범의 이야기를 다루었다고 한다.

마지막 스튜디오 앨범 《Bar-bara, 1996》은 불과 12시간 만에 100만 장 이상 팔렸고, 1997년 제12회 '빅투아르 드 라 뮤지크'에서 올해의 여성 공연자상을 받았다. 60세를 넘긴 노장의 절창이 빛나는 이 앨범에서 특히 〈Vivant Poème 살아있는 시〉는 그녀를 사랑했던 모든 이들에게 전하는 삶의 찬가로 느껴진 다.

가, 당신에게 준 이 세상으로, 절대 포기하지 말고… 세상에는 악센트가 있고, 종종 우리에게 이빨을 드러내지, 하지만 난 당신을 사랑하는 것처럼 세상을 사랑해, 난 너무 많은 것을 원해, 당신은 살아있는 시야. 떠나, 세상은 희망이야, 희망은 절대 포기하지 않는 거야, 그래, 세상은 우리의 이야기야, 맑은 아침과 어두운 밤이 있지만, 세상에 총이 있다는 것도 알고 있네. 세상은 때로 우리를 무장해제 시키지, 그러나 당신이 세상을 사랑하는 것처럼 세상도 당신을 사랑할 거야… 가, 가서 거울을 통해 걸어 봐, 시선이 반사되는 곳. 당신은 살아있는 시고, 인생은 기나긴 사랑이야…

그녀는 떠났지만, 가장 개인적인 이야기로 청중들과의 공감을 이뤄냈고, 또한 글쓴이에게는 불어의 아름다움을 가장 확연하게 들려준 아티스트로 남아있다.

Benjamin Biolay ● 벤자멩 비올레

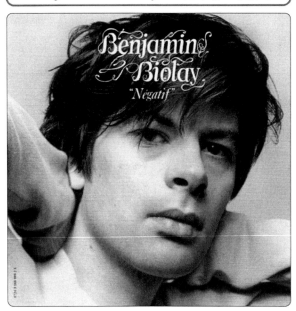

벤자멩 비올레는 현재 프랑스 대중음악계에 있어서 21세기 세르주 갱스부르Serge Gainsbourg라는 평가를 받는 전능한 가수이자 프로듀서이며 배우로도 활동하고 있다.

여동생은 코랄리 클레망Coralie Clément이며, 전 부인은 이태리 명배우 마르첼로 마스트로얀니Marcello Mastroianni와 프랑스 여배우 까뜨린느 드뇌브Catherine Deneuve 사이에서 태어난 키아라 마스트로얀니Chiara Mastroianni였다.

1973년 출생인 그는 아마추어 클라리넷 연주자로 오케스트라 활동을 했던 부친의 영향으로 음악적 환경에서 자라 어린 시절부터 브라스밴드에서 바이올린과 튜바를 배웠다.

13세 때 갱스부르의 〈Histoire de Melody Nelson 멜로디 넬슨의 이야기〉를 듣고 감명받아 대중음악가의 길을 걷기로 한다. 리옹 음악원에서는 트롬본을 전공하고 기타는 독학했다. 동시에 리옹의 생텍쥐페리 대학 음악학부에서 팝 음악을 공부했으며, 당시 그의 최고 우상은 John Lennon(1940-1980)이었다.

1990년대에 파리로 거주를 옮기며 서서히 뮤지션들과 조우하고 몇몇 앨범들에 참여하기 시작했다.

그의 명성이 알려지게 된 계기는 여성 싱어송라이터 케렌 안Keren Ann의 데뷔작 《La Biographie de Luka Philipsen 루카 필립슨의 연대기, 2000》에서 자신이 작곡한 〈Jardin d'Hiver 겨울 정원〉이 히트하면서부터이다. 또한 이 노래는 앙리 살바도르Henri Salvador(1917-2008)도 《Chambre avec Vue》에서 불러 그의 작곡력은 화제가 되었다.

라파엘Raphaël, 여동생 코랄리 클레망, 리옹 출신의 그룹 L'Affaire Louis' Trio와 밤부Bambou, 이사벨 불레Isabelle Boulay 등과도 작업하며 작곡자로서의 재능을 표출한다.

우울한 브릿팝BritPop을 닮은 데뷔앨범 《Rose Kennedy, 2001》를 27세 때 발표하며 일약 스타덤에 오른다.

Rose Kennedy

2001 | Virgin | 8 10028 2

1. Novembre Toute l'Année
2. Les Roses et les Promesses
3. Les Cerfs-Volants
4. La Mélodie du Bonheur
5. L'Observatoire
6. La Monotonie
7. Soixante-douze Trombones avant la Grande Parade
8. Los Angeles
9. La Palmeraie
10. Rose Kennedy
11. Sous le Soleil du Mois d'Août
12. Les Joggers sur la Plage
13. Un Été sur la Côte

데뷔작 《Rose Kennedy》에서 그는 세련되고도 현대적인 감각을 잃지 않으면서도 프랑스인의 가슴속에 품고 있던 갱스부르Serge Gainsbourg(1928-1991)에 대한 향수를 끄집어냈다.

〈Novembre Toute l'Annee 매년 11월이면〉은 항구도시의 11월의 풍경을 뮤비에 담아 바쁘게 살아온 인생에서 잠시 숨을 고를 때 찾아드는 무상감과 허무함을 11월에 빗대어 노래했다.

인생의 절반을 넘기면 빛은 사라지지, 대지에 서있는 아이비 덩굴의 벽돌집, 잿빛으로 반쯤 물든 인생, 그것은 항상 어디서나 반복되는 영화와 같지, 매년 11월이면 하늘은 창백해져, 날이 지나도 비는 내리고, 시간은 돌아와 내 생각과는 반대로 흐르지, 매년 11월이면 하늘은 창백해지네…

〈Les Roses et les Promesses 장미와 약속〉은 돌아올 것임을 약속하고 떠나겠다는 연인의 거짓말에 대한 쓸쓸한 직감을 매우 무료하고 느슨하게 노래했는데, 그 풍모만큼은 매우 낭만적이다.

〈Les Cerfs Volants 연〉은 할리우드 스타 Marilyn Monroe(1926-1962)가 주연했던 「The River of no Return 돌아오지 않는 강, 1954」의 사운드트랙을 삽입하여 고혹적인 낭만과 애상감을 더한다.

흘러가는 세월을 시간을 관통하며 바라보네, 새벽에 깨어있기 위해, 내 사랑과 내 슬픔을 위해, 외로움과 고통을 인내하기 위해, 폭우의 나날들 속으로, 해가 뜨면 내가 떠날 누군가를 위하여, 의문의 세월이 시작하기 전에. 그리고 가을의 급류 속에서 나는 무엇보다도 기억할 거야. 당신의 입술이 내 피부에 닿는 봄의 터널들, 어두운 시간 속에서 함께 걸었던 공원, 그리고 가을의 급류 속에서 나는 무엇보다도 기억할 거야… 해변을 따라 연은 날고, 겨울 외투를 입은 연인들은 천천히 걷지, 흐름과 같이 그것은 오랫동안 조류와 함께 흐르네.

〈La Mélodie du Bonheur 행복의 멜로디〉는 과거의 사랑을 회상하는 회한의 재즈 발라드로 그 따스함 속에 감춰진 지독한 쓸쓸함마저 감미롭다.

그건 누군가 말했듯 천국의 일각일 뿐이야, 피아노, 피아니스트, 한 바퀴 인생, 그건 가장 좋았던 시절처럼, 밝은 멜로디며 공기의 흐름이야, 그건 행복의 멜로디며, 잃어버린 시간의 공기야, 여름과 겨울에도 빛나는 당신의 큰 눈망울, 그건 늦은 오후에 내리는 부슬비와 같지, 튜바, 튜바 연주자, 슬픈 노래… 숙녀의 맞은편에서 춤추게 하는, 단지, 아!
풍성한 일렉트로닉스의 바람이 거센 〈La Monotonie 단조로움〉은 케렌 안Keren Ann이 참여하여 보다 우울한 현실에 대한 냉소적인 시를 쓴다. 인생은 천국도 아니며 행복은 멀리 있다고 이야기하면서, 끝없는 장마에 비유한 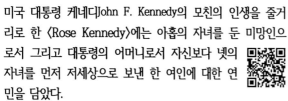다. 이는 이전의 〈La Mélodie du Bonheur 행복의 멜로디〉의 슬픈 회상에 이은 체념의 감정이다.
기타의 간결한 반주에 반복적인 트랜스가 점점 나른하고도 뜨거운 몽환 속으로 빠뜨리는 〈Los Angeles〉는 그가 탈현실의 천국으로 택한 자유의 아메리칸드림을 비유했다.
미국 대통령 케네디John F. Kennedy의 모친의 인생을 줄거리로 한 〈Rose Kennedy〉에는 아홉의 자녀를 둔 미망인으로서 그리고 대통령의 어머니로서 자신보다 넷의 자녀를 먼저 저세상으로 보낸 한 여인에 대한 연민을 담았다.
맑은 포크풍의 기타에 곧 거대한 현악의 폭풍이 휘몰아치는 〈Les Joggers sur la Plage 해변의 조깅하는 사람들〉은 다시 태어난 듯한 신비한 생명력을 부여하는 대자연 노르망디 바다에 대한 인상이다.
〈Un Été sur la Côte 해안의 여름〉은 몽환적인 낭만시로 여름바다에 대한 활력 있는 풍경들, 파도와 요트 그리고 연인들에서 그는 인생의 아름다움을 느낀다고 이야기한다. 무엇보다도 아날로그 기계 소음으로 뿌연 흑백영화의 한 장면을 삽입하여 역시 빛바랜 복고풍의 모노톤 추억을 되새긴다.
일렉트로닉과 1970년대의 포크 그리고 컨트리 음악 등을 잘 믹스한 벤자멩 비올레의 누벨바그는 그를 주목하기에 충분했으며, 작품성으로나 상업성으로나 어느 하나 부족함이 없는 완벽한 데뷔작이었다.

이듬해 본작의 성공을 이어가는 《Remix EP》를 내놓아 팬들의 환영을 받았다. 〈La Derniere Heure du Dernier Jour 마지막 날 마지막 시간〉이란 미발표곡에서 가벼운 트립합 비트에 전자음향과 금관악기의 블루스로 인생의 기쁨에 대한 마지막 기회라 여기며 아낌없이 사랑을 하겠노라 노래했다. 이후 데뷔작의 재발매반에 보너스로 수록되었다.
그 외 〈Les Cerfs Volants 연〉의 영어 버전과 다섯 곡의 리믹스가 포함되었다.

Négatif

2003 | Virgin | 8 0999 2

1. Billy Bob a Raison
2. La Pénombre des Pays-Bas
3. Hors la Vie
4. Nuits Blanches
5. Chaise à Tokyo
6. Je ne T'ai pas Aimé
7. Little Darlin'
8. Des Lendemains qui Chantent
9. Chère Inconnue
10. Glory Hole
11. La Vanité
12. Negative Folk Song | Boîte à Musique
13. Négatif
14. Exsangue
1. La Dérive des Continents
2. Dernier Souper au Château
3. Les Insulaires
4. Chambre 7
5. Holland Spring
6. Bain de Sang
7. Billy Bob a Toujours Raison
8. L'Autocar Planche

그는 데뷔작 발표 후 동년에 여동생 코랄리 클레망Coralie Clément을 《Salle des pas Perdus 경마장, 2001》로 데뷔시켰고, 연이어 케렌 안Keren Ann의 두 번째 앨범 《La Disparition 소실, 2002》에도 참여했다.

그해 5월 11일 이미 이태리 출신의 조각가 사이에 난 6세 아들이 있던 여배우 키아라 마스트로얀니Chiara Mastroianni와 결혼하여 신혼의 단꿈에 빠졌다. 내외적으로 실로 바쁘고도 행복한 나날을 보내면서, 두 장의 디스크로 구성한 두 번째 앨범 《Négatif 부정》를 발표, 그의 아내를 부분적으로 참여시킨다.

마치 그는 데뷔 전부터 어마어마한 분량의 레퍼토리를 보유하고 있었던 것처럼 왕성한 창작욕을 불태웠는데, 전작에 비하면 보다 솜털처럼 부드러운 어쿠스틱의 향기가 충만해 있다. 공교롭게도 이 앨범은 4월 그의 딸 안나Anna를 낳은 아내에게 출산선물이 되었다.

비 내리는 소리를 삽입한 촉촉하고도 나른한 기타 포크송으로, 아내와 함께 노래한 〈Billy Bob a Raison 빌리 밥이 옳았어〉는 홀로 세상을 경험하며 느끼는 연인 빌리 밥에 대한 한 여인의 그리운 감정이다.

〈La Pénombre des Pays-Bas 네덜란드의 여명에서〉는 처음 연인과 떨어져 타국에서 느끼는 외로운 새벽녘을 우울한 회색빛으로 그렸다. 출산에 근접한 아내와 함께하지 못한 미안함일까?

제인 버킨Jane Birkin(1946-2023)과 세르주 갱스부르Serge Gains-bourg(1928-1991)를 연상시키는 듀엣곡 〈Hors la Vie 인생〉은 가진 것 없고 중심이 아닌 인생 밖 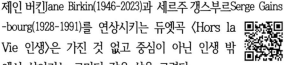 에서 살아가는 코미디 같은 삶을 그렸다.

…인생의 희극이 상연되고 있어, 우리는 빗속을 걸으며, 영원을 찾아 헤매네.

캐나다 휴가 중 느낀 감정을 그린 〈Nuits Blanches 잠 못 이루는 밤〉은 밤의 수많은 사건·사고들로 조용히 추억에 잠길 수 없는 신경 질환적인 불안감을 그렸다. 침울하고도 어두운 분위기의 찰현과 전자음향이 매우 조화롭다.

낯선 동경의 낭만에 빠지고 싶은 욕망의 노래 〈Chaise à Tokyo 도쿄의 벤치〉는 몽환적인 무드와 댄스 비트 그리고 우주적인 전자음들과 여성 코러스의 달콤함이 독특하다.

미국의 마운틴뮤직 코러스 그룹 Carter Family의 〈Little Darling Pal of Mine〉를 샘플로 한 〈Little Darlin'〉에서는 몽롱한 찬송가를 들려준다.

한편의 부조리극에서 관객을 향해 대사를 읊조리고 있는 듯한 〈Chère Inconnue 낯선 이에게〉는 자신과 타 인과의 관계에 관한 것으로, 이방인의 개념을 확장하는 다소 철학적인 곡이다.

…당신이 평안한지 내가 알았더라면, 이 모든 상체의 검게 탄 자국들만 남은 우화 대신에 내가 왔을 텐데… 당신은 알고 있었나? 낯선 이여! 난 당신의 신선한 살색을 원해. 난 당신의 표백하지 않은 피부를 원해, 삶의 전체를 위하여, 내가 틀렸나? 낯선 이여! 난 몰라, 인생이 실수의 연속이라는 것을, 그리고 그것이 한때에 지나지 않는다는 것을… 낯선 이여! 당신이 내 삶과 시선에 대한 소유욕을 가져가면 안 될까, 이 미지의 땅도. 싫은 거니?

음산하고도 기묘한 분위기의 작품 〈Glory Hole〉 은 사랑하는 이를 물어 죽인 뱀파이어의 절망적 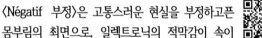 인 육욕과도 같은 욕망의 집착을 비유한 듯하다.

허영은 연인이라도 참을 수 없는 결함이며 사랑에 대한 죄악이고 자신의 가치를 저버리는 범죄라고 경고하는 〈La Vanité 허영심〉은 우울한 피아노 반주에 맞추어 노래하다 진한 블루스의 미주가 이어져 독특함을 남긴다.

〈Négatif 부정〉은 고통스러운 현실을 부정하고픈 몸부림의 최면으로, 일렉트로닉의 적막감이 속이

쓰릴 정도로 퍼진다.

〈Exsangue 무제〉에서는 앰비언트 음악의 대가 Brian Eno 의 《Before & After Science, 1977》 수록곡인 〈By This River〉를 편곡하여 들려준다.

이듬해 아르노 비아르Arnaud Viard 감독의 영화 「Clara et Moi, 2004」의 사운드트랙을 발표했으며, 동시에 아내와의 듀오 작품 《Home, 2004》도 내놓았다.

특히 이 앨범은 미국 할리우드의 배경사진 중 Holly-wood 위에 me를 겹쳐 쓴 재치 있는 사진 커버처럼 언덕 위의 하얀 집에 대한 꿈을 그려 넣었는데, 1960년대의 컨트리와 포크의 전형을 빌어 전원적이고 낭만적인 투명감을 들려준다.

〈A House is Not a Home〉에는 사랑하는 이와 작별하고 홀로 있는 집은 집이 아니라고 노래하며 다시 사 랑을 기다린다. 다소 우울하지만 로맨틱함으로 채우고 있다.

〈La Ballade du Mois de Juin 6월의 발라드〉는 뮤비에서 숲속의 정경을 담아 전원적인 생활의 꿈을 표현하 였는데, 이는 연인과의 가까운 미래를 망친 자동차 사고를 소재로 했다.

사랑의 노예인 연인에 대한 연가 〈She's My Baby〉, 그리고 해변의 파도와 뛰어노는 어린이들의 목소리가 삽입된 〈La Plage 해변〉은 낭만적인 여름날의 사랑을 꿈꾸는 연인들의 노래로, 싱그러운 바다의 정경이 펼쳐진다.

A l'Origine

2005 | EMI | 07243 873621 2 3

1. A l'Origine
2. Mon Amour M'a Baisé
3. Ma Chair est Tendre
4. Même Si Tu Pars
5. Ground Zero Bar
6. Dans Mon Dos
7. L'Histoire d'un Garçon
8. Cours
9. Paris, Paris
10. L'Appart
11. Me Voilà Bien
12. Adieu Triste Amour
13. Tant le Ciel Etait Sombre
14. Mes Peines de Coeur

검은색의 일렉트로닉 앰비언트로 시작된 그의 음악은 아내와 함께 발표한 《Home, 2004》에 이르러 완전한 순백의 포크로 변모하여 화사한 수채화를 선보였으나, 《A L'Origine 본성, 2005》은 커버에도 암시되듯 다시금 데뷔 초창기로 돌아간 듯 전체적으로 암울한 록의 모습을 하고 있다.

마치 피카소Picaso의 'Guernica 게르니카'를 연상시키는 검은 커버의 펜화는 콘셉트를 단적으로 보여준다. 혼자의 모습인가 싶으면 둘의 모습도 보이고 신체를 해체하여 조합하고 있다. 어지러운 그 한 장의 그림을 들여다보면 굳게 다문 입술과 망설이는 입술들이 여기저기 산재해 있다. 이는 개인적인 신상의 변화를 암시한 것이었다.

최고의 노래로 기억될 〈A L'Origine 본성〉은 보컬의 규칙적인 각운과 암울하고 위태로운 서커스풍의 일렉트로닉으로 우리의 귀를 사로잡는다. 본래 인간은 야만적이거나 노예가 아니며, 우리에게는 보철과 기폭장치도 없었으며, 우리 사회에는 법령도 이웃을 향한 협박도 없었고, 적에 대한 공격을 두려워하며 초라하지도 않았고 그저 병에 대해 두려워했을 뿐이라고 이야기한다. 현실 사회의 일그러지고 어두운 일면과 고통에 대해 그는 인류가 문명의 시작과 함께 잃어버린 8가지 기원에 대한 우울한 해명을 치명적인 병을 앓는 듯 읊조린다. 비련한 코러스 뒤의 결말은 비명으로 가득하여 섬뜩하기까지 하다.

〈Mon Amour M'a Baisé 입 맞춘 내 사랑〉은 간결한 기타를 기본으로 또다시 우울한 브릿팝을 들려주는데, 마치 어제의 사랑을 쓸쓸하게 회상하는 듯 부여잡고픈 마음을 읽게 된다.

…사랑이 내게 상처를 주었고, 내 심장이 뚫렸네, 내 사랑의 타격을 극복하더라도, 나의 시간이 왔네… 그리고 당신의 목소리를 듣지만, 우리는 인생을 살 수 없어, 내 과거가 나를 괴롭히고, 난 우리가 겪었던 그 미래를 원하지 않아…

통한의 이별곡 〈Même Si Tu Pars 당신이 떠날지라도〉에는 날 미워하더라도 자신은 아직도 사랑하며 그 어떤 잘못이라도 용서를 빌고픈 간절함을 덧붙이고 있다.

피아노와 블루스풍의 브라스 연주가 침울함을 그려가는

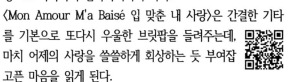

〈Dans Mon Dos 내 뒤에〉는 이별 후 주마등같이 스치는 지난날의 인상을 비약적으로 그려놓았는데, 메아리처럼 떨리고 흔들리는 그의 보컬은 차라리 꿈이고 환상이었으면 하는 애절함이 녹아있다.

프랑수아즈 아르디Francoise Hardy(1944-2024)와 함께 듀엣으로 부른 〈Adieu Triste Amour 잘 가요 슬픈 사랑이여〉는 사이키델릭-포크처럼 온화한 오케스트레이션으로 연주된다.

내게 시간이 필요하다고 고백하고 있어. 다정함, 나는 더 많은 것은 기대하지 않아. 고통, 당신의 장갑처럼, 나는 긴 세월 당신을 떠날 거야. 날 지탱해 줄 수 있는 것은 존재하지 않아. 좋은 날들, 조금이라도 내 생각은 하지 마. 잘 가, 내 슬픈 사랑…

악몽으로 치닫는 전자 사운드와 환각적인 코러스 〈Tant le Ciel Etait Sombre 그늘진 하늘〉, 어쿠스틱 기타의 맑은 선율과 몽환적인 일렉 사운드가 후련한 〈Mes Peines de Coeur 내 상심〉까지 아내 키아라 마스트로얀니Chiara Mastroianni와의 이별을 예고했다.

결국 2005년에 공식적으로 이혼하고야 말았는데, 이렇듯 그의 큰 이별의 고통은 커버에서처럼 자신을 갈기갈기 찢어놓았고, 전작 《Home》의 밝은 명도가 무색할 만큼 한 남자로서 그리고 가장으로서의 절망이 극에 달하고 있었다.

Trash Yéyé

2007 | EMI | 0999950 659821

1. Bien Avant
2. Douloureux Dedans
3. Regarder la Lumière
4. Dans Ta Bouche
5. Dans la Merco Benz
6. La Garçonnière
7. La Chambre d'Amis
8. Qu'est Ce Que Ça Peut Faire ?
9. Cactus Concerto
10. Rendez Vous Qui Sait
11. Laisse Aboyer les Chiens
12. De Beaux Souvenirs (Chambre 8)
13. Les Séparés

이혼한 후 언론에는 전 아내와의 관계가 계속해서 우정을 유지하는 것으로 그려졌는데, 사랑하는 비둘기를 새장에서 세상으로 자유롭게 날려 보내야 했던 욕망의 좌절에서 비롯된 슬픔은 더 컸던 것 같다. 딸 안나의 이름을 팔뚝에 문신하고 굳게 입을 다문 그는 《A l'Origine》의 연장으로써 더욱 비장하고 어두우며 냉소적인 《Trash Yéyé》를 발표한다. 전작이 현실을 인정할 수 없는 듯 몽롱한 상심을 노래했다면, 본작은 현실을 직시하고 괴로움을 거칠게 쏟아내고 있다. 싱글 〈Dans la Merco Benz〉의 자그마한 성공을 제외하면 본작은 전작의 반을 겨우 넘는 판매고를 거둔다. 그럼에도 부드러운 코러스와 따사로운 현악 세션 등 풍성한 표현을 효과적으로 사용하고 있다.

잔잔한 포크풍으로 진행되는 〈Bien Avant 이전에〉는 감미로운 코러스에 회상에 젖은 비올레의 힘 빠진 보컬이 처연하게 들린다. 데자뷔Deja-vu처럼 이별의 상황이 이미 예정된 길이었음을 인지했지만, 차라리 그때 자신을 사랑하지 말지 그랬느냐는 연인에 대한 한탄과 원망이 섞여 있는 듯하다.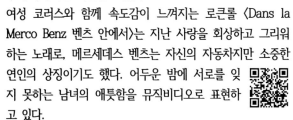

빠른 템포에 격정적인 오케스트레이션이 범람하는 〈Regarder la Lumière 빛 바라기〉는 이별 후의 방랑하는 마음을 그렸다.

여성 코러스와 함께 속도감이 느껴지는 로큰롤 〈Dans la Merco Benz 벤츠 안에서〉는 지난 사랑을 회상하고 그리워하는 노래로, 메르세데스 벤츠는 자신의 자동차지만 소중한 연인의 상징이기도 했다. 어두운 밤에 서로를 잊지 못하는 남녀의 애틋함을 뮤직비디오로 표현하고 있다.

기묘하고도 몽환적인 〈La Garçonnière 아파트〉는 하나가 되어 사랑을 나누던 아파트에서의 생생한 기억을 더듬는다.

빠른 템포에 반복적인 코드 진행으로 어둠 속을 질주하는 듯한 〈Qu'est Ce Que Ça Peut Faire? 무슨 상관인가?〉는 삶의 의미를 잃은 냉소적인 상실감이었다.

여름이 겨울처럼 느껴진다고 해도 무슨 상관인가? 내가 당신이 그리운데. 전쟁이 끝나 평화가 찾아왔다고 해도 그게 무슨 상관인가? 이 길이 끝나면 사막조차 사라질 거야… 모든 것이 불타 버린다면 이 대지 위에 아름다움만이 있기를…

싱글 커트된 〈Rendez Vous Qui Sait 사실과의 조우〉는 현실 반항적이고 부정적인 가사를 통해 개인적인 고통이 절정에 달했음을 피력했다.

…그 역겨운 생활, 그건 너무 단편적이야. 오즈의 마법사처럼 막다른 골목, 위대한 것을 향한 도약의 실패, 그것은 부패했어. 어차피 떠도는 인생이야. 나는 오고 가지만 결코 누구도 나와 연결될 순 없을 것 같아, 누구도. 아무것도.

〈Laisse Aboyer les Chiens 개나 짖으라고 해〉는 부조리한 인생의 결말을 보듯 천사를 잃은 혼란과 충격에 휩싸인 광기를 엿볼 수 있으며, 〈De Beaux Souvenirs (Chambre 8) 좋은 추억 (8번 객실)은 넋이 나간 듯 사랑하는 이와 함께 했던 아름다운 한여름 밤의 추억을 되뇐다.

히든 트랙 〈Les Séparés 분리〉는 피아노와 현악의 따스한 어쿠스틱 감성으로 이별 후 공허함을 실감한다.

그러지 마, 난 슬퍼, 그리고 난 끝낼 거야. 당신 없는 아름다운 여름은 횃불 없는 사랑에 불과해. 당신에게 닿지 않는 내 품은 닫혀버렸어. 그리고 내 마음을 치고 무덤까지 두드리네. 스스로 죽는 방법을 알게 하지 마, 내가 당신을 사랑했는지 신에게 묻지도 마… 당신의 침묵 그 바닥에서 당신이 날 사랑했는지에 대한 대답은 결코 하늘에 이르지 않고는 들을 수 없을 거야.

이후 벤자멩 비올레는 더 많은 아티스트들과 우정을 맺으며 음악 활동에 매진했고, 2009년에는 영화 「Stella」에서 배우로도 활약했다.

La Superbe

2009 | Naïve | NV818611

1. La Superbe
2. 15 Août
3. Padam
4. Miss Catastrophe
5. Ton Héritage
6. Si Tu Suis Mon Regard
7. Night Shop
8. Tu Es Mon Amour
9. Sans Viser Personne
10. La Toxicomanie
11. Brandt Rhapsodie
1. L'Espoir Fait Vivre
2. Prenons le Large
3. Tout Ça Me Tourmente
4. Assez Parlé de Moi
5. Buenos Aires
6. Raté
7. Lyon Presqu'Île
8. Mélancolique
9. Reviens Mon Amour
10. Jaloux de Tout
11. 15 Septembre

2CD임에도 2010년 초 국내 라이선스로 발매된 본작은 주목할 만한 작품이다. 인간의 관계성에 관한 이야기를 담았는데, 그는 개인적이지만 자전적이지는 않다고 했다. 빼곡히 채운 23곡이 어느 하나 나무랄 데 없지만, 특히 글쓴이가 좋아하는 5곡을 골라보면 다음과 같다.

〈La Superbe 최고〉는 그의 레퍼토리 중 최고의 작품 중 하나가 분명하다. 짙은 재질감의 현악과 열기를 흩뿌리는 색소폰의 즉흥은 차라리 참혹하다. 파리 오페라의 스타 무용수 마리-아그네스 질로Marie-Agnès Gillot 와 함께 촬영한 뮤직비디오도 일품이다.

…우리가 추잡한 사랑의 자비 아래 있다는 것에 감사해, 단순한 부정으로부터, 나쁜 삶으로부터, 좋지 않은 시간으로부터. 그러나 침묵은 지나가는 항공모함만큼 무거워… 우리가 희생이 자비에 의지하고 있는 것에 감사해, 믿음에 의한 죽음, 편견, 해악으로부터. 그러나 태양은 미끄러운 비누처럼 갑자기 달아나지… 이건 최고의 모험이야.

〈Ton Héritage 너의 유산〉은 피아노 발라드로 점차 은파가 몰아치는 듯한 현악이 파고를 올린다. 키아라 마스트로얀니 Chiara Mastroianni와의 딸을 위한 곡일까? 앞으로 닥치게 될 현실의 위협은 네 잘못이 아니며 그것이 성장의 살과 피가 되기를 소망한다.

〈Si Tu Suis Mon Regard 내 시선을 따라가다 보면〉의 밝고 달콤하며 흥겨운 로큰롤은 감상자를 춤꾼으로 만든다. 사랑은 덧없는 얼음과 유리와 같아서 나의 구애를 의심하게 되겠지만, 곧 너는 평원을 보게 될 것이며 나의 집으로 오게 될 것이라는 확신이다.

〈Tout Ça Me Tourmente 이 모든 것이 나를 괴롭혀〉는 1978년생 여성 싱어송라이터 잔 셰랄Jeanne Cherhal과의 듀엣으로, 마치 빗방울이 규칙적으로 떨어지는 듯한 비트에 서글픈 멜로디가 파장을 일으킨다. 서로에게 충실하지 못하고 점점 거리감을 느끼며 혼자가 되어가는 사랑의 고통을 그렸다.

…난 더 이상 너의 애무조차 느끼지 못했어, 욕조에 있는 너, 어두운 밤 스스로를 어루만지는 너, 이 모든 것이 나를 괴롭히고, 고통은 날 찢어놓네… 나는 쓸모없고, 부조리하지, 어리석고, 허풍쟁이며, 무뚝뚝하고, 잘 속는, 거품 속의 홀로인 나 자신을 보지 못했네…

〈Mélancolique 우울증〉의 은은한 기타의 울림은 또다시 청자의 감성을 건드린다. 몽롱하면서도 서글픈 블루스 앰비언트에 자신에 대한 실망과 자책을 섞어 노래한다.

…난 한때 증기선이 많은 대서양 횡단을 마음에 담았고, 난 행복을 바라보았어, 하지만 넌 그 사람을 더 이상 볼 수 없을 거야, 이것이 늦은 청춘으로부터 내게 남은 거야…

후속작 《Pourquoi Tu Pleures? 왜 울고 있니?, 2011》는 비올레가 주연을 맡은 동명의 영화 사운드트랙과 영감을 받은 곡들을 수록했으며, 극중 여배우들이 참여하여 직접 노래하고 있다.

Vengeance

2012 | Naïve | NV827211

1. Aime Mon Amour
2. Profite
3. Le Sommeil Attendra
4. Sous le Lac Gelé
5. Venganza
6. Marlène Déconne
7. Personne dans Mon Lit
8. Ne Regrette Rien
9. Trésor Trésor
10. Belle Époque (Night Shop #2)
11. L'Insigne Honneur
12. La Fin de La Fin
13. Vengeance
14. Confettis

《Vengeance 리벤지, 2012》 다소 어쿠스틱한 록 사운드를 들려준 앨범으로, 바네사 파라디Vanessa Paradis를 비롯한 다양한 게스트가 참여했다.

〈Sous Le Lac Gelé 얼어붙은 호수 아래〉의 몽환적인 황홀감은 깊은 얼음물 속으로 청자를 끌어당긴다.

…얼어붙은 호수 아래, 그곳은 황량한 평원, 삶의 일부, 하지만 과거는 여전히 내게 돌을 던지네… 얼어붙은 호수 아래 우리의 사랑, 우리의 벗겨진 사랑은 짧고 컬트적이야, 그러나 시간은 가책을 느끼지 않지…

스페인어로 부르는 〈Venganza 복수〉 역시 몽환에 빠뜨리는 초현실적인 라운지로, 여성 게스트의 음성 또한 환영적이다.

…넘어지고 유혹에 빠졌네, 내가 누군지 모르기에, 난 넘어져 그 방향으로 추락했지, 응급처치로 인한 사망, 누가 날 죽였나, 난 네게 빚진 게 없어, 내 사랑, 그것을 위해 죽어, 그리고 다시 복수해, 복수하고 사랑해… 난 그림자와 사슬이 가득한 지옥에서 깨어났네, 불을 왕관처럼 만들었고, 아직도 두려움 속에 살고 있어, 고마워…

불어 랩과 영어로 노래한 타이틀곡 〈Vengeance 복수〉는 진격하는 장군의 맹세처럼 담대함이 어둡고 광활한 공간에 울린다.

…우린 꼿꼿하게 앉아 키스를 하지, 처음엔 친구처럼, 하지만 손이 움직이면, 우린 믿기 시작하지, 우리는 눈을 감았고, 우리의 고개는 충분히 돌렸네, 너무나 따뜻하게, 세상을 구하는 전사처럼 키스하고 있어, 영화가 끝날 때, 마지막 두 주인공이 모든 것을 구원하는 것처럼. 난 태양 아래서 살 거야, 내 연인, 아내와 함께, 딸들과 아들들과 함께…

후속작 《Trenet, 2012》는 재즈 샹송의 거장 샤를 트레네 Charles Trenet(1913-2001)의 고전들을 새롭게 커버한 작품이었다. 바네사 파라디Vanessa Paradis도 한 곡에 참여하여 트레네에 존경을 표했다.

Palermo Hollywood

2016 | Riviera | 572213-6

1. Palermo Hollywood
2. Miss Miss
3. Borges Futbol Club
4. Palermo Queens
5. La Débandade
6. Ressources Humaines
7. Tendresse Année Zéro
8. Palermo Spleen
9. La Noche Ya No Existe
10. Palermo Soho
11. Pas Sommeil
12. Pas D'ici
13. Yokoonomatopea
14. Ballade Française

본작은 약 10여 년간 방문했던 아르헨티나 부에노스아이레스의 한 지구인 팔레르모 할리우드가 영감의 원천이 되었으며, 사랑, 추억, 가족에 대한 향수를 담았다. 연극배우 소피아 빌헬미Sofia Wilhelmi와 힙합 가수 알리카Alika 그리고 자신의 아내였던 키아라 마스트로얀니Chiara Mastroianni도 참여하고 있다.

첫 곡 〈Palermo Hollywood〉에서부터 긴장감이 은은하게 깔리는 앰비언트가 매력적인 향내를 피우며, 여행지 첫날에 느끼게 되는 기대와 흥분은 점차 팽창 한다.

…팔레르모 할리우드나 팔레르모 소호에서 드디어 하루가 시작되네, 나는 무엇을 알고 있나? 내 머리가 돌고 있어, 어쩌면 잠들 수도 있겠지, 하지만 내 머리는 사랑으로 가득 차 있네, 그렇지만 다시 태어나지 못할까 봐 두려워. 난 여기서 죽이는 시간을 갖게 될 거야…

〈Miss Miss〉는 서스펜스한 현악, 맑은 통기타, 트럼펫 블루스, 트로피컬 재즈에 이어 반도네온이 뜨거운 열기를 뿜어낸다.

…난 널 사랑하지만, 그 사랑이 두려워… 내 피부밑에는 네 모든 것이 있지, 넌 트위스트를 춰, 내 육체 깊은 곳까지… 죽는 건 너무 슬퍼, 널 완전히 잊는 거니까, 너 없이는 난 못해, 넌 나에게서 널 빼앗을 수 없어…

〈Borges Futbol Club 보르게스 축구 클럽〉은 마치 엔니오 모리꼬네Ennio Morricone(1928-2020)의 영화음악을 듣는 듯한 간주곡이다. 비올레는 아르헨티나로 갈 때마다 경기 2시간 전부터 어린이들도 열띤 응원에 참여하며 브라스 연주가 울려 퍼지는 그 분위기에 매료되어 축구 경기장을 찾는다고 하는데, 아르헨티나 작가 호르헤 보르헤스Jorge Borges(1899-1986)가 1978년 월드컵이 아르헨티나에서 개최되었을 때 독재 정권에서 대중을 무감각하게 만드는 궁극적 인 도구로써 축구를 이용하는 것을 보고 비판했다는 사실에 이 곡을 썼다고 한다.

일렉트릭 탱고 발라드 〈La Débandade 패배〉에 는 우울감이 안개처럼 발걸음을 따라다닌다.

가장 낭만적인 곡 중 하나인 〈Palermo Spleen 팔레르모 스플린〉은 아르헨티나 테너 두일리오 스미릴리아Duilio Smiri -glia가 참여하여 오페라 성악을 절묘하게 믹스했다. 또다시 느끼게 되는 모리꼬네의 영화적 환상이다. 사실상 이 제목과 가사가 무엇을 뜻하는지는 알 수 없지만, 바다 를 등진 미친 도시 속 갈증의 지역에서 느끼는 체계적 혼돈이 주제임을 읽을 수 있다.

〈Yokoonomatopea〉의 멋진 현악과 록의 향연도 황홀하다. 이 역시 그 의미를 알 수 없지만, 죄어오는 미스터리한 분위기가 매우 영화적이다.

피아노 발라드 〈Ballade Française 프랑스 발라 드〉가 멜랑꼴리한 프랑스의 서정으로 노스텔지아 를 더한다.

피부처럼 연약한 바닥에 비가 떨어지고, 북풍에서 무역풍을 타고 훼손된 내 영혼을 항해하네, 따뜻한 바람 아래 비를 말려줘, 시로코의 애무 속에서… 나는 밤낮으로 내 삶 전체를 뒤흔드는 빗소리를 듣네, 파리의 하늘과는 먼 거리에서.

이듬해 팔레르모 할리우드의 두 번째 파트 《Volver 반환, 2017》을 발표했다.

아내였던 키아라 마스트로얀니Chiara Mastroianni와 함께 노래한 〈Encore Encore 또다시〉에는 사랑에 대한 욕망을 실었다.

영화배우 까뜨린느 드뇌브Catherine Deneuve의 피처링이 환상을 만드는 〈Happy Hour〉은 사랑의 선택에 있 어서 늦었다고 생각될 때가 가장 빠른 때임을 명시한다.

그리고 음유시인 레오 페레Leo Ferre(1916-1993)의 명곡 〈Avec le Temps 시간과 함께〉도 커버했다.

Grand Prix

2020 | Polydor | 602508911545

1. Comment Est Ta Peine ?
2. Visage Pâle
3. Idéogrammes
4. Comme Une Voiture Volée
5. Vendredi 12
6. Grand Prix
7. Papillon Noir
8. Ma Route
9. Virtual Safety Car
10. Où Est Passée la Tendresse ?
11. La Roue Tourne
12. Souviens-Toi L'Été Dernier
13. Interlagos (Saudade)

동갑내기 프랑스 배우 멜빌 푸포Melvil Poupaud와의 우정으로 탄생한 《Songbook, 2018》에는 자신들이 좋아하는 조르주 브라상스Georges Brassens(1921-1981), 니노 페레Nino Ferrer

(1934-1998), 세르주 갱스부르Serge Gainsbourg(1928-1991), 비니시우스 지 모라이스Vinicius De Moraes(1913-1980), 줄리앙 클레르Julien Clerc 등의 고전들, 《Néga-tif, 2003》에 수록된 〈La Vanité 화장대〉 등 자신이 불렀던 노래 재녹음, 그리고 바네사 파라디Vanessa Paradis를 위해 쓴 〈Station 4 Septembre 9월 4일 역에서〉 등 비올레가 다른 아티스트들을 위해 작곡한 노래까지 포함된 특별작이었다. 2LP와 음원으로만 공개되었다.

본작 《Grand Prix 그랑프리》는 발매되자마자 판매량 1위를 기록, 15만 장을 팔아 플래티넘을 달성했다. 커버에서도 짐작할 수 있듯, 자동차 경주를 소재로 인생의 여정, 승리와 패배 등을 주제로 하고 있다. 훅이 있는 단순한 멜로디는 더욱 중독성이 강하게 작용하며, 달콤하고도 때론 서정적인 정서의 세련된 표현력으로 비올레는 승리를 거두었다.

〈Comment Est Ta Peine ? 너의 고통은 어때〉는 프랑스 신인 여배우 나디아 테레슈키에비치Nadia Tereszkiewicz가 출연한 뮤직비디오로 공개되었다. 고통과 고민을 안고 살아가는 법을 배워야 한다는 메시지로, 은은하게 심장을 달구는 미드템포와 몽환적인 무드에 쉽게 빠져든다.

〈Comme Une Voiture Volée 도난당한 자동차처럼〉 역시 여배우 나디아가 출연했으며 자신의 라이브 클립과 교차편집하여 뮤비로 제작했다. 연인으로서의 인연을 놓쳐버린 자책의 노래지만, 부드러운 로큰롤의 후렴구는 곡이 끝나도 입가에 맴돌 만큼 매력있다.

…넌 내 인생의 전부야, 나의 태양이고, 나의 루비라는 걸 네가 알고 있었다면… 넌 내 죽음의 전부야, 진작에 널 만

났더라면… 넌 도난당한 자동차처럼 아름다워.

〈Papillon Noir 검은 나비〉는 간결한 록의 리듬을 따라 날갯짓을 하는 펑키한 시티팝으로, 은은한 흥분감을 유발한다. 한 여인의 밀애 파트너가 된 남자의 이야기로, 어둠처럼 검은 그들의 사랑을 희망이 사라지는 검은 나비에 비유한다.

침잠의 피아노 록발라드 〈La Roue Tourne 바퀴가 도네〉는 덧없이 흐르는 시간을 그린 것이다.

…바퀴는 끝없이 돌아가네, 모든 해변에서, 모든 기차에서, 바퀴는 돌아서 우리를 멀어지게 하고, 때로는 좋은 일로 우리를 산만하게 하지, 바퀴는 돌아가고 나이가 들수록, 우리가 더 많이 체득할수록, 우리는 아무것도 모른다는 것을 깨닫게 돼…

〈Souviens-Toi L'Été Dernier 지난여름을 기억해〉는 달콤함을 뛰어넘는 황홀한 낭만의 순도가 백 퍼센트이다. 따스한 햇살과 바닷물, 그리고 시원한 맥주 거품… 그러나 이 역시 놓쳐버린 사랑의 기회에 대한 절망적인 기억이다.

〈Interlagos (Saudade) 인터라고스 (사우다지)〉는 그와 키아라 마스트로얀니Chiara Mastroianni 사이에서 난 딸 안나 Anna Biolay와의 듀엣곡으로, 떠나버린 사랑을 그리워하는 사우다지에 푹 젖어있다. 그는 지난 추억을 회상하며 대상을 더 이상 기다리지 않는다고 편지를 쓰면서, 이곳 브라질 인터라고스에서 이번 일요일에 자동차 경주가 열렸다는 소식으로 끝맺음한다. 지극히 몽상적이고 아련하다.

팝 록 앨범 《Saint-Clair 생클레어, 2022》에 이어 라이브 트랙 모음집 《À L'Auditorium, 2024》을 발표했다. 지천명을 넘긴 프렌치 팝의 새로운 거장 벤자멩 비올레는 아직도 젊다.

사랑과 여인을 위한 환상곡

Charles Dumont ● 샤를 뒤몽

샤를 뒤몽(1929-2024)은 프랑스 카욜에서 태어나 어려서부터 피아노를 배웠고 제2차 세계대전 중에는 재즈에 관심을 두었다. 전쟁이 끝나고 파리에서 트럼펫을 배우려고 했지만, 목에 이상이 생겨 피아노로 전향하고, 여러 샹송 가수들의 반주를 맡으며 작곡을 공부하였다.

1955년에 도빌 샹송 콩쿠르에서 수상하여 이름이 알려지기 시작했고, 1960년대까지 달리다Dalida(1933-1987), 스페인과 프랑스와 멕시코에서 활동했던 여가수 글로리아 라쏘Gloria Lasso(1922-2005), 바스크 출신의 루이스 마리아노Luis Maria-no(1914-1970) 등을 위해 때때로 가명으로 작곡했다.

당시 협력하던 작사가 미셸 보케르Michel Vaucaire(1904-1980)와 〈Non, Je Ne Trouverai Rien, 아니, 아무것도 찾지 않을 거야〉을 1956년에 작곡했는데, 에디트 피아프를 염두에 뒀던 이 곡은 〈Non, Je Ne Regrette Rien 아니, 후회하지 않아〉로 제목이 바뀌었다. 1960년에 그녀의 집을 방문했지만, 매우 무례하고 비우호적인 태도로 한 곡만 불러보라고 했다고 한다. 그러나 이 곡을 들은 에디트 피아프는 "멋지네요. 이 노래가 저에게 아주 잘 어울려요. 당신은 세계적인 성공을 거두었습니다, 젊은이여. 걱정하지 마세요. 평생 함께할 곡을 만들어 주셨네요"라고 말했고, 1961년 올랭피아 극장 컴백 무대에서 부른 13곡 중 11곡이 뒤몽의 곡이었으며, 이 곡은 만년의 피아프 최고 히트곡이 되었다. 그녀는 이 노래를 알제리 전쟁 중이었던 프랑스 외인부대에 바쳤다. 자크 브렐Jacques Brel(1929-1978)과 함께 피아프를 위한 〈Je M'en Relie â Toi 나를 네게 맡기네〉를 썼고 그녀도 얼른 녹음하고 싶다는 뜻을 밝혔지만, 3주 후 그녀는 사망하고 말았기에 1964년에서야 자신의 곡으로 발표한다.

1966년에는 베를린 장벽을 본 후 쓴 〈Le Mur 벽〉이 바브라 스트라이샌드Barbra Streisand의 노래와 미셸 르그랑Michel Legrand(1932-2019)의 연주로 발표되었다.

우리에게 가장 잘 알려진 에디트 피아프Edith Piaf(1915-1963)의 샹송 〈Non, Je Ne Regrette Rien 아니, 후회하지 않아〉의 작곡자 샤를 뒤몽은 그녀의 노래 30곡을 작곡한 싱어송라이터이다.

Intimité

1972 | Pathé Marconi EMI | 2C 066-11950

1. Ta Cigarette Après l'Amour
2. Mon Amour
3. Ce Soir Il Neige
4. Comme une Fugue de Bach
5. Prends l'Amour
6. Les Amants (& Edith Piaf)
7. Les Snobis
8. Une Aventure
9. Socrate
10. Demain Pourquoi Pas
11. Le Fils Prodigue
12. Inconnu Excepté de Dieu (& Edith Piaf)

이태리에서 제작된 프랑스 코미디 영화 「Trafic 트래픽, 1971」의 사운드트랙을 맡은 뒤 발표한 《Intimité 은둔》은 그가 본격적으로 가수 활동을 하며 발표한 명연이다.

첫 곡으로는 그의 대표곡 중 하나로 꼽히는 샹송 명곡 〈Ta Cigarette Après l'Amour 사랑 후의 담배〉이다. 침잠의 피아노에서 독백하는 그의 음성에는 사랑이 얼마나 지속될까 하는 불안감이 서린다. 그럼에도 사랑의 노예가 되어버린 현실을 그러잡고 싶어 하는 욕망이 잔잔하다.

사랑 후의 너의 담배, 난 역광에 비친 그녀를 보네, 내 사랑. 매번 같은 일상이지, 넌 다른 생각에 잠겨있네. 이 사랑은 스며드는 푸른 담배연기 속에서 증발하고, 여명과 함께 사라질 거야, 밤이 걷히면 더 이상 고백할 게 없네, 낮이면 빈손으로 돌아가니까. 사랑 후의 너의 담배, 난 역광에 비친 그녀를 보네, 내 사랑. 넌 이미 표정도 너의 습관과 나이도 바뀌었네, 항상 항구로 데려가는 이 지구의 자전에 난 어쩔 도리가 없네. 서로를 저버리지 않는 한, 아침이 오면 우린 하나도 아니고 타인도 아니지, 사랑 후의 너의 담배는 사랑에 맞서 다 타버렸네, 내 사랑.

〈Mon Amour 내 사랑〉에서는 비장감과 쓸쓸함의 전자오르간이 푸른 안개를 피운다.

…내 사랑. 너도 나를 떠나네, 그리고 나에겐 아무것도 남지 않았어, 친구 관계조차도. 두 슬픔 속에서 홀로 남았을 뿐, 네게 말했을 때, 넌 이해하지 못했고, 나는 부정했었네… 그렇지만 그 시간은 돌아올 거야, 바람이 돌아오는 것처럼, 네 이름도 내게로 돌아올 거야. 그리고 내가 사는 한 널 잊지 못할 거야… 내 사랑.

〈Ce Soir Il Neige 오늘 밤에는 눈이 내리네〉는 따스한 낭만이고 부드러운 애정이다.

오늘 밤에는 눈이 내리네, 불 옆으로 와, 어서 가까이, 밤은 행복한 사람들을 지켜주지, 함께 꿈을 꿔. 고개를 숙이고 눈을 감아 봐, 저기, 거기가 좋겠어, 축복하는 마음으로 불타는 마음으로, 함께 꿈을 꿔. 오늘 밤에는 눈이 내리네, 둘이 꿈꾸기에는 정말 멋져, 가지 말고 가까이 와, 오늘 밤은 여기 머물러.

〈Comme Une Fugue de Bach 바흐의 푸가처럼〉은 코러스와 함께 파이프오르간을 닮은 은은한 바로크적 음의 감성이 너무나 애틋하다.

바흐의 푸가처럼, 넌 내 삶에 들어왔네, 하나의 멜로디가 되어. 밤의 네 꿈속에서 그리고 불면증 속에서 누가 널 괴롭히고 쫓아다니나? 바흐의 푸가처럼, 시작은 쉬웠네, 나는 알았지, 네가 유순하고, 아름다운 눈을 가졌으며, 우리 둘이 어울린다는 것을. 바흐의 푸가처럼 넌 자라서 바다가 되었고, 나의 온 세상이 되었네, 넌 나의 특별함이었고 교향곡이었네. 바흐의 푸가처럼 넌 날 아주 멀리 데려갔지, 아침이 오는 곳, 슬픔이 죽는 곳으로. 그리고 난 너의 말을 경청했고, 널 따랐지. 하지만 바흐의 푸가처럼 갑자기 넌 변했지. 넌 멀리 도망가고 있었네, 그러다 넌 돌아왔지, 난 우리가 어디에 있는지 알 수 없었어. 바흐의 푸가처럼 네가 복잡할수록, 혼란스러울수록, 내게 걸어올수록, 난 널 믿었고 더 사랑했었네. 바흐의 푸가처럼 마지막 화음에 우리의 내일은 죽었네, 넌 내 곁을 떠났고, 부재의 공백으로 고요만이 남았네. 하지만 끝나지 않을 바흐의 푸가처럼, 난 끝낼 수도 없고 원치도 않아, 우리가 사랑하던 시절로부터 그 하루만 잊어버려 봐, 왜냐면 내 기억이 우리 이야기를 되돌려주기 때문이야.

〈Prends l'Amour 사랑을 받아〉는 차이콥스키Tchaikovsky의 〈피아노협주곡 1번〉을 떠올릴 만큼 벅차고 웅장한 매력이 있다. 이태리 영화음악 같은 인상도 주는데, 피아노와 코러스가 매우 포근하다.

〈Les Amants 연인들〉은 에디트 피아프Edith Piaf(1915-1963)와 1961년에 발표한 노래로, 듀엣으로 노래한 원곡이 수록되었다.

…가끔 내가 네게 "언젠가 네가 날 사랑하지 않게 된다면, 어느 날 우리가 더 이상 서로 사랑하지 않게 된다면"이라 말했을 때, 넌 "불가능해!"라고 대답했지, 그리고 넌 웃었네, 글쎄 웃지 말아야 했어, 연인들이 이 노랠 들으면, 분명해, 자기야, 그들은 울게 될 거라고 확신해, 그들은 네가 말한 사랑의 말을 듣게 될 거야, 네가 날 사랑한다고 생각했을 때, 날 사랑했을 때의 목소리를 듣게 될 거야…

담담하고도 수수한 매력의 피아노 발라드 〈Socrate 소크라테스〉는 감정을 담아 건네는 사랑의 언어에 대한 것으로, '말보다 더 흔한 것은 없지만, 그것보다 귀한 것도 없다'라는 메시지를 남긴다.

〈Demain Pourquoi Pas 내일은 왜 안돼?〉는 쉼표가 많지만, 사랑에 애달픈 감정이 북받치는 것 같다.

…아무 말도 하지 않으면, 나는 매우 슬퍼, 날 사랑한다면, 내일 이후에는 말해줘. 난 오랫동안 이곳에서 아주 먼 나라들을 꿈꿔왔어, 또 다른 삶이 시작될 수 있다고 자신에게 말하면서. 그래, 하지만 삶은 우리를 꽉 붙잡고 있지. 어린 아이처럼 서로 약속하고 맹세했어. 떠나기 위해. 그동안 당신은 안녕이라고 인사했지, 넌 장갑을 낀 채 날 사랑한다 말하고는 떠나네.

〈Le Fils Prodigue 탕자〉는 흥미로운 곡으로, 컨트리풍의 록 전개가 매우 시원스럽다. 진실한 자신의 사랑을 찾아 떠나는 영웅에게 행운과 축복을 기원하는 노래가 아닐까.

〈Inconnu Excepté de Dieu 하나님 외에는 알지 못하느니라〉는 에디트 피아프와 함께 노래한 1962년 발표곡으로, 올드 상송의 고즈넉함과 뮤지컬의 드라마가 있다. 이는 수수께끼 같은 위대한 사랑의 길에 대한 노래이다. 만년의 피아프의 음성이 환상적으로 들린다.

Une Femme

1973 | EMI | 7980852

1. Crève Coeur
2. La Ville S'allume
3. Les Maudits
4. Une Femme
5. Je M'en Remets a Toi
6. Ici, Ailleurs
7. Mon Dieu
8. Tu Tends les Bras a L'homme de Joie
9. Ce N'est Pas Ca L'amour
10. Les Amants de Théâtre
11. C'est Fou de T'aimer
12. De Corps a Coeur

〈Crève Coeur 크레브 괴르〉는 일리노이강이 흐르는 크레브 괴르에서 열렬한 사랑의 신기루를 쫓았던 추억을 되뇌는 연가로, 다시금 돌아가고픈 바람이 아련하게 전해온다.

〈La Ville S'allume 불 켜진 도시〉는 고요한 사랑의 속삭임이 밤바람처럼 흐른다.

항상 여인을 노래했던 뒤몽의 대표곡 중 하나인 〈Une Femme 여자〉는 이상형을 꿈꾸는 남자의 이야기이다.

인생의 봄, 내 사춘기의 꿈속에는 여자보다 여자의 손과 몸과 얼굴이 자주 보였다네, 더 이상 어린아이가 아닌 이후, 희망에 실망하는 경험을 했지만, 여전히 여자의 얼굴을 찾았네, 나는 세월을 헤매며 말을 바꾸었지만, 좋은 시절을 꿈꾸며 초기에 충실하다네, 여자 그 이상의 한 여자를, 한 번도 만난 적이 없었던 여인을 꿈꾸며…

〈Je M'en Remets a Toi 네게 의지해〉는 포근한 평화가 밀려오는 로망스이다.

사는 것 혹은 더 이상 살지 않는 것, 웃는 것 혹은 웃음을 멈추는 것을 네게 의지해, 사랑하는 것, 행운의 일부로 소망하는 것, 혹은 절망도 난 네게 의지해… 넌 여름을 만들 수 있고, 난 겨울을 견딜 수 있네, 우리의 항해를 시작할 수 있기에, 네게 날 맡기려네.

〈Ici, Ailleurs 여기, 다른 곳〉은 감성적인 선율에 차분한 목소리로 사랑을 약속한다.

…우리를 갈라놓는 것에도 불구하고, 너무 늦기 전에 우린 좋은 시작을 하게 될 거야, 어느 날, 회색빛 시절이 지나면, 내 인생은 네 인생이 될 거야.

〈Mon Dieu 나의 하나님〉은 에디트 피아프가 1960년에 취입한 명곡이다. 완강한 거부에 〈Non, Je Ne Regrette Rien 아니, 후회하지 않아〉로 마음을 연 그녀가 다른 노래가 있는지 물었고, 그는 선원의 여정에 따른 항구를 제목으로 한 〈Toulon-Le Havre-Anvers 툴롱-르아브르-안트베르펜〉를 들려주었다. 선율에 매료되었던 피아프는 작사가 보케르에 전화로 가사 수정을 요청하여 이 명곡이 탄생된다.

하나님, 그를 데려가지 말아 주세요. 얼마 동안 더 나의 연인을… 하루라도 이틀이라도 얘기를 나눌 시간을, 추억을 만들 시간을… 하나님, 그래요, 그를 나한테 맡겨 주십시오… 나의 인생을 조금 충실케 해 주세요… 설령 내가 틀렸다 하더라도 조금만 시간을 주십시오… 다시 한번. 10)

〈Tu Tends les Bras a L'homme de Joie 기쁨의 남자에게 팔을 뻗어요〉는 애틋한 멜로디와 여성 허밍으로 부드러운 감정을 드러낸다.

〈Les Amants de Théâtre 연극 애호가〉는 은은한 기타에 실리는 잔잔한 슬픔, 〈C'est Fou de T'aimer 널 사랑하는 건 미친 짓〉의 현악 엘레지, 〈De Corps a Coeur 몸에서 마음으로〉의 유유한 낭만까지 아름다움으로 점철된 앨범이다.

Concerto pour une Chanson

1974 | Pathé Marconi EMI | 2C 066-12978

1. J'ai Besoin de Légendes
2. Ce Jour-là
3. Emerger du Printemps
4. Ma Mie de Peau Douce
5. Marie les Caresses
6. Je Suis Comme Tous les Autres
7. Tout Peut Arriver Demain
8. Il N'est Pas Mort L'Amour
9. L'Amour Nous Unit
10. Je Me Souviens de Toi

본작 《한 노래를 위한 콘체르토》는 클래시컬한 앨범이다. 〈J'ai Besoin de Légendes 난 전설이 필요해〉는 중후한 현악과 뭉클한 피아노가 애달픈 판타지를 그린다.

…널 사랑하기 위해 난 전설이 필요해, 내 사랑 내 우주는

---

10) 박홍진 「이야기 샹송·칸초네 여행」 삼호출판사, 1995, 131~132p

부드럽네, 최악의 날에도 나는 전설을 만들 거야, 네 금빛 머리카락 속에서 나는 구불구불한 길의 재를 잊어버렸네. 난 색깔과 네 눈에서 반사되는 하늘을 보았네, 파랗게 터지는 빛을 봤네, 넌 나를 혼자 남겨뒀지, 우린 더 이상 숲에 가지 않을 거야, 그리고 내가 갈게…

〈Ce Jour-là 그날〉은 회상적인 그의 고요한 목소 리가 바람이 되어, 하얀 방의 커튼을 부드럽게 흔든다.

…그날, 넌 내게 몸을 주었고, 내 마음도 묻지 않고 가져갔네, 그날 난 기쁨을 축하하기 위해 꽃과 색을 원했지만, 방은 너처럼 텅 비어 있었네, 그날, 우리가 일어났을 때, 태양이 있었고, 넌 나와 매우 가까웠네, 너무 가까웠기에 난 단번에 끝없는 영원을 알았네.

〈Emerger du Printemps 봄으로부터 출현〉은 클래시컬한 연주에 프랑스 여배우 나탈리 네르발Nathalie Nerval(1926-2012)의 낭송이 이어지며, 오페라의 한 장면 같은 〈Marie Les Caresses 애무의 마리〉는 달콤함과 미소를 주었던 마리에 대한 헛된 사랑의 공상을 웅장하게 연출한다.

〈Je Suis Comme Tous les Autres 난 다른 이 들과 같네〉는 사랑의 열망을 개선곡 같은 화려한 현악에 흘려보낸다.

…나는 두 송이의 예쁜 꽃처럼 밤의 여인에게 무작위로 바칠 노래를 만드네. 가장 슬픈 악당에게 동전을 주고서라도 모퉁이에 있는 소녀에게 장미를 주고 싶어. 나도 다른 사람들과 마찬가지야… 파도 사이에서 길을 잃는 미친 꿈속에서 나는 또 다른 세상을 창조하고 잠들지 않도록 내 노래를 부르네, 바빌론을 찾고 탈출할 문을 찾지, 나는 다른 사람들과 똑같아. 나는 하루하루를 살아가는 다른 사람들과 같네. 나는 사랑을 믿어.

〈Il N'est Pas Mort L'Amour 사랑은 죽지 않았 네〉는 사랑의 전원곡으로, 현악의 따스한 바람이 살랑살랑 불어온다.

…사랑은 죽은 것이 아니라 여름의 끝 조용한 아침에 다시 살아나네. 사랑은 죽지 않았네, 잃어버린 줄 알았는데 사랑은 죽지 않았네, 돌아왔기 때문이네.

〈L'Amour Nous Unit 사랑은 우리를 하나로 묶 네〉는 피아노협주곡을 듣는 듯하다.

〈Je Me Souviens de Toi 난 널 기억해〉는 고전 적인 왈츠곡으로 점점 웅장해지는 현악의 강풍에 아련한 감정이 아픔을 동반한다.

…네가 어디에 있든지 나는 널 기억해, 시간이 흐르고 세월이 흘러도 모든 것을 잊지 않는다고 사람들은 말하지, 시간이 흐르고 세월이 흐르고, 우리가 모든 것을 잊을지언정 그래도 나는 널 기억해. 바람이 불게 하라, 하늘이 울게 하라, 바다가 일렁이게 하라, 비를 내리게 하라, 네가 어디에 있든 나는 너를 기억해.

L'Or du Temps

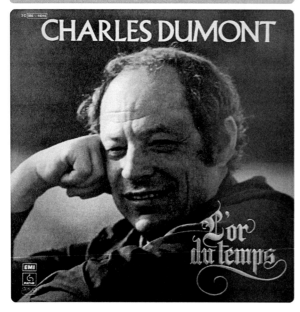

1975 | Pathé Marconi EMI | 2C 066-14215

1. Toi, La Femme Mariée
2. Ce Soir on Joue À L'Amour Fou
3. La Vie S'organise
4. Tu N'est Plus Rien Qu'une Chanson
5. L'Ame Soeur
6. Je Cherche l'Or du Temps
7. Si Tu Ne Crois Pas a L'Amour
8. Toi Et Moi on Fait Semblant
9. Elle a Seize Ans
10. Je Suis Venu Te Dire Bonsoir

본작 《L'Or du Temps 시간의 황금》의 첫 곡 〈Toi, La Femme Mariée 넌 결혼한 여자〉는 1970년대 팝의 전형으로, 단조의 전반에 장조의 후렴구로 구성되었다.

…내 방은 배, 우리가 난파한 곳, 그리고 우리와 먼 섬들, 잃어버린 나라인가? 내 것이 아닌 너… 내 기쁨의 딸, 내 고통의 여자, 내 생각의 여인, 내가 널 기다리고 있다는 걸 누가 알겠어. 벌써 시간은 되었고, 곧 봐, 그리고 넌 눈물을 참고, 그럼 잘 가, 네 삶은 다른 곳에 있으니.

〈Ce Soir On Joue À L'Amour Fou 오늘 밤 사랑으로 놀아〉는 부드러운 유혹의 노래.

〈La Vie S'organise 인생 정리〉는 사무치는 그리움의 야상곡이다.

…네가 없으면 모든 것이 날 혼란스럽게 해, 고유의 맛을 잃네, 너 없이 난 바보 같은 말만 해, 하지만 모든 일에도 불구하고 살아야 하지… 네가 없으면 인생은 정리돼. 하지만 난 어디에서나 널 찾고 있어.

우울한 현악이 클래시컬한 〈Tu N'est Plus Rien Qu'une Chanson 넌 노래로 남았네〉는 헤어진 후의 그리움이다.

…넌 희망 없는 나 자신을 위해 부르는 노래로 남았네, 내 피아노에서 검은 건반 위를 미끄러지듯…

〈L'Ame Soeur 소울메이트〉는 햇살이 내리는 연못의 백조 한 쌍을 바라보고 있는 듯한 그 잔잔함 위로 슬픈 피아노의 파문이 인다.

…우리가 기다리는 것, 우리가 항상 부르는 것, 소울메이트가 존재하는지 말해줘, 당신인가?

남우 프랑수아 펠리에François Périe(1919-2002)가 낭송하고 뒤몽이 노래한 명곡 〈Je Cherche l'Or du Temps 시간의 황금을 찾네〉는 여명이 밝아오는 전원곡같이 평온하다.

…난 널 기억해, 네 이상한 생각까지도, 넌 빗속에서 태양을 만들고 놀았지, 넌 모든 것이 변해야 한다고 계속 말했지, 난 시간의 황금을 찾고 있었고, 넌 이해하지 못했네, 난 시간의 황금과 사물의 아름다움을 찾네, 그곳에 서 있을 황금의 도시, 고귀한 목적을 위한 위대한 우정… 난 시간의 황금을 찾고 있고, 그건 내게만 중요할 뿐이네.

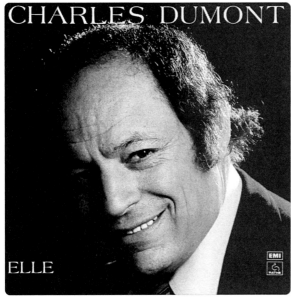

Elle

1976 | Pathé Marconi EMI | 2C 066-14347

1. Nuit Blanche à Honfleur
2. Se Quitter
3. Je T'aime
4. A Faire L'amour sans Amour
5. Le Mur
6. Leatitia Borghi
7. Elle
8. La Mélodie Blessée
9. Quand Irina Me Racontait
10. J'ai Connu des Artistes

〈Nuit Blanche à Honfleur 옹플뢰르의 백야〉는 지난 사랑을 회상하며 가을밤 고독을 푸르게 물들인다.

…너도 기억하는 푸른 방, 옹플뢰르로 돌아오는 어부들이 보이는 곳, 우스꽝스러운 음악에도 우리가 여름 내내 춤추었던 곳, 마치 네가 나타날 것처럼 창가에서 꿈을 잠시 꾸었네, 항구의 불빛이 꺼지고, 부두엔 더 이상 연인이 서성이지 않네, 카페엔 노래조차 들리지 않아, 죽어가는 계절이 슬퍼, 리넨 시트가 깔린 이 방, 고대의 꿈이 나를 기다리고 있던 곳, 헛되이 잠을 설치고, 바람이 불었네, 그리고 마음은 독감에 걸린 것 같아.

사랑의 찬가 〈Je T'aime 사랑해〉는 온유한 봄바람으로 가득 차 있다.

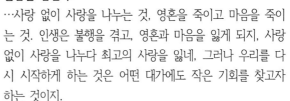

…넌 사막 한가운데의 오아시스와 같아, 넌 혹한의 겨울 속 불과 같지… 사랑해, 내가 미친 건가? 어쩌면 내가 틀렸을지도 몰라, 이렇게 너의 그늘에서 무릎을 꿇었으니…

여가수 조르제트 르메르Georgette Lemaire가 1965년에 취입했던 〈A Faire L'amour Sans Amour 사랑 없이 사랑을 나누는 것〉은 피아노의 서정이 아련한 슬픔을 남긴다.

…사랑 없이 사랑을 나누는 것, 영혼을 죽이고 마음을 죽이는 것. 인생은 불행을 겪고, 영혼과 마음을 잃게 되지, 사랑 없이 사랑을 나누다 최고의 사랑을 잃네, 그러나 우리를 다시 시작하게 하는 것은 어떤 대가에도 작은 기회를 찾고자 하는 것이지.

미국 여가수 Barbra Streisand가 1966년에 취입한 〈Le Mur 장벽〉은 누군가 커다란 불행, 고통, 증오, 두려움의 장벽으로 갈라놓더라도 사랑을 막지 못하며 전 세계를 향해 소리칠 것이라는 메시지를 전한다.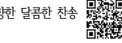

타이틀곡 〈Elle 그녀〉는 연인을 향한 달콤한 찬송가이다.

그녀는 문 뒤에 있는 희망, 내 약점이자 강점, 내 거짓과 내 진실이라네, 그녀는 눈이고 여름이지, 내 고요함이자 폭풍이며, 나의 야생화이자 난초라네, 나의 자발적인 망명이며, 내 욕망의 비밀정원이네, 모든 걸 잊을 수 있는 곳으로 데려가는 꿈이라네, 내 그림자이고 빛이라네, 모든 것의 시작과 끝이며, 내 인생이자 운명이고, 우리의 질서이자 나의 무질서라네, 난 그녀를 사랑하는 것 이상을 원치 않네.

Lettre À Une Inconnue…

1977 | Pathé Marconi EMI | 2C 068-14470

1. Lettre À Une Inconnue
2. La Laide
3. Il Est 4 Heures du Matin
4. Les Matins Magiciens
5. Une Chanson
6. Ton Sourire
7. Je Suis un Homme Seul
8. Vous Prenez
9. Les Amoureux des Années Folles
10. Léa

⟨Lettre À Une Inconnue 미지의 여인에게 보내 는 편지⟩는 잠잠하게 읽어가는 러브 레터로, 부드 러운 우윳빛 발라드이다.

…네 눈 깊이 무엇이 있는지, 어떤 비밀과 고백이 있는지 말해줘, 내가 읽을 수 없는 네 미소에 무엇이 있는지. 네 과 거는 너무 작아서 잠이 널 앗아갈 때, 난 네 꿈의 밖에 있 네. 내가 찾던 너, 꿈에서도 현실에서도 품에 안았던 당신 은, 알려지지 않은 채로 남아있네.

⟨La Laide 못난이⟩는 예쁜 마네킹을 못난이로 부 르며 사랑을 꿈꾸는 한 남자의 동화로, 맑은 순수 가 향기처럼 퍼진다.

⟨Les Matins Magiciens 마술사의 아침⟩은 연인 과 함께 눈을 뜬 아침의 행복감을 그렸다.

대표곡 중 하나인 ⟨Une Chanson 노래⟩는 아코 디언 연주와 허밍의 낭만으로 차 있는 왈츠이다.

비 오는 아침 하늘에 쓴 작은 시, 내가 언어로 어 루만지는 분홍 실크 빛 네 피부, 그것은 부드러운 4월 아침 의 입맞춤, 바다 위의 병이고 사막의 오아시스라네, 그것은 단지 무한대의 한 점, 피아노로 연주하고 말로 꾸미는 작은 멜로디 조각일 뿐, 그리고 오늘의 강에는 분명 내 인생의 전부가 될 거야. 노래, 별것 아니지만 샴페인이고 스릴이 지…

⟨Ton Sourire 네 미소⟩는 고요에서 격정으로 불 타는 피아노와 현악의 선율이 고색창연하다.

…늦가을 여러 번 키스하고 장작불을 피우던 일이 기억나. 하지만 너처럼 웃는 법을 아는 사람은 아무도 없었지. 오늘 은 네가 누구를 사랑하는지 모르겠지만, 내게 미소 지은 것 처럼 너도 다른 이에게 미소를 짓고 있니? 그것이 사실이라 면 나는 한없이 슬플 거야. 나를 위해 태양처럼 빛나던 너 의 미소가 특히 기억나… 그곳에서 내 삶을 환하게 비춰준 너의 멋지고 신비로운 미소…

⟨Je Suis un Homme Seul 나는 외로운 남자⟩는 뒤몽의 자화상이다.

…나는 피아노에 앉아 가사를 찾는 외로운 남자라네. 음표 를 찾는 사람이지, 시간이 지나고 밤을 넘어 사랑을 넘어 서… 나는 인생의 길에서 진실의 순간을 만나고 싶은 외로 운 남자라네. 나는 하루 종일 삶을 넘고 사랑을 찾는 외로 운 남자라네…

아름답기 그지없는 〈Vous Prenez 당신은 붙들고〉는 밤하늘에 별과 함께 뜨는 여인의 환상으로, 맑고 고요한 정서가 너무나 가깝게 느껴진다.

…당신은 종을 흔드는 바보를 받아들이네, 뛰어다니는 곰도, 큰 등을 가진 난쟁이도. 카드로 만든 아름다운 집에서, 몇 가지의 속임수로. 사라지는 그 환상은 사랑일 거야. 마음속에서 벌어지는 카드 게임, 우리가 간직하고 있는 환상, 그것은 확실히 인생이야.

여배우 주디스 마그르Judith Magre와 대화하는 듯 듀엣으로 노래한 〈Léa 레아〉는 낭송 부분과 여성 스캣까지 첨가된 명곡 드라마이다.

…긴 벨벳 드레스에 빛나는 빨간 머리칼, 검은 낙원의 수호자 레아가 문을 여네, 가득 찬 술잔으로 시름을 달래러, 혼자 혹은 무리 지어 오는 이들에게, 그녀는 밤의 여왕이라네, 친구인 내게 말해줘, 레아, 남자를 좋아하는지, 돈을 좋아하는지, 사랑을 좋아하는지. 난 늘 한 남자만을 사랑해요, 그의 어깨에 기대서만 잠들지요, 다른 건 코미디일 뿐, 하찮은 들러리거나 아무것도 아니랍니다… 많은 남자가 그녀에게 와서 진주와 화환을 건네지만, 레아는 미소 지으며 괜찮다고 말하지, 그녀는 단 한 남자의 여인이라네.

골드를 기록한 후속작 《Les Amours Impossibles 불가능한 사랑, 1978》의 타이틀 명곡은 뒤몽만의 애상적인 서정을 만나게 되는 대표곡이다. 특별히 격정적인 감정의 기복이 드러나진 않지만, 간결하고도 담백한 수필처럼 소중한 순간의 의미를 잘 그리고 있다. 불가능할 것 같이 불현듯 조용히 찾아와 우리의 심장을 쿵쾅거리게 하며 한여름의 욕망과 진실에 맞닥뜨리게 되는 사랑에 대한 감상이다.

〈Une Femme Qui Dort 자고 있는 여자〉는 은은한 피아노로 사랑의 야상곡을 써 내려간다. 가사를 알 수 없음이 유감이지만, 자신의 욕망이자 꿈이며 자유인 연인을 향한 깊고 따스한 눈길이 애조의 드라마처럼 흐른다.

하프시코드의 고풍스러운 서주로 시작되는 〈La Fille De Jacob 자코브의 딸〉은 주마등처럼 스치는 경쾌한 템포의 오케스트레이션이 매우 구성진 선율의 전개를 들려준다. 피아노로 쇼팽 음악을 공부하던 사춘기 16세 때 다가온 첫사랑에 대한 회상으로, 아직도 그 피아노를 보며 음악을 쓰고, 행복하게 해 준 황금빛 눈을 가진 소녀를 잊지 못한다는 이야기를 담았다.

Ça Nous Ressemble

1979 | Pathé Marconi EMI | 1A 066-14814

1. Les Gens Qui S'Aiment
2. C'est Ton Premier Amour
3. Les Illusions Perdues
4. Mon Grand Piano
5. La Chance
6. Province
7. Hommes-Fleures Femmes-Prêtresses
8. Je T'Aime Fort Tu Sais
9. Voyages
10. Ça Nous Ressemble

타이틀곡 〈Ça Nous Ressemble 우리와 닮았네〉 는 은은한 기타의 떨림이 한밤의 서정을 푸르게 물들인다.

잃어버린 사랑의 밤에, 요동치는 심장의 상심, 천국을 기다리는 질투, 사랑을 덮는 증오의 노래, 슬픔에 웃는 사랑의 노래, 우리 둘을 위한 교향곡, 비와 황금의 하모니, 함께 사는 우리와 닮았네. 자신을 아프게 하지 않고, 자신을 용서하고, 서로를 이해하지 못한다면, 같이 사는 게 아니야. 같이 살아도 마음이 없다면, 이 부드러운 강물은 구불구불하게 흐를 거야…

〈Les Gens Qui S'Aiment 서로 사랑하는 사람 들〉은 유유한 물랑루즈의 재즈를 듣는 듯한 사랑의 찬가이다.

…그들은 영원을 발명하지, 그들은 삶과 함께 걷고, 때로는 시간이 그들을 잊지… 그들은 둘을 위한 우주를 창조하지, 그들은 침묵의 메모와 함께 수천 가지의 신뢰를 쌓지… 무슨 일이 생기든 단 한 순간도 잊지 마, 우리가 서로를 사랑하는 절망적인 사람이라는 것을.

소녀의 음색을 지닌 여가수 미셸레Michèle와 함께 노래한 〈C'est Ton Premier Amour 이것이 네 첫사랑〉은 마치 자장가처럼 평온한 시간이며, 〈Mon Grand Piano 나의 그랜드피아노〉는 달콤하고도 충만된 사랑의 공간이다.

〈Je T'Aime Fort Tu Sais 너도 알다시피 널 많 이 사랑해〉는 이별의 드라마로, 우울한 감정은 점차 큰 파문을 일으킨다.

난 널 매우 사랑해, 넌 알고 있네, 아니 넌 몰라… 우린 더 이상 행복하지 않아, 네 사랑은 너무나 미지근한걸, 그 때문에 오늘 저녁 널 떠나려 해, 그러나 가까웠기에 너와 함께 머물면서 네 눈의 빛 속에서 배를 젓고 있어… 네가 날 위해 문을 열어줬으면 좋았으련만, 이 숨겨진 항구, 이 비밀의 문, 여성에 대한 네 욕망을 열어주는 이 문, 넌 감춰진 즐거움이고 가장 터무니없는 환상이야.

Un Homme Tout Simplement

CHARLES DUMONT

"Un homme, tout simplement"

1980 | Pathé Marconi EMI | 2C 070-72250

1. Les Souvenirs Ca Va Ca Vient
2. Un Rendez-vous d'Amour
3. Le Blues Americain
4. Un Homme Tout Simplement
5. Il Se Peut Que Je T'aime Encore
6. Ma Melodie C'est une Femme
7. Est-ce Que Je T'ai Connue
8. Tu Dis
9. Le Pianiste du Bar
10. Ressusciter l'Amour

〈Les Souvenirs Ca Va Ca Vient 추억은 오고 가네〉는 외로움을 타는 가을에 창공 속으로 낙엽들이 바람에 실리는 듯한 왈츠풍의 노래이다. 평온하고 잔잔한 우수가 아코디언과 현악으로 흐르며, 긍정적인 메시지는 솜털같이 부드러운 여성 코러스와 함께 물든다.

…추억에서 추억으로, 사랑은 끝나지 않길… 사랑은 죽고 싶지 않아.

〈Un Homme Tout Simplement 그냥 남자〉는 개인적인 애청곡 중 하나로, 피아노와 현악의 서정이 오월의 따사로운 햇살처럼 잔잔히 퍼진다.

남자는 그냥 남자일 뿐, 거대하지도 강하지도 않아, 다른 사람들과 똑같은 한 남자지. 사랑에 빠졌을 때, 그 남자는 더 이상 같은 사람이 아니야. 자신이 신념대로 이유도 없이 광기 어린 사람이 되지, 그는 너만 사랑하니까. 그가 사랑에 빠졌을 때, 그는 바이올린의 긴 흐느낌 같은 베를렌Paul Verlaine(1844-1896)의 시를 기억에 떠올리지. 그의 불면의 밤들과 모든 걱정, 그리고 모든 문제, 모든 불확실성, 그리고 날씨가 덥든 춥든, 너의 품에 안겨 있으면 상관하지 않아. 그가 사랑에 빠졌을 때, 그 남자는 더 이상 남들과 같지 않아, 서투르고 실수투성이며 약점이 많은 이 남자는, 다른 모든 남자와 다를 게 없지, 거대하지도 강하지도 않지만, 유일한 남자라네.

〈Ma Melodie C'est une Femme 내 멜로디는 여자〉는 스위스 출신의 여배우 마르트 켈러Marthe Keller의 낭송과 함 께 사랑에 빠진 한 여인의 진솔한 고백을 들려준다. 마치 맑은 시냇가에서 발 담그고 데이트를 하는 것처럼.

나는 네게 웃어준 낯선 사람이야, 나는 여름날의 교향악이고, 빗속을 걷는 행인이며, 끝나지 않는 댄스 스텝이지… 나의 첫 번째 메모는 '널 사랑해'야, 난 잠시 영원하며, 결코 예전 같지 않은 사람이야, 난 너에게 가장 아름다운 마음의 충동을 빚지고 있어, 난 너에게 내 가장 아름다운 사랑 노래와 가장 아름다운 사랑의 순간을 빚지고 있어.

〈Le Pianiste du Bar 바의 피아니스트〉는 재즈 샹송의 낭만적인 멋에 고풍스러운 매력도 배가된다. 그러나 이는 아련한 사랑 이야기이다.

바 피아니스트는 매일 저녁 연주하고 노래하네. 요즘과 옛

날 히트곡을 새벽 3시까지 연주하지. 오페라, 쇼팽, 비틀즈, 시나트라 그는 모든 것을 다 외우고 있네. 1시간 30분마다 스카치를 마시면서도. 'Good Night Darling, Good Night'은 그가 거의 연주하지 않는 곡이라네, 이는 25년 전 반쯤 성공했지. 아무도 이 곡이 그 사람의 노래라는 걸 모르네. 이 젊은 여성이 그녀의 삶과 마음과 영혼을 밝혀준 그 시절의 노래지. 바텐더가 그를 만나러 오네. 바 근처에 손님이 있어요. 저기 아름다운 갈색 머리의 여자 손님이 'Good Night Darling, Good Night' 같은 노랠 아느냐고 묻네요. 피아니스트는 낯선 사람에게로 돌아섰네, 그녀는 그를 알아보지 못했지만, 그녀는 거의 변하지 않았네, 피아니스트는 마음이 조여드는 걸 느끼네. 오늘 그들은 너무나 가깝고도 멀었지. 마담은 지난날을 후회하지만, 바의 피아니스트를 전혀 몰랐네. 잘 자 내 사랑, 잘 자.

웅장한 대미를 향하는 〈Ressusciter l'Amour 사랑의 부활〉은 긍정과 희망의 피아노와 함께 불타 는 현악이 흑백에서 화려한 색채미를 더한다.

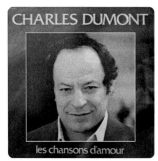

후속작인 《Les Chansons D'Amour 사랑 노래, 1981》에서는 〈L'Amour Interdit 금지된 사랑〉이 극적인 이야기를 들려준다.

비밀리에 금지된 사랑을 했던 두 연인이 몇 번의 기회를 놓치고 다시 만난 건 그날 오후였네, 어디에서나 일어날 수 있는 이 추방된 이 연인은 당신일 수도 있네… 그러다가 손이 풀리는 순간이 오지, 더 이상 연인이 아니어야 하는 곳에서, 서로를 부인해야 하는 곳에서. 모든 것은 시간과 함께 지나가지, 아름다운 이야기와 여전히 사랑한다는 기억을 제외하고… 과거도 주소도 없고, 약속도 할 수 없는 금지된

사랑, 술 취한 것 같은 금지된 사랑, 돌아올 희망도 없는 삶의 가장자리에서, 그럼에도 그것은 사랑이었네… 우리는 삿대질하고 때로는 비웃지, 금지된 사랑에 돌을 던지지 마. 〈Don Juan Est Mort 돈 주앙은 죽었네〉은 플라 멩코 스타일의 비장한 발라드로, 연주시간은 짧지만 독특한 인상을 남긴다.

Aime-Moi

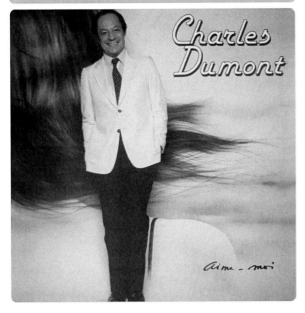

1982 | Pathé Marconi EMI | 2C 070-72574

1. Femme de Ma Vie
2. Elle Ne Veut Pas Qu'On la Réveille
3. Les Fleurs
4. Ma Florentine
5. Aime-Moi
6. Ecoutez-Moi Jeune Homme
7. Drôle de Voyage
8. Ce Qu'elle A, C'est Ce Qu'elle N'a Pa
9. La Femme Enfant
10. Ah! Rendez-Nous Les Accordéons

본작 《Aime-Moi 날 사랑해 줘》는 국내 라이선스로도 소개된 1980년대 대표작이다. 대부분의 가사는 바르바라Barbara (1930-1997) 등과 협업하고 샤를 뒤몽과는 1967년부터 작업해온 샹송 여가수 소피 마흐노Sophie Makhno(1935-2007)가, 편곡은 장-클로드 페티Jean-Claude Petit가 맡았다.

첫 곡 〈Femme de Ma Vie 내 인생의 여인〉은 특히 침울한 피아노와 드라마틱한 현악으로 사랑받았던 소품이다.

난 네 미소를 믿고, 네 웃음소리에 웃지, 넌 꿈에서 나를 살해해, 검은색이라 하더니 흰색이라고 거짓말도 잘 둘러대지, 너의 낮과 밤은 다르지만, 넌 내 인생의 여자라네. 넌 건설하고 파괴하지, 나를 찾고는 도망치지, 나는 네 질문에 응답하지만, 넌 내 말을 듣지 않고, 네가 결정하고 선택하지, 너는 부루퉁하고 지루해해, 벌받는 아이처럼, 하지만 넌 내 인생의 여자라네. 영원한 여인아, 날개를 펼치면 하늘에 닿을 수 있는 넌, 저 멀리서 사네, 과거도 현재도 아닌 다른 시간 속에서. 난 널 부드럽게 흔들고 행복을 약속하지만, 넌 망각하고 광기를 따라가지. 너의 순진한 공격에 난 매번 죽지만, 너의 밤에는 내 삶의 모든 빛이 있어. 너의 밤에 점점 더 빠져들게 하는 넌, 내 인생의 여자라네.

〈Elle Ne Veut Pas Qu'On La Réveille 그녀는 깨어나고 싶지 않아〉는 언제 들어도 포근한 낭만과 애정이 샘솟는다.

그녀는 깨어나고 싶어 하지 않아, 그녀는 사람들이 심술궂다고, 더 이상 그들을 놀라게 할 것은 아무것도 없다고, 그녀는 그들이 무관심하다고 말하네. 그녀는 겨울 아래 봄을 보네, 그녀는 얼음 밑에서 꽃을 꺾고, 시간의 흐름을 아름다운 역행으로 바꾸네, 그녀는 모든 것을 마음으로 배우며, 겉모습을 보지 않고, 침묵 속에서 듣네, 다른 곳에서 오는 음악을 듣지. 그녀는 세상이 바뀌는 것에 대한 장점을 알리고 하지 않고, 방해받는 걸 원치 않아, 거울 저편에 행복의 존재에 대해 나는 그녀의 확신을 믿네, 나는 그녀의 고독을 존중하고 그녀의 방해를 보호하고파.

〈Aime-Moi 날 사랑해 줘〉의 청춘의 연애편지처럼 부드러운 달콤함도 오랫동안 애청되어 왔다.

너 없이 살았던 모든 날을 위해, 내가 널 꿈꿨던 모든 밤을 위해, 내가 널 위해 취한 이 사랑을 위해 날 사랑해 줘. 나의 과거, 나의 의심, 나의 약점을 위해, 내 실수, 내 결점, 내 술 취함을 위해서라도, 당신이 있기 전 나의 세월을 봐서라도 날 사랑해 줘. 너는 나만을 위한 여름 아침처럼 거기 있네, 내가 그것을 믿는 데는 조금 시간이 걸릴 거야, 모든 것을 다시 시작하기 위해, 잊힌 모든 연인의 이름으로 나를 사랑해 줘. 운명이 갈라진 이들을 위해, 자신을 사랑하는 법을 모르는 모든 사람을 위해, 최악과 최고의 경우에도 나를 사랑해 줘.

〈Ah! Rendez-Nous Les Accordéons 아! 만나요 아코디언〉은 아코디언의 향수가 회전목마의 낭만처럼 물씬 풍긴다. 이는 세월이 흘러 변해버린 지금 지난날 사랑했던 청춘의 추억이 깃든 것을 돌려달라는 내용이다.

이듬해 에디트 피아프 추모 20주년을 맞아 《Souviens-Toi… Un Jour À Edith Piaf 기억해 에디트 피아프와의 하루를, 1983》을 냈고, 그의 오랜 작사가 소피 마흐노의 시나리오에 심포니 오케스트라를 대동하여 발레와 노래가 있는 클래시컬 콘서트를 기획하고 앨범 《Passion, 1984》을 냈다.

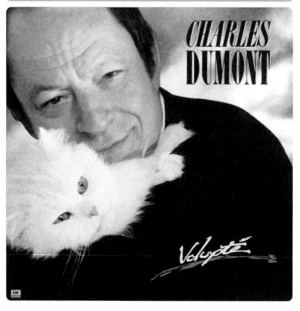

Volupté

1985 | EMI | 1729711

1. La Musique (& Diane Juster)
2. La Volupté
3. C'est Difficile un Grand Amour
4. L'Amour Sans Faire l'Amour
5. Je Rêvais (& Carole Fredericks)
6. C'est Merveilleux D'être Amoureux
7. Rousse, Blonde et Brune
8. On a Tous dans le Coeur
9. La Vagabonde
10. La Foire de Leipzig

그의 많은 오리지널 앨범들이 CD화 되지 않았지만, 본작 《Volupté 육감》은 일본에서 3년 뒤 CD로 재발되었다. 〈La Musique 음악〉은 퀘벡 출신의 1946년생 여성 싱어송라이터 다이앤 저스터Diane Juster와 듀엣으로 노래했는데, 세련된 멜로디와 감미로운 호흡이 비단결처럼 부드럽다. 이는 사랑을 시작한 이들에게 음악을 친구로 삼으란 권고이다.

…사랑에 빠진다는 것이 무엇인지 너무나 잘 아는 너, 눈을 빛나게 하는 말을 너무나 잘 아는 너, 부드러움과 폭력을 결합하는 방법을 다시 알려줘, 그리고 이제 막 시작된 사랑으로 함께 잘 사는 방법도. 넌 연인에게 말하고 싶지, 삶이 진실이라는 것을… 음악은 행복의 열쇠, 행복으로 가는 길이야… 모든 것이 끝났다고 생각될 때, 음악은 우리의 인생을 다시 사랑하게 만드네…

진실한 사랑의 쾌락은 무죄라는 타이틀 〈Volupté 육감〉은 다소 몽환적인 분위기로, 어둠 속에서 감 각을 찾아 탐험하는 듯한 느낌이다.

…서두르지 말고 부드로 와, 풍만한 기슭으로 와서 사랑의 예술의 진실을 발견해 봐, 너의 즐거움은 결백해, 무죄란 얼마나 비뚤어진 것인가, 나는 드넓은 바다를 향해해, 우리를 흔드는 평범한 숨결에, 수많은 새의 날개가, 네 잔잔한 물을 떨게 만들어봐, 곧 당신과 함께하리, 무엇보다 조급해하지 마…

이전 곡 〈Volupté 육감〉이 에로스적 사랑에 치중되었다면, 〈L'Amour Sans Faire l'Amour 나누지 않고 사랑하기〉는 아가페적인 사랑에 더 가깝다. 그래서일까? 좀 더 명상적인 분위기가 감돌고 여전히 애달픈 뉘앙스이다.

우리는 항상 약속 상태에 있을 거야, 우린 사랑을 애무 속에 가두지 않을 거야, 열렬한 연인들의 열정의 침대, 너와 나는 결코 그 안에서 잠들지 않을 거야, 난 네게 사랑에 대해 말하지 않고 널 사랑할 거야, 당신이 사랑이니까… 내가 매일 널 조금씩 더 사랑하더라도, 넌 사랑을 하지 않고도 사랑으로 남을 거야.

〈Je Rêvais 나는 꿈꿨네〉는 프랑스에서 활동한 미국 출신의 흑인 여가수 캐롤 프레더릭스Carole Fredericks(1952-2001)와 듀엣으로 노래한 달콤한

소울 팝이다.

…나는 꿈꾸었네, 그러다가 기차를 놓쳤지, 많은 날을 잃었어… 내 인생에서 나는 무엇을 했는가, 나는 사랑을 위해 살았고, 시를 위해서 나는 꿈을 꾸었네…

〈C'est Merveilleux D'être Amoureux 사랑에 빠지는 것은 멋진 일〉은 크림처럼 부드러운 여성 코러스로 모든 긴장의 끈을 놓게 되는 힐링 음악이라 하고 싶다. 그의 레퍼토리 중에서 가장 달콤한 곡.

〈La Foire de Leipzig 라이프치히 박람회〉는 고풍스럽고도 화려한 바이올린 연주가 강렬한 인상을 남긴다. 뒤몽은 한 예술가의 자서전처럼 가사를 썼는데, 그가 누군지 너무나 궁금하다.

그는 선량한 프랑스인이었고 그의 상상력에는 환상이 없었네, 또한 선한 주님께 가기 전 자신의 눈에 안개가 낀다고 말했네, 죽음은 심각하지 않아, 왜냐하면 살아있는 모든 것에게는 의무적인 여행이기 때문이지, 그것이 나의 마지막 옷이야, 나를 괴롭히는 것은 라이프치히 박람회를 한 번도 본 적이 없이 떠나야 한다는 것이네. 이것은 오래전 그의 마지막 말이었네… 나는 독일의 도시들을 거의 본 적이 없으며, 그 깃대에 올라본 적도 없네, 내 전 친구의 이상한 욕망에 대해 아무것도 이해하지 못한 채 죽을 수도 있지, 그러나 예술가를 사랑하는 하나님과의 우연은 인상파 사람들의 책 사이 고딕 양식의 전단지에서 '라이프치히 박람회에서 꿈을 이루세요'라는 문구에 빠져들었네.

Libre

1987 | EMI | 7480032

1. Je Ne Veux Plus Mourir Pour Toi
2. La Femme Nue
3. Avec Toi
4. L'éxilé
5. Libre
6. Les Images
7. Un Jour
8. On A Tous un Côté Tzigane
9. Macho Mon Chien
10. Carnaby Street

본작 《Libre 자유》는 전작 《Volupté 육감》에 이어 장-클로드 페티Jean-Claude Petit의 편곡을 거쳤다.

〈Je Ne Veux Plus Mourir Pour Toi 더 이상 널 위해 죽고 싶지 않아〉는 이제 전형적인 뒤몽의 서정이라 할 수 있을 듯하다. 상념적인 피아노와

클래시컬한 현악은 마음을 시리게 한다.

…빗속에서 번개가 치네, 안개에서 여름 태양까지 잃어가는 자신을 발견하네, 모든 것을 다 잃었지만 모든 것을 다시 주고 싶어, 끝나지 않은 파도처럼 네 몸의 해변에서 죽어가네. 어쩔 수 없지 우리 사랑은 전쟁을 닮았어, 더 이상 널 위해 죽고 싶지 않아, 더 이상 네게 속하고 싶지 않아, 더 부재의 사랑, 욕망의 사랑으로 널 위해 죽고 싶지 않아. 나는 이 말을 백 번 이상 말했지만, 첫날처럼 넌 내 생명을 손에 쥐고 있네, 넌 나를 사랑으로 죽게 할 수 있지, 내 사랑은 나보다 강해, 널 위해 나는 사랑으로 죽고 싶어.

〈La Femme Nue 벌거벗은 여인〉은 은은하고도 고풍스러운 연주로 회상적인 드라마를 재생시킨다.

…우리는 그녀를 벌거벗은 여자라고 불렀지. 아름다워서였는지 아니면 위대한 무명 화가들의 모델이 되었기 때문인지, 그녀가 테이블 사이를 지나갈 때마다 농담이 튀어나왔지. 나는 그것이 역겨웠네. 그녀는 무표정하고 미소를 지었지… 잃어버린 시간을 찾아서 사춘기를 생각하면, 벌거벗은 여자를 만난 건 행운이었다고 자신에게 말하지… 그리고 마지막 심판까지 기억 속에 간직할 거야, 나를 매료시켰던 그 여자, 검은 드레스를 입고 벌거벗은 그 여자…

〈Libre 자유〉에서 느끼게 되는 부드러움과 따스함은 봄날의 노란 행복감으로 청자를 물들게 하며 나비처럼 평온한 정원을 거닐게 한다.

우리가 자유로운 존재임을 알기에, 생각하고 꿈꾸는 것을 좋아하지… 모든 꿈을 가지고 삶을 추구하려면, 실시간으로 어떤 변수가 일어날 수 있다는 것을 알아야 해… 매 순간의 자유를 느끼며 평생을 살아가려면, 삶의 이유를 찾으려면, 떠나거나 더하려면… 자유가 가져다줄 행복을 떠올려봐, 그리고 당신의 자유를 공유해 봐…

〈On A Tous Un Côté Tzigane 우리 모두에겐 집시적인 면이 있네〉는 바이올린의 화사하고도 애

상적인 연주가 고혹적인 흑백 시대의 낭만 속으로 초대한다. 그는 바이올린 외에는 아무것도 가진 게 없었네, 우리는 그의 실명, 과거, 나이조차 전혀 알지 못했지. 그는 동네의 한 장신구일 뿐이었네, 북부 교외가 시작되는 이 주변 지역에서, 그는 음악으로 빛을 발했지. 때는 60년대, 나는 파리에 도착했고, 벼룩시장 카페에서 불면증에 빠져버렸어. 우리 모두는 집시적인 면을 가지고 있지, 밤과 함께 여행할 때나 인생의 어두운 순간에도. 모두가 귀가할 때쯤, 우리는 거기 머물면서 함께 술을 마셨네, 그는 단 한마디만 말했지, 자신이 나랑 닮았다고. 그 말이 현실이 됐어, 그게 내 인생의 길이었지, 음악은 내 운명이었네. 그에게도 음악이 조국이었던 만큼. 그가 밤에 황무지에서 황무지로 사라진다면, 그는 내 향수 속에서 이성이 방황하는 저녁을 노래할 거야, 나에게 바이올린을 연주해 줘, 집시 바이올린 음악은 나의 조국이니까.

후속작 《Le Bout du Monde 세상의 끝, 1988》에는 욕망과 영원에 대한 희망에 대한 열쇠를 찾기를 바란다는 타이틀곡을 실었다.
또한 새롭게 연주된 명곡들 〈Ta Cigarette Ap -rès L'Amour 사랑 후의 담배〉와 〈Mon Dieu 나의 하나님〉을 만날 수 있다.
《Elle Et Lui 그녀와 그, 1991》를 거쳐 그의 히트곡을 새롭게 연주한 《Passionnément 열정적으로, 2005》에서는 풍성한 현악과 함께 만년의 뒤몽을 만날 수 있다.

가수로서 샤를 뒤몽의 목소리에는 알토 색소폰의 이미지가 떠오른다. 그는 떠났지만, 금관악기 같은 독특한 울림은 훌

류한 작곡의 아름다운 멜로디를 통해서 깊은 멋을 영원히 선사하고 있다. 즐비한 베스트앨범과 모든 초기작들이 디지털 음원으로 출시되었다.

사랑과 슬픔의 볼레로
Dalida ● 달리다

그녀는 우리에게 〈Bambino 아이〉, 〈Gondolier 뱃사공〉, 〈Le Temps des Fleurs 꽃들의 시간〉, 〈Il Venait d'Avoir 18 Ans 이제 18세가 되었네〉, 알랭 들롱Alain Delon(1935-2024)과 노래한 〈Paroles, Paroles 말, 말〉 등 수많은 히트곡으로 기억되고 있는 가수이다.

달리다(1933-1987)는 본명이 요란다 크리스티나 질리오티Iolanda Cristina Gigliotti로, 부모는 이태리 카라브리아 지방 출신이었다. 선술집 연주자로 일하던 아버지는 생계를 유지하기가 어려워 이집트로 이주했고 카이로 오페라 하우스 수석 바이올리니스트가 되었다. 그래서 그녀는 이집트에서 태어나 오빠와 남동생과 함께 어렵지 않은 생활환경 속에서 성장했다. 그러나 7세 때 부친은 연합군에 의해 포로수용소에 수감되고 4년 뒤 석방되었을 때는 매우 폭력적으로 변해서 바이올린으로 자장가를 연주해 주곤 했던 아버지가 매우 원망스러웠다고 한다. 1년 뒤 12세의 소녀는 부친을 병사로 잃었다.

10대 시절, 삼촌이 영화관 영사기사로 일했기에 연기에 관심을 갖게 되며, 학창 시절 공연무대에도 오른다.

1954년 친구의 권유로 재미로 도전했던 미인 대회에서 2등을 차지했으나, 신문 사진을 본 보수적인 모친은 그녀의 머리를 짧게 깎아버렸다고 한다. 결국 어머니를 설득하여 모델이 되었고, 세 편의 영화에도 캐스팅되었다. 그해 말 오디션을 위해 프랑스로 건너갔지만 결과는 좋지 않았고, 그녀의 작은 아파트 이웃은 무명의 알랭 들롱이었다.

연기 일이 쉽지 않자 노래에 도전했는데, 카바레 가수에 이어 노래 경연에서 우승하면서 '달리다'라는 이름으로 프랑스 Barclay 레이블과 계약을 맺고 〈Bambino 아이〉로 판매 차트 1위를 차지하는 등 큰 성공을 거둔다. 첫 TV에 출연하였으며 계약도 연장되었다. 샤를 아즈나부르Charles Aznavour(1924-2018)의 오프닝 공연자로 섰으며 질베르 베코Gilbert Bécaud(1927-2001)의 미국 무대에도 섰다.

불어권에서의 성공은 이집트, 이태리, 독일 등 유럽으로 확장되었고, 그녀를 스타의 반열에 오르게 해준 프로그램 디렉터와 결혼하며 1961년 프랑스 국적을 취득한다. 그러나 달리다는 화가와의 불륜으로 남편은 그녀의 경력을 중단시키려 했고, 이듬해 이혼했다. 느린 템포의 노래를 주로 했던 그녀는 예예 세대와 경쟁하기 위해 유행에 적응했으며, 여성 아티스트로서 처음 자신의 팬클럽을 만들었고, 또한 국제적인 투어로 성공을 이어갔다.

Olympia 67

1967 | Barclay | 981109-2

1. A Qui ?
2. Loin Dans le Temps
3. J'ai Décidé de Vivre
4. Mama
5. La Chanson de Yohann
6. Petit Homme
7. Je Reviens Te Chercher
8. Entrez Sans Frapper
9. Les Grilles de Ma Maison
10. Ciao Amore Ciao
11. Toi, Mon Amour
12. La Banda

1966년 달리다는 2월 13일 파리에서부터 12월 31일 툴루즈로 끝나는 1년간의 월드투어를 계획하고, 150일 이상의 날짜로 캐나다, 라틴 아메리카, 아랍 국가 및 유럽을 순회했다. 또한 달리다는 성공적인 이태리 앨범 《Pensiamoci Ogni Sera 저녁이면 생각해》와 3개의 싱글을 발표했다.

그녀의 파워 발라드가 된 〈Parlez-Moi de Lui 그 사람에 대해 말해줘〉는 1965년 프랑스 배우이자 가수인 콜레트 드 레알Colette Deréal(1961-1988)이 부른 〈J'ai le Mal de Toi 네가 지겨워〉가 원곡으로, 프랑수아즈 아르디Françoise Hardy (1944-2024)가 1968년에, 미국 가수 Cher는 1972년에 〈The Way of Love〉로 커버했다. 촉촉하고 맑은 보컬이 피아노와 현악에 은은하게 흐른다.

…그는 내 인생의 전부야, 제발, 숨기지 말고 내게 말해줘, 그 사람이 뭘 하는지, 나 없이 심심하지 않은지, 친구는 있는지, 무슨 이야기를 하는지. 그는 더 이상 내게 편지를 쓰지 않아, 모르겠어, 이해가 안 돼, 너무 안타까워, 그에 대해 말해줘…

이 시기에 그녀의 음색은 확연히 달라졌음을 알 수 있는데, 다소 성악적이며 맑은 음색은 따스한 질감을 장착하게 되었다.

또 하나의 히트곡으로 Cher의 1966년 작을 커버한 〈Bang Bang 탕 탕〉은 아르헨티나와 이탈리아에서 1위를 차지했으며, 베스트셀러 싱글이 되었다. 애절한 바이올린 연주가 붉게 번지는 이 곡은 어린 시절 총싸움을 하고 놀았던 친구와 사랑에 빠지게 되었지만, 지금은 총 맞은 듯한 작별의 고통을 느낀다는 사연이다.

그녀는 여름 로마의 스튜디오에서 이태리의 싱어송라이터 루이지 텐코Luigi Tenco(1938-1967)를 만나게 되었고, 듀엣으로 그리스의 작곡가 미키스 테오도라키스Mikis Theodorakis (1925-2021)의 작곡인 〈La Danza di Zorba 조브라의 춤〉을 불렀다. 이를 인연으로 그녀의 이태리 매니저는 산레모가요제에 텐코와 함께 참여할 것을 제안했고, 경연 페스티벌을 그동안 거부했던 달리다는 텐코와 비밀스러운 관계였기에 수락한다.

1967년 1월, 미국 여가수 Cher가 지난해 발표한 〈Mama

엄마〉의 커버로 달리다는 프랑스와 터키에서 성공을 거두었고, 같은 해 후반에는 이탈리아 차트 정상에 다시 올랐다. 원곡과 마찬가지로 어린이 합창을 가미하여 애절한 투명감으로 그리운 모정을 추억한다.

텐코가 쓴 〈Ciao Amore, Ciao 안녕 내 사랑 안녕〉은 산레모가요제 경쟁곡으로 선정되었고, 1월 말 두 사람은 각자 자신의 버전으로 불렀다. 달리다는 갈채를 받았으나, 무대 공포증과 술에 취한 텐코는 형편없는 공연으로 결국 본선 진입에 탈락했다.

다음날 밤 달리다에 의해 호텔 방에서 사망한 텐코가 발견되었으며, 그의 유서에는 배심원의 부패와 뇌물 수수로 경연에서 탈락한 것에 대한 비판적 내용이 담겨 있었다. 이들의 관계에 대해 대중에게 알려진 바 없었지만, 그다음 주에 TV 쇼에 출연하여 〈Parlez-Moi de Lui 그 사람에 대해 말해줘〉를 텐코에게 바쳤다. 2월 26일, 달리다는 자살을 시도했고 이 사건으로 텐코와의 관계가 알려진다.

수개월 동안 활동을 중단한 후, 6월이 되어서야 눈물을 흘리며 텔레비전에 복귀했으며, 영국 가수 Tom Jones가 1966년에 취입한 〈Green, Green Grass of Home〉의 커버곡 〈Les Grilles de Ma Maison 내 집의 정원〉을 부르며 몽마르트의 집과 자신의 삶으로 돌아왔음을 팬들에게 알렸다.

…모든 것이 나에게 낯설까 두려웠네, 하지만 변한 건 없는 것 같아, 우리의 정원에는 모든 꽃이 피었네, 그리고 거기 당신은 나를 보고 웃고 있네…

동시에 그녀의 이탈리아 앨범 《Piccolo Ragazzo》는 차트에서 성공을 거두었고 산레모가요제 출전곡 〈Ciao Amore, Ciao〉는 여러 국제 차트에서 1위를 차지하며 그녀에게 골드디스크를 안겨주었다. 4개월간 컴백 투어에 몰두했으며, 〈Je Reviens the Chercher 널 데리러 돌아올게〉를 발표한다. 이는 질베르 베코Gilbert Becaud(1927~2001)가 1967년에

초연한 노래로, 그가 미국 슈퍼모델 Kitty St-John과 결별한 후 작사가 피에르 들라노에Pierre Dela-noë(1945-2006)에 의뢰하여 작곡한 노래이다.

널 데리러 돌아올게, 네가 날 기다리고 있다는 걸 알았네, 나는 서로가 없이는 오래 살 수 없다는 것을 알았어, 널 데리러 돌아올게, 알다시피, 난 많이 변하지 않았어. 그리고 나는 당신 편에서 당신이 시간을 잘 보냈음을 알아. 우리 둘 다 전쟁에 나갔어. 우리 둘 다 약탈당하고, 도둑맞고, 망가졌어. 누가 이겼는지, 누가 졌는지, 우린 몰라, 우린 더 이상 몰라. 우리는 맨손으로 우리 자신을 발견하지만, 전쟁 후 우리는 평화를 이루어야 해. 신혼처럼 떨며 널 위해 돌아올게. 부드러움과 눈물과 시간으로 보낸 지난날보다 더 풍요로울 거야, 널 데리러 돌아올게…

이후 1956년부터 1965년까지의 히트곡을 모은 첫 번째 편집앨범 《De Bambino à Il Silenzio》는 최초의 최고 히트 앨범이 되었으며, 10월에는 한 달간 올랭피아 콘서트를 열며 신곡을 선보였다. 그리고 스튜디오 앨범 《Olympia 67》이 발표된다.

그녀가 작사하고 텐코가 작곡했던 〈Loin Dans le Temps 먼 시간〉은 마치 그들의 사랑이 이루어지지 못할 것을 예고한 듯한 가사로 작성되었다.

…그토록 사랑했던 슬픈 표정도, 세상에서 아주 멀리, 어느 멋진 저녁에 넌 다른 사람과 함께 있게 되겠지, 왜 갑자기 그렇게 되었는지 누가 알까? 넌 그 사람에게 나에 관해 이야기하는 자신을 발견하게 될 거야, 이제 너무 멀어진 사랑에 대해서.

〈Toi, Mon Amour 너, 내 사랑〉에는 맑은 밤하늘의 고독감이 별빛처럼 영롱하다.

…우리는 항상, 사랑하는 이들과 너무 멀리 떨어져 있지, 언제나 난 그의 사랑과 멀리 떨어져 있네, 오늘 밤 난 우리의 사랑이 두려워.

Le Temps des Fleurs

1968 | Barclay | 981109-3

1. Le Temps des Fleurs
2. Quelques Larmes de Pluie
3. Manuella
4. Dans la Ville Endormie
5. Le Septième Jour
6. La Bambola
7. Les Anges Noirs
8. Je M'Endors dans Tes Bras
9. Tire L'Aiguille
10. Le Petit Perroquet
11. Je Me Repose
12. Tzigane

달리다의 21번째 스튜디오 앨범으로, 그녀에겐 프랑스 음악 차트에서 정상을 차지한 첫 번째 앨범이기도 하다. 비평가들은 '매우 달콤하고 감미로운 음악이 담긴 시적 걸작'이라 호평했으며, 당해 프랑스에서 가장 많이 판매된 앨범이었다.

개인적으로 달리다를 떠올리면 가장 먼저 생각나는 노래가 〈Le Temps des Fleurs 꽃들의 시간〉이다. 이의 멜로디는 러시아 음악가 보리스 포민Boris Fomin(1900-1948)이 쓸쓸한 인생무상을 노래한 1924년 작 〈Dorogoi Dlinnoyu 기나긴 길〉에서 따왔고, 저명한 에디 마네이Eddy Marnay(1920-2003)가 프랑스어 가사를 썼다. 한 달 전 Mary Hopkin이 영어 버전인 〈Those Were the Days〉를 발표해 히트했고, 달리다가 커버했다.

낯선 사람들이 모인, 런던의 오래된 선술집에서, 기쁨 가득 찬 목소리가 그림자 속에서 솟아올랐네, 우리는 마음이 노래하는 걸 들었지, 꽃이 피는 시간이었네, 두려움이라곤 없었지, 달콤한 내일이 있으니. 네 팔이 내 팔을 잡고, 네 목소리가 내 목소리를 따랐지, 우리는 어렸고 천국을 믿었네. 그리고 안개 자욱한 날이 왔네, 이상한 소리와 절규와 함께, 얼마나 오랫동안 달빛 없는 밤을 보내었던가, 난 내 마음속의 선술집을 찾고 있었네, 꽃들의 계절처럼…

〈Quelques Larmes de Pluie 비의 눈물〉은 그리스 밴드 Aphrodite's Child가 1968년에 발표한 팝의 영원한 고전 〈Rain & Tears〉의 커버곡으로, 파헬벨Pachelbel의 〈Canon〉을 모티브로 한 잔잔한 이 멜로디는 언제 들어도 가슴을 울린다.

…난 한 마을을 알고 있었네, 태양이 사라지고, 눈물의 비를 위해 내 마음이 잠든 곳. 난 사랑하는 한 아이를 알고 있었네, 세상과 멀리 떨어져 있고 싶어 했던. 그리고 이제 나의 하늘이 금빛 해변에 잠겨있는 것을 바라보네…

〈Manuella 마누엘라〉는 미국의 포크 싱어이자 반전反戰의 음악가 Pete Seeger(1919-2014)의 〈Viva la Quince Brigada 제15여단 만세〉를 번안한 것으로, 스페인 내전 당시 나라를 지키고자 자원했던 카탈루냐 출신 15세 소녀의 영예로운 죽음을 노래했다. 라틴의 비장함이 서려 있다.

잠 못 드는 밤의 사랑에 대한 갈망을 노래한 〈Dans la Ville

Endormie 잠자는 도시에서〉는 윌리엄 셸러William
Sheller의 작곡으로, 부드러운 음성에 오르간의 장
중하고도 끈적한 촉감이 매우 이채롭다.

〈Le Septième Jour 일곱 번째 날〉의 로맨틱한 서정에는
실크처럼 윤택이 흐른다. 이 아름다운 전원곡은 창세기 인
간이 창조된 여섯 번째 날 사랑이 태어났으니, 휴
식의 날처럼 그 사랑을 기다리는 소망을 그리고
있다.

달리다는 친구인 이태리 여가수 패티 프라보Patty Pravo의
레퍼토리를 두 곡 커버하였는데, 1968년 작 〈La Bambola
인형〉과 〈Io per Lui 그를 위한 나〉이다.

그대는 나의 태양이기에 인생에서 승리할 것이라 맹세하는
패티 프라보의 〈Io per Lui 그를 위한 나〉는 〈Je M'Endors
dans Tes Bras 네 품에서 잠들다〉라는 제목으로 번안하였
는데, 패티 프라보의 다소 건조한 음성도 좋지만
달리다의 입자가 고혹적인 세비아 빛 기다림도 촉
촉이 녹아든다.

〈Les Anges Noirs 검은 천사〉는 사회에서 흑인 어린이의
차별 문제를 다뤘으며, 〈Le Petit Perroquet 작은 앵무새〉
는 그녀가 어린이 TV 프로그램에 출연해 노래한 곡이다.

집시 바이올린 민속음악을 연상시키는 〈Tire l'Aiguille 바
늘을 당겨〉에서는 결혼과 연회를 준비하는 친구의 행복을
빈다.

제라르 만셋Gérard Manset이 작사하고 윌리엄 셸러가 작곡
한 서글픈 왈츠 〈Je Me Repose 나는 휴식 중〉은
돌아오지 않는 연인을 기다리는 고통과 사랑의 후
회로 슬픔 속에서 마음이 쉬고 있다고 노래한다.

전체적으로도 샹송의 멜랑꼴리 서정을 잘 갖춘 걸작이다.

Ma Mère Me Disait

1969 | Barclay | 981109-5

1. Ma Mère Me Disait
2. Deux Colombes
3. Les Violons de Mon Pays
4. L'Anniversaire
5. La Vie En Rose
6. Le Vent N' A Pas De Mémoire
7. Naké Di Naké Dou
8. Les Couleurs De L'Amour
9. L'An 2005
10. La Ballade À Temps Perdu
11. Le Sable De L'Amour
12. Pars
13. Zoum Zoum Zoum

《Ma Mère Me Disait 어머니가 말씀하셨지》는 Barclay 레
이블의 마지막 앨범이다.

〈Deux Colombes 두 비둘기〉는 음유시인 지아니 에스포지

토Giani Esposito(1930-1974)의 1969년 작으로, 그의 감정이 복받치는 가창도 참으로 매력 있다. 달리다는 더욱 순하고 평화로운 전원곡으로 들려준다. 두 마리의 비둘기가 둥지를 짓고 살아가는 섭리에서 우리의 영혼도 그처럼 시공간을 향유할 수 있기를 기도한다.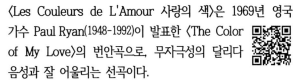

〈Les Violons de Mon Pays 내 나라의 바이올린〉은 유려함에 박동이 가미되면서 사랑의 행진에 박차를 가한다. 사랑을 부르고 꿈을 주는 바이올린으로 노래가 계속해서 울리기를 바라는 희망을 담았다.

에디트 피아프Edith Piaf(1915-1963)의 고전 〈La Vie En Rose 장밋빛 인생〉에는 여성 스캣과 함께 장미 향이 바람에 흩날린다.

〈Les Couleurs de L'Amour 사랑의 색〉은 1969년 영국 가수 Paul Ryan(1948-1992)이 발표한 〈The Color of My Love〉의 번안곡으로, 무자극성의 달리다 음성과 잘 어울리는 선곡이다.

파리 거리가 추워지면, 난 사랑의 품에 안기네, 며칠 동안 우리는 머물고, 시간은 우리를 잊네, 비가 오거나 하늘에 폭풍우가 치더라도, 우리는 여행 중이야. 그가 나의 밤을 어루만지면 사랑은 내 삶의 색이 되네… 그가 내 마음속에 있으면, 사랑은 행복의 색이라네, 우리가 함께한 날들의 색상이지, 그리고 그가 멀리 구름 너머 다른 해안을 향해 길을 선택하면, 난 끝없는 길에서 무지개와 함께 그를 따를 거야…

미국의 포크록 듀오 Zager & Evans의 1968년 빌보드 차트 1위 곡 〈In The Year 2525〉을 번안한 〈L'An 2005 2005년〉은 다소 비장하면서도 철학적인 원곡과 다르지 않다. 인류는 행복을 위한 헛된 욕망으로 새로운 천년을 거듭하며 점점 디스토피아가 되어가는 지구와 함께 종말이 올 것이라는 경각심을 불러일으킨다. 이집트 출신의 샹송 가수 리샤르 안소니Richard Anthony(1938-2015)도 취입했다.

애달픈 상념으로 가득한 〈La Ballade À Temps Perdu 잃어버린 시간의 발라드〉는 청자의 감성을 촉촉이 적시는 연가이다.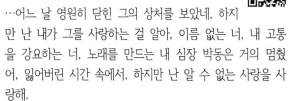

…어느 날 영원히 닫힌 그의 상처를 보았네, 하지만 난 내가 그를 사랑하는 걸 알아, 이름 없는 너, 내 고통을 강요하는 너, 노래를 만드는 내 심장 박동은 거의 멈췄어, 잃어버린 시간 속에서, 하지만 난 알 수 없는 사랑을 사랑해.

〈Le Sable de L'Amour 사랑의 해변가〉는 낭송과 노래로 구성된 회상곡이다. 그래서 더욱 드라마틱하고 애틋한 감정이 밀려온다.

난 이 해변에 다시 오고 싶지 않았네, 너와 함께 행복했던 곳. 난 창문을 올려다보고 싶지 않았어, 매일 저녁 우리가 소원을 빌던 곳. 일몰을 바라보며, 나 자신에게 말했지, 바다는 더 이상 예전의 파란색은 아니라고, 바람에 예전의 향기가 없다고, 그리고 난파된 듯한 비통한 비명을 지르며 갈매기가 하늘로 날아오를 거라고… 우리 집을 지나갈 때, 바다는 그때 그 푸른색이었고, 바람에는 여전히 오렌지향이 흐르고, 갈매기는 아직도 행복하게 우네. 망각의 하늘 아래, 춤추는 파도는 노래하고, 사랑의 해변은 흐르네.

장중한 오페라의 한편을 연상시키는 〈Pars 떠나라〉는 미국 작곡가 Victor Young(1899-1956)의 영화음악 「Samson & Delilah, 1949」 중 〈Delilah's Theme & Blind Samson〉이 원곡으로, 재즈 가수 Nat King Cole(1919-1965)이 1951년에 노래한 〈Song of Delilah〉의 번안곡이다.

떠나! 뒤돌아보지 말고, 네 비참함의 불을 끄고 떠나, 네 오두막의 푸른 침묵은 망각의 안개로 덮고 떠나, 오랫동안 너의 정원에서 널 기다리던 장미를 생각하며, 모래 언덕 뒤에 어딘가 있을 여름으로, 바람과 함께 떠나. 우린 가장자리에서 떨고 있는 장미를 보았지, 바다를 불태우는 여름을 생각하며, 열린 하늘의 희망을 생각하며, 더 늦기 전에 떠나, 네 기타와 물도 가져가!

Ils Ont Changé Ma Chanson

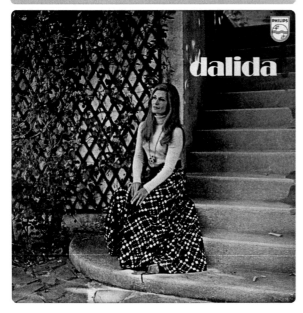

dalida

1970 | Orlando | 374316-8

1. Ils Ont Changé Ma Chanson
2. Si C'était À Refaire
3. Mon Frère le Soleil
4. Les Jardins de Marmara
5. Diable de Temps
6. Darla Dirladada
7. Lady d'Arbanville
8. Pour Qui Pour Quoi
9. Entre les Lignes Entre les Mots
10. Une Jeunesse
11. Ram Dam Dam

본작은 Barclay 레이블과 결별하고, 남동생을 사주로 한 자신의 독립 레이블 International Shows (Orlando)를 통해 발표한 첫 앨범이다.

〈Mon Frère le Soleil 나의 형제 태양〉은 그리스 작곡가 미키스 테오도라키스Mikis Theodorakis(1925-2021)의 대표곡 〈To Treno Fevgi Stis Okto 기차는 8시에 떠나네〉의 번안곡이다. 하모니카와 가슴을 두근거리게 하는 템포의 현악 편곡은 처연함보다는 긴장감을 앞서 배치한다.

난 떠오르는 태양에서 태어났네, 태양은 내 형제 같아, 난 자랑스러워 종종 바람에 말하곤 하지, 우린 바다에서 나왔네, 빛의 달콤함으로, 이 세상 모험에 무관심한 행인인 너, 넌 그림자 속에 사는 거야, 내 마음을 뺏지 마, 무관심이 나를 두렵게 해, 난 해가 지면 죽을 거야, 흑백의 의심을 뒤로하고 태양이 길을 떠나면, 나는 태양과 함께 누울 거야, 밤의 깊은 침대에서.

〈Entre les Lignes Entre les Mots 줄 사이, 단어 사이〉도 테오도라키스의 곡으로, 멜리나 메르쿠리Mélina Mercouri(1920-1994)가 노래한 〈Echi o Theos 신이 있네〉의 번안곡이다. 하모니카의 초록 향기가 퍼지는 전원의 서정시는 그러나 가난한 현실의 부정이고 꿈인 듯 다가온다.

〈Les Jardins de Marmara 마르마라의 정원〉은 안드레 팝André Popp(1924-2014)의 작곡으로, 마르마라해 고향에서 자신을 기다리는 연인을 그리며 돌아갈 날을 꿈꾸는 향수가 잔잔히 파도친다.

〈Diable de Temps 시간의 악마〉는 영화 「Tell Me That You Love Me, Junie Moon, 1970」에서 Peter Seeger(1919-2014)가 노래한 〈Old Devil Time〉이 원곡이다. 달리다의 버전은 전원적인 휘슬과 풍성한 코러스로 낭만적인 풍경화를 그려준다. 우리의 삶의 시간을 뺏앗고 죽음에 이르게 하는 전쟁과 악을 물리쳐야 한다는 평화의 메시지이다.

〈Pour Qui Pour Quoi 누구를 위해, 무엇을 위해〉는 영화음악가 프란시스 레Francis Lai(1932-2018)의 작곡으로, 그만의 특징적인 멜랑꼴리가 머나먼 아득함을 전한다. 그러나 너무나 감미롭다.

…사랑이 나에게 미소 지을 때, 누구를 위한 것인지, 무엇을 위한 것인지, 알고 싶지 않아. 너무 가깝거나 너무 멀다면, 난 여기 머물래, 우리는 서로 너무 사랑하지만, 그럼에도 불구하고 누구를 위한 것인지, 무엇을 위한 것인지, 사랑을 묻는 시간이 언젠가 오겠지. 확신할 순 없지만 아마 그럴 거야, 우리는 울고 웃고 잊어버리지, 이것이 인생이야…

솜털처럼 가벼운 여성 스캣으로 시작되는 〈Une Jeunesse 청춘〉은 곧 청명한 피아노와 클래시컬한 합주가 이어지며, 청자를 무장해제시킨다. 인생과 사회의 포로가 아닌 이상과 자유와 온유함을 실천하라는 청춘의 응원가로, 이 멋진 음악은 피아노 연주자로 잘 알려진 피에르 포르트Pierre Porte가 작곡했다.

미셸 르그랑Michel Legrand (1932-2019)이 작곡한 노래를 타이틀로 한 후속작 《Une Vie 인생, 1971》에는 미셸 사르두Michel Sardou가 작곡한 〈Chanter Les Voix 노래하는 목소리〉가 돋보인다. 어머니에게서 배운 어린 시절 슬픔의 노래를 부르는 어린이들에서 더 이상 슬픔을 노래하지 않기를 바라는 희망을 담았다.

〈Les Choses de l'Amour 사랑의 것들〉은 사랑의 확신을 온화하게 그린 노래로, 〈Paroles Paroles 말 말〉의 가사를 쓴 여성 싱어송라이터 미카엘레Michaele(1944-2018)가 가사를 썼고, 〈Ballade pour Adeline 아드린느를 위한 발라드〉를 작곡하게 되는 작곡가 폴 데 셴느빌Paul de Senneville의 처녀작이기도 하다.

…베니스에서 다시 만나 사랑을 나눠요, 아무것도, 심지어 가을도 두려워하지 말고, 내일 우리가 갖게 될, 당신과 꼭 닮은 아이의 습관과 함께 지나가는 세월을 보며. 마지막 아침까지 계속될 거예요, 거긴 우리의 밤과 낮을 채우는 말과 몸짓이 있으니까요. 사랑의 것들로 추억은 남을 거예요.

니콜레타Nicoletta의 빅 히트곡 〈Mamy Blue〉에 이어, 음유시인 레오 페레Léo Ferré(1916-1993)의 명곡 〈Avec le Temps 시간이 지나면〉도 희미한 보컬로 커버했다.

아르헨티나 싱어송라이터 루이스 아길레Luis Aguile(1936-2009)의 1971년 작 〈La Fuerza del Amor 사랑의 힘〉을 번안한 〈Monsieur L'Amour 미스터 러브〉도 수록되었다.

그해 올랭피아 극장에서 2주간 라이브를 거행했으며, 흰색 드레스를 입고 무대에 등장하여 '흰 난초'란 별명을 얻었다. 이 공연 트랙은 《Olympia 71, 1972》로 발매되었다.

후속작 《Il Faut du Temps 시간이 걸려, 1972》에는 영화 「The Godfather 대부, 1972」의 주제 〈Le Parrain - Parle plus Bas 부드럽게 말해요〉가 수록되었다.

매우 우아한 선율의 멜로디를 들려주는 〈Pour Ne Pas Vivre Seul 홀로 살지 않기 위해〉는 동성애 문제를 다루었고 그녀의 상징적인 대표곡이 되었다.

Julien

1973 | Orlando | 374317-6

1. Julien
2. Ô Seigneur Dieu
3. Je Suis Malade
4. Vado Via (Je M'En Vais)
5. Paroles Paroles
6. Non Ce N'Est Pas Pour Moi
7. Il Venait d'Avoir Dix Huit Ans
8. Soleil d'un Nouveau Monde
9. Mais Il y a l'Accordéon
10. Le Temps de Mon Père
11. Rien Qu'un Homme de Plus

1973년에는 앨범에는 포함되지 않았던 싱글들과 새로운 노래도 포함된 이태리어 컴파일 앨범 《Sings in Italian for You, 1973》가 발표되었으며, 마리 라포레Marie Laforêt(1939-2019)의 히트곡 〈Viens, Viens 오세요〉를 노래한 〈Lei, Lei 그녀〉가 포함되었다.

역시 당해 발표한 본작에는 이미 발표된 싱글 대다수가 포함되었으며, 그녀의 히트곡이 수록되었다.

〈Julien〉은 이태리 싱어송라이터 세르지오 엔드리고Sergio Endrigo(1933-2005)의 1973년 산레모가요제 참가곡인 〈Elisa Elisa〉의 번안곡으로, 물론 원곡에 비할 바는 아니지만 달리다는 자신에게 고통을 주는 연인 줄리앙과의 사랑 이야기를 애틋하게 들려준다.

…몽상가 줄리앙, 나의 기쁨과 나의 지옥, 나의 평화, 나에게 줄리앙은 전쟁이고 잃어버린 낙원이지, 나의 수치심, 나의 영광 줄리앙, 오늘 밤은 너무 늦었어, 다 끝났네, 그리고 넌 여러 번 떠났다가 돌아왔지, 날 너무 많이 실망시켰어, 나의 갈증, 나의 배고픔, 내 집이고 내 빵과 포도주인 줄리앙, 이번이 마지막이야, 그래 난 너에게 전부는 아니지, 울지 말고 돌아와!

〈Je Suis Malade 난 아파요〉는 세르주 라마Serge Lama의 1973년 명작으로, 사랑의 열병은 웅장한 현악과 함께 고스란히 애간장을 태운다.

〈Ô Seigneur Dieu 주 하나님이여〉는 〈Je Suis Malade 난 아파요〉를 커버한 달리다에게 세르주 라마가 선물한 곡이다. 숭엄한 파이프오르간과 비탄에 젖은 현악과 코러스에 그녀는 남자에게 버림받는 자신의 신세를 한탄한다.

주 하나님이여, 왜 나를 버리셨나요, 난 어렸을 때 당신의 교회에 있었고, 약속의 땅을 찾기 위해 내 마음을 찾아 헤맸어요, 이 때문이라도 당신은 저를 용서해야 합니다. 오랫동안 남자의 선함을 믿었고, 오랫동안 그들의 사과를 의심했어요, 왜 나에게 쐐기풀 화환을 주셨나요? 왜 나의 문을 닫았나요? 왜 항상 그들을 용서해야 하나요? 왜 나를 버리셨나요?

본작을 빛내주는 히트곡 〈Paroles Paroles 말 말〉은 일본, 멕시코, 포르투갈 히트곡 퍼레이드에 올랐으며, 국내에도 그녀의 대표곡으로 알려져 있다. 알랭 들롱Alain Delon(1935-2024)의 낭송과 함께 달콤한 보사노바의 리듬은 낭만 그 이상의 감성을 촉촉이 적셔준다. …넌 나의 금지된 꿈, 내 유일한 고통이자 유일한 희망, 네가 시작하면 아무것도 널 막을 수 없지, 네가 침묵하지 않기를 내가 얼마나 원하는지 네가 알면 좋으련만, 넌 내게 별들을 모래 언덕 위에서 춤추게 하는 유일한 음악이기에… 달콤하고 부드러운 말을 해줘, 입에는 닿지만 마음에는 와 닿지 않아, 한 마디만 더, 한 마디만,

〈Il Venait D'Avoir 18 Ans 그는 이제 18살이 되었네〉는 당해 아카데미 디스크상을 수상한 곡으로, 퀘벡, 독일과 이태리 순위에 올랐다. 이는 36세 여성과 18세 청년의 사랑의 밤을 묘사한 것으로, 아침이 되어서 그가 떠나려고 할 때 나이차를 깨닫고 붙잡을 수 없는 외로움을 그렸다. 본래 배우이자 가수인 자클린 다노Jacqueline Danno(1931-2021)을 위한 곡이었으나 그녀가 거부하여 달리다가 취입했다고 한다. 묘하게도 이 노래는 22세의 이태리 대학생 루시오와의 관계를 가졌던 달리다의 34세 때를 떠올려 준다. 그녀는 임신하여 아무도 몰래 중절수술을 했고, 불임이 되는 비극을 겪어야 했다.

이후로도 달리다는 여러 장르를 오가며 오리지널 곡들과 번안곡들로 성공을 이어갔으나, 1980년대에 들어 인기는 주춤했고 만성 우울증을 겪는다. 1987년 5월 그녀는 '인생이 참을 수 없어요, 용서해 주세요'라는 메모와 함께 스스로 목숨을 끊었다.

아버지의 죽음, 그리고 관계를 가졌던 세 남자의 자살로 '사랑하는 남자들에게 불운을 가져다준다'라 말한 적이 있는 그녀는 영원한 사랑을 이루지 못했다.

그러나 대중들의 인기와 함께 사회운동에도 적극 참여하는 등 불세출의 여걸로 뜨거운 삶을 살았던 달리다. 파리 18구 몽마르트에 달리다 광장이 명명되었으며, 사망 30주기에 극장에서 개봉된 「Dalida, 2017」는 프랑스 외 지역에서만 30

만을 동원했다.

노트르담 드 파리의 히로인
Daniel Lavoie ● 다니엘 라부아

그가 국내에 처음 소개된 것은 《Long Courrier, 1990》가 1992년에 라이선스로 소개되면서부터였다.

하지만 그의 명성이 본격으로 알려진 계기는 국내의 뮤지컬 붐을 타고 공연된 작품 「Notre-Dame de Paris 노트르담 드 파리」라 할 수 있다. 이는 프랑스의 세계적인 문호 빅토르 위고Victor Hugo의 원작을 바탕으로 캐나다 출신의 극작가 뤽 플라몽동Luc Plamondon과 우리에게도 잘 알려져 있는 이태리의 대표적인 싱어송라이터 리카르도 코치안테Riccardo Cocciante가 음악을 맡은 뮤지컬로, 1998년 파리에서 초연시 2백만 명 이상 관람하여 프랑스 국민뮤지컬로 불린다.

2005년과 2006년 2회에 걸친 프랑스 팀 오리지널 공연에서는 비록 그의 모습을 볼 수 없었지만, 이미 국내에도 초연의 DVD와 OST가 불티나게 팔렸고 세계에서 6번째로 로컬 공연이 이어진 만큼 많은 주목을 받았다.

다니엘 라부아는 초연 시 노트르담 성당의 주교 프롤로 역을 맡았는데, 엘렌 세가라Hélène Ségara가 맡은 에스메랄다를 향해, 페뷔스 역의 패트릭 피오리Patrick Fiori와 콰지모토 역의 가루Garou와 함께 부른 〈Belle 미인〉이 많은 사랑을 받았다.

1949년생인 다니엘 라부아는 본명이 제랄 라부아Gérald La-voie로, 캐나다 중부 매니토바주 던리아Dunrea에서 태어났다. 음악가였던 어머니로 자연스레 어린 시절부터 피아노를 배웠으며, 18세 때 젊은 싱어송라이터를 발굴하는 TV 프로그램에 참여하여 대상을 차지한다. 퀘벡주 인근은 영어와 불어를 동시에 사용하고 있었기에 그도 영어와 불어로 노래하며 퀘벡으로 연주여행을 떠난다.

1975년에 데뷔작 《À Court Terme》를 발표하였는데, 퀘벡에서는 인기를 얻지 못했지만 프랑스와 포르투갈 그리고 브라질에서 히트하는 성공을 거둔다.

세 번째 앨범 《Nirvana Bleu, 1979》은 프랑스에서도 상업적 성공을 거두며 1980년에 '올해의 남자가수상'을 수상, 그에게는 크나큰 명성을 가져다준 작품이며 최고의 베스트셀러로 기록되고 있다.

이듬해에는 퀘벡과 온타리오에서 쇼를 가졌고, 동시에 영어 앨범 《How are You? 1981》와 불어 앨범 《Aigre-doux, 1981》을 발표, 프랑스 파리의 라빌 극장Théâtre de la Ville에 섰다.

앨범은 그리 큰 성공을 거두지 못했지만, 1982년에도 펠렉스Félix de l'Interprète Masculin 상을 수상한다. 또다시 파리의 보비노 극장에서 쇼를 가졌으며, 벨기에와 스위스 그리고 퀘벡으로의 투어가 이어졌다.

Tension Attention

1983 | Disques Smatt | SMAC-6253

1. Tension Attention !
2. Ils S'Aiment
3. Qui Va Là?
4. Fouquet's
5. Roule Ta Boule
6. Ravi de Te Revoir
7. Le Métro n'Attend Pas
8. Hôtel
9. Photo Mystère

본작은 국제적인 아티스트로서 명성을 확고히 심어준 성공작이었다.

그의 서정적인 대표 싱글 〈Ils S'Aiment 그들은 서로 사랑해〉는 프랑스와 퀘벡에서만 2백만 장 이상 판매되었으며, 영어와 스페인어 그리고 포르투갈어로도 녹음되어 세계적인 히트를 기록했다. 이후 많은 가수가 앞다투어 커버 버전을

내놓았을 정도로 고전이 된 지 오래다.

규칙적인 리듬은 샘솟고 칠흑 같은 어두움은 침울함의 농도를 더해가며 그의 거친 목소리는 더욱 메마르고 바짝 타오른다. 젊은이들의 미래에 대한 꿈과 인생을 막아서는 안 된다는 메시지로, 그는 '내 노래는 울음' 이라 말했다.

그들은 여전히 서로 사랑해. 큰 고통과 위험이 직면해도 그들은 모든 망설임 없이 사랑해. 사랑을 발견하고 시간을 여행할 때 거기엔 미소가 있지. 누군가의 웃음소리를 듣네, 내가 미소 지을 때, 누군가도 미소 지을 수 있을까? 그들은 마치 아이들처럼 서로 사랑해. 우려와 절망에 가득 찬 시선들 속에서도 희망찬 쉼 없는 사랑, 그들은 마치 아이들처럼 서로 사랑해. 위협적으로 다가오는 참사 그리고 폭탄 속 아이들, 어금니를 악문 냉소에 찬 아이들. 큰 고통과 위험이 직면해도, 모든 것이 불살라 발아래 붕괴하더라도 그들은 여전히 서로 사랑해…

색소폰의 도회지적 감성이 흐르는 재즈 블루스 〈Ravi de Te Revoir 당신을 다시 만날 행운〉은 누군가를 다시 만날 때 그가 자신을 기억하지 못하더라도 너무 가슴 아프게 생각하지 말라는 충고를 담은 듯하다. 이는 민감한 자신의 탓이며 기대를 덜어내야 한다고 결론짓는 다.

잔잔하고 낙관적인 피아노 연주가 햇볕에 반짝이는 호수의 물결처럼 영롱한 〈Photo Mystère 미스터리한 사진〉도 음색의 채도대비로 그 선명함이 배가 된다. 희로애락의 감정이 고스란히 드러나는 사진 속의 정지된 인물들의 모습들이 아른거린다.

이듬해 세 번째 펠릭스상을 수상했으며, 유럽을 돌며 많은 라이브쇼를 가졌고, 미뎀Midem과 칸Cannes에도 초청되어 상을 받기도 하는 등, 이 성공에 힘입어 Trafic Records 회사의 공동 사주가 되었다.

Long Courrier

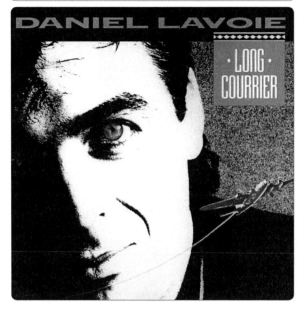

1990 | Disques Smatt | TFD 8950

1. Long Courrier
2. Bess
3. Ride sur Ride
4. Assis Entre Deux
5. Pape du Rap
6. Qui Sait?
7. Jours de Plaine
8. Belle
9. Chanson de la Terre
10. Belle II

《Vue su la Mer, 1986》은 다섯 나라에서 각각 다른 곡들이 라디오 차트 정상을 차지하는 이변을 낳는 등 대성공을 거두어 파리 올랭피아 극장에서 5회의 무대를 가졌고 펠릭스 어워드에서 '베스트 불어 앨범'을 수상했다.
Sting, Peter Gabriel, Bruce Springsteen 등과 함께 몬트리올의 올림픽 스타디움에서 거행된 'Human Right Now'라는 프로젝트에 참여했으며, 이 수익금은 국제사면위원회에 전액 환원되었다. 또한 프랑스 문학회와 당뇨병 환자 연구회의 대변인으로도 활동하는 등 사회활동은 계속되었다.

본작은 국내에 처음 소개되었다는 것에서 기념비적이라 할 수 있다. 그해 퀘벡 뮤직어워드에서 팝 록 부문 최고상을 받은 작품으로, 캐나다의 음유시인이란 홍보문구에도 불구하고 하지만 이 앨범은 그리 큰 화제가 되지 못했다.
비행기와 푸른 지구를 눈에 그려 넣은 강한 명도대비의 커버와 함께 '장거리 비행'이라는 제목은 생각만 해도 한껏 설레게 한다.
이채로운 록 작품 〈Ride sur Ride 주름 위의 주름〉은 24세의 꽃다운 나이에 유명을 달리한 청춘의 우상 James Dean(1931~1955)과 섹스 심벌 Marilyn Monroe(1926~1962), 로큰롤의 제왕 Elvis Presley(1935~1977)의 젊은 날의 초상과 세월의 시간을 연관 지으며 숫자에 불과한 나이보다 현명한 지혜로움을 가질 것을 권고하고 있다.

잔잔한 록발라드 〈Qui Sait? 누가 알아〉는 어쿠스틱 기타에 색소폰의 우울함이 차분한 서정을 전하는데, 사랑을 잃고 자책하는 심경이 조밀하다.
긍정적이고 자부심이 발로하는 〈Jours de Plaine 평원의 나날〉에 이어, 드넓은 공간감이 출현하는 지구 예찬 〈Chanson de la Terre 대지의 노래〉는 시원한 연주가 좋다.
무엇보다도 이 앨범을 기억하게 하는 작품은 〈Belle 미인〉때문이다. 이는 편곡을 달리한 두 버전을 수록할 정도로 그의 회심의 작품이기도 한데, 그 쓸쓸하고도 서글픈 발라드의 멜로디와 그의 따스한 보컬은 마음을 움직이게 하는 매력이 있다. 라이선스 해설지에 수록된 가사를 옮겨본다.

그 많은 고통과 큰 바람을 겪은 아름다운 그녀의 마음, 그녀는 언제나 비록 평탄하지 않은 삶에도 불구하고 훌륭하지, 그녀는 서로를 아프게 하는 이들에게도 상냥하지, 그녀는 아름다워. 그리고 악당들이 죽었을 때 그녀는 언제나 아이들 가슴속으로 돌아오지… 이 땅의 모든 빈곤함 속에서도 자랑스럽게, 가난에 울지라도 그녀는 언제나, 진흙과 쓰레기, 무력함 속에서도 그녀는 여전히 우아해, 얼굴에 침을 뱉는 거짓 속에서도 순수한 그녀는 미인이야.

외로운 색소폰이 아름다운 〈Belle〉 그리고 현과 건반이 더욱 내성적인 음률을 만들어내는 〈Belle Ⅱ〉는 더욱 소중하게 다가온다.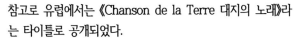

참고로 유럽에서는 《Chanson de la Terre 대지의 노래》라는 타이틀로 공개되었다.

1991년에는 처음으로 영화 「Le Fabuleux Voyage de l'Ange 천사의 우화 여행」의 음악을 맡았으며, 뤽 플라몽동과 여가수 까뜨린느 라라Catherine Lara가 쓴 록오페라 「Sand et les Romantiques 모래와 낭만주의, 1991」에서 화가 드라크루아Delacroix 역을 맡았다.

영어 앨범 《Here in the Heart, 1992》을 발표한 후, 그는 자신의 앨범들에 치중하기보다는 자신의 음악적 영역을 넓히는 데 시간을 할애했다. 영화음악가로서 뮤지컬 배우로서 사회운동가로서 또한 후배들의 작품들에 참여한 작곡가로서 그는 바쁜 시간을 보낸다.

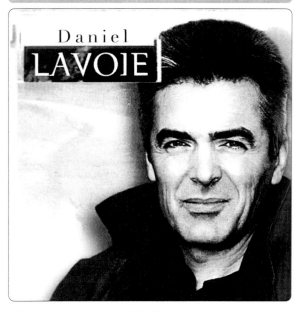

Où la Route Mène

1998 | Pomme Music | 952 432

1. Où la Route Mène
2. Je Pensais Pas
3. Je Suis une Rivière
4. Nantucket
5. Du Feu dans Ma Maison
6. Les Bateaux pour Naviguer
7. La Nuit Crie Victoire
8. Avec les Loups
9. Le Débarrass
10. Je n'y Suis pour Personne
11. L'Amour est sans Merci
12. Tu Vas Me Détruire
13. Etre Prêtre et Aimer une Femme

《Ici 여기에, 1995》를 발표한 뒤 애니메이션 영화 「Bébé Dragon」의 음악을 맡았고, 프랑스로 건너가 1998년 뮤지컬 「노트르담 드 파리」의 주역으로 무대에 선다.

이 성공적인 뮤지컬에서 프롤로가 부르는 〈Tu Vas Me Détruire 넌 나를 파멸시키지〉와 〈Etre Prêtre et Aimer une Femme 신부와 사랑하는 여인〉을 보너스로 삽입하여 《Ici 여기에》를 유럽에서 《Où la Route Mène 길은 어디로 가는가》로 재발매한다.

하지만 이 앨범의 진정한 묘미는 추가된 뮤지컬 레퍼토리보다는 오리지널 노래들에 있다. 사실 전체적으로 매우 완성도가 높을 정도로 현대적이고 세련된 음률의 진동과 회전을 이룬다.

청자를 격정의 클라이맥스로 끌어당기는 강렬한 매혹의 작품 〈Je Suis une Rivière 나는 강이라면 좋겠어〉는 플라멩코풍의 에스닉-퓨전 기타 서주에 행진곡풍의 퍼커션 그리고 다니엘 라부아가 연주하는 클래시컬 피아노가 신시사이저 오케스트레이션 속에서 불꽃을 피운다. 서글픈 듯 무념무상의 세계로 빠지게 하는 그의 최대 명곡이라 할만하다.

난 당신의 배가 항해하는 강이라면 좋겠어, 당신의 갈증에 목축일 샘이라면, 당신이 정상에 오를 수 있는 산이라면, 당신이 숨을 수 있는 숲이라면 좋겠어. 난 당신이 날 따라올 수 있는 흔적이 되고 싶어, 당신의 잠자리에서 맨 처음 닿는 홑이불이고, 당신이 위장할 수 있는 은폐물이고, 당신의 목욕을 위한 호수가 되고 싶어. 난 당신의 의구심으로 채워질 정원이었으면 해, 당신이 자신감을 가질 수 있는 폭풍이었으면, 당신이 탐험하고 싶어 하는 섬이었으면, 당신이 소리칠 수 있는 충격이었으면 해. 난 당신의 육체가 뜨거워질 사막이고 싶어, 당신의 범죄도 가려줄 벽이고, 당신이 서있을 성곽이고, 당신이 기댈 수 있도록 곁에 있고 싶어, 당신이 헤엄칠 심연이고 싶어, 당신이 치료해 줄 상처이고 싶어. 어쿠스틱 기타의 담백함과 호젓한 감성의 허밍 그리고 다소 시원한 대기의 움직임이 포근하게 감싸는 〈La Nuit Crie Victoire 승리를 외치는 밤〉의 그 청명함도 결코 잊을 수 없다. 다소 의기소침해 있거

나 침체된 자신에게 희망을 불어넣는다.

미친 사랑에 대한 교감과 육욕의 절정을 그린 〈Avec les Loups 늑대와 함께〉는 스모그로 뒤덮인 밤 도시를 위한 에로틱 재즈로, 섬세한 기타의 터치와 관능적인 트롬본이 점차 호흡을 거칠게 한다.

감미로운 정통 재즈가 내뿜는 여흥에 흠뻑 젖게 되는 〈Le Débarrass 상점〉은 발자국 소리만 들으며 연인을 기다리는 자신을 희화한 것으로 술에 취한 듯 몽롱해진다.

피아노의 깨어질 듯 맑은 음색이 천상으로 데려가는 〈Je n'y Suis pour Personne 내겐 더 이상 자비가 없어요〉는 목마른 사랑과 외로움으로 모든 것이 무기력한 닫힌 마음을 위로했다. 크리스털의 광택이 아련하게 느껴지는 걸작이다.

2001년 11월 몬트리올 공연 후, 루마니아 이주민의 이야기를 그린 영화 『The Book of Eve』의 음악에 참여했다.

2002년부터 약 2년간 '국경없는기자회'를 위한 캠페인에 동참하면서도, 2002년 10월부터 2003년 4월까지 파리에서 새로운 뮤지컬 『Le Petit Prince 어린 왕자』에서 생텍쥐페리 Saint-Exupéry를 열연했다.

Comédie Humaine

DANIEL LAVOIE | COMÉDIES HUMAINES

2004 | Abacada | SMAC 6256

1. Les Paravents Chinois
2. Violoncelle
3. Chasseur de Mouches
4. L'Amour est Juste
5. Benies Soient les Femmes
6. Leïla
7. Les Tickets
8. He l'Amor
9. Y'a la Manière
10. La Moitié de Moi
11. Les Loups
12. Nos Villes
13. Comédie Humaine

2003년 뮤지컬 「Le Petit Prince 어린 왕자」의 출연을 끝으로 장장 10여 년에 육박하는 외도의 종지부를 찍고 새로운 앨범을 녹음했다. 그 앨범은 2004년에 이르러 발표되었는데, 그것은 지천명을 훨씬 넘긴 나이에 자신의 30여 년의 음악 인생을 뒤돌아보는 듯한 자서전적인 앨범 《Comédie Humaine 인간 희극》이다.

얼굴의 반만 광대 분장을 한 커버는 한 인간으로서 그리고 대중 앞 무대에 선 음악가로서의 두 모습이었지만, 이는 현대인들의 이중적인 모습을 상징하는 것이기도 했다. 뮤지컬 배우로서 우리의 인생을 극화한 드라마틱한 본작은 그래서 더욱 감동적이다.

인생에 대한 묘한 자조가 느껴지기도 하는 본작의 분장을 지우고 나면, 중국의 민속악기 얼후二胡가 구슬픈 신음을 토하는 〈Les Paravents Chinois 병풍〉을 만난다. 비밀스러운 묘한 분위기의 음향 속에 엇박자의 리듬에 실리는 그의 목소리는 병풍의 여러 화폭에 그려진 삶의 장면들을 생생하게 되살리며 상상 속의 화가가 되어 시나리오를 그려간다.

당신의 병풍 앞에서 가끔 직사각형의 시간을 기다리네. 메콩강의 정겨운 푸른색 위로 당신의 모습이 조금씩 드러나네. 나는 한자를 쓰고 당신의 윤곽을 점묘하네, 얼후를 켜는 여인, 어디에선가 사랑은 꿈틀거리네. 다리 밑 아른거리는 불빛, 대나무 아래로 미끄러지는 조각배, 갈색의 비단 치마, 애정 어린 기억처럼… 눈 부시는 속치마 아래로, 아라베스크 나비 문신을 그리기 위해 발목에 내 손의 모양을 대보네. 물론 이것은 병풍의 통속화라네. 그 어떤 것도 숨기지 않는 여인들, 그들은 가슴을 가려줄 것을 요구하네… 작은 계곡으로 드러난 목선, 시간은 영원으로 돌아가지. 지평선의 레이스 위로, 당신의 침대를 찾아, 난 당신의 누드를 기다리네. 떠오르는 태양의 강직함, 당신은 당신의 연인을 갖는 친밀함을 드러내지… 물론 이것은 병풍의 통속화라네.

피아노에 실리는 고해성사와도 같은 〈Violoncelle 첼로〉는 사랑과 일 그리고 익숙한 일상으로부터 벗어나고픈 감정을 담았다.

〈Chasseur de Mouches 파리 사냥꾼〉은 현대적인 플라멩코 기타와 서글픈 멜로디와 긴장 어린 리듬 속에서 마치 비극적인 연극무대의 배우처럼 독백하고 고통을 외친다. 난해한 가사로 그 내용을 정확하게 간파할 수는 없지만, 사랑과 고통, 꿈과 좌절, 주위와 마음 등 이상과 현실에서 오는 괴리로 결국 모래처럼 흩어지게 된다는 아픔을 노래했다. 그의 호소력 있는 보컬이 끝나면 긴 한숨이 이어진다.

백미 중 하나인 〈L'Amour est Juste 사랑은 그저〉는 가슴을 쓸어내리는 기타와 현란한 만돌린, 틴휘슬, 브라스 오케스트레이션 등 콧날이 시큰한 연주에 사랑에 대한 자신의 철학을 담아냈다.

사랑은 사람들에게 공평해… 사랑은 그냥 느낌이야… 사랑은 단지 빈 벽일 뿐이지… 사랑은 작은 바람이야. 사랑은 그냥 좋은 시간이며, 사랑은 우리의 아이이기도 해, 우리에게 그 모든 순간은 다가오네. 당신이 모든 사람들이 태어난 것처럼, 사랑은 단지 사랑이야. 사랑은 그저 조금 열정적인 느낌이네. 사랑은 공정해. 그래서 사람들은 사랑에 가끔 거짓말을 하기도 하지.

〈Benies Soient les Femmes 축복의 여인들〉은 뮤직비디오에서 커버에 보이는 자신의 얼굴과 다양한 여인들의 얼굴을 병치하여 표현했는데, 이 광활하고도 탁 트인 듯 시원한 켈틱 음악은 남자들에 의해 억압받고 자유롭지 못한 삶을 살며 남자의 사랑을 묵묵히 포용하고 어머니의 인생을 살아가는 사랑의 내면을 지닌 여성들을 위한 찬가이다.

〈La Moitié de Moi 나의 절반〉은 옅은 보사노바 리듬에 아코디언과 피아노 그리고 중후한 현악 오케스트레이션으로 자신의 절반이 된 사랑하는 연인을 기다리는 심경을 따사롭게 담아냈으며, 붉은 아코디언의 탱고 〈Les Loups 늑대〉는 사랑하는 이와의 성애를 테마로 했다.

피아노 솔로의 영롱한 여음이 울려 퍼지는 〈Nos Villes 우

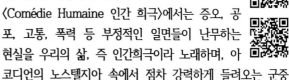

리의 도시〉는 흙도 없고 돈을 좇는 삭막한 도시에서 사랑을 욕망하는 서정시이다.

〈Comédie Humaine 인간 희극〉에서는 증오, 공포, 고통, 폭력 등 부정적인 일면들이 난무하는 현실을 우리의 삶, 즉 인간희극이라 노래하며, 아코디언의 노스텔지아 속에서 점차 강력하게 들려오는 군중의 시위소리를 비유적으로 삽입한다.

이어지는 히든 트랙 〈Y'aura Toujours des Gens Qui S'Aiment 항상 서로를 사랑하는 사람이 되어야 합니다〉로 자신의 사랑의 메시지를 깊이 심는다.

다니엘 라부아의 인생 극본은 관조적인 향취를 띠며 우리에게 많은 것을 시사해 주고 있다. 물론 음악도 아름다움으로 충만해 있기에 영원히 기억될 그의 대표작으로 꼽고 싶다.

이후 모란느Maurane(1960-2018), 미레유 마띠유Mireille Mathieu, 노리트Nourith, 나나 무스꾸리Nana Mouskouri, 놀웬 레로이Nolwenn Leroy, 프로랑 파니Florent Pagny 등 노장에서부터 신인에 이르기까지 노래를 작곡하는 등 바쁜 나날을 보냈다.

레오 페레Léo Ferré(1916-1993), 알랭 바슝Alain Bashung(1947-2009), 알랭 르프레스트Allain Leprest(1954-2011), 펠릭스 레클레르Félix Leclerc(1914-1988) 등의 고전 커버가 포함된 《Mes Longs Voyages 나의 긴 여행, 2016》을 발표한 후, 그해 11월부터 뮤지컬 「Notre-Dame de Paris 노트르담 드 파리」 리바이벌 공연에서 프롤로 역을 다시 맡으며 투어했다.

음악 인생 50주년 기념작으로 프랑스 시인 랭보Rimbaud의 작품을 노래한 《Chante Rimbaud, 2023》을 들어보면 더욱 무르익은 깊고 세련된 노장의 음악성을 만나게 된다.

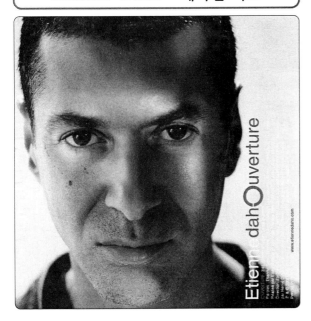

프렌치 뉴웨이브 팝의 기사
Étienne Daho ● 에티엔 다오

에티엔 다오는 부드러운 음성의 소유자로 뉴웨이브 팝의 선두주자이다.

그는 1956년 알제리의 오랑에서 태어났다. 바다에 대한 낭만적인 삶과 전쟁의 공포가 공존하는 거기에서 어린 시절을 보냈고, 부친의 양육 포기와 포탄 세례로 몇 개월을 보낸 후 8세 때 모친과 두 여동생과 함께 프랑스 렌으로 돌아왔다.

The Velvet Underground and Nico, Pink Floyd, Beach Boys 등 영미의 록에 심취하여 렌 대학에서도 영어로 학위를 받았다.

대학 시절 콘서트에서 프랑스 최초의 펑크록 그룹 Stinky Toys의 멤버 엘리 메데이로스Elli Medeiros와 정코Janco를 만나 교류하면서 싱어송라이터로 성장한다.

1980년에 렌의 현대음악 축제에 참여하면서 그룹 Marquis de Sade와 정코가 제작에 참여한 데뷔작 《Mythomane 정신병자, 1981》를 발표한다.

세계적인 그래픽디자이너 피에르와 질Pierre et Gilles이 커버를 담당한 두 번째 앨범 《La Notte, la Notte 밤,밤, 1984》은 Marquis de Sade의 멤버인 프랑크 다셀Frank Darcel이 제작했다.

이듬해 발표한 EP 《Tombé pour la France 프랑스의 무덤》은 차트 13위를 기록했다.

William Orbit이 리믹스에 참여한 《Pop Satori, 1986》과 상업적인 대성공작 《Pour Nos Vies Martiennes 우리 화성의 삶을 위해, 1988》는 골드에 이어 플래티넘을 기록한다.

더블 앨범 《Paris Ailleurs 파리 어디서나, 1991》는 David Bowie의 기타리스트 카를로스 알로마Carlos Alomar와 함께 뉴욕에서 녹음한 야심작으로, 평론가들로부터 최고작이라는 찬사를 얻었다.

로맨틱한 팝 록에 가벼운 신시사이저 음향을 들려준 후, 영국의 댄스그룹 St.Etienne 조인트 히트곡 〈Jungle Pulse〉를 실은 EP 《Reserection, 1995》을 발표하면서 그의 더 강한 일렉트로닉 팝을 선보였다.

이처럼 자신만의 독특한 색채를 갖추면서도 많은 선배들 특히 여가수들에게 곡을 많이 주었으며 작사가 겸 작곡가로서의 명성을 얻는다.

Éden

1996 | Virgin | 72438 424352 4

1. Au Commencement
2. Les Passagers
3. Un Serpent Sans Importance
4. Les Pluies Chaudes de l'Été
5. Les Bords de Seine
6. Me Manquer
7. Soudain
8. L'Enfer Enfin
9. Timide Intimité
10. Rendez-Vouz au Jardin des Plaisirs
11. Quand Tu M'Appelles Eden
12. Des Adieux Trés Heureux

본작 《Éden》은 그의 낭만적이고도 세련된 일렉트로닉스의 최고봉을 들려준다. 코맹맹이 소리로 감미롭게 속삭이는 그의 보컬과 함께 어우러지는 음악은 중독의 위험마저 느껴진다. 그가 이전에 발표한 달콤한 명곡들의 위력들은 과감하게 잊어도 좋을 듯하다. 이는 노스텔지아가 살아 숨 쉬는 에덴의 음악이기 때문이다.

싱글 〈Au Commencement 태초에〉는 영어 버전 〈A New World〉란 곡목으로도 녹음되었다. 가슴 떨리는 힙합 비트 위에 환상적인 일렉트로닉 사운드가 창세기를 연출하는 이 테크노-팝은 향긋하고 달콤하기 그지없다. 에덴동산 박물관을 여행하는 듯한 환상적인 클립으로 제작된 이 뮤비에서 보이는 동물을 비롯한 자연의 모습들은 가상현실을 경험케 하는 동작이 마련되어 있지만, 아담과 이브는 박제처럼 시간의 단절로 묘사했다.

세상이 세계가 된 이래 모든 것은 시작되었네, 당신과 함께 난 다시 모든 것을 시작하고 싶어. 무에서 시작하여, 당신과 함께 새로 배우고 싶어, 새로운 기초부터, 악마에게서 선악을, 꾸며진 설교도, 당신과 함께 나는 진심이야. 처음 이후, 그것은 절대적인 마법이지, 더 이상 기다릴 수 없어. 오랫동안 홀로 상실감에 기다렸지. 당신이 내게 가져다준 사랑은 실로 황홀해. 나는 활기를 느끼고 욕구가 넘쳐. 난 더 이상 죽음 따윈 두렵지 않아. 내게 당신은 정말 절대적이야. 모든 것은 시작되었네, 알몸으로 죄의식도 없이, 우리 새로운 세계를 만들어봐. 원죄를 의식하지 못하는 곳에서, 다른 이에 의해 복종되는, 밤의 시간에서부터 동화처럼 사랑은 영원할 거야, 난 한밤에 당신의 고요한 신호를 듣네.

중후하고도 애조띤 앰비언트 명작 〈Les Passagers 승객〉은 사랑하는 당신의 인생에서 익명의 승객으로 삶을 살고 싶지 않다고 나지막이 고백한다.

흥분감을 고조시키는 몽환의 재즈클럽 테크 〈Un Serpent Sans Importance 중요하지 않은 뱀〉은 성서의 선악과를 먹게 한 뱀의 유혹을 소재로 하면서도 사랑의 욕구를 강하게 어필하고 있다.

〈Les Pluies Chaudes de l'Été 여름의 따스한 비〉는 도망갈까 두려운 사랑의 심적 고통을 빈티지의 멋으로 재현했다. 브라질 가희 아스트루드 지우베르투Astrud Gilberto(1940-2023)

와 듀오로 노래한 트랜스 노바 〈Les Bords de Seine 센 강변〉은 사랑의 천국 파리의 서정을 우아하게 녹여냈다.

리드미컬한 재즈 피아노와 달콤한 코러스가 일품인 〈Me Manquer 나도 보고 싶어〉는 바닥난 인내심으로 애타는 그리움에 시달리는 젊은이의 심경을 그렸다.

1970년대로 거슬러 올라간 듯한 빈티지 낭만에 젖게 되는 〈Soudain 갑자기〉는 발전소와 같은 장소에서 촬영한 듯한 모노톤의 스포츠 영상과 우아한 음악이 잘 매치되는 뮤직비디오가 인상적인데, 천국을 향한 희망에 관한 이 노래는 감미로움의 절정을 담아냈다.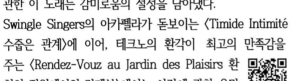

Swingle Singers의 아카펠라가 돋보이는 〈Timide Intimité 수줍은 관계〉에 이어, 테크노의 환각이 최고의 만족감을 주는 〈Rendez-Vouz au Jardin des Plaisirs 환희의 정원에서의 랑데부〉에서는 사랑에 관한 욕망을 부끄러워하지 말라고 노래한다.

스스로 '낭만적이다'라는 표현을 거부했지만, 그는 가장 낭만적인 단어 '에덴'에 신인류를 위한 사랑의 계시를 기록했다. 당해 발표된 최고의 앨범이다.

1998 | Virgin | 72438 466852 5

1. Ideal
2. Le Premier Jour
3. Sur Mon Cou
4. Au Commencement
5. Soudain
6. Jungle Pulse
7. Mon Manege a Moi
8. Comme un Igloo
9. Les Voyages Immobiles
10. Des Attractions Desastre
11. Saudade
12. Un Homme a la Mer
13. Des Heures Hindoues
14. Bleu Comme Toi
15. Duel au Soleil
16. Epaule Tattoo
17. Tombe Pour la France
18. Week End a Rome
19. Le Grand Sommeil
20. Il Ne Dira Pas

본작은 히트 싱글을 집대성한 앨범으로 뮤직비디오를 모은 DVD로도 발매되었다. 그를 처음 대하는 음악팬들에게는 적격일 것이다. 정규앨범에는 수록되어 있지 않은 작품들도 있어서 더욱 반갑다. 수록곡은 근작에서부터 데뷔 시절로 거슬러 올라가는 시간의 역순으로 배열되어 있다.

1998년에 싱글로만 소개된 〈Idéal 이상〉은 꿈결같이 황홀한 프렌치 일렉트로-팝의 진면모를 보여준다. 본 앨범의 커버가 바로 이 뮤직비디오이며, 슬리브의 항공권 또한 청자로 하여금 여행에 앞선 들뜬 기대감으로 부풀게 한다. 이는 지역주의와 인종차별주의에 대항하는 노래로 그는 마음과 신체의 구속이 없는 이상적인 밀레니엄의 지구촌을 꿈꾼다.

…수많은 인종의 세상에서 또다시 몸과 마음은 뜨겁게 달아오르고, 혼혈은 지금도 환영받고 더 강렬한 힘을 발휘할 거야. 주위를 돌아봐. 낙하하는 형체들이 보이지. 이는 당신을 위한 새로운 세상의 변화야. 그것은 낡은 세상이 발전하기 위해 폭발하는 침묵이야. 세상이 바뀐다면 당신은 더 이상 낯선 사람이 아니야. 마음만 먹으면 뭐든 할 수 있어. 이것을 움직이기 위해서…

〈Le Premier Jour 첫날〉은 희망에 대한 믿음을 고취시키는 명곡으로, 70년대를 연상시키는 어쿠스틱 오케스트레이션의 낭만적인 포근함에 자연스레 의지가 충전해진다.

…그러나 모든 것이 오늘과 남은 인생의 첫날을 바꿀 수 있네. 그것은 믿음이야. 이것은 가격의 문제가 아니라, 본능과 욕망을 따르는 가장 필수적인 것. 당신은 오늘과 남은 인생의 첫날을 폭발시킬 수 있어. 이는 결코 우연이 아니야. 믿어봐.

〈Sur Mon Cou 내 목에〉는 장 주네Jean Genet(1910-1986)의 시 'Le Condamné à Mort 사형선고'에 작곡가 엘렌 마르탱Hélène Martin이 곡을 붙인 1963년도 고전으로, 실황으로 수록되었다.

〈Jungle Pulse〉는 영국의 Saint Etienne와 함께 발표한 미니앨범 《Reserection》에 수록된 작품으로, 중후한 현악 신시사이저에 타이트한 리듬과 랩 그리고 스크래치 기법이 인상적이다. 여가수 사라 크렉넬Sarah Cracknell의 뽀송뽀송한 호흡도 좋고, 젊음의 마그마 같은 열정과 맥박이 꿈틀거리는 중독의 작품이다.

싱글로만 발표된 〈Mon Manege a Moi 나의 회전목마〉는 에디트 피아프Edith Piaf(1915-1963)가 그 원곡이다. 5곡이 수록된 리믹스 싱글 중에서 Church Mix가 매혹을 증폭하고 있는데, 이 곡은 모니카 벨루치Monica Bellucci, 뱅상 카셀Vincent Cassel이 주연한 영화 「Irreversible 돌이킬 수 없는, 2002」에 삽입되기도 했다. 리듬이 강조된 서늘한 일렉트로닉스에 그의 보컬이 나지막하게 흐른다.

당신은 나를 황홀하게 해. 나의 회전목마, 당신에게 안기면 나는 언제나 축제의 기분, 세계 일주라도 할 수 있어. 이만큼 빙글빙글 돌지 않을 테니까. 지구가 아무리 둥글어도 당신만큼, 내 눈을 돌게 하진 못해. 둘이 있으면 얼마나 멋질까, 우리 둘이 함께 있을 때 인생은 근사해. 우리처럼 서로 사랑하고 있으면, 다른 별로 간 것 같지. 당신의 심장에 나의 심장이 다가가면, 축제의 떠들썩함이 들려. 지구 따위는 아무런 의미도 없어. 그래, 지구에 관해 이야기해. 누구를 위해 지구는 만들어졌을까, 내게 말을 건다면, 이 세상에는 지구밖에 없고, 이런 기적을 일으키는 것도 지구뿐, 그러나 우리에겐 문제없어, 일생을 걸고 서로 사랑하고 있지. 만약에 그 일생이 없다 해도 우리는 서로 사랑할 거야.

《Paris Ailleurs 파리 어디서나》에 수록된 〈Saudade 향수병〉과 《Pour Nos Vies Martiennes 우리의 화성의 삶을 위하여》에서 선곡된 〈Bleu comme Toi 당신처럼 푸르게〉도 쉽게 빠져들 만한 아름다운 걸작들이다.

Corps & Armes

1998 | Virgin | 72438 492012 8

1. Ouverture
2. Le Brasier
3. Rendez-Vous à Vedra
4. Corps & Armes
5. La Nage Indienne
6. Les Mauvais Choix
7. L'année du Dragon
8. Make Believe (& Vanessa Daou)
9. La Baie
10. La Mémoire Vive
11. San Antonio de la Luna

1999년 가을, 파리와 런던 그리고 뉴욕을 오가며 제작한 밀레니엄 작품 《Corps & Arme 몸체와 팔》은 더욱 유려하면서도 고급스러운 일렉트로닉 음악들을 들려준다.

짧은 머리의 청년과 많은 고민거리를 상징하는 듯한 엉킨 실타래의 커버에 감춰진 음악은 지금까지 들려준 그의 사랑노래들과 다르지 않지만, 보다 성숙하고 노련미가 엿보인다. 영화의 첫 도입부처럼 벅찬 기대감 속으로 우리를 안내하는 〈Ouverture 서곡〉은 네 번째로 싱글 커트되었다. 인생과 사랑에 대한 미래를 예견하듯 그의 목소리는 해설자처럼 낭랑하다.

…난 나아가 보았지, 당신이 날 좋아하게 된 것을, 보이지 않는 행성, 예의 있는 마음이 있는 곳, 존중의 명령, 고요한 자신감, 그리고 내게 더 관대하고, 식견은 넓어지지, 그건 천천히 열려… 그건 많은 고난이 있는 긴 여정이야, 그건 많은 신기루가 있는 길이야, 이것은 절대 바뀌지 않아. 이것은 결코 우연이 아닌 우리의 만남이지.

첫 싱글로 커트된 〈Le Brasier 모닥불〉은 희망과 열정이 타오르는 젊은 나날의 사랑 추억을 그리며 새로운 희망을 노래했는데, 피아노와 서정적인 운율의 현악과 어우러져 복고풍의 발라드 싱글 〈Le Premier Jour 첫날〉을 연상시키는 온화함이 매혹적이다.

마치 1960년대의 로큰롤을 연상시키는 고풍스러움으로 심장을 두근거리게 하는 세 번째 싱글 〈Rendez-Vous à Vedra 페드라와의 만남〉은 첫눈에 반해버린 한 젊은이의 간절한 구애가 느껴진다.

피 끓는 미친 사랑, 그대의 사슬 같은 반응 때문에, 날 더욱 흥분시키는 그대에게 이야기하네. 내게 돌아와 줘, 그대는 다가오다가도 뒤로 백 걸음이나 물러나지, 이 순수한 서스펜스에서 내가 주인공이란 말인가? 너의 리듬과 템포로 내게로 와, 페드라를 만나고, 아찔함으로 난 멍해졌어, 하지만 날 데려가, 가까이에. 이 미친 마법과 중독의 사랑…

두 번째로 싱글 커트된 〈La Nage Indienne 인도양 수영〉은 느긋하면서도 나른함과 부드러움이 좋은 작품으로 당신과의 사랑을 위해 자신은 모든 난관과 위험을 헤치고 인도양을 헤엄쳐 왔노라며 지순한 사랑을 어필한다.

신화와 전설과도 같이 영혼을 느끼고 교감하며 운명을 기다

리고 있다는 〈L'Année du Dragon 용의 해〉의
맑은 포크송은 Carly Simon의 〈Touched by
the Sun〉에 그가 가사를 붙인 연가이다.

미국 여성 싱어송라이터 Vanessa Daou와 함께
한 〈Make Believe〉는 긴장감 있는 재즈가 도시
감성을 더하고 있다.

너무나 낭만적으로 들려오는 〈La Baie 해안만〉은 이별 후
떠나온 추억의 바닷가를 홀로 드라이브하며 그리
움의 서정에 젖는 드라마 음악으로 매력이 넘치
는 작품이다.

마지막 곡 〈San Antonio de la Luna 달빛 속의 상 안토
니오〉는 중후한 테크노-앰비언트 성향의 발라드
로, 슬픔과 절망감으로 영원처럼 끝나지 않을 듯
한 잔인한 여름날의 기억을 돌아본다.

엄청난 공백의 흐름(?) 끝은 역시 첫 곡의 현의 연주로 되
돌아가며, 그가 전반부에서 읊조렸던 독백들이 메아리 되어
사라져 간다.

마땅하게도 앨범 차트 정상을 차지했다.

Réévolution

2003 | Virgin | 72435 920862 6

1. Retour à Toi
2. Réévolution
3. L'Orage
4. If (& Charlotte Gainsbourg)
5. Les Remparts
6. Vis à Vis
7. Le Jour et la Nuit
8. L'Inconstant
9. Les Jalousies
10. Talisman
11. Les Liens d'Eros (& Marianne Faithfull)
12. Au Jack au Mois d'Avril

2001년에 라이브앨범 《Daholive》가 발표되었는데, 세르주
갱스부르Serge Gainsbourg(1928-1991)의 작품 〈Comme un
Boomerang 부메랑처럼〉을 1944년생 여배우이자 가수인
다니Dani와 함께 부른 싱글로 발표했다.

이는 사랑은 다시 제자리로 되돌아오는 부메랑 같은 것이라는 슬픈 고통을 노래한 것으로, 1975년 갱스부르가 다니의 유로비전 송 콘테스트 참가를 위해 작곡한 곡이었는데, 이가 무산되어 미발표곡으로 남았다가 갱스부르 사후에 발표되었다. 이를 계기로 다시 한번 갱스부르의 원곡이 주목받고 다니가 재기하게 이른다.

본작 《Réévolution 재도약, 2003》은 평론가들에게 걸작이란 호평을 얻었던 《Paris Ailleurs, 1991》와 흡사한 흑백의 커버로 제작되었고, 타이틀에도 그러한 의미를 재생하는 뜻을 담는다. 또한 전작들에서 전면에 내세웠던 일렉트로-팝의 성향보다는 록발라드의 면모를 강조했다.
첫 싱글로 커트된 〈Retour à Toi 당신에게로의 회귀〉는 부드러운 음성과 전자기타가 활력과 로망스를 불러일으키는 록발라드로, 모든 자신을 힘들게 하는 고민과 고통을 털어버리고 낙관적인 마음으로 다시 당신에게 돌아가겠다는 약속을 담았다.
…자신이 적이라면 어떻게 타인이 날 사랑할 수 있을까, 자신이 이방인이라면 타인에게도 낯설겠지… 사랑이 내게 왕관을 씌워주고 날 고통스럽게 한다 해도, 난 삶을 찬양하려 해, 촛대의 높은 불꽃 지점이나, 깃발, 혹은 기도하는 신에게도, 취약함과 변화 그리고 표면 아래서, 어떤 누구도 살아남은 자의 상처를 핥을 순 없어, 하지만 내일은 올 거야, 난 자유를 만끽할 거야, 네게 돌아갈 거야…
세 번째 싱글 〈Réévolution 재도약〉 역시 은은한 불꽃을 튀기는 전자기타의 연주 아래 빠른 템포의 리듬과 의지에 찬 그의 음성과 신시사이저의 몽롱함이 고개를 든다. 젊은 여인에게 느낀 노신사의 사랑의 열정이 느껴진다.
〈If〉는 갱스부르의 딸 샤를로트Charlotte Gainsbourg와의 듀엣곡으로 두 번째 싱글이다. 이는 자신의 새로운 출발을 붙잡는 병적인 우울증에 관한 노래

로, 가사보다는 각운이 매력적이며 두 가수의 따사로운 호흡은 트랜스로 몰고 간다.
무의식적으로 표현하는 알 수 없는 질투심에 대한 현상을 노래한 〈Les Jalousies 질투심〉은 보컬 이펙트와 몽환적인 신시사이저의 이조를 통해 연출되는 몽롱함이 아주 멋스럽다.
매혹의 바다에 빠뜨리는 멋진 로큰롤 〈Talisman 부적〉은 신시사이저를 전면에 내세웠던 《Pop Satori》 앨범을 연상시킨다. 인생의 바다에서 수많은 찜에서 자신을 지켜줄 부적 같은 사랑을 의미한다.
지금까지 잊히지 않는 사이렌의 노래, 환상, 우화와 바람, 저 멀리서 모래 무덤의 보석들과, 금과 향신료와 리본, 끝도 없이 날 유혹하네, 다시 만나기 위해 수도 없이 싸웠지, 이처럼 고귀한 전투가 또 있을까, 축배를 들기 위해, 이 부적은 연인을 보호하지, 신기루와 허리케인으로부터, 명예도 메달도 가질 순 없지만, 숭고한 전투가 될 거야.
묘한 주술로 사랑의 마법을 전하는 〈Les Liens d'Eros 에로스의 계약〉에서는 마리안느 페이스풀 Marianne Faithfull(1946-2025)과 입을 맞추었다.

본작으로 간결함과 담백함을 선물한 후, 싱글 〈Sortir Ce Soir 오늘 밤 외출〉과 함께 라이브 베스트 《Sortir Ce Soir, 2005》을 함께 발표했다.

L'Invitation

étienne daho
l'invitation

2007 | Capitol | 50999 5070190 2

1. L'Invitation
2. Cet Air Étrange
3. Obsession
4. L'Adorer
5. Les Fleurs de L'Interdit
6. Boulevard des Capucines
7. Toi Jamais Toujours
8. Un Merveilleux Été
9. Sur la Terre comme au Ciel
10. La Vie Continuera
11. Cap Falcon

Victoires de La Musique 2008 팝 록 앨범상을 수상한 본작은 더욱 군더더기 없는 매끈한 스타일의 록을 들려준다. 첫 싱글 〈L'Invitation 초대장〉은 주위를 환기하는 박수 소리의 율동성으로 플라멩코 록처럼 들린다. 점점 갈구하는 목소리가 뜨거운 화염에 휩싸

이는 멋진 트랙이다.

난 불타, 지옥의 바닥에서 촉수가 날 붙잡지, 난 깨진 유리 조각을 밟고 있는 잔인한 기분이야, 당신의 친절하고 관대한 손길로 날 구해줘, 내게 삶으로 다시 초대하여 기쁨을 느끼게 해 줘… 난 불타, 이 미칠 것만 같은 꿀맛을 보며 난 불타고 있어, 검은 독과 피는 연인들의 피를 부도덕하게 하지, 당신의 진심 어린 키스는 다른 흠모의 운명을 부르지, 내가 무슨 말을 할 수 있나, 변덕스러운 독주, 난 이것을 모두 나눠 마시길 원해, 시인의 테이블에서, 여기 초대된 나 같은 암살자들과…

두 번째 싱글 〈Obsession 망상〉은 〈Rendez-Vous à Vedra 페드라와의 만남〉을 연상시키는 매력 넘버로, 드럼의 박력에 현악의 활기가 더해져 빈티지 낭만이 타이트하게 전개된다.

…집착 증후군, 모든 상황의 자제력을 잃게 되지, 당신의 두려움에 따라 모든 걸 선택한다면, 결코 욕망을 이룰 수 없어, 기억에 물린 상처는 자기 침해로 돌아올 거야. 그리고 난 당신의 망상 속에 돌아다니겠지, 기억의 장식품은 모든 걸 과장할 거야. 욕망의 힘은 당신을 회복하게 할 거야, 욕망에 물린 상처는 당신을 고통받게 할 것이며, 난 당신의 망상 속에서 방황하겠지, 욕망의 힘은 당신을 성장하게 할 거야…

세 번째 싱글 〈La Vie Continuera 인생은 계속되고〉는 영원한 사랑의 맹세를 컨트리풍으로 채색한다.

네 번째 싱글 〈L'Adorer 예배〉는 침울하고도 건조한 앰비언트로 사랑과 슬픔에 대한 간절한 기도가 담겨있으며, 맑은 소프트-록 〈Boulevard des Capucines 카퓌신 대로〉에는 젊은 시절 희로애락이 담긴 장소를 돌이켜보며 성찰적인 의미를 담아낸다.

소망의 알레그리아
Francesca Gagnon ● 프란체스카 가늉

프란체스카 가늉은 1957년생으로 캐나다 퀘벡주 사케네 Saguenay 출생이다.

10세 때부터 피아노와 재즈 발레를 배웠으며, 1980년에 퀘벡 대학교에서 음악수업과 가수로서의 자질을, 또한 뉴욕에서 가창과 댄스 테크닉을 배움으로 좀 더 완벽한 미래의 희망으로 다가간다. 이러한 학문적 배경에 그녀는 하타요가 Hatha-Yoga 수업과 아프리카 댄스 수업을 병행하였다.

1985년에 데뷔작 《Magie》을 발표, 이로 캐나다의 아카데미 상이라 할 수 있는 1989년 주노 어워드JUNO Award에서 최우수 여성 보컬리스트에 노미네이트되었다.

두 번째 앨범 《Francesca. 1988》를 발표하며, 1993년까지 250여 개가 넘는 TV쇼에 출연하여 노래를 불렀고, 유럽과 아프리카 그리고 퀘벡의 페스티벌에 참가하며 라이브 공연을 했다.

1994년은 그녀의 일생에 있어서 한 전환점이 되었다. 태양의 서커스Cirque du Soleil의 「Alegria 알레그리아」에 참여한 것이었는데, 이 앨범은 빌보드 차트 월드뮤직 사운드트랙 부문에서 56주간 1위를 기록하며 캐나다에서 더블 플래티넘을 기록, 세계적으로 100만 장 이상 팔려 나갔다.

작곡자 르네 두페레René Dupéré와 함께 '태양의 서커스-알레그리아' 호주 공연에서 완벽한 보컬과 연기를 선보였으며 이는 비디오로 제작되고 세계적으로 방송되었다.

그 후 미국인들의 마음을 움직여 NBC방송 Jay Leno의 '투나잇 쇼'에 출연하였으며, 미 대통령 빌 클린턴 등을 비롯한 유명 인사 앞에서 공연하였다. 또한 찰스 황태자의 초청으로 Royal Albert Hall에도 섰으며, 멕시코 어워드 세리모니에 초청되기도 하였다.

1995년에 몬트리올 재즈 페스티벌에서 그녀는 20만 명의 군중 앞에서 〈Alegria 환희〉를 노래했다.

1999년 9월부터 모 방송국을 통해 방영된 「국희」라는 드라마는 50% 이상의 시청률을 기록하며 기업가의 정신을 보여 준 잊지 못할 시대극이었다. 거의 막바지에 이르러 화면 속에서 흘러나왔던 프란체스카 가늉의 노래는 드라마의 감동을 더하기에 충분했다.

Cirque du Soleil "Alegria"

1994 | BMG | 09026-62701

1. Alegria
2. Vai Vedrai
3. Kalandiro
4. Querer
5. Irna
6. Taruka
7. Jeux d'Enfants
8. Mirko
9. Icare
10. Ibis
11. Valsapena
12. Nocturne

본작은 태양의 서커스 중 가장 많은 작품의 음악을 담당하였던 르네 두페레René Dupéré의 눈부신 작품들이 점철되어 있는 마스터피스로, 드라마「국희」에서 들을 수 있었던 프란체스카의 앙칼지고 혼신이 느껴지는 〈Querer〉와 〈Vai Vedrai〉가 수록되어 있다.

세계적으로는 타이틀곡 〈Alegria 환희〉가 최고의 히트반열에 올랐지만, 드라마틱한 음악은 이 두 곡에서 정점에 달한다.

〈Vai Vedrai 가거라, 넌 보게 될 거야〉는 진한 애수를 자아내는 아코디언과 톱 연주 그리고 중후한 현악과 함께 그녀의 짙은 호소력이 가슴에 파고든다. 알레그리아를 창안한 프랑코 드라고네Franco Dragone가 비정한 현실을 풍자하는 가사를 썼다.

가라 가거라 아이여! 넌 보게 될 거야. 운명이 다가오는 그곳, 달빛 아래 너의 발걸음과 마음만 가지고는 도달할 수 없지. 나의 아이여! 너는 보게 될 거야. 커다란 슬픔을 뒤덮는 비정한 냉소를 보게 될 거야… 진실이 없는 인간의 광기, 두려움 없는 전쟁의 광기, 천국에서 뛰노는 어린아이를 사살한 군인의 광기도… 넌 보게 될 거야. 나의 아이여!…

〈Querer 사랑해〉는 충동을 일으키는 아코디언과 즉흥의 간주를 내달리는 맑은 기타 그리고 포근한 현악 속에서 뼈에 사무치듯 애달프게 고백한다.

사랑해. 가슴속으로, 부끄럼 없이 이유도 없이, 불꽃처럼 타오르는 열정으로, 애모하네. 우리의 삶을 향한 갈증을 나누고, 우리에게 주는 선물로 사랑은 삶이 되리, 하늘과 바다 사이에서 중력이 작용하지 않는 자유로움을 느끼며, 어떤 기다림도 없이 오직 주기 위해 드리리. 언제나, 항상 더…

〈Valsapena 슬픈 왈츠〉는 마치 하늘에서 내려온 천사들이 지상의 날개 잃은 천사의 슬픔을 달래는 듯한 신비의 동화이다.

…그의 눈은 슬픈 세상을 보고 있네, 울부짖은 영혼과 아름다운 고독, 잔잔한 물 위의 달을 건너 날아갈 수 있다는 설렘만이, 이것이 정복자의 운명, 그의 눈에는 하늘의 푸른색만 비치네, 땅이 그의 날개에 사슬을 달았지, 그를 그녀에게 가까이 두기 위해서…

Au-Delà des Couleurs

1998 | BMG | 74321657782

1. Dame la Fuerza
2. Au-Dela des Couleurs
3. Occhi di Cielo
4. Je Voudrais Bien
5. Vagda
6. Juste à l'Idée
7. Que Mas Da
8. Zilinga
9. Vivo in Te
10. Bella
11. À l'Autre Bout
12. I Believe
13. Mandami un Po'di Te

《Au-Delà des Couleurs 색깔 너머로》는 태양의 서커스 '알레그리아' 초연 중 발표한 세 번째 디스코그래피로, 그녀를 세계적인 가수로 발돋움하게 해준 작곡자 르네 두페레

René Dupéré가 편곡과 작곡에 부분적으로 우정 출연했다.

기타 선율에 열정적인 욕망을 담은 〈Dame la Fuerza 내게 힘을 줘〉를 차분하게 노래한다.

내게 별을 줘. 내게 봄을 줘. 사랑을 위한 밤이 되어줘. 다시 꿈과 사랑의 언약을 속삭여 줘… 내게 환상의 오로라를 줘, 당신의 순수한 비밀도… 내게 광기를 줘. 희망을 줘. 내게 웃을 수 있도록 순결을 줘…

급박한 템포의 라틴 기타가 이끄는 〈Je Voudrais Bien 나도 그랬으면〉에서는 이별 앞에 선 여인의 마음을 담았다.

너와 함께하고 싶지만, 우리는 시간을 가져야 해. 나도 몰라. 널 더 이상 내가 원하지 않을지도… 네가 맘에 걸리지만, 아무것도 바라지 않아. 이해해 줘. 시간은 흘러, 또 난 남겠지, 난 너와 함께하고 싶어. 넌 아무 말이 없네…

두페레가 작곡한 중동풍의 서글픈 발라드 〈Vagda 거닐다〉는 간파하기 쉽지 않지만, 사랑하는 소년을 기다리는 산골 소녀의 기도로 짐작된다.

아코디언의 온풍이 가슴을 시리게 하는 〈Bella 벨라〉에서 또다시 감성이 머문다.

벨라, 내 가슴속에 잠든 연약한 아이… 벨라, 우리의 숨겨진 욕망을 지켜보는 아이, 에덴동산에서 수천 가지의 경이로움과 함께 잊힌 보물, 내게서 떠나가 난파되고 표류한 아이, 오! 내 삶이 죽지 않게 사랑으로 숨 쉬게 해줘. 왜 우리는 눈을 감을까, 신을 향한 기도를 멈추는 열쇠를 줘… 내 모든 꿈을 자유롭게 해줘…

〈À l'Autre Bout 반대편에서〉는 물밀듯 밀려오는 오르간 연주와 라틴 기타의 엘레지가 열망을 성토한다.

…난 표류 중이고, 망명생활을 하지, 광기와 시 사이에서, 내 영혼은 짐 없이 여행을 떠나네, 내가 상상하는 넌 항상 반대편에 있네, 난 다시 널 찾을 거야… 네 눈빛에 담긴 미소는 그림자에서 빛으로 비추는 태양이니까…

Hybride

Francesca Gagnon
Hybride

2005 | Galios Musique | GAMU 57

1. Voile de la Paix
2. Zangai
3. Malia
4. Mahi Rora
5. Les Secrets de la Terre
6. Rose les Sables
7. Karmina
8. King Gong
9. Miss Maggie
10. Guesh Mine
11. Hymne a la Beaute du Monde

그녀는 2004년 태양의 서커스 기획 야외공연 「Midnight Sun」에 초청되어 다시 한번 〈Querer〉를 노래했다. 이후 태양의 서커스 공연으로 5대륙을 여행하면서 수집한 보물들을 모아 《Hybride》를 이듬해 발표했는데, 제목에서 느껴지듯 훨씬 더 민속적인 색채를 가미한 월드뮤직을 들려준다.

대자연의 메아리가 울려 퍼지는 〈Voile de la Paix 평화의 장막〉에서는 힘찬 평화의 찬가가 울린다.

산 정상에서 울리는 야생의 비명은, 두려움을 몰아내고 자유를 외치리라, 영원히 전사들의 아마존이 되리라, 거짓 없는 세상에서 건축하고 사는 것을 꿈꾸리라.

〈Rose les Sables 사막의 장미〉는 뜨거운 집시 바이올린과 지독한 외로움에 절어 있는 보컬이 폭발하다 기도로 끝을 맺는다.

…내 마음은 별의 정원에서 잠들고, 내 가슴은 사랑의 설원에서 잠들고, 내 심장은 고통 아래 잠들어 있네… 하늘의 바람이여 내 분노를 거두어 줘, 전사의 영혼의 고통을 치유해 줘, 내 마음은 모든 사랑의 고통으로 죽어 버렸어… 내 마음이여 사막 한가운데로 가라, 그리고 땅을 비옥하게 하라, 떠나가라, 나의 원치 않는 고독이여…

〈Karmina 카르미나〉는 서글픈 멜로디의 반복으로 점차 트랜스를 만든다. 이는 전쟁으로 고아나 장애인 혹은 생명을 잃는 아이들을 위한 노래로, 사랑으로 그들을 보호해야 한다는 메시지를 담았다.

인상주의 음악을 듣는 착각을 불러일으키는 〈Guesh Mine〉는 현과 아코디언의 잔잔함에 그녀의 보컬이 파문을 일으킨다. 의미는 알 수 없지만, 투명감으로 젖어드는 노스텔지어가 잔잔한 감동을 준다.

대미를 장식하는 〈Hymne a la Beaute du Mon -de 세상의 아름다움을 위한 찬가〉는 환경에 대한 보호의 메시지를 포근하게 담아낸다.

…세상의 아름다움을 죽이지 마. 살해된 꽃과 나무는 다시 살아날 거야… 세상의 아름다움을 죽이지 마. 노래하는 새를 죽이지 마. 푸르른 하늘을 죽이지 마… 지구의 마지막 기회. 지금 다시 살아나고 있네… 세상의 아름다움을 죽이지 마. 지구가 훌륭한 정원이 될 수 있도록. 당신의 자손을 위해…

Meridiano (& Inti Illimani)

2010 | Warner | 5186-58557-2

1. Obertura
2. Banquete
3. C´est Ton Histoire
4. Canna Austina
5. Rêves d`Enfants
6. Vai Vedrai
7. Valsapena
8. Cuadro de Pantomima
9. Alegría
10. Cuando Me Acuerdo de Mi País
11. Pageant

가뇽은 2009년 몬트리올에서 처음 열린 칠레의 민중 그룹 인티-이이마니Inti-Illimani의 콘서트를 관람했다. 공연이 끝난 후 그들이 전 세계에 전하는 풍부하고 힘찬 이야기에 무대 뒤로 감동의 인사를 전했다.

이가 인연이 되어 칠레 공연에 함께 무대에 섰고, 본작 《Meridiano 정오》를 녹음하게 된다. 그러나 2010년 2월 칠레에 지진이 일어나 발매가 연기되었고, 6월이 되어서야 산티아고에서 다시 함께 무대에서 슬픔과 혼란을 위로했다.

나폴리 출신의 민속음악가 로베르토 드 시모네Roberto de Simone의 2005년 작 〈Canna Austina〉과 인티-이이마니의 곡 〈Cuadro de Pantomima 무언극 장면〉을 제외하면, 맑은 인티-이이마니의 연주에 가뇽이 노래한 태양의 서커스 레퍼토리들로 구성되었다.

그녀가 참여했던 《Alegria 알레그리아》에서는 타이틀곡과 〈Vai Vedrai〉와 〈Valsapena〉가 남미의 포크풍으로 재연되었다. 특히 〈Valsapena 슬픈 왈츠〉는 환상동화 같은 원곡에 비해, '선녀와 나무꾼'처럼 구슬픈 전설을 들려주는 듯하다.

〈Cest Ton Histoire 당신의 이야기〉는 《Kooza 쿠자》 수록곡인 명곡 〈Pearl〉에 그녀가 새 가사를 붙인 것으로, 기타의 왈츠가 은은하고도 애상적인 서사를 더한다.

〈Réves d'Enfants 어린이들의 꿈〉은 《Quidam 퀴담》에서 짧아서 아쉬움을 주었던 〈Marelle〉을 새로운 가사로 노래했는데, 클라리넷과 구슬픈 기타의 하모니에 안데스 플루트가 긴 탄식을 내쉰다.

〈Pageant〉는 《KÀ 카》의 수록곡으로, 멤버들의 코러스에 민속 타악기 리듬이 점진적인 질주를 하며 불꽃이 타오르듯 비장미를 붉게 피운다.

…당신은 나의 꿈이었기에, 나는 별처럼 화염처럼 느끼네, 살아있음을 느끼고 별처럼 빛을 발하네…

메르세데스 소사Mercedes Sosa(1935-2009)도 1981년에 취입했던 〈Cuando Me Acuerdo de Mi País 내 나라를 기억할 때〉는 칠레 가수 파트리시오 만스Patricio Manns(1937-2021)가 1977년에 발표한 누에바 깐시온으로, 실내악의 잔잔함이 흐르는 편곡에 그녀의 유연한 보컬이 감동을 잇는다.

내 나라를 기억할 때마다, 화산처럼 피를 토하고, 난 그 자리에서 얼어붙네… 내 나라를 기억할 때, 나는 완전한 난파선이 되고, 교회는 눈으로 덮이네, 소금으로 나 자신을 쓰고, 기차는 불안에 떨고, 대합실은 병이 들지, 경사는 오지 않고, 불운은 터지지, 내 나라를 기억하면, 어제가 분노하고, 4월이면 비에 흠뻑 젖네, 내 나라를 떠올리며, 의무를 위해 온화함을 찾고, 촛불을 켜고, 자신감으로 소총을 깨우리.

그녀가 쓴 가사는 음반에도 기록되지 않고 검색도 되지 않아 아쉽지만, 곡목과 노래만으로도 그 의미를 충분히 예감할 수 있을 듯하다.

그녀는 이 앨범을 녹음하면서 인티 이이마니의 감성과 음악적 기교에서 칠레의 영혼을 발견할 수 있었으며, 큰 꿈이 생겼다고 했다. 또한 〈내 나라를 기억할 때〉라는 심오한 곡을 쓴 파트리시오 만스와 태양의 서커스 가족들에게도 다시금 감사를 전했다.

Chante-Moi une Histoire…

2015 | Aureka Production | ARK2-4489

1. La Chanson des Vieux Amants
2. Évangéline
3. Alfonsina
4. Le Déserteur
5. De la Main Gauche
6. Une Chance Qu'On S'A
7. Amsterdam
8. Ne Me Quitte Pas
9. Todo Cambia
10. Vai Vedrai
11. Cuando Me Acuerdo de Mi País
12. El Amor

《Chante-Moi une Histoire… 내게 이야기를 노래해 줘, 2015》는 그녀의 은인인 작곡가 르네 두페레René Dupéré의 명징한 피아노 솔로 반주에 샹송과 칠레의 누에바 깐시온의 커버곡을 수록했다.

자크 브렐Jacques Brel(1929-1978)의 명곡은 〈La Chanson des Vieux Amants 오랜 연인들의 노래〉, 〈Amsterdam〉, 〈Ne Me Quitte Pas 떠나지 마〉 3곡이 수록되었다.

〈Amsterdam 암스테르담〉은 브렐이 스튜디오 앨범으로 녹음한 적이 없으며, 라이브 《Olympia 1964》에 수록되었다. 그는 이 곡을 전혀 좋아하지 않았다고 하는데, 그럼에도 그의 명곡으로 기억되고 있다. 이는 암스테르담 항구에서 정박하고 피로와 외로움을 술과 여자로 즐기는 선원들에 대한 노래로, 강렬하고도 우울한 크레셴도가 결합되었다. 기본 멜로디는 영국 민요 〈Greensleeves〉에서 따왔지만, 그의 노래는 비장하기까지 했다.

〈Évangéline 에반젤린〉은 퀘벡의 샹송 가수 이사벨 피에르Isabelle Pierre가 1971년에 노래한 포크풍의 곡으로, 따스한 애수가 흐른다. 이는 1755년과 1763년 사이에 북미에서 프랑스어를 사용하는 아카디아인에 대한 영국군의 강제 이주 사건을 다룬 것으로, 미국의 시인 헨리 롱펠로우Henry Long-fellow(1907-1882)가 1847년에 쓴 서사시의 주인공 에반젤린에서 영감을 받았다. 에반젤린은 사랑하는 가브리엘과 결혼식을 하루 앞두고 생이별을 하게 된다. 20여 년을 수소문하여 찾아 헤매었고, 어느 날 쇠약해져 죽어가는 가브리엘을 만난다. 그러나 그는 그녀의 품에서 죽고, 에반젤린은 기나긴 키스로 그를 보낸다.

…현재에도 여전히 일어나고 있어요, 당신이 사는 나라에서, 당신의 이름을 기억하는 사람이 있나요? 바다가 당신에 대해 말하고, 남풍이 당신의 목소리를 실어줍니다. 숲에서 평원으로, 당신의 이름은 아카디아의 희망 그 이상이고, 국경을 초월합니다. 당신의 이름은 모든 사람의 이름입니다. 불행하더라도 사랑과 희망을 믿으세요. 에반젤린이여!

〈Alfonsina 알폰시나〉는 아르헨티나 작곡가 아리엘 라미레즈Ariel Ramírez(1921-2010)가 쓰고 메르세데스 소사Mercedes Sosa(1935-2009)가 1969년에 노래한 명곡 〈Alfonsina y el Mar 알폰시나와 바다〉이다. 기구한 삶을 살았던 아르헨티나 여류시인 알폰시나 스토르니Alfonsina Storni(1892-1938)의 영혼을 기리는 노래로, 그녀는 암 재발로 인해 스스로 바다에 뛰어들어 생을 마감했다. 수많은 가수들이 커버한 월드뮤직의 명곡이다.

〈De la Main Gauche 왼손으로〉는 백혈병으로 28세에 사망한 샹송 가수 다니엘 메시아Danielle Messia(1956-1985)의 1982년 노래로, 까뜨린느 리베이로Catherine Ribei-ro(1941-2024) 등 많은 가수들이 커버했다. 이는 여자를 사랑한 여자의 이야기이다.

난 왼손으로 네게 편지를 쓰네, 한 번도 말을 나누지 않았던 넌 어색해서 망설이지, 늘 숨겨왔던 난 주머니에 넣었네… 희망도 없고 후회도 없이, 사랑한다고 말하고 싶었어, 사랑한다고, 왜냐하면 그게 사실이니까.

그녀가 태양의 서커스 알레그리아에서 목놓아 불렀던 〈Vai Vedrai 가거라, 넌 보게 될 거야〉도 피아노 솔로로 들려준다.

〈El Amor 사랑〉은 자살로 사망한 칠레의 누에바 깐시온 가수 비올레타 파라Violeta Parra(1917-1967)의 시로, 인디오 플루트와 기타의 구슬픈 연주로 그녀의 딸 이사벨 파라Isabel Parra가 1972년에 노래했다.

…비참함과 배신, 그것들은 내 생각과 얽혀있네, 그리고 물과 바람 사이, 난 멀리서 길을 잃네, 하지만 위안을 찾으려고 울진 않을 거야, 아무도 듣고 싶어 하지 않는 내 외침은 기도와 같네.

그 외 소사의 음성으로 친숙한 〈Todo Cambia 모든 것은 변하고〉와 전작 《Meridiano 정오》에서 노래했던 〈Cuando Me Acuerdo de Mi País 내 나라를 기억할 때〉 등이 포함되었다.

펜데믹을 거치고 발표한 《Une Musique aux Étoiles 별들에게 음악을, 2023》은 르네 뒤페레가 그녀를 위해 작곡한 오리지널 앨범으로, 제2의 '알레그리아'라고나 할까?

다니엘 라부아Daniel Lavoie와 함께 노래한 〈Where Children Play〉와 에디트 피아프Édith Piaf(1915-1963) 헌정곡 〈Giovanna 조반나〉 등 10편의 드라마를 담고 있다. 여전히 그녀만의 독특한 스타일로 감정을 전달하며, 그 강렬함은 곧바로 유혹을 불러일으킨다.

끝으로 애끓는 열망의 엘레지 〈Et Si Je Rêve 내가 꿈을 꾸면〉과 거리에서 태어난 피아프의 사랑과 인생을 그린 〈Giovanna 조반나〉를 링크한다. 사실상 전부 훌륭하다.

청춘과 노스텔지어의 여인
Françoise Hardy ● 프랑수아즈 아르디

나는 항상 그 자리에 있습니다. 난 느리고 아름다운 노래를 좋아해요. 바이올린의 저음처럼 나는 슬픈 노래를 사랑합니다…

그녀는 전통 샹송의 로맨티시즘과 시적 아름다움을 가냘픈 목소리로 가장 잘 표현했던 가수로 기억된다.

프랑수아즈 아르디(1944-2024)는 파리의 중심 9지구에서 태어났다. 부친은 계산기 회사 공장장이었으며 모친은 경리 직원이었다. 그러나 부친은 다른 여자에게로 갔고, 싱글맘 아래서 여동생과 함께 외조모의 손에 길러졌는데, 이 또한 잦은 학대로 행복하지 않았다고 한다. 14살 무렵 페미니스트 보봐르Beauvoir, 발자크Balzac, 까뮈Camus 등의 문학작품들을 탐독했고 샹송과 함께 로큰롤에 매료되었다.

1961년 6월 대입 자격시험에 합격하여 선물로 받은 기타가 그녀를 가수의 길로 이끌었다. 레코드사의 오디션에 응시했지만 탈락을 거듭하고, 미레유 음악원에서 음악 공부를 병행한다.

클럽에서 노래하다가 Vogue 레코드의 음악감독에 발탁되어 11월에 계약, 이듬해 2월 TV 쇼에 출연하여 처음 대중들 앞에 섰다.

첫 싱글 〈Tous les Garcons et les Filles 모든 소년과 소녀〉는 10월 28일 총선 방송의 간주곡으로 사용되어 11월에 발표한 데뷔앨범은 50만 장 이상 판매되는 대성공을 거둔다.

명곡 〈Le Permier Bonheur du Jour 청춘의 블루스〉가 수록된 두 번째 앨범은 ACCAcadémie Charles-Cros 대상을 수상했고, 1963년에는 유로비전 송 콘테스트에 〈L'Amour s'en Va 사랑은 가고〉로 참가하여 5위를 차지하며 그해 올랭피아 극장에 선다.

1966년에는 〈Parlami di Te 너에 대해 말해줘〉로 이태리 산레모가요제에 출전하여 본상에 진출하기도 했다.

그녀는 대학에서 정치학을 전공한 후 소르본에서는 독일어와 역사를 전공하였는데, 지성과 미모를 동시에 갖춘 그녀는 의상디자이너 이브생로랑Yves Saint Laurent과 파코라반 Paco Rabanne 등의 러브콜을 받아 패션 아이콘으로도 자리 잡았다.

1967년 새로운 레이블과 계약하면서 남자가수이자 배우인 자크 뒤트롱Jacques Dutronc을 만났고, 명반 《Ma Jeunesse Fout l'Camp 내 청춘이 떠나가네》와 이듬해 《Comment Te Dire Adieu? 안녕이라 말할까》를 발표한다.

여러 대학 축제와 해외 투어를 병행하던 그녀는 휴식시간이 필요했고 앨범 제작 외에는 일체의 활동을 전면 중단하며 심리학과 점성학에 빠져지냈다.

1973년에는 자크 뒤트롱의 아들 토마Thomas를 낳아 미혼모가 되었으며, 1981년이 되어서야 자크 뒤트롱과 코르시카에서 결혼식을 올렸다.

Ma Jeunesse Fout l'Camp

ma jeunesse fout le camp..

1967 | Virgin | 7243 8405012 2

1. Ma Jeunesse Fout l'Camp
2. Viens Là
3. Mon Amour Adieu
4. La Fin de l'Été
5. En Vous Aimant Bien
6. Qui Peut Dire
7. Des Ronds dans l'Eau
8. Il N'y a Pas d'Amour Heureux
9. Il Est Trop Loin
10. Mais Il y a des Soirs
11. Voilà
12. C'Était Charmant

본작은 1960년대 아르디의 진면목을 살필 수 있는 명반이다. 입가에는 하얀 들국화를 문 채 눈가가 촉촉한 커버만 봐도 그 분위기에 흠뻑 매혹당할 것 같다.

⟨Ma Jeunesse Fout l'Camp 내 청춘이 떠나가네⟩는 샹송의 고전이 되었다. 이태리계 싱어송라이터 기 본텀펠리Guy Bontempelli(1940-2014)의 자작곡으로, 기타와 애조띤 현악에 흐르는 아르디의 목소리는 젊은 날의 초상을 더듬는 처연한 슬픔에 촉촉이 젖어있다.

…나의 청춘은 달아난다. 매어놓은 밧줄을 끊고, 그 머리카락에 나의 스무 살의 꽃을 달고 가버린다. 우리는 이제 숲에는 가지 않을 것이다. 여기에 가을이 온다. 나는 봄을 기다리고 있어야지, 따분한 시간을 얼버무리면서…. 봄은 이제 돌아오지 않을 것이다. 내 마음이 떨고 있다면 그것은 밤의 장막이 내리기 때문…. 우리는 이제 숲에는 가지 않을 것이다. 둘이서 함께 가지는 않을 것이다. 나의 청춘은 도망간다. 당신의 걸음처럼 리듬에 맞추어…. 나의 청춘이 얼마나 당신을 닮았는지 당신이 알아준다면…. 그러나 당신은 모른다.[11]

⟨Des Ronds dans l'Eau 물의 파장⟩은 클로드 를르슈 Claude Lelouch 감독에 프란시스 레Francis Lai(1932-2018) 가 음악을 맡은 「Vivre pour Vivre 생을 위한 삶, 1967」 의 주제곡이다. 레이몽 르 세네샬Raymond Le Senechal 작곡에 피에르 바루Pierre Barouh(1934-2016)가 가사를 쓴 이 노래는 영화에서 니콜 크루와질Nicole Croisille과 여배우 애니 지라르도Annie Girardot(1931-2011)의 영어와 불어 듀엣으로 녹음되었다. 아르디는 전원 속의 순수한 사랑과 꿈을 순백의 음성으로 원곡을 뛰어넘는 커버곡을 탄생시킨다.

루이 아라공Louise Aragon(1897-1982)의 작사에 조르주 브라상스Georges Brassens(1921-1981)가 작고한 ⟨Il N'y a Pas d'Amour Heureux 행복한 사랑은 없어⟩ 역시 1953년에 취입한 브라상스에 이어 많은 가수들이 커버한 명곡이다. 눈물 마른 음성으로 노래하는 아르디는 최고의 감성을 열어준다.

---

11) 박흥진 「이야기 샹송·칸초네 여행」 삼호출판사, 1995, 251p

…내 아름다운 사랑, 내 소중한 사랑, 내 상처, 난 상처 입은 새처럼 당신을 감내해… 삶의 방법을 배우기에는 너무 늦었어. 차라리 우리의 마음이 하나 되어 밤새 울어버렸으면, 약간의 두려움을 극복하려면 얼마나 많이 후회해야 하는지, 가여운 노래를 쓰기 위해 얼마나 불행을 겪어야 하는지, 기타로 한 음을 내려면 얼마만큼 고통의 눈물을 흘려야 하는지… 상처받지 않는 사랑은 없어, 시들지 않는 사랑은 없어, 눈물 없는 사랑은 없어, 마냥 행복하기만 사랑은 없어, 그것이 우리의 사랑이야.

자작곡 〈Voilà 여기〉는 수줍은 듯 사랑을 고백하는 청순함이 추억 속으로 돌이켜 준다.

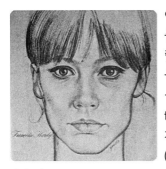

이듬해에는 국내에 가장 대중적으로 그녀의 존재를 알렸던 작품으로, 1967년 영국 여가수 Vera Lynn(1917-2020)의 히트곡 〈It Hurts to Say Goodbye〉을 세르주 갱스부르Serge Gainsbourg (1928-1991)가 번안한 〈Comment Te Dire Adieu ? 안녕이라 말할까〉를 노래했다.

어떤 상황에서도 난 원치 않아, 불행한 모습을 보이는 걸, 내게 설명해 줘, 어떻게 편히 작별을 고할지를. 내 마음은 부싯돌 같아서 빨리 점화되지만, 네 마음은 불붙지 않아, 난 혼란스럽지만, 작별 인사를 하고 싶지 않아, 이전 사랑이 불행하면 기회가 쉽지 않지, 하지만 난 설명이 필요해, 어떤 상황에서도 난 원치 않아, 네 앞에서 눈물 젖은 티슈를 보이고 싶지 않아, 어떻게 작별을 고해야 할지 알고 싶어.

FRANÇOISE HARDY

1971 | Virgin | 7243 8406412 9

1. Viens
2. La Question
3. Même Sous la Pluie
4. Chanson d'O
5. Le Martien
6. Mer
7. Oui Je Dis Adieu
8. Doigts
9. La Maison
10. Si Mi Caballero
11. Bati Mon Nid
12. Rêve

《Soleil 태양, 1970》에는 미국 팝 여가수 Sandy Alpert가 당해 발표한 〈Sunshine〉을 번안한 타이틀곡으로 상업적인 성공을 거둔다.

이후 발표한 본작은 친구이자 브라질 출신의 여가수이자 기타리스트 투카Tuca(1944-1978)를 초빙했다. 그래서인지 보사노바의 향기가 배어 멜랑꼴리하다.

명곡 중 하나인 〈La Question 질문〉은 잔잔한 내면의 고뇌를 서서히 눈물로 증발시키는 듯한 슬픔을 노래했다.

당신이 어떤 사람인지 몰라. 당신이 누구를 꿈꾸는지도 몰라. 항상 당신에 대해 알고 싶어. 내 침묵을 방해하는 당신의 고독에 대해서도… 왜 내가 바다에 빠져 혼자 남겨져 있는지 몰라. 숨 막히는 대기 중에 혼자 남겨져 있는지도, 당신은 내 상처의 혈흔이야. 당신은 날 태우는 불이며, 대답 없는 내 질문이야. 당신은 나의 소리 없는 울음이고 내 고독이야.

자신이 최고 걸작이라 평했던 〈Même sous la Pluie 비 아래서〉는 투명한 기타에 숨 가쁜 호흡을 내뱉는 규칙적인 각운이 무상감을 던져준다.

비 내리고 바람 불어도 난 연인을 기다리고 있네, 셀 수 없는 시간의 흐름 속에서, 밤이나 낮이나 나는 그대를 기다리네…

가까이 있는 떠나간 당신 집 앞을 오가며 무성히 자란 정원과 굳게 닫힌 문을 보고 다시 슬픔에 빠지는 서정을 쓸쓸히 그린 〈La Maison 집〉은 전원적인 기타에 현악이 무척 아련하다.

〈Si Mi Caballero 나의 주인이여〉는 마치 온 세상이 하얗게 눈 내린 듯한 차가운 겨울날을 연상시킨다. 투명한 기타와 휘파람 그리고 슬픈 피아노에 실리는 아르디의 고혹적인 포크 보컬은 과히 최고이다.

나의 주인이여, 난 당신의 양 떼를 따르는 하얀 먼지이고 싶어, 당신의 피부에 달라붙는 풀잎이라도 난 충분해. 꽃에 둘러싸인 하얀 집도 당신이 없는 동안은 무덤과 같네. 내가 먼지였다면 당신을 따랐을 텐데, 내가 풀잎이라면 당신이 날 받아 주었을 텐데, 당신이 잠들 때 난 달콤하고 싶고, 태양이 타오르면 난 샘이 되고파. 나의 주인이여, 그저 당신의

메마른 입술을 적실 수 있는 물방울이라도 난 충분해.

서서히 그 따사로운 기운 속으로 빨려 들어갈 듯한 〈Rêve 꿈〉은 오케스트레이션에 포근한 스캣이 가슴을 촉촉이 적셔준다.

난 당신이 마침내 실현할 꿈에 대해 궁금해, 당신은 꿈에서처럼 내게 아픔을 줘, 그 꿈에서 깨기 위해서라도 그건 필요해…

《Message Personnel 개인 메시지, 1973》에서는 미셸 베르제Michel Berger(1947-1992)와 함께 만든 타이틀곡이 많은 사랑을 받았다.

…내일 나를 사랑할 수 있을지, 당신이 생각한다면, 길이 좁아 보여도 두려워하지 마, 과거와 내일의 삶 사이로 와서 나를 구해줘…

1975년에는 장-미셸 자르Jean-Michel Jarre가 작곡한 〈Que Vas-Tu Faire? 당신은 무엇을 하나요?〉를 노래했다.

…종말의 세계, 큰 벼랑 끝에서, 사랑이 고통과 증오로 변하는 곳에서, 너는 내 사막의 노래알이야, 이 세상에 홀로 남은 넌 무엇을 할 것인가?

클로드 를르슈Claude Lelouch가 감독하고 프랜시스 레Francis Lai(1932-2018)가 음악을 맡은 「Si C'Était à Refaire · Second Chance, 1976」에서 〈Femme Parmi les Femmes 여자 중의 여자〉를 불렀다.

그리고 라이선스로도 소개된 명작 《Star, 1977》 등으로 황금의 1970년대를 열어갔다.

Tirez Pas Sur l'Ambulance

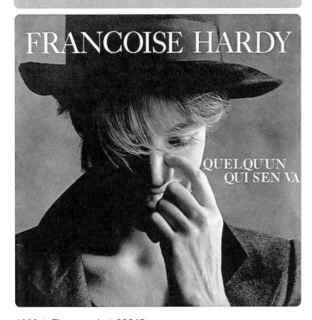

FRANCOISE HARDY

QUELQUUN QUI S'EN VA

1982 | Flarenasch | 93645

1. Tirez Pas Sur l'Ambulance
2. Quelqu'un Qui S'en Va
3. Un Deux Trois Chat
4. Retour de Nuit
5. L'Auréole Néon
6. Mazurka
7. Tabou
8. C'est Bien Moi
9. C'est Petits Riens
10. En Scope et Stéréo

20번째 앨범 《Tirez Pas sur l'Ambulance 구급차에 총을 쏘지 마》는 그해 언론과 라디오와 TV에서 수여하는 올해의 프랑스어 앨범 여자 부문 다이아몬드상을 수상했다.
타이틀과 〈Tabou〉가 히트했는데, 아르디의 감성을 느낄 수 있는 작품들이 많기에 개인적으로 애청작 중 하나이다.

수많은 감정의 파편들처럼 흩날리는 피아노가 드뷔시의 인상주의를 연상시키는 우울한 무곡 〈Mazurka 마주르카〉는 영화음악가 가브리엘 야레Gabriel Yared 작곡으로, 본작이 아름다운 이유이다. 잠 못 이루는 밤의 서정은 그 눈부신 달빛의 착란으로 흐른다.

…마주르카, 이것은 이 밤에 내게 떠오른 너의 이야기야. 와 주길 기다렸던 한 남자, 문 뒤에서 우는 널 보았네. 침대 위의 밤, 난 그를 떠올리며 혼잣말로 물었네. 그가 올 것이라는 걸 난 알아. 가끔 길거리에서 난 길을 잃고 멈춰. 네가 그랬던 것처럼, 나도 기다려. 마주르카를, 누군가 여자는 파티라고 말했을 때, 날 따라다녔던 어린 시절의 꿈, 난 기억해. 마주르카, 내 첫사랑, 그건 너야.

알랭 슈송Alain Souchon의 곡 〈C'est Bien Moi 그게 나야〉는 이루어질 수 없다는 걸 알면서도 짝사랑에 시 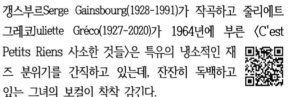 달리는 소녀의 심경을 담은 노래로, 애틋하고 풋풋하면서도 잔잔한 포크풍의 연주가 일품이다.

갱스부르Serge Gainsbourg(1928-1991)가 작곡하고 줄리에트 그레코Juliette Gréco(1927-2020)가 1964년에 부른 〈C'est Petits Riens 사소한 것들〉은 특유의 냉소적인 재즈 분위기를 간직하고 있는데, 잔잔히 독백하고 있는 그녀의 보컬이 착착 감긴다.

…무엇보다도 미소보다 가치 있는 눈물은 없네. 누군가에게 눈물은 이미 지겨울 수 있지. 그러나 네 마음에 아무것도 남지 않았다는 걸 난 알아, 네가 부러워, 나는 더없이 널 원해. 그건 너에게서 온 사소한 것들이야. 넌 네 욕망을 기다리고, 난 너 말고는 이 세상에서 아무것도 바라지 않아. 너와 함께하기 위해 내 절반은 미쳐가.

자신이 가사를 쓴 〈En Scope et Stéréo 렌즈와 라디오〉에는 부도덕하고 놀라운 사건 사고의 우울 함으로 자신을 숨기고 싶은 마음을 담았다.

Décalages

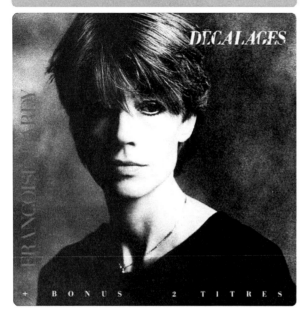

1988 | Flarenasch | 472050

1. La Sieste
2. Une Miss S'Immisce
3. Laisse Moi Rêver
4. Vibrations
5. Décalages
6. Partir Quand Même
7. Dilettante
8. Dire Tout
9. Arrêtons
10. Je Suis de Trop Ici
11. Avec Toute Ma Sympathie
12. La Vraie Vie C'est Où ?

전작 《Tirez Pas sur l'Ambulance》에 이어 6년 만에 《Décalages 차이》로 돌아왔으나, 자신은 만족하지 못한 앨범이라 털어놨다. 활동이 뜸했던 시기에 골드를 기록한 이 앨범은 들으면 들을수록 그 색다른 매력을 발견하게 된다.

긴장감이 감도는 최면의 디스코 트랜스 〈La Sieste 시에스타〉는 낮잠에 빠진 연인의 사랑스러운 모습을 보며 느끼는 여린 고통의 감정을 담았다. 그녀의 달콤하고도 나른한 목소리는 꿈길로 유혹한다.

작곡자 에티엔 다오Étienne Daho의 충동적인 1980년대 음악과 빼다 박은 〈Laisse Moi Rêver 날 꿈꾸게 해줘〉는 사랑의 욕망을 그린 것으로 그 청명한 사운드가 좋다.

중후한 타이틀곡 〈Décalages 차이〉는 영국의 아트록 그룹 Barclay James Harvest의 1983년 작 〈Waiting for the Right Time〉이 원곡으로, 서로 다른 양극을 해독하고 해소해야 한다고 피력한다.

남편 자크 뒤트롱Jacques Dutronc이 작곡한 〈Partir Quand Même 어쨌든〉은 하얀 안갯속을 산책하는 듯한 낭만 발라드로, 부인하고 싶어도 당신을 운명적으로 사랑하고 있다는 자기고백이라 볼 수 있다.

어쨌든 잠이 들거나, 꿈을 꿀 때 시간은 돌아오네. 어쨌든 운명을 옭아매는, 고리를 끊기 위한 그 강력한 순간들은 장식의 대상일 뿐, 날 죽음으로 몰아가지… 알 수 없는 나의 또 다른 모습들을 제압하기 위해, 더 이상의 신호도 없이 눈에는 절망의 빛이 흐르네. 더 퇴화되기 전에, 더 늦기 전에 전쟁을 막기 위하여, 당신이 내게 사랑한다고 말하기 전에, 어쨌든 난 그걸 터득했네.

〈Je Suis de Trop Ici 나 여기 있어요〉는 저항할 수 없는 아르디의 매력에 빠지게 되는 슬픈 가을 바람의 노래이다.

…밤 아래의 슬픔과 어둠, 나는 소리 없는 가을이야, 내 모든 밤 아래서. 난 떠날 거야, 당신을 잃은 내 기억의 악몽에서, 가려진 눈물, 죽음의 인상…

8년 만에 발표한 《Le Danger 위험, 1996》은 단적인 증상을 담은 록 앨범으로 1990년대의 유일한 앨범이었다.

Clair-Obscur

2000 | Virgin | 7243 8492032 6

1. Puisque Vous Partez en Voyage
2. Tous Mes Souvenirs Me Tuent
3. Celui Que Tu Veux
4. Clair-Obscur
5. Un Homme est Mort
6. Duck's Blues
7. I'll Be Seeing You
8. Tu Ressembles a Tous Ceux Qui Ont Eu du Chagrin
9. La Pleine Lune
10. So Sad
11. La Saison des Pluies
12. Contre Vents et Marées
    (Theme from a Movie 'That Never Happened')
13. La Vérité des Choses

오랜 침묵을 깨고 화려하게 재기한 《Clair-Obscur 명암법》은 프랑스식 포크와 재즈 그리고 브라질리안 보사노바를 융합한 걸작이다.

남편 자크 뒤트롱Jacques Dutronc과 듀엣곡인 〈Puisque Vous Partez en Voyage 당신은 여행을 떠나야 하기에〉는 뮤비로 제작된 히트곡으로, 원곡은 미레유Mireille(1906-1996)와 장 사블롱Jean Sablon(1906-1994)이 1935년에 취입한 것이다. 15일간의 출장을 가는 남편을 배웅하러 역까지 나온 아내는 소소한 애정 이야기들을 하다가 그만 같이 가지며 어리광을 피우는 코미디로, 낭만적인 재즈 피아노의 선율과 함께 잊히지 않을 고혹미이다.

바이올린과 기타의 질감이 다른 현이 만들어내는 멜랑꼴리의 노래 〈Tous Mes Souvenirs Me Tuent 내 모든 기억은 날 미치게 해〉는 나른한 보사노바 음성으로, 지난 날의 뜨거웠던 사랑과 인생을 돌이켜보며 다시 그 감정으로 돌아가고픈 욕망을 노래했다.

우울한 라르고의 기타 포크 〈Clair-Obscur 명암 법〉은 기운을 쏙 빼놓는 데, 사랑의 고통에 대한 아련한 슬픔이 맺힌다.

비련의 발라드 〈Un Homme est Mort 사람이 죽었어〉는 범죄와 가난과 기아에 살해당하는 어린 영혼들을 소재로, 우리 이웃의 삶의 고통에 관한 관심을 유발하는 인류애가 녹아있다.

사이키델릭하고 몽롱한 기타와 빛의 알갱이 같은 피아노 그리고 코러스가 몽환을 피우는 〈La Pleine Lune 보름달〉은 본래의 의도에 벗어나 서로에게 상처를 주고받는 관계에 관한 이야기이다.

Eric Clapton이 작곡한 영화음악을 리메이크한 〈Contre Vents et Marées 바람과 파도에 맞서〉에서는 인 생의 역경을 인내하라는 메시지를 눈물이 멈추지 않을 듯한 따스한 감성으로 노래한다.

또한 Iggy Pop과의 〈I'll Be Seeing You〉와, 에티엔 다오 Etienne Daho와의 듀엣곡 〈So Sad〉는 보다 서늘한 분위기의 색다른 명암을 들려준 커버곡이다.

Tant de Belles Choses

Françoise **Hardy**
Tant de belles choses

2004 | Virgin | 47323522

1. Tant de Belles Choses…
2. À l'Ombre de la Lune
3. Jardinier Bénévole
4. Moments
5. Soir de Gala
6. Sur Quel Volcan ?
7. So Many Things
8. Grand Hôtel
9. La Folie Ordinaire
10. Un Air de Guitare
11. Tard dans la Nuit…
12. Côté Jardin, Côté Cour

이순耳順의 나이에 정정함과 더욱더 세련됨으로 돌아온 《Tant de Belles Choses… 그렇게 아름다운 것들》은 더욱 성숙한 부드러움과 너그러움을 만나게 된다. 게다가 아일랜드 출신의 뮤지션 Perry Blake의 참여로 브릿팝BritPop에 가까운 음악을 들려준다. 또한 프로듀서와 기타리스트로 성장한 아들 토마 뒤트롱Thomas Dutronc이 참여했으며, 젊은 싱어송라이터 벤자맹 비올레Benjamin Biolay의 자작곡도 포함되어 있다.

1970년대 전성기를 떠올려주는 고상한 팝 발라드 〈Tant de Belles Choses… 아름다운 것들〉은 잔잔하고 맑은 기타의 울림으로 포근하게 감싸며 후반의 전자 기타의 뜨거운 선이 아픔을 남긴다.

세상에는 당신이 인지하지 못하는 아름다운 것들이 많이 있네. 산맥을 무너뜨릴 만큼의 믿음과 당신 마음속에 흐르는 하얀 샘물 같은 것이지, 하늘과 땅이 하나 되는 신비한 아름다움의 이 시간에서, 당신이 죽음을 생각할 때 사랑은 죽음보다 더 강해질 거야.

벤자맹 비올레가 쓴 보사노바 러브송 〈À L'Ombre de la Lune 달의 그림자〉에서는 바람이 시원한 밤의 호젓한 서정에 젖게 된다.

…달 그림자로 나의 텅 빈 마음을 채우네, 나는 회한으로 전원곡을 노래하지, 이 화려한 밤의 갑작스러운 망상에, 나는 위대한 사랑과 믿음을 헛되이 하지. 나는 외롭기 때문에, 잊지 못할 사랑은 산산이 부서졌고, 바람에 흩어지네, 결코 아무것도 처음 같지 않을 거야. 이전처럼.

Perry Blake의 영어 곡으로, 허무함과 상실감이 감도는 〈Moments〉는 첼로와 피아노의 질감대비가 더욱 쓸쓸한 인상을 불러일으키며, 〈So Many Things〉은 슬픔과 몽환의 트립합으로 흥분감이 감돈다.

〈Tard dans la Nuit… 늦은 밤에〉는 밤의 적막에 휩싸여 꿈이 달아나는 두려움의 감정을 노래한 것으로, 검은 바람의 사운드는 취할 듯 감미롭다.

새로운 모습을 보여준 그녀는 본작으로 골드디스크는 물론이고 Victoires de la Musique 2005에서 최우수 여자가수상을 수상, 일본과 대만에서도 라이선스로 공개되었다.

독특한 제목의 앨범 《Paren -thèses 괄호, 2006》에서는 많은 가수들을 초빙했다.

샤를 트레네Charles Trenet (1913-2001)의 1943년 작인 〈Que Reste-t-il De Nos Amours ? 우리 사랑에 무엇이 남았나〉는 알랭 바슝Alain Bashung (1947-2009)과 함께 했다.

…4월의 만남, 끊임없이 나를 쫓아다니는 기억, 빛바랜 행복, 바람에 날리는 머리카락, 훔친 키스, 움직이는 꿈, 이 모든 것에서 남는 것은 무엇인가? 말해줘. 작은 마을, 오래된 종탑, 꼭꼭 숨어 있는 풍경, 그리고 구름 속에 있는 내 과거의 사랑하는 얼굴, 우리가 속삭이는 다정한 말들, 가장 순수한 애무, 깊은 숲속의 맹세, 책갈피의 꽃, 당신을 취하게 했던 향수는 왜 날아갔나? 아름다운 나날들의 우리 사랑에 무엇이 남았나?…

장 바트Jean Bart의 1997년 작 〈Modern Style〉 에는 남우 알랭 들롱Alain Delon(1935-2024)과 노래했다.

남편 자크 뒤트롱Jacques Dutronc이 작곡한 〈Amour, Toujours, Tendresse, Caresses… 사랑, 끈기, 온정, 애무〉에는 그와 함께 듀엣으로 노래했으며, 〈Les Sédiments… 퇴적〉은 Arthur H와 함께한 신곡이었다.

1988년에 부른 〈Partir Quand Même… 어쨌든 떠나〉는 스페인 가수 훌리오 이글레시아스Julio Igle -sias와 노래했다.

미국 팝 여가수 Sandy Alpert의 〈Sunshine〉 번안곡으로 아르디의 히트곡인 〈Soleil 태양〉은 알랭 슈숑Alain Souchon 이 참여했다.

앙리 살바도르Henri Salvador(1917-2008)의 2000년 작인 〈Le Fou de la Reine 우매한 여왕〉은 그와 함께 불렸으며, 미셸 퓌갱Michel Fugain의 노래로 자신도 이듬해 취입한 〈La Rue du Babouin 바부인 거리〉는 모란느Maurane(1960 -2018)와 노래한다.

벤자맹 비올레Benjamin Biolay의 〈Des Lendemains Qui Chantent 노래하는 내일〉도 그와 듀엣으로 들을 수 있다.

《La Pluie sans Parapluie 우산 없이 비를, 2010》에 대해 그녀는 가장 어렵고 힘든 앨범이라 밝혔다. 하지만 칼로제로Calogero, 그랑 소피La Grande Sophie, 장-루이 무라Jean-Louis Murat (1952-2023)와 Arthur H가 참여하여 그윽하며 더욱 풍부한 감성을 선물했다.

〈Noir Sur Blanc 흰 바탕에 검은색〉은 대가를 치를 만큼 가치 있는 사랑의 고통에 대해 자신은 돌아서지 않을 것이라 노래한다.

〈Mieux le Connaître 잘 알 수 있을까〉는 연인에 대해 더 이해하고픈 고민으로, 다소 몽환적인 어둑한 분위기가 희열로 몰고 간다.

느린 서글픔이 잔잔히 흐르는 〈Esquives 회피〉는 심연의 공허함으로부터 탈출하고픈 소망으로, 전 자기타의 배음이 물결처럼 일렁인다.

《L'Amour Fou 미친 사랑, 2012》은 아르디의 음악 경력 50년을 기념하는 스튜디오 앨범이다.

타이틀곡에는 앰비언트 피아노와 낭송이 매우 영 화적이다. 죽음을 앞둔 기사와 그가 사랑하는 백작부인을 소재로, 불가능하며 미친 사랑에 두려움을 갖지 말라고 조언한다.

환상적인 꿈결같은 〈Les Fous de Bassan 바닷새〉는 달도 뜨지 않은 밤에 불어닥치는 북풍을 뚫고 운명을 향해 날아가는 바닷새 한 쌍의 이야기로, 생명력에 대한 찬가이다.

부드러운 보사 발라드 〈Mal Au Cœur 심적 고통〉은 힘든 일상에서도 행복할 수 있는 것은 딱 한 사람의 내 편에 대한 사랑임을 깨닫게 한다.

〈Si Vous N'avez Rien À Me Dire… 나한테 할 말이 없다면〉은 빅토르 위고Victor Hugo의 시를 가사로 채택한 노래라 한다.

전체적으로 하나도 버릴 것 없는 아름다운 작품이다.

Personne D'Autre

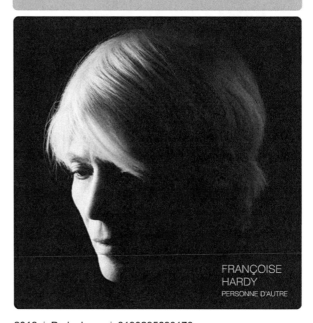

FRANÇOISE HARDY
PERSONNE D'AUTRE

2018 | Parlophone | 0190295680176

1. À Cache-cache
2. Dors Mon Ange
3. Personne D'autre
4. Un Seul Geste
5. You're My Home
6. Seras-tu Là ?
7. Quel Dommage
8. Train Spécial
9. Brumes
10. Trois Petits Tours
11. Le Large
12. Un Mal Qui Fait Du Bien

본작은 그녀의 마지막 앨범이다. 그녀는 앨범을 낸 계획이 없었지만, 핀란드의 얼터너티브 록그룹 Poets of the Fall의 2005년 작 〈Sleep〉이 그녀로 하여금 가사를 쓰도록 영감을 주었다고 한다. 그리고 그녀의 친구인 싱어송라이터 에릭 벤치Erick Benzi 등과 협업하여 본작을 완성한다.

〈À Cache-Cache 숨바꼭질〉에는 여유롭지만 꿈길을 걷는 듯한 몽환적인 분위기가 있다. 가사의 의미는 간파하긴 쉽지 않지만, 아르디의 인생에 대한 정의가 아닐까. 자신 혹은 타인과 숨바꼭질을 하며 왜곡된 거울에 비친 환상을 쫓는 게임이라고 말한다.

〈Dors Mon Ange 잠들라 나의 천사여〉는 앞서 언급한 Poets of the Fall의 〈Sleep〉을 번안한 것으로, 애틋함으로 따스한 위로를 준다.

…와 나의 천사여, 눈물을 쏟아라, 고통은 완화되고 두려움은 진정될 거야, 잠들라 나의 천사여, 빛을 찾을 것이며, 마음의 길이 부드럽게 열릴 거야.

〈Un Seul Geste 유일한 몸짓〉 역시 가슴을 시리게 하는 내성적인 곡이다. 일시적인 행복을 향한 거칠고 미친 경주 같은 삶에서 상처와 불행으로부터 희망으로 다시 태어나는 방법은 마음의 문을 열어야 한다고 권고한다.

〈You're My Home〉은 유대계 프랑스 여가수 야엘 나임 Yael Naim이 아르디에게 준 영어 곡으로, 그녀는 이 곡을 듣고 눈물을 흘렸다고 한다. 평화롭고 온유한 사랑의 찬가로, 자신을 버티게 해주고 길을 밝혀주는 연인에 대한 그리움이 향기처럼 퍼진다.

〈Seras-Tu Là ? 거기 있어줄래?〉는 미셸 베르제Michel Ber-ger(1947-1992)의 1975년 작의 커버곡으로, 원곡처럼 잔잔한 파도 같은 피아노 연주가 푸른색 물감을 풀어 놓는다.

주변에서 미치게 하는 우리의 후회가 춤추러 올 때, 거기 있어줄래? 잊을 수도 위로할 수도 없는 우리의 추억과 사랑을 위해, 거기 있어줄래?… 시간이 지나고 우리의 비밀이 더 이상 유효하지 않을 때, 거기 있어줄래? 우리가 원하고 꿈꾸었던 과거의 한숨을 위해 거기 있어줄래?… 그렇다고 말해줘.

〈Trois Petits Tours 세 번의 작은 회전〉은 1970년대의 향수로 돌아가게 하는 컨트리 포크로, 휘파람도 따스한 추억을 불러일으킨다. 냉소적이고 수수께끼 같았던 한 소년과의 사랑을 추억하며 인생은 그런 것이라 자조한다.

〈Le Large 항해〉는 그랑소피La Grande Sophie가 그녀에게 준 곡으로, 포근한 위안과 치유의 작품이 아닐까. 특히 모든 장면이 갤러리 같은 뮤직비디오는 프랑수아즈 아르디의 팬이라면 깊게 각인될 만하다.

내 기억에는 진부한 이야기는 없네, 어떤 해적선도 권력을 잡지 못할 것이며, 어떤 별똥별도 나를 어둠 속에 남겨두지 않을 거야, 불안하지 않아, 내일이면 모든 것이 괜찮을 것이고, 모든 것이 멀리 있을 테니, 마지막으로 내가 항해를 시작했을 때, 모든 게 멀어질 테니 내게 손을 건네줘, 눈물은 없어, 그 누구도 나를 옥죄지 못할 거야, 바랜 나의 눈에는 안개 한 점 없고, 어떤 흙먼지도 모래시계를 멈추지 못해, 마지막으로 내가 항해를 시작했을 때, 배 안에 열쇠도 나에게 기회도 없다 해도, 다른 선택이 없어, 너 외에는…

비공개 결혼 후 7년 만에 헤어지고도 자크 뒤트롱Jacques Dutronc과는 줄곧 우정의 관계를 유지했던 그녀는 2000년대 중반부터 건강상의 이상으로 병원 신세를 져야 했으며, 2021년에 더 이상 노래를 부를 수 없다고 말하고는 3년 뒤 세상을 떠났다. 그녀의 음악으로 행복했던 한 팬으로서 아직도 안녕이라 말하지 못하였다.

Ginette Reno ● 지네트 레노

album 《A Jamais》

돈을 벌기 위해 어릴 때부터 노래를 시작한 그녀는 불과 13세 때 아마추어 콘테스트인 'New Talents from Jean Simon'에 출전하여 최고상을 받았고, 그 콩쿠르의 기획자 장 시몽Jean Simon은 기꺼이 매니저가 되어주었으며, 지금의 새로운 이름을 지어주었다.

데뷔 싱글 〈J'Aime Guy 남자를 사랑해〉는 열렬한 청중의 반응을 얻어냈고 〈Non Papa 아빠 아니야〉, 〈Roger〉 등을 연이어 히트시키며 각종 TV쇼에 출연했다.

16세 때 발표한 〈Tu Vivras Toujours dans Mon Coeur 당신은 내 마음속에 영원히 살고 있어〉로 1964년 'New Tal-ent of the Year'에 선정되면서 큰 성공을 거두며, 이듬해에는 질베르 베코Gilbert Bécaud(1927-2001)의 몬트리올 콘서트 오프닝 무대에 섰다.

매니저 장 시몽과 결별한 후 파리 올랭피아 극장에서 거행된 퀘벡 아티스트 쇼에 출연했으며, 1967년 말 남편과 새 매니저와 함께 레코드회사를 설립한다.

1970년에서 1972년까지 세 차례나 주노Juno 어워즈에서 '베스트 여성 보컬리스트 상'을 거머쥐었다.

1970년에는 BBC에 출연하였으며, 1972년에는 일본 도쿄에서 거행된 야마하 월드 팝송 페스티벌에 참가하여 〈I Can't Let You Walk out of My Life〉로 대상을 수상했다.

이후 승승장구를 기록하며 미국 라스베이거스 쇼 무대에도 섰으며, 1979년에 발표한 〈Je Ne Suis Qu'une Chanson 나는 단지 노래일 뿐〉은 그녀의 대표곡으로 기록되고 있기도 하다.

오케스트라를 대동한 라이브의 만석은 물론이고 발표하는 앨범마다 이른 시일 내에 절판이 이어졌고, 권위 있는 예술상인 ADISQ에서 올해의 앨범상을 비롯한 각종 부문을 수상하였다.

독립영화 「Mambo Italiano, 2003」에서 조연으로 활약하기도 했던 그녀는 음악생활 50여 년 이상 꾸준히 앨범을 발표하여 소위 퀘벡 샹송의 대모로 군림하고 있다.

캐나다 퀘벡주 램버트에서 1946년에 출생한 지네트 레노는 본명이 지네트 레이놀Ginette Reynault이다. 작가이자 작곡가이며 가수이고 배우이기도 하다.

Je Ne Suis Qu'une Chanson

1979 | Melon-Miel | MMCD-502

1. Toi le Poète
2. Berce-Moi
3. J'Ai Besoin d'un Ami
4. Quand Nos Corps Se Touchent
5. Oublie-Moi
6. Tu Es Là
7. Je Suis la Femme
8. Quelle est la Façon
9. Ça Va Mieux
10. Je Ne Suis Qu'une Chanson

본작 《Je Ne Suis qu'une Chanson 나는 단지 노래일 뿐》
은 30만 장 이상의 판매고로 대성공을 거둔 대표작이다.
〈Toi le Poete 너는 시인〉은 〈Music Box Dancer〉
로 잘 알려진 팝 피아니스트 프랭크 밀즈Frank
Mills의 〈Poet and I〉에 곡을 붙인 것으로 로맨틱

한 연주에 실리는 맑은 그녀의 목소리가 달콤하기 그지없다.
노래하는 나무를 보았네, 지저귀는 새들도 봤지, 푸른 성안
에서 무지개는 잊혔네. 춤추는 태양을 보았네, 천천히 움직
이는 달을 보았네, 반신들의 세상에서 당신의 배는 침몰하
지, 넌 창조하는 시인이야, 현실의 부모는 가벼운 장막을 반
영하지. 모든 것은 숨겨져 있네, 그래야 재미있지. 나는 흔
들리는 꽃을 보았네, 상처 입은 바다를 보았지, 뜨거운 모래
사장에 레이스를 달아줘, 네 발밑에서 잠들 수 있게, 나는
다이아몬드 폭풍을 보았네, 성난 바람이 지나가는 것도, 현
명해져야 해, 넓은 옥수수밭의 침대에서… 너의 눈이 나를
초대할 때, 네가 줄 위대한 사랑.

〈Quelle est la Façon 어떻게 할 수 있을까〉는
가스펠 같은 온유함이 흐르는 곡으로, 코러스와
피아노가 사랑의 고통을 위로해 준다.

사랑한다는 말을 어떻게 할 수 있을까? 네게 말할 수 있도
록 도와줘, 더 이상 찾을 수가 없어, 네 곁에 어떻게 머무를
수 있나? 넌 너무 강하고, 난 세상에서 혼자라네…

〈Ça Va Mieux 좋아지고 있어〉는 애절한 이별 노
래로, 그 고통에서 헤어진 연인을 잊고 있으며 자
신은 점점 회복하고 있다고 안부를 전한다.

〈Je Ne Suis Qu'une Chanson 나는 단지 노래일 뿐〉에서
는 기승전결이 뚜렷한 심포니 앞에서 압도당할 수
밖에 없는 감동의 바다이다. 이후 취입한 작곡자
Diane Juster의 노래도 절창이다.

…난 그냥 노래일 뿐. 나는 감정의 변이에 따라 울고 웃네,
내 눈 속의 눈물과 웃음으로 나는 최고의 사랑을 만들었지.
하지만 난 그냥 노래일 뿐. 작은 열정 그 이상도 이하도 아
니야. 내가 매혹할 만한 환상을 불러줘… 오늘 밤 난 지킬
비밀 따위는 없기에 숨길 것이 없네, 그것이 보이지 않듯
나에 관해 이야기하고 싶어. 오늘 밤 난 수락하지 않을 거
야. 나는 밝은 무대 위에서 나의 치부까지 드러냈어. 나는
나 자신만큼은 지키고 싶어.

Quand On Se Donne

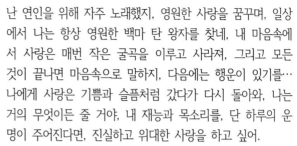

1981 | Melon-Miel | MM-503

1. Si Mes Amants
2. Rien Ne Peut M'Arrêter
3. C'Était Lui C'Était Moi
4. Comme Nous Deux
5. Nous la Ferons la Paix
6. Quand On Se Donne
7. L'Amour Nous Fait Danser
8. Seule
9. Rouge
10. Il S'Appelle l'Amour

《Quand On Se Donne 우리 자신을 바칠 때, 1981》도 전작의 기운을 간직한 앨범으로, 풍성한 현악과 가창력을 만날 수 있다.

〈Si Mes Amants 내 연인이라면〉은 우울하지만 따스한 감성으로 사랑의 열망을 그렸다.

난 연인을 위해 자주 노래했지, 영원한 사랑을 꿈꾸며, 일상에서 나는 항상 영원한 백마 탄 왕자를 찾네, 내 마음속에서 사랑은 매번 작은 굴곡을 이루고 사라져, 그리고 모든 것이 끝나면 마음속으로 말하지, 다음에는 행운이 있기를… 나에게 사랑은 기쁨과 슬픔처럼 갔다가 다시 돌아와, 나는 거의 무엇이든 줄 거야, 내 재능과 목소리를, 단 하루의 운명이 주어진다면, 진실하고 위대한 사랑을 하고 싶어.

〈Seule 홀로〉도 물기 어린 그녀의 성량이 폭포수처럼 쏟아진다. 그녀의 음성은 이러한 서정에 너무나 부합된다.

…우리는 하나처럼 가까웠지, 하나는 음악이었고, 하나는 음악가였네… 우리는 함께 살고 있지만, 이젠 널 잃었네, 나에게 웃지도 않고, 아무 말도 하지 않아, 네 인생이 가진 최악의 적은 무관심이야, 네 곁에 나 홀로 있는데, 넌 아무것도 모르는 것 같아, 언젠가는 익숙해지겠지만, 내 마음은 네게 도움을 청하고 있어, 내 마음은 아직 그걸 믿고 있어…

8분여의 연주시간을 가진 드라마 〈Il S'Appelle l'Amour 그것을 사랑이라 부르네〉는 본작을 빛내주는 명곡이다. 현악이 총동원된 웅장한 협주곡으로 아련한 서정을 끝없이 이어간다.

옛날 옛적에 위대한 사랑이 있었네, 바다처럼 거대한. 하지만 숨겨진 비밀이었네, 내 마음은 부드러움과 열정뿐이었고, 나의 말은 침묵이었어. 불가능한 옷을 입고 그가 나의 삶에 들어왔네, 비가 온 뒤 따스한 햇살처럼. 그날 이후로 나도 모르게, 이 훌륭한 음악가를 지켰지, 메아리가 나를 휩쓸 듯, 그 사람 없이는 아무것도 의미가 없었네, 그 이름은 사랑, 이 음악가, 내 삶에 달라붙는 그의 협주곡, 내 안에 포르티시모로 솟아올랐네… 그 사람은 내 인생에서 사라졌고, 내 마음은 비처럼 회색이야… 무지개는 사랑이라 불려, 이 음악가가 나를 위해 연주했을 때, 난 내 삶에 너무 집착하고 있었네… 그러나 피아니시모는 언제나 살아있을 거야.

Ginette Reno

1983 | Melon-Miel | MM-505

1. Il Arrive
2. Un Homme Ça Tient Chaud
3. J'ai Besoin de Parler
4. Je M'y Attendais
5. Sur la Table de Mon Phono
6. Ça Commence
7. Tu Ne Viendras Pas
8. Ma Vie
9. Toi Tu As les Yeux de Ton Père
10. Une Femme Sentimentale

후속작인 불어 앨범 《Ginette Reno 1983》에도 레노의 명곡이 수록되었다.

〈J'ai Besoin de Parler 대화가 필요해〉의 힘찬 가창은 많은 여성의 공감을 자아냈다. 신문을 훑으며 쉽게 흥분하면서도 연인에 대해서는 무뚝뚝

함과 무신경으로 대하는 남자에게 자신의 사랑 이야기도 들어달라고 노래한다.

〈Ça Commence 시작되네〉는 물광 어린 보컬이 사랑의 아픔을 쏟아내는 듯 멜랑꼴리의 여정을 시작한다.

인생을 바꾸는 사랑은 질병처럼 시작되네… 정복이라는 위장 아래 첫 패배처럼 시작되지… 눈처럼 순수한 사랑의 끝에는 고독이란 덫이 있지, 그리고 당신은 트로이 목마처럼 내 안에 있네… 사랑의 단어를 찾을 겨를도 없이 등이 오싹해지며 사랑은 시작되네, 그리고 불행을 만들면서 사랑은 시작되지.

〈Une Femme Sentimentale 감상적인 여자〉에서도 우렁찬 절창이 청자를 화려한 뮤지컬 무대로 초대한다.

감상적인 여자는 구식이고 비참해 보이지만, 난 신경 안 써. 남자를 사랑하면 통제력을 잃기에 피할 수 없는걸. 우리는 서로를 사랑했어, 동물적 사랑으로. 그 가을밤의 불꽃 속에서, 우리의 열정이 숨었던 그곳. 너의 불법적 결혼은 내게 불을 질렀어… 난 자신에게 상처를 입혔고, 새벽처럼 죽음을 보았지, 병원에서 눈을 떴을 때, 난 위독했지만, 지금은 나아졌어… 감상적인 여자, 난 더 이상 널 사랑하지 않아… 더 이상 할 말이 없기에, 나는 승리의 웃음으로 말해… 네가 원하는 대로 나로 인해 네가 행복했다면 난 됐어…

가사를 알 수 없지만 〈Je M'y Attendaissks 난 예상했네〉, 〈Sur La Table de Mon Phono 테이블 위 내 사진〉, 〈Toi Tu As Les Yeux De Ton Père 넌 아버지의 눈을 가지고 있네〉도 서정을 전한다.

이 앨범은 이듬해 프랑스에서 《J'ai Besoin de Parler 대화가 필요해》라는 타이틀로 라이선스 되었는데, 1965년 브로드웨이 뮤지컬 「Man of La Mancha」의 히트 넘버 〈The Impossible Dream (The Quest)〉를 자크 브렐Jacques Brel (1929-1978)이 번안했던 〈La Quête 탐색〉을 추가 수록했다.

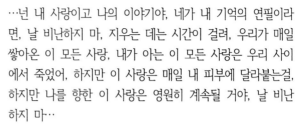

Ne M'en Veux Pas

1988 | Melon-Miel | MMCD-509

1. Laisse-Pas Tomber le Vieux Blues Man
2. Le Mari Remplace l'Amant
3. Comment Te Dire
4. Ceux Qui S'en Vont
5. Je Me Suis Trompé
6. Ne M'en Veux Pas
7. La Deuxième Voix
8. Je Suis la Femme
9. Faites Moi la Cour
10. La Prochaine Fois Qu'J'aurai Vingt Ans

《Ne M'en Veux Pas 날 비난하지 마》는 특징적인 1980년대의 신시사이저를 바탕으로 한 감미롭고도 가벼운 팝 스타일을 반영하고 있다.
안개같이 포근한 음향 공간에서 슬픔을 달래는 타이틀곡이 대표작이다.

…넌 내 사랑이고 나의 이야기야, 네가 내 기억의 연필이라면, 날 비난하지 마, 지우는 데는 시간이 걸려, 우리가 매일 쌓아온 이 모든 사랑, 내가 아는 이 모든 사랑은 우리 사이에서 죽었어, 하지만 이 사랑은 매일 내 피부에 달라붙는걸, 하지만 나를 향한 이 사랑은 영원히 계속될 거야, 날 비난하지 마…

〈Le Mari Remplace l'Amant 남편이 애인을 대신해〉에 흐르는 행복감은 일몰의 자연을 바라보듯 마음이 따뜻해진다.

시간은 흘러 아이들은 성장하지, 그리고 남편이 애인을 대신하네, 나란히 살기는 우리에게 익숙하지, 이제 서로의 목에 키스하진 않지만, 변한 건 없네, 넌 내가 손을 잡자 부끄러워하던 그 꼬마야, 맨날 노래만 불렀던 학생이 나를 오랫동안 사랑하겠다고 맹세하지 않았니?… 우린 옛 웃음을 잊지 않았어, 나에게 선택권이 있다면, 난 다시 너와 함께 여행할 거야… 우리는 아직 20살이야, 앞으로도 오랫동안 계획을 세울 거야, 마침내 열정이 사라지더라도 우리가 손을 맞잡는 온정으로 남을 거야, 라라라…

〈Je Suis La Femme 난 여자야〉는 《Je Ne Suis Qu'une Chanson 나는 단지 노래일 뿐, 1979》에 수록된 것으로, 가스펠 이미지의 원곡을 드라마틱하게 편곡해 수록했다.

…난 하나의 사랑을 간직한 여자, 내 마음은 꿈에서 열정으로 어쩔할 바를 몰라, 내 노래의 가사를 더 잘 표현할 수는 없네, 난 도시와 시골 사이에, 그리고 밤과 파리 사이에 살며, 나는 남자들이 나에게 가르쳐 준 인생에 대해 노래해, 난 모든 바이올리니스트 때문에 울어, 비발디여, 난 여자야.

L'Essentiel

1991 | Melon-Miel | MMCD-511

1. L'Essentiel
2. Y'A Des Enfants
3. Quand On Ne Vous Aime Plus
4. Ils M'Ont Tous Laissé Quelque Chose
5. Jusqu'Au Matin
6. Fallait Pas Que Tu Reviennes
7. Ça Pleure Aussi Un Homme
8. Remixer Ma Vie
9. Vie Privée
10. Ta Chanson
11. Vivre
12. L'Amour Intégral

본작 《L'Essentiel 본질》은 컴파일 앨범처럼 보이지만 정규 작이다.

타이틀곡에서는 안개에 둘러싸인 듯한 우울한 오 케스트레이션 속에서 사랑의 찬가를 노래한다.

…그것은 사랑의 본질이야. 남들이 이야기하는 것과는 반대로 그것은 재산이나 명성 따위가 아니지. 바람이 아니면 어떤 것도 통과할 수 없어… 진실 외에는 남지 않네. 비록 무슨 일이 있든 간에 그것은 예정되어 있네… 이것은 우리를 죽음으로부터 살아날 수 있게 하는, 너무나 강하고 다른 느낌의 영감이야. 이것은 여전히 존재하고 영원할 사랑이야. 내 사랑이여…

〈Quand On N'vous Aime Plus 우리가 당신을 더 이상 사랑하지 않을 때〉에는 너무나 묵직하고 도 처절한 피아노의 비창이 쏟아진다.

우리가 어떻게 되는지 말해줘, 우리가 더 이상 당신을 사랑하지 않는다면, 다시 말하지만 우린 거리의 행인도 아무것도 아니야, 우리가 날개 잃은 슬픈 새처럼 하늘에서 내려올 때, 우린 어떻게 되는지 말해줘, 더 이상 똑같은 것이 없을 때, 모든 것이 금지된 것처럼 보일 때, 우리의 손은 떨리고 있네, 밤이 올 때마다 살아남으려면 어떻게 해야 하나, 나한테 말해줄 수 있는 사람이 있나? 당신은 사랑한 적이 있나? 우리가 어떤 목적도 달성하지 못할 때, 우리는 모든 것을 잃지, 그러면 우리는 어디로 가는 걸까?

〈Ça Pleure Aussi Un Homme 남자도 운다네〉의 쓸쓸한 기타 발라드는 숨겨왔던 울분을 따스하 게 위로한다.

…우리는 거인처럼 보이는 그에게 미소 지으며, 그가 가까이 있음을 느끼지, 우리는 그에게 작은 희망을 품지만, 슈퍼맨은 그의 힘에도 불구하고, 안개 같은 눈빛 속에 남자도 운다네, 자존심을 잊어버리고, 어린아이만큼 연약하게… 인간의 눈물 하나하나에 사랑의 한마디가 숨겨져 있어, 로마의 왕이든 동네 부랑자든, 슬플 때면 남자도 운다네.

〈Ta Chanson 너의 노래〉도 마음을 촉촉하게 해주는 연가로, 푸르고 맑은 밤하늘의 정경이 스친다. 이는 작별했지만 사랑했고 지금도 사랑하는 연인을 위한 노래이다.

La Chanteuse

GINETTE RENO

La Chanteuse

1995 | Melon-Miel | MMCD-513

1. Indépendante ou Dépendante
2. Laissez-Moi Rev'nir sur Terre
3. La Chanteuse
4. Danse
5. Seule dans les Bars
6. Coeur en Plastique
7. L'Hymne À L'Amour de L'An 2000
8. Dans Cette Vie D'Enfer
9. Galaxies
10. Tu M'Fais Voir des Étoiles

콘서트 앨범을 내고 보다 현대적인 신보 《La Chanteuse 가수, 1995》를 발표했다. 아트록 팬들에게 잘 알려진 La Bottega Dell'Arte 출신의 작곡가 로마노 무수마라Romano Musumarra가 프로듀스했으며, 모든 가사는 캐나다 최고의 작시가 뤽 플라몽동Luc Plamondon이 썼다.

〈Laissez Moi Revenir Sur Terre 날 땅 위로 내려줘〉에는 흥분과 고심으로 가득한 사랑의 비행에서 탈출하고픈 연약한 마음을 고백했다. 극적인 가사에 애조띤 기타의 투명감, 감정을 증폭시키는 세련된 비트와 음감, 그리고 후반의 재즈 스캣으로 한편의 뮤지컬 드라마를 선명하게 재현한다.

〈L'Hymne À L'Amour de L'An 2000 이천년의 사랑 찬가〉에는 찬란한 해가 뜬다.

내가 내 인생이라 부르는 너, 나의 즐거움이고, 나의 울음, 그리고 나의 고통, 넌 내가 욕망하게 만들어, 그 어느 때보다도 오늘은 더 강하게 행복을 믿으려면, 네 앞에는 아무도 없지, 내가 그걸 믿었다기보다는, 나를 향한 너의 사랑이 믿음을 주었네, 미래의 세상에서… 우리 이후로 오랫동안, 앞으로 수 세기 동안 그들에게 바라는 게 있다면, 그들도 우리만큼 서로 사랑하기를…

〈Tu M'Fais Voir des Étoiles 당신은 은하수〉에 는 팝 감성에 벅차오르는 드러밍과 서정적인 멜로디를 타고 열창하는 보컬이 명곡임을 증명한다.

당신 앞에서 내가 사랑한다고 이미 스무 번이나 말했었지. 의외지만 그때마다 그것이 처음인 듯했어. 그것은 어리석은 일이지만 아름다웠지. 하지만 내가 그렇게 될 수밖에 없었어. 당신은 수백만의 별들을 만들었고, 당신은 은하수에서 춤을 추었지. 거울을 통해 당신은 내가 알 수 없었던 내 안에서 또 다른 여성을 발견하게 했지, 폭력과 타협과 대결이 없는 부드러운 여자를. 나무와 껍질 속으로 손을 넣어 당신은 나를 균형 있게 갈라지게 했고, 당신은 사랑과 존경으로 내 우울증을 해독해 주었지. 당신의 관능미… 그것은 영화와 같았네. 이건 정말 내 인생이야. 당신에 의해서 부드럽게 변했어…

세계적인 싱어 셀린 디옹Celine Dion도 그녀의 노래를 듣고 자랐으며 자신의 영감이고 스타였다고 회고했다. 그녀의 독보적인 파워는 당대 최고라 할 만하다.

Cirque du Soleil 'Zumanity'

2004 | Cirque du Soleil | CDSMCJ 20023

1. Mio Bello Bello Amore
2. Entree
3. En Zum
4. Wind
5. Another Man
6. First Taste
7. Do It Again
8. Water Bowl (Awakening)
9. The Good Thing
10. Tickle Tango
11. Into Me
12. Fugare
13. Meditation
14. Piece of Heaven
15. Zum Astra
16. Mangora n Zum
17. Per Sempre
18. Bello Amore

세계 최고의 도박과 쇼의 도시 라스베이거스 테마호텔 New York - New York에서 2003년부터 2020년까지 약 17년간 공연되었던 성인용 아크로바틱 카바레쇼 「Zumanity 주마니티」는 Zoo와 Humanity의 합성어로 동물적인 본성의 아름다움을 의미한다고 한다.

자극적이고 농염한 이 쇼는 라스베이거스 3대 서커스라 불리는, 물을 의미하는 태양의 서커스 「O」, 불을 상징하는 「Ka」, 「O」의 기획자 Drangone의 수중 쇼 「Le Rêve 꿈」에 비하면 그 인기가 덜했나 보다. 팬데믹을 넘기지 못하고 폐막했지만, 작곡가 Simon Carpenter의 훌륭한 음악은 충분히 기억할 만하다.

가수이자 작사가인 안나 리아니Anna Liani의 맑은 오프닝 주제곡 〈Mio Bello Bello Amore 나의 아름답고도 아름다운 사랑〉과 스테펜드Stephend가 부르는 나른한 보사노바풍의 〈Per Sempre 영원을 위해〉가 또렷한 인상을 남긴다.

그리고 사운드트랙 마지막을 장식하는 지네트 레노의 원숙하고도 풍부한 가창과 성량에 압도되는 〈Bello Amore 아름다운 사랑〉은 일련의 테마의 흐름을 보여주며 최상의 완성도로 감동을 주고 있는 명연이 아닐 수 없다.

내 아름답고도 아름다운 사랑아! 우리가 만났던 그날부터 다른 것은 의미가 없었네. 그 어떤 의구심도 없었고 당신은 나와 하나가 되었지. 항상 내 맘속 깊이 존재했던 당신은 이미 내 한 부분이야. 날 따르는 당신은 처음부터 확신을 주었고, 당신이 내 눈을 보여 당신이 나였음을 속삭일 때 건재한 세상을 통해 새로운 나날들이 시작되었어, 우리가 공유한 그토록 소중하고 귀한 이 모든 사랑에서, 그것은 빛나는 별들처럼 타오르고 있어, 난 당신이 항상 내 곁에 있다는 것을 직감할 수 있네. 아무것도 우리를 눈물로 분리할 수 없어, 좋은 시간과 그렇지 못한 시간, 행복과 슬픔, 삶의 휴식을 위해 우리는 항상 그대로일 거야, 천천히…

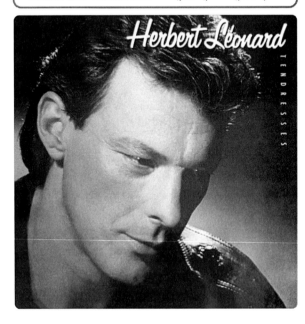

하늘을 나는 사나이
Herbert Léonard ● 에르베르 레오나르

제2차 세계대전 당시 러시아 항공기에 대한 백과사전 「Ency
-clopédie des Chasseurs Soviétiques 1939-1951」 등을
비롯한 비행기에 대한 많은 전문서적을 집필한, 독특한 이
력의 소유자 에르베르 레오나르는 본명이 위베르 뢰나르
Hubert Loenhard로, 1945년 프랑스 동부 알자스 지방의 스
트라스부르그에서 태어났다.

바르비종Barbizon 축구팀의 일원이기도 했던 그는 어려서부
터 항공기에 대한 지대한 관심으로 기술대학에 다니던 19세
때 오토바이 사고로 10주 이상 입원해야 하는 사고를 당한
다. 그 후로도 긴 요양 기간을 거쳐야 했지만, 로큰롤과 기
타는 소중한 벗이 되었으며 가수가 될 것을 결심한다.

1966년에 그룹 라이언 컵스Les Lionceax의 기타리스트 겸
보컬리스트로 데뷔하며 프랑스 전역으로 연주활동을 벌인다.
1967년 솔로로 독립하여 《Si Je ne T'Aimais Qu'un Peu》
와 《Quelque Chose Tient Mon Cœur, 1968》를 발표하며
실비 바르탕Sylvie Vartan의 콘서트 파트 무대에 설 정도로
주목과 인기를 얻는다. 계속해서 《Tel Que, 1969》으로 성
공을 이어갔으나, 1970년 3월에 교통사고를 당하게 된다.

이후 거물 뮤지션 제라드 만셋Gérard Manset이 운영하는 새
로운 에이전시로 이전하여 두 매의 앨범을 발표, 상업적인
성공을 거두었으나, 그는 예술적인 음악 작업을 뒤로하고
그가 어릴 적부터 관심을 가졌던 비행기에 뜻을 두어 항공
잡지사의 프리랜서 기자로 일한다. 약 7년의 긴 세월 동안
프랑스 대중음악계에서 그의 이름을 발견할 수는 없었다.

조니 알리데이Johnny Hallyday(1943-2017)와 프랑스 갈France
Gall(1947-2018) 등을 비롯한 유명 가수들의 노래를 썼던 히
트메이커 여류 작시가 블린느 부기Vline Buggy는 1980년에
젊은 작곡가 줄리앙 레페르Julien Lepers를 만나 노래를 부
를 가수를 찾고 있었던 터에 그녀는 에르베르 레오나르를
떠올린다.

그녀의 권유와 프로듀서로 제작된 재기 앨범 《Pour le Plai
-sir 기쁨을 위해, 1981》는 250만 장이라는 대히트를 기록
한다.

성공은 계속되어 《Ça Donne Envie d'Amore 사랑하는 기
분으로, 1983》, 《Commencez sans Moi 나 없이 시작하세
요, 1984》, 여가수 줄리 피에트리Julie Pietri와의 듀오 싱글
〈Amoureux Fous 뜨거운 연인들〉이 수록된 《Mon Cœur
et Ma Maison 내 마음과 나의 집, 1985》는 골드디스크를
기록했다.

블라디미르 코스마Vladimir Cosma가 음악을 맡은 TV 시리즈
「Châteauvallon 샤토발롱, 1985」의 주제곡 〈Puissance et
Gloire 권력과 영광〉을 불렀는데, 이는 퀘벡에서 차트 1위
를 차지했다.

Je Suis un Grand Sentimental

1989 | céline WEA | 246 301

1. Jaloux de Vous
2. Je Suis un Grand Sentimental
3. D'abord il y a Eu Toi
4. Entre Tes Mains
5. Avec Elle, avec Moi
6. I Love You So
7. Finir la Nuit Ensemble
8. Ce Sera Jamais comme avec Toi
9. Sample Moi Simplement
10. Que c'est Beau un Regard
11. Don't Break My Heart in Two

경쾌하고도 희망찬 히트곡 〈Quand Tu m'Aimes 그대를 사랑할 때〉가 수록된 《Laissez-Nous Rever 꿈꾸게 해줘, 1987》를 발표한 뒤 이듬해 올랭피아 극장에 선 그는, 국내 에도 첫선을 보인 《Je Suis un Grand Sentimental 난 지나치게 감상적이야》를 발표했다.

그의 인기는 프랑스, 캐나다, 일본 등지의 여성 팬들에게 어필했으며, 무엇보다도 일본의 반응은 절대적이었다고 한다. 훤칠한 키와 잘생긴 외모 그리고 촉촉하면서도 부드러운 음성이 그 이유였을 것이다.

'격정적이면서도 달콤하고, 차분하면서도 관능적'이라는 평론가의 의견에 동의할 수밖에 없는 본작의 커버를 열어보면, 그의 재기를 도왔던 블린느 부기의 가사에 줄리앙 레페르가 작곡을 맡고 있음이 눈에 들어온다.

느린 왈츠 템포의 우아한 신시사이저 오케스트레이션이 웅장하게 열리는 〈Jaloux de Vous 네가 부러워〉는 본작의 백미로, 특히 여성 팬들의 애간장을 녹이고도 남는 그의 호소력이 매우 인상적이다.

몇 시간 동안 내리는 비, 우리 사이로 떨어지는 침묵, 출발하는 기차는 내 마음을 부여잡지, 난 네가 부러워, 난 너로 인해 속이 상해, 당신을 기다리다 부두에서 종말을 고할까봐 나는 두려워, 당신에게 가져갈 유일한 생각을 가지고서, 난 네가 부러워, 오! 난 당신이 날 사랑하게 될 거라 믿어, 너의 뺨 위로 흐르던 지난 눈물, 하지만 당신을 잊기 위한 나의 고통, 난 네게 질투가 나… 나는 시간과 부재가 두려워, 내 기억 속에서 당신을 만나는 밤에, 절망스러운 파열의 낮에도 난 너로 인해 맘이 아파, 난 네게 질투가 나… 나는 시간과 부재가 두려워, 버려진 큰 침대 위의 육체에서, 산산조각 찢긴 마음으로 난 너로 인해 죽어가, 비가 내리는 것처럼 당신을 사랑하기에 난 네가 탐이 나.

로큰롤 〈I Love You So〉는 영국의 한 여성 팬들을 염두에 두고 부른 것이라 하며, 〈Don't Break My Heart in Two〉는 〈Jaloux de Vous 네가 부러워〉의 영어 버전이다.

Ils S'Aiment

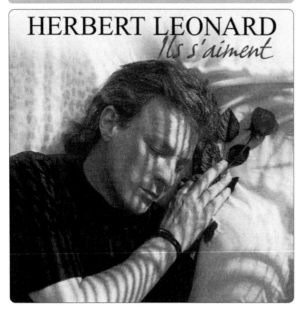

HERBERT LEONARD
Ils s'aiment

2000 | céline WEA | 498236

1. Ils S'Aiment
2. Tu Vas Me Détruire
3. Etre Prêtre et Aimer une Femme
4. Pour le Plaisir
5. Pour la Première Fois
6. Quand Tu M'Aimes
7. Petite Nathalie
8. Un Homme en Détresse
9. Une Autre Histoire
10. Laissez-Nous Rêver
11. Puissance et Gloire (Live)
12. Tu Ne Pourras Plus Jamais M'Oublier
13. Sur des Musiques Érotiques
14. Je Serais Fou de L'Oublier
15. Demain Matinée
16. On Ne Compte Pas Quand on Aime (Live)
17. I've Been Loving You Too Long (Live)
18. Tu Vas Me Détruire (version personnelle)

그의 음색은 아무래도 스케일이 크고 다소 느린 연주에 더 잘 매치되는 듯하다. 경쾌한 곡보다는 서정적인 작품에 훨씬 그 매력이 잘 발산된다.

본작 《Ils S'Aiment 그들의 사랑》은 6개의 신곡이 포함된 그의 베스트앨범이다. 이전에 발표했던 히트곡들을 새롭게 연주하여 실었는데, 그 세련된 연주가 현대적인 감각을 더한다.

첫 곡 〈Ils S'Aiment 그들의 사랑〉은 캐나다 싱어송라이터 다니엘 라부아Daniel Lavoie가 1983년에 발표한 히트작으로, 그도 1999년에 싱글로 취입하여 불과 몇 달 만에 절판되는 쾌거를 낳았다. 원곡보다 육중하고 긴박감이 넘치는 연주는 매우 영화적이다.

…그들은 마치 아이들처럼 서로 사랑해. 위협적으로 다가오는 참사 그리고 폭탄 속 아이들, 어금니를 악문 냉소에 찬 아이들. 큰 고통과 위험이 직면해도, 모든 것이 불살라 발아래서 붕괴하더라도, 그들은 여전히 서로 사랑해…

또한 1999년에 프랑스에서 승승장구하던 뮤지컬 「노트르담 드 파리」의 프롤로Frollo을 다니엘 라부아에 이어 연기하였는데, 주요 작품인 〈Etre Prêtre et Aimer une Femme 신부가 되어 여인을 사랑한다는 것은〉과 〈Tu Vas Me Détruire 네가 나를 파멸시키는구나〉를 수록하였다. 특히 끝 곡 〈Tu Vas Me Détruire〉은 중후하고도 리드미컬한 록발라드 스타일로 믹스되어 뮤지컬의 추억을 되살려준다.

…나의 죄, 망상, 강렬한 욕망이, 나를 괴롭히고 조롱하네, 상처를 내고 영혼을 빼앗네, 환상을 파는 어린 상인이여, 나는 기다림 속에 살고 있어, 네 치마가 날리며 네가 춤추고 노래하기를. 네가 날 파멸시키는구나, 죽을 때까지 널 저주하리라…

1981년 그의 재기작이었던 〈Pour le Plaisir 기쁨을 위해〉는 우리 삶의 작은 꿈과 환희를 위해 사랑의 단어를 말하라는 내용으로, 언제 들어도 상큰한 충동을 안겨준다. 활력이 느껴지는 그의 힘찬 보컬로 점차 상승하는 듯한 흥분감이 발동되는 대표곡이다.

《Si J'Avais un Peu d'Or -gueil 내게 약간의 자존심이라도 있다면, 1998》의 멋진 두 작품을 수록했다. 〈Pour la Première Fois 처음부터〉는 가슴이 걷잡을 수 없이 두근거리는 순간을 잘 묘

사한 곡이다.

…난 더 이상 어찌할 바를 몰랐어, 마비되었으니까. 난 이 세상에 없었지, 꿈을 꾸고 있었나 봐, 거기서 널 처음 봤을 때…난 네가 내 인생의 여자가 될 것이라 느꼈어, 네가 내 평생 사랑할 유일한 사람일 거라고 확신했어, 처음부터.

〈Une Autre Histoire 또 다른 이야기〉는 사랑의 열렬한 욕망을 진한 현악으로 들려준다. 마치 푸른 하늘에 붉은 장미 꽃잎이 흩날리듯이.

…널 위해 또 다른 이야기를 만들고 싶어, 멀리 네게로 날아가 내 영혼을 너의 유일한 나라로 만들고 싶어. 난 불이 될 거야, 너의 겨울 저녁에 내가 있을 거야… 네 눈이 쉬는 곳으로 가서 널 위한 다른 이야기를 쓰고 싶어.

《Une Certaine Idée de l'Amour 사랑에 대한 확고한 생각, 1993》에 수록된 〈Sur des Musiques Éroti -ques 에로틱한 음악 사이로〉는 키스와 포옹, 부드러운 숨결과 관능적인 대화, 그리고 부드러운

밤의 떨림과 기대를 노래한 로맨스이다. 색소폰의 블루지한 연주와 네온이 반짝이는 도시의 밤 풍경이 지나간다.

《Notes Intimes 개인 노트, 1995》에 수록된 사랑에 대한 이별 노래 〈Je Serais Fou de l'Oublier 난 잊으려 미쳐가죠〉는 기타의 트레몰로와 우울한 몽상의 연주가 아름다운 작품이다.

그 외도 1980년대 신시사이저 팝 록을 연상시키는 중반기 작품 〈Quand Tu M'Aimes 그대를 사랑할 때〉와 블라디미르 코스마Vladimir Cosma가 음악을 맡은 TV시리즈의 주제곡 〈Puissance et Gloire 권력과 영광〉을 라이브 버전으로 수록하고 있다.

그의 순탄하지 않았던 과거의 시간들에서 성숙한 인생의 깊이와 호소력에서 느껴지는 사랑의 감정들, 그리고 비행기에 대한 애착에서 느껴지는 순수함이 잘 영글어진 그의 노래들로 정말 낭만과 매혹을 전달해 준다.

이후로도 꾸준히 앨범을 발표하며 대중들의 인기를 얻었고, 2000년대를 거치며 그는 새로운 노래들이 담긴 베스트앨범들을 발표함과 동시에 여러 항공 전문서적이 출판되는 성공을 거두었다고 한다.

Jane Birkin ● 제인 버킨

제인 버킨(1946-2023)은 런던에서 출생, 아버지는 해군 중령이었고, 어머니는 배우 Judy Campbell(1916-2004)이며, 그녀의 1살 위 오빠 Andrew Birkin은 영화 각본가이자 감독으로 성장했다.

10대 시절 배우에 대한 꿈을 가졌던 그녀는 영화음악가 존 배리John Barry(1933-2011)와 결혼했던 1965년부터 영화에 단역을 맡기 시작하여 점점 주요 역할을 연기한다. (배리 사이에서 사진작가로 성장한 Kate Barry(1967-2013)가 태어났고, 그와는 1969년에 이혼했다)

세르주 갱스부르Serge Gainsbourg(1928-1991)와 함께 주연으로 발탁된 프랑스 영화 「Slogan 슬로건, 1969」을 촬영하며 연인 관계가 시작, 이어 알랭 드롱Alain Delon(1935-1924)과 로미 슈나이더Romy Schneider(1938-1982)가 주연한 스릴러 영화 「La Piscine 수영장, 1969」에 출연하고 영구적으로 프랑스에 머문다.

이후 갱스부르와 함께 제인 버킨은 매스컴의 중심에 서면서 시대적 아이콘으로 부상하며 많은 히트곡들을 발표했다.

1980년 갱스부르의 알코올 중독과 폭력으로 헤어진 후, 자크 두아용Jacques Doillon 감독의 영화 「The Prodigal Daughter, 1981」에 출연하여 연기에 첫 호평을 받았다. 가장 좋아하는 영화로 그녀는 이 영화를 꼽기도 했는데, 이후 그와의 사랑을 키워 1982년 셋째 딸인 루 두아용Lou Doillon이 태어난다. 그와의 두 번째 영화 「La Pirate 해적, 1984」으로 세자르상 여우주연상에 후보 지명되었다.

그녀는 갱스부르와 헤어진 후, 녹음 세션 동안 그녀가 노래를 부를 수 없으면 그는 그녀에게 소리를 지르고 자로 때렸다고 말하기도 했다. 하지만 샹송 가수로서 지대한 영향을 미쳤던 갱스부르가 사망하고 2018년 보그 프랑스 인터뷰에서는 나중에 버킨의 스타일을 개발하는 데 도움을 준 공로에 감사하며 "모든 것이 나에 관한 것이고, 그는 나의 말을 많이 들어주었다."라고 밝혔다.

2004, 2012, 2013, 2019년 수차례나 한국 공연이 성사되었던 걸 보면, 그녀만큼 한국인이 사랑하는 샹송 가수도 없을 것 같다. 리 쿠퍼 청바지와 에르메스 가방 등 유행의 선도자였으며, 백치미가 느껴지는 섹시한 외모에 귀에다 대고 속삭이는 듯한 관능적인 음성은 확고한 이미지로 남았다.

Jane Birkin · Serge Gainsbourg

1969 | céline WEA | 498236

1. Je T'Aime… Moi Non Plus (& Gainsbourg)
2. L'Anamour (Gainsbourg)
3. Orang Outan
4. Sous le Soleil Exactement (Gainsbourg)
5. 18-39
6. 69 Année Érotique (Gainsbourg)
7. Jane B.
8. Elisa (Gainsbourg)
9. Le Canari Est Sur le Balcon
10. Les Sucettes (Gainsbourg)
11. Manon (Gainsbourg)

가수로서 갱스부르와 함께한 제인 버킨의 첫 앨범이다. 첫 곡으로 프랑스에서조차 논란의 중심에 선 〈Je T'aime… Moi Non Plus 널 사랑해… 나도 마찬가지야〉를 수록하고 있다. 본래 이는 1967년 갱스부르와 연애 중이던 브리지트 바르도Brigitte Bardot가 실망스러운 데이트 이후 사과의 의

미로, '상상할 수 있는 가장 아름다운 러브송'을 써달라고 했고, 갱스부르는 그 요청에 따라 〈Bonnie and Clyde〉와 함께 이 곡을 작곡했다. 그러나 이 곡의 리코딩 당시, 녹음실의 엔지니어는 격렬한 애무가 있었다고 말했고, 녹음 소식이 언론에 알려진다. 바르도의 남편은 싱글 발매를 철회할 것을 요구했으며, 바르도도 간청하였기에 갱스부르는 묵혀둘 수밖에 없었다.

이후 영화가 인연이 되어 연인이 된 버킨에게 바르도의 버전을 들려주고는 바르도보다 한 옥타브 높게 불러줄 것을 제안하여 요염하고도 낯 뜨거운 명곡이 세상의 빛을 보게 되었다. 이 곡은 마리안 페이스풀Marianne Faithfull(1946-2025), 프랑스 영화배우인 발레리 라그랑주Valérie Lagrange와 미레유 다르크Mireille Darc(1938-2017)에게도 그의 요청이 있었으며, '다른 사람이 부르기를 원치 않아서 불렀을 뿐'이라고 대수롭지 않게 버킨은 말했다. 판매에 연령 제한이 있었고 많은 나라에서 방송금지곡이 되었으며 언론도 비난했지만, 상업적으로는 당해만 유럽 전역에서 300만 장이 팔리는 대성공이 따랐다. 지금은 그리 유난을 떨 필요가 없지만, 1960년대 후반이었음을 감안하면 성애의 대화와 버킨의 희열은 최고의 쇼크였을 것으로 짐작된다. 2004년에 버킨은 '전혀 무례한 노래가 아니었으며, 왜 그렇게 소란스러웠는지 모르겠다, 영국인들은 그냥 이해하지 못했을 뿐이다. 그들이 그 의미를 알고 있는지 아직도 모르겠다'고 덧붙였다.

…내 사랑, 풀리지 않는 파도처럼, 너의 허리 사이로 오가네, 너는 파도이며, 난 벌거벗은 섬이야, 너와의 합류, 육체적 사랑은 막다른 골목이네…

바르도는 나중에 자신의 버전을 발표하지 않은 것을 후회했으며, 1986년에 발표한다. 바르도의 낮은 보컬도 좋은데, 음성을 제외하고 연주로만 들으면 로맨틱하고도 청량한 버킨의 버전에 비해 바르도의 버전은 은은한 열기의 트랜스가 느껴진다.

〈Jane B.〉는 갱스부르가 버킨을 위해 쓴 노래로, 쇼팽 Chopin의 전주곡 〈Prelude in E Minor op 28 no 4〉에, 가사는 러시아 출신의 미국 문학가 블라디미르 나보코프 Vladimir Nabokov의 소설 「Lolita, 1955」의 마지막 시에서 로리타의 사망에 대한 경찰 보고서의 구조를 따 작성되었다고 한다.

기록, 파란 눈, 갈색 머리, 제인 B, 영국인 여성, 연령 20~21세, 그림 배우기, 부모와 동거, 창백한 피부, 매부리코, 오늘 아침 실종, 20시에서 5시까지, 제인 B, 길가에 잠들다, 피 묻은 손에 꽃을 쥔 채.

참고로 이 노래는 갱스부르와 버킨의 1971년생 딸 샤를로트 갱스부르Charlotte Gainsbourg가 버킨의 장례식에서 낭송되었다.

이어 갱스부르의 평키한 사이키델릭 록 콘셉트 앨범인 《Histoire de Melody Nel -son 멜로디 넬슨의 이야기, 1971》가 발표되었는데, 이는 중년의 내레이터와 14세 소녀 멜로디 넬슨 사이에서 전개되는 위험한 로맨스를 서사로, 멜로디 역은 버킨이 맡았다.

《Di Doo Dah, 1973》는 그녀의 이름으로 낸 첫 앨범으로, 뇌쇄적인 커버가 주목을 끈다.

타이틀곡 〈Di Doo Dah〉는 슬로우 템포에 부드러운 고백을 실었다. 그녀는 사춘기를 거치면서 가슴에 대한 콤플렉스가 생겼는데, 이 곡에서 인형을 갖고 놀아 본 적이 없으며 선머슴같이 가슴도 없었던 어린 시절에 대한 우울감과 환멸을 드러낸다. 그러나 그녀의

음성은 너무나 로맨틱해서 '그럼 어때?'라고 말하는 것 같다.

〈Mon Amour Baiser 내 사랑의 키스〉는 〈Di Doo Dah〉의 느낌을 이어가는데, 가사의 두운이 강조되는 리듬감이 유혹적이다.

재발매되면서 보너스로 수록된 〈La Décadance 퇴폐〉는 섹스 심벌이자 알랭 들롱Alain Delon(1935-2024)의 연인이었던 나탈리 들롱Nathalie Delon(1941-2021)이 주연한 영화 「Sex Shop. 1972」의 음악으로, 갱스부르와 버킨의 아슬아슬한 탐미의 밀어는 흥분을 절정에 치닫게 한다.

《Lolita Go Home, 1975》에서는 슬로우 댄스풍의 타이틀곡이 잘 알려져 있다. 로리타를 질투한 여자들의 참을 수 없는 험담과 비아냥을 그렸지만, 그 불편한 시선을 아랑곳하지 않는 듯한 버킨의 보컬이 순수하다.

Ex Fan des Sixties

1978 | Mercury | 586 649-2

1. Ex Fan des Sixties
2. Apocalypstick
3. Exercice en Forme de Z
4. Mélodie Interdite
5. L'Aquoiboniste
6. Vie Mort et Résurrection d'un Amour Passion
7. Nicotine
8. Rocking Chair
9. Dépressive
10. Le Velours des Vierges
11. Classée X
12. Mélo Mélo
13. Ballade de Johnny-Jane
14. Raccrochez C'est une Horreur
15. Yesterday Yes a Day

앨범 녹음에 어려움을 겪어 6개월 이후 재개했었다는 《Ex Fan des Sixties 60년대 올드팬, 1978》에서도 타이틀곡이

명곡으로 자리 잡았다. 이는 1960년대의 로큰롤 스타들에 대한 향수가 주제로, 달콤함과 애틋한 감정이 묘하게 뒤섞인다.

60년대 올드팬, 귀여운 아기 인형, 정말 로큰롤에 맞춰 춤을 잘 춰, 광란의 20대는 어디에? 당신의 아이돌은 어떻게 되었나? Shadows, Byrds, Doors, Animals, Moody Blues의 그림자는 어디에? McCartney, George Harrison, Ringo Starr와 John Lennon은 헤어졌지, Brian Jones, Jim Morrison, Eddie Cochrane, Buddy Holly은 떠나버렸고, Jimi Hendrix, Otis Redding, Janis Joplin, T.Rex, Elvis도…

〈L'Aquoiboniste 괴짜〉는 무엇도 구애받지 않는 이상주의자의 의미로, 버킨의 입장에서 본 갱스부르를 지칭하는 것이 아닐까?

그는 무엇이든 상관없는 괴짜야, 어슬픈 농담에 항상 '무엇이든'이라 말하지, 조율도 없이 연주하는 변변치 않은 기타리스트야, 툭하면 '무엇이든'이라 말하는 이상주의자야, 맞아도 '무엇이든' 틀려도 '무엇이든'이라 말하는, 웃기고 무심한 괴짜야.

〈Dépressive 우울증〉은 베토벤Beethoven의 소나타 〈Sonate nº8, opus 13 비창〉을 차용한 노래로, 웅장한 현악이 아트록을 연상시킨다.

네 품에서 난 죽어, 지루함 속에서 꿈을 꾸지, 뭔가 다른 탈출을, 뭔가 문제인지 모르겠어, 모든 것이 추악해 보일 뿐… 난 원형도 아닌, 돌아가지 않는 레코드 같아.

재발매되면서 보너스로 수록된 〈Ballade de Johnny-Jane〉은 갱스부르의 각본과 감독에 단발의 버킨이 주연한 영화 「Je T'aime… Moi Non Plus 널 사랑해… 나도 마찬가지야, 1976」에서 피아노 연주곡으로 삽입되었는데, 버킨의 보컬 버전이 싱글로 발표되었다. 가사는 영화의 스토리와도 무관하지 않다. 시골 한가운데 트럭 운전사들이 들르는 바에서 종업원으로 일하며 외롭고 지루한 삶을 살아가는 조니에게 찾아온 사랑과 좌절을 그렸는데, 버킨은 조니에게 무인지대와 추악한 장소에서 도망치라고 노래한다.

이봐 조니 제인, 갱스부르의 영화 '널 사랑해… 나도 마찬가지야'를 기억하지? 멋진 주제야. 이봐 조니 제인, 신발을 끌며 솔직한 눈을 가진 너… 넌 짧은 머리와 창백한 피부로 산책하며, 자멸할 사랑을 기다리고 있지… 어린애처럼 멍청하게 굴지 마, 현실을 똑바로 보고 현명하게 생각해, 그 모든 것을 지우고, 다시 시작해, 네 기억 속의 짧고 뜨거운 순간들을 청산해, 분노한 주먹으로 젖은 눈을 닦아, 시간이 염산처럼 사랑을 먹어치우니까.

⟨Yesterday Yes a Day⟩는 갱스부르가 음악을 맡았던 영화 「Madame Claude 클로드 마담, 1977」의 주제로, 버킨의 대표곡 중 하나이다. 각운이 매력 있는 영어 가사이지만 샹송의 우울한 뉘앙스를 고스란히 간직하고 있으며, 가냘픈 음성과 투명한 기타 선율 그리고 따스한 현악은 가슴 한편에 사랑의 초상을 따스하게 불러일으킨다.

지난날은 매일매일 홀로 보내는 외로움의 반복이었고 슬픈 나날이었네, 태양은 나와 상관없이 떨어졌지만, 갑자기 누군가 내 그림자를 어루만지며 말했지 '안녕?' '날 만나기 전에는 어떻게 보냈니, 왜 혼자 네 그림자 위에서 울고 있었니?' 라고 하는 것 같았어, 그는 말했네 '이해해', 태양은 그가 없을 때도 떨어졌지만, 그가 날 포옹하면 난 그의 그림자가 되었지, 그가 말했어 '가자', 그가 없었던 삶에서, 그가 내 그림자를 찾았네, 그를 떠나게 하지 마, 그를 보내지 마. 그림자 없이 살아가면 어둠까지 사랑할 수 없다는 걸, 오늘 깨달았네.

Baby Alone in Babylone

1983 | Philips | 814 524-2

1. Baby Lou
2. Fuir le Bonheur de Peur Qu'Il Ne Se Sauve
3. Partie Perdue
4. Norma Jean Baker
5. Haine pour Aime
6. Overseas Telegram
7. Con C'est con Ces Conséquences
8. En Rire de Peur d'Être Obligée d'En Pleurer
9. Rupture au Miroir
10. Les Dessous Chics
11. Baby Alone In Babylone

버킨의 새 앨범을 준비하던 때 갱스부르와 헤어졌기에, 그는 버킨과 음성이 비슷한 영화배우 이자벨 아자니Isabelle Adjani와 함께 《Pull Marine, 1983》을 제작한다.

그러나 갱스부르와 더 이상 연인 관계가 아니었음에도 음악적 협업은 이어졌는데, 국내에 라이선스로 소개된 본작은 고혹적인 커버와 함께 그녀의 대표작이 되었다.

로큰롤과 퓨전재즈 등이 섞인 〈Baby Lou 베이비 루〉의 냉소적이면서도 감미로운 라운지 음감은 몽환적이다. 본래 갱스부르의 가사에 알랭 샹포르Alain Chamfort가 작 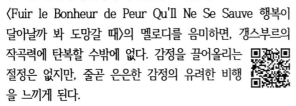곡해서 1977년에 발표한 것으로, 자신을 미치게 만드는 연인의 무신경과 무심함을 노래했다.

〈Fuir le Bonheur de Peur Qu'Il Ne Se Sauve 행복이 달아날까 봐 도망갈 때〉의 멜로디를 음미하면, 갱스부르의 작곡력에 탄복할 수밖에 없다. 감정을 끌어올리는 절정은 없지만, 줄곧 은은한 감정의 유려한 비행을 느끼게 된다.

…천국과 신을 믿어봐, 우리의 마음이 피와 불에 던져져, 모든 것에 환멸을 느낄 때. 행복이 달아날까 봐 도망가고 싶을 때, 때로는 비명도 도움이 되지, 불행의 밑바닥은 알 수 없으니, 행복이 달아날까 봐 도망가고 싶을 때, 무지개 너머에 있다고 자신에게 말해봐…

〈Norma Jean Baker〉은 금발의 섹스 심벌 마릴린 먼로 Marilyn Monroe(1926-1962)의 본명을 타이틀로 한 추모곡으로, 그녀가 황금빛 속에서 환하게 미소 짓는 듯한 환상의 꿈이 이어진다.

〈En Rire de Peur d'Être Obligée d'En Pleurer 억지로 울 거면 차라리 웃어봐〉에는 블루지한 전자기타가 가세하며 더욱 침울하게 한다.

브람스Brahms의 〈교향곡 3번 2악장〉을 편곡한 타이틀곡 〈Baby Alone in Babylone〉은 L.A.를 현대의 바빌론으로 묘사한 노래로, 융성한 도시문명 안에서 느끼는 고독감과 상실감 속에서도 꿈과 햇빛을 열망하는 도시인을 그린 명곡이다.

Love Song

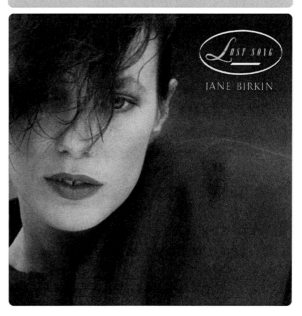

1987 | Philips | 830 894-2

1. Être ou Ne Pas Naître
2. C'Est la Vie Qui Veut Ça
3. Le Couteau dans le Play
4. L'Amour de Moi
5. Une Chose Entre Autres
6. Lost Song
7. Physique et sans Issue
8. Leur Plaisir sans Moi
9. Le Moi et le Je

《Lost Song》은 분위기가 달라진 커버가 변화된 사운드를 비유하는 듯하다.

9곡 중 〈C'est la Vie Qui Veut Ça 그것에 대한 욕망이 곧 인생〉과 〈Leur Plaisir Sans Moi 나 없는 그들의 즐거움〉은 첫 솔로 앨범 《Di Doo Dah, 1973》 수록곡이다.

〈Être Ou Ne Pas Naître 태어나거나 말거나〉는 강렬한 전

자기타의 록 사운드에 날아갈 듯한 깃털 같은 목소리로, 바꿀 수 없다면 두 존재 사이의 사랑을 계속하라고 조언한다.

〈Une Chose Entre Autres 다른 것 중 하나〉는 쿨하게 이별을 고하는 내용인데, 크림처럼 부드러운 그녀의 보컬은 몽상적인 록 연주와 함께 오히려 너무나 사랑스럽고 황홀하다.

타이틀곡 〈Lost Song〉은 연인의 배신과 거짓말로 잃어버린 사랑의 아픔과 분노를 그린 장송곡으로, 그리그 Grieg의 〈페르귄트 모음곡 제2번〉을 편곡하여 가사를 붙였다.

〈Physique et Sans Issue 사랑과 절망〉은 슬픔을 머금은 버킨의 촉촉한 보컬이 더욱 가냘프게 들린다.

육체적인 사랑은 절망적이라는 걸 알아, 좀 더 빨리 알았더라면, 아아, 나는 네가 나를 아는 지점에 있지 않을 거야, 나는 너를 사랑하지만 너 자신도 사랑한다고 말해줘, 사실이 아니더라도…

바타클랑Bataclan 극장 라이브에 이어, 갱스부르가 사망하기 전 쓴 마지막 앨범 《Amours des Feintes 과장된 사랑, 1990》을 발표한 그녀는 1991년 칸 영화제에서 그랑프리를 수상한 「La Belle Noiseuse 아름다운 말썽꾸러기, 1991」로 세자르상 여우조연상에 후보 지명되었다.

1992년 Victoires de la Musique에서 밀렌 파머Mylène Farmer, 리안 폴리Liane Foly, 모란느Maurane(1960-2018)와 경쟁하여 올해의 여성 아티스트상을 수상했다.

이듬해 13년간 살았던 자크 두아용 감독과도 헤어졌는데, 버킨은 그가 더 이상 자신을 영화에 캐스팅하지 않았고 젊은 소녀들과 함께 촬영하는 것에 마음이 아팠다고 술회했으며, 두아용은 그녀가 1991년 세상을 떠난 갱스부르에 대한 슬픔과 맞설 수 없었다고 말했다.

Versions Jane

1987 | Philips | 830 894-2

1. Ces Petits Riens
2. La Gadoue
3. Dépression Au-dessus du Jardin
4. Ce Mortel Ennui
5. Sorry Angel
6. Elisa
7. Exercice en Forme De Z
8. L'anamour
9. Elaeudanla Téïtéïa
10. Aux Enfants de la Chance
11. Le Mal Intérieur
12. Ford Mustang
13. Couleur Café
14. Comment Te Dire Adieu
15. Physique et sans Issue

사생활과 음악에서 홀로서기를 하고 발표한 본작은 한 곡을 제외하고 세르주 갱스부르Serge Gainsbourg(1928-1991)의 음악을 새롭게 편곡한 어쿠스틱 앨범으로, 국내에도 라이선스로 소개되었다.

〈Dépression Au-dessus du Jardin 정원 위의 우울증〉은 1981년 카트린 드뇌브Catherine Deneuve를 위해 작곡한 것으로, 록발라드의 원곡을 투명하고 고요한 하프 반주로 들려준다. 갱스부르가 쓴 가사는 마치 헤어진 버킨이 갱스부르에게 말하는 듯하다.

정원 위의 우울증, 네 표정은 슬픔 하나야, 넌 내 손을 놓았어, 아무 일도 없었던 것처럼, 여름은 끝났네, 꽃은 향기를 잃었고, 하나씩 빼앗아가는 살인적인 시간이야… 넌 멀리 가다 길을 잃었네, 내년 여름이면 사랑이 돌아올 거라고, 넌 내가 헛되이 믿게 하려 해.

〈Le Mal Intérieur 내면의 악마〉는 갱수부르가 배우 이자벨 아자니Isabelle Adjani의 1983년 가수 데뷔를 위해 쓴 곡이다. 몽롱한 전자음향에 흔들리는 아자니에 비해, 따사롭고도 나른한 실내악에 버킨은 무릎을 베고 잠든 연인에게 부르는 자장가처럼 독백한다.

널 내면으로 느끼면서도, 다른 곳에서도 널 느껴. 넌 내 가까이에 있지만, 내 마음은 거기 있지 않지, 넌 날 사랑한다 말하지만, 넌 믿지 않아. 우리는 같은 언어로 말하지 않아, 우리의 외양과 우리의 깊은 입맞춤도. 마치 흔들리는 배처럼, 곁에 있는 것은 무엇이고, 바닥에 있는 것은 무엇일까? 넌 날 사랑한다 말하지만, 넌 믿지 않아…

갱스부르가 번안했던 〈Comment Te Dire Adieu 안녕이라고 말할까?〉는 프랑수아즈 아르디Françoise Hardy(1944-2014)가 1968년에 부른 명곡이다. 집시음악의 대가 고란 브레고비치Goran Bregović의 편곡으로 독특한 황토색의 관현악 합주를 들려준다.

〈C'est la Vie Qui Veut Ça 그것에 대한 욕망이 곧 인생〉과 〈Leur Plaisir Sans Moi 나 없는 그들의 즐거움〉은 첫 솔로 앨범 《Di Doo Dah, 1973》에 수록된 것이다.

À La Légère

1998 | Philips | 538 045-2

1. Les Clés du Paradis
2. Les Avalanches
3. À La Légère
4. Plus Loin de Ta Rue
5. Trouble
6. La Bulle
7. Love Slow Motion
8. Si Tout Était Faux
9. L'Autre Moi
10. La Pleine Lune
11. Simple En Français
12. C'Est Comme Ça

《À La Légère 가볍게》는 갱스부르의 노래가 하나도 수록되지 않은 앨범으로, 오랜 친구 알랭 샹포르Alain Chamfort, 알랭 수숑Alain Souchon, 에티엔 다오Étienne Daho, 프랑수아즈 아르디Françoise Hardy(1944-2024)와 후배 뮤지션들 그리고 새로운 음악가들의 지원을 받아 발표했다. 52세의 버킨으로서는 다소 파격적인 커버와 함께.

음울한 앰비언트 〈Plus Loin de Ta Rue 너의 거리에서 더 멀리〉는 스페인계 프랑스 가수 닐다 페르난데스Nilda Fernan-dez(1957-2019)의 곡으로, 이후 그도 《Ti Amo 널 사랑해, 2010》에서 취입하기도 했다. 마치 가사는 세 남자들과 이별하고 홀로 독립해야 했던 버킨의 감정을 담고 있는 것 같다.

너의 거리에서 더 멀리 벗어나도록, 나는 상황을 만들 거야, 거짓말이 아니야, 더 이상 널 볼 수 없어. 이건 예의에 대한 거야, 내 기분은 바다 밑바닥에서 길을 잃었어, 그리고 너의 존재가 녹아 맴돌고 있어… 세상은 파산했어, 난 널 떠나, 그리고 난 결백해.

〈Trouble 혼란〉은 폭풍우가 지나간 정글의 밤처럼 몽환적이고 고립된 듯한 쓸쓸함이 축축하게 젖어있다.

난 길을 잃은 게 아냐, 아프지도 않지만, 약간의 오한이 있네. 여자의 등에는 분열되는 우주가 있고, 피부 아래엔 혼란이 있네. 심장은 거꾸로 뛰고, 저녁이면 내 영혼이 바닥나, 작은 불씨만 남네, 넌 내 침묵을 한 입 베어 물고, 난 벌거벗은 채 무방비가 되네, 아 혼란스러워…

〈La Bulle 거품〉은 싱어송라이터 아르 멩고Art Mengo의 작곡으로, 사랑을 회상하며 남은 열망을 그린다.

MC Solaar가 가사를 쓴 〈Love Slow Motion〉은 바다에 난파된 듯한 남녀가 등장하는 멋진 뮤직비디오로 공개되었는데, 사랑의 열정을 주제로 너무나 부드러운 R&B 라운지를 열어준다.

황홀한 블루스 록 〈Si Tout Était Faux 모든 것이 잘못되었다면〉은 거장 제라드 만셋Gérard Manset의 작곡으로, 일상의 행복과 평화 속에서 예고 없이 찾아오는 불행에 대한 염려이다.

〈C'est Comme Ça 그런 거야〉는 후배 가수 재지 Zazie의 작곡으로, 피아노와 현악이 잔잔한 서정을 항해한다.

…다른 사람이 떠날 때, 우리의 고통에 대해 침묵을 지키는 것이 더 나아, 난 너에 대해 더 이상 말하지 않을 거야, 이게 나아.

색다른 버킨을 만날 수 있는 본작 이후, 백혈병 진단을 받았음에도 동양적 편곡의 오데온 극장 라이브 《Arabesque 2002》에 이어, 듀엣 트랙 모음집 《Rendez-vous, 2004》을 발표했다.

《Fictions, 2006》은 후배 뮤지션들 Dominique A. Cali, Arthur H. 등이 작곡한 불어 곡과 Neil Young, Kate Bush 등의 영어 리메이크곡을 수록했다.

《Enfants D'Hiver 겨울 아이들, 2008》은 자신이 직접 가사를 쓴 작품으로, 부모형제들과 와이트섬에서 보낸 휴가를 주요 소재가 되었다.

폴란드 방송교향악단의 오케스트라 연주로 리코딩된 특별작 《Birkin · Gainsbourg : Le Symphonique, 2017》에 이어, 에티엔 다오Étienne Daho가 프로듀스한 마지막 앨범 《Oh ! Pardon Tu Dormais… 미안, 자고 있었어, 2020》을 디스코그래피로 남겼다.

박애주의 정신으로 많은 사회활동을 했던 그녀는 정치적인 견해도 서슴지 않았으며, 영화와 음악 등 예술 문화적인 활동으로 영국과 프랑스에서 훈장을 수상했다.

딸 샤를로트 갱스부르는 어머니를 위해 「Jane by Charlotte, 2021」라는 다큐멘터리 영화를 제작하였으며, 이는 칸 영화제에서 상영되었다.

코르시카의 애수
Jean-Pierre Marcellesi ● 장-피에르 마르셀레시

이브 뒤테이Yves Duteil의 《Touché 감화, 1997》 이래로 계속해서 그의 이름을 종종 발견했었지만, 이는 작곡자로서의 모습이었기에 글쓴이의 기억에서 또렷한 인상을 차지하지는 못했다.

하지만 2009년 짧은 기간 동안의 프랑스 여행 중 음반숍에서 리스닝 머신에 꽂혀있는 그의 음반을 듣고는 한동안 자리를 떠날 줄 몰랐다. 그것도 프랑스 샹송 섹션이 아닌 월드뮤직 섹션에서 말이다. 그의 독특한 음성 뒤에 배경으로 깔리는 다양한 문화의 매력은 정말 잊지 못할 매혹이었다. 그리곤 그를 추적하기 시작했다.

사실상 프랑스 내에서도 그의 명성은 그리 잘 알려져 있지 않은 것이 분명하다. 겨우 몇 장의 음반을 낸 것이 고작이며, 그가 주목받게 된 것은 이브 뒤테이, 자크 뒤트롱Jacques Dutronc, 패트릭 브뤼엘Patrick Bruel의 콘서트에 초대되면서부터 매스컴은 '가장 국제적인 가수'란 평가와 함께 그의 인터뷰 내용을 싣기 시작했고, 그의 단독 콘서트는 2010년 초가 되어서야 이루어졌다.

그간 재능 있는 기타리스트로서 조금 알려졌을 뿐인 장-피에르 마르셀레시는 1961년 코르시카섬 최대의 상업도시이자 항만도시인 바스티아Bastia에서 출생했다.

프랑스 행정구역이긴 하지만 독특한 문화를 지닌 탓에 코르시카의 재능 있는 신인들이 프렌치 팝계에 등단하는 일은 흔했다.

그의 아버지도 코르시카 출신으로 기타리스트로 활약했으며, 어머니는 스페인 출신이었고, 그의 조부는 작곡가였다.

그의 마음속에 항상 자리하고 있는 코르시카의 풍부하고도 광대한 지중해 문화에 음악적인 가풍과 모로코에서의 성장 배경 그리고 다양한 언어권을 경험하면서 그는 자신만의 음악 인생을 꾸린다.

코르시카어, 이태리어, 프랑스어, 포르투갈어 그리고 라틴어로 노래하는 그를 한 언론은 '지중해의 햇살 같은 목소리'라 평했다.

그는 파리로 가족들과 이사하여 카바레에서 활동했다. 그가 처음 노랠 불렀을 때, 많은 카바레 손님들은 오랫동안 그의 노래에 빠졌고 연주는 새벽까지 계속되었다.

아주 짧은 시간에 카바레에서 팔았던 그의 CD는 3000매가 넘게 팔렸고, 입소문을 타고 SONY의 음반 기획자가 제의해 왔다.

하지만 그는 자신의 음악의 자유로움을 위해 그리고 자신의 음악을 사랑하는 팬들의 만족을 위해 음반의 배포만을 일임했을 뿐이며, 영국과 이태리 그리고 베네룩스에서는 또 다른 음반회사를 통해 배급되었다.

Barqueiro

Marcellesi barqueiro

2000 | V2music | VVR1013592

1. Ciucciarella
2. Lettera d'Inverno
3. Barqueiro
4. Ara Maria
5. O mar
6. Alba di Té (E Tu)
7. Se un Modo C'é
8. O Maè
9. Paradisu
10. U Ziteddu di Punta àu Mari
11. Amores
12. Ferchè Cantu

코르시카 작시가 알랭 디 메리오Alain di Meglio, 절친한 동료 장-피에르 랑Jean-Pierre Lang, 그리고 우리에겐 뉴에이지 뮤지션으로 잘 알려진 프랑스의 훌륭한 건반 주자 필립 쎄스Philippe Saisse의 아낌없는 지원으로 그의 데뷔 걸작

《Barqueiro 선원》이 발표되었다.

다양한 문화적인 감성과 언어로 노래하는 그의 목소리는 너무나 상기되어 있다. 얼핏 들으면 1980년대 후반 국내 가요계를 독특한 가창으로 휘어잡았던 임병수의 보컬과도 흡사하게 들린다.

첫 곡은 자신의 출신을 알리기라도 하듯 코르시카의 전통음악 〈Ciucciarella 젖꼭지〉가 수록되어 있다. 이 구슬픈 자장가는 코르시카 민속음악에서 빠지지 않는 유명한 작품으로, 그는 민속적인 퍼커션과 12줄 기타의 윤택한 음감으로 편곡하여 코르시카어로 노래했다. 그 음성에서 묻어나는 영혼의 안식에 대한 간절함으로 구원의 노래처럼 가슴을 촉촉하게 적셔준다. 아버지는 멀리 일하러 떠나고, 농장을 꾸리며 살아가는 젊은 어머니와 어린 아기의 애달프고 사랑스러운 대화이다.

필립 쎄스의 맑고 풍성한 피아노 선율을 배경으로 이태리어로 인사를 하는 〈Lettera d'Inverno 겨울 편지〉는 아내에게 보내는 편지이다. 사랑하는 아이들과 아내를 두고 노래의 꿈을 찾아 긴 여행을 떠나온 시점에서 용서를 구하고, 외로움과 그리움으로 가득한 가장의 심경을 잔잔히 녹여냈다.

〈Barqueiro 뱃사공〉은 그의 우울한 기타 아르페지오에 피아노와 아코디언이 파두Fado의 템포를 따라 진한 엘레지를 들려준다. 사랑하는 연인을 그리워하며 어둠이 내린 밤바다에서 여신 예만자Yemanja의 음성을 듣게 되는 뱃사공이 다시는 돌아갈 수 없는 운명에 처하는 동화가 구슬프게 그려진다. 거친 파도와 같은 아코디언 연주와 바람의 환영처럼 플루트가 더욱 거세진다.

바이올린의 뜨거운 찰현이 대기를 가르며 시작하는 〈O Mar 바다〉는 투명한 피아노와 고혹적인 현악이 빚어내는 위대한 서정시이다. 청명한 보컬이 빛나는 여가수 파트리시아 가타체카Patrizia Gattacecca와 함께 터질 듯한 심장의 고독과 아픔이 전해온다.

이는 영원한 고통의 법칙에 대항하여 내게 반란을 가르치네. 바다, 이는 전투적인 삶의 죽음 속에서 내게 폭력을 가르치네. 바다, 울음조차 허락하지 않는 싸움에 지쳤을 때, 바다는 내게 이 불행을 넘어 비행하는 방법을 가르치네. 나는 공기보다 가볍게 나는 갈매기가 되네. 바람의 고독에서 비밀의 고통 속에서 우리는 태어났네. 혈관에서 출혈되는 것처럼 바다가 모래를 때릴 때, 삶과 사랑은 생성되지. 꿈도 남겨두지 않을 만큼 기다림에 지쳤을 때, 바다는 내게 이 불행을 넘어 노래를 가르치네. 나는 대기에서 노래하는 갈매기가 되네.

〈Alba di Té (E Tu) 당신의 새벽 (너에게)〉는 사랑의 열정과 갈망을 그린 연가로 따사로움이 팽창해오는 낭만에 푹 빠지게 된다.

어쿠스틱 기타의 맑고 상큼한 보사노바 향기 〈Se un Modo c'é 길이 있다면〉에 이어, 라틴어로 불리는 찬양시 〈O Maè 어버이〉에는 친구 아비디 벤진Abdy Benzine의 민속적인 보컬과 코러스가 융합되어 있다.

〈U Ziteddu di Punta àu Mari 바다의 어린이〉에서는 안온한 현악과 피아노에 이어 파트리시아 가타체카의 묵시적인 스캣이 허공에 울려 퍼지면 거룩한 감동이 최상에 선다. 넓은 세상을 향해 깊고 잃어버린 욕망을 드러내라는 메시지이다.

재즈 피아노의 부드러운 감흥을 접할 수 있는 〈Amores 사랑〉도 이채롭고, 그의 노래하는 마음을 담은 〈Ferchè Can -tu〉는 가스펠-포크 같은 따스함이 마련되어 있다.

그 어떠한 월드뮤직 작품보다도 아름다운 이 앨범은 어쩌면 많은 분이 이미 소장하고 있을지도 모르겠다. 우리에겐 어쩌면 너무나 큰 언어의 장벽이지만, 그의 음악은 더 많이 소개되어야 한다고 믿는다.

Solu Mai, Jamais Seul

2008 | Encre de Lune | ELJPM08

1. Peut-Être Q'un Jour
2. Fiore di Maggio
3. Hosanna
4. La Canzona del Sole
5. Moru Biancu è Blù
6. In Quant' à Tè
7. Io con Té
8. Vaghjimu in Portu
9. Cancale
10. Sei Qui Nell' Anima
11. Solu Mai
12. Paci

첫 앨범이 발표된 지 8년이 지나고서야 두 번째 앨범 《Solu Mai, Jamais Seul 혼자가 아니야》가 발표되었다.

더욱 수채화처럼 맑고 포근한 포크 사운드로 돌아온 본작에는 전작에 이어 코르시카 작시가 알랭 디 메리오Alain di

Meglio와 프랑스 최고의 뉴에이지 퓨전그룹 딥 포레스트 Deep Forest를 이끌었던 키보디스트 에릭 모케Eric Mouquet가 참여하고 있다. 그 외도 우리에게 잘 알려진 음악가들이 참여하여 그와의 우정을 확인했다.

영화음악의 거장 프란시스 레Francis Lai(1932-2018)가 작곡한 〈Peut-Être Q'un Jour 아마도 하루 동안〉은 투명한 어쿠스틱 기타가 기본이 된 포크록 스타일의 발라드로, 음악 인생을 돌이켜 보는 작품이다. 자신에게 항상 영감을 주는 코르시카의 풍광들과 기타리스트였던 아버지를 떠올리며 선명한 추억에 잠긴다.

자신의 음악적 선생이라 밝혔던 이태리 싱어송라이터 파비오 콘카토Fabio Concato의 〈Fiore di Maggio 5월의 꽃〉과 루치오 바티스티Lucio Battisti(1943-1998)의 〈La Canzona del Sole 태양의 노래〉를 불러 존경의 뜻을 전한다.

거룩한 명작 〈Hosanna 구원하옵소서〉는 종교적인 고해성사처럼 여린 영혼을 위해 기도하는 간곡한 보컬이 아련히 울려 퍼진다. 잔잔한 기타에서 역풍처럼 강렬해지는 오케스트레이션의 거친 숨결에 웅장함을 더하는 남성 코러스와 민속적인 보컬이 합쳐지며 클라이맥스를 이룬다.

코르시카어로 부르는 긍정적이고 낙관적인 활력감을 느끼게 되는 포크 넘버 〈Moru Biancu è Blù 희고 푸른 길〉에는 지중해의 낭만이 서린다.

파트릭 브뤼엘Patrick Bruel의 작품 〈J'Te Mentirais 당신에게 거짓말을 할 거야〉를 코르시카어로 함께 부른 〈In Quant' à Tè〉는 피아노와 기타의 온화함에 질감이 다른 두 뮤지션의 호흡이 다감하다.

오랫동안 우리의 감성을 머물게 하는 작품 〈Vaghjimu in Portu〉에서는 코르시카의 가을의 쓸쓸한 시정을 피아노 야상곡에 실어 애잔하게 읊조리는데, 미국의 컨트리음악 여가수 줄리 밀러Julie Miller와의 듀오 보컬이 무척 애처롭고도 따사롭다.

이브 뒤테이Yves Duteil가 작사하고 함께 부른 〈Cancale 캉칼〉은 프랑스 북서부 브레타뉴 지방의 작은 어촌마을을 여행하며 느꼈던 사랑과 어린이들의 동심 그리고 자연의 평화로운 정경들과 내밀한 감정을 묘사한 작품으로, 기타와 피아노 그리고 오케스트레이션의 하모니로 물기 가득한 서정을 남겨준다.

크리스티나 마로코가 가사를 쓴 〈Sei Qui, nell' Anima 여기에 영혼에…〉는 포크 기타와 피아노의 따뜻한 체온 위로 콧날을 시큰하게 하는 아코디언의 애수가 집중되는 로맨스이다.

…나는 홀로된 내 인생을 바라보네, 무한한 시야로 나의 모든 것들에 질문해. 왜냐면 결핍된 사랑과 자비라곤 없는 침묵 때문이야. 그러나 당신이 여기 영혼에 있네. 나의 분노는 바다의 문을 통해 분출할 수 없지만, 당신은 내게 살아갈 힘을 줘. 그 언젠가는 돌아올 것이라 믿기에, 내가 떠났던 과거를 잊기 위해 나는 당신을 보네. 내 가슴안으로 당신을 이끌고, 나와 절대 헤어지지 않을 당신을 따르네. 내가 감내할 수 있을지 결코 알 수 없어. 지금 나는 깨닫네. 이 바다의 화염은 진심이 아니야. 당신을 보고 또 당신을 보네.

그의 동생 샤를 마르셀레시Charles Marcellesi의 작품을 함께 부른 또 하나의 가슴 벅찬 작품 〈Paci 평화〉는 활개치는 재즈 피아노에 서정적인 감동을 받게 된다.

당신은 자유의 이름을 가지고 있지, 갖기 어려운 그 이름, 오늘 나는 당신을 위해 노래하고 형제애를 위해 싸우고 싶어, 평화 없는 이 세상에 노래하며 죽어가는 수많은 아이들을 위해… 이 세상은 우리를 비웃지만, 우리는 모두 이 세상에 속해 있지, 우리는 손을 잡고 살아야 해, 평화.

이후 자신의 원곡과 커버곡을 순백의 포크로 녹여낸 《Una Mani 한 남자, 2018》를 발표했다.

프렌치 팝의 젊은 사자
Julien Clerc ● 줄리앙 클레르

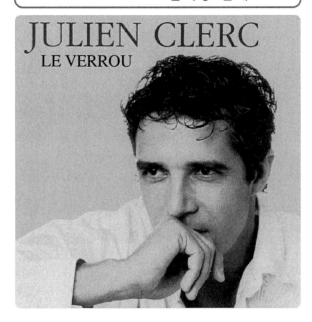

'프랑스의 젊은 사자'라 불리는 그는 프랑스의 록 세대들에게 절대적인 인기를 얻었던 슈퍼스타이다.

본명이 폴-알랭 르끌레르Paul-Alain Leclerc로, 파리 교외 브르라렌느에서 1947년에 유네스코 고위관리의 장남으로 태어났다. 2세 때 부모가 이혼하여 주말이면 친모를 만났고, 그녀는 브라상스George Brassens(1921-1981)와 베코Gilbert Be-caud(1927-2001)의 레코드를 들려주었으며, 계모는 클래식 음악 애호가로 그를 미래의 쇼팽으로 키우고픈 욕심에 피아노 레슨을 시켰다고 한다.

고등학교에서 만난 동급생 모리스 바레Maurice Vallet와 소르본 대학 시절에 만난 에티엔 로다-질Étienne Roda-Gil(1941-2004)의 가사에 곡을 만드는 것에서 음악적인 열정에 휩싸여 대학교수의 꿈을 포기한다.

프랑코 독재를 피해 프랑스로 건너온 스페인인의 아들 에티엔 로다-질은 클레르의 음악적 반려자로 활동했는데, 그의 노래뿐만 아니라 모트 슈먼Mort Shuman(1938-1991)의 〈Le Lac Majeur〉, 바네사 파라디Vanessa Paradis의 〈Joe le Taxi〉와 〈Marilyn et John〉, 까뜨린느 라라Catherine Lara의 〈Géronimo〉, 리카르도 코치안테Riccardo Cocciante의 불어 앨범 《Sincérité》의 가사를 쓴 작사가이다.

그는 로다-질과 만든 노래로 CBS 오디션을 보았으나 떨어졌고, EMI에 겨우 합격하여 21세 되던 1968년 5월 셀프 타이틀 앨범과 〈La Cavalerie 기병〉이란 싱글을 발표했는데, 단번에 주목을 받아 아다모Salvatore Adamo의 순회공연을 따라다닌다.

이듬해 5월 뮤지컬 「Hair」에 프랑스 갈France Gall(1941-2018)과 함께 주인공을 맡는데, 6개월간의 공연은 그를 일약 스타덤에 올려놓았다. 한편 젊은 두 배우는 사랑에 빠져 동거에 돌입했으며, 1970년에는 그의 폭발적이고 절대적인 인기에 신인가수로서는 의례적으로 올랭피아 극장에서 콘서트를 가지는 등 꿀맛 같은 생활을 보냈다. 그러나 프랑스 갈은 1973년부터 작곡가 미셸 베르제Michel Berger(1947-1992)를 만나면서 이들의 사랑은 막을 내린다.

영화 「D'Amour et d'Eau Fraîche 사랑과 생수, 1976」에 출연하며 다시 열애에 빠진 후 여배우 미우미우Miou-Miou와 사이에서 배우이자 탤런트로 성장한 딸 잔느 헤리Jeanne Herry가 1978년에 태어난다.

친구 막심 르 포레스티에Mazime le Forestier와 함께 〈J'ai eu Trente Ans 난 서른 살이야〉 등과 같은 아름다운 샹송을 썼는데, 그해 가을 발표된 《Jaloux 질투》는 40만 장 이상 판매되는 대성공을 거두었다.

1980년에는 로다-질과 헤어지고, 1981년 미우미우와도 헤어진 그는 〈Femmes Je Vous Aime 여인이여 난 당신을 사랑해〉가 수록된 《Femmes, Indiscrétion, Blasphème 여자, 단서, 신성모독, 1982》를 발표했다.

Julien Clerc

1971 | Virgin | 72438 42729 2

1. Ce N'est Rien
2. Adelita
3. La Fée Qui Rend les Filles Belles
4. Les Tout Petits Détails
5. L'Éléphant est Déjà Vieux
6. La Fille de la Véranda
7. Niagara
8. Et Surtout
9. Rolo le Baroudeur
10. Chanson pour Mémère
11. Cœur-de-Dieu
12. Les Enfants et les Fifres

그의 고전 〈Ce N'est Rien〉이 수록된 앨범으로, 또 하나의 히트곡인 〈Niagara〉도 실려 있다.

10번 트랙까지 에티엔 로다-질이 가사를 썼고, 마지막 두 곡의 작시가는 모리스 바레이다. 주옥같은 그의 작곡은 프 랑스 최고의 편곡자 장-클로드 페티Jean-Claude Petit의 오케스트레이션 편곡을 거쳤다.

〈시간은 지나고〉라는 제목으로 우리에게 알려진 〈Ce N'est Rien 아무것도 아니야〉에서 '그것은 아무것도 아니야. 너도 알다시피 시간은 지나가지, 그녀들은 배를 타고 떠나고, 또한 갑자기 돌아오지, 길 위에는 많은 배가 있지…' 라며 사이렌의 목소리에 취해 그녀와 함께 아침을 맞이하지만, 그 시간은 또 그렇게 지나갈 것이라고 낙관적으로 이야기한다. 바다 위에 이는 바람처럼 폴카풍의 템포에 아코디언의 애수가 지나간다.

〈La Fée Qui Rend les Filles Belles 소녀를 아름답게 하는 요정〉은 물결 같은 클래식 피아노의 고혹적인 연주에 따사로운 오케스트레이션과 코러스가 매우 부드러운 촉감을 불러일으킨다. 그가 말하는 요정이란 바로 사랑을 의미하며, 이는 나비를 쫓는 어린이처럼 미소를 불러준다고 말한다.

〈L'Éléphant est Déjà Vieux 코끼리는 이미 늙었어〉는 동물원 사육사의 애절한 사랑 이야기로, 고전적인 아름다운 연주에 슬픔이 묻어난다. 이별 후 느끼는 상실감으로 모든 동물들이 병을 앓고 있는 것처럼 쓴 로다-질의 가사가 정감이 간다.

코끼리는 이미 늙었어, 그의 멍한 눈에 두려움이 있어, 그는 날 보지 못해, 당신 없이 내가 존재하지도 않듯이… 말해줘 어떻게 달래야 하는지, 모두 당신을 그리워해, 언제 이 공원에 돌아올지 말해줘…

흥겨운 컨트리풍의 로큰롤 〈Niagara 니아가라〉에 서는 폭포 같은 슬픔을 위로하는 노래로 잊어버리고 자신과 함께 떠나자고 제의한다.

줄리앙 클레르의 호소력 넘치는 목소리는 젊은이의 심장박동처럼 떨리고 뛰며 힘이 넘친다.

이듬해 또 하나의 히트작인 네 번째 앨범 《Liberté, Égalité,

Fraternité… ou la Mort 자유 평등 박애 또는 죽음, 1972》를 발표하는데, 그의 고전으로 평가받는 로큰롤 〈Si on Chantait 노래를 불러줄까〉, 애잔한 포크 〈Le Pati 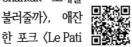 -neur 스케이팅〉, 〈Jouez Violons, Sonnez Crécelles 바이올린 연주, 딸랑이 소리〉 등이 수록되어 있다.

단순히 그의 이름으로 발표된 《Julien, 1973》은 히트 싱글곡을 따서 《Ca Fait Pleurer le Bon Dieu 기쁜 하느님을 울게 하네》라 불리기도 한다.

클래시컬 작품 〈Vous 당신〉은 프랑스 갈France Gall 과의 이별을 예고한 듯, 그가 노래하는 '당신'은 질투심으로 가득한 일벌들 속의 여왕벌이라 묘사하며, 자신에게서 도망친 그녀는 영원한 수정 속에 있다고 전 한다.

《Terre de France 프랑스의 땅, 1974》의 타이틀곡은 잔잔한 피아노에 이어지는 클래시컬 현악 이 웅장한 교향악이다.

…당신은 나의 땅, 내가 거쳐야 할 사막, 당신은 내 어미가 있는 나의 땅, 우리는 가끔은 행복한 사람들입니다. 누군가 슬프면 날씨도 나빠지죠. 그것은 우리의 기질을 결정짓는 시간의 땅입니다…

몽롱함과 나른함을 던져주는 기타와 맑게 울리는 피아노의 고음이 아름다운 잔잔한 포크 〈Le Piano Élé -phant 코끼리 피아노〉에는 어린 시절에 기쁨과 위안이 되었던 장난감 피아노에 대한 추억을 그렸다.

〈C'est une Andalouse 안달루시아인〉에서는 진한 카바레 샹송을 들을 수 있고, 〈Le Ciel Tatoué 하늘 문신〉은 현악에 가벼운 플루트의 향연이 펼쳐지며 그의 떨리는 음성의 매력에 빠지게 된다.

〈Danse S'y 춤이 거기에〉는 장-클로드 페티의 고풍스러운 현악과 아코디언 연주에 슬픈 위로를 노래하는 그의 호소력이 절묘하다.

…내 인생의 다리를 만들었죠, 그것은 당신의 삶이 내 삶을 연결합니다. 그리고 그것이 소리 없이 울음 없이 끝났을 때 거기 춤이 있어요. 춤을 춰봐요…

일곱 번째 앨범 《N°7, 1975》을 발표했는데, 이 앨범에서 프랑스 갈과의 이별의 슬픔을 〈Souffrir Par Toi n'est Pas Souffrir 너로 인한 고통은 고통 이 아니야〉로 노 래했다.

그녀는 1973년에 작곡가 미셸 베르제Michel Berger를 만나면서 서서히 사랑의 싹을 틔웠고, 1974년에 클레르와의 동거를 끝낸 후 베르제와 1976년에 결혼한다.

Aime-Moi

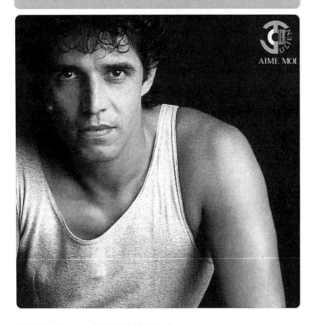

AIME MOI

1984 | Virgin | 07777 868542 5

1. La Fille aux Bas Nylon
2. Mélissa
3. Amour Consolation
4. Angela
5. Y'a Plus de Rock au Tennessee
6. Respire
7. Aime-Moi
8. Bambou Bar
9. Tant d'Amour
10. To Be or Not To Be Bop

본작 《Aime Moi 사랑해요》을 발표한 후 이듬해 그는 코르시카섬에서 만난 비르지니 쿠페리Virginie Couperie와 결혼하게 된다. 수록곡 〈La Fille aux Bas Nylon〉와 〈Mélissa〉 등은 그녀를 만난 후 작곡된 곡임은 이미 프랑스 국민들에게 잘 알려져 있다.

1980년대의 전형적인 뉴웨이브 스타일의 신스팝 사운드를 접할 수 있는데, 뤽 플라몽동Luc Plamondon이 가사를 쓴 팝록 〈La Fille aux Bas Nylon 나일론 스타킹의 아가씨〉에 이어 〈Mélissa 멜리사〉는 레게풍의 트로피컬 뮤직이며, 세르주 갱스부르Serge Gainsbourg(1928-1991)의 가사인 〈Amour Consolation 사랑의 위안〉은 경쾌함에 발랄함을 더한다.

건반의 은파가 아름다운 발라드 〈Angela 안젤라〉는 1981년에 헤어진 여배우 미우미우Miou-Miou과 그녀의 전 남편인 배우 패트릭 드웨르Patrick Dewaere 사이에서 난 딸 안젤 Angèle에 헌정했다. 1982년에 생부의 자살 소식을 들어야 했던 전 아내의 딸 안젤라의 요청으로 클레르는 1992년에 그녀를 입양했다.

…그녀는 떠날까, 나의 푸른 천사가 변하고 있어, 난 무엇을 얻게 될까, 안젤라 말해줘…

〈Y'a Plus de Rock au Tennessee 테네시의 록〉은 드럼과 전자기타가 흥분에 경쾌함을 더하는 정열적인 로큰롤이다.

우울하지만 강렬한 〈Respire 휴식〉은 진정할 수 없는 사랑의 흥분감으로 숨을 고를 수 있는 시간이 필요하다고 노래한다.

느긋한 발라드 타이틀곡에서는 부드러움이 좋고, 〈Bambou Bar〉는 열정적인 퓨전 록이 이어진다.

감미로운 걸작 〈Tant d'Amour 사랑〉은 방과 복도 그리고 정원등 구석구석 묻어있는 빛바랜 사랑의 추억을 회상하는 낙관적인 음악이다.

본작은 걸작이라 할 수 없지만, 가장 뜨거운 사랑에 빠진 한 남자의 열정과 온정이 녹아있어 애착이 간다.

Fais Moi une Place

1990 │ Virgin │ 07777 868562 3

1. Le Verrou
2. Echafaudages
3. Avisos
4. Gare a la Casse
5. Fille du Feu
6. Foutu
7. Fais-Moi une Place
8. Petits Pois Lardons
9. Le Chiendent
10. Petit Joseph
11. Nouveau Big Bang
12. Le Verrou (Reprise)

우리의 삶에서 기쁨을 누리고 욕망을 노래하기 위해 마음의 빗장을 제거하라는 내용의 〈Le Verrou 빗장〉은 이브 뒤테이Yves Duteil의 전원적인 곡조를 연상 시키는 포근함이 감미롭다.

파워풀한 재즈 로커로 변신하는 〈Gare a la Casse 파괴된 역〉에서는 모든 근심과 외로움을 떨쳐버릴 수 있는 강렬한 록에 대한 매혹을 노래했다.

차분한 발라드 〈Fille du Feu 불의 소녀〉는 야성적이고 욕망 가득한 집시 소녀에 대한 찬가이다.

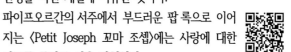

프랑수아즈 아르디Francoise Hardy(1944-2024)가 작곡한 타이틀곡 〈Fais-Moi une Place 내 자리를 만들어줘〉는 마치 감기라도 걸린 듯한 음성으로 녹음되었는데, 사랑하는 그대의 모든 것을 함께 하고 싶다는 내용으로 차분하고도 감상적인 작품이다.

〈Le Chiendent 개밀〉은 유려한 단조의 멜로디 라인에서 그의 허밍 애드리브와 색소폰 음색을 닮은 에위Ewi 연주가 감동을 준다. 이는 자신의 잔인한 사랑과 인생을 억센 개밀에 비유한 것이다.

파이프오르간의 서주에서 부드러운 팝 록으로 이어지는 〈Petit Joseph 꼬마 조셉〉에는 사랑에 대한 기도를 들어줄 것을 간청한다.

대표곡 중 하나인 〈Nouveau Big Bang〉이 그의 피아노 연주에 코러스와 허밍이 비정한 도시를 고발하며 아련한 성찰을 심어준다.

비 오는 파리의 다리 위를 걸었네, 인도인과 이교도의 분쟁이 있었지, 하늘을 우러러 해결책을 찾아보네, 추운 겨울이 없는 새로운 세상을 향해. 비 오는 파리의 다리 위를 걸었네, 반역자의 눈에서는, 모든 바벨탑의, 공간에 색이 어지럽게 돌아가네, 하지만 별의 꼭대기에는 더 많은 별들이 있지. 이 이후로 난 꿈을 꿔, 새로운 대폭발과 충돌과 돌아오는 부메랑을, 돌무더기 아래서의 죽음의 비명, 고대 이클립스의 재현, 끝없이… 무례한 자들의 머리와는 반대로 내 피부는 문명화되겠지. 비 오는 파리의 다리 위를 걸었네, 고뇌하는 마음, 한밤의 시련, 빗속에서 우는 여인, 파리의 다리 아래 저녁, 단지 그것은 질병이나 재해나 혹은 이단 같은 것.

Utile

1992 | Virgin | 7777 865922 8

1. New Virginia
2. Noé
3. Ballade en Blanc
4. Charpie de Chapka
5. Seule au Monde
6. Coquetier Bleu
7. Utile
8. Free-Demo
9. Amazone, a la Vie
10. Toi, Tu Me Plais
11. La Belle est Arrivee

무려 12년 만에 작시가 에티엔 로다-질Étienne Roda-Gil과 재회하여 발표한 앨범이다.

낭만적인 활력을 불러일으키는 〈Noé 노에〉는 성 서의 '노아의 방주'를 소재로 했는데, 그는 창세기 의 내용과는 달리 가장 아름다운 세상의 진정한 종말을 앞두고 '노아여! 왜 당신은 배를 타지 않나요? 왜 당신은 국기와 돛에 구멍을 냈나요?'라고 되묻는다.

그의 조부를 위한 노래 〈Charpie de Chapka 방한모의 보 푸라기〉는 행복을 꿈꾸었지만 불행한 아티스트의 삶을 살다 간 피아니스트 조부가 남기고 간 유품이 소재가 되었다. 브라스의 장례 음악에 잔잔한 피아노와 부드러운 현악으로 애틋한 그리움을 그려간다..

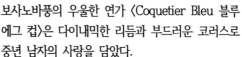

포근한 신시사이저의 음향으로 몽환적인 분위기가 나는 〈Seule au Monde 홀로 세상에서〉는 떠나간 연 인을 그리워하며 그녀를 찾아 밤 안갯속을 방황하 는 한 남자의 실연을 묘사한다.

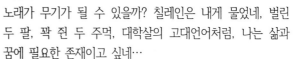

보사노바풍의 우울한 연가 〈Coquetier Bleu 블루 에그 컵〉은 다이내믹한 리듬과 부드러운 코러스로 중년 남자의 사랑을 담았다.

느리고 슬픈 왈츠풍의 〈Utile 필요〉는 남미의 누에바 깐시 온Nueva Cancion처럼 자신의 노래가 사랑하며 살 아가는데 필요한 도움이 되었으면 한다는 바람을 담았다.

노래가 무기가 될 수 있을까? 칠레인은 내게 물었네, 벌린 두 팔, 꽉 쥔 두 주먹, 대학살의 고대언어처럼, 나는 삶과 꿈에 필요한 존재이고 싶네…

〈Amazone, a la Vie 아마존, 삶〉은 재해와 기아 에 허덕이고 어려움을 겪고 있는 지구촌 이웃들에 게 관심과 사랑을 부탁하는 인류애를 담았다.

〈Toi, Tu Me Plais 내가 널 좋아해〉는 입양아와 함께 진심 으로 소소한 행복을 느끼며 살아가는 한 여인의 사랑스러운 모습을 그린 것으로, 아내 비르지니 쿠페리를 위한 곡임을 알 수 있다.

볼레로풍의 아름다움이 빚어내는 미의 찬가 〈La Belle est Arrivee 축복이 왔네〉에서 복은 우리가 도전하고 승리를 위해 싸운 결과라는 진리를 전한다.

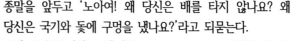

Julien

1997 | Virgin | 7243 8440362 1

1. C'est Mon Espoir
2. Carabat
3. Elle Danse Ailleurs
4. Au bout du Monde
5. Star de l'Entracte
6. On Peut Rever
7. Blues Indigo
8. Les Séparés
9. Assez⋯ Assez
10. Le Prochain Train
11. Quand Femme Rêve
12. Le Phare des Vegabondes

전작을 발표한 지 5년 만에 스튜디오 앨범 《Julien》이 발표되었는데, 지천명의 나이에 아내 비르지니로부터 둘째 딸을 얻은 해이기도 하다. 성숙한 연륜은 그동안 자신과 연을 쌓았던 작사가들과의 호흡으로 완성되었다.

로다-질의 가사인 〈C'est Mon Espoir 나의 희망〉은 투명한 건반의 유유함에 곧 심포니와 전자기타가 불꽃을 튀긴다. 미국에서 본 그 어떤 것도 자신에게 열정을 느끼게 해주지 않았지만, 오히려 어둠 속에서 성찰을 통해 자신의 인생을 돌이켜 보며 잊고 살았던 희망의 열정에 다시 휩싸이게 된다는 내용이다.

다이내믹한 리듬에 실리는 신선한 푸른색의 프렌치 팝 〈Carabat 카라바〉는 관능적인 베니스 카라바 후작부인과의 소설과도 같은 열정적인 사랑을 꿈꾸는 내용이다.

감미로운 재즈 발라드 〈Elle Danse Ailleurs 그녀는 다른 곳에서 춤추지〉는 삶의 꿈을 위해 노력하는 한 여인을 소재로 했다.

중동풍의 재즈곡 〈Au Bout du Monde 세상의 끝에서〉는 꿈을 잃지 않고 열심히 살아가는 소녀 가장들이 주인공이다.

광활한 공간감이 느껴지는 〈Star de l'Entracte 반짝 스타〉는 잠깐 스치는 젊음의 시간들을 소중히 여기라는 진심 어린 충고가 전해진다.

드라마틱한 〈Blues Indigo 우울한 블루스〉는 메아리와 서글픈 멜로디를 싣고 있는 강렬한 일렉트릭 기타의 음색이 가슴 깊이 애잔함을 던져준다. 우울한 뉴스들에서 또 다른 인간의 삶의 모습들을 발견하며 느끼게 되는 씁쓸한 심경을 담았다.

사랑의 복음 같은 〈Les Séparés 이별〉에서는 자신과 헤어지지 말라고 이는 곧 우리 자신을 죽이는 일이라고 간곡히 부탁한다.

파도와 갈매기 소리에 애틋한 뉴에이지 음악풍의 연주가 이어지는 연가 〈Quand Femme Rêve 여자가 꿈꿀 때〉는 사랑과 꿈을 위해 오랜 시간 인내하는 여인에 대한 찬가가 아닐까 싶다.

Si J'Étais Elle

2000 | Virgin | 7243 8504982 9

1. Si J'Étais Elle
2. Aussi Vivant
3. J'Oublie
4. Se Contenter D'Ici Bas
5. Tu T'es en Allee
6. On Serait Seuls au Monde
7. Quelques Mots en Ton Nom
8. Silence Caresse
9. Je l'Aime comme Je Respire
10. L'Horizon Chimerique
11. Desobeissante
12. Va-T'en de Moi

밀레니엄의 문을 연 앨범 《Si J'étais Elle 내가 그녀에게 있
었다면》은 카를라 브루니Carla Bruni가 작사가로서 무려 6
곡에 참여했다. (1,2,4,6,8,11트랙)
사랑에 대한 갈망을 담은 〈Si J'Étais Elle 내가 그녀에게

있다면〉은 우울하고 서정적인 발라드로, 오보에의
구슬픈 멜로디를 더욱 강렬하게 하는 전자기타가
진한 카타르시스를 전한다.

…내가 그녀에게 있다면, 그리 많은 구실을 찾지 않을 텐데,
헛된 말과 무익한 은신처, 전투의 슬픈 무기, 내가 그녀에게
있다면, 내게서 일어날 모든 병들의 저주로 죽을 고통을 보
지 않을 텐데… 그녀는 내게 믿음을 줄 만큼 달콤해, 내가
그녀에 있었다면 난 그냥 사랑하겠어, 아무 이유 없이…

〈J'Oublie 망각〉은 누에보 탱고의 아버지 피아졸
라Astor Piazzolla(1921-1992)의 명작 〈Oblivion 망
각〉를 현악이 아름다운 재즈로 변주한다.

…시간은 너무 짧지, 우리의 사랑이 잊혀갈 때 우리의 밤은
카운트다운 되지, 시간은 너무 짧아, 당신의 손가락이 내 생
명선을 여행할 때, 알아차리지도 못하고, 열차 플랫폼에서
결국 찾지 못한 내 사랑…

알제리 출신의 여가수 아시아Assia와의 투명한 보컬과 질감
있는 클레르의 하모니가 돋보이는 〈Quelques
Mots en Ton Nom 당신의 이름과 몇 마디의 단
어〉에는 사랑의 그리움을 담았다.

…당신의 이름으로 나는 천사를 이야기하네… 당신의 이름
으로 기도하는 것처럼, 손가락은 이미 잉크에 젖었고, 눈물
도 잊었네, 몇 장은 쓰겠지만 당신이 없다면 더 이상 무슨
말을 해야 할까, 나의 말은 당신을 향해 떠났어, 미지의 세
계로, 당신의 목소리를 찾아서.

아르헨티나의 형제 탱고 뮤지션 Homero y Virgilio Expósito
의 고전을 볼레로풍으로 리메이크한 〈Va-T'en de
Moi 저리 가〉는 라틴 기타의 정갈함과 함께 부드
러운 연륜의 멋을 느낄 수 있다.

2002년에 비르지니와 헤어진 후 발표한 《Studio, 2003》에
서는 팝과 재즈의 스탠더드를 커버하여 들려주었는데, 빌리
홀리데이Bille Holiday의 음색으로 친숙한 〈I Get Along

without You very Well〉를 불어로 번안하여 카를라 브루니Carla Bruni와 불렀고, 베로니크 상송Veronique Sanson과는 〈Fly Me to the Moon〉를 노래했다.

맥스웰Maxwell의 명곡 〈Ebb Tide 썰물〉을 노래한 〈Les Vagues 물결〉도 많은 사랑을 받았다.

프랑스 차트 1위를 기록한 성공작 《Double Enfance 이중의 유년 시절, 2005》은 부모의 이혼 후, 그의 어린 시절을 소재한 앨범으로, 카를라 브루니가 작사하고 그가 작곡한 〈Une Vie de Rien 아무것도 아
닌 삶〉이 돋보인다. 환갑을 앞둔 그가 인생을 대하는 자세를 엿볼 수 있다.

나는 흔들리는 삶을 원해, 잠 못 이루는 밤으로 가득한 삶을… 나는 춤추는 삶을 살고 싶네, 모든 것에서 회복되는 삶을… 나는 열린 길에서의 삶을 원해, 아름다운 해변에서의 삶을, 하지만 난 아무것도 아닌 삶에 신경 쓰지 않아.

유엔난민기구UNHCR 홍보대사로도 활약한 후, 2008년에는 작가이자 기자이며 단편영화 감독으로 활동했던 1977년생 엘렌 그레미용Hélène Grémillon 사이에서 아들 레오나르Leonard가 출생했으며, 동시에 그는 할아버지가 되었다.

그해 말 발표한 《Où s'en Vont les Avions 비행기는 어디로 가나》는 벤자맹 비올레Benjamin Biolay가 프로듀스한 앨범으로, 30만 장 이상 판매되었다.

20만 장 이상의 판매고를 거두어 전작을 성공을 이어간 《Fou, Peut-Être 미친, 아마도, 2011》의
타이틀곡은 온화한 심포니이다.

난 헛된 꿈만 좇았지, 땅의 행운은 내 것이 아니었네, 바다의 팔은 너무 온화해, 내가 갈망했고 길을 잃었던…

싱글 커트된 〈Hôtel des Caravelles 카라벨 호텔〉은 장대

한 현악의 왈츠로, 사랑에 빠진 봄날의 향연이다.

〈Les Souvenirs 추억〉의 따스하고도 조용한 바람도 포근하다.

…모든 것에 노래하거나 환멸을 느낄 때, 추억은 갇혀 우리 마음속에 심어지네, 아무것도 그것을 몰아낼 수 없네, 다른 시대의 험난한 바닷속에서 조금씩 난파된 추억들, 그것은 우리에게 상처를 주거나 어루만지네, 그것은 우리에게 집착하고 절대 멈추지 않네… 그리고 시간이 지나면 또다시 살아나지.

《Partout La Musique Vient 음악은 어디에나 있네, 2014》에 이어 24번째 정규작 《À Nos Amours 우리의 사랑에게, 2017》는 칼로제로Calogero가 프로듀스했다.

〈Je T'Aime Etc
사랑해 등등〉은 뮤직비디오도, 호쾌한 현악의 폭풍이 서서히 일다 잠잠해지는 악곡도 감동적이다.

〈Elle Ment Comme Elle Respire 그녀는 숨 쉬는 것처럼 거짓말을 해〉의 운명적인 사랑은 너무나 뜨겁다. 숨 쉬는 것처럼 거짓말하고, 뱀파이어처럼 사랑을 나누는 그녀가 썩도록 사랑을 나눌 것이며 그것이 자신의 마지막 숨이길 희망한다.

자신의 음악 경력 50주년을 기념하는 듀엣 앨범 《Duos, 2019》을 거쳐 26번째 《Terrien 지구인, 2021》에 이르고 있다.

카바레 샹송의 일인자
Juliette • 줄리에트

그녀의 가창은 시대적으로 현대라기보다 전후 시대의 카바레 샹송을 듣는 것 같다. 나이에 비해 풍부한 성량과 걸쭉한 연륜이 묻어나는 고풍스러운 음색이다.

우리에게 잘 알려진 현재의 프랑스 음악에서는 느낄 수 없는 깊이와 옛것에 대한 모종의 향수가 느껴졌고, 그 후로도 그녀의 만남은 계속되어 글쓴이의 마음을 송두리째 침탈하고 있다.

단순히 줄리에트라고 알려진 그녀의 이름은 줄리에트 누헤딘Juliette Noureddine으로, 1962년 파리에서 출생했다.

북아프리카 커바일Kabyle 출신인 조부는 1920년대에 프랑스로 이주해 왔고, 부친은 색소폰 연주자였다.

작은 키에 풍만한 체구를 지닌 그녀는 카톨릭 학교를 다녔는데, 뒤늦게 발동이 걸린 음악에 대한 신념으로, 1980년대 툴루즈Toulouse에서 두 번이나 낙방하고서야 예술학부에 진학할 수 있었다. 음악학과 음악이론을 전공, 피아노로 쇼팽Chopin과 슈베르트Schubert 그리고 라벨Ravel을 섭렵했다.

그녀에게 가장 큰 모델이 되었던 선배 가수는 클로드 누가로Claude Nougaro(1929-2004), 다미아Damia(1889-1978), 에디트 피아프Edith Piaf(1915-1963)였다.

바와 레스토랑 그리고 클럽을 돌며, 피아노 연주와 함께 에디트 피아프와 자크 브렐Jacques Brel(1929-1978)의 노래를 불렀고, 1985년과 그 이듬해엔 파리 남쪽에 위치한 도시 부르주Bourges에서 거행된 음악축제 '부르주의 봄Printemps de Bourges'에 참가하여 주목받는다.

1989년에도 그 축제에 참가하여 의식 있는 지성파 가수 질베르 라파일Gilbert Laffaille의 오프닝을 장식, 독일에서도 공연을 가졌다.

1970년대에 누벨 샹송을 이끌었던 장 기도니Jean Guidoni의 파티에서 그녀의 영원한 음악적 반려자이자 작사가인 피에르 필립Pierre Philippe을 만난 것은 1990년이었다.

그 해 '사레브뤽 샹송 대회Chanson Française à Sarrebruck'에서 대상을 수상했고, 이듬해 파리 근교 오드쉔에서 열린 젊은 인재의 등용문 '샹송의 발판Tremplin de la Chanson' 콩쿠르에 참가하여 비평가상을 수상한다.

데뷔작에서부터 7장의 정규앨범은 문화부 장관이 수여하는 'Chevalier des Arts et des Lettres' 훈장을 받아 예술적인 공로가 인정되었다.

Irrésistible

1993 | Le Rideau Bouge | MT102

1. Irrésistible
2. Le Rosier Jaune
3. La Baraque aux Innocents
4. Monocle et Col Dur
5. Sur l'Oreiller
6. Les Lanciers du Bengale
7. Jeu de Massacre
8. Petits Métiers
9. Manèges
10. Poisons
11. Monsieur Vénus

데뷔앨범 《Qué Tal? 잘 지내? 1991》는 파리 이브리 극장 Theatre d'Ivry과 데자제 극장TLP Dejazet에서의 라이브로 수록되었는데, 이는 예산 부족으로 어쩔 수 없는 선택이었다. 그럼에도 피아졸라Piazzolla(1921-1992)의 곡에 영화감독 피에르 필립이 가사를 쓴 〈Lames 칼날〉을 들어보면, 연극적

인 쇼 매너와 파워풀한 가창에 호쾌한 전율이 느껴진다.

…얼간이로 사는 건 인생이 아니야, 우리는 분노와 욕망을 가지고 있네… 내 마음은 눈물로 가득 차 있어, 내 마음은 칼날로 가득 차 있네…

1994년 'Victoires de la Musique'시상에서 가장 주목할 만한 신인에게 주어지는 'La Révélation de l'Année' 부문에 후보 지명되었던 두 번째 앨범 《Irrésistible 거부할 수 없어》는 정말이지 연금술이다.

타이틀곡부터 감당할 수 없는 그녀의 뮤지컬이 활짝 열리고 있다. 장난기 섞인 트롯 템포의 긴장감이 감도는 피아노 서주가 지나면 성악풍의 고고한 목소리와 호쾌한 창법으로 대사를 하듯 노래한다.

…나는 치명적이야, 하나님이 나를 빚은 이유로, 성서의 이브처럼, 다빈치의 마돈나처럼, 나의 형용할 수 없는 눈길, 숙녀의 목선, 평화로운 황금의 멜로디, 돈으로 매수할 수 없는 피부, 내 입술의 루비, 당신은 감히 다가올 수 없지, 천국과 먼 전주곡은 이제 그만… 사탄이 내게 명한 것처럼 넌 억제할 수 없지. 내게 저항할 수 없어…

이태리의 전설적인 영화감독 페데리코 펠리니Federico Fellini (1920-1993) 스타일의 〈La Baraque aux Innocents 무고한 오두막〉에서는 기아와 가난과 불결한 환경 속에 버려진 집시 어린이들이 더 이상 나쁜 꿈을 꾸지 않도록 사랑을 주창하고 있다.

〈Monocle et Col Dur 외눈 안경과 낡은 옷깃〉은 냉소와 반항 그리고 자유와 열정적인 사랑을 꿈꾸며 살았던 지나간 보랏빛 청춘에 대한 애도로, Monocle은 1930년대 몽파르나스에 있었던 레즈비언 클럽의 이름이라 한다.

침울한 서정의 랩소디 〈Sur l'Oreiller 베게 위에서〉는 연인의 향기가 배어있는 베개에 누워 감옥

과 같은 현실의 죽을 듯한 사랑의 고통을 느끼는 내밀한 감
정을 노래했다.

기병에 대한 애모를 그린 〈Les Lanciers du Bengale 벵골
의 창기병〉은 군악대의 연주처럼 기념일의 멋진
행진을 관람하게 되는데, 그녀의 음성은 두려울
것이 없다.

피아노의 스케르초 반주에 구성진 퍼커션이 압도적인 〈Jeu
de Massacre 학살 게임〉은 풍자적 내용으로, 가난하고 노
숙자이며 사랑에 상처를 입은 자신에게 아무런 도
움도 되지 않는 정치가들을 향해 무고한 인형의
대학살을 조장한다고 비판한다.

마치 회전목마를 타는 듯한 현기증까지 유발하는 〈Petits
Métiers 소소한 거래〉는 시장의 풍물을 유쾌하게 스케치하
였다.

영화 「Le Carnaval des Âmes 영혼의 카니발, 1962」에 영
감을 받았다고 하는 〈Manèges 영사기〉는 마치 인형극을
보는 듯한 독특한 경험을 선물한다.

비밀스럽고도 긴장감 넘치는 연극적 독백 〈Poisons 사랑의
독약〉에서는 소설과 역사 속의 유명 인물들이 사용했던 독
약들을 나열하며, 그들의 흑마술을 향한 흠모는
침묵과 저주의 폭약과도 같은 위태로운 자신의 사
랑에 비교할 수 없다고 무대를 장악한다.

프랑스 여성 문필가 라쉴드Rachilde(1860-1953)의 동명의 소
설을 원작으로 한 〈Monsieur Venus 미스터 비너스〉는 비
장미가 절정에 달하는 왈츠 레퀴엠이다. 이는 남성적인 여
성과 여성적인 남성 사이의 비극적 사랑 이야기로, 결투 중
사망한 남성의 시신 위로 죽음의 검정 드레스를
드리워보고는 인간에 대한 매혹과 여성으로서의
자신의 모습을 투영시킨다.

앨범의 타이틀처럼 저항할 수 없는 전지적 작가 시점의 독
특한 무대극, 그것이 줄리에트의 노래이다.

Rimes Féminines

1996 | Le Rideau Bouge | MT104

1. Rimes Féminines
2. L'Amour en Pointillé
3. La Petite Fille au Piano
4. Heureuse
5. La Géante
6. Revue de Détail
7. Berceuse pour Carlitos
8. La Belle Abbesse
9. Consorama
10. Tueuses
11. Remontrances
12. I'm Still Here (Tenir)
13. Oraison
14. Un Ange Passe

세 번째 앨범 《Rimes Féminines 여성의 운율》은 다양한
여성 캐릭터를 기반으로 한 쇼로, 매춘, 미술, 정치 등 다양
한 주제에서 영감을 받은 걸작이다.

14개의 아름다운 곡들로 이루어진 이 앨범의 연주는 바이올린, 비올라, 콘트라베이스, 플루트, 트럼펫, 트롬본, 튜바, 하프 등으로 이루어진 오드쎈Hauts-de-Seine 앙상블 오케스트라에 의해 연주되었으며, 1곡을 제외한 모든 곡을 피에르 필립의 가사에 그녀가 곡을 붙였다.

타이틀곡 〈Rimes Féminines 여성운〉은 달콤하고도 매끄러운 피아노 연주에 낭만적인 오케스트라 연주가 점차 속도를 거듭하며 클라이맥스를 향해 악대의 구성진 행진이 계속된다. 선두에 서서 진두지휘하는 줄리에트의 힘찬 노래 속에서 50명의 여인들 이름이 나열되고 있는데, 이는 자신의 육체에 다른 여인의 영혼을 선택하는 빙의憑依에 대한 상상이다.

가녀린 기타와 반도네온의 향수에 잠기게 되는 〈L'Amour en Pointillé 사랑의 점묘〉는 런던 뮤지엄에서 본 점묘화를 소재로, 그 화가의 애인이었던 모델의 화실에서의 생활과 사랑의 추억을 그려낸다.

동심이 가득한 〈La Petite Fille au Piano 피아노 치는 어린 소녀〉에는 의기양양한 거장이 되길 바라는 순진함이 도발적이다. 모차르트Mozart와 베토벤Bee-thoven의 작품을 패러디했다고 한다.

인상주의 피아노 작품을 연상시키는 〈Heureuse 행복〉은 시골에 고립된 한 여성의 쓸쓸한 삶을 그렸다. 그녀는 모닝커피, 신문 읽기, 거품 목욕, 침대 시트 갈기, 간단한 토스트의 아침 식사, 산책, 독서, 저녁 식사의 애플파이, 편지 쓰기 등에서 행복을 찾는다.

진군하는 낭만 시가 〈La Géante 거인〉의 여주인공은 사랑하는 양치기를 수호하는 퀸콩Queen-Kong으로, 동화 「걸리버 여행기」의 각색이다.

〈Berceuse pour Carlitos 칼리토스를 위한 자장가〉는 유명 탱고 가수 카를로스 가르델Carlos Gardel(1890-1935)의 어머니가 아들의 밝은 미래를 기도하며 부르는 노래이다.

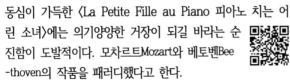

〈La Belle Abbesse 아름다운 수녀원장〉은 놀이공원을 연상시키는 흥미진진한 악곡인데, 한 거만한 부랑자가 아름다운 수녀원장 등 지나가는 사람들을 조롱하고 욕보이는 광경을 연출한다.

슈퍼마켓의 광고를 콜라주 하여 이채로운 감각을 보여주는 〈Consorama 콘소라마〉는 상점 계산원의 목소리를 빌려 소비사회를 비판하는 곡이다. 짧은 애니메이션 한 편을 보는 듯하다.

여성 범죄자들을 노래한 〈Tueuses 살해자〉에 이어, 흥미로운 카바레 샹송 〈Remontrances 충고〉는 자신이 고용한 지골로들에게 야단을 치는 매음굴 여주인의 노래이다.

고혹적인 현의 아다지오 〈Oraison 기도〉는 서정의 최고선상에 이르고 있다. 여인에 대한 육욕의 갈망일까?

우리가 함께할 때 넌 잠이 든 척하고 미소 짓는 척하네, 너의 사랑은 창백한 척하고 복종하는 척하네, 하나님이 우리를 부를 때 시간에 대해 넌 헌신하는 척하고 신음하는 척하네, 그리고 난 기도하고 떨려…

어린 시절부터 함께 해온 자신의 수호천사에게 어른이 된 지금도 영원히 함께할 것이라는 믿음을 그린 〈Un Ange Passe 천사〉는 지중해가 품은 비발디의 고전시대로 초대한다.

그녀의 많은 디스코그래피 중 가장 멋진 앨범으로 기억되는 본작으로 그녀는 1994년에 놓쳤던 Victoires de la Musique의 'La révélation de l'Année'상을 1997년에 수상했다.

이후 그녀의 앨범에서 피아노를 연주했던 디디에 고레Didier Goret와 함께한 라이브 《Deux Pianos, 1998》를 냈다.

ASSASSINS SANS COUTEAUX

세 번째 정규작 《Assassins sans Couteaux 칼 없는 암살자, 1998》은 자신이 직접 가사에도 매진했다.
자신의 정체성은 바뀌지 않았지만, 이전 작품들에 비해 다양한 스타일의 음악을 선보인다.

〈La Ballade d'Eole 아이올로스의 발라드〉는 바 람의 신을 소재로 여전히 변화에 대한 욕망을 피력한다. 온화한 클래시컬 터치가 황홀하다.

…나는 황폐화하고 비명을 지르고 눈물을 흘리며 뒤집어져, 혹은 남자들에게 더 악독하게 치매를 주입하지, 그리곤 그들의 허리케인 앞에서 나는 조용히 웃네, 그들의 불을 조금 부채질한 다음 진정하고 도망쳐, 지구 반대편 조용한 곳으로, 그곳에 난 내 허세와 그들의 불씨를 잊고 산들바람이 되지, 그리고 난 미녀들의 치마를 들추네…

스페인의 코플라의 여왕 후아니타 레이나Juanita Reina(1925 -1999)가 1947년에 부른 파소도블레를 플라멩코 로 커버한 〈Francisco Allegre〉는 투우사 알레그레를 사랑한 여인의 고백이다.

이듬해에 올랭피아 극장에서 6일간 무대에 선 후, 2001년에는 음유시인 조르주 브라상스Georges Brassens(1921-1981) 헌정 앨범 《Les Oiseaux de Passage》에도 참여했다.

Mutatis Mutandis

Juliette | mutatis…

2005 | Polydor | 982 679-2

1. Le Sort de Circé
2. Les Garçons de Mon Quartier
3. Maudite Clochette!
4. Le Congrès des Chérubins
5. Il S'est Passé Quelque Chose
6. Une Lettre Oubliée
7. L'Ivresse d'Abhu-Nawas
8. La Braise
9. Mémère dans les Orties
10. Franciscæ Meæ Laudes
11. Fantaisie Héroïque

《Le Festin de Juliette 줄리에트의 향연, 2002》에도 다양한 실험극들이 포함되었다.
손에 땀을 쥐게 하는 〈L'Eternel Féminin 영원한 여성성〉에서 자신은 음탕하고 잔인하며 악덕을 장려하고 전쟁을 유발한다는 마녀(?)가 등장한다. 줄리에트만이 노래할 수 있는 스릴러물이다.

〈Tous Les Morts Sont Ivres 모든 죽은 자는 술에 취했다〉와 〈Le Dernier Mot 마지막 한마디〉도 기묘하다.

'필요가 변화를 만든다'는 의미의 라틴어를 타이틀로 한 본작은 15만 장 이상 판매된 베스트셀링 앨범으로, 'Victoires de la Musique 2006'의 여자가수상을 수상했다.

살사, 삼바, 탱고, 플라멩코, 아랍-안달루시아 등 라틴 리듬이 복합적으로 나타나지만, 역시 그녀의 트레이드마크에 충실하고 있다.

〈Le Sort de Circé 키르케의 운명〉은 원래 줄리에트 그레코Juliette Gréco(1927-2020)를 위해 쓴 작품이라 한다. 이 긴 장감이 팽창하는 노래에서는 신화 속 율리시스Ulysses가 트로이목마로 10년 전쟁을 승리로 이끌고 고향으로 돌아가는 길에 그의 동료들을 돼지로 변신시킨 후 페넬로페로 분하여 그를 유혹하고자 했던 마녀 키르케의 이야기가 펼쳐진다.

〈Une Lettre Oubliée 잊힌 편지〉는 배우 기욤 드파르디외 Guillaume Depardieu(1930-2008)와 듀엣으로 노래했다. 마치 전장에서 연인에게 편지를 쓰는 젊은 군인의 사랑 이야기처럼 애절함이 진하다.

〈L'ivresse d'Abhu-Nawas 아브후-나와스의 취기〉는 첫 앨범에 수록된 〈Abhu Newes〉를 재편곡한 곡이다. 아브후 나와스는 고대 아랍 시인으로 그의 작품은 포도주와 성애를 반영하고 있다고 한다. 다른 남성에 호감을 느끼는 천일야화에 영감을 받아 작곡한 곡으로, 아라비아의 리듬이 뜨겁게 타오른다.

〈La Braise 불씨〉는 사랑의 욕망을 노래한 감성적인 탱고로, 반도네온과 피아노의 춤사위에 열기가 오른다.

〈Franciscæ Meæ Laudes 프란치스카 메아 라우데스〉는 샤를 보들레르Charles Baudelaire(1821-18 67)가 한 여성에 쓴 사랑에 대한 찬사에 곡을 붙인 것으로, 서정적인 멜로디는 어느새 보사노바로 변모한다.

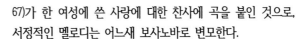

〈Fantaisie Héroïque 영웅적 판타지〉는 엘프, 마법사, 하프 오크, 용이 등장하는 톨킨J.R.R. Tolkien(1892-1973)의 세계관을 재현한 것으로, 비디오 게임 음악을 모티브로 했다고 한다. 중독성 있는 리듬감과 시네마틱한 이미지를 동반하는 흥미와 긴장의 연속이다.

《Bijoux et Babioles 보석과 장신구, 2008》에서도 그녀만의 독특함으로 무장한 무대가 열린다.

〈Tu Ronfles! 넌 코를 고는구나〉는 일상의 잠자리에서 접하게 되는 에피소드를 유쾌 하게 노래했다.

…저 멀리, 길 잃은 선원처럼, 구름의 천둥소리를 느끼며, 징조를 맞추네, 뇌우로 돛이 삐걱거리는 소리가 들려… 갑자기 멈추고, 재개되는 파티, 부서지는 우박, 포효하는 호랑이…

스페인어로 노래한 〈Fina Estampa 좋은 이미지〉 는 쿠바의 향취로 청자를 데려간다. 멋진 신사의 산책이 어린 소녀에게 미소를 주는 풍경이다.

망명의 이별을 그린 〈Aller Sans Retour 귀향 없는 이향〉에서는 비애감이 서린 서두가 어느새 무거운 브라스의 진혼곡으로 변화된다.

〈Petite Messe Solennelle 작은 장엄미사〉에는 코러스와 파이프오르간이 더욱 숭엄한 느낌을 준다. 율리시스와 키르케, 노아의 방주 등을 언급하며 사랑과 영혼을 달래주는 포도주에 대한 찬사가 붉게 물든다.

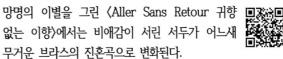

No Parano

Juliette No Parano

2011 | Polydor | 982 679-2

1. La Lueur dans l'Oeil
2. Un Petit Vélo Rouillé
3. Dans Ma Rue
4. Madrigal Moderne
5. Une Chose Pareille
6. Rhum Pomme
7. Rue Roger Salengro
8. La Chanson de Dea
9. Que Tal?
10. Les Dessous Chics
11. "The Single"
12. Volver

그녀의 7번째 스튜디오 앨범 《No Parano 괴짜가 아니야》
도 매력적인 앨범임에 틀림없다. 괴짜가 아닌 지극히 정상
적이라는 자기변호 같은 타이틀 아래에 'X'라는 알파벳이
크게 눈에 들어온다.

〈La Lueur dans l'Oeil 눈의 반짝임〉의 꿈결 같
은 몽롱함은 흡사 마술쇼를 보고 있는 듯한 느낌
이다.

…네 눈 속의 나의 눈은 사냥하는 고양이야, 내 눈의 반짝
임이 말해주지, 호랑이, 마법사, 길을 잃게 만드는 연기, 하
지만 너의 무감각하고 무관심한 눈 거울, 내 눈 속의 네 눈
은 그것들을 보지 못하는 것 같아… 네 눈 속의 나의 눈은
확고한 예술가야… 네 눈 속의 내 눈은 아름다운 암살자
야…

〈Un Petit Vélo Rouillé 작고 녹슨 자전거〉는 브라질 삼바
축제로 초대한다. 하지만 이 제목은 연인이 돌아
오길 기다리며 홀로 밤을 보내는 아픈 마음의 여
정을 비유한 것.

〈Une Chose Pareille 그런 것〉은 살바토레 아다모Salvatore
Adamo의 1981년 작 커버로, 편곡의 압승이다. 이는 자신의
수호천사였던 연인과 결혼하고 집도 사고, 의사는 말렸지만
아기도 가졌고, 각방을 썼지만 남편을 위해 희생
적인 삶을 살았던 한 여인의 결혼 15년 만에 닥
친 난관을 가사로 하고 있다.

〈La Chanson de Dea 데아의 노래〉는 빅토르 위고Victor
Hugo의 소설 「L'Homme Qui Rit 웃는 남자」에
서 가져온 것으로, 얼굴이 흉한 소년 그웬플렌을
향한 눈먼 소녀 데아의 사랑 노래이다.

데뷔작에서 예산 부족으로 라이브를 수록할 수밖에 없었던
고전 〈Que Tal? 잘 지내?〉는 소박하고 정의롭게,
때론 열정적이고 도발적으로 늙어가고 싶은 욕망
을 그린 것으로, 스튜디오 버전으로 녹음했다.

…난 허리케인처럼 나이 들고 싶어, 모든 게 망가지기 전에,
내가 죽기 전에, 정신없이 바쁘게 늙어가고 싶어, 왜냐하면
큰 애도의 옷을 입어야 할 시간이 다가오기 때문이야, 사랑
하는 사람들이여, 자신에게 잘 말해줘, 나는 관 속에서 교만
하지 않을 거라고.

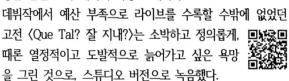

〈Les Dessous Chics 멋진 속옷〉은 제인 버킨 Jane Birkin(1946-2023)이 《Baby Alone in Baby -lone, 1983》에서 노래한 것으로, 서정적인 재즈가 감미롭다.

세련된 속옷은 아무것도 드러내지 않는 것, 지혜의 끝에 다다랐을 때, 그것이 금기시된다는 것을 자신에게 말하는 것… 세련된 속옷은 터무니없이 피처럼 붉은 감정의 겸손, 실크 스타킹처럼 자신을 연약하게 지켜주는 것, 황량한 화면 속의 씁쓸한 레이스와 리본, 소녀의 마음을 꿰뚫는 하이힐과 같은 것.

달콤한 팝 스타일의 〈The Single〉은 Gossip과 Lady Gaga 등 현재의 특정 주류 아티스트들을 언급하며, 허무한 도발에 대한 통렬한 비판이다.

망명을 주제로 한 〈Volver 귀향〉은 아르헨티나 탱고 가수 카를로스 가르델Carlos Gardel(1890-1935)의 1935년 노래이다.

커버곡이 포함되지 않은 《Nour 빛, 2015》에는 《Le Festin de Juliette 줄리에트의 향연, 2002》 수록곡인 〈L'Éternel Féminin 영원한 여성성〉의 록 버전과 벨기에 여가수 모란느Maurane (1960-2018)의 《Fais-Moi une Fleur 나를 꽃으로 만들어줘, 2011》를 위해 써준 〈Le Diable dans La Bouteille 병 속의 악마〉를 수록했다.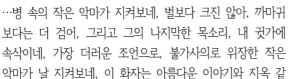

…병 속의 작은 악마가 지켜보네, 벌보다 크진 않아, 까마귀보다는 더 검어, 그리고 그의 나지막한 목소리, 내 귓가에 속삭이네, 가장 더러운 조언으로, 불가사의로 위장한 작은 악마가 날 지켜보네, 이 화자는 아름다운 이야기와 지옥 같은 나쁜 조언을 하지…

《Les Indiens Sont À L'Ouest! 서쪽의 인디언, 2015》은 동명의 어린이 뮤지컬의 사운드트랙으로, 이는 백인 정착민의 침략에 맞선 아메리카 원주민의 저항 이야기라 한다.

《J'Aime Pas la Chanson 난 이 노래를 좋아하지 않아, 2018》는 단출한 연주 구성으로 녹음되었다.

10번째 정규작 《Chansons de Là Où L'œil Se Pose 눈이 쉬는 곳에서 들려오는 노래, 2023》에는 데뷔작 수록곡 〈Lames 칼날〉과 〈La Lueur dans L'Oeil 눈빛〉을 새롭게 연주해 실었다.

또한 자크 브렐Jacques Brel(1929-1978)의 1968년 작 〈Regarde Bien Petit 자세히 봐〉도 커버했다.

점차 그녀의 도발이 사그라든 점은 아쉽지만, 그녀는 오늘날 프렌치 팝계에서 가장 독자적이고 중요한 목소리의 소유자 중 한 사람이다.

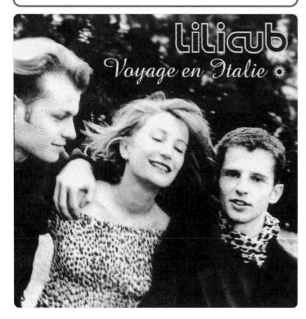

브라질 감성 그룹
Lilicub ● 릴리뀌브

브누아 카레Benoît Carré는 1970년생으로, 1990년에 프랑스 애꼴드재즈를 졸업했다. 40여 편이 넘는 영화에 출연했으며 세자르César 여우주연상을 수상했던 이자벨 카레Isabelle Carré는 그의 여동생이기도 하다. 그는 릴리뀌브에서 작곡과 기타와 건반 그리고 프로그래밍을 담당했고 담백한 저음 음성도 빼놓을 수 없다.

솜털같이 뽀얀 재즈 보컬이 매혹적인 금발의 미녀 까뜨린느 뒤랑Catherine Diran은 1964년생으로, 프랑스 애꼴드재즈를 졸업했으며 가사와 작곡에 참여했다.

이들은 여러 페스티벌에 참가했는데, 1992년 프랑스 남부 에기용Aiguillon의 재즈 페스티벌에서 베이스 주자 필립 자브리우Phillipe Zavriew를 만나 트리오 릴리뀌브를 결성하고 1993년에 Remark 레이블과 계약한다.

새천년에 카레와 뒤랑의 듀엣이 된 이들은 일본에서 발매한 2장의 앨범을 포함하여 6매의 디스코그래피를 출반했고, 2010년에 마지막 라이브를 열었다.

카레는 이후 프랑수아즈 아르디Françoise Hardy(1944-2024)의 2012년 작 〈L'Enfer et le Paradis 지옥과 천국〉 등 다른 아티스트의 작곡에 관여했으며, 《Célibatorium 독신주의자, 2013》라는 독집 앨범을 냈다. 참고로 이 독집에는 여동생 이자벨과 함께 노래한 〈En Commun 공통점〉이 수록되었으며, 릴리뀌브의 후반 앨범과 많은 공통점이 발견된다. 그는 2018년부터 덴마크어로 그림자를 뜻하는 Skygge라는 가명으로 인공지능에 의한 작곡을 시도하여 팝 앨범을 다수 냈으며, 현재는 AI 음악의 선구자가 되었다.

뒤랑은 2007년 첫 소설을 출판했고, 시나리오 작가로 활동했다. 망명을 주제로 한 3부작 중 첫 영화 「Sutra 수트라, 2012」를 감독했으며, 팝 밴드 Les Innocents의 장크리스토프 위르뱅Jean-Christophe Urbain과 작곡가 프랑수아 파셰François Pachet와 트리오 마리 클레르Marie Claire를 결성하고 셀프 타이틀 앨범을 2014년에 냈다.

멜랑꼴리한 샹송 중에서도 상큼한 보사노바와 재즈가 가미된 릴리뀌브의 음악은 달콤한 낭만과 우수로 사랑받고 있다.

Lilicub

1994 | Remark | 523155

1. Voyage en Italie
2. Au Bout du Compte
3. Paris au Mois d'Août
4. Dieu
5. Le Tango
6. Ma Reine de Musette
7. Le Temps des Cerises
8. Lilicub Mambo
9. J'ai Croisé Ton Regard
10. Le Solex
11. Pile ou Face
12. J'Attends l'Été

1994년에 첫 싱글 〈Au Bout du Compte 하루가 끝나면〉를 발표했고, 그해 셀프 타이틀 데뷔작이 공개되었다. 이는 가장 성공적인 성과를 거둔 기념비로, 1996년에 커트된 두 번째 싱글 〈Voyage en Italie 이태리 여행〉은 그해 여름 싱글 차트 7위에 오르는 기염을 토했다. 또한 프랑스 최고의 영예인 Victoires de la Musique 97에서 신인상 'Revela-tion of the Year'에 후보 지명되기도 했다. 1998년에는 프랑스 저작권협회에서 'Best French Group'상을 거머질 만큼 오랜 기간 프랑스를 매료시켰다.

〈Voyage en Italie 이태리 여행〉은 이태리 남부 카프리 해변으로의 여정과 열정적인 추억을 그렸다. 이글거리는 태양과 동시에 별이 뜰 즈음부터 밤새 추는 칼립소 춤, 마티니 한 잔과 욕조에서의 휴식, 카프리 해변에서의 일광욕과 키스를 부르는 여인들의 비키니, 캄파리 칵테일… 등 지중해의 푸른 낭만은 생각만 해도 기분이 들뜬다. 파티 구상음과 물씬한 해먼드오르간이 여흥을 그대로 전하며 청자의 고개를 가볍게 흔들게 하는 매력의 작품이다.

〈Au Bout du Compte 하루가 끝나면〉은 망설이지 말고 사랑의 고백을 하라는 내용으로, 듀오의 보컬 하모니와 밴드의 록적인 연주가 경쾌하다.

느슨하고 나른한 일렉트로닉 댄스 〈Dieu 하나님〉에서는 무료한 일요일 산책 후 희망의 꿈을 위해 사랑하는 마음을 구원한다.

빈티지 사운드의 아름다운 묘미를 느낄 수 있는 매력의 작품 〈Le Tango 탱고〉는 우리의 인생을 탱고에 비유한 철학적인 의미를 전달한다.

사랑은 탱고와 같지, 둘도 없는 친구 찾기야. 많은 파트너가 있지만 지금은 불행해. 가난한 질주자를 위해… 사랑은 탱고와 같지. 그것은 크레셴도야. 다시 뜨거운 몽환에 걸릴 춤을 추기 전… 삶은 탱고와 같지. 갑자기 시작되고 지나가 버리지. 좀 더 나은 앙코르를 위해 한걸음 내딛지. 하지만 동시에 침몰하고 결국 끝나 버리지… 죽음은 탱고와 같지. 마치 약속이나 한 듯 등 뒤는 멈추고 얼음이 되지, 해결할 수 없는 기다림, 투우사의 눈짓, 그리고 마침내 시간이 다가오지…

꿈속에서 회전목마를 타고 있는 듯한 〈Ma Reine de Musette 내 여왕 뮤제뜨〉, 리듬이 이채로운 〈Le Temps des Cerises 벚꽃 시즌〉, 물결이 넘실거리는 듯한 여름 환상곡 〈J'Attends l'Été 여름을 기다리며〉 등 세련된 현대의 감각으로 마무리되어 있다.

1996년에 싱글 〈Faire fi de Tout 모든 것을 무시해 | Pile ou Face 앞이냐 뒤냐〉가 발표되었는데, 초반에는 수록되지 않는 싱글 〈Faire fi de Tout〉와 신곡 〈Au Bal 춤추러〉가 추가로 수록되어 재발매되기도 하였다.

특히 〈Faire fi de Tout 모든 것을 무시해〉는 우울한 감상이 돋보이는 릴리뀌브의 걸작 중 하나로 싱글 차트 30위를 기록했다. 이는 세기말적 종말론에 대한 낙관적인 의견이기도 했다.

…모든 것을 무시해 버려, 우리가 더 이상 존재하지 않을 그날에 대해, 설령 믿음이 간다 하더라도. 그때까지 기다리고 두고 봐, 누구도 알 수 없다는 말을 제외하고는 어떠한 논쟁거리도 있을 수 없는걸…

La Grande Vacance

1998 | Remark | 539902

1. Sous un Parapluie
2. Ces Pleurs Que Tu Pleures
3. L'Été Arrive
4. Colorants
5. Pourquoi les Filles
6. J'Ai Vu à Bahia
7. Camera
8. La Nuit
9. Scenic Railway
10. Ivo Livi
11. Tu Ne Dis Rien
12. Des Gammes
13. Fleur de Gramophone
14. Quand est-Ce Que Ça Commence?

해바라기, 맨드라미, 붉은 나리꽃이 그려진 두 번째 앨범 《La Grande Vacance 멋진 휴가》는 릴리뀌브의 진면목을 보여주는 작품이다. 게다가 타이틀이 '멋진 휴가'라니! 이는 가장 들뜨고 기대감에 충만해지는 시간이 아닌가. 보사노바 고향의 음악보다 프랑스 특유의 멜랑꼴리에서 진화된 낭만과 우수가 시원하게 젖어있다.

비 오는 날의 수채화 〈Sous un Parapluie 우산 아래서〉는 첫 싱글로 커트되었다. 우울한 회색 거리에서 피어나는 채도 높은 로망스는 가슴을 기대감으로 부풀게 한다.

정오에 천국과 같은 우산 아래서, 파리의 금지된 장난의 지름길처럼, 시와 같은 태양 아래 정오의 휴식과 어떤 환상을 위한 두 마음, 그래서 사진으로 흥미롭게 전환되지… 우산 아래서 불법적인 환희, 벌거벗은 정오에 사랑은 동상 아래 머무네…

우울한 일렉트로-노바 〈Ces Pleurs Que Tu Pleures 당신이 흘리는 눈물〉은 따사로운 듀오 보컬이 안온하게 감정을 매만져준다.

네가 절규하는 눈물, 너무 많은 고통이야. 여기 내 품이 있어… 시간을 알려줘. 엄마가 초콜릿을 만들어주던 과거의 시간… 넌 그 자리에 있어. 아빠가 케이크를 만들어주던 그 자리… 내 최초의 슬픔, 나를 위해… 네 눈물을 닦아 줄게…

두 번째 싱글 〈L'Été Arrive 여름이 온다네〉는 5월의 공휴일 산책에서 느끼는 초여름의 낭만으로, 하루의 일기를 정감 있게 그려냈다. 낙관적이고 서서히 흥분을 일게 하는 리듬감도 좋다.

장미의 진한 향기처럼 샘솟는 사랑의 멜로디 〈Colorants 염료〉는 세 번째 싱글로, 경쾌하면서도 우수에 젖게 된다.

〈J'Ai Vu à Bahia 바이아에서 널 봤어〉는 지우베르투 지우 Gilberto Gil의 노래를 리메이크한 것으로, 영화에서 차용된 구상음들과 맑은 기타의 바람이 불어온다.

다소 몽환의 향기가 느껴지는 〈La Nuit 밤〉은 흡사 환하게 불 켜진 밤에 아무도 없는 놀이공원에서 혼자 회전목마를 타는 듯한 묘한 현기증마저 들며, 밤하늘에 별이 총총 나타나는 자장가와 같다.

프라하 필하모닉 오케스트라의 클래시컬한 현악과 함께 맑은 뒤랑의 시적인 독백이 슬픔을 머금고 있는 〈Tu Ne Dis Rien 아무것도 말하지 마〉, 카레의 부드러운 음성이 축음기를 통해 재생되는 듯한 〈Fleur de Gramophone 축음기의 꽃〉은 부드러운 왈츠로 복고의 낭만을 한껏 발산한다.

〈Quand est-Ce Que Ça Commence? 언제 시작할까?〉에는 현대적인 일렉트로닉스와 복고적인 로큰롤을 결합하였다. 이처럼 릴리뀌브의 두 번째 앨범은 언제라도 우리에게 휴가를 앞둔 마음속에 환상과 설렘을 불러일으킨다. 최고의 휴양지로 초대하며 당장이라도 가방을 꾸리고 싶은 마음 가득하다.

릴리뀌브의 인기는 자국 프랑스보다 일본에서 더 열광적이었는데, 두 번째 앨범 《La Grande Vacance 멋진 휴가》가 일본에서 라이선스 되면서 이들의 인기는 절정에 달한다.

그리하여 프랑스에서 발매되지 않은 초유의 편집앨범 《La Douce Vie 달콤한 인생》이 출시되었는데, 이는 1,2집에서 선별한 곡들과 싱글들을 모은 베스트 앨범이었다.

보사노바의 아버지 톰 조빙 헌정 앨범 《A Tribute to Antônio Carlos Jobim, 1997》에 수록된 〈Vou Te Contar 네게 말할게 (Wave)〉와, 많은 히트곡을 남긴 프랑스 대중음악계의 반항아 미셸 폴나레프 Michel Polnareff 헌정 앨범 《Tribute to Polnareff, 1999》에 참여

하여 커버한 〈Tout Tout pour Ma Chérie 내 사랑을 위한 모든 것〉이 수록되었다.

또한 싱글로만 발매된 〈Corcovado〉는 밤의 소리들·풀벌레 소리 등의 삽입과 드럼의 공명으로 시원한 한여름 밤의 서정적 환상까지 떠올려 준다. 그 시원한 낭만 속에서 점차 심장박동을 가쁘게 하는 보사 리듬의 긴 장감이 쾌감을 불러일으킨다.

〈Sacré Coeur 성심〉은 담백한 전자기타 음색에 듀오 보컬이 어우러지는 브라질풍의 포크 사운드 이다.

일본에서 대환영을 받은 릴리뀌브는 여가수 Noriko Kato의 《La Fraise 1999》에 이어, Taeko Onuki의 《Attraction, 1999》와 《Ensemble, 2000》에도 참여하여 특유의 보사노바 향기를 불어넣었다. 특유의 나른하고도 서정적이며 부드러운 릴리뀌브의 음악은 일본의 포크와 재즈 가수들에게도 지대한 영향을 미친다.

미니앨범 《À la Nouvelle Vague 누벨바그, 1999》역시 프랑스에서는 발매되지도 않은 일본만의 특집기획이었다.

이 앨범의 녹음에 앞서 트리오였던 릴리뀌브는 베이스 연주자 필립 자브리우가 매니지먼트만 담당하고 음악은 카레와 뒤랑이 맡아 실제로 듀오로 축소되었다.

명곡 중 하나이며 국내와 일본에서 인기가 높은 세르주 갱스부르Serge Gainsbourg(1928-1991)의 〈Je T'Aime Moi Non Plus〉의 커버가 첫 곡으로 수록되어 있다. 원곡에서의 그 농염하고도 성애적인 무드는

연극무대에서의 대사처럼 바뀌었다. 배역은 바뀌었지만 절제된 듯 청초한 인상이 색다른 매력을 전해준다.

〈J'ai du Succès 난 (당신의 무분별하고도 자만심으로 가득한 그 품으로부터 떠나) 잘 지냅니다〉는 까뜨린느 뒤랑의 회상하는 듯한 보컬과 전자음향이 드라마틱하다.

카레의 독창으로 부르는 〈Elle, Son Chien et Moi 그녀, 그녀의 강아지와 나〉는 자신을 질투하는 듯한 강아지의 으르렁거리는 효과음을 삽입하여 재미있는 상상을 하게 한다. 브라스밴드의 연주와 무대에서의 가창을 듣는 듯한 느낌이다.

빠른 템포에 긴장감 넘치는 일렉트로-노바 〈La Bonne Aventure 좋은 모험〉의 듀엣에 이어, 〈La Violiniste 바이올리니스트〉에서는 리스트Liszt와 시벨리우스Sibelius의 슬픈 음악을 연주하는 바이올린 연주자의 환상과 감흥을 카레의 독창으로 들려준다.

본작에서 가장 오래 머물게 되는 〈Le Sud 남쪽〉은 증기를 규칙적으로 내뿜는 기관차의 구상음이 촉촉한 신시사이저 음향에 연하게 깔려있는데, 뒤랑의 고백이 너무나 서정적으로 다가온다.

여름은 멀리 기차와 함께 남쪽을 향해 달려가네. 기나긴 전선들은 북쪽을 따라 흐르고… 어제는 호수 같은 당신의 눈이 내 피부 위에서 빛났네. 새벽까지 쉬지 않고 내 회한은 그려졌지… 태양이 바다로 떨어지고, 그림자가 먼지처럼 어둡게 드리우네… 어제는 당신의 고독을 눈꺼풀로 봉인했지, 내 마음도. 불빛을 향해 달려드는 불나방들처럼 나는 새벽을 기다리네…

마지막 곡 〈Kitsch Love 키치 러브〉에서 또 한차례 몽롱한 안개가 몽글몽글 피어오르는 재즈 라운지를 열어 보인다.

작지만 사랑스러운 앨범이다.

Zoom

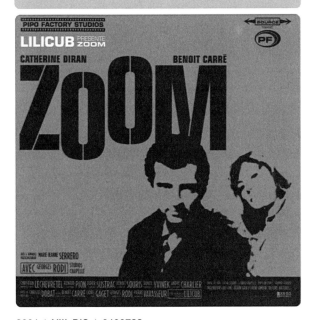

2001 | XIII BIS | 6400722

1. Super 8
2. Lisbonne
3. Rue de l'Armée d'Orient
4. Paolitiquement Correct
5. Il y a
6. Des Plumes et du Goudron
7. Les Villégiatures
8. Les Mots
9. Chanson Fleuve
10. Chambre Numéro Six
11. L'Attente

본작 《Zoom》은 영화 포스터 같은 커버에서도 드러나듯 영화의 콘셉트로 제작되었다. 이는 프랑스 영화 발전에 지대한 영향을 미쳤던 평론가이자 이론가 앙드레 바쟁André Bazin (1918~1958)에 헌정된 것이었다.

뒤랑과 카레는 샬사, 록, 탱고, 재즈, 일렉트로니카 등 다양한 음악을 녹여냈고, 가사는 두 예술가의 대화하는 듯한 회화적인 노래로 창조되었다.

필름의 이름인 〈Super 8〉은 오프닝으로 돌아가는 영사기를 통해 푸른빛이 발산된다.

영화와 같은 인생을 음미하는 우울한 기타의 랩소디가 지나면 본작에서 가장 아름다운 곡 중 하나인 〈Lisbonne 리스본〉으로 그 공간적 배경을 옮긴다. 자욱한 슬픔을 풍기는 기따라의 아르페지오에 불어와 포르투갈어로 노래 한다. 영화와 같은 구상음들과 뒤랑의 낭송, 그리고 가슴을 파고드는 정서가 무척 촉촉하다.

우리는 안개를 통과하는 십자가라네. 비처럼 떨어지는 빛 아래 지루한 평지, 밤은 산기슭의 능선을 향해 다가오고 우리는 새벽녘까지 침묵하지. 24시간의 여행 동안 세상의 끝과 연결되는 많은 풍경들, 어두운 밤의 거리, 리스본의 긴 지평선으로 첫 빛과 함께 당신이 나타나네. 하지만 우리는 더 이상 아무것도 아니네. 봉우리에서 내려가면 안갯속으로 빠져들고. 어둠 속에서 번개는 더 활개를 치지. 우리가 국경의 끝자락으로 다가가면, 대지 속으로 우리는 사라지네. 갈망의 대상으로 가슴 않는 도시, 그녀에게 말해줘. 당신은 이 세상처럼 거리 뒤에 선 신기루라고…

기타와 피아노의 맑은 음률이 또다시 아련한 감정 속으로 빠뜨리는 〈Rue de l'Armée d'Orient 동 부 전선의 거리〉는 서글픈 사랑의 추억을 그린 재즈 블루스이며, 활력 있는 피아노와 브라스 재즈, 코러스, 대사를 삽입한 〈Paolitiquement Correct〉 도 참신함을 준다.

〈Des Plumes et du Goudron 깃털과 타르〉는 서부 영화에서 황야의 카우보이가 추격전(?)을 하는 듯 손에 땀을 쥐게 한다.

시원한 파도 소리와 함께 시작되는 〈Les Villéga -tures 별장〉은 우울한 서정이 환상적으로 펼쳐진다.

사람들의 사랑의 별장, 하늘 아래 별장이 부러워. 하늘이 희미해질 때, 바다가 가까워질 때, 지평선이 부풀 때 죽음의 계절은 다가오지. 회전하는 풍차와 함께 그들은 자연으로 들어가네, 청록의 하늘 아래 별장⋯ 메아리, 꿈은 하늘 어딘가 있겠지. 우울함은 풍차의 날개 아래 걸리네⋯

잔잔한 피아노의 비가 속으로 첼로의 고혹적인 마호가니 색채가 온기를 띠는 〈Les Mots 단어〉는 까뜨린느 뒤랑의 세상에서 가장 슬프고 아름다운 아리아가 흐른다.

⋯사랑의 단어, 섣부른 하루의 기쁨, 그들은 어디로 향하고 있는가. 우리가 잃어버린 그 말, 너무 많은 도주, 우리가 자유로운 만큼 자신을 잃지, 밤을 기다려야 해, 이 말이 갈 수 있게, 그래도 우리는 잊을 거야, 이 말은 너무나 슬퍼, 그 말을 더 이상 듣길 원하지 않을 때 그들은 실망하며 떠나려 하네, 우리의 기억 속에서 이유 없이 방랑할 뿐이지.

빗소리 그리고 우울한 파리의 랩소디 사이로 들리는 타이핑 소리에 주목하게 되는 〈Chanson Fleuve 강의 노래〉는 불가능한 사랑과 불명확한 출발로 인한 외로움으로 그대에게 보내어질 편지를 써 내려가는 쓸쓸함이 연가가 되어 흐른다.

〈Chambre Numéro Six 방 번호 6〉는 전화벨 소리에 이은 아카펠라 코러스 그리고 전자오르간의 즉흥 재즈가 독특함을 남긴다.

맑은 피아노 솔로에 노래하는 카레의 나지막한 고백에 이어지는 뒤랑의 슬픔 섞인 환상의 보사노바 〈L'Attente 기다림〉은 〈Chanson Fleuve 강의 노래〉에 이어지는 스토리로 개시되었는데, 이는 브라질 보사노바의 창시자이기도 한 비니시우스 지 모라이스Vinicius de Moraes(1913-1980)가 바든 포웰Baden Powell(1937-2000)과 함께 쓴 1963년 명작 〈Samba em Preludio 전주곡의 삼바〉가 원곡이다.

⋯난 돌아왔네. 다시 올 거라 약속했지. 내가 몰랐을 때, 난

편지를 쓰고 있어. 적어도 기억은 하고 있지⋯ 편지가 도착하고 다른 것은 지나치네⋯ 내 사랑은 당신 없인 아무것도 아니냐. 구름도 아니고, 그림자, 소리, 바람, 숨결조차도 없어. 공백 없는 침묵뿐이네. 그러나 현기증, 그리고 얼굴을 잊지 않기 위한 몸부림의 나날들, 기다림은 무의미해. 내 사랑은 당신 없인 아무것도 아니야.

이 빨간색의 정감 가는 커버의 음악을 재생시켜 놓으면, 우리의 가슴속에 담아둔 영화 장면들이 지나간다. 아니 이 음악들은 영화 같은 우리네 삶의 한 장면들일지도 모른다. 아쉽지만 그동안 들려주었던 낙천적인 릴리뀌브의 행복 스토리는 그다지 발견되지 않고, 슬프고 아프고 쓰라린 상처들만 남겨두었다. 하지만 서정적인 감성을 좋아하는 개인적인 입맛 탓에 릴리뀌브의 최고작이라 이야기하고 싶다.

이들은 2005년에도 두 매의 헌정 앨범에 참여했는데, 풍자적이고 해학적인 가사로 1950~60년대를 풍미했던 프랑스 샹송 가수 보비 라프안테Boby Lapointe(1922-1972) 헌정작 《L'Hommage Délicieux à Boby Lapointe》에서 그의 히트곡 〈Ta Katie T'a Quitté 케이티가 널 떠났네〉를, 여배우이자 가수로도 활동했던 잔느 모로Jeanne Moreau(1928-2017) 헌정작 《L'Humeur Vagabonde : Hommage à Jeanne Moreau》에서 화려한 트위스트 〈La Vie de Cocagne 코카뉴의 삶〉을 연주하였다.

Papa a Fait Mai 68

2007 | Underdog | 000213

1. La Belle Vie
2. Papa a Fait Mai 68
3. Vieillir est le Seul Moyen Que J'ai Trouvé pour Ne Pas Mourir Jeune
4. Anna
5. Rester au Lit avec Toi
6. Les Fétes de Famille
7. Le Single de Lili
8. Nada
9. Presque
10. Comment Font les Gens?
11. Ma Gueule de Petite Bourgeoise
12. Moi et Lui
13. Rubrique Nécrologique

2005년 릴리뀨브는 새 앨범에 실릴 레퍼토리로 프랑스 전역을 돌며 장기 콘서트에 돌입했고, 이를 끝낸 2007년 《Papa a Fait Mai 68 1968년 5월에 아빠가》를 발표한다.

이는 그들의 가족 이야기가 소재가 되었고, 밝고 낙천적인 사운드로 완성되었다.

〈La Belle Vie 아름다운 삶〉은 보다 경쾌하고 고풍스러우며 윤택한 록 사운드에 낙관적인 인생의 시선을 담았다.

…우리의 부모님들을 봐! 삶의 욕망을 주지 않니? 한정판매 페라리 자동차를 가진 것처럼 그들은 행복해. 해변으로 가자, 아니면 시내로 가든지. 자유여 안녕! 더 소중한 자유와 아름다운 삶을 위해… 우린 잘 살고 있어…

〈Vieillir est le Seul Moyen Que J'ai Trouvé pour Ne Pas Mourir Jeune 젊을 때 죽지 않는 유일한 방법은 늙는 것〉는 어린이 레오니Léonie와 루이Louis의 앙증맞고 귀여운 목소리로 녹음된 이색작이다. 인생을 '왔노라, 보았노라, 이겼노라'로 정의하는 대머리 아빠를 걱정 하는 유년 시절의 에피소드가 재미있다.

짧지만 강한 인상을 남기는 〈Presque 거의〉는 기타와 피아노 그리고 하모니카의 애수가 너무나 아름다운 작품이다. 하루란 시간이 인생에서 차지하는 것은 하찮은 것이지만, 사랑하는 누군가와 떨어져 있는 그 시간은 견디기 힘든 시간이라고 뒤랑은 노래한다.

〈Rubrique Nécrologique 부고 기사〉는 첼로와 하프시코드 그리고 우울한 심포니로 지난 사랑을 회상하는 엘레지이다.

…당신을 봤지, 부고 기사에서. 흘낏 보고는 내던졌네. 그러고는 콜트레인Coltrane의 음악을 들었지… 분개의 작은 조각으로 우리의 사랑은 균열하였네. 그리고 당신의 페이지 뒤에 부드러운 당신에게 존경을 표하네. 난 고통을 가지고 사랑의 죽음을 알리고 싶어… 사랑은 기본적으로 영원한 양 보이니까… 갑작스러운 진혼곡… 우리의 결합은 삭제되었고, 우리의 사랑도 날아가 버렸네…

릴리뀨브는 본작을 끝으로 사실상 해체되어버렸지만, 그들이 남긴 곡들은 여전히 여름날의 낭만으로 추억되고 있다.

비 내리는 여름날의 초상
Marie Laforêt ● 마리 라포레

1984년 국내에 라이선스로 소개된 13곡의 베스트앨범으로 국내 음악팬들과 첫 만남을 가졌다. 담배를 문 그 커버는 즐비했던 레코드숍의 쇼윈도를 장식했고, 비 오는 날이면 원곡 〈Rain, Rain, Rain〉보다 번안곡인 〈Viens, Viens〉을 더 자주 들을 수 있었다.

보호본능을 일으키는 연약하고도 뇌쇄적인 외모, 매력적인 비음과 부정확한 음정은 노래 잘하는 어떤 샹소니에보다 매혹적인 멜랑꼴리를 들려준 가수로 기억된다.

무엇보다도 영화 팬들에게는 세기의 미남 26세의 알랭 들롱 Alain Delon(1935-2024)이 주연한 명화 「Plein Soleil 태양은 가득히, 1960」에서 그의 부유한 친구 필립의 연인으로 눈도장을 찍은 22세의 여배우로도 추억된다.

마리 라포레(1939-2019)는 본명이 마이테나 마리 브리짓 두메나흐Maïtena Marie Brigitte Douménach이다.

제2차 세계대전 동안 아버지는 독일에서 전쟁 포로로 잡혔고, 어머니와 여동생은 어렵게 살았다.

전쟁이 끝나 부친이 돌아온 후, 직장을 따라 파리에 정착했다. 수녀원 입학을 고려할 정도로 신앙적이었으나, 연기에 관심을 갖게 되었다.

1959년 라디오 방송국이 주최한 '스타 탄생'에 우승, 연기 수업 후 르네 끌레망René Clément 감독의 「태양은 가득히, 1960」에 발탁되며 1960년대 중반까지 주연을 맡았으나 연기 인생은 내리막길을 걷는다.

그녀가 주연을 맡은 영화 「Saint-Tropez Blues, 1961」의 주제곡으로부터 시작된 그녀의 음악 인생은 데뷔 LP 《Viens sur la Montagne 산으로 와, 1964》를 거치며, 작곡가 앙드레 팝André Popp(1924-2014) 등이 작곡한 오리지널 곡들과 영미 팝의 번안곡들이 성공을 거둔다.

또한 그녀는 작사가로서 프랑수아즈 테이Françoise They라는 가명을 사용하며 곡을 쓰는 등 본격적인 음악인으로의 삶을 열어갔다.

Viens sur la Montagne

1964 | Disques Festival | FLD 333

1. Viens sur la Montagne
2. Qu'est Ce Qui Fait Pleurer les Filles
3. L'Amour Qu'il Fera Demain
4. La Tendresse
5. La Tour de Babel
6. Après Toi Qui Sait
7. Un Amour Qui S'est Eteint
8. La Plage (La Playa)
9. Les Noces de Campagne
10. L'arbre Qui Pleure
11. Blowin' in the Wind
12. Les Vendanges de L'Amour

앙드레 팝André Popp(1924-2014)이 한 곡을 제외하고 현악 편곡을 맡은 그녀의 데뷔작이다.

미국 포크 트리오 Peter, Paul and Mary의 1963년 작 〈Tell It on the Mountain〉을 번안한 〈Viens sur la Montagne 산으로 와〉는 참 풋풋한 인상이다.

〈L'Amour Qu'il Fera Demain 내일 만들어갈 사랑〉에서부터 샹송 특유의 멜랑꼴리가 터져 나온다.

…사랑은 좋은 날씨와 같지, 그러나 변덕스러운 사랑은, 내일이라도 슬픔으로 변해, 우리는 시간이 끝날 때까지 사랑할 거야, 우린 다음 봄까지 서로를 사랑할 거야, 그 후로도 오랫동안, 다음 사랑이 올 때까지, 한순간도 낭비할 수 없어, 오늘 밤 만들어 갈 사랑을, 우리는 결코 알 수 없네.

히트곡 〈La Tendresse 온정〉에서 하프의 떨림과 함께 그녀는 무일푼이어도 영광이 없어도 살 수 있지만 온정 없이는 살 수 없으며, 사랑으로 모든 슬픔을 지울 수 있으니 젊은 열정을 사랑이 지배하도록 끊임없이 비를 내려달라고 노래한다.

〈Après Toi Qui Sait 당신 다음으로 누가 알겠나〉에서는 고색의 현악 속에서 떠난 연인을 하염없이 기다리며 기쁨이 사라진 현실을 한탄한다.

〈La Plage 해변〉은 벨기에 작곡가 조셉 반 베터Joseph Van Wetter의 멜로디에 프랑스 가수 피에르 바루Pierre Barouh(1934-2016)가 가사를 쓴 곡으로, 샹송으로 초연한 라포레의 대표곡이다. 본래 매춘을 소재로 한 그리스 영화 「Ta Kokkina Fanaria 홍등, 1963」의 일본 개봉작(제목：안개 낀 밤의 데이트)에 작곡가의 연주가 아닌 기타리스트 클로드 치아리Claude Ciari의 커버 연주로 삽입되면서 우리에게 유명해졌다.

만약 누군가가 나와 사랑에 빠진다면, 내 기타는 그를 위해 연주하고, 내 미소는 그를 향할 거야, 하지만 날 아무도 원치 않는다면, 내 기타는 조용히 울 거야, 끝없는 슬픔으로 돌아오겠지. 사랑이여, 내 말을 들어줘, 도와줘, 천사를 찾는 이는 천사를 만나게 되지, 난 영원의 순간을 찾고 있네.

역시 히트곡인 〈Les Vendanges de L'Amour 사랑의 추수〉는 발랄한 멜로디로 어깨춤을 추게 만든다.

…사랑하는 두 물방울처럼, 내 사랑은 네 입술에서 태어날 거야… 우리는 그 사랑을 다시 함께하고, 내일이면 사랑을 수확할 거야, 삶이 언제나 함께하기 때문이지, 어느 날 헤어지더라도, 폭풍우가 지나간 뒤에는 황금시대의 태양이 빛날 거야, 눈물을 닦아줄 아름다운 아침이 기다릴 거야, 그리고 사슬처럼 네 손은 내 손과 합쳐질 거야…

《Album 2, 1966》에는 Si-mon & Garfunkel의 노래로 친숙한 〈El Condor Pasa 철새는 날아가고〉의 번안곡 〈La Flûte Magique 마법의 플루트〉를 아르헨티나 포크 그룹 Los Incas 의 협연으로 수 록했다.

앙드레 팝 작곡인 〈La Fleur Sans Nom 이름 없는 꽃〉은 5월의 태양 속에서 그가 꺾어 준 무 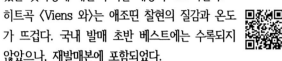 명화로 사랑을 느끼게 된 감정을 노래했다.

〈On N'oublie Jamais 우린 결코 잊지 못해〉도 앙드레 팝 작곡으로, 잊을 수 없어 비밀로 남아 있는 첫사랑에 대한 추억을 애상적으로 되뇐다.

히트곡 〈Viens 와〉는 애조띤 찰현의 질감과 온도 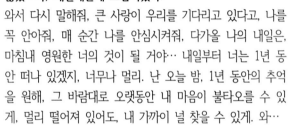 가 뜨겁다. 국내 발매 초반 베스트에는 수록되지 않았으나, 재발매본에 포함되었다.

와서 다시 말해줘, 큰 사랑이 우리를 기다리고 있다고, 나를 꼭 안아줘, 매 순간 나를 안심시켜줘, 다가올 나의 내일은, 마침내 영원한 너의 것이 될 거야… 내일부터 너는 1년 동안 떠나 있겠지, 너무나 멀리. 난 오늘 밤, 1년 동안의 추억을 원해, 그 바람대로 오랫동안 내 마음이 불타오를 수 있게, 멀리 떨어져 있어도, 내 가까이 널 찾을 수 있게. 와…

Album 3

1967 | Disques Festival | FLD 380 S

1. Manchester et Liverpool
2. Prenons le Temps
3. Pourquoi Ces Nuages (Storm)
4. Je Voudrais Tant Que Tu Comprennes
5. La Voix du Silence (The Sound of Silence)
6. Aux Marches du Palais
7. Marie Douceur (Paint It, Black)
8. Je T'Attends
9. L'Orage
10. Toi Qui Dors (The Ballad of the Carpenter)
11. La Moisson
12. Siffle, Siffle Ma Fille

일러스트가 돋보이는 세 번째 앨범은 번안곡이 귀에 오래 맴돈다.

〈The Ballad of Casey Deiss〉로 우리에게 잘 알려진 미국의 포크록 가수 숀 필립스Shawn Phillips가 1966년에 노래

한 〈Storm〉의 전율을 담아낸 번안곡 〈Pourquoi Ces Nuages 이 구름인가〉에는 찰나의 광채가 번쩍인다.

네 집을 지나갈 때, 나는 너의 창문을 보네, 안개 낀 밤에 매번 궁금해, 너의 사랑 없는 마음은 나를 어디로 이끄는가, 내 마음 가까이 왜 이 구름은 흘러가나… 바람은 울고 비가 쏟아지네, 그리고 널 볼 수 없을 정도로 하늘은 너무 어두워, 희망은 폭풍의 분노에 짓밟힌 단어일 뿐, 내 마음이 찢어지네.

〈La Voix du Silence 침묵의 소리〉는 미국 포크록 듀오 Simon and Garfunkel의 1964년 팝 명곡 〈The Sound of Silence〉의 번안곡으로, 아련히 향기가 번진다.

…남자들은 더 이상 꽃을 볼 수 없네, 그들의 마음은 주름졌기에, 그들은 소리를 내며 희망하네, 삶의 공허감을 채워달라고. 그리고 내 말은 소리 없이 떨어지네, 숨이 막힌 이슬방울 속에, 침묵의 소리처럼… 널 너무 사랑하는 날 언젠가 너도 이해하게 될 거야, 내 말을 듣게 될 거야. 침묵의 말이 울부짖는 소리를.

영국의 포크록 싱어송라이터 이완 맥콜Ewan MacColl의 1960년 작 〈The Ballad of The Carpenter〉의 번안곡인 〈Toi Qui Dors 잠든 너〉는 애상에 젖은 물방울이 계속해서 파장을 일으키는 것 같다. 이는 곁에서 잠든 연인에게 벗어나 꿈속에서 자유롭게 홀로 삶의 모험을 떠나지만, 결국 연인의 존재를 만나게 되는 에피소드를 들려준다.

〈Je Voudrais Tant Que Tu Comprennes 이해해 줬으면 해〉는 영화음악 작곡가 프란시스 레Francis Lai(1932-2018)의 작곡으로, 본작의 백미가 될 것이다. 악기 편성은 매우 단출하지만, 부슬비 내리는 센 강의 우수에 젖게 되는 명곡이 아닐 수 없다. 밀렌 파머Mylene Farmer도 그녀의 1989년 첫 콘서트에서 노래한 바 있다.

이해해 줬으면 해, 오늘 저녁 내가 널 떠나는 것을, 우리의 슬픔과 상실, 여전히 웃고 있는 상처 받은 마음, 무심한 듯 소설이 나쁘게 끝날 때 써야 할 마지막 말 같지만, 영혼이 심란해도 꿋꿋함을 유지해, 눈물이 나면 노래해, 그리고 얼음의 세상에서 행복하다는 인상을 줘, 이해해 줬으면 해, 우리 사랑은 끝날 테니까, 모든 것에도 불구하고, 내가 널 사랑하고 죽을 만큼 아프다는 걸 알잖아, 나보다 널 더 사랑했기에, 널 절대 잊을 수 없을 거야…

〈Je T'Attends 널 기다리고 있어〉는 앙드레 팝An-dré Popp(1924-2014)의 작곡으로, 그녀의 떨리는 목소리와 매우 잘 어울리는 곡이다.

사랑하는 네가 오기를 괴로운 마음으로 기다리네, 그리고 나는 사랑의 계절을 기다리고 있어, 아 그날이 오길…

〈Siffle, Siffle Ma Fille 휘파람을 불어, 내 딸〉는 장-미셸 리바Jean-Michel Rivat가 작곡하고, 싱어송라이터 조 다생Joe Dassin(1938-1980)이 가사를 썼다. 멜로디는 애상적이지만, 딸과 엄마의 다소 유머러스한 대화로 작성되었다.

휘파람을 불어봐, 내 딸아, 넌 양을 갖게 될 거야, 난 못해, 엄마, 배운 적이 없는걸, 하지만 나에게 남자친구가 있다면 마음은 행복할 텐데. 난 이제 곧 열다섯 살이 되니까… 휘파람을 불어봐, 내 딸아, 넌 남자친구를 갖게 될 거야, 그런데 왜 그러니, 내 딸아, 휘파람을 이렇게? 근데 난 남자친구보다는 내 양들을 위해 휘파람을 불고 싶어.

〈Septembre (Quel Joli Temps) 9월(날씨가 좋아)〉에서 가을 하늘 새털구름처럼 흐르는 피아노 왈츠는 아코디언의 따스함이 가미되어 계절적 감성을 불어넣는다.

Album 4

1968 | Disques Festival | FLDX 424

1. Le Lit de Lola
2. A La Gare de Manhattan
3. Sébastien
4. Mon Village au Fond de L'Eau
5. Mon Amour, Mon Ami
6. Ivan, Boris et Moi
7. Et Si Je T'Aime (Sunday Mornin')
8. Tom
9. Pour Celui Qui Viendra
10. Je Ne Peux Rien Promettre
11. Qu'Y-A-T'Il de Change
12. Je Suis Folle de Vous

우리에게 잘 알려진 〈Love is Blue〉 작곡가인 앙드레 팝 André Popp(1924-2014)이 오케스트레이션 편곡을 맡았으며, 그는 6개의 수록곡을 작곡했다.

이향離鄕의 서글픈 감정을 노래한 〈Mon Village au Fond de L'Eau 물 밑의 내 마을〉이 먼저 감성을 사로잡는다.

구름 없는 하늘, 오늘 밤은 마음이 무거워, 내 마을은 물 밑에 잠겼네… 내 청춘도 그 속에 익사했네. 나의 계곡은 그림자에 불과해, 더 이상 꽃들도 양 떼도 없네, 내 마을은 물 밑바닥에서 잠자네, 멀리서 인생이 나를 부르고, 난 잠이 든 마음을 가지고 길을 떠나네…

국내 출시 베스트에도 수록되었던 〈Mon Amour, Mon Ami 내 사랑, 내 친구〉는 앙드레 팝의 작곡으로, 제목처럼 사랑과 우정 사이가 그 주제이다.

…내 사랑, 내 친구여, 내가 꿈을 꾸면, 그건 너에 관한 거야, 내가 노래하면, 그것은 널 위한 거야, 너 없이는 살 수 없어, 난 그 이유를 아주 잘 알고 있지만, 이 사랑이 얼마나 갈지 알 수 없네, 언제나 널 사랑할 수 있다고 믿었지만, 난 널 떠났고, 아무리 저항해도, 난 가끔 네가 아닌 다른 사람에게 노래를 불러주곤 해…

〈Ivan, Boris et Moi 이반, 보리스 그리고 나〉는 경쾌한 템포에 아련한 어린 시절의 추억을 더듬는다. 소년 셋과 소녀 넷은 각기 다른 이들을 사랑했지만 각각 떨어져 살며 자녀들의 대부가 되어주는 우정의 이야기이다.

〈Je Ne Peux Rien Promettre 아무것도 약속할 수 없어〉는 가수 미셸 퓌갱Michel Fugain의 작곡으로, 하프시코드 음색의 은은함이 애틋하다.

…시간이 가면 날 따라다니는 네 그림자가 지워지겠지, 우리의 모든 과거는 영원히 지속될 수 없네, 매 순간 감히 희망을 품지만, 어쩌면 언젠가는 널 잊어버릴 수도 있을 것 같아.

《Marie Laforet 5, 1968》의 주요 곡으로는 영화음악가 프란시스 레[Francis Lai (1932-2018)가 작곡한 〈Re-quiem Pour Trois Mari-ages 세 결혼식을 위한 레퀴엠〉을 꼽을 수 있다.

그 특유의 멜랑꼴리가 향의 연기처럼 은은하게 피어오르는 이 곡은, 결혼을 여행이라 생각하며 식을 올린 세 쌍의 부부 이야기를 들려준다. 부유했던 프랑수아와 마리, 그리고 중산층인 레이몽과 루시는 파국을 맞이한다. 하지만 짚더미에서 자야 할 정도로 가난했지만, 서로에 대한 사랑의 마음이 있었던 베르나르와 수지는 그러지 않았다는 이야기다.

《Vol.6, 1968》에서는 끝 곡 〈Au Cœur de L'Automne 가을의 중심에서〉에서 퍼지는 붉고 노랗게 물든 잎사귀의 향기가 매우 안온하고 로맨틱하다.

…가을의 중심에서, 오늘 밤 두 아이의 눈은 하늘에서 길을 잃었네, 태양 아래서 살고 싶은, 우리의 사랑은 똑같아, 하지만 우리는 비밀로 하고 살았네, 떠들썩한 휴일도 피하면서. 우리는 성년이 되는 봄을 기다렸네, 순수함을 지키기 위해, 그리고 우리가 진심으로 사랑하기 위해. 가을의 중심에서, 두 아이는 곧 첫 아침을 경험하게 될 거야, 우리가 서로 사랑하는 만큼, 거의 우리처럼, 그들은 지극히 사랑할 거야. 내일이면.

marie laforêt
vol. VII

1970 | Disques Festival | FLDX 443

1. Tu Es Laide
2. Feuilles d'Or
3. Pour une Étoile (Cirandeiro)
4. D'Être a Vous (I Want You)
5. Je N'ai Rien Appris (Both Sides Now)
6. Ah ! Si Mon Moine
7. Au Printemps
8. Tourne, Tourne
9. Le Vin de L'éte (Summer Wine)
10. Roseline
11. En Plus de L'amour
12. Modinha (Que Saudade)

저명한 작곡가 앙드레 팝[André Popp(1924-2014)이 오케스트레이션 편곡을 맡은 본작에도 번안곡이 다수 수록되었는데, 그녀가 노래하면 색다른 감흥이 더해진다.

〈Feuilles d'Or 황금빛 잎〉은 뜨거운 열기의 아코디언과 숭고함을 더하는 코러스로 애절한 사랑의 그리움을 노래한다.

…붉은 낙엽, 가을은 잠자리를 준비하고, 난 거기 누웠다 잠이 드네, 그러면 그와 더 가까워진 느낌이야, 추억은 바람에 날아가네, 모든 것이 시간과 함께 날아가네, 낙엽의 소용돌이가 내 마음속에서 돌고 있어, 황금빛 잎, 난 아직도 그를 사랑해.

브라질의 명가수 에두 로부Edú Lôbo와 마리아 베타니아 Maria Bethânia가 1966년에 노래한 〈Cirandeiro 시란데이루〉를 번안한 〈Pour une Étoile 별을 위해〉에도 애달픈 그리움이 별빛이 되어 반짝인다.

…밤하늘에서 길을 잃은 한 별, 호박색의 달콤한 네 눈 속에서, 나는 태양처럼 빛나는 30만 개의 별을 보네, 넌 내가 조금 이상하다고 생각하겠지만, 나는 별을 바라봐, 따스한 모닥불처럼, 네가 날 위해 주는 빛을…

미국의 싱어송라이터 Bob Dylan의 1966년 싱글 〈I Want You〉의 번안곡인 〈D'Être A Vous 네 것이 되기 위해〉는 컨트리 포크풍의 원곡의 템포에 사랑스러움을 추가한 핑크빛이 달콤하기 그지없다.

…네 것이 되기 위해, 우리의 만남을 위해, 내 발걸음을 되돌릴 거야, 시간이 흘러도 널 지우지 않을 거야, 다이아몬드가 내 발밑에서 깨지더라도, 추위는 내 손가락만 물고, 겨울바람은 내 볼을 꺼지게 할 수 없네, 난 널 생각해…

Joni Mitchell의 1966년 명곡 〈Both Sides Now〉의 번안곡인 〈Je N'ai Rien Appris 아무것도 배우지 못했네〉는 쓸쓸한 가사지만 플루트의 향연이 너무나 향기롭다.

…내 마음을 전하고 싶었네, 행복의 춤을 추기 위해, 동화 속에서 사랑이 태어난 줄 알았는데, 하지만 오늘 알았네, 누군가는 종종 따스한 침대에서 일어나, 모든 것을 감추기 위해 미소를 짓는다는 것을. 영광과 진실의 나날들에서, 내가 아무것도 배우지 못했다는 건 정말 슬픈 일이야…

앙드레 팝의 작곡인 〈Au Printemps 봄이면〉은 봄이 오면 16세가 되어 사랑하고픈 멋진 남자친구가 많아 고민인 한 소녀의 이야기이다.

역시 앙드레 팝의 작곡인 〈Tourne, Tourne 돌고 도네〉는 피아노를 위한 작은 왈츠로, 우아한 발레 연습곡 같다.

…바람이 공명하는 가을이 왔네, 4월은 눈 아래서 잠을 자고, 첫눈은 초원에서 축제를 벌이고, 내 창가에는 햇빛으로 가득하지, 봄이 왔네, 그리고 난 또 한 해를 보냈어, 지구는 회전하고 달도 도네, 고요한 밤 주위로, 내일이 다가와, 큰 시계 소리를 들으며, 의구심이 들 때, 세월의 카덴차를 시계가 표시하지… 지나가고 사라지고, 돌아와서는 절대 멈추지 않네, 내 인생도 돌고 도네.

〈Roseline 로젤린〉은 프랑스에서 작곡 활동을 시작했던 그리스 작곡가 야니스 스파노스Yannis Spanos(1934 -2019)의 작곡이다. 그리스 특유의 애환이 잔잔히 퍼진다.

네 노래를 알아, 넌 노래했고 울었지, 바다는 아무 말 없이 듣고만 있었네, 네 마음의 노래를, 눈물과 키스와 탄식을, 해변 위로 네 눈물이 떨어졌네, 다시 노래하고 또 울지, 온화하고 달콤한 로젤린, 사랑할 때 노래하고 우는 로젤린…

〈Ton Cœur Sauvage 거친 마음〉이란 부제의 〈Modinha 모디냐〉는 브라질 싱어송라이터 주카 샤비스Juca Chaves(1938-2023)의 1960년 발표곡 〈Que Sauda -de 얼마나 그리운지〉의 번안곡이다.

…너의 미소만이 내 아름다운 사랑을 만들거나 사라지게 할 수 있네, 내 깊은 곳에서 넌 십만 송이의 꽃을 피우고 죽게 하네, 네 심장의 리듬에 맞춰, 친밀감 없이 너무 지루한 마음도… 넌 내 영혼으로 들어와, 끝없는 정원이 되었네, 태양조차 쉬게 하는 너의 빛으로 가득하지, 지구상의 내 아름답고 부드러운 사랑, 내 영혼으로 들어와, 내 정원에서 잠드네, 적어도 내일까지만이라도 깨지 않기를.

Marie Laforet 8

1972 | Polydor | 2473 015

1. Tu Me Plais
2. La Madeleine (Elle Sait Mieux Que Moi)
3. Demain, Moby Dick (Peut-Etre)
4. Mary Hamilton
5. Choux, Cailloux, Genoux, Epoux
6. Etait-Ce Trop Beau pour Durer (Too Beautiful To Last)
7. Priere pour Aller au Paradis
8. Mon Pays est Ici
9. Lily Marlene
10. Lettre a un Mari
11. La Cavale
12. Pegao

라포레가 직접 가사를 쓴 〈La Madeleine (Elle Sait Mieux Que Moi) 마들렌 성당 (나보다 더 잘 알아)〉는 온풍의 왈츠로, 사랑의 고통을 잊고 위안과 희망을 위해 기도한다.
〈Demain, Moby Dick (Peut-Etre) 내일은 모비 딕 (어쩌면)〉도 그녀의 가사로, 미국 소설가 허먼 멜빌Herman Melville의 소설 「Moby Dick, 1851」을 바탕으로 했다. 이는 고래 사냥 원정대의 이야기로, 집착과 설명할 수 없는 삶의 신비를 탐험하는 내용이라 한다. 라포레는 원정대로 연인을 떠나보낸 아멜리의 슬픔을 위로하며 그의 무사귀환을 기다리는 그녀가 다시 사랑의 의미를 배우게 될 것이라 노래한다.

〈Mary Hamilton 메리 해밀턴〉은 존 바에즈Joan Baez의 노래로 유명한 16세기 민요이다. 허구의 스코틀랜드 여왕의 네 시녀 중 한 명으로, 왕의 아들을 낳은 시녀 메리 헤밀턴은 그 아들을 죽게 하고 자신도 교수대에 오른다.
라포레가 새로운 이야기를 입힌 메리 헤밀턴은 토미라는 선원을 자신과 동시에 사랑한 친구이다. 토미는 자신이 아닌 예쁜 메리를 점 찍었고, 그는 배에 오른다. 라포레는 그를 기다리는 메리가 부럽다며 외로운 감정을 노래한다.

대표곡 중 하나인 〈Priere Pour Aller au Paradis 천국을 향한 기도〉는 그 엄숙한 간절함에 숨을 죽이게 된다. 이태리 오페라 작곡가 도메니코 치마로사Domenico Cima-rosa(1749-1801)의 멜로디에 라포레가 가사를 썼다.

내 기억 속 깊이 묻힌, 정원이 있네, 아침이면 푸른빛이 감돌고, 검은 붓꽃이 자라는 곳, 로라의 버려진 무덤 옆, 그토록 꿈꾸던 정원, 언젠가 들어갈 수 있겠지… 아, 난 이 정원에서 최후를 맞이하고 싶어, 큰 소나무의 고요한 그늘에서. 오랫동안 봉오리로 닫힌 장미가 피어나게 해줘… 우리는 웃게 될 거야, 하늘을 나는 참새들처럼, 어린 소녀들의 크고 맑은 웃음처럼, 시냇물처럼 시원하게. 행복한 이들의 웃음처럼, 우리는 시간을 재창조할 거야. 꽃 피는 정원과 마음에 담아두었던 것을, 이야기할 수 있었던 그 시간을…
국내 발매 베스트 수록곡인 〈Mon Pays est Ici 내 나라는 여기〉는 미국의 싱어송라이터 John Denver(1943-1997)의

1971년 히트곡 〈Take Me Home Country Roads〉를 번안한 곡으로, 라포레가 쓴 가사에서 그녀는 고민과 걱정에 휩싸일 때 그리운 어린 시절의 고향과 조국에 대한 생각에 잠긴다고 노래한다.

〈Lily Marlene 릴리 마를렌〉은 제2차 세계대전 당시 병사들의 가족과 애인에 대한 그리움을 위로했던 독일 노래로, 우리에겐 마를레네 디트리히Marlene Dietrich(1901-1992)의 노래로 친숙하다. 1940년에 작사가이자 배우 앙리 르마르샹 Henri Lemarchand(1911-1991)이 쓴 불어 가사에는 연인 릴리 마를렌과 통금으로 작별을 고해야 하는 병사의 로맨스가 그려진다.

초반 베스트에 수록된 〈La Cavale 기병대〉 역시 자신이 가사를 썼는데, 아마도 프랑스 혁명과 연관이 있는 듯하다. 왕명을 받아 추격하는 기병대를 피해 자유와 행복을 향해 탈출하는 긴장감이 넘친다.

〈Pegao 가까이〉는 푸에르토리코 출신의 장님 가수 호세 펠리시아노José Feliciano의 1970년 발표 연주곡으로, 역시 라포레가 번안했다. 푸에르토리코에서 '페가오'는 냄비에 붙은 밥을 일컫는 단어라 하는데, 라포레는 태양을 중심으로 도는 지구처럼, 나도 당신을 중심으로 맴돌고 당신도 나를 중심으로 맴돈다며 사랑을 발랄하게 확인한다.

Marie Laforet 9

1973 | Polydor | 2473 021

1. Pourquoi les Hommes Pleurent ?
2. L'amour comme À 16 Ans
3. On Quitte Toujours Quelque Chose Ou Quelqu'un
4. Lady Anna
5. Arlequin
6. Une Petite Ville
7. Vivre À Deux
8. Mais Je T'aime
9. Le Mal D'aimer
10. Le Coup de la Panne
11. Viens, Viens
12. Bonsoir… Dans Ma Chambre

〈Pourquoi les Hommes Pleurent ? 남자는 왜 우는가〉는 저명한 프랑스 작사가 보리스 베르그만Boris Berg -man의 가사로, 남자의 외로운 인생에 대한 연민을 그렸다. 그녀의 음성은 점점 비통에 잠긴다.

…말해줘, 왜 남자들은 아이들처럼 숨어서 우는지, 당신이 지금 우는 걸 보며, 내가 왜 두려워하는지 가르쳐 줘. 말해줘, 왜 혼자 있을 때 남자들이 우는지, 말해줘, 왜 남자들은 혼자 외로움을 느끼며 죽는지…

국내 발매된 베스트에 수록된 대표곡 〈L'Amour Comme À 16 Ans 16살 때처럼 사랑해 줘〉는 **언제 들어도 열망은 식지 않는다.**

16살 때처럼 나를 사랑해 줘. 첫사랑으로 나를 사랑해 줘, 아름다운 십 대의 저녁처럼 수줍게. 겁내지 말고 내게 말해 줘, 내가 망설이도록, 너의 품에서 나를 질식시켜 줘, 단숨에 나를 사랑해 줘. 솔직함과 조바심이 가득하게, 그리고 짧게라도 내 마음이 너의 어린 시절을 엿볼 수 있게…

〈Lady Anna〉는 단순한 악곡 구성이지만, 선율이 언덕 위로 불어오는 꽃잎 바람처럼 낭만적이고 달콤하다. 한 남자에게서 극진한 사랑을 받는 레이디 안나를 꿈꾸는 걸까? 혹은 레이디 안나와 사별한 그의 곁에 새로운 레이디 안나가 되길 희망하는 걸까?

…레이디 안나, 그녀는 세상 끝에서 온 당신의 공주지, 그래서 당신의 집은 궁전이 되네, 당신의 유일한 사랑 레이디 안나, 당신은 그녀를 영원히 사랑하지, 죽을 때까지, 당신이 울더라도 그녀를 보면 기쁨이지, 어느 날 해변가에서, 레이디 안나는 내게 미소를 짓고, 내 얼굴을 어루만질 거야, 태양 아래서 모든 것이 멈추고, 내 이름도 노래할 거야, 어둠이 사라지면, 난 그의 레이디 안나가 될 거야.

멜로디가 아름다운 〈Une Petite Ville 작은 마을〉 **의 고색창연한 현악의 색상에는 순간순간 무지개가 아련하게 비친다.**

작은 마을, 비 내리고 황량한 거리, 창가에 녹색 화분, 추위 속에 서서 안고 또 포옹하는 커플… 작은 마을, 커튼 내린 방, 서로 사랑하는 커플, 이 기와지붕 아래서, 위대한 사랑이 태어났네, 이런 작은 마을에서.

초반 베스트에 수록된 〈Vivre À Deux 둘이 함께〉는 애절한 사랑 영화의 주제곡 같다. 가녀리지만 뜨거운 호소력은 언제나 명연이다.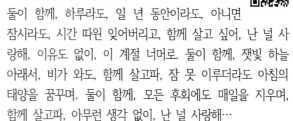

둘이 함께, 하루라도, 일 년 동안이라도, 아니면 잠시라도, 시간 따윈 잊어버리고, 함께 살고 싶어, 난 널 사랑해, 이유도 없이, 이 계절 너머로. 둘이 함께, 잿빛 하늘 아래서, 비가 와도, 함께 살고파, 잠 못 이루더라도 아침의 태양을 꿈꾸며. 둘이 함께, 모든 후회에도 매일을 지우며, 함께 살고파, 아무런 생각 없이, 난 널 사랑해…

역시 대표곡 중 하나인 〈Viens, Viens 오세요, 돌아오세요〉는 독일 가수 Simon Butterfly(1946-2017)가 1973년에 발표한 〈Rain, Rain, Rain〉의 번안곡으로, 원곡은 이별 후의 슬픔을 노래한 것이다. 라포레의 애틋함에 압도되어 가사를 번역해 보기 전까지는 유사한 내용일 것이라 짐작했었는데, 외도한 부친의 귀환을 염원하는 딸의 기도일 줄이야.

돌아오세요, 기도합니다, 아빠, 날 위해서가 아니라 엄마를 위해 돌아와요. 당신이 그리워 엄마는 죽어갑니다. 모든 것을 다시 시작하는 아빠가 없다면, 침묵만이 계속될 거예요. 그녀가 예쁘다는 걸 알아요, 그녀 때문에 아빠는 가족을 돌보지 않았죠, 아빠를 책망하려고 온 게 아니라, 아빠와 함께 돌아가기 위해서예요, 그녀의 사랑이 아빠의 영혼을 사로잡았겠지만, 엄마의 사랑보다 가치가 있나요? 아빠의 손을 놓지 않고, 운명을 함께했던 엄마의 사랑만큼요… 장이 새 학년이 되었다는 걸 아시나요? 그는 이미 알파벳도 알고, 흥이 넘쳐요, 담배 피우는 흉내를 내면, 아빠와 너무 닮았어요. 돌아오세요, 기도합니다. 아빠는 미소를 짓네요, 아빠는 전보다 아름다운 엄마를 보게 될 거예요, 돌아오세요, 아무 말 없이, 안아주세요. 돌아오세요…

Marie Laforet 10

Marie Laforet

1974 | Polydor | 2401 119

1. Noé
2. Henri, Paul, Jacques et Lulu
3. Un Peu L'Amour
4. Cadeau
5. Lève Toi Chante avec Moi
6. C'est Fini
7. Pour Ne Rien Te Cacher
8. Sous les Palétuviers
9. Fais Moi L'Amour Comme a une Autre
10. L'Ami Pierrot
11. Mea Culpa
12. Berceuse pour Deborah

육감적인 커버가 돋보이는 이 앨범에는 프랑스의 피아니스트 피에르 포르트Pierre Porte가 7곡에서 오케스트레이션 편곡을 맡았다.

〈Noé 노아〉는 히브리어로 안식, 평안이라는 뜻이 있다고

하는데, 이처럼 마음을 편안하게 해준다. 홍수로 인류를 심판하려 했던 하나님의 명령으로 방주를 만들었던 노아의 이야기이다.

…현명하고 선한 노아는 홍수가 언제 올지 알았네, 방주 옆에서 잠든 그는 피난처가 필요함을 알고 있었네. 노아는 언덕에 혼자 있었네, 그의 꿀벌이 만든 꿀을 바람으로 맛보며. 시간이 얼마나 흘렀을까? 노아가 노래하자 태양이 떠올랐네…

〈Henri, Paul, Jacques et Lulu 앙리, 폴, 자크와 룰루〉는 명화 「The Sting, 1973」에서 미국의 래그타임Ragtime 작곡가이자 피아니스트 Scott Joplin(1868-1917)이 연주한 주제 〈The Entertainer〉에 가사를 붙인 것으로, 국내 발매된 베스트에도 수록되었다. 흥겨운 멜로디와 함께 마을 축제 혹은 놀이동산에서 처음 만났던 네 명의 소년들과의 추억을 그린 꿈 이야기는 그녀의 웃음소리와 대사로 생생하다.

애틋한 〈Un Peu L'Amour 작은 사랑〉에서는 마음속에서 사랑을 느낀 상대에게 사랑 고백을 기다리며 자신은 매일 조금씩 죽어간다고 노래한다.

역시 베스트에 수록된 〈Cadeau 선물〉에서는 어린 아들이 사랑한다 말하며 엄마에게 건넨 쪽지 선물에 엄마로서 인생의 가장 큰 선물인 자식에 대한 감동을 잔잔히 그린다.

초반 베스트에 수록된 〈C'est Fini 끝났어〉는 힘이 빠진 채 간신히 이별을 통보하는 그녀의 보컬에 가슴이 아프다.

내 사랑, 끝났어, 내일이면 난 길을 떠나, 모레 아침이면 아마도, 난 천국에 있을 거야. 날 이해하려고 하지 마, 난 이 모든 걸 원치 않았네, 이 모든 습관을 들여야 해. 내 사랑, 끝났어, 네가 나에게 했던 말, 난 믿기가 힘들어, 내 이야기 속으로 갈 거야. 내일 어두워지면, 내 크리스털 사랑은 소리 없이 깨질 거야, 흑장미 두세 꽃잎이 떨어져, 내 아픔

을 덮어주겠지. 내 사랑, 끝났어, 내일이면 탈출할 거야, 무엇이 닥치기도 전에, 난 천국에 있을 거야. 날 붙잡으려 하지 마, 난 작은 발걸음을 내디딜 거야, 잠시 후면 날이 밝아올 거야, 내 사랑, 끝났어, 난 완전히 광분해서 떠날 거야, 그런데 왜 끝난 걸까? 말하기는 너무 어렵지만 끝났어, 그게 내가 말할 수 있는 전부야.

역시 초반 베스트에 수록된 〈Fais Moi L'Amour Comme A Une Autre 다른 사람처럼 날 사랑해 줘〉는 작곡자 피에르 포르트의 장대한 오케스트레이션이 빛나는 트랙이다.

…당신의 손을 재발견하게 해줘, 욕망의 파도로, 당신의 눈이 나를 드러나게 해줘, 더 많은 사랑으로. 부드러운 말을 전하기 전에, 나 자신을 방어하고 기다리게 해줘, 그리고 당신을 사랑할 시간을 줘, 예전처럼. 미친 물처럼 내 몸을 깨뜨려, 다른 사람처럼 나를 사랑해 줘, 화관에 내 마음을 담아줘, 그리고 날 유혹하고, 날 사랑한다고 말해줘.

〈Berceuse pour Deborah 데보라를 위한 자장가〉는 모든 것을 사랑하기 위해 태어난 딸을 위한 자장가로, 고요하고 잔잔하다.

《Il Reviendra 돌아올 거야, 1977》의 타이틀곡은 피에르 바슐레Pierre Bachelet (1944-2005)의 공작자로 널리 알려진 장-피에르 랑 Jean-Pierre Lang의 작곡으로, 어린이 합창과 애틋한 낭송 그리고 서정적인 보컬이 너무나 아름답다.

시간이 갈수록 더 그런 것 같아, 너희 둘은 그와 꼭 닮았어, 하나는 눈이, 다른 한 사람은 미소가, 꼭 그 사람 같아. 그는 내게 루이지애나로 간다고 말했지, 큰 사탕수수 농장을 만든다고. 그가 오라고 편지하자마자 합류하라고도 했지. 그는 우릴 놀래주려고 다시 올 거야, 여행 가방을 들고 예고도 없이. 그는 우릴 찾으려 다시 올 거야, 우리에게 전할 말을 가지고, 트렁크에 가득, 모피도 가득 싣고, 큰 차를 타고 돌아올 거야, 루이지애나에 있는 집과 사탕수수에 대한 이야기를 들려줄 거야… 그는 돌아올 거야, 용기를 잃어선 안 돼, 우리는 루이지애나 사탕수수밭에서 달콤함을 먹게 될 거야.

〈Je Vois 알겠어〉는 미아 마르티니Mia Martini(1947-1995)의 1972년 발표곡 〈Donna Sola 외로운 여인〉의 드라마틱한 번안곡으로, 라포레는 자신에게 다가오는 사랑을 예감하며 희열에 차 감탄한다.

〈Monsieur de La Fayette 라파예트 선생님〉은 바로크풍의 화사함이 흩날린다. 이는 미국 독립전쟁에 참여했던 프랑스 장군 모티에 드 라파예트Marquis de Lafayette(1757-1834) 후작을 숨겨주어 그의 목숨을 구하고, 승리 후 작별을 고하는 루이지애나 소녀의 이야기이다.

〈Une Mélodie Américaine 미국의 멜로디〉의 잔잔한 애상감은 가슴을 촉촉하게 적신다.

…미국의 멜로디 가수의 노래 '사랑해'가 잊히지 않아, 당신과 함께한 그날 밤을 가장 아름답게 해준 그 노래, 당신과 함께 우리는 빗속에 숨었지, 우리는 낯선 두 사람이었네, 오늘 밤이면 10년이 되네…

〈À Marée Haute, à Marée Basse 밀물과 썰물 때〉는 탁 트인 대양이 펼쳐지는 파노라마로, 싱그럽고 기대감이 부풀어 오른다.

만조나 간조가 되면 내 마음이 흔들려, 배가 떠나면 난 마젤란의 딸이 되지… 만조나 간조가 되면 나는 언제나 바람 부는 곳에 있지, 배가 떠나면 난 갈매기 비행을 하고 사이렌의 노래가 들려, 나를 선장으로 만들어줘, 난 당신과 함께 떠날 거야…

Moi, Je Voyage

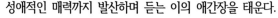

1979 | Polydor | 2393 231

1. Moi, Je Voyage
2. Pourquoi
3. Des Adresses, des Telephones
4. J'Ai Le Cœur Gros du Temps Présent
5. Moi Aussi Je T'Oublie
6. Lettre de France
7. La Baie des Anges
8. Roman d'Amour
9. Rio de Amor
10. Flirte avec Moi
11. Il A Neigé sur Yesterday
12. Harmonie

13번째 스튜디오 앨범 타이틀곡 〈Moi, Je Voyage 나는 여행해〉는 이태리 작곡가들의 곡에 자신이 가사를 썼다. 아슬한 그녀의 보컬은 제인 버킨Jane Birkin (1946-2023)의 창법처럼 여리고도 간절하면서도 성애적인 매력까지 발산하며 듣는 이의 애간장을 태운다.

네가 날 안을 때, 나는 여행해, 넌 신기루를 품고 있지만, 넌 모르지. 내 안의 깊은 바다로 홀로 나가 큰 성채를 들어 올리지. 네가 내 곁에서 잠들면, 나는 꿈을 꿔, 푸른 인도양을 향해 소리 없이 범선을 타고 떠나네. 나는 하얀 킬리만자로산의 호숫가 모래라네. 나는 여행해, 내가 급류가 되고 뗏목이 되지, 나는 일어나 떠나네, 태양과 큰 새들과 함께. 나는 여행해, 난 킬리만자로며, 콜로라도 하늘의 구름이야. 널 물가에 남겨두고, 나는 콜라라도 천국과 자유를 느껴.

〈Pourquoi 왜〉는 이태리 뮤지션 이바노 포싸티Ivano Fossati의 작곡으로, 몽롱하면서도 우울한 뮤지컬이다. 멀리 떨어진 연인을 그리워하며 사랑하지만 왜 사랑은 눈물을 흘리게 할까라는 고독의 감정이다.

〈J'Ai le Cœur Gros du Temps Présent 요즘 마음이 무거워〉는 자신이 쓴 가사로, 수녀원에서 어린 시절을 보내며 여성으로서 정조의 삶을 살았던 할머니에 대한 연민을 그렸다.

애상적인 〈Moi Aussi Je T'Oublie 나도 널 잊어〉는 본작의 주요 현악 편곡을 맡았던 장-클로드 페티Jean-Claude Petit의 작곡이다.

…고통은 이제 끝났어, 그래 어쩌면, 너처럼 나도 그걸 패배라고 불러, 난 이미 너에 대한 사랑을 끝냈어, 유일한 미래는 나 혼자 짊어져야 해, 더 이상 아무것도, 그 누구도 기다리지 않아, 곧 죽을 나무처럼, 내 마음은 무너지고 있어…

싱어송라이터 디디에 바르블리비앙Didier Barbelivi-en의 작곡인 〈Lettre de France 프랑스에서의 편지〉는 멀리 떨어진 연인을 향한 그리움이 푸르게 물든다.

…몽마르트에는 너의 유령이 가득해, 아를르의 여인이 널 기억해, 올랭피아의 불빛도 너와의 사랑을 기억해. 말해줘, 내게 돌아온다고, 겨울이 오기 전에 내게 돌아와, 추운 이 겨울, 네가 없는 이 프랑스에는 비가 내려, 대서양 끝에서

내게로 돌아와, 모든 배는 돌아오지, 내게로 돌아와. 제발, 난 너무 아파, 날 잊지 마.

장-클로드 페티 작곡인 〈La Baie des Anges 천사의 해변〉의 감미로운 팝 감각은 생크림처럼 달콤한 청감을 한가득 실어다 준다.

…새로운 삶으로 비상하기 위해, 새로운 나날들로 날아봐, 세상은 새로운 색상을 띠고 있는걸, 날개가 있는 것처럼. 불어오는 바람에 귀 기울여 봐, 작은 행복을 찾고 들어봐, 세상은 라라라를 노래하고 있어…

〈Roman d'Amour 연애소설〉은 피에르 바슐레Pierre Bache-let(1944-2005)가 작곡한 쥬스트 쟈킨Just Jaeckin 감독의 영화 「Le Dernier Amant Romantique 마지막 로맨틱 연인, 1978」의 주제로, 멜랑꼴리한 서정이 주위를 맴돈다.

…넌 날아가겠지, 어느 날 아무런 경고도 없이, 너의 길로, 네 이야기만을 가지고. 난 회고록에 아무것도 쓰지 않을 거야, 연가도, 콧노래도, 우리에게 믿음을 주었던, 어느 날 갑자기 사랑이 아니게 된 사랑 이야기도…

〈Flirte avec Moi 나랑 사귀어줘〉는 장-클로드 페티 작곡으로, 유혹의 노래지만 그녀의 음성은 매우 진지하게 느껴진다.

…내 몸에 벨벳을 입혀줘, 오후 내내. 내겐 딱 하나의 소망이 있었지, 네 옆에 있는 나를 찾아봐, 조용히 속삭일 수 있게, 나랑 연애해.

히트곡 〈Il A Neigé Sur Yesterday 어제 눈이 내렸네〉는 프랑스 작사가 미셸 주르당Michel Jourdan의 가사에 장-클로드 페티와 편곡가 토니 랄로Tony Rallo의 작곡으로, 본작을 대표하는 명곡이다. 이는 1970년 Beatles의 해체의 슬픔을 노래한 것으로, Yesterday, Yellow Submarine, Hey Jude, Hello Goodbye, Penny Lane, Lady Madon-na, Eleanor Rigby, 그리고 Michelle을 포함한 노래 제목들로 가사가 이어진다.

1993 | Une Musique | 191 309 2

1. Genève… Ou Bien
2. Ma Viva
3. Déjà Vu
4. La Guerre D'Irlande
5. Jérusalem, Yerushalayim
6. Zistoires D'Amours
7. Bis Bald Marlene
8. Base-Ball Magazine
9. Richard Toll
10. Pauvre Comme Job
11. Calle Santa Rita

거의 15년 만에 발표된 마지막 스튜디오 앨범 《Reconnaiss-ances 인식》은 대부분을 남성 싱어송라이터이자 기타리스트 장-마리 로Jean-Marie Leau와의 공작으로 수록했다. 우리에겐 잘 알려지지 않았지만 그녀의 팬이라면 놓칠 수 없는 앨범이며, 여전한 음색에 현대적인 팝 감각은 매우 훌륭하다. 라이브 음악감독이자 피아니스트이며 영화음악가인 이반 세자르Yvan Cassar가 현악 편곡과 지휘를 맡았다.

〈Genève… Ou Bien 제네바… 아니면〉은 첼로와 피아노 그리고 플루트가 가세하는 고색적인 현악이 매우 서정적이다. 1978년에 제네바로 이주한 후, 갤러리 운영을 거쳐 경매사로도 일하며 다섯 번째 결혼생활 중이던 그녀는 '설원의 제네바는 어떤 소리도 없이 잠든 것 같아…'라고 노래한다. 제네바의 사계를 그저 관찰자의 입장으로 서술하는 가사에서 소외와 고독을 느끼게 된다.

〈Ma Viva 내 인생〉은 침울하고 급박한 댄스풍의 곡으로, 반도네온의 열기 있는 입김이 후끈하다. 파도에서 눈물에 이르는 감정을 소비하며 큰소리로 꿈꾸고 외치고 생각하는 자신의 팜므파탈의 인생이 재빨리 지나감을 인식한다.

〈Déjà Vu 데자뷔〉는 환상에 휩싸인 듯한 발라드로, 상처 반, 실망 반이었던 파리의 생활에 대한 회색빛 이미지가 그녀를 지배한다.

〈Jérusalem, Yerushalayim 예루살렘〉은 신비와 몽환에 둘러싸인 월드뮤직으로, 무고한 죽음을 진혼하며 거룩한 사랑의 의미가 불멸하길 기도한다. 예루살렘 성전의 '통곡의 벽'에서 느낀 감정이 아닐까?

세네갈 북부의 도시명을 타이틀로 한 〈Richard Toll 리샤르-톨〉은 중독적이고도 매혹적인 댄스풍의 곡으로, 파리에서 살아가는 세네갈 이민자들의 향수를 세밀하게 묘사한다. 물론 아프리카의 음소가 가볍게 윤색되어 있다.

농염함이 감도는 재즈 뮤지컬 〈Pauvre Comme Job 욥처럼 가난해〉는 자신의 애정에 대해 무신경한 상대에서 받는 모멸감을 노래한 것으로, 그도 자신의 기분처럼 못생겼고 가난하다고 불평한다.

이후 라이브 트랙 모음집 《Voyages Au Long Cours 장거리 여행, 1998》을 발표하였다.

2005년에 라이브를 열었으며, 예정된 2007년 은퇴 콘서트는 건강상의 이유로 취소되었다. 2008년은 마지막 영화 출연이었으며, 2009년에 마지막 연극무대를 마쳤다.

사후 이색적인 녹음 《Le Feu 불, 2024》이 발매되었다. 특히 이 앨범은 《Moi, Je Voyage 나, 나는 여행해, 1979》에 이어 1980년에 녹음된 것으로, 그녀는 발매를 원치 않아 테이프는 제작자의 금고에 보관되었다고 한다. 이후 도둑이 들어 분실했고, 2022년에 기적적으로 찾게 되었다고 한다. 탱고, 록발라드, 팝 등 영미의 음악을 연상시키는 현대적인 연주로 녹음되었다.

11개의 수록곡 중 〈Moi, Marie 나, 마리〉가 그녀의 빈자리를 채워주는 것 같다.

나 마리, 나와 결혼해 줘, 우리의 아이는 왕이 될 거야, 나를 지켜줘, 눈으로 쌓인 날 봐줘, 사랑해 줘, 날 데려가, 별빛 아래 지붕 밑으로, 나를 열어줘, 부활하는 섬처럼 날 찾아줘, 너의 배를 멈추면, 너의 요람이 될, 내 심장의 항구를 발견하게 될 거야… 더 이상 두렵지 않아, 더 이상 춥지도 않아, 가르쳐 주고 놀라게 해줘, 내 목소리에서 누락된 합당한 단어를 말해줘, 짚으로 만든 침대와 장작불만 있으면, 하늘이 우리를 도울 거야.

Michel Delpech ● 미셸 델페쉬

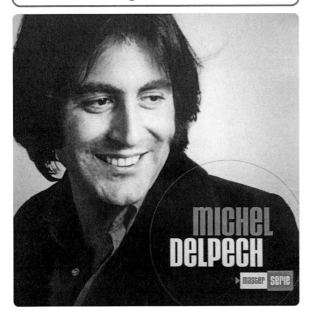

그는 글쓴이가 알고 있는 프랑스 가수 중에서 가장 부드러운 음성을 지닌 남성 중 한 사람이다.

잘 연마된 글솜씨로 작가로서도 잘 알려져 있고, 이러한 그의 능력은 그의 노래에서도 잘 나타난다. 그래서 그가 쓴 가사의 노래들은 많은 샹송 가수들에게 부러움을 사고 있으며, 뮤지션들의 존경까지도 받고 있다.

특히 〈Chez Laurette 세즈 롤레트〉, 〈Pour un Flirt 유희를 위하여〉 등이 국내에 잘 알려져 있는데, 감미로운 그의 고전부터 듣다 보면 솜털처럼 부드러운 그의 멜로디와 음성에 깊은 매력을 느끼게 된다.

미셸 델페쉬(1946-2016)는 본명이 장-미셸 델페쉬Jean-Michel Delpech로 프랑스 파리 근교 쿠르브부아Courbevoie에서 출생했다.

10대 시절, 파리에서 활동한 스페인 바스크 출신의 테너 루이스 마리아노Luis Mariano(1914-1970)와 같은 성악 가수들과 질베르 베코Gilbert Bécaud(1927-2001), 샤를 아즈나부르Charles Aznavour(1924-2018) 같은 유명 가수들에 열광했고, 1963년 고등학교 시절 친구들과 밴드를 결성했다. 겨우 18세의 델페쉬는 오디션을 보고 Vogue 레코드사에 합류, 자신의 곡을 수록한 첫 EP 《Anatole 아나톨, 1963》로 데뷔하며, 영원한 친구인 작곡자이자 피아니스트 롤랑 뱅상Roland Vincent을 만난다.

이듬해에 청소년 뮤지컬 「Copains Clopant 안녕! 친구들」에 약 6개월 동안 출연했고, 그가 부른 〈Chez Laurette 세즈 롤레트〉가 히트하며 이 뮤지컬은 인기를 얻는다.

스무 살이 되던 해 그의 성공은 증폭되었다. 데뷔작 《Inven-taire 66 목록 66, 1965》에 이어, 뮤지컬을 기념하기 위해 1966년 결혼하게 되는 샹탈 시몽Chantal Simon과 〈Chez Laurette 세즈 롤레트〉를 EP로 내놓았으며, 올랭피아 극장에서 자크 브렐Jacques Brel(1929-1978)의 라이브 오프닝에 38회나 서게 되었다.

1967년에는 미레유 마티유Mireille Mathieu의 매니저와 함께 일하게 되었고, 그는 그녀의 국제투어에 동행할 수 있었다. 1968년 싱글 〈Il y a des Jours Où on Ferait Mieux de Rester au Lit 침대에 누워있는 것이 더 좋은 날이 있네〉가 디스크 대상을 수상, 샹송의 명가 Barclay 레이블과 계약한다.

영국 남부 Wight 섬의 록 페스티벌을 소재로 한 〈Wight is Wight〉, Beatles에 헌정한 〈Et Paul Chantait "Yesterday" 그리고 폴은 Yesterday를 노래해〉, 로큰롤 〈Pour un Flirt 유희를 위하여〉 등이 그의 성공에 더욱 박차를 가했다.

Chez Laurette

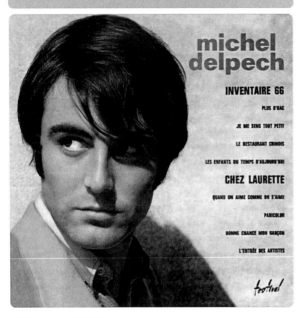

michel delpech

INVENTAIRE 66

PLUS D'BAC

JE ME SENS TOUT PETIT

LE RESTAURANT CHINOIS

LES ENFANTS DU TEMPS D'AUJOURD'HUI

CHEZ LAURETTE

QUAND ON AIME COMME ON S'AIME

PARICOLOR

BONNE CHANCE MON GARÇON

L'ENTRÉE DES ARTISTES

1965 | Az | 549340-2

1. Inventaire 66
2. Paricolor
3. Je Me Sens Tout Petit
4. Quand On Aime Comme On S'Aime
5. Les Enfants du Temps d'Aujourd'hui
6. Chez Laurette
7. Le Restaurant Chinois
8. Bonne Chance Mon Garçon
9. Plus d'Bac
10. L'Entrée des Artistes

보통 음악팬들은 아티스트를 기억할 때, 그의 대표곡을 함께 떠올린다. 유명 뮤지컬 「Les Misérables 레미제라블, 1980」과 「Miss Saigon 미스 사이공, 1989」의 히로인 클로드 미셸 쇤베르그Claude-Michel Schonberg의 사랑 노래 〈Le Premier Pas 첫 발자욱〉, 레니 에스쿠데로Leny Escudero(1932-2015)의 〈Ballade à Sylvie 실비의 발라드〉 등 ….

미셸 델페쉬라 하면 글쓴이는 〈Chez Laurette 세즈 롤레트〉가 가장 먼저 떠오른다. 그의 청소년기의 향수를 담은 이 노래는 고교 시절 방과 후 친구들과 시간을 보냈던 아지트로, 그의 집 근처 카페-바의 이름이다. 그 주인은 델페쉬가 어렸을 때부터 그를 봐주곤 했다고 한다.

그는 첫 EP를 발표한 후 작곡가 롤랑 뱅상Roland Vincent과 미팅 차 자신의 집으로 향하던 기차 안에서 이 가사를 썼고 뱅상은 매료되어 바로 작곡했다고 한다. 하모니카 와 현악의 노스텔지아는 휘파람이 되어 가슴속으로 스며든다.

그녀가 우리를 매우 사랑한다는 걸 알 수 있었네, 우리를 '내 아이들'이라 불렀으니까. 우린 그녀와 함께 슬롯머신으로 용돈을 따기도 했지. 수업이 끝나고 우리가 들어갔을 때 롤레트는 미소 지었네, 그녀가 우리에게 키스하면, 우리의 걱정과 문제는 사라졌네. 롤레트는 좋았어, 우리가 파티를 하면, 그녀는 돈 없는 우리를 위해 지불해 줬지, 카페엔 우리를 위한 구석자리가 있었네, 우리는 지나가는 여자들을 보러 거기에 갔고, 나는 정말 좋아했던 몇몇 사람을 기억하고 있어, 우리가 곤경에 처하면, 롤레트는 우리를 위로해 주었네, 그녀는 말벗이 되어주었고, 우리는 웃었지. 그녀는 눈 깜짝할 사이에 모든 걸 바꿀 수 있었네. 롤레트는 좋았어, 우리는 돌아갈 거야, 세즈 롤레트를 잊지 않도록. 세즈 롤레트는 좋았어, 우리는 다시 이야기할 거야, 롤레트와의 지난 추억을.

〈Quand On Aime Comme On S'Aime 서로 사랑하듯 우리가 사랑할 때〉의 잔잔한 서정도 우리의 사랑의 추억을 아련하게 회상하게 해준다.

…만약 불행하게도 어느 날 우리도 헤어져야 하고. 시간이 너무 빨리 지나가 지난 시간을 잊어버린다 해도, 어쩌면 어느 아침에 '사랑해'라는 말을 듣게 될 누군가가 될지도 몰

라. 하지만 우리는 거짓말을 하게 되겠지, 그 말은 더 이상 우리가 서로 사랑하듯 사랑할 때와 같지 않을 것이기에…

〈Bonne Chance Mon Garçon 행운을 빌어 내 아들〉은 가수의 꿈을 안고 집을 떠날 때 자신을 키워 준 모친이 자신에게 해준 말을 소재로 하였다. 미래에 대한 희망과 슬픈 이별이 교차하는 트랙이다.

〈Plus d'Bac 졸업장〉은 언제 들어도 신선하기 그지없다. 바흐Bach를 연상시키는 서두를 지나면 The Swingle Singers의 음악처럼 앙상블 중창의 화려한 재즈 스캣이 청각을 매료시킨다. 이는 자신의 음악을 위해 고등학교 졸업을 앞두고 자퇴한 사연이 소재가 되었다.

〈L'Entrée des Artistes 아티스트 전용 출입문〉은 커피와 함께 배경으로 두어도 좋을 부드럽고 편안한 재즈음악이다. 그가 음악당에서 자극이 되어주었던 '일반인 출입 금지' 밑에 쓴 '아티스트 전용 출입문'을 들여다보며 꿈의 환상을 펼쳤던 에피소드가 매우 공감이 간다.

Michel Delpech

1969 | Barclay | 984012 7

1. Le Mauvais Jardinier
2. On Ne Meurt Qu'une Fois
3. T'es Belle Comme une Locomotive
4. Les Hirondelles Sont Parties
5. Il y a des Jours Ou l'on Ferait Mieux de Rester au Lit
6. Le Voyage
7. L'échelle
8. Paris À Marée Basse
9. Les Pies
10. Elisabeth de Quelque Chose
11. Poupée Cassée
12. L'amitié N'existe Plus

1968년 디스크 대상을 수상한 싱글 〈Il y a des Jours Où on Ferait Mieux de Rester au Lit 침대에 누워있는 것이 더 좋은 날이 있네〉가 수록된 두 번째 앨범이다.

이 곡은 빠른 템포에 실리는 클래시컬한 현악이 이채로운 곡으로, 운수 사나운 날이 소재가 되었다. 내려놓은 모닝커피를 누군가 마셔버리고, 답답해서 산책하러 가다 고슴도치를 치었다는 에피소드를 들려주면서 일상 속에서 직면하게 되는 오도치 않은 상황들에 대한 공감을 이끌어낸다.

〈On Ne Meurt Qu'une Fois 한 번만 죽는다〉는 그 우울한 서정이 안개에 젖은 파리의 분위기를 떠올려준다. 이는 사랑, 지루함, 질투심, 즐거움, 이별, 사고 등 수많은 이유로 죽거나 죽음을 한 번쯤 생각하는 우리들에게 우리는 선택할 수 있는 매우 현명한 사람이며 자랑스러운 천사로 살아가기 위해 어떻게 대처해야 하는지 알아야 한다고 말한다.

〈Le Voyage 여행〉은 꿈과 사랑을 향한 인생 여정을 그린 것으로, 힘 있는 가창에 은은한 빛을 발산하는 물결처럼 선율이 매우 서정적이다.

…나는 경주했네, 태양과 함께, 그리고 난 언젠가 그 사람을 따라잡을 거야, 그리고 그와 함께 하늘로 오를 거야…

〈L'échelle 사다리〉는 욕망의 사다리 끝에 서기 위해서 한 걸음 한 걸음 내디딜 때 우리의 발밑에는 겨우 하나의 가로대가 있을 뿐이라고 노래하며 비장하고도 단호한 의지를 심어준다. 자신을 앙양하라는 메시지가 아닐까.

썰물이 드는 가을 파리에 사랑은 밀물처럼 밀려든다는 파리 찬가 〈Paris À Marée Basse 썰물의 파리〉의 낭만은 푸른 물감을 투명하게 덧칠한다.

〈Elisabeth de Quelque Chose 어떤 엘리자베스〉는 화창하고도 발랄한 플루트 협주곡에 흐르는 감미로운 여성 스캣과 그의 감미로운 보컬은 첫사랑에 대한 추억 속으로 머물게 한다.

플루트의 전원곡 〈L'Amitié N'Existe Plus 우정은 더 이상 없어〉는 짧지만 안온한 위로를 전한다. 분노와 슬픔을 안겨주며 서로를 찢는 날카로운 기억에 대한 탄식이다.

작곡가 롤랑 뱅상Roland Vin-cent과 다시 조우한 세 번째 앨범 《Album Delpech, 1970》에는 Beatles에 헌정한 〈Et Paul Chantait "Yes-terday" 그리고 폴은 Yes-terday를 노래해〉와 히트의 견인차가 되었던 〈Un Coup de Pied dans la Montagne 산에서 발차기〉가 수록되어 있다. 특히 후자는 악과 고통을 몰아내자는 기도로, 가스펠의 숭고함이 흐른다.

또한 아트록을 연상시키는 〈Mon Equipage 내 승무원〉을 만날 수 있는데, 드럼과 불타는 기타 연주가 너무나 뜨겁다. 이는 보물섬을 찾으러 떠나는 뗏목 항해에서 무사히 도착하기 위해서는 최초의 승무원이 사랑하는 여인이어야 한다고 노래한다. 인생과 사랑의 절묘한 비유이다.

1971년 여름에는 우리에게 가장 잘 알려진 노래 〈Pour un Flirt 유희를 위하여〉를 발표, 벨기에, 덴마크, 핀란드, 프랑스 차트에서 1위를 달성하며 100만 장 이상 판매되었다. 델페쉬는 미셸 폴나레프Michel Polnareff가 1966년에 노래한 〈L'Amour avec Toi〉에서 영감을 받아 'Flirt avec Toi'란 가사를 후렴구로 썼다. 경쾌하고 행복감을 주는 이 노래는 이후 많은 월드뮤직 가수들이 커버해 노래했다.

당신과 함께 유희를 위해, 난 뭐든 할 거야, 어느 날 당신의 품에서 작은 여행을 하기 위해, 모든 걸 버릴 수 있어, 단 한 번의 훔친 키스를 위해, 나 자신을 줄 거야…

1972년 올랭피아 극장 라이브를 가진 그는 《Le Chasseur 사냥꾼, 1974》를 발표했는데, 이에는 또 하나의 명곡이 수

록되었다.

레이몽 르페브르Raymond Lefevre(1929-2008)의 〈슬픔이 끝나는 곳에〉이란 제목의 연주곡으로도 잘 알려진 〈La Maison est en Ruine 집이 폐허가 되었네〉이다.

홍수로 집을 잃고 망연자실한 아내를 위로하는 곡이지만, 서정으로 청자의 가슴을 쓸어내리게 하는 이 비애의 드라마에서 그는 어떠한 어려움이 닥치더라도 사랑하는 이와 함께 극복할 수 있다는 희망을 전한다.

…우리는 다시 시작할 거야, 내게는 아직 마음과 두 팔이 있어, 내 사랑 그 집, 우리가 다시 지을 거야, 너와 내가…

이렇듯 작곡자 뱅상과 합류하여 대표작들 《Album, 1970》, 《Le Chasseur 사냥꾼, 1974》, 《Quand Jétais Chanteur 가수였을 때, 1975》, 로큰롤 싱글 〈Le Loir-et-Cher 루아르에셰르, 1977〉 등을 발표하며 성공을 거두었지만, 그는 시련을 피해 갈 수 없었다. 아내와의 이혼문제와 그녀의 자살로 심한 우울증을 겪게 되고, 카톨릭에서 불교로 개종할 만큼 정신적인 안정이 절실했다.

영미 팝을 불어로 노래한 《5000 Kilomètres, 1979》를 발표했으나, 그 우울증에서 헤어 나오지 못해 그의 자서전에서 자살시도까지 했었다고 밝혔다.

수해의 공백기를 거치고 1983년 예술가 주느비에브 가르니에 파브레Geneviève Garnier Fabre를 만나 2년 만의 사랑 끝에 재혼했는데, 이는 재기의 발판이 되었다.

그해 새출발을 주제로 한 싱글 〈Loin d'Ici 멀리, 1984〉를 발표하고, 신작 《Oubliez Tout Ce Que Je Vous ai Dit 내가 네게 했던 말은 잊어버려, 1986》가 뒤를 이었다.

Les Voix du Brésil

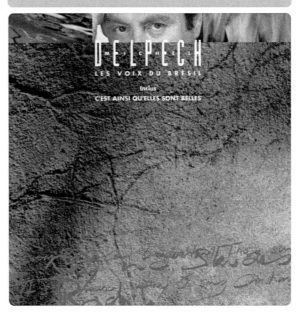

1992 | Trema | 710406

1. Sul America
2. Chico Mendes
3. Multiraciale et Pluriculturelle
4. Terre Amour
5. Christians, Muslims and Jews
6. Les Voix du Brésil
7. Rêve de Gauguin
8. Pleure pas Eva
9. Corcovado
10. C'est Ainsi Qu'elles Sont Belles

1990년대의 시작을 알리는 본작은 피에르 바슐레Pierre Bachelet(1944-2005), 에르베르 레오나르Herbert Leonard의 작사가로도 활동한 바 있는 장-피에르 랑Jean-Pierre Lang과 함께 대부분의 가사를 썼고, 작곡은 그의 오랜 파트너 롤랑 뱅상 Roland Vincent이 맡았다.

〈Chico Mendes〉는 아마존강 유역의 무분별한 개발에 반대하다 1988년 44세의 나이로 암살당한 브라질의 야생 고무 채취자 치쿠 멘데스를 기리는 노래이다. 아마존의 광활함 속에 밀림을 울리는 피리 소리로 문을 열며, 부드러운 여성 코러스와 함께 엄숙한 델페쉬의 비가悲歌, 넋을 기리듯 서정적인 인디오의 피리, 여가수 베베우 지우베르투Bebel Gilberto와의 성명서가 이어진다.

그의 육체가 묻힌 밀림의 땅, 살바도르 해변 목줄의 땅, 두 고독이 포옹하고 배려에 충만된 연인들의 대지. 아무도 모른 채 자신의 젊음을 바친 그의 이름은 치쿠 멘데스라네. 모든 대양이 추앙하는 땅, 그의 검은 머리가 침몰당했지, 잔혹하고 악랄한 불도저와 함께 그의 옷을 눈물로 적신 폭군이 있었네. 당신들은 단순한 방어였을 뿐이라 이야기했지만, 아무도 모른 채 자신의 젊음을 바친 그의 이름은 치쿠 멘데스라네.

감미로운 보사노바풍의 발라드 〈Terre Amour 사랑의 땅〉은 그의 멜로디를 따라가는 엷은 여성 의 보컬과 함께 미풍이 유유히 흐른다.

사랑의 땅, 태양이 비추네. 혹은 열대 태양의 녹색 빛 속으로 들어온 것인지도. 태양은 아마존을 비스듬히 비추네, 당신은 내게 나날들을 주었지, 마치 난초처럼. 여인에게 삶이 주어졌을 때 아름다움도 함께 주었지… 여인의 생이 시작되었을 때 우리에게 자유가 주어졌네… 또한 모든 강에는 우주를 현혹시키는 멋진 노래가 주어졌지.

〈Les Voix du Brésil 브라질의 음성〉에서는 세계적인 브라질의 목소리를 소개하고 있으며 그들에 게 존경을 표한다.

나는 아프리카 톰스에서 바람의 숨결로 밀려오는 브라질의 모든 음성을 듣네, 바다의 파도에 밀려오는 브라질의 모든 음성, 살아있는 브라질리아, 빈민가의 경찰 사이렌 소리, 코파카바나의 여인들의 웃음, 바이아의 삼바의 드럼, 나는 마리아 베타니아Maria Bethania의 거룩한 음성을, 불꽃 튀는 타니아 마리아Tania Maria의 목소리를, 쉬쿠 봐르키Chico Buarque의 노래와 기타 연주를, 나시멘투Nascimento의 훌륭한 음성을 듣지, 브라질의 모든 음성을… 뜨거운 한낮, 나는 갑판과 다리 위에서 그리고 크레인에서도 브라질의 모든 음성을 듣네, 리우데자네이루의 거리에서 나는 노래를 듣는다네, 아스트루 지우베르투Astrud Gilberto의 회심에 찬 목소리, 탄크리도 네비스Tancredo Neves 대통령과 비니시우스 지 모라이스Vinicius de Moraes의 민주적인 목소리를… 마리아 크레우사Maria Creuza의 깊은 목소리, 자웅 지우베르투Joao Gilberto, 지우베르투 지우Gilberto Gil, 조르지 벵Jorge Ben의 존경스러운 음성, 그리고 카를루스 조빙Carlos Jobim의 피아노를… 브라질의 모든 음성을…

〈Rêve de Gauguin 고갱의 꿈〉은 문명을 혐오했던 후기 인상파 화가 고갱Paul Gauguin(1848~1903)이 현실에서 벗어나 남태평양 타히티섬으로 떠나는 꿈을 그린 노래로, 시원한 바닷바람과 일렁이는 파도의 고저가 느껴지는 나른함의 환상곡이다.

〈Pleure pas Eva 울지마 에바〉는 이방 린스Ivan Lins의 1980년 작 〈Arlequim Desconhecido〉의 번안곡으로, 퓨전재즈와 탱고풍의 작품이다.

동명의 보사노바 명곡이 있을 정도로 리우데자네이루의 아이콘이기도 한 거대한 예수상이 있는 산 이름 〈Corcovado 코르코바도〉는 코파카바나 해변의 은파처럼 부서지는 피아노와 고고한 첼로 저음에 그와 베베우 지우베르투의 낭독이 이어진다. 자애를 구하는 플루트가 깊은 감동을 선사한다. 빈민을 돕기 위한 캠페인과도 같은 메시지를 피력하였다.

코르코바도의 그리스도, 배고픈 아이에게 사과를 주려 해도 손에 묶인 줄을 풀 수 없네. 그건 석상이기 때문이지. 하지만 도로의 모든 사람은 그리스도야. 그게 가능하니까…

Le Roi de Rien

1997 | Trema | 710734

1. Le Roi de Rien
2. Mon Ami Est Ridicule
3. Cartier-Bresson
4. Tu L'aimes
5. C'est A Paris
6. Les Salauds
7. Etre Un Saint
8. On Pourra Plus Siffler Les Filles
9. Sans Remords Ni Regrets
10. Une Chanson Légère
11. Ballade Pour Une Vieille Indienne

지천명의 나이를 넘기며 발표한 《Le Roi De Rien 아무것도 아닌 왕》은 자신의 변덕스러운 삶을 숙고하고 있는 작품으로, 여전히 감미롭고 서정적인 현대성으로 완성했다.

신선한 신시사이저 음향이 샘솟는 타이틀곡에서 미친 이기심으로 모든 걸 부숴버린 자신을 돌아보며 여분의 인생을 향해 자유로운 인생을 즐길 것이라고 공표한다. 백파이프 연주도 찬란한 음성으로 축하하고 있다.

너무나 멋진 〈Cartier-Bresson 카르티에 브레송〉은 현대 사진작가 앙리 카르티에 브레송Henri Cartier-Bresson(1908-2004)에 대한 찬사로, 아무도 흔적을 남기지 않는 삶의 정글과 잃어버린 운명 속에서 이유를 찾는 그의 시선에 대한 존경심을 그렸다.

〈Tu L'Aimes 너는 그것을 사랑해〉의 느슨한 피아니즘의 회화는 황홀한 인상주의 빛을 반짝인다. '그녀는 나를 여러 번 구해 주었지'라는 가사로 미루어, 아마도 안정기에 접어든 두 번째 인생의 반려자를 위한 곡이 아닐까 생각된다. 있는 그대로 받아들이는 연인에 대한 감사가 따스하다.

색소폰 즉흥이 화려한 블루스 〈C'est a Paris 파리에 있어〉는 전율과 저주를 거치며 자신의 인생이 확장되었던 파리에 대한 애증이고 안도감이다.

〈On Pourra Plus Siffler Les Filles 우린 더 이상 숙녀에게 휘파람을 불 수 없을 거야〉는 본래 여성에 대한 호감의 표시로 '꽃'의 의미였던 휘파람이 글래머 여성들에 대한 조롱으로 변질된 것에 관한 서글픔이다. 이는 곧 자신의 위선이며 상대방에 대한 학대라 말한다.

이후 간간이 정규앨범들을 발표했으나 주로 콘서트를 통해 많은 팬들 앞에 섰으며, 이순耳順의 나이에 후배 가수들과 자신의 히트곡을 부른 《Michel Delpech &···, 2006》를 발표, 차트 1위를 기록하며 무려 21주 동안 머무르는 뜨거운 호응을 얻어냈다.

그 이듬해에는 그랑 렉스Grand Rex 극장을 시작으로 콘서트를 거행했으며, 《Sexa, 2009》를 발표하며 더욱 연륜이 넘치는 그의 부드러운 음성의 건재함을 알렸으나 이는 마지막 앨범이 되어버렸다.

문제아의 자유로운 영혼

Michel Sardou ● 미셸 사르두

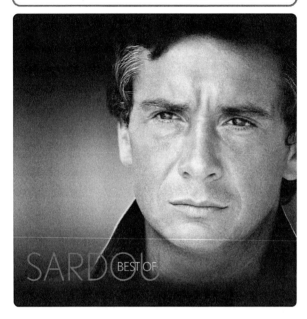

1947년에 파리에서 출생한 미셸 사르두의 조부는 영화배우였고 조모는 코미디언이었으며 부모가 모두 영화배우로 활동했다.

어린 시절 부모를 따라 파리 카바레와 공연을 따라 보냈다. 학업에는 관심이 없었던 그는 16세 때 영화 「L'Homme de Rio 리오에서 온 남자, 1964」를 보고는 브라질로 가서 스트립 클럽을 차릴 계획을 가졌으나 공항에서 붙잡혀 부친이 데리고 간 적이 있다고 한다.

1960년대 초반 몽마르트 카바레를 돌며 노래하기 시작했고 부모가 경영하는 카바레에서도 웨이터와 가수로 일했다. 또한 연기 수업도 병행했다.

르네 클레망 감독의 영화 「Paris brûle-t-il ? 파리는 불타고 있나?, 1966」에 단역으로 출연하고 Barclay 레코드사와 계약하며 첫 싱글을 발표한다.

1966년에 그의 주요 협력자가 되는 작곡가 자크 레보Jacques Revaux를 만났으며, 병무청 신고를 잊어 경찰에 체포, 군 입대를 해야 했다.

샤를 드골 공화국에서 친미 성향의 가사가 담긴 새로운 싱글은 검열을 받았고, 심지어 음반은 압수되기도 했다. 그의 노래가 상업적인 Barclay 레코드사에 적합하지 않다는 판단으로 해고되어 트레마 레코드사와 계약한다.

첫 앨범 《J'habite en France 나는 프랑스에서 살아, 1970》로 첫 성공을 거두었는데, 노래방을 소재로 한 경쾌한 싱글 〈Les Bals Populaires 인기 있는 무도회〉는 50만 장 이상 판매되었으며, 타이틀 싱글은 남성우월적 성격으로 파시스트 노래로 인식되기도 했으나 역시 판매량 1위를 차지하며 샤를 크로 아카데미Académie Charles-Cros상을 수상했다. 연이은 성공으로 그는 올랭피아 극장에서 처음으로 공연했다. 군인의 동성애를 조롱하는 싱글 〈Le Rire du Sergent 상사의 웃음〉도 골드를 기록하며 히트 퍼레이드에 동참했다.

미셸 사르두는 프랑스어권 가수들의 음반 판매 공식 집계에서 셀린 디온Céline Dion, 조니 알리데이Johnny Hallyday(1943-2017)에 이어 1억 장 이상 판매하여 세 번째로 이름을 올린 스타이다.

La Maladie d'Amour

1973 | Trema | 710157

1. La Marche en Avant
2. Zombi Dupont
3. Les Villes de Solitude
4. Le Curé
5. Hallyday (Le Phenix)
6. Les Vieux Mariés
7. Tu Es Pierre
8. Tuez-moi
9. Je Deviens Fou
10. Interdit aux Bébés
11. La Maladie d'Amour

프랑스 혁명기의 정치가 이름을 타이틀로 한 《Danton 당통, 1972》은 그의 친구이자 트레마 레코드사의 공동창립자 자크 레보Jacques Revaux가 한 곡을 제외하고 나머지를 전부 작곡했다. 이 앨범은 억압된 모습의 커버만으로도 논란에 휩싸였고, 동명의 곡 또한 매우 정치적이었다.

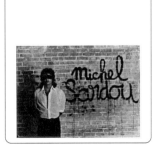

그리고 결혼을 유머러스하게 조롱한 성공적인 싱글 〈Bonsoir Clara 안녕 클라라〉도 스캔들을 일으켰다.

우리에게 친숙한 〈Un Enfant 아이〉는 바이올린과 여성 보컬과 코러스를 가미하고 웅장한 현악 선율로 찬양한다. 이는 혼외자에 대한 존중을 시사한 곡이다.

비장한 〈Le Surveillant General 사감 선생님〉은 그가 중등학교 기숙생활을 하던 사춘기 시절을 떠올리며 쓴 곡이다. 그는 그녀를 불쌍한 사이코라 칭하면서 밤마다 성적 호기심이 왕성한 학생들이 담요 위에 누워 팔짱을 끼고 있는 모습을 감시했다고 비판했다.

본작 《La Maladie d'Amour 사랑의 열병, 1973》은 우리에게 잘 알려진 앨범으로, 그의 고전들이 대거 수록되었다. 백만 장 이상 판매되어 그를 톱스타 반열에 올렸다. 모든 작곡은 작곡가 자크 레보가 맡았다.

〈Hallyday (Le Phenix) 알리데이 (불사조)〉는 당시 젊은 영혼들의 열렬한 지지를 받았던 로큰롤 스타이자 그의 친구 조니 알리데이Johnny Hallyday(1943-2017)에 대한 찬사이다. 웅장한 록발라드는 시기와 음해를 물리치고 잠자는 물의 급류를 만드는 것이 그의 운명이라 말하며 폭발하듯 응원한다.

싱글 차트 1위를 기록한 대표곡 〈Les Vieux Mariés 노부부〉는 자크 브렐Jacques Brel(1929-1978)의 1963년 노래 〈Les Vieux 노부부〉에 대해 죽음을 묘사한 어둠에 반하여 쓴 것이라 한다. 그래서 이는 시련의 세월을 견뎌온 연인의 사랑과 노년의 행복을 부각하고 있다. 오히려 음악적으로는 잔잔한 브렐의 노래보다 더 애툿하다.

…당신은 내게 아름다운 아이들을 주었네, 이제 당신은 쉴 권리가 있어… 우리는 행복한 날들을 다시 보낼 거야, 그리고 끝까지 당신만 볼 거야, 시간이 우리를 늙게 해도, 내 마음은 변치 않을 거야…

타이틀곡 〈La Maladie d'Amour 사랑의 열병〉은 명실공히 사르두의 대표곡이다. 네 번째로 백만 장 이상 판매된 베스트 싱글이 되었으며, 10주 동안 인기차트 1위를 유지했다. 앙리꼬 마시아스Enrico Macias의 〈Le Fusil Rouillé 녹슨 총〉을 들으면서도 그랬는데, 오래전 이 곡을 처음 들었을 때 열 손가락 안에 드는 아름다운 샹송이 아닐까? 생각한 적이 있다. 서두에 진동하는 드럼 소리만 들어도 가슴이 두근거리고 코러스와 포근하게 겹치는 선율에 콧날이 시큰하다.

사랑의 열병이 퍼지고 또 번지네, 7세의 아이들 마음속에서부터 77세까지. 자비 없는 이 강물은 노래하고 또 부르네, 물결의 침상에서 금발과 잿빛 머리를 이어주지, 그것은 남자들을 노래하게 하고, 세상을 위대하게 해. 때론 평생을 아프게 하지, 여자를 울게 하고 어둠 속에서 비명을 지르게 해, 하지만 가장 고통스러운 건 그것으로부터 치유될 때야… 그것은 영어 교사의 청순한 매력에 걸상에 앉은 여학생을 놀라게 하고, 거리의 낯선 사람을 감전시키며 그 향기를 잊지 못하게 하지.

그는 연이은 성공으로 이듬해 여름 조니 알리데이와 함께 공동 라이브를 가졌으며, 단독으로 겨울 동안 올랭피아 극장에 다시 섰다.

La Vieille

1973 | Trema | 710158

1. La Vieille
2. Je Suis Pour
3. Le France
4. La Vallée des Poupées
5. Rien
6. W. 454
7. J'Accuse
8. Je Vous Ai Bien Eus
9. Je Vais T'Aimer
10. Le Temps des Colonies
11. Un Roi Barbare

역시 대표작 중 하나인 본작 《La Vieille 노부, 1976》는 가장 많은 논란을 불러온 앨범이었다.

자신의 아이를 사망하게 한 남편에 대한 아내의 보복심을 그린 〈Je Suis Pour 나는 원해〉는 당시 7세 소년을 납치 살해한 범죄와 사형제 폐지가 충돌한 것을 염두하고 썼다.

또한 레게 록풍의 〈Le Temps Des Colonies 식민지의 시간〉은 식민주의를 옹호한다는 비판을 받았으며, 비정상적인 일탈과 과잉과 범죄 그리고 동성애자를 위선자로 비난한 〈J'Accuse 난 비난해〉의 가사도 논란을 불러일으켰다. 그를 지지하는 동료 아티스트도 많았지만 이러한 파격적인 가사들로 안티팬들이 늘었고, 그의 콘서트에는 시위대가 따라다녔으며, 한 공연장의 보일러실에 폭탄이 발견되면서 취소되기도 했다. 하지만 이 앨범도 결과적으로 100만 장 이상 팔리는 대성공을 거두었다.

우리에게 잘 알려진 〈Le France 프랑스〉는 정부의 예산 문제로 인한 프랑스 여객선의 무장해제 조치를 비난하는 노래로, 저당 잡힌 안전에 대해 그는 프랑스가 부끄럽다고 노래한다. 그러나 음악은 꿈의 여행처럼 몽상적이고 장대한 대양이 펼쳐지는 바다의 교향악이다.

〈Rien 아무것도 남지 않았네〉의 변박과 멜로디는 예상치 못한 장엄한 드라마를 보여준다. 가사는 간파가 쉽지 않지만, 허무와 상실의 시대에 대한 근심이 가득하다.

60만 장 이상 팔리며 5주 동안 싱글 차트 1위를 기록한 〈Je Vais T'Aimer 널 사랑해〉는 호드리고Joaquín Rodrigo의 〈Concerto d'Aranjuez 아랑훼스 협주곡, 1939〉에 영감을 받은 것으로, 그는 전작에 수록된 〈La Maladie d'Amour 사랑의 열병〉보다 더 애착한다고 밝혔다. 사랑에 빠진 밤, 여성에게 보내는 관능과 열정이 라틴의 서정과 함께 과히 폭발적이다.

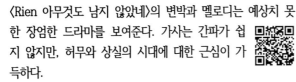

…우리의 영혼이 일곱 번째 하늘로 날아갈 수 있도록, 네가 죽어도 여전히 사랑하는 것처럼, 널 사랑할 거야. 네가 이전에 사랑받은 적이 없는 것처럼, 네가 상상한 꿈 그 이상으로, 널 사랑할 거야, 누구도 감히 널 사랑하지 못했던 것처럼, 사랑받기를 사랑하듯, 널 사랑할 거야.
당해 세 번째 올랭피아 극장 라이브앨범이 발매되었다.

《La Java de Broadway, 1977》은 이전의 논란들에서 한걸음 물러난 작품으로, 러브송이 대거 포함되었다.

흥겨운 뮤지컬 재즈인 타이틀 싱글은 100만 장 이상 팔렸으며, 과거의 풋사랑을 고백하는 〈Dix Ans Plus Tôt 10년 전〉은 130만 장이 팔렸다.

〈My Way〉의 원곡인 클로드 프랑수아Claude François(1939-1978)의 1967년 작 〈Comme d'Habitude 습관처럼〉도 커버했다.

〈Seulement l'Amour 오직 사랑〉은 광채가 서서히 드러나는 사랑의 찬가로, 큰 규모의 연주지만 멜로디는 달콤하다.

사랑이 음악이라면, 난 음악을 쓸 거야, 사랑이 기도라면, 지옥에 가서라도 하나님께 기도하겠어, 사랑이 광기라면 진작 정신을 잃었을 거야, 날 평생 감옥에 가두고 사슬로 묶는 건 미친 짓이야, 하지만 사랑이 사랑이라면, 사랑만 할 수 있다면, 죽을 때까지 사랑해 줘…

〈C'est Ma Vie 이것이 나의 인생〉은 이지리스닝류의 발라드로 느린 템포의 애틋한 감정은 중후하면서도 가볍다.

…내가 게임에서 진다 해도, 내가 잃고 있는 건 나의 인생이야, 난 여러 번 졌지, 이 재미있는 게임에서, 내가 이길 차례야, 난 그럴 자격이 있지, 너와 나의 '내기'이고, 이제 내가 베팅해, 이게 나의 마지막 선물이야, 남은 살가죽을 걸겠어…

《Je Vole 난 날아, 1978》에서 그는 사회문제를 포기하지 않고 다시금 제기했다.

〈Le Prix d'un Homme 사람의 가격〉에서는 납치 사건을, 〈Monsieur Ménard 메나르 선생님〉에는 학생에게 구타당한 교사가 학교를 떠나는 학교폭력을 다루었다. 그러나 이 앨범도 100만 장이 판매되어 그의 이러한 의도가 상업적으로 문제가 되지 않음을 증명했다.

이 앨범에는 우리에게 잘 알려진 〈En Chantant 노래하면서〉가 수록되었는데, 이 싱글은 120만 장 이상 판매되었으며, 어린 시절부터 성장하기까지 음악이 자신에게 준 영향력을 성찰한다.

내가 어렸을 때, 수업을 복습했지, 노래하다 보니 수년이 흘렀고, 어두운 생각을 쫓아낼 수 있었네, 악천후에도 노래하면 걱정이 덜해, 바보 취급받는 게 잦아지고, 노래하다 보면 인생이 재미있고 덜 절망적이야, 노래하며 내 인생의 첫 번째 소녀를 따라갔네, 그녀가 탈의하고 오랜 게임을 했지, 노래하면 나 자신이 너무 행복했어, 아침에 그녀가 나를 떠난 이유를 설명할 순 없지만, 노래하면 사랑의 마법에 덜 절망적이야…

1980년에는 빅토르 위고Victor Hugo의 소설을 원작으로 한 클로드-미셸 쇤베르그Claude-Michel Schönberg 음악의 뮤지컬 「Les Misérables 레 미제라블, 1980」의 녹음에 참여하여 〈À la Volonté du Peuple 국민의 뜻에 따라〉를 노래했다.

1983 | Trema | 710154

1. Vladimir Ilitch
2. La Chanteuse de Rock
3. Elle S'en Va de Moi
4. Bière et Fraulein
5. Les Bateaux du Courrier
6. Si L'on Revient Moins Riches
7. Les Yeux d'un Animal
8. A L'italienne
9. L'An Mil

1980년대 이후 100만 장 이상 팔린 앨범들이 이어졌지만, 76만 장이 팔린 《Vladimir Ilitch 블라디미르 일리치》도 우리에게 꾸준히 사랑받고 있는 앨범이다.

사회주의자 레닌Lenin 사망 60년을 맞이한 시점에서 발표한 첫 싱글 〈Vladimir Ilitch〉는 과도한 군비경쟁으로 인한 경제 위기 등의 사회문제가 발생한 당시 소련과 그들의 사회주의 가치의 허구를 비판하는 노래이다. 가사 중 '레닌, 일어나, 저들은 미쳤어!'는 체코슬로바키아의 1968년 자유화 운동 다큐 「프라하의 봄」에서 본 슬로건 '레닌, 일어나, 브레즈네프Brezhnev(소비에트 연방 4대 지도자)는 미쳤어!'에서 영감을 얻었다. 음악은 뮤지컬의 클라이맥스를 보듯 웅장한 서정의 심포니로 그려진다.

…블라디미르 일리치, 관료주의 서랍을 보며 전율을 느끼나? 투옥된 사람들의 이름이 넘쳐나, 혹은 국경으로 끌려가 죽었나? 블라디미르 일리치, 무덤 너머의 태양 아래서, 4센트를 벌려면 몇 년이 걸리나? 그 돈이 폭탄 제조에 쓴다는 걸 알면, 레닌, 일어나, 저들은 미쳤어. 희망의 길은 어디로 갔나? 어느 밤 안갯속에 묻혀있나? 지구의 비참한 이들은 아무것도 변하지 않았어, 지옥에서 나가는 길을 찾지 못했네… 블라디미르 일리치, 당신이 선지자라면, 모스크바 중심으로 다시 와서, 우리에게 해명해야 할 거야, 그리고 전 세상에 공표해야 할 거야, 인민의 동지라는 자들은 미쳤어.

⟨Les Bateaux du Courrier 우편선⟩에서는 차가운 해풍과 함께 별빛을 닮은 피아노의 로망스가 현악과 함께 밀려든다. 빠른 템포의 기운생동하는 드럼이 간주에 포함되지만 시린 감정을 이어간다. 동명의 소설에서 영감을 받았을까?

그녀는 무거운 마음으로 기다렸네, 마지막 우편배를… 엔진과 돛의 소리를 들으며, 아침부터 별이 뜰 때까지 등대 밑에서 기다렸네. 그녀는 깊은 바람 속에서 귀 기울였네, 가을 물결과 함께 올 대륙의 희망을… 파도는 사람의 마음을 갉아먹지, 바람은 그녀에게 속삭이네, 미친 짓이라고.

감동적인 명곡 ⟨Si L'on Revient Moins Riches 우리가 부자가 아닌 채로 돌아온다 해도⟩는 가슴속에 희망 가득한 온풍을 불어넣어 준다. 유려한 피아노와 스쳐 가는 현악의 숨결에 자연 위를 자유롭게 비행하는 환상이 열린다.

…정말 미쳤다고 생각하고, 한 번은 미친 짓을 해봐, 떠나,

정처 없이 떠나봐… 한 달 후, 일 년 후 무슨 일이 일어날까? 장담할 수 없어, 우리가 부자가 아닌 채로 돌아온다면, 부자가 되려면 무엇을 할 수 있나? 이건 우리가 숙고할 바가 아니야, 나는 태양이 가득한 길을 꿈꿔, 새가 노니는 섬에서… 늦기 전에, 인생이 끝나기 전에, 우리에겐 추억이 생길 거야, 밤새도록, 잠도 자지 않고 꿈을 꾸게 될 거야.

히트 싱글인 경쾌한 팝록 ⟨Les Yeux D'un Animal 동물의 눈⟩은 연인의 순수하고도 열정적인 눈망울을 그린 곡이며, 지중해로의 힘찬 항해가 시작되는 ⟨A L'Italienne 이태리의 목소리로⟩에서는 세상의 종말이 우리의 눈 속에만 있기에 더욱 낙관적이고도 낭만적인 목소리로 사랑 노래를 부르자고 노래한다.

히트 트랙이자 또 하나의 명연 ⟨L'An Mil 천년⟩은 숭고한 찬송은 파이프오르간이 내뿜는 열기와 함께 힘찬 가스펠 록으로 변화한다. 이는 새로운 밀레니엄을 앞둔 시점에서 지난 천년에 대한 진노와 성찰 그리고 영원을 향한 교향곡이다.

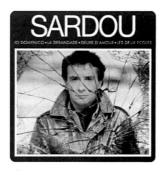

아메리칸드림으로 이주한 이태리인의 자긍을 노래한 곡을 타이틀로 한 《Io Dome -nico 난 도메니코, 1985》에는 우리에게 잘 알려진 디스코풍의 일렉-팝 ⟨Délire d'Amour 사랑의 섬망⟩이 수록되었다.

1987년 미셸 사르두는 아랍 여성들의 인권에 대해 노래한 ⟨Musulmanes 무슬림⟩으로 Victoires de la Musique에서 수상했다.

또다시 밀리언셀러를 기록한 《La Même Eau Qui Coule 흐르는 물과 같이》에는 ⟨Le Successeur 후계자⟩에서 젊은

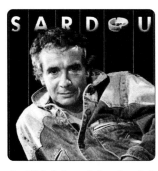

자신을 돌이켜보며 삶과 가수로서의 경쟁자였던 자신에 대해 술회한다.

이듬해 베르시 라이브에서 프랑스 혁명 200주년을 기념하는 〈Un Jour la Liber -te 자유의 날〉을 합창단과 노래했으며, 가장 많은 관객이 동원된 이 《Bercy 89》도 Victoires de la Musique 상을 받았다.

《Le Privilège 특권, 1990》도 거의 백만 장이 팔렸으며, 《Salut 건배, 1997》에는 조니 알리데이Johnny Hallyday(1943 -2017)와 에디 미첼Eddy Mitchell이 참여한 〈Mon Dernier Rêve Sera Pour Toi 내 꿈은 널 위한 것이 될 거야〉와 오랫동안 함께 해왔던 팬들에게 바치는 〈Salut 건배〉가 수록되었다.

대부분의 노래를 친구인 미셸 푸갱Michel Fugain와 공동으로 작곡한 《Français 프랑스인, 2000》과 베르시 라이브 투어를 거친 뒤, 트레마 레코드사와 분쟁을 겪은 그는 가수 활동을 중단하고 자신의 연극극장 감독에 전념했다.

《Du Plaisir 기쁨, 2004》으로 복귀했으며, 점차 그동안 조금씩 했었던 연극과 영화배우로서의 활동을 늘려갔으며, 2024년에 고별 투어 후 60년에 걸친 연극과 가수 생활에서 은퇴를 선언했다.

아비뇽의 참새
Mireille Mathieu ● 미레유 마띠유

'아비뇽Avignon의 참새' 미레유 마띠유!

1946년 프랑스 아비뇽에서 가난한 집 14명의 자녀 중 맏딸로 출생한 그녀는 삶 자체가 신데렐라와도 같다.

그녀의 노래에 대한 재능은 4세 때 교회에서 시작되었다. 노래 레슨을 받기 위해 어린 소녀는 공장에서 일했고, 15세 때 아비뇽의 샹송 콘테스트에서 1위를 거머쥐며 에디트 피아프Edith Piaf(1915-1963)와 같은 대가수를 꿈꾼다.

1965년 프랑스 국영 TV방송국은 1963년에 곁을 떠난 에디트 피아프를 기리고 그녀의 대를 이을 가수를 발굴하고자 '텔레 디망쉬Tele Dimanche'라는 아마추어 샹송 경연대회를 열었고, 19세의 마띠유는 피아프의 명곡인 〈L'Hymne a l'Amour 사랑의 찬가〉로 우승을 차지한다.

이 프로그램을 본 조니 알리데이Johnny Hallyday(1943-2017)의 매니저 조니 스탁Johnny Stark은 바로 그녀와 계약을 맺었고, 불과 4주 만에 가수들에게는 꿈의 무대이자 명성을 보장하는 올랭피아 극장에서 데뷔무대를 가진다. 매스컴에서는 에디트 피아프가 다시 탄생했다고 대서특필했고 그녀의 목소리에 찬사를 아끼지 않았다.

1966년 앙드레 파스칼André Pascal이 가사를 쓰고 악단을 이끌었던 폴 모리아Paul Mauriat(1925-2006)가 작곡한 〈Mon Credo 사랑의 신조〉를 발표, 프랑스뿐만 아니라 미국, 캐나다, 멕시코에도 소개될 정도로 엄청난 상업적 판매고와 함께 일약 스타덤에 올라 성공의 탄탄대로를 걷는다.

런던 팔라디엄에서 잉글버트 험퍼딩크Engelbert Humperdinck가 노래한 이지리스닝의 명곡 〈The Last Walts〉를 〈La Dernière Valse〉로 불러 영국을 감동시켰고, 라스베이거스에서 배우 딘 마틴Dean Martine(1917-1995)과 프랭크 시나트라Frank Sinatra(1915-1998)와 함께 노래하여 격찬을 얻어냈으며, 뉴욕의 카네기홀을 비롯하여 몬트리올과 LA 그리고 상트페테르부르크에서도 무대를 가졌다.

서양인으로서는 최초로 중국에서 콘서트를 열었던 그녀는 9개 이상의 언어로 1,200곡 이상의 레퍼토리를 녹음했다. 그녀가 노래한 〈Acropolis Adieu 아크로폴리스여 안녕〉, 〈Ne Me Quitte Pas 떠나지 마세요〉, 〈Santa Maria de la Mer 바다의 산타마리아〉 등은 고전이 되었다. 1997년에는 프랑스 정부에서 '레종 도뇌르' 훈장이 수여되었다.

어떤 비평가는 세계 대중음악의 어머니이자 프랑스 샹송의 거장 '에디트 피아프의 가장 완벽한 해석자'라는 평가를 하기도 하였는데, 이는 《Chante Piaf, 1993》를 들어보면 쉽게 수긍이 간다.

프랑스 음악과 언어의 아름다움을 전 세계에 전했던 문화대사로 전 세계인의 사랑을 받고 있다.

Chante Francis Lai

mireille mathieu
chante
francis lai

1972 | Barclay | 80451 U

1. Tu Riais
2. À Quoi Tu Penses, Dis
3. Je N'ai Jamais Eu de Poupées
4. Je Ne Sais Rien de Toi
5. Et C'était Bien
6. La Vraie Vie (& Francis Lai)
1. Tout A Changé Sous le Soleil (& Francis Lai)
2. Au Nord du Nord
3. Tout Pour Être Heureux
4. Quand un Amour Vient en Décembre
5. Comme Deux Trains dans la Nuit
6. Je T'aime â en Mourir

그녀의 신장은 겨우 153cm에 불과하지만, 작은 체구에서 오케스트라를 뚫고 뻗어가는 음량은 고출력의 앰프 기기를 연상시킨다. 그녀의 목소리를 '정확한 레이저빔'에 비유하는 댓글을 보기도 했는데, 이렇게 쨍쨍한 것은 다이아몬드의 강도를 가진 듯한 음색 때문일 것이다. 불순물이 없어 맑기도 하지만 단단하기도 해서 어떤 때는 청각에 무리가 올 것도 같다.

이태리의 밀바Milva(1939-2021)가 1972년에 엔니오 모리꼬네Ennio Morricone(1928-2020)와 협연할 당시 마띠유는 프랑스 영화음악가 프란시스 레Francis Lai(1932-2018)와 본작을 발표했다.

가장 프랑스다운 멜랑꼴리를 우리에게 심어주었던 영화 음악가 프란시스 레의 음악은 그만의 예상치 못한 의외의 멜로디 구성과 악기 음색으로 매우 독특한 감성을 전해줄 때가 있다. 영화음악가가 아닌 샹송 작곡가로서의 레를 음미할 수 있는 본작에서도 마찬가지다.

유명 여류 작사가 까뜨린느 데사주Catherine Desage(1922-1989)가 거의 모든 가사를 썼고, 피에르 바루Pierre Barouh(1934-2016)도 한 곡에서 기여했다. 미띠유와 레의 듀엣곡도 수록되었다.

〈À Quoi Tu Penses, Dis 무슨 생각을 하고 있나요?〉는 너무나 절절한 사랑의 고독이다. 눈물을 흘리며 노 래하는 마띠유의 영상은 자체로도 드라마인데, 플루트의 탄식과 현악의 비탄은 너무나 고혹적이다.

무슨 생각해? 넌 아무 말도 없이 그저 거기 서 있을 뿐이네. 뭘 생각해? 넌 나로부터 너무 멀리 있는 것 같아. 네가 잠들었을 때 난 자주 울었어, 네겐 바람 소리로 들렸겠지만. 넌 여전히 나를 덜 사랑하는 것 같아, 하지만 시간이 지났어, 우리가 서로 바라보며 밤을 기다렸던 곳에서, 너 없이 밤이 돌아왔네… 아무것도 모른 채, 둘이서 살며, 지금까지 널 믿었건만, 그리고 더 나은 것을 원했건만, 더 이상 널 볼 수 없네, 떠나지 마, 단 한 번만이라도 말해봐, 무슨 생각을 하고 있니?

〈Je N'ai Jamais Eu de Poupées 나는 인형을 가져본 적이 없네〉의 우울함에서 순수함으로 변화되는 선율도 프란시스 레만의 독특함이다. 그의 선율은 정말이지 심장을 건드린다.

…종이 인형을 가진 적은 있지만, 난 인형을 가져본 적이 없네, 하지만 내 사랑아, 그게 무슨 상관인가? 난 노래했고 또 노래했어, 내 종이 인형을 위해, 내가 믿는다면 무슨 상관이야? 너의 사랑이 내 것이 될 수 없다면, 가끔은 잊게 해줘… 내 사랑이 종이로 만들어졌다면, 난 잊어버리기 위해 노래하고 싶어, 라라라.

〈Je Ne Sais Rien de Toi 나는 너에 대해 아무 것도 몰라〉는 그 회한마저 감미롭다.

네가 떠난 지 하루가 지났어, 왜 떠났는지 난 모르겠어, 시간이 갈수록 내 삶은 지루해… 멀리서 널 꼭 닮은 사람을 보면, 비명을 지르고 싶어, 울고 기도해, 난 너에 대해 아무것도 몰라, 1월부터 12월까지, 하늘은 아름답고 태양은 검네, 해가 뜨건 비가 오건 내 삶에는 사랑이 없네, 늘 똑같은 날, 잃어버린 사랑…

〈Et C'était Bien 그리고 그것은 좋았네〉의 애상적인 멜로디는 눈을 감기게 하고 지난 청춘의 부드러운 회색 추억들을 연주해 준다.

…인생에 대해 아무것도 모르는, 우리는 고요한 영혼으로 살았네, 그러다 갑자기 우리는 자랐지, 그것은 좋았고, 파란색이었으며, 그것은 우리였네, 그것은 좋았고, 어렸고, 미쳤지, 우리는 거기 구름 위에 살고 있었네, 그리고 매일 멋진 그림책의 페이지를 넘겼지, 그것은 좋았네.

〈Au Nord du Nord 북쪽의 북쪽〉은 가장 프란시스 레다운 음악이 아닐까. 여성 스캣과 함께 머나먼 하늘에 흐르는 서정시는 너무나 쓸쓸하다.

…마치 길을 잃은 듯, 머리 뒤 북쪽에서 불어오는, 바람이 있네, 그리고 나, 태양의 딸, 모든 것이 시작되는 아침에, 너의 하늘에 눈을 떴을 때, 프로방스의 하늘을 잊어버렸네, 북쪽의 북쪽, 바다가 있네, 북해, 여름에도 겨울이 있는 곳.

〈Quand un Amour Vient en Décembre 12월에 사랑이 오면〉은 차가운 겨울밤 따스한 모닥불에서 탁탁거리는 소리

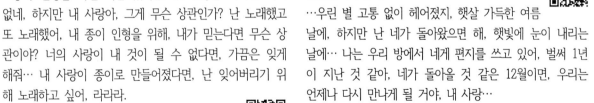
가 날 것 같다. 특유의 애틋함이 또다시 청자의 심장을 주무른다.

…우린 별 고통 없이 헤어졌지, 햇살 가득한 여름 날에, 하지만 난 네가 돌아왔으면 해, 햇빛에 눈이 내리는 날에… 나는 우리 방에서 네게 편지를 쓰고 있어, 벌써 1년이 지난 것 같아, 네가 돌아올 것 같은 12월이면, 우리는 언제나 다시 만나게 될 거야, 내 사랑…

대부분이 우리에게 잘 알려진 히트곡은 아니지만, 프란시스 레가 남긴 주옥같은 고전들이다. 이미 이전에도 간간이 그의 노래를 불렀지만, 이후로도 우정을 쌓아갔다.

Chante Ennio Morricone

1974 | EMI | 74321 60931

1. Un Jour Tu Reviendras
2. J'Oubilie la Pluie et le Soleil
3. La Califfa
4. L'Éblouissante Lumière
5. Il Ne Reste Plus Rein
6. Je Me Souviens
7. La Donna Madre
8. Da Quel Sorriso Che Non Ride Più
9. La Marche de Sacco et Vanzetti
10. Melodie

이태리의 밀바Milva(1939-2021)가 1973년에 프란시스 레Fran -cis Lai(1932-2018)와 만났을 때, 마띠유는 엔니오 모리꼬네 Ennio Morricone(1928-2020)와 본작을 발표했다.
앞서 소개한 것처럼 이 묘한 대결구도는 이후 밀바가 독일 최고의 이지리스닝 악단 제임스 라스트James Last(1929-2015)

와 《Dein ist Mein Ganzes Herz》에서 협연하고, 마띠유는 폴 모리아Paul Mauriat(1925-2006)와 함께 《Chante Paul Mauriat》를 발표하는 것으로 이어진다.

본작은 밀바의 레코드와 같이 명연이 틀림없다. 밀바의 작품에 비해 겨우 2년 정도 늦게 출반되었지만, 미레유 마띠유의 연주는 매우 현대적이다.
서부영화 「Once Upon a Time in the West 옛날 옛적 서부에서, 1968」의 주제를 노래한 〈Un Jour Tu Reviendras 당신이 돌아올 어느 날〉에서부터 우리의 가슴은 여지없이 무너져 내린다. 감성을 관통하는 선명한 현의 아다지오와 연한 여성 스캣에 목 놓아 부르는 그녀의 보컬은 너무나 아름답다.
태양이 지평선으로 사라질 때, 우리의 모든 추억은 아직도 나를 고통스럽게 하네, 그리고 우리의 집에 그림자가 지는 저녁이면 나의 육신은 당신의 손길을 기다리네. 당신이 돌아올 어느 날, 당신 없이 꽃을 피우지 않는 대지를 기억해, 당신의 부재에도 불구하고 당신이 이해할 어느 날, 나를 기억해 줘. 당신이 돌아오리란 희망을 마음속 깊이 담네. 우리가 함께했던 다른 시간들처럼 모든 삶의 재생을 위해 당신이 돌아올 어느 날, 내가 내일을 알기에, 내 사랑 당신은 돌아올 거야. 그리고 당신의 품에서 당신이 부재했던 순간을 잊고 난 더 아름다운 삶을 살 거야. 매일 내 사랑은 당신과 함께할 거야.
밀바의 〈La Califfa 칼리파〉는 넋이 나간 듯 허탈감과 애수가 자욱했다면, 마띠유의 이태리어 노래는 희망적이고 따사로움으로 물들어있다. 향수를 자아내는 오케스트레이션과 보다 더 애틋함을 심어주는 코러스가 차분하게 마음을 이끈다.
너는 믿지 않았지, 그건 당신의 잔인한 집착 때문이야, 위선자 당신의 도시를 통과할 때 나는 너의 강압에 휘둘리는 한낱 계집에 불과했지. 당신 사이를 지나가는 내 육체와 비겁함에 대항하는 욕설… 당신은 내게서 다시 보게 될 거야, 우리 위로 태양이 뜨는 순간을, 당신이 찾는 가장 아름다운 속성을…

추억의 서부영화 「Once Upon a Time… the Revolution 석양의 갱들, 1971」에서 들을 수 있었던 〈L'Ébloui-ssante Lumière 눈부신 불빛〉은 솜사탕같이 부드럽고 특징적인 코러스가 싱싱함을 더한다.

다시 시작하기엔 너무나 늦어버린 그리고 아무것도 남지 않은 사랑의 끝을 노래한 〈Il Ne Reste Plus Rein 아무것도 남아있지 않아〉는 회한에 절어있다.

영화 「Gott mit Uns 신과 우리들, 1970」의 주제인 〈Je Me Souviens 난 기억해〉도 담담하고도 온화한 감성을 전달한다.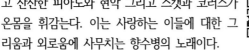

밀바가 직접 출연하여 노랠 부르기도 했던 영화 「D'amore si Muore 사랑에 죽다, 1972」의 주제인 〈Da Quel Sorriso Che Non Ride Più 더 이상 웃지 않는 미소에서〉는 유유하고 잔잔한 피아노와 현악 그리고 스캣과 코러스가 온몸을 휘감는다. 이는 사랑하는 이들에 대한 그리움과 외로움에 사무치는 향수병의 노래이다.

사랑과 행복을 향한 진실의 마음을 담은 〈Melodie 멜로디〉도 영화 「Incontro 만남, 1971」을 통해 흘러나왔던 안온한 고전이다.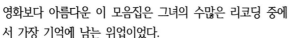

영화보다 아름다운 이 모음집은 그녀의 수많은 리코딩 중에서 가장 기억에 남는 위업이었다.

Après Toi

1986 | Ariola | 257 916

1. Après Toi
2. Sur Les Bords Du Yang-Tsé-Kiang
3. Quelque Chose Est Arrivé
4. Raconte-moi
5. La Vie Rien Ne La Vaut (& Charles Vanel)
6. Sans Lui
7. T'Aimer
8. Le Jasmin Qui Parle
9. Ave Maria Norma
10. L'Homme En Velours

1986년에 국내 라이선스로 소개된 《Les Grandes Chansons Françaises, 1985》는 그녀만의 탁월한 재능으로 해석한 샹송 고전들로 채워져 있었고, 제2의 에디트 피아프란 평가가 헛된 찬사가 아님을 여실히 보여주었다.

이어 발표한 《Après Toi 당신 이후, 1986》에는 다양한 작곡가들과 협업했는데, 조르주 무스타키|Georges Moustaki(1934

-2013)가 가사를 쓰고 배우이자 영화감독 샤를 바넬Charles Vanel(1930-1989)과 노래한 〈La Vie Rien Ne la Vaut 가치 없는 인생〉이 수록되었다.

이태리 싱어송라이터 움베르토 발사모Umberto Balsamo가 작곡한 타이틀곡 〈Après Toi 당신 이후〉에는 왕 처럼 군림하며 상처를 주어 헤어졌지만 홀가분함 과 동시에 사무치는 그리움을 노래했다.

〈T'Aimer 사랑해〉는 프란시스 레Francis Lai(1932 -2018)의 작곡으로, 열렬한 애모의 감정을 순간 폭발하는 가창에 싣는다.

…널 너무 사랑해서 기도하지 않을 수 없어, 널 사랑하기에, 지옥문까지 웃으며 널 따르고 싶어, 네가 신이 되려고 모든 이를 저주하며, 재와 불 위를 걷는다 해도 널 사랑해…

〈L'Homme en Velours 벨벳의 남자〉도 프란시 스 레의 작곡으로, 부드러우며 온화한 선율이 평 화롭게 흐른다.

…그는 우리에게 너무나 많은 온정을 주었네, 사랑스러운 시선으로, 달콤한 목소리와 애무로, 마치 부활하신 그리스도처럼. 그는 떠나지 않고 나와 함께 있네. 귀환의 길에서 벨 벳을 입고 다시 나타났지. 이건 단순한 이야기야, 하지만 난 그를 사랑했네, 너무나 많이…

그녀는 자신이 가장 좋아하는 작곡가 에디 마네이Eddy Marnay(1920-2003)와 마지막으로 협업한 《Rencontres de Femmes 여인의 만남, 1988》에서 〈Embrasse-Moi 키스해 줘〉의 애 절한 사랑을 노 래했다.

비가 해변에 누운 우리를 하나로 묶어준다면, 난 폭풍도 사

랑할 수 있어… 위협이 울리는 주변으로부터 당신을 구하고, 나는 당신의 세상을 건설할 수 있어… 넌 내 문을 열게 될 거야, 너는 내 국경을 불태울 거야, 땅 위의 나무처럼 나는 강해질 거야… 내게 키스해 줘, 그리고 말을 걸어줘, 당신에게 약속할게, 내가 살아갈 남은 시간을 당신에게 돌려주고 싶어, 나를 자유롭게 할 열쇠들로, 다시 키스해 줘…

싱어송라이터 디디에 바르블리비앙Didier Barbelivien 과 협업한 《L'Américain 미국인, 1989》에서는 사형 제도에 관한 〈Killer〉와 일 상의 폭력을 다룬 〈La Vio -lence Celle Qui Tue avec les Mots 말로 죽이는 폭 력〉 등 그의 작곡 외에도 3곡의 스페셜을 포함시켰다.

이태리의 싱어송라이터 루치오 달라Lucio Dalla(1943-2012) 의 명곡 〈Caruso 카루소〉가 수록되었으며, 가장 영향력 있 는 프랑스 지도자 중 한 명으로 여겨지는 초대 대 통령 샤를 드골Charles de Gaulle(1890-1970)에 경의 를 표한 〈De Gaulle 드골〉을 수록했다.

영화음악가 프란시스 레가 작곡한 〈Je Me Parle de Toi 너에 대해 이야기하고 싶어〉에는 볼레로 의 리듬에 사랑의 열망이 애상적으로 행진한다.

새들이 어두움을 두려워할 때, 부두 노동자들이 맥주에 취 해 주저앉을 때, 무질서한 늑대들이 주차장에서 뛰쳐나올 때, 광대의 눈물이 돌을 깨뜨릴 때, 사랑의 순간이 광년이 될 때, 난 너에 대해 말하네. 꿈이 끝날 때까지, 내 목소리 에는 블루스가 있고, 입술 끝은 마르고, 난 네가 그리워… 어린 모차르트가 음악에 고뇌할 때, 목마가 초원을 찾을 때, 사냥꾼이 극락조를 죽일 때, 새벽이 밝을 때나 추울 때, 난 너에 대해 나 자신에게 말하네.

Ce Soir Je T'Ai Perdu

1990 | Carrere | 50064

1. Ce Soir Je T'Ai Perdu
2. Vis Ta Vie
3. Maîtresse D'École
4. Une Femme Amoureuse
5. Mon Dieu
6. Parler d'Autre Chose
7. Celui Que J'Aime
8. Amour Défendu
9. Paris en Colère

1990년에 발표한 본작은 팝 록의 면모가 조금씩 드러나는 신곡 5곡을 포함하여, 이전에 발표한 노래들을 수록했다.
싱어송라이터 프랑수아 펠드만François Feldman이 쓴 타이틀곡 〈Ce Soir Je T'Ai Perdu 오늘 밤 당신을 잃었네〉는 신시사이저의 몽환적인 음향으로 더욱 진한 어두움을 만든다.

난 이 슬픔의 눈물을 쏟으며 끝없이 울고 있어, 내 주위의 벽을 긁고 거닐다, 저녁이면 나뭇잎이 만드는 그림자 안에서 비명을 질러… 사랑을 취소하고 싶진 않아, 그리고 당신이 돌아오는 듯한 작은 소리에 매달려, 떨리는 손을 찢고 섬망으로 중독될 때까지 전복했어, 더 이상 웃을 수도 없이. 오늘 밤 당신을 잃었네, 나에겐 당신밖에 없었는데, 당신 없이 난 발가벗겨져 너무 추워…

〈Une Femme Amoureuse 사랑의 여자〉는 Barbra Streisand의 노래로 친숙한 〈Woman in Love〉의 번안곡이다.

〈Mon Dieu 나의 하나님〉은 샤를 뒤몽Charles Dumont(1929-2024)이 에디프 피아프Édith Piaf(1915-1963)를 위해 쓴 고전으로, '하나님 그를 데려가지 말아 주세요… 조금만 더 시간을 주세요…'라 노래하는 기도는 맑고 투명하기 그지없다.

〈Celui Que J'Aime 내가 사랑하는 사람〉은 샤를 아즈나부르Charles Aznavour(1924-2018)의 작곡으로, 1966년에 이어 다시 녹음했다. 연주는 1966년 버전이 더 로맨틱하다.

내가 사랑하는 사람은 악당이야, 저녁부터 아침까지 노래하는 이기적인 예술가라네, 내 인생을 쥐락펴락하는 사람이지. 내가 사랑하는 사람은 날 웃게 하는 남자야, 나의 환상을 저글링 하는 보헤미안. 내가 사랑하는 사람은 거짓말쟁이야, 그는 입술로 마음으로 거짓말을 해, 내 마음과 마주하고는 상처를 주고 떠나가지… 내가 사랑하는 사람은 산적이야, 그는 날 어린아이처럼 대해, 나를 매혹하고 무장해제시키며 내 고통을 비웃지… 내가 좋아하는 사람은 선수야, 나의 꿈과 눈물을 연주해, 그 사람이 바람을 피워도 상관없어, 그 사람이 내 행복이니까. 내가 좋아하는 사람은 돈 한 푼 없는 깡패야, 난 그의 목에 걸린 기타의 음악에 맞춰 걷지, 그 사람은 날 사랑하고 나도 그를 사랑해, 나머지는 상관없어!

〈Amour Défendu 금지된 사랑〉은 1977년 녹음으로, 아카데미 주제가상에 빛나는 르네 클레망René Clément(1913-1996)

감독의 1952년도 영화 「Jeux Interdits 금지된 장난, 1952」의 주제가로, 16세기부터 전래된 스페인 민요이다. 이 영화는 프랑스 남부의 한 농촌을 배경으로, 하루아침에 전쟁고아로 전락한 어린 소녀와 그녀의 아픔을 어루만져 주기 위해 위험한 모험을 감행하는 소년의 순수한 사랑과 파국을 그렸다.

…꿈의 사랑, 가을의 사랑, 새벽이 밝아오면, 겨울이 울리네, 우리는 짧은 시간 동안 세상을 차지했지만, 우리는 결코 금지된 사랑으로 살지 않았네, 다른 사람이 있었고, 눈물이 있었지, 나는 내 잘못을 되찾았고 무기를 내려놓았네, 황무지의 꽃들, 우리가 서로 사랑했던 그 그림자의 색깔들. 그들은 나를 다시는 볼 수 없을 거야…

〈Paris en Colère 불타는 파리〉는 1966년 녹음으로, 모리스 자르Maurice Jarre(1924-2009)가 음악을 맡은 르네 클레망의 영화 「Paris Brûle-t-il 파리는 불타고 있는가, 1966」의 주제이다. 이 영화는 제2차 세계대전 중 프랑스 저항군과 자유 프랑스군이 1944년 8월 파리를 해방한 이야기로, 가사 또한 무관하지 않다.

…우리는 대가를 치르더라도 자유롭게 살고 싶어, 파리에서 살고 싶어, 조심해, 자유는 항상 멀어지니까, 파리가 화를 내면 땅끝에서도 들을 수 있지, 그리고 세상은 요동해, 파리가 위험에 처하고 해방되었을 때 세상은 노래해, 파리는 더 이상 화를 내지 않아, 파리는 춤을 추러 갈 수 있네, 빛을 찾았으니까, 폭풍우와 두려움과 강추위가 지나고, 파리는 축하해, 파리 사람들은 기쁨으로 울부짖네.

Vous Lui Direz…

1995 │ Eastwest │ 0630 12932-2

1. Vous Lui Direz…
2. À la Moitié de la Distance
3. Entre Lui et Moi
4. Il Va Faire Beau sur Notre Vie
5. Loin de la Ville ou Tu T'Endors
6. On Ne Retient Pas le Temps
7. Essaye
8. Une Chanson Signée Je T'Aime
9. Répondez Moi
10. C'Était Pas la Peine

본작은 유명하진 않지만, 듣기 좋은 발라드로 가득 채워져 있다.

타이틀곡 〈Vous Lui Direz… 당신이 그에게 전해줘〉는 피아노와 현악이 주도하는 클래시컬한 선율로 아물지 않은 이별의 상처를 드러낸다.

…당신은 그에게 내가 나았다고 말하게 될 거야, 내 친구들, 당신은 거짓말을 하겠지, 내가 길을 잃었다는 사실을 그에게 숨기기 위해, 당신은 주저하지 않고 말하겠지, 그 사람이 나에게 작별 인사를 건넨 건 잘했다고. 내 인생이 얼마나 아름다운지 그에게 말해줘, 그 사람 때문에 겪은 고통은 끝났다고.

⟨À la Moitié de la Distance 거리의 중간에서⟩는 경쾌하고도 낭만적인 기타 협주곡이다. 삶의 중간에서 다시 시작해야 할 시점에서 부드러운 용기를 심어준다.

거리의 중간에서, 최선을 다해 춤추고, 다시 시작하는 이 삶의 한가운데서, 내 노래의 중간 지점에서 느끼는 건, 열정인가 우울인가? 내 기억은 내게 이야기를 들려주고, 과거의 그림자 속에서 왜곡되어 가네, 때로는 큰 웃음소리가 현명한 성찰을 지워버리지… 이제 난 다시 중간부터 시작하는 게 아니야, 내 마음은 떠나가고 있어, 모든 어린 시절, 모든 로맨스의 중간쯤에서, 나는 커다란 도전을 내 인생의 하얀 해변에 던지네.

⟨Loin de la Ville ou Tu T'Endors 네가 잠든 도시에서 멀리 떨어져⟩는 도시적인 고독감이 머무는 록뮤지컬로, 멀리 떨어져 연락도 없는 연인을 그리워하며 함께한 사진들을 들춰보는 밤의 서정이다.

⟨Essaye 노력해⟩는 강렬함과 부드러움이 공존하는 또 하나의 록뮤지컬로, 이별의 아픔을 위로한다.

사랑은 떠나면 어디로 갈까? 우리는 모르지만. 어느 날 저녁 너무 많이 울었기에 어쨌든 그 일로 온종일 웃게 될지도 몰라. 조금만 노력해 봐, 약속해, 네 슬픔을 부숴버려, 구름처럼 사라지도록. 상처받은 새처럼 다시 날아가 봐. 다시 날개를 펼쳐 봐, 광대한 하늘과 마주하도록, 넌 살아있어, 그게 중요한 거야. 햇빛에 눈물을 말리고, 다시 눈을 떠 봐, 이 모든 파란색에 녹아들도록, 가벼운 마음으로, 새처럼 자유롭게…

⟨Une Chanson Signée Je T'Aime 사랑의 사인이 담긴 노래⟩는 사랑의 찬가로, 잔잔한 피아노 발라드에서 록풍의 가스펠로 탈바꿈한다.

내겐 아직 끝나지 않은 우리 이야기, 네가 없어도 아무것도 바뀌지 않지만, 난 필요해, 그래, 우리 둘의 속편을 만들 거야… 내가 자신을 위해 만들어야 할 꿈을 위해, 네가 나를 잊은 이후로, 나는 내 인생을 속여 왔어, 네가 돌아올 리가 없지만, 그래도 내 마음을 너에게 보내. 사랑의 사인이 담긴 노래를…

본작을 빛내주는 ⟨C'Était Pas la Peine 그럴 가치가 없어⟩는 너무나 시린 현악과 함께 상실감과 슬픔이 극에 달한다.

…그럴 가치가 없었네, 나 자신에게 많은 환상을 준 것, 심지어 집 열쇠마저도 내 인생을 망가뜨릴 뿐이었어, 우리 둘의 집에는 우편함에 적힌 이름 밖에는 남지 않았네, 나를 이렇게 멀리 끌고 다니지 말았어야 했어, 알다시피 난 당신의 영화관을 믿었지만, 당신의 무대에서 내 별은 사라져 가고 있어.

De Tes Mains

2002 | EMI | 7243 543207

1. La Solitude
2. Embarque pour un Voyage
3. Les Larmes de Tes Yeux
4. Aujourd'Hui Je Reviens
5. Si Tu M'Aimes Assez
6. La Même Histoire
7. La Vie N'est Plus la Vie Sans Nous
8. Personne
9. De Tes Mains
10. Chansons des Rues
11. Pense à Moi

그녀의 37번째 프랑스어 앨범 《De Tes Mains 당신 손에》는 오리지널 레퍼토리로 구성되었다. 그녀의 음악적 스케일은 참으로 크다. 그녀의 목소리를 받쳐줄 수 있는 반주는 대단위 오케스트라가 가장 절묘하다.

배신과 위선, 사랑과 슬픔의 인생으로부터 원하지 않는 외

로움을 느끼게 된다는 〈La Solitude 고독〉은 유유히 흐르는 피아노와 포근한 오케스트레이션에 낙관적이고도 희망적인 그녀의 보컬이 힘차게 실린다.

말발굽 같은 강렬한 리듬과 웅장한 코러스가 이색적인 〈Embarque pour un Voyage 여행을 위한 승선〉은 사랑에 대한 핑계로 도망가려 하는 우리들에게 용기와 답은 자신에게 있다고 웅변한다.

고통의 시간을 씻어내는 뜨거운 위로의 노래 〈Les Larmes de Tes Yeux 네 눈에서 눈물이〉는 비탄에 젖은 반도네온과 깊고 드넓은 오케스트레이션의 서정으로 숭고한 정화를 이끈다.

프란시스 레Francis Lai(1932-2018)가 작곡한 〈La Vie N'est Plus la Vie Sans Nous 우리가 없는 삶은 인생이 아니야〉는 반도네온과 투명한 건반 그리고 대규모 관현악으로 특유의 멜랑꼴리한 드라마를 이끈다. 혼자 고통을 감내하는 그대에게 모든 슬픔까지도 함께하고픈 마음을 전하고 있다.

클래식의 비장함을 느낄 수 있는 침울한 오페레타 〈Personne 누구를〉도 가슴을 시리게 한다.

비 오는 소릴 듣고 긴 여행이 시작됨을 깨닫네, 바람이 매만지는 노래의 영원성을 이해하며… 난 당신과 떨어진 이 밤에 더 깊이 숨네, 왜 우리에게 불행이 왔을까? 나는 누군가를 위해 잊을 거야, 나는 어떤 이의 사랑도 기다리지 않아… 당신으로부터 멀리 떠나고 싶어, 내가 모든 것에 가까워질 수 있게. 단어를 되찾고 당신의 침묵을 지우기 위해, 오직 빛을 기다리며 그림자로 머물 거야… 그 누구도 채울 수 없는 사랑, 그 누구도 대신 할 수 없는 당신의 사랑…

고동치는 사랑의 노래를 전하고픈 마음을 담은 〈Chansons des Rues 거리의 노래〉는 프란시스 레의 작곡으로, 행복에 가득 찬 낭만 정경을 왈츠풍으로 들려준다.

마지막 곡 〈Pense à Moi 내 생각〉은 캐나다의 출신의 저명한 싱어송라이터 다니엘 라부아Daniel Lavoie의 작곡력이 빛을 발한다. 사랑에 대한 의심으로 분노하고 괴로울 때 좀 더 용기를 가질 것을 권유하는 따뜻함이 충만해 있다.

미레유 마띠유의 검은 머리칼처럼 짙은 호소력은 옥구슬이 굴러가는 듯한 음색의 매력과 그 음량의 풍성함으로 인해서 감동은 배가됨을 밝히지 않을 수 없다.

이후 그녀는 40주년 기념 콘서트를 올랭피아 극장에서 가졌고, 이듬해 38번째 프랑스어 앨범 《Une Place dans Mon Coeur 내 마음의 자리》를 발표, 차트 14위에 올랐고 수개월 동안 차트에 머물렀다.

2006년에는 국내에도 소개된 《Films et Shows》가 발표되었는데, 영화음악과 뮤지컬 명곡들을 모은 편집앨범이었다. 그중 프란시스 레의 영화음악 명작 「Love Story」를 노래한 〈Une Histoire d'Amour〉로 미레유 마띠유에 대한 리뷰를 마칠까 한다.

어디서부터 이 이야기를 시작해야 할까? 이 얼마나 위대한 사랑인지, 바다보다 오래된 달콤한 사랑 이야기, 그녀가 내게 준 사랑에 대한 유일한 진실, 어디서 시작해야 할까? 어떤 사랑도 어떤 시간도 없었던 내 텅 빈 세상에, 의미를 준 그녀의 첫인사. 그녀는 내 삶으로 들어와 윤택하게 했고 특별한 것으로 마음을 채웠지, 천사의 노래와 살아있는 예감으로, 내 영혼을 사랑으로 채웠고, 내가 가는 어떤 곳도 절대 외롭지 않아, 그녀가 있는데 누가 외로울 수 있나? 내가 그녀의 손길을 찾을 때, 항상 그 손이 있네, 얼마나 오래 지속될까? 하루의 시간으로 사랑을 측정할 수 있을까? 난 지금 답이 없어, 그러나 이 정도는 말할 수 있지, 나는 알아! 별들이 불타 사라질 때까지 그녀가 필요하다는 것을, 그리고 그녀가 거기 있을 거라는 것을…

중독의 팜므파탈
Mylène Farmer ● 밀렌 파머

photo from album 《Nevermore》

프랑스어권 가수 중 가장 많은 음반 판매고를 거둔 가수 리스트에 여성으로서는 유일하게 5위권에 이름을 올리고 있는 가수가 밀렌 파머이다.

그녀는 1961년생으로 캐나다의 몬트리올 근교 피에르퐁 Pierrefonds에서 4남매 중 셋째로 태어났다. 본명은 밀렌 잔느 고티에Mylène Jeanne Gauthier로 그녀의 성장은 비밀로 가득 차 있으며, 어린 시절 알 수 없는 정신적인 착란으로 병원 신세마저 진 경력도 있다고 한다.

세심하고 수줍어하며 까다로운 성격의 소유자였던 그녀는 동물을 사랑하여 한때 수의사를 꿈꾸기도 했다.

1970년대 초 프랑스 파리 근교로 옮겨온 그녀는 문학도의 길을 걷고 있었지만, 18세부터 연극배우가 되기 위해 수업을 받는다. 그리고 그 수업료를 감당하기 위해 의사들의 조수 노릇을 했고, 고급 의상실의 쇼윈도에서 인간 마네킹 역할도 했다고 한다. 이 기간에 그녀가 접했던 에드거 앨런 포Edgar Allan Poe와 보들레르Charles Baudelaire의 작품들, 그리고 클림트Gustav Klimt와 에곤 실레Egon Schiele의 미술 작품들은 문학과 예술에 대한 많은 영감을 준다.

밀렌 파머의 음악적 동반자인 로랑 부토나Laurent Boutonnat 는 동갑내기로 1961년 6월 14일 파리에서 출생하여 어려서부터 피아노와 음악을 공부했다. 하지만 영화에 매료되어 불과 11세 때 인간 세상에서 살아가는 밤비Bambi 사슴의 이야기를 쓰기도 했고, 17세 때 첫 영화 「La Ballade de la Féconductrice」를 제작 발표함으로써 그의 연출가의 꿈이 실현되는 듯했다. 하지만 검열위원회를 거친 이 작품은 18세 이상 관람가 판정을 받았고, 그의 나이 18세가 되던 1979년 칸Canne 영화제에 올렸으나 관중들의 야유를 견뎌내야 했다.

20세 이후 카메라맨으로 일하면서 책도 쓰고 돈을 벌기 위해 광고일도 했다. 1984년 23세 때 친구 제롬 다앙Jerome Dahan의 권유로 〈Maman a Tort 엄마 잘못이야〉라는 곡을 함께 쓰고, 이 노래를 불러줄 가수를 찾게 된다.

이 오디션을 통과한 연극배우 지망생이었던 밀렌 고티에는 존경하는 할리우드 고전 여배우 프란시스 파머Frances Far -mer(1913-1970)의 성을 따 Mylene Farmer란 이름으로 기념비적인 데뷔 싱글을 3월에 RCA를 통해 발표한다.

Cendres de Lune

1986 | Polydor | 831 732

1. Libertine
2. Au Bout de la Nuit
3. Vieux Bouc
4. Tristana
5. Chloé
6. Maman a Tort (nouvelle version)
7. We'll Never Die
8. Greta
9. Plus Grandir
10. Libertine (remix special club)
11. Tristana (remix club)
12. Cendres de Lune

병동에서 엄마라 불리는 간호사의 소아 동성애를 주제로 한 첫 싱글 〈Maman a Tort 엄마 잘못이야〉는 십만 장 이상 팔려나갔으며, F. R. David가 제작한 영어 버전 싱글 〈My Mum is Wrong〉은 캐나다, 독일, 이태리, 스칸디나비아뿐 만 아니라 남미에도 발매되었다.

1985년 발표한 싱글 〈On est Tous des Imbéciles 우린 모두 바보야〉는 재지한 뉴웨이브 팝으로, 차트 진입에는 실 패했지만, 평론가들과 매스컴은 호평했다.

이 싱글에는 중후한 심포니와 바이올린, 연극적인 보컬이 빛나는 〈L'Annonciation 통고〉가 B-side 곡으로 수록되었다.

…난 신이 존재한다는 걸 알아, 그것은 날 매우 불행하게 만들지, 그리고 난 신이 슬프다는 걸 알아, 내 뱃속에서 태어나 죽으니까, 그 사람은 도망자처럼 내 침대를 벗어났고, 울부짖지도 않고 나를 배신했어, 나에게 인생은 끝났어, 나의 구세주여…

RCA와 계약이 만료된 밀렌은 로랑과 함께 Polydor 레코드사와 계약한다.

1985년 11월에 공개된 세 번째 싱글 〈Plus Grandir 대범함을 더해요〉에는 순결함의 상실과 삶과 죽음의 고통이 가까워질 것 같아 어른이 되길 두려워하는 어린 시절의 망상을 노래했다.

부토나가 연출한 이 뮤직비디오는 생드니Saint-Denis의 묘지를 배경으로 5일 동안 촬영되었고, 그해 가장 많은 예산을 투입했던 작품으로 기록되었다. 영상에서 빈 유모차는 밀렌의 도난당한 유년기를, 절단된 인형은 순결을 잃은 더럽힘의 상징으로 나타난다. 한 편의 영화와도 같은 이 뮤비는 극장에서 공개되었다.

9만 장 이상 판매되어 성공을 예감한 Polydor는 그녀의 데뷔앨범 《Cendres de Lune 달의 잿더미》를 발매한다.

앨범과 동시에 싱글로 발표된 〈Libertine 난봉꾼〉은 외설적인 가사를 읊는 천연덕스러운 보컬에 신나는 리듬이 매우

싱그럽다.

스탠리 큐브릭Stanley Kubrick 감독의 「Barry Lyndon, 1975」에서 영감을 얻은 뮤비는 자유주의가 만연했던 18세기 중엽을 배경으로, 사랑을 쟁취하기 위한 결투가 벌어진다. 역시 극장에서 공개되었으며, 팬들은 열광했고 영화 평론 미디어들의 격찬이 뒤를 이었다. 총 20주 동안 차트에 머물면서 40만 장 이상 판매되어 실버디스크를 획득하였다.

…난 너무 연약해, 내 손을 잡아줘, 내 곁에 네가 잠들면, 난 증발하고 새벽을 기다려, 네가 내 입술을 떠날 때, 그 쓴맛은 달의 잿더미와 작은 거품들도 가득한 천국에 내가 있는 걸 상기시켜주지, 바람에 길을 잃고, 난 화상을 입고 감기에 걸려, 몸이 떨리고 피부가 젖어, 영혼은 더 이상 없는 것 같아, 아빠 내 마음을 도난당했어, 난 자유분방해…

후속 싱글로 까뜨린느 드뇌브Catherine Deneuve가 주연한 영화 「Tristana, 1970」에서 가사의 영감을 받고, 부토나는 동화 「백설 공주와 일곱 난쟁이」의 러시아 버전의 시나리오를 써 내려간다.

프랑스 동남부의 설원을 배경으로 5일간 촬영된 〈Tristana 트리스타나〉의 뮤비는 7만 유로가 넘는 여태껏 가장 많은 예산을 소요하여, 11분이 넘는 대작으로 완성되었다. 전작들과 마찬가지로 영화관에서 먼저 개봉하여 매스컴의 격찬을 얻어냈고, 그해 12월에 이르기까지 차트에 21주간이나 머무르는 성공을 거둔다. 오리지널 사운드트랙 싱글도 이어 선보였으며, 25만 장 이상 팔려나가 실버디스크를 기록했다.

반복되는 독특한 후렴구와 백 보컬로 인상이 강하게 다가오는 〈We'll Never Die〉는 이스라엘과 팔레스타인의 분쟁을 소재로 전쟁에 내몰리는 어린이들을 위해 작사되었다.

〈Greta〉는 여배우 그레타 가르보Grata Garbo(1905-1990)에 헌정된 것으로, 실제 그레타가 출연한 영화에서 추출된 육성이 믹스되어 있다.

이 데뷔앨범은 70만 장 이상이 팔려나가 더블 골드를 기록했다. 리믹스 싱글과 센세이션을 일으킨 뮤비는 위대한 성공에 앞선 훌륭한 전조와 초석의 역할을 해냈다.

Ainsi Soit Je⋯

MYLENE FARMER

Ainsi soit je...

1988 | Polydor | 835 564

1. L'Horloge
2. Sans Contrefaçon
3. Allan
4. Pourvu Qu'elles Soient Douces
5. La Ronde Triste
6. Ainsi Soit Je⋯
7. Sans Logique
8. Jardin de Vienne
9. Deshabillez-Moi
10. The Farmer's Conclusion

싱글 〈Tristana〉의 인기가 식지 않았던 1987년 끝자락에 2집의 첫 싱글 〈Sans Contrefaçon 거짓 없이〉를 발표했다. 실비 바르탕Sylvie Vartan의 〈Comme un Garçon 소년처럼〉과 인도쉰느Indochine의 〈3é Sexe 제3의 성性〉에 고무되어 작곡된 것으로, 거짓과 부정적인 변화로 물든 세상에

서 남들에게 거짓 없이 진실을 이야기하고 마음속의 순수한 모든 것들을 세상으로부터 보호할 수 있는 테두리를 마련하고자 하는 노래이다.

말해주세요, 엄마! 어째서 내가 소년이 아니라는 거죠?

뮤비는 콜로디Carlo Collodi의 명작동화 「피노키오의 모험」과 조르주 달고George Dargaud의 만화 「Le Petit Cirque 작은 서커스」를 모티브로 하였으며, 4일간 노르망디의 해안 도시 쉘브르Cherbourg에서 촬영되었다. 마리오네트로 분한 밀렌의 열연이 돋보였던 클립은 1988 Victoires de la Musique에서 Best Video-Clip 부문에 노미네이트되었다.

싱글 〈Sans Contrefaçon〉의 B-side곡인 〈La Ronde Triste 슬픔의 주기〉는 사랑, 꿈, 슬픔, 죽음으로 이어지는 극단적이고도 비약적인 요약이 흐느끼는 듯한 음성으로 나타난다.

두 번째 앨범에 한 달가량 앞서 선보인 타이틀 싱글 〈Ainsi Soit Je⋯ 내가 이렇게⋯〉는 그녀의 레퍼토리 중 가장 서정적이고 우울한 발라드 중 하나로, 떠나간 사랑 후에 운명적으로 찾아드는 고독감과 우울함 속에서 아직도 그를 잊지 못하는 지금이 차라리 그를 잊고 잠들어 버릴 수 있는 겨울이었으면 한다고 노래했다.

세피아 톤으로 제작된 뮤비에는 어릴 적 동물을 사랑했던 밀렌답게 밤비Bambi를 등장시키며 연약하고 외로운 자아를 대유했다. 마지막 장면에서는 보름달을 향해 지혜를 상징하는 부엉이가 힘찬 날갯짓을 하는 것으로 막을 내린다.

세 번째 싱글 〈Pourvu Qu'elles Soient Douces 다정한 연인들이라면〉은 짧게 끊어지는 건반 악기의 힘 있는 스타카토와 손뼉 소리 같은 강한 리듬 위에 다른 다정한 연인들을 질투하는 듯한 음성이 외설적인 가사를 내뱉는다.

파리 남부의 도시 랑부예Rambouillet에서 단 7일간의 야외 촬영으로 제작된 뮤비는 가장 많은 비용과 인원을 동원한 로랑의 역작으로 평가받고 있다. 데뷔앨범에서 싱글 커트된 〈Libertine〉 뮤비의 속편으로 〈Libertine 2〉라는 부제를 붙였고, 17분이 넘는 단편영화로 제작되었다.

이 역시 스탠리 큐브릭Stanley Kubrick 감독의 「Barry Lyndon, 1975」의 배경이었던 18세기 7년 전쟁의 영국군과 프랑스군의 혈전을 소재로 하였다. 상젤리제에서 상영되었으며, 1989 Victoires de la Musique에서 Best Video-Clip 부문에 노미네이트되었다. 이 싱글은 5주간 싱글 차트 정상을 차지했고, 23주간 차트에 머물며 가장 히트한 작품으로 기록되었다.

앨범에 미수록된 이 싱글의 B-side곡 〈Puisque 왜냐하면〉은 〈Ainsi Soit Je…〉와 더불어 그녀의 가장 서정적인 작품 중의 하나이다.

…널 사랑해. 사람들이 나를 좋아하지 않을지라도 그 어떤 것도 내게 상처를 입힐 수는 없어. 나는 미소 지을 거야. 내가 지워질까 두려워…

〈Sans Logique 논리 없이〉는 장엄하고 운명적인 인상을 받게 되는 전주가 흐르며, 선과 악이라는 것이 존재하지 않는 세상에 대한 바람이다.

…만일 신이 자신의 모습을 본 따 인간을 만들었다면, 만일 그것이 그의 의지였다면 그것은 어린 시절 내 영혼을 순진무구함으로부터 분리하려는 악마에 대한 노여움이었음을 이

해하고 싶어. 난 이 패러독스의 공범자가 아니야!…

프란시스코 고야Francisco Goya의 회화 「El Aquelarre 악마의 연회」에서 영감을 받은 뮤비에서, 뱀이 기어다니는 메마른 사막은 성서의 '에덴동 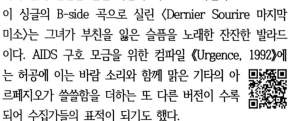산'을 상징하고 피로 사랑을 확인하는 밀렌과 그녀의 집시 연인은 선한 아담과 이브로 그려진다.

이 싱글의 B-side 곡으로 실린 〈Dernier Sourire 마지막 미소〉는 그녀가 부친을 잃은 슬픔을 노래한 잔잔한 발라드이다. AIDS 구호 모금을 위한 컴파일 《Urgence, 1992》에는 허공에 이는 바람 소리와 함께 맑은 기타의 아르페지오가 쓸쓸함을 더하는 또 다른 버전이 수록되어 수집가들의 표적이 되기도 했다.

앨범에 첫 곡으로 수록된 〈L'Horloge 시계〉는 샤를르 보들레르Charles Baudelaire의 시에 곡을 붙인 것으로 마치 한 공포영화를 보는 것처럼 음산한 분위기를 시계 초침 소리로 확장하고 있다. 보들레르의 문학적인 가사와 진보적인 로랑의 작곡으로 국내 아트록 팬들에게도 많은 사랑을 받았다.

시계는 험상궂고 냉정한 무시무시한 신. 그의 손가락(바늘)은 우리를 협박하며 말하지. '기억하라' 공포로 가득 메워진 당신의 마음속에 고통이 과녁을 맞히듯 잔잔히 생겨나리라. 요정이 문틈 사이로 사라져버리는 것과도 같이 확신할 수 없는 기쁨들이 수평선을 향해 달아나 버리리라. 매 순간마다 당신으로부터 기쁨의 덩어리를 휩쓸어 버리리라. 그리고 한 시간에 삼천육백의 초는 속삭이지. 곤충과 같은 목소리로 '기억하라' '기억하라' 시간은 속임수를 쓰지 않지만, 그의 이기심은 우리를 탐욕스러운 도박꾼으로 만들지…

미국 문학가 에드거 앨런 포Edgar Allen Poe를 좋아했다는 밀렌은 〈Allen, Allen〉에서 소중한 친구인 마리오네트 인형

에게 알랑Allen이란 애칭을 붙인다. 하지만 두려움으로 인해 핏빛으로 물들며 죽어가는 알랑의 얼굴을 보면서, 어릴 적부터 흘리던 눈물은 사랑하는 알랑의 죽음을 대비한 눈물이었음을 느낀다. 이는 아이에서 사춘기로의 성장통을 표현하고 있다.

왔다 갔다 안절부절못하는 불쌍한 인형이여. 이상하리만큼 파랗게 질린 가여운 인형이여. 을씨년스러운 이 밤에 너의 슬픈 노래를 듣지. 그리고 사랑스러운 너의 마음도…

리하르트 바그너Richard Wagner의 오페라 「탄호이저」 중 〈순례자의 합창〉의 도입부로 시작되는 〈Jardin de Vienne 비엔나의 정원〉은 가축처럼 혹사당하는 삶을 견디지 못해 사랑의 장소였던 비엔나의 정원에서 스스로 목숨을 끊은 연인을 향해 그의 영혼이 더 높이 올라가길 추모한다. 비극적인 스토리를 묻어둔다면 너무나 신비하다.

장난감 병정이 드럼을 연주하는 듯한 소리로 시작되는 〈Deshabillez-Moi 나를 벗겨봐〉는 실존주의 뮤즈 줄리에트 그레코Juliette Greco(1927-2020)의 곡으로 치명적인 팜므파탈의 요염함과 도발적인 유혹이 강렬한 댄스 비트를 타고 전해진다.

팬들 사이에서 가장 높은 지지도를 받은 본작은 앨범 차트 1위를 기록했고 백만 장 이상 판매한 가장 성공한 작품으로 기록되었다. 1988년 Victoires de la Musique에서 '최우수 여자가수상'까지 수상한 밀렌은 공식 2집의 활동을 접고 첫 콘서트 준비에 돌입한다.

1989년 5월 11일 생띠엔느Saint-Etienne에서부터 12월 8일 파리 베르시Bercy까지, 총 46회에 걸쳐 진행된 그녀의 첫 번째 라이브는 5년간의 음악 여정을 담은 오디세이였다.

그녀의 무모한 일정과 실행계획에 부정적인 시선이 역력했으나 차별화된 콘서트는 회를 거듭할수록 공연에 대해 매체는 대서특필했고, 베일에 싸여있던 그녀의 실체를 현장에서

확인하기 위해 팬들의 매진 행렬은 계속되었다.

결과적으로 그녀는 파리 베르시의 거대한 옴니스포츠 돔에서 콘서트를 치른 최초의 여성 가수로 기록되었으며, 약 30만 명이 그녀의 무대를 다녀가 콘서트는 성공적이었다.

색다른 트랙 〈Je Voudrais Tant Que Tu Comprennes 네가 이해하는 만큼 원해〉로 콘서트 음반은 또 화제가 되었다. 원곡은 프랑스의 세계적인 영화음악가 프란시스 레Francis Lai(1932-2018)가 작곡하고 마리 라포레Marie Lafo-ret(1939-2019)가 1966년에 취입한 것인데, 초연한 원곡을 슬픔에 흠뻑 빠진 채 노래했다.

〈À Quoi Je Sers… 내가 누구를 구한다면〉은 또 하나의 고해성사의 곡으로, 7월에 싱글로 발표하여 이후 공연의 레퍼토리에 포함되었다.

프랑스 소설가 뤽 디트리히Luc Dietrich의 「L'Apprentissage de la Ville 마을의 습작」에 고무되어 가사를 썼고, 뮤비는 루아르Loire강 하구 습지에서 촬영했다. 프랑스 시인 기욤 아폴리네르Guillaume Apollinaire의 「La Maison des Morts 죽음의 집」의 텍스트에 근거하여 작성된 플롯에 의하면 강은 죽음과 운명으로 그려진다. 결과적으로는 그녀의 뮤비에 등장했던 배우들을 총동원함으로써 우정에 보답하는 선물이긴 했지만, 묘한 환상을 심어준다.

이 싱글의 B-side곡으로 〈La Veuve Noire 검은 거미〉가 실렸는데, 이 곡이 탄생된 에피소드는 5월 11일 첫 공연 무대에서 일어났던 개인적인 경험이 그 바탕이 되었다. 팬들

의 열광 속에서 무대의 동선을 따라 움직이면서 그만 무대 위를 기어다니던 조그마한 거미를 죽이게 된 사건이 못내 가슴 아파 가사로 썼다고 한다. ⟨À Quoi Je Sers…⟩ 와 관념적으로나 악곡으로 긴밀한 연계성을 지니며 긴장감이 감도는 레퀴엠으로 마감했다.

콘서트 중이었음에도 이 싱글은 차트 16위에 올랐고, ⟪Les Mots⟫의 2CD 버전에 수록되기 전까지 팬들의 수집 대상이 되기도 했다.

10월 20일과 21일 이틀간 브뤼셀에서 리코딩된 음원으로 그해 12월 4일 앨범이 공개, 60만 장 이상 판매되었다.

또한 ⟨Allan‐live⟩와 ⟨Plus Grandir‐live⟩이 싱글로 출시되었다.

참고로 1990년 11월 데뷔 싱글 ⟨Elle Se Promène 그녀는 걷네⟩를 노래하는 로베르Robert를 TV에서 본 후, 두 개의 라디오 쇼에 초대하여 그녀의 성공을 지원하기도 했다.

L'Autre

1991 | Polydor | 849 217

1. Agnus Dei
2. Désenchantée
3. L'autre
4. Je T'Aime Mélancolie
5. Psychiatric
6. Regrets
7. Pas de Doute
8. Il n'y a Pas d'Ailleurs
9. Beyond My Control
10. Nous Souviendrons Nous

밀렌은 성공적인 라이브 이후 적잖은 부담감을 안고 또다시 매스컴을 피해 몸을 숨기며, 거의 일 년의 세월을 스튜디오에 매진했으며, 새로운 스튜디오 3집 앨범의 첫 싱글을 위해 뮤비 촬영까지 실로 바쁜 나날을 보냈다. 그리고 짧고 붉은 머리에 핼쑥한 얼굴 그리고 갈까마귀를 커버에 올린

〈Désenchantée 환멸〉을 가지고 1991년 3월 팬들에게 돌아온다.

탁한 물속에서 수영을 하네. 그다음 날에도 끝이 보이길 바라면서 계속, 아무것도 없는 무거운 공중을 날 때 누군가 내 손을 잡아당기네. 만일 내가 높은 곳에서 떨어진다면 나의 추락은 서서히 진행될 거야. 무관심 속으로…

이 곡은 인간이 원죄 이전의 순수함을 다시 찾기 바라면서, 현재의 이 혼란을 환멸하고 이 역풍 속에서 자신을 지킬 수 있을까? 하는 가사를 담았다. 그녀가 음반 제작에 투입되었을 당시 세계는 걸프전으로 경악했고, 밀렌은 헝가리에서 눈 덮인 대지를 본 후 이 곡을 써 내려갔다.

무려 24만 유로라는 엄청난 거액을 들여 헝가리 부다페스트에서 촬영된 뮤비에는 119명의 어린이들과 헝가리 배우들을 참여시켰다. 찰스 디킨스Charls Dickens의 명작 「Oliver Twist 올리버 트위스트」로 시작하여 드라크루아Delacroix의 명화 「Liberty Leading the People」로 막을 내리며 희망과 자유의 메시아로 열연했다.

프랑스와 벨기에에서 1위, 오스트리아와 독일 그리고 캐나다에서도 차트에 명단을 올리며, 프랑스에서만 50만 장이, 그리고 세계 누적 130만 장이 팔려나가는 골드디스크가 되었다.

3주 후 신보가 공개되었고, 7월에 두 번째 싱글 〈Regrets 후회〉가 커트되었다. 옛사랑의 순수함과 대범함이 사라져버린 현실의 자신에 대해 노래했는데, 싱어송라이터 장-루이 무라Jean-Louis Murat(1952-2023)의 포근하고도 우수에 젖은 목소리와 듀엣으로 노래했다.

결코 아무것도 죽지 않는 아주 멀리 떨어진 곳에서 나는 길고도 감미로운 여행을 했어. 하지만 우리들의 영혼은 한없는 눈발에 휩쓸려버리고 사랑의 진실한 모습은 숨어버렸네…

2월 부다페스트 소재 유대인 묘지에서 장-루이 무라와 함께 촬영한 본 모노톤의 클립은 우아한 슬픔을 로랑 특유의 미화법으로 채색하고 있다. 트램에서 하차하여 연인이 묻혀있는 묘지로 들어서면서 옛사랑에 젖는 한 남자의 지순한 러브스토리가 그려진다. 이 뮤비에서는 어린 밤비를 다시 등장시키면서 여성의 본질을 상징화했으며, 과거 밀렌의 이미지를 중첩적으로 연결시키는 매개로도 이용했다. 또한 무덤가의 뒤엉킨 엉겅퀴는 무조건적인 사랑에 대한 욕망을 의미했으며, 눈과 흑백의 컬러는 창백한 그림자를 만들어냈다.

세 번째 커트될 싱글로 〈Pas de Doute〉가 낙점되었으나, 당시 그녀의 주소를 알려 달라는 한 열혈 팬이 이를 거부한 파리 Polydor 레코드사의 안내원을 향해 총격을 벌이는 사건이 발생하여 미국의 LA로 피신해야 했다.

그리하여 12월에 공개된 것이 〈Je T'Aime Mélancolie 우울함을 사랑해〉였다. 사랑과 죽음에 관한 깊고 슬픈 상념들이 잦아드는 밤의 우울한 서정을 만끽하고 싶다는 내용으로, 마돈나Madonna를 연상시킬 정도로 굵은 목소리, 관능적인 랩, 독백과도 같은 가늘고 허스키한 보컬이 대비되면서 리드미컬한 드러밍과 함께 생명력이 넘치는 멜랑꼴리로 재창조하고 있다.

뮤비는 LA에서 촬영되었는데, 영화 「Rocky 록키」처럼 권투선수로 분장하여 그동안 선보였던 스토리텔링보다 립싱크에 중점을 두어 제작되었다. 실제 경기 장면은 동유럽 출신의 남녀 권투선수들에 의해 촬영되었지만, 섹시한 의상을 입고 백댄서와 함께 박진감 넘치는 군무를 추는 밀렌의 모습은 Radio Mix 버전과 함께 감흥을 증폭시켰다.

유일하게 독일에서 발표된 막시싱글에 수록된 B-side곡 〈Mylene is Calling〉은 2분여의 짧은 연주곡이었는데, 미국으로 도피하기 전 밀렌이 남긴 자동 응답기의 우울한 심경이 담긴 음성과 물방울 소리로만 녹음되어 긴장감을 자아낸다.

그녀는 3집의 마지막 싱글의 뮤비 촬영을 위해 다시 프랑스로 돌아온다. 이듬해 5월에 공개된 네 번째 싱글 〈Beyond My Control〉은 가사에서부터 뮤직비디오까지 프랑스 고전소설가 쇼데를로 드 라클로Choder-los de Laclos의 「Les Liaisons Dangereuses 위험한 관계」를 모티브로 했다. 원작에서 바람둥이 발몽Valmont의 대사 'It's Beyond My Control'은 제목이 되었고, 1988년 할리우드에서 제작된 동명의 영화에서 남우 존 말코비치John Malkovich의 음성 샘플을 사용했다. 애인을 놓쳐버릴 것 같은 불안과 의구심이 진정한 우리의 생명과 사랑을 침해하고 있지만, 영원히 곁에서 지켜줄 것이라는 내용이다.

나는 왜 손가락 끝에 피가 모여 있는지 더 이상 이해할 수 없네. 난 널 안심시켜야 해. 네 상처를 나의 사랑으로 잘 치료할 거야. 넌 진정한 선택을 할 수 없어. 우리의 육체는 새벽녘에 서로 섞일 거야. 넌 천사의 눈을 가졌어. 오! 내 사랑…

당시 밀렌은 열혈팬이 저지른 사건의 충격에서 완전히 회복되지 못했으며, 또한 로랑이 장편영화 「Giorgino」를 준비하고 있었기에 3집의 활동을 빨리 마무리하고 싶었다. 비교적 적은 예산과 이틀이라는 시간을 할애하여 스튜디오에서 촬영된 뮤직비디오의 플롯은 배반한 사랑에 대한 응징으로 실로 잔인한 결말을 보여주고 있다.

매스컴은 이 클립의 노골적인 성애 장면과 폭력성을 즉각 검열대에 올렸고 많은 방송에서 거부되어 겨우 짧은 기간 동안 차트에서 머물렀다.

첫 곡으로 수록된 〈Agnus Dei 하느님의 어린 양〉은 기도의 시작을 알리는 일반적인 상투어로 '육체에 대한 욕망을 느끼는 그대로 인해 이성을 잃어버린 나는 이단적인 것을 체험하고 기진맥진한 상태에 빠져 있어…'라는 가사로 시작된다. 자신의 불경건한 마음에 대한 고뇌로 죄책감을 느끼지만, 이 고해성사로 인해 모든 것으로부터 벗어나고 그대도 나와는 멀리 있다고 한다.

타이틀곡 〈L'Autre 타인〉은 허약함과 의심, 외로움과 슬픔을 극복하기 위해서 타인을 친구로 받아들여야 한다는 메시지이다. 희미하고도 연약한 보컬이 악기들의 섬세한 연주력과 곡 전체를 이끈다.

〈Psychiatric 정신병자〉는 연주 위주의 곡이지만 간혹 들려오는 억압받는 듯한 절규의 목소리는 심각한 분위기를 자아내고 있으며 '이 시간만 되면 나의 마음은 걷잡을 수 없어'라고 증세를 거듭 반복하는 그녀를 경계해야 할 것 같다.

모든 것이 다 하나의 변변치 않은 희곡 상연에 불과한 현실에서 자신을 파멸시키지 않기 위해서는 자신만의 시간을 가져야 하며, 일종의 도주라 할 수 있는 그것이 바로 정상으로 돌아오는 것이라고 노래하는 〈Pas de Doute 의심 없이〉에서는 불규칙한 현실 속에서 밀렌의 호흡은 허덕인다.

숨은 걸작 〈Il N'y a pas d'Ailleurs 다른 곳에는 없어〉는 환영의 그림자 속에서 먹이가 되어버린 자신을 구제하기 위해서 번뇌하고 다른 세상을 원하는 우리에게 현실로 돌아오라는 충고를 담았다.

…다시 태어나기 위한 너의 뉘우침. 넌 삶을 사랑하는 방법과 책에 파묻히는 법을 다시 배워야 해. 이제 너의 고민을 떨쳐버리고, 저 달까지 자신만을 위한 통로를 만들어봐. 난 그렇게 믿어.

아름다운 가사가 와닿는 〈Nous Souviendrons Nous 우리는 기억해〉는 그 향기가 맑고 부드럽 다.

…우리의 인생은 우리 자신과 연결된 눈물의 수채화야. 만약 믿음을 잃는다면, 이 기도에도 불구하고 모든 것을 의심하게 될 거야. 우리는 기억해… 우리의 삶은 매일 피가 흐르는 서로에게 연결되어 있다는 걸.

이 앨범은 짧은 기간에 백만 장 이상을 팔아치우며 프랑스와 벨기에 앨범 차트 1위를, 캐나다에서도 9위를 기록했다. 밀렌에겐 가장 힘든 나날이었지만 가장 대중적으로 성공한 작품이 되었다.

1992년 후반에 이르러 사회적인 이슈로 떠올랐던 AIDS 구호 모금을 위해 싱어송라이터 에티엔 다오Etienne Daho는 자선단체를 위한 앨범을 구상 중이었고, 많은 아티스트들에게 이러한 사회의식을 전달하고 앨범 참여를 독려했다. 이러한 자선사업에 모습을 드러내지 않는 밀렌이지만, 로랑과 함께 신곡 〈Que Mon Cœur Lâche〉을 만든다. 하지만 가사가 너무 모호하다는 지적에 따라 《Urgence, 1992》에는 2집 싱글 〈Sans Logique〉의 B-side곡 〈Dernier Sourire 마지막 미소〉를 새롭게 녹음하여 수록한다.

그리고 11월 말에 〈Que Mon Cœur Lâche 흔들리는 내 마음〉을 싱글로 발표했다. 밀렌은 이 노래에서 에이즈를 비롯한 질병들을 차단하기 위해 안전한 방법을 선택해야 한다는 캠페인의 의도에서 벗어나, 현재 젊은이들의 뇌리에 박혀있는 가벼운 육체적 쾌락에 대해 책임과 충심에서 출발하는 사랑의 의미를 피력했다.

뮤비는 영화제작에 몰두하는 로랑의 동의를 얻어 새로운 파트너이자 저명한 영화감독 뤽 베송Luc Besson에게 맡겨졌다. 데이비드 린치David Lynch의 영화 「Blue Velvet」, 헤르만 헤세Hermann Hesse의 「Der Step -penwolf 황야의 이리」 등 많은 작품에서 영감을 받아 시나리오가 작성되었고, 실제 공간적 모델이 되었던 파리의 유명 나이트클럽의 이니셜 'Q'의 몽환적 세트가 지어졌다.

뤽 베송의 영화 「Nikita 니키타」의 모습으로 등장하는 천사 밀렌이 현실의 지상에서 경험하게 되는 육욕의 우화는 다양한 유머의 장치들로 심각함을 덜었다. 이듬해인 5 월에는 영어 버전 〈My Soul is Slashed〉 싱글이 발표되었다.

로랑과 밀렌은 첫 영화 「Gi -orgino」를 준비하고 있었기에, 새 앨범을 기대하며 많은 시간을 기다려야만 할 팬들을 위해 이 신곡을 포함하여 그동안 발표했던 히트 싱글의 리믹스를 모은 앨범 《Dance Remix》를 공개했다. (독일반 1CD, 프랑스반 2CD)

로랑은 극작가 질 로랑Gilles Laurent과 함께 쓴 「Giorgino」의 시나리오로, 1993년 1월부터 약 4개월간 본격적인 촬영에 들어갔다.

이는 1918년을 배경으로 한 마을에서 고아원의 아이들이 사라지는 사건을 다룬 미스터리물로, 의사인 조르지노 역에 미국인 기타리스트이자 프로듀서 제프 달그렌Jeff Dahlgren,

자폐증 환자 까뜨린느 역은 밀렌이 맡았다.

1,200만 유로에 달하는 거액의 제작비를 쏟아부으면서 약 4개월 동안 영화 20도가 넘는 체코의 추위를 밀렌은 견뎌야 했고, 그 후로도 편집을 비롯한 수차례의 작업이 반복되었다. 간간이 매스컴을 통해 짧게 전해진 현장 스케치가 밀렌의 행보를 궁금해하는 팬들의 갈증을 달래주기도 했으나, 정작 1994년 10월 5일 개봉 직후 팬들의 반응은 너무나 냉담했다.

약 3시간에 달하는 시간과 지루한 전개는 지구력의 역부족을 보여주었으며, 스토리 또한 전혀 공감대를 형성하지 못했다는 비평가들의 혹평과 냉소 속에서 부랴부랴 극장 간판을 내려야 했던 흥행 참패는 로랑과 밀렌에게 독배와도 같은 시련이었다.

그럼에도 2,500매의 한정 발매 사운드트랙은 금방 동이 났고, 그리고 주얼 케이스로 제작된 정규본 초반 역시 시장에서 재빨리 모습을 감추었다. (이후 끊임없는 팬들의 요구에 2007년에서야 OST가 재발매되었다)

이 영화에서 매서운 추위와 싸워야 했던 밀렌은 로랑이 원망스러웠으며, 로랑은 회심작의 실패를 밀렌의 어눌한 연기와 대사의 탓으로 돌렸다.

그리하여 약 10여 년간 끈끈했던 이들의 관계에 갈등의 골은 깊어지기 시작했고, 밀렌은 아무도 자신을 알아보지 못하는 미국의 LA로 돌연 거주지를 옮긴다.

불편한 심기의 변화를 위해 머리도 금발로 염색하는 등 휴식의 시간을 가지며, 새로운 앨범을 구상했다.

소갈 린포세Sogyal Rinpoche의 「Le Livre Tibétain de la Vie et de la Mort 티베트인의 지혜」를 읽으며 이대로 영원히 침몰할까 봐 두려웠던 마음에서 벗어날 수 있었고, 여행을 통해 낙관할 용기를 얻은 후, 결국 밀렌은 로랑을 LA로 불렀다.

영화에서 남우주연을 맡은 제프 달그렌의 우정 어린 협조가 재기의 원동력이 되었다. 1980년대 'Wasted Youth'라는 펑크 밴드를 이끌기도 했던 그는 자신을 영화라는 장르에 초대해 준 밀렌과 로랑에 감사하고 있었다.

먼저 그는 LA의 A&M 레코드사의 스튜디오를 알선했고, 역량 있는 미국의 연주자들을 소개했다. 무엇보다도 자신이 직접 기타리스트로 참여하여 록적인 음향의 변신을 시도하는 데 아이디어를 보탰다.

이 끈끈한 우정은 이후에도 계속되어 두 번째 콘서트 《Live a Bercy 1996》와 《Innamoramento》, 《Mylenium Tour》까지 이어진다.

Anamorphosée

1995 | Polydor | 529 260

1. California
2. Vertige
3. Mylène S'en Fout
4. L'Instant X
5. Eaunanisme
6. Et Tournoie…
7. XXL
8. Rêver
9. Alice
10. Comme J'ai Mal
11. Tomber 7 Fois…
12. Laisse le Vent Emporter Tout

1995년 9월에 먼저 대망의 록 싱글 〈XXL 더 큰〉이 선보였다. 팬들은 어느 정도의 변화를 예상하기도 했지만 8월 말 라디오에서 홍보용으로 제작된 노래가 전파를 탔을 때 이전과는 다른 훤칠한 록 넘버에 놀라지 않을 수 없었다.

이는 여성으로서 현실을 살아가기 위해서는 더 큰 사랑이 필요하다는 의미로, 이는 AIDS 바이러스로부터 자유로울 수 없는 수많은 여성들에게 바치는 페미니스트 송이었다. 그 큰 의미의 사랑을 미국 복식의 최대 규격 XXLXX-Large로 명한 것이다.

로랑과의 불화를 더 이상 떠올리고 싶지도 않았고 그에게 부담을 주고 싶지 않았기에, 뮤비는 독일계 미국인 영상감독 마커스 니스펠Marcus Nisipel에게 맡겼다. 그녀는 새로운 영상을 위해 자신이 여행했던 캘리포니아 필모어Fillmore와 무성영화 시대에 볼 수 있었던 1910년형 증기기관차에 대한 아이디어를 감독에게 전했다. 밀렌은 증기기관차의 앞에 매달려 기차가 달려가는 곳마다 XXL의 커다란 사랑을 전파하는 메신저로 그려진다. 고비용을 들였지만, 불과 이틀 만에 촬영한 결과물은 흑백의 고혹미로 연출되었다. 프랑스 싱글 차트 1위, 벨기에 싱글 차트 3위를 기록했다.

10월에 공개된 록으로의 변신 《Anamorphosée 변형체》는 미국 R&B 스타일의 편곡이 돋보이는 5곡의 멜랑꼴리한 발라드가 수록되었으며, 밀렌의 난해한 가사는 보다 이해하기 쉽게 순화되었다. 또한 자작곡 〈Tomber 7 Fois…〉가 수록되었다. 가수로서의 컴백을 오랫동안 기다렸던 팬들은 앨범 전편에 흐르는 예상치 못했던 사운드를 여과 없이 받아들였으며 환영의 갈채를 보냈다.

12월 크리스마스 시즌이 되자 두 번째 싱글로 〈L'Instant X 그 순간〉을 커트한다.

물론 '산타 할아버지, 당신이 하늘에서 즐거움을 가지고 날갯짓을 하며 내려오실 때…'라는 가사가 있긴 했지만, 당시 세기말적인 밀레니엄 버그와 재앙론이 사회적인 우려를 낳고 있었기에, 그녀는 즐겁고 신비스러운 순간을 노래한 록

이 적절하다고 판단했다.

뮤비는 이전 싱글과 마찬가지로 마커스 니스펠이 뉴욕과 LA에서 연출하였는데, 아찔한 수영복을 입고 목욕하는 천상의 요정으로 분하였고, 도시의 상징인 자유의 여신상과 트윈타워는 하얀 거품 속으로 잠긴다.

프랑스 문학에서는 하얀 거품이 '오르가즘'으로 은유되곤 하지만, 그녀는 밀레니엄과 새해라는 새로운 시작을 위해 세기말의 도시에 배어있는 우울증을 씻어내고 싶었다. 물론 온통 흰 거품으로 가득한 풍경은 화이트 크리스마스를 연상시키기도 했다.

전례 없이 많은 리믹스 버전들이 막시싱글에 수록되었는데, 2-title 싱글에는 B-side곡으로 〈Alice - Arachnostring ver-sion〉이 수록되었다. 이 리믹스 버전은 콘트라베이스의 강렬한 저음이 재즈적인 전율에 휩싸이게 하는데, 손에 꼽을만한 리믹스이다. 일본 라이선스에는 〈Alice - New Mix〉란 제목의 보너스로 수록되었고, 두 번째 라이브 《Live a Bercy》에서도 이 버전이 연주되었다. 곤충을 싫어한다고 했던 밀렌은 1989년에 〈La Veuve Noire 검은 거미〉를 노래하기도 했지만, 이번 앨범에서는 '자기 거미줄 끝에 매달린 우울한 예술가'라 찬양하며 곤충이 속삭이는 듯한 보이스로 '보고 싶다'고 이야기한다.

택시의 문이 열리는 소리와 구급차의 사이렌으로 시작하는 슬픈 발라드 〈California〉는 1996년 3월 말에 발표된 세 번째 싱글이었다. 이는 영화의 실패와 로랑과의 불화로 위안의 땅 미국으로 홀연히 떠났던 아픈 상처가 그려진 노래이다. 그래서 밀렌에게는 매우 소중한

곡이었으며, 앨범의 처음에 배치할 정도로 가장 먼저 팬들에게 소개하고픈 작품이기도 했다. 미국은 도피처였지만 이는 매스컴이나 팬들의 관심 밖에서 자유로울 수 있었고 자신의 삶에 있어서 새로운 시작을 가능하게 했던 종규宗規였기 때문이다.

밀렌은 유사 주제였던 마돈나Madonna 주연의 「Dangerous Game」을 본 후, 영화감독 아벨 페라라Abel Ferrara에게 뮤비를 의뢰하고, 그와 함께 시나리오를 썼다. 남우 지안카를로 에스포지토Giancarlo Esposito와 함께 일인이역을 하며 LA 선셋대로에서 실제 매춘부들과 함께 이틀 밤을 촬영하였다. 사실 가사와는 상응하지 않지만, 이 미스터리 범죄물은 비극적인 아메리칸드림으로 막을 내린다. 영화 「Doppel-ganger 도플갱어」나 「La Double Vie de Vero-nique 베로니카의 이중생활」이 주는 신비한 소름이 찰나처럼 지나간다.

〈Comme J'ai Mal 내가 아픈 것처럼〉은 1996년 7월 발표된 네 번째 싱글로, 그해 5월 말부터 거행되어왔던 두 번째 라이브 투어가 순탄했다면 이 곡은 싱글로 제작되지 않았을 것이다.

6월 15일 리옹Lyon 공연 중 밀렌은 무대에서 떨어져 손목을 다치게 되어 투어가 중단된다. 11월 이후에 콘서트를 재기하기까지 많은 시간을 기다려야 하는 팬들을 위해 깜짝 선물이 필요했고, 공교롭게도 자신이 처한 상황이 곡목과 유사하기도 했으며, 서글픈 발라드이긴 했지만 아픔을 딛고 새로운 출발을 약속하는 가사와도 너무나 절묘했기 때문에, 마치 예정된 것처럼 운명적인 싱글이 되었다.

실제 첫 장면에서 오른쪽 팔에 붕대를 감고 있는 밀렌을 볼 수 있는 이 뮤비는 LA에서 이틀 만에 촬영하고도 환상주의자 마커스 니스펠 감독의 걸

작이라 평가받고 있다.

본래 본작에서 4매의 싱글을 커트할 계획이었으나, 콘서트 사고로 공연이 지체되면서 《Live a Bercy》 앨범 또한 발매가 연기된다.

오랫동안 팬들은 매우 서정적인 〈Rêver 꿈〉의 싱글 커트를 간절히 요청했기 때문에 본래의 계획을 수정해야만 했다.

뮤직비디오 제작은 예산상 콘서트 클립으로 대체되었고, 리믹스도 겨우 한 곡에 불과했다.

이 눈물의 아리아는 제2차 세계대전의 대학살을 테마로 했고, 밀렌은 보다 나은 세상을 위해 다시는 전쟁이 발발하지 않는 희망과 평화의 바람에서 썼다고 했다. 하지만 가사는 그 희망에 도달할 수 없을 만큼 잔혹한 고통으로 그려져 더더욱 아픔을 자아낸다.

본작에서 두 번째로 수록된 〈Vertige 현기증〉은 마치 서두가 우리의 민요가락을 연상시킨다. 이 시원한 록풍의 곡 역시 '…살아가는데 현기증을 느끼지만, 좀 더 멀리, 좀 더 높이…'라는 가사를 통해 마음의 상처를 털어버리고 싶은 심경을 내지르는 창법과 작열하는 기타를 통해 풀어냈다.

음울한 음색이 뒤섞여 있는 〈Mylène s'en Fout 밀렌은 상관 안 해〉는 불화를 겪었던 그녀의 영원한 동반자 로랑에게 보내는 사랑과 화해의 편지이기도 하다.

사랑을 얻고 싶었지만 끝내 물거품 속으로 사라져버린 비운의 인어공주 동화를 그린 듯한 〈Eaunanisme 물거품〉은 아이러니하게도 장조로 전개된다.

밀렌의 애절한 호소력이 점차 증폭되는 〈Et Tournoie… 빙글빙글 돌아…〉는 벗어날 수 없는 운명에서 의식적으로 절망의 끝을 향해 내달리는 연인을 보면서 느끼는 안타까움이

었다.

교훈적인 내용을 담고 있는 〈Tomber 7 Fois… 7번의 추락〉은 칠전팔기七顚八起의 메시지를 피력하였는데, 이는 몰락에의 두려움으로부터 해방되기를 바라는 자신과 로랑 그리고 많은 사람들을 위한 의지의 표명이었다.

〈Laisse le Vent Emporter Tout 모든 걸 바람에 실어 보내요〉는 가장 덜 록적인 곡으로, 포근한 바람결 같은 어쿠스틱 기타의 반주와 따스한 피아노의 이중주가 돋보인다. 두려워하지 말고 모든 걱정과 과거의 일들을 잊고 현실에 적응하라며 나지막한 목소리로 권고하면서, 보다 의연한 모습을 인상적으로 채색한다.

인간의 진실은 앞모습이 아니라 뒷모습이라 했던가!

이전에 자신의 테두리 안에서 신비함을 드러냈던 그녀의 모습은 더 이상 찾을 수 없었다. 커버에는 아찔한 란제리 차림으로 등장했는데, 감정의 표정을 숨긴 앞표지와는 반대로 뒤 커버에서는 두 팔을 지탱하고 힘겹게 서있는 모습이었다. 물론 로랑에 대한 화해와 감사의 말도 잊지 않고 슬리브에 기록되어 있다. 보다 성숙한 여성으로 돌아온 그녀는 밝은 자신감과 함께 동시대를 살아가는 우리들에게 적잖은 용기를 불어넣어 주었다.

팬들의 감동과 사랑은 계속 이어져 무려 77주간이나 차트50에 머물렀고, 이 앨범이 발표된 후 1년 반이란 시간이 흐른 1997년 1월 중순에 이르러 앨범 차트 정상에 오르는 놀라운 이변을 연출하기도 했다.

7년 만에 거행된 두 번째 라이브는 1996년 5월 25일 툴롱 Toulon에서부터 파리의 베르시Bercy에서의 3차례를 거쳐, 그해 12월 15일 노르망디 캉Cean에 이르는 20회로 계획되었다.

4집에서 〈Eaunanisme〉만이 제외된 11곡을 공연 레퍼토리에 포함함으로써, 사실상 《Anamorphosée》의 실황이 되었

다. 아마도 밀렌은 새로운 모습과 밝은 노래들을 더 많이 선보이고 싶었을 것이다.

리옹 공연 때 손목 부상으로 11월 29일이나 되어서야 공연을 재개할 수 있었고, 또한 10월 말에는 그녀의 남자형제 장-룹 고티에Jean-Loup Gautier를 교통사고로 잃는 슬픔을 겪어야 했지만, 밀렌은 팬들의 약속을 지키기 위해 12월의 기후에서도 강행했고 이는 성황리에 막을 내린다.

공연 레퍼토리 중 미셸 폴나레프Michel Polnareff가 1966년에 소녀들의 성적 해방을 노래한 〈La Poupée Qui Fait Non 거절하는 인형〉를 할레드Khaled 와 함께 불러 월드퓨전을 이뤄내었던 이색적인 트랙은 1997년 5월에 공개된 라이브앨범 《Live à Bercy, 1997》의 발매 직전에 싱글로 커트되었다.

그리고 8월에는 눈물바다를 이뤘던 〈Ainsi Soit Je… live〉가 싱글로 발표되어 라이브의 감동을 이어갔다.

라이브 영상은 편집에 많은 시간이 걸렸는데, 파리 베르시와 스위스 제네바의 공연을 담았고, 1999년 5월에 영상물로 출시되었다.

Innamoramento

1999 | Polydor | 547 338

1. L'Amournaissant
2. L'Âme-Stram-Gram
3. Pas le Temps de Vivre
4. Dessine-Moi un Mouton
5. Je Te Rends Ton Amour
6. Méfie Toi
7. Innamoramento
8. Optimistique-Moi
9. Serais-Tu Là ?
10. Consentement
11. Et si Vieillir M'était Conté
12. Souviens-Toi du Jour…
13. Mylènium

그녀는 두 번째 콘서트 이후에 모든 매스컴으로부터 몸을 숨기고 은둔생활로 들어갔다. 그녀는 휴지기 동안 중국과 아일랜드, 이태리, 미국 등을 여행하며 새 앨범을 구상했다.

특히 동양에 대한 관심이 그녀를 끌었고, 이태리의 사회학자이자 저널리스트 프란체스코 알베로니Francesco Alberoni의 「Le Choc Amoureux 사랑의 충격」과 프리모 레비Primo Levi의 저서 「If This is a Man」 그리고 부디즘에 대한 여러 책들이 그녀와 동행했다.

가사의 주된 소재는 그녀의 욕망과 고통, 불행, 성적 정체성과 시간의 흐름이었지만, 무엇보다도 그녀는 사랑이란 테마가 부각되길 원했고 보다 시적인 운율로 표현했다. 이전 앨범에서 두각을 나타냈던 록적인 강렬한 사운드 대신 이번 앨범에는 테크노 팝과 같은 부드러운 곡들을 로랑에게 주문하였으며, 자신이 무려 5곡이나 작곡하여 앨범을 완성했다. 모든 녹음은 LA에서 진행되었고 파리로 돌아와 믹스했다.

밀렌이 여행을 하며 새로운 앨범에 대한 구상을 하고 있을 무렵 로랑은 여배우 나탈리 카르동Nathalie Cardone의 싱글 〈Hasta Siempre〉을 1997년에 내놓았고, 이듬해 두 번째 싱글 〈Populaire〉을, 그리고 새 앨범을 준비 중이었다.

콘서트를 끝으로 2년이 넘게 전혀 모습을 찾아볼 수 없었던 밀렌의 새 앨범에 대한 추측과 소문은 날로 커졌지만, 한 달 이전까지도 앨범명과 첫 싱글에 대한 정확한 정보는 철저히 배제되었다. 새로운 앨범의 발매를 앞두고 1999년 3월이 되자 첫 싱글 〈L'Âme-Stram-Gram〉이 발표된다.

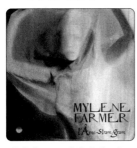

밀라노에서 쓴 이 곡은 아이들의 놀이 장단에서 추출한 제목이다. 특별한 의미는 없으나 간파하기 쉽지 않은 가사로 미뤄보면, 마치 어린 시절 접하게 되는 놀이처럼 사랑이 아닌 단지 오이디푸스 콤플렉스와 호기심만으로 경험하게 되는 통과의례로서의 첫 경험을 소재로 했다. 미혼모나 낙태 등의 사회적 문제들에 앞서 보다 신중함을 요구하는 메시지를 무겁고 빠른 템포의 테크노 팝에 담은 듯 보인다.

뮤직비디오는 정소동Ching Siu Tung 감독과 함께 중국 북경에서 2주 동안 머물며 4박5일 동안 꼬박 촬영되었고, 그의 영화 「The Chinese Ghost Story」를 기본으로 밀렌이 시나리오를 썼다. 만리장성 등을 비롯한 세트를 짓는데 유례없는 예산이 투입된 만큼 야심작이었다. 영혼을 초월한 쌍둥이 자매의 사랑은 대규모의 무협 판타지로 탄생되었는데, 전편에 흐르는 동양을 향한 매혹으로 많은 주목을 받았다.

4월 초 이태리어 타이틀 《Innamoramento 사랑의 탄생》이 전격 발매되었다. 문학에서 사랑과 모성애를 상징하는 바다를 배경으로, 하얀 새로 분한 밀렌은 열린 종장 위에 짝 잃은 종달새처럼 위태롭게 앉아있다.

긴 공백기에서 어느 정도 사운드의 변신이 기대되었는데, 록적인 전작과는 다른 부드러운 신시사이저를 기본으로 테크노 성향이 다분히 두드러진다. 코러스도 보강되어 전체적으로 부드러운 인상을 받게 된다.

이 앨범에서 가장 돋보이는 〈Je Te Rends Ton Amour 당신의 사랑을 되돌려 주겠어〉가 6월 초에 두 번째 싱글로 커트된다. 이 곡은 로랑이 나탈리 카르동의 데뷔앨범을 위해 작곡한 것이었다. 밀렌은 성과 사랑 그리고 고독과 죽음의 화가 에곤 실레Egon Schiele의 누드 작품들에서 영감을 받았다. 비틀린 에로티시즘이 녹아있는 그의 그림 속 여인이 되어 이별 후 초연한 눈빛으로 사랑을 돌려보내려 한다.

마치 십자가에 매달린 그리스도처럼 포즈를 취한 커버와 함께 적나라한 나체와 붉은 피가 흥건한 충격적인 뮤비는 많은 종교계의 질타와 비난을 받기도 했는데, 뮤비 감독은 라이브 영상에서 조력했던 영상편집가 프랑소와 한스François

Hanss에게 처음 주어졌다. 이 작품에서 피는 죽음 을 의미하기도 했지만, 재탄생을 의미하기도 했다.

싱글의 B-side곡으로 앨범에는 없는 〈Effets Secondaires 부작용〉을 수록했다. 이는 영화 「A Nightmare on Elm Street」에 영향을 받은 것으로 불면증과 악몽을 소재로 했다. 낮고 부드러운 밀렌의 속삭임은 시간이 흐를수록 크루거Krueger의 환영으로 목을 조른다. 알람이 흐른 뒤에야 우리는 매혹적인(?) 가위로부터 해방될 수 있다.

1999년 9월 초 세 번째 싱글 〈Souviens-Toi du Jour… 그날을 기억해〉가 발매되었다. 이는 아우슈비츠 수용소에서 폴란드로 추방당한 이스라엘계 이태리 작가 프리모 레비Primo Levi의 「If This is a Man」이 가사의 원형이 되었다. 세계 2차대전의 강제수용소에서 유린당한 인권과 사랑과 평화를 되새기고자 하는 의미였다.

단순히 립싱크로 제작된 마커스 니스펠Marcus Nisipel의 뮤비는 푸른빛의 공간 세트에서 말살과 재생이라는 이중적 의미를 불이란 매개로 표현했고, 세 번째 라이브 첫날에 공개되었다.

Mylènium Tour가 절정에 이르렀던 2000년 2월 22일에 커트된 네 번째 싱글 〈Optimisti -que Moi 낙관적인 나〉는 밀렌의 자작곡으로 앨범이 공개되었을 때부터 팬들의 싱글 커트 지지를 받아왔다.

애매모호한 가사는 불륜과 근친상간, 집착, 중독 등과 같은 여러 병적 현상들에 반에 낙관적으로 대처하고픈 마음을 표현했다. 펑키한 분위기와 감미로운 트랜스를 더더욱 증폭한 리믹스 싱글이 2매에 걸쳐 발매되었다.

우리를 고전적 서커스장으로 초대하는 뮤비는 Madonna, Richard Maxx, Paula Abdul 등 굵직한 팝가수들의 뮤비를 제작한 바 있는 마이클 하우스먼Michael Haussman 감독의 지휘 아래 프라하에서 3일간 촬영되었다.

아슬아슬한 묘기로 균형을 유지해야 하는 공중 외줄타기와 공굴리기 등은 사랑의 긴장감을 비유했는데, 결국 밀렌은 마술사의 덕분으로 탈출하게 된다. 매우 재미있는 동화이다.

첫 수록곡 〈L'Amournaissant 사랑의 탄생〉은 감독 데이비드 린David Lean의 명화 「Ryan's Daughter, 1970」에 헌정한 작품이다. 아일랜드를 여행하면서 푸르고 차가운 바다를 보고 정치적인 혼란 속에서 라이언의 딸 로즈의 열정적이고도 금지된 러브스토리를 떠올리며 느꼈던 사랑에 대한 감정을 전달하고 있다.

〈Dessine-Moi un Mouton 나에게 양을 그려줘〉는 생과 사랑과 죽음으로 이어지는 고독한 일생에 대한 것으로, 그녀는 걱정근심 없고 상상력 가득한 어린 시절을 그리워하며 양을 그려달라고 노래한다. 원래 초기에 정규 싱글과 뮤비로 제작할 예정이었으나, Mylènium Tour 이후 라이브 버전으로 싱글 커트되었으며, 리믹스 버전들과 함께 출시되었다.

스튜디오 문을 열고 들어와 뭔가를 읽고 피식 웃음 짓는 구상음으로 시작하는 자작곡 〈Méfie Toi 조심해〉는 소갈 린포세Sogyal Rinpoche의 저서 「티베트인의 지혜」에서 영감을 받은 것으로, 힘겨운 삶을 살면서 신의 장난이나 시험에 들지 않기를 바라는 내용이다.

〈Innamoramento〉는 프란체스코 알베로니Francesco Alberoni의 「Le Choc Amoureux 사랑의 충격」에서 영감을 받은 것으로 종교적인 색채마저 띠고 있다. 사랑의 상처와 고통과 죽음으로부터 탈출하고픈 일상에서도 영혼적인 사랑에 대한 염원이 녹아든다. 간절함과 고독감이 슬프게 느껴지는 발라드로 Mylènium Tour 이후 라이브 버전으로 싱글 커트되었다. 라이브 실황 장면과 뱅셴느 숲Bois de Vincennes에서 촬영된 밀렌의 쓸쓸한 표정을 믹스하여 잔잔한 감동을 선사하기도 했다.

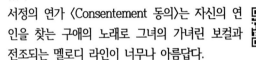

서정의 연가 〈Consentement 동의〉는 자신의 연인을 찾는 구애의 노래로 그녀의 가녀린 보컬과 전조되는 멜로디 라인이 너무나 아름답다.

끝 곡 〈Mylènium〉은 Mylène's Millenium의 의미로, 새천년을 위한 사랑의 시작 'Innamoramento'의 메시지를 강렬하고도 중후한 록사운드와 코러스로 연주했다. 밀레니엄 투어의 오프닝을 장식한 곡.

본작은 프란시스 카브렐Francis Cabrel의 《Hors Saison 계절 밖에서》에 밀려 앨범차트 2위를 기록했지만, 2001년에도 앨범 차트에 머무는 등 백만 장 이상의 판매고를 올려 다이아몬드디스크를 획득했다. 또한 2000년 초대 NRJ 뮤직어워드의 '올해의 앨범상' 수상작이기도 하다.

채 New Millenium 시대가 열리기 전인 1999년 9월 21일, 마르세유 돔에서는 새천년을 예고하는 'Mylènium'시대가 개막하고 있었다. 공연장을 빈틈없이 꽉 메운 관중들은 오직 가려진 막이 열리고 무대와 함께 나타날 그들의 연인의 모습을 상상하며 숨을 죽여야 했다. 이처럼 밀렌의 세 번째 콘서트는 이미 여러 매스컴과 관련 홈페이지를 통해 그녀의

팬들의 가슴과 기대를 오랫동안 달구어 오던 것이었다.

두 매의 스튜디오 앨범 발표 후 한차례 콘서트를 했던 과거의 패턴에서 벗어나 5번째 앨범 《Innamoramento》와 함께 밝혔던 콘서트 계획은 두 번째 콘서트 이후 오랫동안 꿈꾸어 왔던 것으로, 그녀는 뮤직비디오 촬영을 제외하고는 줄곧 LA에 머물며 콘서트 준비에 들어갔다.

드디어 수만의 팬들이 궁금해하던 그 베일은 Mylènium을 알리는 웅장한 신호탄과 함께 순식간에 흘러내렸고, 어둠 속에서 조금씩 모습을 드러내는 거대한 스핑크스의 형상이 무대를 장악하고 있었다. 우리에게는 영화 「에일리언」의 콘셉트 디자인을 맡은 것으로 잘 알려진 한스 기거Hans Giger의 조상은 불가사의했고 충분히 압도적이었다.

양분되는 스핑크스의 얼굴 속에서 극명한 조명과 함께 나타나는 밀렌은 스핑크스의 손에 안착하며 〈L'Amour Naissant 태어난 사랑〉으로 신비의 문을 활짝 연다.

세 번째 콘서트는 밀레니엄 시대에 앞서 거행되어 2000년 1월의 휴식을 거쳐 3월 8일 러시아 상트페테르부르크까지 총 42회의 공연을 치렀다. 120만 유로 이상 소요된 밀레니엄 최대의 이벤트 Mylènium Tour에 45만의 팬들이 다녀간 것으로 보도되었다.

2CD로 공개된 《Mylènium Tour, 2000》은 60만 장 이상 판매되었고 앨범 차트 1위를 기록했으며, VHS와 DVD도 35만 장이 팔려나갔다. 이 새천년의 감격은 필히 영상물로 감상할 것을 권한다.

그녀는 세 번째 콘서트 'Mylènium Tour'의 라스트 씬에서 베일에 덮인 채 스튜디오로 돌아가 바쁜 새천년을 보낸다.

로랑이 작곡하고 러시아 출신의 소설가 블라드미르 나보코프Vladimir Nabokov의 「Lolita, 1955」에서 착안한 도발의 작품 〈Moi… Lolita〉를 쓴 후, 차마 불혹을 앞둔 나이에 자신이 직접 부를 수 없어 이 곡을 부를 신인가수를 찾는다. 이미 로랑은 나탈리 카르동Nathalie Cardone의 데뷔앨범을 제작하여 예상치 않은 성공을 거둔 뒤였으므로 오디션을 제의한다. 그 까다로웠을 오디션을 통과한 이는 코르시카 출신의 1984년생 10대 소녀 알리제Alizée였다. 이미 그녀는 1999년 TV 탤런트쇼 'Graines de Star'에 출연하여 악셀 레드Axelle Red의 〈Ma Priére 나의 기도〉를 불러 우승한 이력이 있었다.

7월 초 발표된 첫 싱글 〈Moi… Lolita 난 로리타〉는 기존 밀렌의 팬뿐만 아니라 새로운 10대 팬들을 끌어들여 유럽을 들썩이게 했다. 알리제의 데뷔작 《Gourmandises 만찬》을 그해 11월 말 선보인다.

동시에 만화영화 「The Rugrats Movie 2 - Rugrats in Paris」의 오리지널 사운드트랙에 참여했는데, 이에 수록된 〈L'Histoire d'une Fée, C'est… 요정의 이야기〉는 이듬해인 2001년 2월 말에 싱글로도 발표되었다. 이는 환상적인 일렉트로닉 팝으로, 말장난을 좋아하는 장난기 어린 요정이 '눈을 감고 소원을 말해봐'라고 이야기하는 동화 같은 내용이다.

여름이 지나자 그녀가 새로운 싱글을 준비 중이며, 이는 그녀와 친분이 있는 스타 U2의 Bono나 Elton John과의 듀엣 곡이 될 것이라는 소문도 퍼진다.

하지만 밀렌은 새로운 싱글을 함께 불러줄 가수로 영국의 흑인 소울 가수 실Seal에게 러브콜을 보냈다. 그의 인터뷰에 의하면 그는 자신의 팬들이 듀오 싱글 발표에 대해 그리 달가워하지 않는 반응을 보여 이 제의에 선뜻 응할 수 없었다고 밝히기도 했다. 그러나 그녀의 DVD를 보고 음악을 청취한 후 자신과 밀렌의 목소리가 잘 조화될 것이라 예감한다.

LA에서 녹음된 홍보용 CD로 9월에 방송되기 시작한 〈Les Mots 단어〉는 사랑을 이야기하고 상처를 받기도 하는 삶 속의 언어에 대한 노래이다.

2001년 11월 중순에 발표되어 프랑스에서 대히트를 기록했는데, 뮤비는 1992년 〈Beyond My Control〉 이후 9년 만에 로랑이 메가폰을 잡았다. 그러나 9.11테러 이후 프랑스의 위험 우려와 실의 스케줄상 LA에서 립싱크로, 밀렌은 파리의 스튜디오에서 40여 명이 넘는 기술진들과 수조에 물을 가득 채우고 촬영하여 편집되었다.

프랑스의 낭만파 화가 테오도르 제리코Théodore Géricault의 작품 「Ralf of the Medusa, 1819」가 원형이 된 클립은 바다 위 폭풍우 속에서 조난당한 남녀의 모습을 연출하였으며, 언어의 부정적인 폭력을 비유한 슬픈 드라마는 프랑스와 벨기에 싱글 차트 2위를 기록했고 25만 장이 판매되었다.

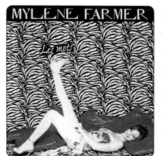

그해 11월 말 〈Les Mots〉을 포함한 신곡 3곡이 포함된 베스트앨범 《Les Mots》가 발표된다. 이는 1CD, 2CD, 3CD 버전으로 출시되었는데, 특히 3CD 버전에는 초창기 앨범에는 수록되지 않은 싱글 곡들이 포함되어 팬들의 표적이 되었다.

2002년 4월에 싱글로 커트된 〈C'est une Belle Journée 아

름다운 날〉은 역설적인 엘레지이다. 연인의 자살에 대한 연민과 영혼의 평화를 위해 못다 한 사랑을 전하려 그녀는 '이젠 자러 갈 거야'라고 이야기하며 죽음을 예고한다. 직접 일러스트한 싱글 〈Dessine-Moi un Mouton 내게 양을 그려줘〉의 커버를 기초로 색연필화로 그린 애니메이션 클립에서는 그녀의 알리스 거미와 어린 시절 평화와 상상력을 상징하는 양을 등장시키며, 어린 남자아이와 노니는 꿈의 장면을 흘려보낸다.

2002년 10월 말 싱글 커트된 신곡 〈Pardonne-Moi 용서하세요〉는 영국의 데이비드 린 David Lean 감독의 고전 「Law-rence of Arabia 아라비아의 로렌스, 1962」와 동화 「잠자는 숲속의 공주」를 참조하여 가사를 썼다. 헝가리 왕자, 인도 왕자, 아라비아 왕자, 일몰의 왕자, 어둠의 왕자 등을 언급하면서 자신의 기나긴 수면과 함께 기다려온 사랑의 대상은 아니라며 용서를 구한다.

〈Les Mots〉에 이어 로랑이 연출한 뮤비는 그해 여름 모로코에서 최소의 경비만을 투자하여 촬영되었는데, 여러 상징은 주목할 수 없을 만큼 평범하고 매력도 없는 플롯에 묻혀버렸고, 가장 인기 없는 클립 중 하나가 되었다.

약간은 아쉬운 기획이기도 했던 《Les Mots. 2001》은 프랑스와 벨기에에서 앨범 차트 1위를 기록했고 프랑스에서만 백만 장 이상 그리고 세계적으로 2백 만장 이상 판매된 것으로 집계되었다.

밀렌과 로랑은 알리제Alizée의 성공적인 데뷔에 이어, 두 번째 앨범 《Mes Courants Électriques 내 몸속에 흐르는 전기》을 준비 중이었다. 가수로서뿐만 아니라 음악사업가로서 본격적인 성공을 위해 박차를 가했다.

2003년 2월에 알리제의 새로운 싱글 〈J'en ai Marre 이제 싫증이 나〉는 오랜 기다림만큼 역시 예상했던 대로 큰 반향을 일으켰고, 3월에 두 번째 앨범이 발표된다. 첫 싱글과 앨범은 영어 버전으로도 출시되었고, 일본에서는 《Mon Bain de Mousse》라는 타이틀로 소개되었다. 다시 세계는 프랑스의 꼬마 숙녀 알리제의 신드롬에 휩싸인다.

그럼에도 자신이 그린 일러스트 동화집 「Lisa-Loup et le Conteur 리사-룹과 이야기꾼」을 출판했다.

알리제의 두 번째 앨범과 출판에 모든 시간을 할애했던 그녀는 정작 새로운 스튜디오 앨범을 기다리고 있는 자신의 팬들을 위해 아무것도 준비하지 못한 것에 미안함을 느꼈고, 그해 말 그녀의 또 다른 컴파일앨범 《Remixes, 2003》을 내놓게 된다.

하지만 이 앨범은 히트 레퍼토리들을 새롭게 리믹스한 것이었다. 파리에서 가장 주목받고 있는 DJ와 리믹서들의 클럽 버전들을 야심 차게 준비한 선물이었으나, 실망스럽고 설득력 없는 앨범이라는 혹평에도 20만 장 이상 판매되어 골드디스크를 기록한다.

Avant Que L'Ombre…

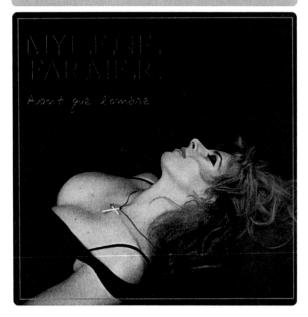

2005 | Polydor | 982 839

1. Avant Que l'Ombre
2. Fuck Them All
3. Dans les Rues de Londres
4. Q.I.
5. Redonne-Moi
6. Porno Graphique
7. Derrière les Fenêtres
8. Aime
9. Tous ces Combats
10. Ange, Parle-Moi
11. L'Amour n'est Rien
12. J'Attends
13. Peut-Etre Toi
14. Et Pourtant

2003년은 그야말로 알리제Alizée의 해였다. 그녀는 앨범의 세계적인 승승장구 속에서도 가을이 되자 43차례나 되는 콘서트 투어를 실행했다. 국내에도 9월에 홍보차 방문했던 그녀는 그해 말 결혼하고 달콤한 신혼을 즐겼다. 이 콘서트 앨범은 채 두 번째 앨범의 인기가 식지 않았던 2004년 10월에 발매되었다.

당시 밀렌은 그동안 미뤄두었던 자신의 새로운 스튜디오 앨범 제작에 열을 올리며, 12월에 자신의 신보 소식과 네 번째 라이브의 계획을 전했다.

2005년 3월 말에 새로운 싱글 〈Fuck Them All〉이 출시되었다.

이는 남성들의 권력과 섹스의 전쟁터로 내몰리며 눈물과 피의 삶을 살아야 하는 여성의 인권에 관한 노래로, 성모 마리아의 순교를 언급한다. 각박한 시련이 묻어나는 긴장 서린 음악과 마돈나Madonna를 연상시키는 저음 랩으로 세상을 향해 욕설을 서슴지 않는다.

밀렌이 직접 시나리오를 쓰고, 스페인 출신 극작가이자 배우이며 연출가인 오거스틴 비아롱가Agustin Villa -ronga와 루마니아 설원에서 촬영한 뮤비는 초기에 발표된 이미지들을 연결시키는 대작이다.

《Innamoramento》의 커버를 연상시키는 거대한 창고 천정에 매달린 철창 속의 밀렌의 모습은 오늘날 여성들이 처한 현실을 대유한 것이었다.

많은 상징과 비유로 탄생한 작품성은 찬사 받기도 했지만, 밀렌의 전형적인 클립으로 역시 새롭지는 않다는 평도 함께 했다. 프랑스 벨기에 싱글 차트 2위를 기록했으며 10만 장 이상 판매되었다.

4월 4일 《Avant Que l'Ombre…그림자가 지기 전에…》가 오랜 기다림 속에서 공개된다. 새 앨범은 《Anamorphosée, 1995》에서부터 10여 년간 유대했던 미국의 뮤지션들을 배제하여 녹음되었고, 14곡이라는 가장 많은 수록곡을 담았다.

많은 시간이 흘렀음에도 그녀의 음악은 새로운 것이 없다는 냉소적인 비평이 따르기도 했으며, 여느 앨범보다 일렉트로닉스와 어쿠스틱의 절묘한 조화가 돋보이는 앨범이라고 호평을 듣기도 했다. 발표 직후 5주간 앨범 차트 1위를 기록했다.

7월 초 두 번째 싱글 〈Q.I.〉가 발표된다. 이는 육체적인 쾌락과 성애에 대한 말장난과도 같은 가사로 구성되어 있는데, 이러한 성욕을 그녀는 I.Q. 지능지수에서 비롯된 것이라며 그의 I.Q를 사랑한다고 고백하고는 이를 'C.Q.F.D.Ce Qu'Il Fallait Demontrer : 증명되어야 할 것'이란 함수와도 같은 가정법의 원리를 던진다.

역시 밀렌이 직접 시나리오를 쓰고 캐나다인 연출가 베노이 레스탕Benoît Lestang과 함께 부다페스트에서 촬영된 뮤비는 스페인 출신의 남성 플라멩코 댄서 라파엘 알마고Rafael Amargo와의 성애장면을 담았다. 그러나 많은 팬들은 아무런 감흥도 없는 이 클립에 실망감을 표했다.

2005년 알리제는 라이브앨범 발표 후 밀렌과 로랑 듀오에게 결별을 선언했다. 밀렌의 독단에 좌우되는 일정의 한계가 싫었고, 기획에 의해 만들어진 자신의 이미지에서 새로운 자아를 찾고 싶었다고 말했다. 이후 알리제라는 이름 사용을 두고 법적 공방까지 벌려야 했다.

밀렌은 새 앨범 발표와 함께 공표한 네 번째 라이브의 준비로 너무나 바쁜 일정을 보내야 했다. 게다가 모든 비용을 라이브에 투입하다 보니, 정작 정규 싱글의 클립 제작은 어림도 없었고 팬들의 실망도 이만저만이 아니었다.

그녀의 네 번째 라이브를 앞두고 2006년 1월 초 세 번째 싱

글 〈Redonne-Moi 돌려줘〉가 커트된다. 슬픔과 영혼 그리고 죽음을 암시하는 시적인 가사 속에서 사랑의 기억을 되찾으려 애써 힘쓰는 서정적인 발라드에는 클라리넷의 안온한 음성이 포근함을 더하고 있다.

루브르의 아틀리에서 촬영한 뮤비는 프랑소와 한스François Hanss가 감독했는데, 앞서 싱글 커트된 〈Q.I.〉의 가사에서 언급된 로댕Rene Rodin에 착안한 듯 그의 연인 까미유 클로델Camille Claudel의 모습으로 나타난다. 자신의 조각상을 어루만지며 그와의 사랑의 기억을 그리워하는 듯 고양이 한 마리와 외로움에 잠긴다.

항상 여러 홈페이지에서 팬들의 싱글 커트 요청을 참조한 그녀였지만, 이 곡은 저조한 투표 결과에도 불구하고 싱글 커트 되었고, 가장 환영받지 못한 싱글이 되었다. 판매고도 부진하였음은 물론이다.

라이브가 끝난 후 부랴부랴 새로운 싱글 〈L'Amour n'est Rien 사랑은 아무것도 아니야〉가 3월 말에 발표된다.

자서전적인 성격을 띤 이 노래는 밀렌과 로랑이 공동으로 작곡한 것으로, 차분한 성격과 사랑과 성에 대한 욕망을 담았다. 중년의 여성으로서 집착과도 같은 사랑에서 한걸음 물러나 인생을 바라보는 낙관적인 시선으로 그려진다.

밀렌은 본 뮤비를 제작하는 것을 원치 않았다고 하는데, 필명 M. Liberatore를 사용하는 밀렌의 연인 베노이 디 사바티노Benoît di Sabatino의 카메라로 촬영한 스트립 쇼로 소개된다. 하지만 그녀의 최악의 클립으로 남았다.

되어 8월 말에 공개된다. 밀렌의 행복에 대한 바람을 심은 것으로, '당신이 누군가를 욕망하듯 나도 당신이 필요하며, 당신이 필요로 하는 그 사람이 바로 자신이었으면…'하고 고백한다. 빠른 템포에 엄습해오는 역동적이고도 긴장감 있는 연주와 반복적인 코러스가 퍽 이채롭다. 이 클립은 이미 2005년에 제작 완료한 것으로 싱글 커트 시점만을 기다리고 있었다. 일본 애니메이션 감독 나오코 쿠즈미Naoko Kusumi의 작품으로 미래 전사의 슬픈 운명을 그려내어 2006년에 발표된 가장 혁신적인 클립으로 평가되었다.

다소 은은한 키보드로 시작되는 타이틀곡 〈Avant Que l'Ombre 그림자가 지기 전〉은 '어두워지기 전에', 혹은 '유령 앞에서'라는 의역처럼 인간은 본래 두려움을 느끼는 존재임을 이야기한다. 그녀의 네 번째 라이브의 엔딩을 장식했다.

〈Dans les Rues de Londres 런던 거리에서〉는 영국 출신의 버지니아 울프Virginia Woolf의 소설 「Mrs. Dalloway 델러웨이 부인」에 헌정한 작품으로, 출생과 삶, 사랑, 난관 그리고 죽음으로 이어지는 생을 뒤돌아보며 남편에게 남기는 한 여인의 유서이다. 이 슬프고 서정적인 발라드는 본 앨범에서 가장 팬들의 가슴을 울렸던 작품으로, 싱글 커트 되길 원했던 곡이기도 하다.

기괴한 메아리의 신음 소리 그리고 심호흡으로 시작하는 〈Porno Graphique 포르노그래피〉는 주사위 게임과도 같은 성애의 자유를 반영한 곡으로 낭만적인 누벨바그 풍의 악곡이 매우 주목할 만하다.

〈Derrière les Fenêtres 창문 너머로〉는 기다림의 노래로 장 필립 오뎅Jean-Philippe Audin의 따스한 첼로가 위안이

되다.

〈Aime 사랑〉은 갱스부르Serge Gainsbourg(1928-1991)를 추모하며 쓴 곡으로, 그의 1969년 취입곡 〈L'Anamour〉와 사랑의 추억이 담긴 장소 팔레모Palermo를 떠올리며 사랑의 열정을 말한다.

한편 트랙이 분리되지 않고 연결된 〈Nobody Knows〉라는 히든 트랙으로 깜짝 스페셜을 연출하고 있는데, 낮은 음성으로 노래하는 가사의 의미는 그 제목처럼 간파하기 힘들다. 멜랑꼴리하고 약간의 두려움이 묻어나는 색다른 분위기를 연출하고 있다.

성냥개비로 만든 십자가 목걸이를 목에 건 채 검정 드레스의 뒤 지퍼를 내리고 빅토리안 풍의 소파에 누워있는 그녀의 모습에서 새로운 사랑을 기대하는 인간의 본질을 드러내며, 어둠이 내릴 즈음의 잦아드는 내밀한 감정들을 더욱 진솔하게 노출한다.

네 번째 라이브에 모든 감각을 총동원하여 오랜만에 선보인 스튜디오 앨범의 활동은 부진하여 팬들의 원성을 사기도 했지만, 프랑스와 벨기에 그리고 러시아 앨범 차트 1위를 기록하며 또한 많은 나라들에도 소개되었다. 2006년 NRJ뮤직어워드에서 '올해의 프랑스 앨범상'을 수상했다.

1여 년 전 박스오피스를 통해 17만여 공연 티켓이 매진된 네 번째 라이브콘서트는 2005년 12월이 되자 서서히 모양이 갖춰지기 시작했다.

그녀의 라이브는 항상 그랬지만, 당대 최고의 무대연출가와 의상디자이너, 무용수, 음향 기술자 등과의 빈틈 프로젝트로 거행되는데, 특히 이번 무대기술은 Pink Floyd,

Tina Turner, Robbie Williams, Jean-Michel Jarre, The Rolling Stones, U2, 태양의 서커스의 「KA」 등의 라이브 공연장을 디자인했던 영국인 건축가 마크 퓌셔Mark Fisher가 맡았다. 그는 미래에서 현재로 그리고 신화 속의 고대로 시간의 역주행을 거치게 되는 시나리오대로 경기장을 완벽히 시뮬레이션하였으며, 또한 그 어떤 아티스트들의 무대에서도 사용한 적이 없는 첨단 기술을 접목하였다.

인트로 음악과 함께 높은 천정에서 중앙 아일랜드 무대로 서서히 내려오는 타임캡슐부터 코브라 형상의 샹들리에들이 매달린 무대 뒤편 계단으로 가운을 벗고 천천히 올라가는 마지막 엔딩까지 보고 있노라면 마치 환상적인 꿈을 꾸다 깬 아이처럼 그 아쉬움과 감동에서 헤어나기 쉽지 않다.

1월 13일에서 29일까지 총 13회를 거치며 거행된 《Avant Qui l'Ombre…a Bercy》는 그 대단원의 막을 내렸다.

그해 12월에 공개된 라이브앨범과 영상물 발매에 앞서, 9월 말 밀렌은 Moby의 히트 싱글 〈Slipping Away〉을 런칭, 듀엣으로 부른 〈Slipping Away - Crier la Vie〉을 이례적으로 두 매의 리믹스 싱글로 발표했다.

라이브의 감동을 전해주는 싱글 〈Avant Qui L'Ombre… Bercy〉이 11월에 선보였으며, 〈Déshabillez-Moi LIVE〉가 2007년 3월 초에 발매되었다.

Point de Suture

2008 | Polydor | 531 012

1. Dégénération
2. Appelle Mon Numéro
3. Je M'Ennuie
4. Paradis Inanimé
5. Looking for My Name
6. Point de Suture
7. Réveiller le Monde
8. Sextonik
9. C'est dans l'Air
10. Si J'Avais au Moins…
11. Ave Maria (hidden track)

성공적인 네 번째 라이브가 끝난 후, 그녀는 뤽 베송Luc Besson 감독의 애니메이션 영화 「Arthur et les Minimoys 아서와 미니모이, 2006」에서 셀레니아Selenia 공주 역을 맡아 더빙에 참여했다.

그리고 로랑은 2005년 2월에서 9월까지 촬영했던 그의 세

번째 영화 「Jacquou le Croquant 분노의 자쿠오, 2007」의 기나긴 마무리 작업을 앞두고 있었다. 이는 나폴레옹 사후 다시 시작된 왕정 시기에 소작농의 반란을 그린 역사영화로, 로랑이 작곡한 사운드 트랙에서 밀렌은 〈Devant Soi 자신의 앞에서〉라는 노래를 불렀다.

밀렌의 새로운 앨범은 로랑의 두 번째 영화 개봉으로 늦어졌는데, 2008년 1월이 되자 피가로지에서 그녀의 신보 발매 소식을 들을 수 있었다. 앨범명과 첫 싱글에 대한 수많은 추측과 예상이 오갔고, 6월 30일이 되어서야 버진 메가스토어를 통해 새 앨범 커버와 앨범명이 공개된다.

또한 그동안 그녀는 제2의 알리제를 물색하고 있다는 소문도 돌았는데, 2008년 TV 아동 만화 시리즈 「Creepie 크리피」의 주제곡 〈Drôle de Creepie · Growing up Creepie〉의 녹음을 통해 가시화되었다.

이미 로랑의 영화 「Jacquou le Croquant」에도 출연했으며, 위대한 안무가 앙즐랭 프레조카주Angelin Prejocaj의 발레 「Le Songe de Mèdèe 미디에의 꿈, 2004」에 출연한 적이 있는 1999년생 꼬마 숙녀 리사Lisa가 그 주인공이었다.
리사는 밀렌의 조카로, 이미 밀렌은 「Lisa-Loup et le Conteur 리사-룹과 이야기꾼, 2003」이란 리사를 위한 동화집을 출간한 바 있다.
9월 싱글 차트 6위를 기록했고, 밀렌의 연인인 베노이 디 사바티노Benoît di Sabatino가 촬영한 귀

여운 리사의 뮤비도 방송을 탔다.

이미 앨범 발표 전, 6월 중순 방송을 통해 첫선을 보인 싱글 〈Dégénération 퇴보〉가 8월 20일 공개되었다.
리드미컬한 피아노의 타격, 금속성의 리듬, 랩과 코러스 등으로 이어지는 일렉트로닉 댄스로, 성애로 인해 최면상태에 빠진 여인의 황홀경을 표현했다. 이 도발적 흥분을 '퇴보'라고 했지만, '나도 나를 몰라, 하지만 그건 필요해'라며 분별력을 잃고 본능적으로 탐닉하게 되는 욕망을 표출하며, 점점 말초적인 자극을 원하는 시대의 단면을 드러냈다.
코카콜라 등 많은 유명 상표 등의 TV광고를 연출했던 브루노 아베이안Bruno Aveillan이 감독하고, 체코의 프라하 스튜디오에서 촬영한 뮤비 또한 매우 충격적이다. 제2차 세계대전 중 나치의 인체실험실을 비추는데, 수술대 위 밀렌은 기나긴 코마에서 깨어나 실험실을 난장으로 만들어 버린다.
30여 명의 까브 까냄Cave Canem 무용단원들이 참여했는데, 이는 영화 「Perfume : The Story of Murderer 향수, 어느 살인자의 이야기」의 아찔한 마지막 장면을 연상시키기도 한다.
많은 매체들은 이 충격적인 뮤비를 뤽 베송Luc Besson 감독의 영화 「The Fifth Element 제5원소」에서 영감을 받은 것이라 예상했다. 대부분의 매스컴은 그녀가 타락했다고 비판했으나, 이 싱글은 프랑스와 벨기에 싱글과 디지털 차트를 석권했다.
5일이 지나 새 앨범 《Point de Suture 실밥》이 발표되었다. 이 상징적인 의미의 제목은 알 파치노Al Pacino의 영화 「Carlito's Way 카리토의 길, 1993」에서 인용된 'Tous les Points de Suture du Monde ne Powrront Me Recoudre…

세상의 모든 실밥은 우리가 다시 꿰맬 수 없다'에서 착안한 것으로, 밀렌은 인터뷰에서 희망의 봉합 즉 절망을 의미한다고 했다. 그녀가 작사하고 로랑이 작곡한 수록곡들은, 업템포의 일렉트로닉 댄스 색채가 짙은 곡들 사이에 서정적인 발라드를 배치하여 강약이 반복되는 구성을 보인다.

〈Appelle Mon Numéro 내 번호로 전화해〉가 11월 초에 두 번째 싱글로 커트된다.

기타의 맑은 선율과 함께 외로움에 잠 못 드는 밤, 연인의 전화를 기다리는 여인의 마음을 노래한 것으로, 뮤비는 립싱크 방식으로 제작되었다. 낙원으로 비유되는 하얀 침대 위에서 사계의 풍경이 더해지며 노래하는 단순한 플롯이었는데, 마치 어린 시절 잠자리에서의 행복한 추억을 연상시키며 신선하고 달콤한 클립이라는 호평을 얻는다. 또한 이 노래는 진솔함이 담긴 것에 후한 점수를 받기도 했는데, 발표되자마자 싱글 차트 정상을 차지하여 그녀의 6번째 1위 싱글로 기록되었다.

2009년 2월 〈Si J'Avais au Moins (Revu Ton Visage) 만약 당신을 볼 수 있다면〉이 세 번째 싱글로 커트된다. 사실 이 곡은 팬 페이지의 싱글 커트 투표에서 그다지 호응을 받지 못했지만 이미 앨범 발매 이전에 기획되었다.

이는 첫 곡 〈Dégénération〉과 끝 곡 〈Si J'Avais au Moins…〉의 뮤비를 하나의 스토리로 구성하는 이벤트였다. 전자기타의 애드리브가 시원스러운 록발라드에는 연인과의 이별 후 그리움에 몸부림치는 죽음과도 같은 슬픔을 담았다. 〈Dégénération〉에 이어 2008년 여름에 브루노 아베이안

감독에 의해 촬영을 끝낸 뮤비에는 밀렌이 그 실험실을 빠져나와 거대한 동물 우리에 갇힌 동물들의 상처를 치유하고 자연으로 해방시킨다. 특히 숲의 풍경 앞에 선 마지막 장면에서 그녀는 지구의 모태신 가이아Gaia처럼 보이기도 한다. 사랑했던 순간을 그리워했던 가사에서처럼 그녀는 모든 피조물들이 행복한 순간으로 돌아가길 바라는 염원을 담아냈는데, 매스컴의 호평과 함께 역시 발표되자마자 싱글 차트 정상을 차지했다.

5월 2일 시작되는 5번째 라이브를 앞두고 4월 말에 〈C'est dans l'Air 그건 공기 안에 있어〉가 네 번째 싱글로 선보인다. 강력한 테크노 댄스에 저음 랩과 보컬로 폭력과 범죄 등 인생에서 겪게 되는 어두운 부분을 풍자했다.

이 클립은 그래픽 디자이너이자 3D 애니메이터 알랑 에스칼Alain Escalle에 의해 완성되었는데, 그녀의 라이브에도 주요한 조상으로 등장하는 두 인골人骨과 함께 전쟁 영상으로 편집했다. 싱글 차트 1위를 기록했지만 한 주에 머물고 말았다.

그녀의 다섯 번째 라이브가 절정에 달했을 때 마지막 싱글 〈Sextonik〉이 발표되었다. 마치 칵테일의 이름을 연상시키는 이 신조어는 밀렌이 창안한 상품의 고유명사이다. 실제 라이브 때 기념품 숍을 통해 한정 판매된 여성용 섹스토이의 상표로 등장했는데, 아이러니하게도 이 기구는 육각형 관棺 모양의 검은 상자로 포장되었다.

사이버 러브Cyber-Love처럼 심장이 없는 장난감에 불과한

기구에 의존하여 희열에 젖는 현대인의 일면을 드러낸 테크 토닉으로, 보수적인 언론의 질타가 뒤따랐다. 연주곡과 앨범 버전 두 곡이 수록된 싱글로만 발표되어 판매고는 저조했지만, 그럼에도 싱글 차트 1위를 잠깐 차지하며 9번째 1위 싱글로 기록되었다.

〈Je M'Ennuie 지루해〉는 강력한 댄스 리듬의 테크노로, 그의 사랑을 얻고 그의 인생의 일부가 되기 위해 해야 하는 여러 일상에 지루함을 느낀다는 내용이다.

록적인 색채의 발라드 〈Paradis Inanimé 죽은 낙원〉에서는 사랑을 갈구하는 외로운 현실을 시적으로 비유했다.

Depeche Mode의 우울하고도 어두운 앰비언트 록이 연상되는 〈Looking for My Name〉는 사랑에서 균형과 조화의 관계성을 강조하며 자기 확신을 가질 것을 권고하는 노래로, 〈Slipping Away-Crier la Vie〉로 친분을 쌓은 Moby와 함께 불렀다. 본래 데이비드 보위David Bowie와 함께 부를 예정이었으나 건강상의 이유로 취소되었다. 개인적으로 리믹스 싱글로 발표되었더라면 하는 아쉬움이 남는다.

포근하고도 슬픈 발라드 〈Point de Suture 꿰맨 자국〉은 아물지 못할 사랑에 대한 상처로 혼란과 침몰에서 벗어나고픈 강렬한 갈망이 느껴진다. 라이브 2009에서 너무나 아름다운 클립과 함께 공연되었다.

《Avant Que l'Ombre…》에서 〈Nobody Knows〉라는 히든 트랙을 선물한 밀렌은 이번 앨범에서도 동일한 장치를 숨겨 놓았다. 프랑스 작곡가 프레데릭 보통Frédéric Botton의 2008년 6월 장례식에서 그녀가 불렀던 슈베르트Schubert의 곡 〈Ave Maria〉를 스튜디오에서 녹음하여 다시 한번 그의 영정을 기린다.

오랜 기다림 끝에 만날 수 있었던 그녀의 새 앨범의 출현에

많은 언론매체는 기다렸다는 듯이 평가를 내렸다.
'맛없는 멜로디… 연결이 끊긴 구성… 환난과 진솔함의 극적 대비로 웃을 수밖에 없는 앨범…'이라는 혹평이 줄을 이었고, '모호한 가사지만 마음을 움직이는 감동이 테크노와 만났다… 낭만과 불안이 담긴 아름다운 토닉…'등의 호평도 대치되었다.
음원 다운로드 서비스 개시로 앨범 판매고가 줄어든 것은 사실이지만, 약 1년 동안 프랑스에서만 70만 장 이상 판매되었다. 프랑스뿐만 아니라 벨기에와 러시아에서 앨범 차트 정상을 차지했고, 앨범에서 커트된 모든 싱글이 싱글 차트에서도 1위를 기록하는 이변을 낳기도 했다. 2009년 NRJ 뮤직 어워드에서도 '올해의 앨범상'을 수상, 가장 많은 이름을 올린 아티스트가 되었다.

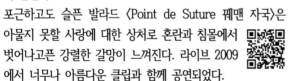

글쓴이로 하여금 잊지 못할 외도(?)를 감행하게 했던 그녀의 다섯 번째 콘서트! 2009년 5월 2일 프랑스 니스에서 처음 거행한 그녀의 'En Tournee 2009'의 긴 여정은 러시아와 스위스를 거쳐 하이라이트가 될 월드컵 스타디움 Stade de France에 이어 9월 19일 벨기에의 브뤼셀을 마지막으로 총 36회가 계획되었다.
밀렌과 로랑이 지휘한 2009 최고의 스펙터클 이벤트 공간은 마치 그녀의 장례식이 치러지는 성당처럼 보인다. 의학 스릴러 영화 「Anatomie 아나토미」에서 첫선을 보였던, 그리고 오랜 기간 동안 국내에서도 순회하며 센세이션을 일으켰던 「인체의 신비」를 모티브로 한 거대한 두 인골人骨이 자리를 잡고 있다. 이는 〈C'est dans l'Air〉의 뮤비와도 연결된 핵심적인 상징 이미지이다.
그 뒤로는 모듈화된 LED 쇼케이스에 더미dummy 여성 마

네킹들이 각각 다른 포즈를 취하고 있다. 이는 마치 일상의 여러 순간에서 죽음을 맞이했던 밀렌의 시구屍柩들을 두 인곡이 떠받치고 있는 형상으로 보인다. 하지만 대형 전광판에서 그녀는 눈을 깜빡이며 오랜 잠에서 깨어난다.

《Avant Qui L'Ombre…a Bercy》에 이어 영국 건축가 마크 피셔Mark Fisher가 무대감독을, 이전 콘서트에 이어 〈C'est dans l'Air〉의 뮤비를 연출했던 그래픽디자이너 알랑 에스칼Alain Escalle이 예술적인 컴퓨터그래픽을 담당했다.

그 흥분이 채 가시지 않았던 2009년 말 라이브앨범은 재치있는 《No 5 on Tour》 타이틀로 공개되었는데, 이는 유명 향수의 이름에서 착안한 것이었다. 이처럼 재빨리 공개될 수 있었던 것은 초반에 거행한 실황 사운드를 사용하였기 때문이다.

공연 DVD 《Stade de France》는 2010년 4월 12일 출시되었고, 이는 월드컵 경기장에서의 양 이틀간의 공연을 편집한 것이다. 따라서 라이브 음반과 영상물은 프로그램이 차이가 있는데, 〈A Quoi Je Sers…〉, 〈Je Te Rends Ton Amour〉, 〈Si J'Avais au Moins…〉는 SDF에서는 부르지 않았다. 특히 초반 공연의 마지막을 장식했던 〈Si J'Avais au Moins…〉는 흰색의 이브닝드레스를 입고 노래하여 더욱 우아한 밀렌의 모습을 볼 수 있으며, 퇴장 시 중앙계단 아래로 모습을 감추어 또 다른 깊은 인상을 남긴다.

Bleu Noir

2010 | Polydor | 275 553

1. Oui Mais… Non
2. Moi Je Veux
3. Bleu Noir
4. N'Aie Plus d'Amertume
5. Toi l'Amour
6. Lonely Lisa
7. M'Effondre
8. Light Me Up
9. Leila
10. Diabolique Mon Ange
11. Inseparables
12. Inséparables (version Francaise)

프랑스 대중음악 역사상 가장 XXL의 라이브로 기록되는 《No 5 on Tour》를 끝낸 후, 밀렌은 자신의 새로운 앨범보다는 다른 가수들과의 협업으로 새로운 음악 활동을 개시한다.

1928년생인 여배우이자 가수 리네 르노Line Renaud는 약 30년간 가수 활동을 하지 않았지만, 로랑이 작곡하고 밀렌이 가사를 쓴 듀엣곡 〈C'est pas l'Heure 지금은 때가 아니야〉를 취입하고 《Rue Washington 워싱턴 거리, 2010》로 재기했다.

또한 호주의 얼터네티브 록밴드 INXS의 신작 《Original Sin》에는, 일부 프랑스 가사를 쓴 밀렌과 미국의 싱어송라이터이자 뮤지션인 Ben Harper를 초빙하여 부른 커버곡 〈Never Tear Us Apart〉가 수록되어 있다

2010년 9월 29일 새로운 앨범의 첫 싱글 〈Oui Mais… Non, 네 그러나… 아니에요〉가 발표된다. 이는 미국 팝 시장을 점령하고 있는 Lady GaGa의 음악 파트너 RedOne의 작곡이었다.

Chris Sweeney가 지휘한 뮤비는 Lady Gaga의 〈Bad Romamance〉와 〈Alejandro〉를 연상시키는 립싱크 뮤비로, 독특한 분장을 한 무용수들과 함께 등장했다. 새로움을 선호하는 팬들의 열화로 디지털과 싱글차트 1위를 기록했다.

모두들 이렇게 말하지, 세상은 우리에게 달려있다고. 연약한 운명과 적대적인 세상, 미쳐가고 있어. 모두들 이렇게 말하지, 그러나 내 두려운 인생은 아직 괜찮아…
자신의 하나님은 너무나 멀리 있고 그 하나님의 존재와도 같은 사랑하는 당신에게 확신을 느낄 수 있도록 주저나 변명이 아닌 항상 'Yes'라는 긍정적인 답변을 요구하고 있다.

12월 초 《Bleu Noir 블루 블랙》이라는 그녀의 여덟 번째 정규 스튜디오 앨범이 발표된다. 하지만 먼저 모습을 드러냈던 싱글에서 우려되었던 바가 현실이 되었다. 오랫동안 동반자였던 로랑 부토나는 작곡자로서 단 한 곡에도 참여하지 않았다.

이로써 밀렌과 로랑의 결속은 처음으로 굳건한 매듭이 풀렸고, 그 자리를 RedOne와 Moby 그리고 영국의 일렉트로 그룹 Archive의 Darius Keeler가 채웠다. 25년간 연결되어 왔던 로랑 부토나의 불참으로 그녀의 특징은 탈색되었으며, 이는 영미 팝을 불어로 노래하는 것 같은 느낌이기도 했다.

첫 싱글과 앨범은 그녀가 록적인 《Anamorphosée》를 들고 나타났을 때처럼, 약간의 당혹감이 동반되었지만, 새로운 음악에 대한 호의적인 평가와 함께 크나큰 성공을 안겨준다. 사실 매번 앨범이 발표될 때마다 팬들과 매스컴은 로랑 부토나의 작곡에 큰 변화가 없음에 약간은 실망을 표했던 터라, 본작이 발매되자마자 각각 싱글과 앨범 차트 정상을 기록하며 그녀의 50년 인생을 기점으로 새로운 전환점을 맞게 된다.

2011년 4월 중순에 커트된 두 번째 싱글 〈Bleu Noir 블루 블랙〉은 Moby의 작곡으로, 청량 음료처럼 가슴 시원하고 레몬 향처럼 상큼한 연주가 속도감 있게 펼쳐진다. 이는 눈물과 출혈을 동반하고 실신에 이어 죽음과도 같은 기나긴 전투의 사랑을 위한 밝은 찬가이다. 사계의 영상 필름과 합성한 간단한 립싱크 뮤비로 선보였다.

RedOne의 작곡한 세 번째 싱글 곡 〈Lonely Lisa〉는 〈Oui Mais…Non〉과 유사한 구성으로, 더욱 발랄하고 경쾌한 댄스곡이다. 이는 밀렌의 1997년생 조카 리사 고티에Lisa Gouthier에게 인생의 선배이자 고모로서 바라는 내용을 담

은 것으로, 우울하고 힘들어도 꿈과 사랑을 잃지 말라고 당부한다.

로이 라즈Roy Raz라는 감독에 의해 촬영된 뮤비는 조카 리사를 상징하는 발레리나의 무용을 바탕으로, 세트 클립과 사막에서 연출한 영상을 믹스하여 2011년 6월에 공개되었으며, 7월에는 이례적으로 두 매의 리믹스 싱글이 발매되었다.

Moby 작곡인 〈M'Effondre 난 무너져〉는 어둠을 향해 급속도로 질주하는 듯한 두려운 악몽의 일렉트로닉스이다. 자신을 점점 잃어가고 있는 현실에서 마지막으로 남은 인내심으로 그래도 지금까진 참을 만하다고 여러 번을 되뇐다.

난 조금 남았어, 하지만 내가 원하는 것처럼 아무것도 없네, 난 조금씩 녹아내리지, 난 둘로 분열되고 있어, 그러나… 난 무너지고 있어, 모든 것이 눈부시게 날고 있어, 존재를 잃어가는 내 감각과 내 선택, 그러나 내 투명한 삶, 난 붕괴하고 있어, 아직까진 괜찮아, 지금까진 좋아!

〈Leila 레이라〉는 싱글 커트되진 않았지만, 알랭 에스칼 Alain Escalle의 이국적이고도 몽환적인 뮤비로 선보였다. 1979년 이슬람 혁명으로 이란에서 축출되고 이듬해 팔레비 전 국왕이 세상을 떠난 뒤, 2001년 영국에서 우울증으로 인한 약물 과다 복용으로 사망한 레이라 공주의 10주년 영전을 기리는 작품이다. 공교롭게도 본작이 발표된 이후인 2011년 1월에 오빠인 알리 레자Ali Reza 왕자가 하버드에서 유학하던 중 자택에서 자살하여 큰 충격을 주기도 했다.

Darius Keeler의 작곡인 〈Diabolique Mon Ange 사악한 나의 천사〉는 몽롱하고도 건조한 일렉트로닉 음향의 세계로, 탈출할 수 없는 치명적인 사랑

의 늪에 빠진 밀렌은 자신을 노예로 만든 연인을 향해 저주를 퍼붓고 죽음을 바랄 정도로 사랑한다고 고백한다.

밴드로 연주된 듯한 〈Inseparables 갈라놓을 수 없는〉은 Moby의 작곡으로, 영어와 불어 버전을 수록하였는데, 연주 시간도 음조도 차이가 있다.

본작을 처음 접하고 얻은 당혹감은 차츰 둔감해졌는데, 밀렌이나 팬이나 분명 잃은 것만큼이나 얻은 것도 있었던 시간이었을 것이다. 로랑 부토나만의 특별한 중독은 접할 수 없지만, 밀렌의 음악은 그 고정된 틀에서 벗어나 자유를 만끽하고 있었다.

2011년에는 밀레니엄 베스트앨범 《2001. 2011》를 냈는데, 새로운 싱글 〈Du Temps 시간〉이 포함되었다. 이는 로랑이 작곡한 것으로, 이 싱글은 다음 앨범은 로랑이 참여할 것이라는 암시로 받아들였다.

자신의 깊은 곳에 잠들어 있는 악마와 불가사의한 생명의 대륙에서 자신의 운명인 당신과 함께 시간을 초월한 사랑을 하고 싶다는 내용인데, 로랑의 독특함보다는 평범한 댄스팝에 그쳤다. 싱글은 상업적인 성공을 거두었지만, 베스트앨범은 비판도 잇달았다.

Monkey-Me

2012 | Polydor | 372 280

1. Elle A Dit
2. À l'Ombre
3. Monkey Me
4. Tu Ne Le Dis Pas
5. Love Dance
6. Quand
7. J'ai Essayé de Vivre…
8. Ici Bas
9. A-t-on Jamais
10. Nuit D'hiver
11. À Force de…
12. Je Te Dis Tout

2012년 끝자락에 발표된 9번째 정규작인 본작은 로랑 부토나가 전곡을 작곡하여 그의 감성적 향수를 그리워했던 팬들의 아쉬움을 채워주었다. 한 달도 채 되지 않아 다이아몬드 인증을 받았다.

차트 1위를 달성한 첫 싱글 〈À l'Ombre 어둠 속에서〉는 자기 의심에 빠져 자존감을 의심하는 우울한 댄스팝으로, 로랑이 맡은 뮤비가 이채롭다. 밀렌이 직접 프랑스 전위예술가 올리비에 드 사가잔Olivier de Saga-zan의 작품 「변신」에 영감을 받아 출연을 요청했으며, 무용수와 늑대가 등장시켜 소름 돋는 영상 편집을 선보인다.

타이틀곡 〈Monkey Me〉는 세 번째로 싱글 커트되었는데, 팬들에게는 본작에서 가장 사랑 받는 트랙이 되었다. 이는 감옥 같은 어둠에 갇힌 자신을 유인원에 비유한 침울함의 노래로, 자신은 등장하지 않 고 컴퓨터그래픽으로 연출한 뮤비가 찬반양론을 거쳤다.

〈Nuit D'hiver 겨울밤〉은 〈Plus Grandir 대범하게〉의 B-side곡 〈Chloé 클로이〉의 가사로, 육중한 공포감이 엄습하는 스릴러이다. 무덥고 찝찝한 한여름 밤에 제격인데, 뮤비에는 인형과 소녀가 등장할 뿐이지만 〈L'Horloge 괘종시계〉 만큼의 짜릿함을 안겨준다.

너무나 긴급하고 간절한 〈À Force de… 조금씩〉의 가사를 보면, 즉각 〈Jardin de Vienne 비엔나의 정원〉을 떠올려준다. 로랑만이 쓸 수 있는 곡으로, 밀렌의 가사는 비엔나 정원에서 그녀의 연인이 마지막으로 했던 기도가 아닐까 싶다.

〈Je Te Dis Tout 네게 모든 것을 말하네〉는 두 번째로 싱글 커트된 것으로, 너무나 애틋한 발라드이다. '당신은 내 삶을 채우는 나의 피'라 노래하는 그녀의 절대적인 사랑 이

야기는 안개 낀 호수에서 홀로 보트를 타고 자연 속의 말과 대화를 나누는 듯한 서정적인 뮤비로 소개되었는데, 프랑소와 한스가 감독한 이 영상물에서 과거로 복귀한 듯한 이미지를 받게 된다.

본작의 백미 중 하나이다.

이어 2013년 9월 7일에서 12월 6일까지 약 3개월 동안 프랑스 베르시를 비롯한 벨기에, 스위스, 러시아, 벨라루스에 이르는 총 39회의 무대로 선보인 그녀의 6번째 실황 《Timeless 2013》이 거행되었으며, 50만 명 이상의 관객을 모아 기록적인 상업적인 히트를 달성했다.

'기술의 인간화'라는 미래지향적인 개념을 위해 다시 영국의 무대미술가 마크 피셔Mark Fisher에 의뢰했으며, 로보 라운지에서 만든 로봇도 설치되었다.

마치 첨단 기술을 가진 외계인이 지구에 방문하여 예술쇼를 보여주고는 다시 날아가는 듯한 환상적인 내러티브의 스타워즈라 할 수 있는데, 그녀의 실황은 반드시 대형화면의 영상물로 감상해야 함을 다시 일러둔다.

공연 트랙 중 〈Diabolique Mon Ange (Live)〉가 싱글로 커트되었다.

Interstellaires

2015 | Polydor | 372 280

1. Interstellaires
2. Stolen Car (& Sting)
3. À Rebours
4. C'est Pas Moi
5. Insondables
6. Love Song
7. Pas d'Access
8. I Want You to Want Me
9. Voie Lactée
10. City of Love
11. Un Jour ou L'autre

2014년 12월 Sting의 뉴욕 'The Last Ship' 공연 후 저녁식사를 하던 그에게 밀렌은 그녀가 오랫동안 묵혀두었던 그의 2003년 노래인 〈Stolen Car〉의 듀엣을 제안했고, 그는 프랑스 가사가 추가된 버전에 열광했다고 한다. 이후 Lady Gaga, Sting 등의 음반을 제작했던 미국 프로듀서 마틴 키어젠바움Martin Kierszenbaum를 만나 신보 제작도 제안한다. 2015년 초 밀렌은 화보 촬영을 끝내고, 넘어져 다리 부상으로 몇 달간 침대에 누워있어야 했고, 이후 「L'Étoile Polaire 북극성」의 삽화를 그리도 했다. 그리고 키어젠바움을 파리로 초대해 함께 새 앨범을 작업한다.

첫 싱글 Sting과 함께 노래한 〈Stolen Car〉가 5월에 공개되었으며, 자동차 도둑이 훔친 차를 운전하며 부유한 자동차 주인의 불륜을 상상하는 가사대로 파리 곳곳에서 촬영된 관능적인 뮤비도 방송을 탔다. 프랑스 차트 정상을 비롯해 빌보드 댄스클럽 1위도 차지했다.

11월에 10번째 정규작 《Interstellaires 인터스텔라》가 발표된다. 2014년 내내 세계적인 흥행과 이슈로 주목받았던 크리스토퍼 놀란Christopher Nolan 감독의 영화 「Interstella」를 오마주했을 거라 예상되었으나, 밀렌은 그 영화를 보긴 했지만 우주와 같은 영원성을 타이틀곡에서 표현하고 싶었다고 했다. 2019년 라이브의 첫 곡으로 연주되기도 한 〈Interstellaires〉는 꿈을 위한 항해에 박차를 가하는 장중한 록 심포니이다. 그녀의 레퍼토리에는 스튜디오 버전보다 라이브 버전이 더 증폭되는 경우가 많은데, 이 곡도 라이브 버전이 훨씬 강력하다.

두 번째 싱글 〈City of Love〉는 '사랑은 삶을 밝혀주는 힘'이라는 긍정적인 메시지를 신비롭고도 황홀한 사운드로 표현했다. Martin's Remix 버전은 독특하게도 레게 스타일로 믹스되었다.

공포영화 전문 감독 파스칼 로지에Pascal Laugier에 의뢰한

뮤비는 버려진 집을 돌아다니는 날개 달린 생명체가 인간의 사랑이란 감정을 알아가는 판타지물로 그려졌다.

이 작업을 통해 그녀는 로지에 감독의 영화 「Ghostland, 2018」에 출연할 기회를 얻는다.

개인적으로는 이 세 곡을 제외하고는 실망스러웠지만, 앨범 차트 1위를 기록했다.

《Désobéissance 불순종, 2018》은 DJ Feder 등 다양한 아티스트들과의 협업을 통해 완성했다. 기존 팬들을 당혹시킬 만큼 독특한 작업이었다는 것과 끊임없이 자신을 변형하는 또 하나의 전환점이라는 평이 이었다. 낮은 보이스와 볼리우드 사운드의 영향 등이 감지되는 이 앨범에서 〈Rolling Stone〉, 미국 여가수 L.P와 노래한 〈N'oublie Pas 잊지 마〉, 타이틀곡 〈Désobéissance〉, 〈Des Larmes 눈물〉이 싱글 커트되었다.

2019년 6월 라데팡스 아레나에서 9회의 레지던시 콘서트로 열린 《Live 2019》는 로랑 부토나가 총감독을 맡았다.

《Timeless 2013》과 이어지는 무대는 리들리 스콧 Ridley Scott의 SF 「Blade Runner」를 배경으로 일본 애니메이션의 캐릭터 알바토르Albator에서 영감을 받은 쇼였다. 은하적 인 무대장치로 가득한 레퍼토리 중 〈M'Effondre

난 무너져〉가 싱글로 커트되었다.

또한 이 콘서트를 되짚어보는 다큐 「L'Ultime Création 궁극의 창조」가 Amazon을 통해 스트리밍 되었는데, 일상과 리허설 등도 담긴 이 영상의 사운드트랙으로 사용된 신곡 〈L'Âme dans l'Eau 물속의 영혼〉이 싱글 커트 되었고 세 번째 베스트 《Histoires De, 2020》에도 수록되었다.

너의 부재로 공기는 무겁네, 대기는 우리의 감정에 귀 기울이지 않지, 공기는 짧고 난 널 갈망해, 넌 또 다른 나니까. 내 영혼은 물속에 있어, 꿈에 문이 있다면, 나를 거기 있는 너에게 이끌어줘, 아무도 모르는 고통, 내가 건너야 하는 검은 파도, 내 영혼은 축복과 피난처인 물속에 있네…

2024년 11월 말 공개된 새 앨범 《L'Emprise 영향력》은 프랑스 프로듀서 Wood -kid, 영국 힙합 그룹 Archi -ve, 미국 작곡가 Moby 등이 프로듀스했고, 프랑스 듀오 록 음악가 AaRON이 참여했다.

첫 싱글 〈À Tout Jamais 영원히〉는 단단한 리듬에 우울한 고딕의 향기가 풍기는 곡으로, 시각적 그래픽이 놀라운 뮤비로 소개되었다. 이는 폭력에 대한 경고이다.

AaRON과 듀엣으로 부른 두 번째 싱글 〈Rayon Vert 초록빛〉은 모든 것은 소행성에 혼자 있는 당신의 것이니 사랑과 꿈을 활짝 열길 바라는 희망을 우주적인 사운드에 잔잔한 빛으로 감싼다.

세 번째 싱글 〈Rallumer les Étoiles 별을 다시 불태워라〉는 은총이 충만한 일렉트로 가스펠로, 그의 별은 곧 하나님이 주신 사랑을 지칭한다.

네 번째 싱글 타이틀곡 〈L'Emprise〉은 사랑은 모든 것보다 강하지만 그 모험은 잠시뿐이며 이 지구에는 시간이 부족하다고 노래한다. 이는 모험 영화 「Dungeons & Dragons : Honor Among Thieves, 2023」의 사운드트랙이 되었다.

싱글로 커트되진 않았지만 〈Que Je Devienne… 내가 되는 것〉은 너무나 애달픈 발라드로, 〈Jardin de Vienne 비엔나의 정원〉과 〈À Force de… 조금씩〉으로 이어지는 3부작이 아닐까 한다. 잊지 못하는 비엔나 정원에서 미친 사랑의 고통을 노래하는 레퀴엠으로 흐른다.

8번째 라이브 《Nevermore, 2024》은 2023년 6월 3일 릴에서 시작하여 9월 러시아 공연을 계획했지만, 우크라이나 침공으로 러시아 공연은 취소되었다.

또한 마지막이 될 Stade de France 공연이 경찰의 살해 사건으로 인한 폭동 불안으로 약 1년 뒤인 2024년 10월 1일로 연기되어 우여곡절을 겪었다.

그러나 14회의 공연은 성황리에 마무리되었는데, 수도사의 조상과 까마귀 모형 등 거대한 세트의 조합과 엔터테인먼트 기술 등이 집결되어 팬들의 감흥을 자아냈다. 라이브 클립은 영화관에서도 개봉되었으며, 이 라이브앨범은 17번째 차트 1위 앨범이 되었다.

1년이란 기간을 기다려야 했던 팬들을 위해 라이브앨범 발매 전, 세 번째 리믹스 앨범 《Remix XL, 2024》을 출시했다. XL은 40으로, 이는 그녀의 음악 40년을 기념하는 것이었다.

순수의 시대
Nicole Rieu ● 니콜 리우

1949년생인 니콜 리우는 체육 교사가 될 수 없었기에 그 슬픔을 기타로 노래를 쓰며 달랬다.

1960년대 중반 Les Spits라는 청소년 그룹에서 활동을 시작하였는데, 1969년 그녀는 라디오 방송 Europe 1과 Capitol 산하 레이블 Disques AZ의 이사인 루시앙 모리스Lucien Morisse를 만나며, 그녀의 운명을 결정지었다.

오디션 중 젊은 리우에게 열광한 그는 즉시 Disques AZ와의 녹음 계약을 제안했고 그녀의 부모가 그녀가 공부를 계속하는 것을 허락하지 않도록 설득했다.

그녀는 작곡가 장 머시Jean Musy(1947-2024)와 함께 처음으로 자신의 4곡이 담긴 EP 《Si Les Oiseaux Pouvaient Parler 새들이 말할 수 있다면, 1969》을 녹음했다. 이 노래들로 그녀는 조 다상Joe Dassin(1938-1980), 세르주 라마 Serge Lama, 앙리꼬 마시아스Enrico Macias, 살바토레 아다모Salvatore Adamo의 오프닝 공연자로 올랭피아 극장에 설 수 있었다.

이어 그녀는 장 클로드 페티Jean-Claude Petit가 편곡을 맡은 싱글 〈Espagne 스페인 | J'Aime Tant 그것이 너무 좋아, 1970〉을 발매했다.

3년 후 그녀는 Barclay에게 발탁되어 음반 계약을 맺고 싱글 〈Je Suis 나는…, 1974〉를 발표, 이는 라디오에서 큰 반향을 얻으며, 인기가수로서의 경력이 본격적으로 시작된다.

Naissance

1975 | Barclay | 90.060

1. Introduction
2. Ma Maison au Bord de L'Eau
3. La Maison de Sable
4. L'enfant Qui Viendra
5. Let It Be
6. Naissance
7. Tout Près de L'arbre Mort
8. Je Suis
9. Et Bonjour À Toi L'artiste
10. Quand L'Homme N'est Pas Là
11. La Mandarine

그녀의 첫 앨범 《Naissance 탄생》은 그야말로 스타 탄생을 입증한 앨범이다. 투명하고 순수한 미소녀의 음성으로 녹음된 많은 히트곡이 수록되었다.

감미롭고도 환상적인 전자음향의 물결 〈Introduction〉으로 연결되는 〈Ma Maison au Bord de L'Eau 물가의 나의

집〉은 올리비아 뉴튼-존Olivia Newton-John이 당해 3월 빌보드 차트 1위를 달성한 〈Have You Never Been Mellow〉의 번안곡이다. 뽀송뽀송한 음성과 함께 시냇가에 떠다니는 하늘의 구름들이 새하얀 낭만을 채색한다.

바람을 등지고 내달리던 시절, 나도 너 같았지, 재잘거리는 어린 새처럼 얘기하던 시절, 나도 너 같았지, 오늘은 예전 같지 않아, 내 눈은 태양을 바라보네. 넌 새털구름이 흘러가는 지평선을 꿈꾸었네, 나도 너 같았지, 네 얼굴에 내리는 비가 노래하는 걸 보았네, 나도 너 같았지, 손에 손잡고 우리의 마음은 서로를 이해한다고 믿어, 강변의 나의 집에서, 우리는 다시 사는 법을 배울 거야, 여기 근처 강변의 나의 집에서, 넌 날개를 접고 밤의 심장을 여행하게 될 거야.

〈La Maison de Sable 모래집〉은 담백하면서도 포근한 포크 발라드로, 사랑하는 연인에게 약하지만 안정된 피난처를 주고 싶다는 소망을 담았다.

Beatles의 명곡 〈Let It Be〉에 이어, 타이틀곡 〈Naissance 탄생〉은 성스러운 서두에 이어 현악의 웅장한 서정이 흐른다. 탄생하는 생명과 그 삶을 위해 노래하겠다는 찬송이다.

그녀에게 첫 성공을 안겨주었던 히트곡 〈Je Suis 나는 …〉는 밤하늘 아래 호숫가 같은 고요함에 웅대한 남성 코러스가 가미되어 찬란한 별빛이 쏟아져 내리는 감동이다.

나는 시냇물이요, 강이라네, 난 바람이고 비, 그림자이며 빛이네, 나는 삶이고, 모래 언덕 위의 허리케인이며, 교향곡이야… 나는 해안이 파도이며, 바람에 흔들리는 나뭇잎, 나는 어둠의 그림자, 시간, 영혼이고 불꽃이네, 난 무한한 공간이며 작은 벌이고, 내리는 비라네… 나는 바로 그 영광스러운 사람이며, 단풍나무 아래 꽃이야, 만질 수 없는 침묵이야, 나는….

예술가들의 창작욕에 바치는 찬가 〈Et Bonjour À Toi

L'Artiste 아티스트여 안녕)은 코러스와 함께 온화한 빛이 가득한 희망을 온누리에 전한다. 이 곡으로 그녀는 1975년 유로비전 송 콘테스트에 참가했고, 4위의 성적을 거두었다. 그녀의 명성은 국외로까지 알려지게 되었고, 특히 캐나다 퀘벡에서 지지를 얻는다.

…그리고 안녕, 아티스트 여러분, 하루를 행복하게도 슬프게도 만드는 사람, 모든 것을 바꾸는 당신, 당신은 우리에게 음악을 선물하네, 새로운 시대의 마술사. 그리고 안녕, 빛의 화가 여러분, 우주의 모든 색상을 알고 있는 사람, 당신은 지구의 역사상 가장 아름다운 2000년대를 만들 거야… 그리고 안녕, 예술가, 위대한 작가, 뛰어난 마술사, 유명한 배우, 당신은 우리를 위해 세상을 바꿀 거야, 당신은 노래할 거야…

이 아름다운 앨범에서도 우리의 사랑을 한껏 받았던 명곡 〈Quand L'Homme N'est Pas Là 사람이 없을 때〉는 언제 들어도 따스하고 애틋한 감정을 느끼게 된다.

사람이 없을 때 암사슴은 숲에서 나오네, 날씨에 상관없이 겨울이든 봄이든. 사람이 겁을 주니까, 그녀는 새끼가 죽었을 때 급류의 물 색깔을 보았네, 사람이라면 이를 극복하는 데 얼마나 걸릴까. 사람이 없을 때, 나는 집을 나서네, 내 마음 가장자리에서 시간이 뛰는 소리가 들리지만, 그 길의 끝에서 발걸음을 되돌리네, 정원 같은 나의 삶은 너로 다시 피어나지, 그리고 난 네가 나를 길들이기 위해 태어났다는 걸 잘 알아.

〈Introduction〉과 수미상응을 이루는 〈La Mandarine 만다린〉은 반복되는 지루한 일상에 대한 감정으로 탈출하고픈 열망이 은은한 향기가 되어 공기에 흡수된다. 이는 자신이 가사와 작곡을 한 곡으로, 시네마틱한 야상곡처럼 느껴진다.

Le Ciel C'est Ici

1976 | Barclay | 90.074

1. Introduction - Le Ciel C'Est Ici
2. Je M'Envole
3. Ton Premier Cri
4. La Vie Ça Danse
5. Je Sais Que Ça Va M'Arriver
6. L'Immigrant
7. Ils Sont Partis de la Ville
8. Gospel
9. Il Aurait Voulu Voir la Mer
10. En Courant
11. Le Ciel C'est Ici

두 번째 앨범 《Le Ciel C'Est Ici 천국은 여기에》도 그녀의 성공을 이었다.

〈La Vie Ça Danse 인생의 춤〉 같은 곡은 어쩌면 1970년대 중반의 전형적인 악곡 구성이지만, 그녀의 특징적인 음색 때문에 주목하게 된다. 인생 예찬의 곡이지만, 애절함이 섞인 기타 멜로디는 투명한 감동을 안겨준다.

…우리는 어디에나 있고, 더 나은 곳에 있다고 말해줘, 우리는 울 수 있을 만큼 크다고 말해줘, 시간, 바람, 영원으로. 인생, 인생은 춤을 춰, 인생은 아름다워, 매일 새로 태어나, 밤마다 새로운 밤이지, 인생, 인생은 움직여, 네 마음을 움직이지, 조바심으로, 붉은 태양으로, 행복의 오만함으로. 지나가고 죽는 환상으로.

〈Je Sais Que Ça Va M'Arriver 내게 일어날 거란 걸 알아〉는 상큼하기 그지없는 발라드로, 이는 사랑 예찬이다.

…말 한마디, 몸짓 하나에 행복하거나 불행하지, 천천히 미끄러지고, 나머지는 시간이 해결해 줄 거라고, 사랑은 터져 나온 자존심으로 의지할 곳이 없지, 떠나는 꿈을 꾸고, 돌아오기를 기도해. 하지만 난 그런 일이 나에게도 일어날 거란 걸 알아. 하지만 내가 어떻게 널 사랑할지 알아, 이미 너와 사랑에 빠졌는걸, 내 주변의 모든 것은 변했는걸…

명곡 〈Ils Sont Partis de La Ville 그들은 마을을 떠났네〉는 청춘 예찬으로, 영화의 엔딩에서 흐를듯한 드라마다. 이는 당시 프랑스에서 활동했던 이스라엘 뮤지션 야이르 클링거Yaïr Klinger의 작곡으로, 우리에겐 재즈-팝 그룹 Mark-Almond가 1978년에 취입한 〈Just a Friend〉로 잘 알려져 있다.

그들은 마을을 떠났네, 그들은 대지의 경계를 허물었지, 그들은 폐허에서 태어나, 먼지 속에서 일어났네, 그들은 하늘이 열이 떨리는 걸 보았지… 그들은 많은 것을 보았네, 그들은 자녀를 낳는 것이 두려웠고, 하늘이 무너지는 것을 목도했지, 그리고 그들은 일어났네, 그들은 용기가 넘치고 상처를 잊었지, 그들은 젊고 희망이 가득해. 그리고 나는 내일 그들을 따라갈 거야.

〈En Courant 달리기〉는 Diana Ross가 영화 「Mahogany 마호가니, 1975」에서 노래한 주제곡 〈Do You Know Where You're Going To〉의 번안곡이다. 그녀의 매력적인 불어 보컬은 더 온화한 전원의 풍경을 채색하는 듯하다.

…넌 웃고 싶은 마음을 잃었네, 이제 어떻게 잠드는지도 모르잖아, 넌 항상 나무가 녹색이기만을 바래, 그리고 다른 세상을 만들려 하지, 그러나 제자리인데… 널 기다리는 날 보지도 않아, 부탁이야, 그만해… 행복을 좇아 달리고, 태양 뒤로, 바람 뒤로, 다른 곳으로, 넌 스스로 마음을 아프게 해… 나는 멀리 날아가고 있어, 지구 주위를 달리며, 더 높이 바다 위로, 더 이상 맑은 물이 보이지 않는 곳으로 달리고 있어.

그녀는 유럽에서 많은 콘서트를 열었고, 1976년에는 퀘벡에서 첫 투어도 열었다.

세 번째 앨범 《Si Tu M'Appelles… 네가 나에게 전화하면, 1977》는 한 곡의 자작곡을 제외하고, 프랑스 작가 피에르 그로스Pierre Grosz의 가사에 캐나다 퀘벡 피아니스트 폴 바일라르게온Paul Baillargeon의 작곡으로 완성되었다.

사랑에 빠진 소녀의 적극적인 애정을 노래한 〈Anne-Marie 안느-마리〉는 지극히 감성적인 멜로디에 뽀얀 물안개처럼 젖어드는 그녀의 보컬이 피아노와 함께 최고의 서정을 전해준다.

〈Et Je Tourne 난 돌아서네〉는 먹구름이 걷히듯 우울한 감정을 씻겨내는 청량감이 도드라진다. 다시 멜랑꼴리로 마무리되지만, 마치 뮤지컬을 보듯 극적이다.

…나의 댄서, 몽상가, 너의 현기증 아래서, 넌 고통을 잘 숨기지만 나는 그것을 모두 보네, 아, 나도 인생을 끝내고 싶어, 경이로움을 경험하는 비교할 수 없는 순간에, 그 행복 속에 조용히 잠들고 싶어. 하지만 난 돌아섰네, 너의 도자기 같은 눈 속에서 내 삶의 나날은 방황하네, 아, 돌고 있어, 도시와 시대를 바꾸는 순회 예술가처럼, 내 인생은 구르고 펼쳐지네, 내가 그냥 지나쳐버린 것들이 너무 많기에…

〈Les Riens De La Vie 인생의 사소한 것들〉은 리우의 자작곡으로, 본작의 백미가 아닐까 한다. 아련하고 시린 감성은 덧없이 흘러가는 인생에서도 일상의 작은 기쁨을 찾기를 권유하는 듯하다.

이듬해 상큼하기 짝이 없는 보사-팝 〈Concerto pour le Rêve 꿈을 위한 콘체르토〉를 싱글로 냈다. 또한 뮤지컬 「Le Rêve de Mai 오월의 꿈」에 니콜라스 페이락Nicolas Peyrac과 장-미셸 카라덱Jean-Michel Caradec(1946-1981) 등과 참여했는데, 이는 1968년 5월 프랑스 샤를 드 골 정부의 실정과 사회 모순에 대한 저항 봉기 10주년을 기념하는 창작 뮤지컬이었다. 그녀는 두 곡을 싱글로 냈는데, 그중 〈Les Enfants de Mai 오월의 아이들〉은 사랑하기 위해 그리고 살기 위해 봉기한 17살의 청소년들의 용기에 바치는 노래로, 피아노 발라드로 시작하여 점차 열기를 뿜는 록으로 발전한다.

그녀는 1979년 칸 영화제 미뎀에서 그녀가 가장 좋아하는 노래인 〈La Goutte d'Eau 물방울〉로 샹송 그랑프리 l'Hexagone d'Or를 수상했다.
이는 아일랜드의 포크송인 〈The Foggy Dew〉을 기반

으로, 그녀가 작곡하고 저널리스트이자 방송 진행자 시몽 몽소Simon Monceau가 작사했다. 자신은 한 방울의 물일뿐이지만, 평원에 넘치는 물이 되었으면 하는 희망을 담았으며, 웅대한 남성 코러스와 함께 무반주로 녹음한 성스러운 가스펠이다. 이 곡은 네 번째 앨범 《Nicole Rieu, 1979》에 수록되었다. 그녀는 이 앨범에서 작곡과 작사에 적극 참여하고 있지만, 이 곡을 제외하면 디스코의 영향을 감지할 수 있는 가벼운 팝에 그쳤다.

참고로 본지에서 언급한 앨범들은 컴필레이션 《Barclay 1974-1979, 2018》로 고스란히 출시되었다.
이후 육아로 잠시 휴지기를 가지기도 했지만, 뮤지컬에도 참여하며 평화, 평등, 사랑에 관한 앨범들을 발표했다.
근작 《Et la Vie Coulait 그리고 삶은 흘러갔다, 2023》는 일흔의 나이임에도 남아있는 특유의 맑은 컬러가 너무나 반갑다.

야생화의 진한 향기
Nicoletta • 니콜레타

우리에겐 니콜레타로 알려진 그녀는 본명은 니콜레타 그리소니Nicoletta Grisoni로 1944년생이다.

미국 음악, 특히 리듬앤드블루스, 로큰롤, 비트 음악의 영향을 크게 받은 프랑스 예예Yé-yé 세대의 일원으로 경력을 시작하여, 1960년대 후반에서 1970년대에 여러 히트곡으로 큰 인기를 얻었다. 나이에 걸맞지 않은 야생초처럼 다소 거친 발성으로 절정으로 몰고 가는 독자적인 가창력은 활활 타오르는 화염처럼 강렬하다.

그녀는 강간으로 인해 임신한 정신지체 여성에게서 태어났다고 한다. 1971년에 발표한 그녀의 대표곡 〈Mamy Blue〉는 이런 어머니의 헌정곡이었다.

그녀는 교회 합창단원으로 음악을 시작했으며, 10대 후반에 음악 DJ에서부터 세탁소와 병원에서 일하며 인맥을 쌓았다. 다행히도 작곡가이자 프로듀서인 레오 미시르Léo Missir(1925-2009)의 추천으로 Barclay 레이블과 계약할 수 있었다.

1966년 첫 EP로 발표한 에디트 피아프Edith Piaf(1915-1963)의 〈L'Homme à la Moto 오토바이 맨〉, 니노 페레Nino Ferrer(1934-1998)의 〈Pour Oublier Qu'on S'est Aimé 우리가 서로 사랑했다는 걸 잊기 위해〉, 레오 미시르와 기 마르샹Guy Marchand(1937-2023)의 공작인 〈Encore un Jour sans Toi 너 없는 하루가 또〉가 히트했다.

1967년 두 번째 EP의 타이틀곡 〈La Musique 음악〉과 1967년 데뷔작에서 커트된 1968년 싱글 〈Il est Mort le Soleil 태양은 죽었네〉도 성공을 예정 지었다.

Il Est Mort le Soleil

1967 | Barclay | 549 398

1. Donne-Moi
2. Il Est Mort le Soleil
3. Tu M'entendras au Bout du Monde
4. Alors Fermez la Porte
5. J'en Aimais Un
6. Je Ne Pense Qu'A T'aimer (How Can I be Sure)
7. La Musique (Angelica)
8. Encore un Jour Sans Toi
9. Les Orgues d'Antan (A Whiter Shade of Pale)
10. Pour Oublier Qu'on S'est Aime
11. Ca Devait Arriver (I Put a Spell on You)
12. Pense À L'Été

〈Il Est Mort le Soleil 태양은 죽었네〉는 햇빛이 수면 위에서 산산이 부서지는 착란으로 아른거리는 명곡이다. 이미 현악의 열기는 급격하게 치솟고 여성 스캣은 환상처럼 연기를 피운다.

그건 죽었고, 태양도 죽었네, 네가 날 떠났을 때, 그건 여름에 죽었네, 사랑과 햇빛은 똑같아, 하지만 슬퍼하는 사람은 나뿐이고, 그날은 나의 문턱 앞에서 멈추었네. 어제 우리는 뜨거운 해변에서 잠들었고, 내게 어제는 아름다웠네, 겨울이었어도 아름다웠어, 어제였네…

〈La Musique 음악〉은 1966년에 미국의 싱어송라이터 Barry Mann이 발표한 〈Angelica〉의 번안곡으로, 화끈한 가창력에 또다시 압도된다.

…그래, 인생에 미소를 지어봐, 모든 고민을 잊어버려, 더 이상 슬퍼하지 마, 꿈은 존재해, 멀리 있는 게 아니야, 네 손에는 무엇이 있나? 햇빛이 비치는 걸 지켜봐, 새들의 노래를 들어봐, 당신을 위한 음악을, 그래 음악이야, 난 그게 사랑과 우정의 열쇠가 될 거라는 걸 알아…

〈Encore un Jour Sans Toi 너 없는 하루가 또〉의 푸르른 낭만은 구름마저도 비껴가는 화사함으로 빛을 발한다.

너 없는 하루가 또다시, 왜 안 와? 난 아직도 같은 삶을 살고 있어, 널 기다리고 지루해, 기쁨이 없는 또 다른 하루, 잃어버린 순간의 연속, 너무 오래 기다렸지만, 내가 아는 어딘가에, 내 사랑이 있네, 내 안에는 아무것도 없는걸. 항상 같은 자리, 내가 그토록 기다렸는데, 벌써 밤은 깊어가고 있네, 내가 아는 어딘가에서, 아 그래, 네가 오리니.

〈Les Orgues d'Antan 지난날의 기원〉은 영원한 팝의 명곡인 영국 록밴드 Procol Harum의 1967년 작 〈A Whiter Shade of Pale〉의 번안곡이다. 슬픔과 비명과 고통을 안고 살아온 한 남자가 교회에서 무릎을 꿇고 고해성사를 하는 이야기를 들려준다.

〈Ca Devait Arriver 그 일이 일어나야 했어〉는 미국 가수 Jay Hawkins(1929-2000)의 1956년 발표곡 〈I Put a Spell on You〉의 번안곡이다. 은은한 오르간에 사랑의 갈망을 포효하는 니콜레타는 용암을 분출하는 활화산 같다.

Olympia

1969 | Barclay | 521 099

1. Liberté Mon Amour
2. Il Suffit d'un Amour
3. Tout Ce Que l'Été Nous Donne
4. La Nuit M'attire (I'll Never Leave You)
5. Ou Tu Iras J'irai
6. Le Luxembourg (Mac Arthur Park)
7. Une Enfance
8. Il Ne Me Restera Rien (Fly Me To The Moon)
9. Espoir
10. Je Ne M'en Sors Pas
11. Vivre pour L'amour
12. L'Amour Me Pardonne

두 번째 앨범인 본작의 타이틀을 보면 라이브 같지만, 스튜디오 앨범이다.

사랑의 고통을 노래한 〈Liberté Mon Amour 자유 내 사랑〉의 붉은빛 연정에는 타는 듯한 갈증이 무겁게 내려앉는다.

넌 내 사랑, 너의 이름을 여러 번 불렀네, 우리 감옥의 벽에는 밤의 눈물이 너무 많아… 너의 눈망울에는 절규의 그림자가 있어, 새벽에서 마지막 아침까지… 내 사랑, 내가 태어나 비명을 지른다면, 그건 자유라는 네 이름일 거야.

〈Il Suffit d'un Amour 필요한 것 단 하나의 사랑〉은 슬픈 영화의 한 장면을 보는 듯 드라마틱하다. 비수를 꽂는 날 선 현악과 잔잔한 호수에 돌을 던지는 듯한 피아노, 그리고 가슴을 긁는 그녀의 보컬…

〈Tout Ce Que l'Été Nous Donne 여름이 우리에게 주는 모든 것〉의 쓸쓸한 가을바람의 음악 풍경에는 화 려하게 물든 재즈 피아노가 낙엽처럼 우수수 떨어진다.

여름이 우리에게 주는 모든 걸, 가을이면 잃어버리네, 고엽이 소용돌이칠 때, 연인들은 모두 몸서리치지. 가을꽃이 핀 정원에서 만종이 울릴 때, 난 더 이상 아무도 기다리지 않아, 아니, 네가 내 마음을 훔쳐가 버렸기에 난 사는 게 아니야, 아니, 내 아름다운 꿈의 종말을 대면할 수가 없어, 여름이 우리에게 주는 모든 걸, 가을이면 잃어버리네, 여름에 난 용서했고, 가을에 넌 떠났네.

〈Une Enfance 어린 시절〉의 장중한 현악과 폭발적인 그녀의 가창은 슬픔의 태풍 한가운데 청자를 가둔다.

어린 시절은 햇빛이 있어야 해, 이상한 나라에서도 무지갯빛 꿈이 있어야 해, 어린 시절은 정원이 있어야 해, 슬픔의 잡초 하나 없는 길을 따라 머물러야 해, 이것이 아름다운 그림책의 첫 페이지여야 해… 내 어린 시절은 행운이라곤 없고, 부재가 빛나는 슬픈 축제 같았네, 미소의 공허 속에 있던 내 어린 시절은 결코 껴안지 못했고, 혼자 울다 잠들었지. 부드러움도 없이 바랬고, 어루만짐 없이 신음했지, 사랑 없이 지낸 수많은 낮과 밤, 슬픔을 너무 일찍 배웠네, 내가 가지지 못한 모든 걸 준다면, 난 다시 그때로 돌아갈까?

〈Il Ne Me Restera Rien 내게 아무것도 남지 않을 거야〉는 Frank Sinatra(1915-1998)의 음성으로 친숙한 팝의 명곡 〈Fly Me to The Moon〉의 번안곡이다. 달콤한 코러스와 함께 낭송, 그리고 햇살에 반짝이는 파도가 밀려가는 듯한 풍경은 온화함으로 풍요롭다.

…내 마음속의 큰 행복의 미친 욕망, 누가 우릴 위해 줄 수 있나? 네 마음속의 미친 욕망, 지금 막 알았네, 이 미친 세상이 영원히 네 마음을 가져갈 거란 걸.

〈Je Ne M'en Sors Pas 난 그걸 극복할 수 없어〉에는 더욱 건조한 그녀의 보이스가 연인에게 원망을 쏟아낸다.

난 그걸 극복할 수 없네, 넌 또 친구로 남길 바라나? 아직도 내게 요구할 게 있나? 더 이상 이해할 수 없네, 사랑이 조금이라도 남았다면, 내게 진실을 말해줘…

Ma Vie C'est un Manège

1970 | Riviera | 521 145

1. Ma Vie C'est Un Manège
2. Ou Es-Tu Passé Mon Saint-Germain des Prés
3. Les Nuits Sont Trop Courtes
4. En Amour
5. Les Orgues D'antan (A White Shade of Pale)
6. L'Homme a la Moto
7. Jeff
8. Quand on a Que l'Amour
9. Je N'pourrai Jamais T'oublier
10. Du Soleil
11. Lui
12. Le Grand Amour (Son of a Preacher Man)

《Ma Vie C'est un Manège 내 인생은 회전목마》는 1967년부터 1969년까지 발표한 싱글 모음이다.
타이틀곡은 힘차게 뻗는 가창력으로 펼치는 뮤지컬로, 물랑루즈의 낭만시대로 청자를 초대한다.

그래 내 인생은 회전목마라네, 모든 것은 지나가고 돌아오지, 사랑이 떠나면 그게 마지막이라는 걸 믿지 않으리, 내 인생은 회전목마, 결코 회전을 멈추지 않을 거야, 내 사랑도 오고 가고, 다시 돌아올 거야.

〈Ou Es-Tu Passé Mon Saint-Germain des Prés 내 생제르맹데프레에 무슨 일이 일어났나〉는 영화음악가 미셸 르그랑Michel Legrand(1932-2019)의 작곡으로, 감미로운 트럼펫과 피아노의 재즈 향연과 멜랑꼴리한 선율은 추억 속으로 거닐게 한다.

…비 내리는 어느 날 저녁, 난 널 보았네, 그리고 너의 밤도 발견했지, 우정, 사랑 그리고 그보다 더 나은 것. 이 세상 속의 나만의 세계, 내 생제르맹데프레는 어디 있나? 내 청춘은 스스로를 잃어가고 있어, 도시에 비가 내린다고, 여자가 비틀거린다고, 더 이상 생각하고 싶지 않네, 그리고 난 고독을 안고 돌아오네.

〈Les Nuits Sont Trop Courtes 밤은 너무 짧아〉는 영화음악가 프란시스 레Francis Lai(1932-2018)의 작곡으로, 그는 〈The Wheel〉이란 연주곡으로 취입한 바 있다. 드라마틱한 우울감은 쓸쓸한 밤바람을 열망의 밤하늘에 가득 채운다.

〈Jeff 제프〉는 영화음악가 프랑스와 드 루베François De Roubaix(1939-1975)가 맡고 알랭 들롱Alain Delon과 미레유 다르크Mireille Darc가 주연을 맡은 영화 「Jeff 에바의 연정, 1969」의 테마로, 기타의 고독한 서정이 길게 머문다.

…난 단지 그의 그림자였을 뿐이었지, 그 사람은 나의 빛이었네, 나보다 더 진실한 거울이었고, 내게 세상을 주었지, 아무 말도 기도도 없이. 그러고는 모든 것이 사라졌네, 이별, 사랑, 절규, 사랑이 찾아오면 두려움도 오지, 회색빛 아침, 내 친구, 내 형제인 그는 홀로 떠났네, 그는 내 인생을 앗아갔네, 내가 다시 태어난다면, 난 빛이 되고 싶어.

〈Quand on a Que l'Amour 사랑만이 있을 때〉는 자크 브렐Jacques Brel(1929-1978)의 1956년 발표곡으로, 성가와 같은 코러스와 재즈 피아노 등과 함께 웅대한 사랑의 기도를 올린다.

…사랑만 있을 때, 지구의 악을 위해, 단순히 음유시인으로서, 기도로 봉헌하네… 사랑할 수 있는 힘을, 우리 손이 놓치지 않도록, 내 사랑과 온 세상을 위해.

아트록 마니아들에게 잘 알려져 있는 뮤지션 엠마누엘 부즈Emmanuel Booz의 작곡 〈Lui 그〉와 에디트 피아프Edith Piaf(1915-1963)가 불렀던 〈L'Homme à la Moto 오토바이맨〉도 이채롭다.

Visage

1971 | Universal | 549 943

1. Mamy Blue
2. Ouvre Ton Coeur (Free The People)
3. La Promeneuse
4. Avant Qu'il Ne Soit Trop Tard
5. Litanies pour un Éte (O Dis O)
6. Visage
7. La Solitude Ça N'Existe Pas
8. Dieu est Nègre
9. Je Ne Voyais Pas
10. Brève Rencontre
11. Comme une Île au Soleil
12. Moi Quand Vient le Soir

《Visage 얼굴》은 1968년에 결성되어 1972년에 해산하기 전까지 세션을 병행했던 프로그레시브 록그룹 Zoo가 참여했다. Zoo가 연주하지 않은 트랙들까지도 전작들에 비해 매우 다채로운 사운드를 느낄 수 있는 이색적인 앨범이다.

어머니에게 헌정한 그녀의 대표곡 〈Mamy Blue〉가 첫 곡으로, 베테랑 작곡가 위베르 지로Hubert Giraud(1920-2016)가 1970년 파리의 교통 체증을 기다리다 불어 가사를 붙여 만들었다고 한다. 1971년 이태리 여가수 이바나 스파냐Spagna가 이태리어로 처음 리코딩했으며, 1967년 결성된 스페인 보컬밴드 Los Pop-Tops도 1971년에 영어로 발표했다.

프랑스에서는 남성 로커 조엘 다이데Joël Daydé와 니콜레타가 노래했으며, 이후 많은 월드뮤직 가수들과 프랑크 푸르셀Franck Pourcel(1913-2000) 등의 연주자 레퍼토리에도 등장했고, 영화에도 삽입되었다. 애조띤 단순한 멜로디의 반복은 즉각 흥얼거리게 한다.

난 어느 여름날 저녁에 떠났네, 아무 말도 포옹도 없이, 뒤도 돌아보지 않은 채, 국경을 넘자, 내가 엄마 곁에 있었던 어제보다 바람이 더 거셌지. 그리고 오늘 모처럼 나는 엄마 곁으로 돌아가네, 날 지금까지 있게 해준 엄마, 하지만 내게 미소 짓던 엄마는 더 이상 여기 없네… 난 사랑했던, 그리고 엄마가 영원히 쉬는 이 마을로 다시는 돌아오지 않을 거야.

Zoo가 연주한 화려한 재즈 록 열전 〈Visage 얼굴〉은 엠마누엘 부즈Emmanuel Booz의 1969년 발표곡이며, 〈Dieu Est Nègre 신은 흑인〉은 레오 페레Leo Ferre(1916-1993)의 1968년 작을 커버한 것.

그리고 백만 볼트의 사나이 질베르 베코Gilbert Bécaud(1927-2001)가 동년에 발표한 〈La Solitude Ça N'existe Pas 고독은 존재하지 않네〉도 수록했다.

짧지만 깊은 인상을 주는 〈Je Ne Voyais Pas 나는 보지 못했네〉는 파스텔 조의 음성이 포근한 안개처럼 다가온다.

나는 보지 못했어, 내가 가졌던 행운을, 행복한 사람인 양. 눈 속의 태양이었던 넌 나를 떠났네… 그가 지금 돌아오기엔 너무 늦었나? 적어도 내게 희망을 줘, 내일이면 난 널 사랑할 거야, 언젠가는 네가 내 것이 될 거야, 그리고 넌 나에게 말하겠지 "나는 보지 못했어"…

〈Brève Rencontre 짧은 만남〉에서는 낭송과 여성 스캣, 금관과 현악이 더욱 진한 블루스를 들려준다. 이는 사랑하지만 떠나야 하는 심정과 계속해서 사랑의 표류자가 되고픈 이중적인 고통이다.

〈Comme Une Île Au Soleil 태양 아래 섬처럼〉은 달콤한 낭만이 넘쳐 난다. 여름이면 찾고 겨울이면 아무도 찾지 않는 자신의 신세를 태양 아래 섬이라 노래하고 있다.

〈Moi Quand Vient Le Soir 저녁이 오면 나는〉은 브라스 재즈 공간에 자유자재로 날아다니는 니콜레타의 보컬을 만날 수 있다.

후속작 《Nicoletta 73》에는 또 하나의 빅 히트곡 〈Fio Maravilha 피우 마라빌랴〉가 수록되었는데, 이는 브라질의 축구선수를 노래한 조르지 벵Jorge Ben의 곡을 번안한 것이다.

키보드가 반짝이는 〈Le Meilleur de L'Amour 최고의 사랑〉은 안온한 핑크빛 연가에 소울이 넘치는 우렁찬 보컬을 뿜낸다. 꿈과 결혼하지 않기에 너와 결혼하지 않겠다고 말하며 자신이 사랑하는 것은 네가 아니라 최고의 사랑이라고 노래한다.

〈C'est Pour Toi Que Je Vis 내가 사는 건 널 위한 것〉은 그녀의 마른 보이스의 매력이 더욱 부각된다. 당신의 삶에서 흰 새처럼 잿더미에 다시 태어나 봄이 되면 날아가고픈 사랑을 열망한다.

가사는 알 수 없지만 서정적인 피아노와 거친 재질감의 발라드 〈La Vallée 계곡〉도 추천곡이다.

1973년에는 또 다른 앨범 《Viens Te Balader au Creux de Mes Chansons 내 노래 깊은 곳으로 산책하러 와, 1973》를 발표했다. 자신의 가사인 〈Enfants, Venez Chanter L'Espoir 아이들이여, 와서 희망을 노래하라〉는 다소 극적인 악곡으로, 어린이를 위한 세상을 그리는 기도라기보다 비장한 결심으로 들려온다.

아이들이여, 와서 희망을 노래하라, 아직 늦지 않았네, 너희가 생각하는 세상에서 자유를 노래하라. 아이들이여, 와서 희망을 춤춰라, 아직 늦지 않았네, 밀밭 한가운데서 춤춰라, 자신을 더 사랑할 수 있도록…

가사를 알 수 없지만, 〈Les Tours d'Ivoires 상아탑〉의 감미로운 재즈 피아노와 그녀의 내성적인 보컬은 지난날의 추억 속으로 잠기게 한다.

짙고 옅은 농담을 오가는 보컬에 포근한 코러스가 감싸는 〈Toi Mon Ami 당신은 내 친구〉에 이어, 톱 연주와 코러스가 독특함을 전하는 〈L'Homme Fatal 옴므파탈〉도 주목할 만한 아름다움을 전한다.

《Sur les Bords de la Tendresse 온정의 가장자리, 1975》는 전작과 마찬가지로 프로그레시브 록그룹 Zoo의 플루티스트 다니엘 카를레Daniel Carlet의 대부분의 작곡과 현악 편곡으로 완성되었다.

우리에게 잘 알려진 노래로 프랑스 공화국 전투 찬가인 〈Glory Alleluia〉가 수록되었으며, 가스펠의 성스러운 느낌을 이어가는 〈Aime la Vie Comme Elle Vient 인생 있는 그대로를 사랑하라〉도 긍정

과 낙관의 용기를 폭발적으로 전한다.

감미로운 재즈 감성 발라드 〈L'Hiver Ne Viendra Jamais 겨울은 결코 오지 않을 거야〉에는 멜랑꼴리의 바람이 불어온다.

타이틀곡 〈Sur les Bords de la Tendresse 온정의 가장자리〉는 애틋한 사랑을 속삭인다.

부드러움의 가장자리에서, 내가 널 태워줄게, 젊음을 숨기지 마, 사랑을 위한 시간이 오면, 그건 너의 유일한 재산이 될 거야. 부드러움의 너의 피부 가장자리에서 산책해, 입에 키스할 때마다, 내가 만지는 머리카락 하나하나가 널 사랑하게 만들어. 부드러움의 가장자리에서, 부드러운 슬픔 따윈 없어, 우리 애무의 정원에서 약속할게, 너 외에는 누구도 사랑하지 않겠다고. 너의 부드러운 몸의 가장자리에, 내가 정착하면, 넌 자신을 방어할 필요가 없어, 사랑이 널 놀라게 할 거야, 그리고 그 즐거움이 널 데려갈 거야. 서로를 이해하기 위해, 아무 말도 없이, 욕망으로 데려갈 거야.

1988년에는 윌리엄 셸러William Sheller가 음악을 맡은 빅토르 위고Victor Hugo의 「노트르담의 꼽추」를 원작으로 한 뮤지컬 「콰지모도」에서 에스메랄다 역을 맡기도 했다.

2006년에는 재즈 앨범 《Le Rendez-vous》를 냈으며, 70세를 훌쩍 넘기며 발표한 근작 《Amours & Pianos, 2021》에는 노장의 관록으로 히트곡을 피아노 반주에 노래했다.

프랑스 여가수 중에 이렇게 폭발적인 성량과 허스키하고 거친 보이스의 소유자가 또 있었나 싶을 정도로, 니콜레타는 오히려 이태리 여가수와 더 가까운 이미지로 자리하고 있다.

정통샹송의 위대한 계승자

Patricia Kaas ● 파트리샤 카스

PATRICIA
KAAS
MADEMOISELLE
N'A PAS CHANTÉ
QUE LE BLUES

1994년 이후로 수차례나 내한하여 농도 짙은 블루스 가창으로 샹송의 매력을 전했으며, 화장품 광고에도 등장하여 한국팬들의 사랑을 받았던 파트리샤 카스! 그녀의 매력은 작은 체구와는 어울릴 것 같지 않은 진하고도 거친 음색과 우렁차고 호소력 넘치는 가창력이라 할 수 있다. 정통 샹송에서부터 프렌치 팝, 블루스, 재즈, 로큰롤 등 다양한 음악 풍으로 오랫동안 청중을 감화시켜 왔고 우리는 그녀의 노래에 열광했다.

전설의 민중가수 에디트 피아프Edith Piaf(1915-1963)가 세상을 떠난 후 오랫동안 프랑스인들은 그녀를 뒤잇는 가희를 기다려 왔고, 가창력이 훌륭한 신인 여가수가 등단이라도 할라치면 그들은 '제2의 에디트 피아프'라는 칭호를 선물하곤 했다. 미레유 마티유Mireille Mathieu가 그랬고 파트리샤

카스도 예외가 아니었으며, 그리고 2010년대에 등단한 재즈 Zaz가 그 영광을 이어받기도 했다.

이는 자신의 것에 대한 자존, 과거를 잊지 않고 전통을 사랑하는 향수, 그리고 좋은 것에 대한 찬사를 아끼지 않는 프랑스인들의 특징이 만들어 낸 것일 수도 있다. 그러나 프랑스인들에게 에디트 피아프는 민족주의적 상징으로 시대를 살아가는 민중의 대표성이었다. 놀랍게도 '제2의 에디트 피아프'의 칭송을 얻은 가수들은 상업적인 성공도 이어받는데, 파트리샤 카스는 대번에 낙점되었고 그녀는 자신만의 전설을 만들어 갔다.

그녀는 1966년생으로 프랑스인 아버지와 독일인 어머니 사이에서 태어났다. 아버지는 광부였고 그녀는 5남매 중 막내였다. 어려서부터 노래에 재능을 보여 8세 때는 어머니의 도움과 지원으로 작은 무대에 섰고, 실비 바르탕Sylvie Vartan, 달리다Dalida(1933-1987), 클로드 프랑수와Claude François(1939-1978), 미레유 마띠유Mireille Mathieu 등의 노래를 불렀다.

13세 때는 카바레에서 7년 동안 토요일 밤무대에 섰으며, 16세 때는 독일 태생의 명배우 마를렌느 디트리히Marlene Ditrich(1901-1992)와 닮은 듯한 외모로 모델 에이전시에서 일하기도 했다.

마침내 19세 때인 1985년에 영화배우 제라드 드파르듀 Gérard Depardieu에 눈에 띄어 첫 싱글 〈Jalouse 질투〉를 발표하였으나 실패를 맛본다.

그러나 그녀를 주시했던 가수이자 프로듀서 디디에 바르블리비앙Didier Barbelivien은 그녀의 데뷔를 위해 앨범을 제작해 주었으며, 그래서 《Mademoiselle Chante… 숙녀는 노래해, 1987》는 프랑스 앨범 차트 2위를 기록하고 톱100에 무려 118주나 머무르는 대성공을 거둔다. 벨기에, 스위스, 캐나다에서도 좋은 성적을 얻어 권위 있는 Victoire de la Musique 시상식은 그녀에게 신인상을 수여한다.

Scène de Vie

patricia kaas
scène de vie

1990 | Sony | 746447845

1. Générique
2. Les Mannequins d'Osier
3. L'heure du Jazz
4. Où vont les Coeurs Brisés
5. Regarde les Riches
6. Les Hommes Qui Passent
7. Bessie
8. Tropic Blues Bar
9. A l'Enterrement de Sidnet Bechet
10. Kennedy Rose
11. Une Dernère Semaine à New York
12. Patou Blues
13. Générique

〈Mon Mec à Moi 내 남자〉, 〈Mademoiselle Chante le Blues 숙녀는 블루스를 부르네〉 등의 히트곡들을 비롯하여 데뷔앨범 《Mademoiselle Chante…》처럼 전곡이 친숙할 정

도로 귀에 익은 작품도 아마도 없을 것이다. 가까운 일본에서도 인기리에 출시되었으나 국내 음반사는 한참이 흐른 후에 라이선스로 소개했다. 두 번째 앨범이 발표된 한참 후에도 그녀의 데뷔앨범은 방송을 통해 너무나 자주 흘러나왔다.

그녀는 자신의 성공적인 꿈을 향한 첫발의 달콤한 영광을 누리고 있던 1989년에 자신의 영원한 후원자였던 어머니를 암으로 잃었다. 병원에서 어머니의 병세를 간호한 분들에게 테디베어 인형을 감사의 의미로 보냈고, 현재 이는 그녀의 마스코트가 되었다. 실패와 성공과 슬픔을 연달아 겪게 된 그녀는 심기일전하여 1990년에 16개월간 월드 투어에 나섰고, 12개국 196회의 일정에는 열광적인 반응을 얻어냈던 뉴욕 공연도 포함되어 있었다. 신인가수였음에도 예상치 못한 반향으로 데뷔앨범은 프랑스에서만 백만 장 이상 판매되어 다이아몬드를 획득했고, 독일에서도 Goldene Europa 시상식에서 수상했다.

1990년 레이블을 이적하여 발표한 두 번째 앨범 《Scène de Vie 삶의 모습들》은 더욱 성숙한 진면목을 보여주는 걸작이다. 다행히도 이 음반의 국내 직배사는 그녀의 명성을 놓치지 않고 팬들에게 전했는데, 샹송 팬들뿐만 아니라 팝과 록, 재즈 마니아들에도 두루 사랑받으며 그녀의 이름을 널리 알렸다. 프랑스 앨범 차트에서 10주간 정상을 차지했을 정도로 상업적인 성공이 따랐고 작품성 또한 좋은 평가가 뒤이었다.

스캣으로 노래한 테마를 전후에 구성하고 단편적이고도 다양한 인생의 장면들을 줄거리로 노래한 본작은 더욱 중후하고도 세련된 연주를 들려주고 있다. 데뷔작의 제작자 디디에 바르블리비앙도 참여하여 그녀의 용기를 북돋았다.

〈Les Mannequins d'Osier 목각인형〉은 심장박동 같은 드러밍과 진한 슬픔을 훌훌 날려 보내는 듯한 색소폰 그리고 침울한 블루스 기타 애드리브에 울분을 터뜨리는 듯한 그녀의 보컬이 고해성사하는 분위기를 조성하고 있다. 잊어야 하지만 결코 잊고 살 수 없는 과거의 소중한 시간들을 향한 애절함이다. 앨범 커버에서 보이는 목각인형의 이미지는 바로 큰 슬픔을 견디고 견뎌 눈물이 말라 버린 자신의 모습이기도 했다.

모든 이 목각인형들이 높은 다리의 꼭대기로부터 내던져졌지, 이 잊힌 혼령들, 이 과거의 그림자들, 우리를 지켜보네. 어린 시절의 소중한 얼굴들을 태울 수 있을까, 태양을 향해 근심 없이 가볍게 걸어갈 수 있을까, 꽁꽁 언 강 위를 지나가는 그것을 볼 수 있을까. 부러진 인형처럼 모든 목각인형을 높은 다리의 꼭대기에서 내던진다면, 다 해진 왕관, 그것은 우리의 기억 속에서 출몰할 거야. 우리의 어린 시절에 속삭였던 이름들을 내던질 수 있을까. 다정한 눈동자와 키스를 잊을 수 있을까. 그리고 얼어붙은 강 위를 지나가는 그것을 쳐다볼 수 있을까.

황홀한 재즈-바로 안내하는 〈L'Heure du Jazz 재즈 타임〉은 담배연기 가득하고 흥겨운 분위기 속에서 재즈 명인들의 음악에 술을 즐기는 여흥을 가볍게 스케치했다.

〈Où Vont les Coeurs Brisés 부러진 마음은 어디로?〉에는 이별 후 그리움에 사무치는 한 여성의 마음을 우울한 블루스 재즈에 담아 노래한다.

난 내 마음을 스카프로 꽁꽁 묶어버렸어. 도자기 꽃병과 던져진 꽃들, 많은 나날들이 우리 사랑의 다리 밑으로 지나갈 거야, 그리고 난 아직도 당신을 잊을 수 없어. 난 창을 커튼으로 가렸고, 편지와 사진을 불태워 버렸지, 이것이 그토록 급하게 떠나기 원했던 사랑이었나? 당신이 알고 있다면 내게 말해줘, 어디로 상처받은 마음이 떠나갔는지, 언제 사랑이 사라졌는지. 시간이 지나갔음에도 당신을 대신할 수 있는 건 없어… 그러나 어느 날 밤, 이 모든 것에도 불구하고 난 당신이 그리워, 그리고 난 내게 이야기하지, 아직도 기회가 있을까 하고… 결국 마음은 부러졌지만, 여전히 속삭이네, 당신을 사랑한다고.

발랄한 하모니카 연주와 진한 오르간 사운드가 이채로운 블루스 록 〈Regarde les Riches 부자들을 봐〉는 졸부들의 우스꽝스러운 모습들을 보면서 우울함을 털어버리라는 권고를 담았다.

침울한 감성 발라드 〈Les Hommes Qui Passent 스쳐 간 남자들〉은 많은 이유로 사랑할 수 없었던 과거의 많은 남자들에 대한 고백담이다. 싱글 커트된 4개의 곡 중 톱10에 진입한 가장 히트한 노래이다.

그녀의 실패한 첫 싱글을 제작했던 제라드 드파르듀의 아내 엘리자베스 드파르듀Elisabeth Depardieu의 작품이자 싱글 커트된 〈Kennedy Rose〉는 미 대통령 케네디John F. Kennedy의 모친에게 헌정한 것으로 열기 가득한 재즈 바에서 열창하는 그녀의 모습이 고혹적으로 그려진다.

투명한 기타에 의해 화사하고도 포근하게 노래하는 〈Une Dernère Semaine à New York 뉴욕에서의 마지막 한 주〉는 사랑에 대한 욕망을 담은 것으로 자신의 휴가를 함께 보내고픈 프러포즈이다.

우리가 만약 한주밖에 살 수 없다면 뉴욕으로 가서 나와 함께 잠들지 않을래? 저 부두를 따라 함께 걷지 않을래? 도시와 우리 말고는 아무것도 존재하지 않을 거야. 그리고 차이나타운의 안갯속에서 난 당신에게 달콤한 말을 속삭이고 싶어. 만약 떠날 때 같은 비행기를 탈 수 있다면 뉴욕에서의 마지막 한 주 동안의 날 이해해 주지 않으련? 부둣가를 따라 걸으며 날 지켜주겠니? 호텔과 우리 말고는 아무것도 존재하지 않을 거야. 오, 나의 위대한 소원은 당신 품에서 잠드는 거야.

시원스레 폭발하는 로큰롤 〈Patou Blues 패티의 블루스〉를 듣노라면 모든 걱정과 시름이 날아간다.

첫 앨범이 일요일 아침이라면, 본작은 토요일 밤이라고나 할까! 이 앨범을 처음 들었던 순간 글쓴이는 본작과도 같은 명연은 파트리샤 카스 일생에 있어서 다시는 없을 것이라 단언했었다. 물론 그 독단은 지금도 강력하다. 1990년대 프렌치 팝의 정점을 찍은 본작으로 그녀는 진정 샹송의 여왕 자리를 꿰찼다.

본작 이후 13개국에서 210회의 콘서트를 성황리에 열고, 이듬해 첫 실황 《Car-nets de Scène 공연 수첩》을 출시했다.

또한 1991년 모나코에서 열린 월드뮤직 어워드에서 '올해의 프랑스 가수상'을, 유서 깊은 국제 미디어상인 '밤비Bambi'상 수여식에서는 '올해의 여자가수상'을 받았다.

1992년에는 독일의 쾰른에서 열린 에코ECHO 어워드에서 Cher, Tina Turner, Madonna, Whitney Houston과 경합을 벌인 끝에 국제적 여성 가수상에서 3위에 이름을 올렸으며, 그해 여름 이태리 세계 최고의 테너 루치아노 파바로티Luciano Pavarotti(1935-2007)의 공연에 초대되어 세계적인 명성을 확인시켜 주기도 했다.

1993 | Sony | 801035385184

1. Y'Avait Tant d'Étoiles
2. Hôtel Normandy
3. Je Retiens Mon Souffle
4. Ceux Qui N'ont Rien
5. Il Me Dit Que Je Suis Belle
6. Space in My Heart
7. La Liberté
8. Fatiguée d'Attendre
9. Jojo
10. Je Te Dis Vous
11. Reste Sur Moi
12. Ganz und Gar
13. Out of the Rain
14. It's a Man's World
15. Enter Dans la Lumière

3집 《Je Te Dis Vous 당신은 나의 당신이야》는 47개국에서 발매되어 3백만 장 이상 판매되었다. 3개의 영어 곡과 1

개의 독일어 노래를 수록한 것도 국제적인 성공에 일조했다. 프랑스 앨범 차트 정상은 물론이고 독일과 스위스에도 차트에 올랐다.

바르브리앙과 베른하임F. Bernheim이 만든 히트곡 〈Ceux Qui N'ont Rien 가지지 못한 자〉는 2집의 연장선에 있는 작품이다. 색소폰의 애드리브로 시작하는 진한 블루스 재즈에는 코러스와 오르간 사운드도 가미되어 매우 윤택한 사운드를 구사한다.

…난 아무것도 가진 게 없는 사람들을 위해 노래할 거야. 누군가가 항상 좋은 무엇인가를 주려 한다고 믿고 싶어. 운명의 카드를 다시 섞으려 한다 해도… 뭔가가 잘못되어 간다는 느낌과 함께 인생이 흘러가더라도, 다른 사람이 되었으면 하는 부러움 따윈 가지지 않을 거야.

〈Il Me Dit Que Je Suis Belle 그가 내게 예쁘다고 말하네〉는 장-자크 골드만Jean-Jacques Goldman의 작곡으로 사랑에 대한 체념과 동시에 믿음이 잔잔히 흐른다.

가장 애청하는 트랙인 〈Fatiguée d'Attendre 피곤한 기다림〉에는 폭풍우가 몰아치는 새벽녘에 사랑에 대한 불신의 고통과 원망으로 잠 못 드는 한 여인의 독백이 이어진다. 그토록 사랑했건만 지금은 그 아픔으로 차라리 저주하고 싶다는 비탄에 젖어있다.

〈La Liberté 자유〉는 데뷔작과 2집의 특성을 고루 지닌 작품이며, 데뷔작을 연상시키는 〈Jojo 조조〉는 불행한 삶과 비관에 빠져 고통스러워하는 이를 위한 위로곡으로 따사로운 인간미가 느껴진다.

매혹적인 재즈 발라드 〈Je Te Dis Vous 당신의 나의 당신〉은 사랑에 대한 갈망이 실현되었던 순간을 회상하는 연약한 호소력이 드라마틱하다.

…그것은 나의 오월이었지. 난 항상 기억해. 난 괴로움으로 죽고 당신은 그늘에서 알게 되겠지. 그러면 당신의 꽃이 내게 희망과 사랑으로 올 거야, 가을이 되면, 큰 당신과 작은

나. 영광은 내 마음보다 약해… 그리고 당신은 날 황홀하게 하는 나의 당신이야…

낙관적인 사랑을 노래한 〈Reste sur Moi 내게 머물러줘〉는 세련된 음감과 섹시한 음성으로 신선함을 던져준다.

이외에 〈Ganz und Gar 절대적으로〉는 독일의 싱어송라이터 마리우스 밀러 베스테른하겐Marius Müller-Westernhagen의 작품이며, 〈It's a Man's World〉는 제임스 브라운James Brown(1933-2006)의 노래를 커버한 것이다.

영국의 록 뮤지션 Chris Rea는 〈Out of the Rain〉와 〈Ceux Qui n'ont Rien〉에서 기타 세션으로 참여하고 있다.

본작 이후 베트남, 캄보디아, 일본, 태국, 한국 등을 포함한 19개국의 150회 월드투어가 이어졌고, 두 번째 실황 앨범 《Tour de Charme 매력의 투어 1994》이 발표되었다.

클로드 를루슈Claude Lelouch가 감독하고 장폴 벨몽도Jean-Paul Belmondo(1933-2021)가 주연한 「Les Misérables 레미제라블, 1995」에서 프란시스 레Francis Lai(1932-2018)가 작곡한 〈La Chanson des Misérables〉을 처연하게 노래했다.

유죄가 되기 전, 모두가 비참했네, 우리는 모두 신이자 악마였어, 우리 모두는 장 발장이었네… 비참한 사람들, 성자들, 무고자들, 모래성을 쌓았던 완전한 한 피해자, 모두가 비참해질 수 있기까지, 우리는 믿기 어렵게도, 우리는 모든 장 발장이었네…

Dans Ma Chair

1997 | Sony | 803581218053

1. Quand J'ai Peur de Tout
2. Dans Ma Chair
3. Chanson Simple
4. J'ai Tout Quitté Pour Toi
5. Je Me Souviens de Rien
6. Les Lignes de Nos Mains
7. Je Sais
8. Je Voudrais la Connaître
9. Fais-Moi l'Amitié
10. L'Amour Devant la Mer
11. Je Compte Jusqu' à Toi
12. Sans Toi
13. Don't Let Me Be Lonely Tonight (& James Taylor)

세 번째 앨범의 활동을 마친 후, 그녀는 1995년에 영어로 노래한 스탠더드 재즈 앨범 《Black Coffee》를 미국에서 녹음했다. 빌리 홀리데이Billie Holiday(1915-1959)의 타이틀과

Chicago의 1976년 작 〈If You Leave Me Now〉 그리고 빌 위더스Bill Withers의 고전 〈Ain't No Sunshine〉 등이 수록되었으나, 공식적으로 발매되지 않았다.

다만 《Jazz A Saint Germain, 1997》 컴파일 앨범에 타이틀이 수록되었고, 〈Ain't No Sunshine〉은 Club Med의 광고음악으로 사용되었다.

미국 시장을 겨냥한 촉발이 불발에 거친 후, 이를 만회하려는 듯이 공식 네 번째 앨범인 《Dans Ma Chair 내 피부 속에》에는 국제적인 팝 감각을 대거 수용했다. Ray Charles (1930-2004), Billy Joel, Paul Simon 등의 프로듀서를 맡았던 Phil Ramone에 의해 뉴욕에서 제작되었다. 몇 곡은 그녀의 기존 작품들을 잇는 작품이었지만 대부분은 영미 팝 스타일로 개편되었다. 보너스로 미국의 싱어송라이터 James Taylor와 듀엣으로 노래한 영어 곡도 포함되었다.

장-자크 골드만의 작곡인 〈Je Voudrais la Connaître 난 알고 싶어〉와 함께 싱글 커트된 〈Quand J'ai Peur de Tout 모든 것이 두려워질 때〉는 미국 싱어송라이터 Diane Warren과 장-자크 골드만의 공작이다. 마치 두 번째 앨범을 연상시키는 이 곡은 퍼커션의 공명으로 시작하여 부드러운 코러스와 함께 한 치 앞도 보이지 않는 밤안개에 둘러싸인 듯한 환상을 불러일으킨다.

…삶의 모든 것이 느슨해질 때, 모든 것이 부서질 때, 모두가 충돌할 때, 모든 블루스가 당신의 집과 계절과 당신의 삶의 이유를 더럽힐 때, 모든 것이 어둠 속에 파묻히고 더 이상 부드러운 것은 없을 때, 난 모든 것이 두려워. 내 삶이 가볍고 근심이 없다 해도 나는 두려움과 우연히 마주치네, 길에서나 바에서나, 피곤하고 온순하며 멍하게 얼어붙은 그들.

이 곡은 영국의 소녀 그룹 Sugababes가 2003년 〈Too Lost in You〉로 리메이크하기도 했다.

〈Dans Ma Chair 내 피부 속〉은 상큼한 도입부에 이어 매끄러운 일렉트로닉스 그리고 코러스와 화려한 댄 스 비트, 재즈 필링 등이 조화되어 흥분을 감출 수 없는 뮤지컬을 선보인다.

…내 피부 속 선명한 피, 당신의 욕망과 당신의 철없음과는 반대로 뛰는 내 심장, 내 피부 속의 SOS, 사랑의 신호는 더 크게 포효하고, 결국 침묵이 흐르고 눈물이 흐르네, 삶을 탓하지 마, 내 피부 속에 당신의 이 슬픔을 넣으려 하지 마…

다수의 그래미상을 받은 미국의 싱어송라이터 Lyle Lovett 이 쓴 〈Chanson Simple〉은 서글픈 현악과 투명한 기타와 피아노로 잔잔한 감동을 불러일으키는 포크풍의 작품이다.

내가 당신에게 선물하는 쉬운 노래, 부드럽고도 단순한 노래, 당신도 알 거야, 때론 아주 쉬운 말들이 가장 듣기 어렵다는 것을… 우리 모든 침묵을 난 용서해, 그 침묵들에 생명을 주려 해, 가장 친한 친구였던 당신에게 선물하는 쉬운 노래로… 매 순간 회한이 되살아난다면, 다시는 우리가 서로 보지 못한다면, 당신이 사랑하던 여자가 생각난다면, 내가 당신과 함께 산다는 것을 기억해, 당신 맘을 읽는다는 것을 기억해.

청명한 서정과 감성을 보여주는 〈L'Amour Devant la Mer 바다 앞에서의 사랑〉은 전작 수록곡 〈Fatiguée d'Attendre 피곤한 기다림〉의 작가가 만든 곡으로, 본작에서 가장 아름다운 작품으로 기억된다. 제목으로 보면 매우 낭만적일 듯하지만, 사랑에 대한 갈망을 시적으로 그리고 있다.

뒤에서 달려오는 죽음 앞에서, 침묵하며 기다릴 수 있을까, 그 사이에 무엇을 해야 할까, 단지 전쟁에서 승리하거나, 이 지옥에서 시간을 벌거나, 그렇게 하고 싶진 않아. 사막에 바다 밑에 숨을까, 해 뜨는 섬에서 열기와 빛으로부터 우리의 소중한 사람들을 잠시 떠날까, 바다 앞에서의 사랑, 눈부신 태양 앞에서 춤추고 싶네, 지옥을 비웃고 아이를 갖고 싶어, 옅은 바람을 가르며 달리고 싶어, 빛 아래서 작은 대지 앞에서 천천히 달리고 싶어.

150만 장을 팔아치운 그녀는 1998년에 라이브앨범 《Rendez-Vous》를 발표했으며, 전년도에 사망한 존경하는 가수 바르바라Barba-ra(1930-1997)의 〈L'Aigle Noir 검은 독수리〉를 수록했다.

12월에는 플라시도 도밍고Plácido Domingo와 알레한드로 페르난데스Alejandro Fernández와 함께 오스트리아 빈에서 크리스마스 공연을 치렀다.

당시 프랑스에서 실시된 한 여론조사에서 대중가수로서는 이례적으로 '가장 사랑하고 존경하는 인물' 5위에 뽑히기도 했다.

Le Mot de Passe

1999 | Columbia | COL 494559 2

1. Ma Liberté Contre la Tienne
2. Une Fille de l'Est
3. Si Tu Rêves
4. J'attends de Nous
5. Le Mot de Passe
6. Les Éternelles
7. La Clé
8. Mon Chercheur d'Or
9. Quand Je T'oublie
10. Une Femme comme une Autre
11. Les Chansons Commencent
12. Et Je M'en Veux

파스칼 오비스포Pascal Obispo가 프로듀스한 5번째 스튜디오 앨범 《Le Mot de Passe 비밀번호》도 국내 라이선스로 소개되어 샹송 팬들의 애장반으로 자리했다. 이반 세자르 Yvan Cessar와 오비스포가 현악 편곡을 맡고 장-자크 골드

만Jean-Jacques Goldman도 두 곡에 참여하는 등 의욕 넘치는 회심작이었지만, 겨우 30만 장이라는 초라한 판매고로 그녀에겐 아쉬운 앨범이 되어버렸다. 하지만 내용물은 너무나 고혹적인 완성도로 빛나고 있다.

장-자크 골드만이 쓴 〈Une Fille de l'Est 동쪽에서 온 소녀〉의 부드러움은 청자의 가슴에 작고 푸른 샘을 만들어준다. 독일인의 피가 흐르는 그녀의 기원에 대한 노 래이기도 하지만, 이주민의 마음을 대변하는 것이기도 했다.

…난 지평선과 국경이 맞닿은 나라에서 왔네, 전쟁과 영원한 겨울의 소리가 들렸던 곳, 나를 잘 알고 싶다면, 날 가르쳐 주고 싶다면, 내 몸짓 하나하나와 모든 말속에 내가 있네… 그리고 내가 사랑하거나 미워할 때, 내가 누구인지 이해할 수 있다면, 난 당신에게 단순하고 진실한 사랑을 줄 거야…

서정이 응축된 〈Le Mot de Passe 비밀번호〉는 이반 세자르의 피아노가 혈관 속의 피처럼 뜨겁게 흐른다.

…모든 것을 극복하고 나면, 미친 사랑이 남긴 흔적처럼 우리 앞에 내가 있을게, 우리만이 아는 비밀번호로 내가 거기 있는 것처럼 내가 서 있을게…

〈Les Éternelles 영원성〉은 카스의 진한 호소력을 확인할 수 있는 불꽃 같은 트랙으로, 아름다운 기억 속에 서 영원히 살아있는 사랑의 부재자들을 위한 레퀴엠이다.

이별의 고통이 처절하게 녹아있는 〈Quand Je T'oublie 내가 당신을 잊을 때〉의 거칠고도 웅대한 록발라드는 푸른 물감이 서서히 용해되는 되는 듯한 이미지이다.

…서두르지 말고 떠나, 우리의 게임이 끝나기 전에. 내가 널 잊을 때, 난 우리를 생각해, 그리고 더 나쁜 것도. 내가 널 잊을 때, 네가 숨 쉬는 곳을 지나, 타격되고 표류될 거야,

내가 널 잊을 때, 더 나쁘게 살기 위해서라도, 난 모든 것을 생각해.

골드만의 작곡인 〈Les Chansons Commencent 노래가 시작되고〉는 활화산의 정상을 향해 질주 하는 듯한 록이다.

…공허함 속에 우리의 우연이, 우리 존재의 우울함 속에서, 사랑할 때나 떨 때나 서로 닮을 때나, 그래서 노래가 시작되고, 우리의 희망도 열리네, 우리가 생각하는 것보다 별것 아닌, 덜 잃어버린 사람이 되기 위해, 조금은 덜 외로워지고, 노래는 우리를 하나로 묶네.

2000년에는 독일과 스위스에서 하노버 팝스 오케스트라와 함께 라이브를 거행했고, 이는 《Patricia Kaas live》로 출시되었다.

2001년에는 룩셈부르크 필하모닉과 콘서트를 개최하였으며, 뛰어난 외모의 소유자답게 클로드 를루슈Claude Lelouch 감독의 영화 「And Now… Ladies and Gentlemen」에 제레미 아이언스Jeremy Irons와 함께 출연, 이듬해인 2002년에 개봉되어 화제를 뿌린다. 그녀는 피아노 바에서 노래를 부르는 역을 맡았는데 이때 받은 영감으로 그해 11월 영화 삽입곡을 콘셉트로 한 《Piano Bar》를 발표한다.

이 앨범에는 우리에게 잘 알려진 「Love Story」의 테마곡 〈Where Do I Begin〉와 〈Un Homme et une Femme 남과 여〉 그리고 자끄 브렐Jacques Brel(1929-1978)의 〈If You Go Away〉, 이브 몽탕Yves Montand(1921-1991)의 〈Les Feuilles Mortes 고엽〉 등이 수록되었다.

2003년 12월에는 《Sexe Fort》을 발표, 파스칼 오비스포, 패트릭 피오리Patrick Fiori, 르노Renaud 등의 지원을 받았으며, 장-자크 골드만의 자작곡 〈On Pourrait〉를 스위스 출신의 가수 스테판 아이허Stephan Eicher와 함께 듀엣으로 불렀다. 발표 첫 주에 9위에 랭크되었으나 그다지 상업적인 성공은 거두지 못했다.

2005년 초에 라이브앨범 《Toute la Musique…》를 발표하고 11월에 공식 활동을 마감, 기나긴 휴식기를 가진다.

2008년 2월 러시아에서 빅히트한 〈Ne Pozvonish 당신은 부르지 않을 거야〉를 싱글로 발표하며 재기한 그녀는 2009년 3월에 너무나 멋진 무대매너를 보여주는 《Kabaret》로 화려한 컴백에 성공했다.

2009년 1월 28일 모스크바에서 거행된 유로비전 송 콘테스트에 프랑스 대표로 출전하여 〈Et S'il Fallait le Faire 그리고 만약 그렇게 해야 했다면〉으로 8위에 올랐다.

2011년 봄 그녀는 첫 자서전 「L'Ombre de Ma Voix 내 목소리의 그림자」를 출판했고, 마크 루스카Marc Ruscart가 극본과 감독을 맡은 영화 「Noir Désert 검은 사막」에 출연했다.

2012년에는 에디트 피아프 서거 50년을 기리는 《Kaas Chante Piaf》를 발표했다. 가볍고도 풍성한 오케스트라 연주와 함께 〈Hymne À l'Amour 사랑의 찬가〉와 〈Padam Padam 파담 파담〉 등의   명곡들이 새로운 피아프의 음성과 전율로 부활한다. 이어 올랭피아 극장 실황 《Kaas Chante Piaf À L'Olympia, 2014》를 출시했다.

Patricia Kaas

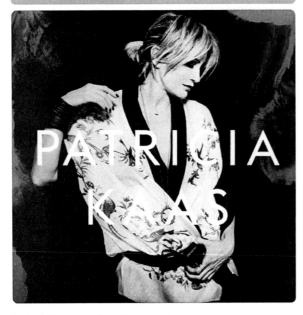

2016 | Warner | 0190295922054

1. Adèle
2. Cogne
3. Madame Tout le Monde
4. Sans Tes Mains
5. La Maison En Bord De Mer
6. Embrasse
7. Marre de Mon Amant
8. Sans Nous
9. Ne L'oublie Jamais
10. Le Jour et l'heure
11. La Langue Que Je Parle
12. Ma Météo Personnelle
13. Ma Tristesse est N'importe Où

그녀의 나이 지천명에 내놓은 본작은 그녀의 10번째 정규앨범으로 그녀의 음악 여정 30년을 결산하는 작품이라 하겠다. 디럭스 버전에는 어쿠스틱 버전의 5곡이 수록되어 있다.

귀엽고도 흥겨운 두 번째 싱글 〈Madame Tout le Monde 모든 세상의 부인〉은 이른바 아줌마 찬가이다.

…그녀는 자신에게 이렇게 말하지, 마돈나 역의 여성이라고. 근친상간으로 고통받는 한 소녀의 사연을 노래한 〈La Maison en Bord de Mer 바닷가의 집〉은 시계 소리와 통기타로 시작하다 강렬하고도 중독적인 록으로 탈피한다.

〈Marre de Mon Amant 내 연인에게 지쳤어〉는 첼로의 따스한 위로가 덧붙는데, 너무나 잔잔해서 원망이 아닌 소망으로 다가온다.

넌 바람과 결혼해, 그리고 태양을 연인으로 삼고, 구름과 탱고를 추렴, 하지만 난 일요일엔 쉬고, 밤이면 나를 깨우는 별의 안주인이 되고 싶어, 내 마음도 다른 모든 것들도 비우기 위해, 난 내 애인에게 지쳤어, 내 연인은 사기꾼이야…

첫 싱글로 선보인 〈Le Jour et l'Heure 그날과 시간〉은 2015년 11월 13일 파리 7곳에서 동시다발로 발생한 테러가 소재가 되었다. 130여 명이 사망한 그 슬픔의 순간을 영원히 잊어서는 안된다고 노래하며 분노의 목소리로 위령한다.

끝에 실린 걸작 〈Ma Tristesse est N'Importe Où 내 슬픔은 어디에나 있네〉에서 노래하는 카스의 인생에 대한 기록을 읽게 된다.

…내가 서명한 네 품에서. 내 슬픔은 어디에나 있네, 어디든 날 따라 다니지, 난 그 슬픔에 넘어지고, 그것은 날 잠식해… 내 거울 정면에서, 그것은 시간이 흘러가는 걸 보면서 웃지, 전화선 끝 어디에서, 저기 어딘가에서, 그것은 내게 아직 늦지 않았다고 말하네. 내 슬픔은 어디에나 있지, 그것은 항상 같은 맛을 지니고, 이름도 없고 얼굴도 없어, 더 이상 시간과 일상과 나이를 가리지 않아, 심지어 내가 사랑을 할 때도 따라 다녀… 내 슬픔은 어디에나 있네.

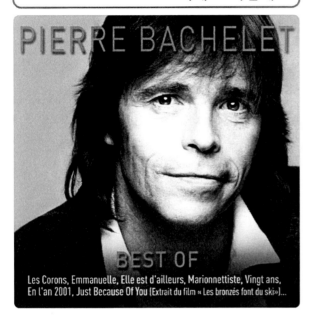

엠마뉘엘의 연인
Pierre Bachelet ● 피에르 바슐레

파리의 영화학교를 졸업한 후, 브라질로 건너가 「Bahio Meù Amor 바이아 내 사랑」이란 다큐멘터리를 촬영했다.

파리로 돌아와 광고회사에 취업하여 광고 음악을 맡게 된다. 이때 유명 감독으로 성장하게 되는 파트리스 르콩트Patrice Leconte와 장-자크 아노Jean-Jacques Annaud 등과 함께 일하게 된다.

조금씩 경험이 쌓이면서 다큐와 광고를 위한 음악을 쓰게 되었는데, 1972년에 처녀작 「Quelques Messieurs Trop Tranquilles 말 없는 신사, 1973」에 이어, 그의 친구였던 쥬스트 쟈킨의 데뷔 영화 「엠마뉘엘」의 음악을 맡게 된다. 영화의 흥행과 더불어 사운드트랙 앨범은 140만 장, 싱글은 400만 장 이상 판매되는 성공을 거둔다.

이어 젊은 미인 사진작가 O의 독특한 사랑 방법을 그린 쟈킨의 두 번째 작품 「Histoire d'O 르네의 사생활, 1975」을 맡으며 또 하나의 영화음악 고전을 탄생시킨다.

이후 장-자크 아노의 1976년 49회 아카데미 외국어 영화상 수상작 「La Victoire en Chantant 흑과 백」, 「Coup de Tete 뒤통수 까기, 1978」, 파트리스 르콩트의 「Les Bronzés Font du Ski 선탠하는 사람들, 1978」, 쟈강의 「Le Dernier Amant Romantique 마지막 로맨틱 연인, 1978」, 「Gwendoline 여전사 그웬돌린, 1984」, 장 베케르Jean Becker의 「Les Enfants du Marais 와인이 흐르는 강, 1999」와 「Un Crime au Para-dis 천국에서의 범죄, 2001」 등으로 이어진다.

가수로서 바슐레는 영화에서 노래했던 〈Emmanelle Song〉에서 시작되었으며, 1974년에 여배우 베로니크 쟈노Véroni-que Jannot와 함께 노래한 〈L'Atlantique 대서양〉을 히트시키며 성공을 이어간다. 이가 담긴 첫 앨범 《Mes Premièr-es Chansons 나의 첫 노래들, 1975》 이후, 작시가 장-피에르 랑Jean-Pierre Lang과의 조력으로 발표한 두 번째 앨범 《Elle est d'Ailleurs 그것은 또한, 1980》은 150만 장이 팔리는 성공을 거둔다.

1957년 프랑스에서 출판된 복면 작가 엠마뉘엘 아르상Emma-nuelle Arsan의 소설을 쥬스트 쟈킨Just Jaeckin 감독이 스크린에 올린 「Emmanuelle 엠마뉘엘, 1974」은 성애 영화의 고전으로 평가받고 있다. 당시 23세였던 네덜란드 모델 출신의 실비아 크리스텔Sylvia Kristel(1952-2012)은 이 영화로 단번에 스타가 되었고 세계 최고의 섹스 심벌이 되었다. 이 영화가 시간이 흘러도 기억되고 있는 이유는 무엇보다도 로맨틱한 음악 때문이기도 했다.

피에르 바슐레(1944-2005)는 파리에서 출생했다. 부모는 세탁업에 종사했는데, 부친의 고향인 프랑스 북부 칼레Calais로 이사하면서 어린 시절의 대부분을 거기서 보냈다.

Les Corons…

PIERRE BACHELET

LES CORONS · EMMANUELLE
QUITTE·MOI · MAIS L'AVENTURE
SANS AMOUR · ECRIS·MOI…

1982 | AVREP | ND74576

1. Sans Amour
2. Les Corons
3. Écris-Moi
4. Souvenez-Vous
5. Quitte-Moi
6. Mais l'Aventure
7. Prends Ton Courage
8. Découvrir l'Amérique
9. Emmanuelle (Public Version)
10. Des Nouvelles de Vous
11. Mais Moi J'ai Rien Dit
12. Typhon
13. Embrasse-La
14. Quand On Est un Canal
15. Laisse Parler Dieu
16. On S'Aimera, On S'Aimera

그는 《Les Corons 광산촌, 1982》을 발표한 후, 처음 대중

앞에 선다. 코미디언 패트릭 세바스티앙Patrick Sébastien의 오프닝 무대였지만, 이 올랭피아 극장 무대에 이어, 프랑스, 벨기에, 스위스에 이르는 투어에 들어갔다. 이듬해 발표한 《Découvrir l'Amérique 아메리카의 발견》으로 드디어 올랭피아 극장의 주역으로 서게 된다.

본 앨범은 이 두 작품을 편집하여 한 장의 CD로 재발매한 것이다.

《Les Corons 광산촌》에 수록된 곡들(1,2,3,4,12번 트랙) 중에서, 첫 곡으로 수록된 〈Sans Amour 사랑 없이〉는 기타와 함께 호소력 있는 따스한 음성과 바람결 같은 부드러운 코러스로 감성을 울린다.

…사랑 없이, 웃음은 존재하지 않네. 당신의 차가운 얼굴의 웃음은 그 어떤 것도 따듯하게 할 수 없어. 사랑 없는 온정은 장식에 불과해. 사랑 없이 죽은 별은 하얀 점일 뿐, 당신을 비추지 못하니…

대표곡 〈Les Corons 광산촌〉은 프랑스의 소시민을 위한 노래로, 칼레 광산촌에서 보냈던 어린 시절 이야기를 담고 있다. 항상 광부들의 작업복을 세탁하며 행복을 느꼈던 가족들, 믿기지 않는 탄광 폭발사고를 당하고도 자신의 직업을 자랑스럽게 여겼던 광부들의 이야기가 애틋한 기타의 트레몰로와 함께 전해진다.

〈Souvenez-Vous 당신을 기억해〉는 크고 작은 소요사태에서도 서로를 아껴주었던 가족과 이웃들의 끈끈한 정을 청명하게 되살린다.

〈Typhon 태풍〉은 일렉트로닉 팝으로, 어촌마을에서의 태풍에 대한 공포심과 이로 인해 떠날 수밖에 없었던 서글픈 이야기이다.

《Découvrir l'Amérique 아메리카의 발견》의 첫 문을 여는 〈Quitte-Moi 날 떠나요〉는 자신에게 소중하고도 과분한 연인에게 떠나라고 말하는 역설적인 연가이다.

…내게 삶을 준 당신을 사랑해. 하지만 난 당신이 순수한지

보았고, 당신은 있는 그대로의 나를 보았지. 어리석고 추한 경멸을 내게서 느끼네… 우리의 침대 끝자락은 얼고, 거실의 커튼은 행복을 차단했지만, 당신은 그것은 중요하지 않다고 말하네. 하지만 이 방종이 나는 죽음보다 더 괴로워… 내가 사악해지기 전에, 날 사랑한다면 날 떠나…

〈Embrasse-La 포옹〉은 〈Quitte-Moi 날 떠나요〉와 함께 당시 세상을 떠났던 모친에게 헌정된 노래이기도 한데, 항상 아들을 걱정하는 모친의 사랑에 대한 미안한 감정이 잘 그려져 있다.

〈Découvrir l'Amérique 미국 발견〉은 다소 몽환적이고도 중후한 라틴 심포니로, 태풍, 부두 노동자, 선술집 등 기억 속 칼레에서 콜럼버스 이야기로 미래를 꿈꾸었던 14세 소년 시절을 술회한다.

〈Laisse Parler Dieu 하나님의 말씀대로〉에서는 서로에게 상처가 되고 진심이 아닌 말은 하지 말라는 따뜻한 권고를 담았다.

라이브 버전으로 수록된 〈Emmanuelle〉 역시 소중한 트랙이다.

사랑의 멜로디는 엠마뉘엘의 마음을 노래하네, 지친 몸으로 슬픈 마음을. 사랑의 멜로디는 엠마뉘엘의 육체를 노래하네, 절망의 마음으로 부서진 육신을. 당신은 아직 어린애에 불과하고 하나의 사랑밖에 몰라. 그러나 스무 살이 되면 현명해지겠지. 사랑은 너무나 긴 여행이니까. 가슴으로 사랑하는 것을 꿈꾸고, 온몸으로 사랑하는 것을 찾아왔지, 욕망으로 탄식하는 사람들 앞에서. 당신은 너무나 아름다워, 엠마뉘엘은 마음을 갈구하고 눈물을 보네. 항상 찾고 또 찾아 헤매네. 당신의 길 위로 사랑이 올 것이라고…

Marionnettiste

1985 | AVREP | ND74014

1. Vivre
2. Le No Man's Land
3. Mais Chez Elle
4. Coeur de Goéland
5. Marionnettiste
6. Les Petites Gens
7. La Fille Solitaire
8. Mais J'Espère

1985년에 그는 더블 앨범 《Vivre 삶》를 발표했는데, CD는 《Marionnettiste 인형술사》와 《En l'an 2001 2001년에》로 나뉘어 발표된다.

〈Vivre 삶〉은 유려한 키보드와 웅장함을 더하는 코러스에 물 흘러가듯 잔잔한 인생찬가가 매우 감동적이다.

…그러나 삶은 허무와 숭고함 사이에 존재하는 하나의 별과

같습니다, 그러나 삶은 9월의 하늘처럼 고귀한 사랑과 함께 기다림을 깨닫는 것이며, 은혜로운 매일의 양식입니다. 그리고 우리는 세월이 흘러도 여전히 사랑합니다.

신비한 전자음향과 함께 메아리 이펙트 등으로 참신한 연주를 선보이고 있는 〈Le No Man's Land 처녀지〉는 파일럿 자격증을 가진 그답게 자유롭게 비행하며 아름다운 지구의 모습을 표현하고 있다.

꿈결을 거니는 듯한 회상의 노래 〈Mais Chez Elle 하지만 그녀는〉은 어머니가 떠난 고향 집에서 느낀 향수를 그린 것으로, 집안 곳곳에 그리고 마음속에 숨어있는 모정에 대한 그리움이 따사롭게 묻어난다.

히트곡 〈Marionnettiste 인형술사〉는 다소 우울하지만 달콤한 발라드이다. 자신의 운명에 마술을 거는 연인 인형술사가 다른 예술가들과 사랑에 빠질까 봐 질투하는 한 인형의 노래로, 리드미컬한 템포에 악대를 연상시키는 흥겨운 연주가 잘 매치된다.

아코디언이 리드하는 왈츠 〈Les Petites Gens 어린이〉는 함께 노래했던 유년 시절의 동무들을 향한 우정이었다.

애수에 젖는 〈Mais J'Espère 그러나 나는 희망하네〉에는 프랑스 정부에 대해 그가 불명예스러운 정치와 외교, 서민들을 울리는 경제 등 보다 나은 이상향을 위한 바람을 서술했다.

…그러나 나는 희망하네. 대륙을 찾길 원하는 바다의 선원처럼, 사막 한가운데서 하늘을 바라보는 푸른 동심의 어린이처럼, 나는 희망하네.

그의 음색은 그리 강한 인상을 남기진 않지만, 보다 편하고 진실한 감정이 느껴진다. 그리고 소중한 경험들을 바탕으로 한 이야깃거리에 쉽게 공감이 간다. 또한 간단하지만 특별한 코드의 변화와 심금에 와닿는 멜로디가 더해져 독특한 낭만으로 창조되고 있다.

1985 | AVREP | ND74015

1. Elle Ne Sait Faire Que Ah
2. En l'An 2001
3. Pour l'une d'Entre Vous
4. La Chanson du Bon Dieu
5. Quand l'Enfant Viendra
6. Gloria Humana
7. Derrière le Grand Abat-Jour
8. La Chanson de Presley
9. Un Ami Qui S'en Va

그의 히트곡인 〈En l'An 2001 2001년에〉은 규칙적인 리듬과 함께 동심 어린 어린이 합창단 속에서 피에르 바슐레가 노래하는 구성인데, 이는 2001년에 스무 살이 되는 5세 꼬마들에게 헌정한 작품이다. 지금의 동화 같은 꿈을 다시 꺼내어 볼 수 있게 잊지 말라고 당부하는 어른의 자애와 소망을 담은 것이었다.

〈Pour l'une d'Entre Vous 당신이 가진 하나를 위해〉는 테크노풍의 서두에 이어 포근하고도 우울한 발라드가 이어진다. Moody Blues의 올디스 명곡 〈Melancholy Man〉의 후렴부를 연상시키는 멜로디와 애절한 전자기타의 블루스가 인상적이다.

당신이 가진 한 가지를 위하여, 나는 전투도 감내할 거야. 밤바람은 거세고, 덤불은 노래하지, 내 심장은 주체할 수 없고 나는 시기하네, 당신이 가진 한 가지를 위해. 무엇이 이 사랑을 미치게 하는지 알 수 없지만, 이미 우리 둘은 같은 미소를 짓고 같은 취향을 가졌어. 그리고 내가 더 이상 충동적이지 않다고 말하는 것에도 질투를 느껴. 사랑해 줘, 날 너의 감옥 속에 넣어줘…

역시 그의 대표곡 중 하나인 어린이 찬가 〈Quand l'Enfant Viendra 어린이가 올 때〉는 잔잔한 물결처럼 감미로운 건반으로 시작되며 숭고한 코러스가 가미되어 보다 가슴 뛰는 명곡으로 탄생된다.

…하지만 나는 전 세계 사람들에게 말할 거야, 자유 속에서 기르자고, 우리의 무릎으로 뛰어오게 하자고, 우리의 테두리에 두자고, 어떠한 전쟁도 그들을 건드릴 순 없어. 약물과 중금속, 또한 공포도, 그들의 삶으로 어린이가 들어올 때, 그들을 위해 만든 나무 침대에서… 그들이 자신의 진실을 선택하게 해줘. 모든 사랑 노래로…

달콤한 기타와 부드러운 허밍으로 마감된 러브송 〈La Chanson de Presley 프레슬리의 노래〉는 Elvis Presley의 명곡 〈Love Me Tender〉로 사랑하는 연인의 생일을 축하한다. 짐작건대 그의 아내에게 바치는 마음이 아니었을까.

Vingt Ans

Pierre Bachelet

1987 | AVREP | 35627 49924

1. Vingt Ans
2. Mal à Vie
3. Destinée
4. L'Amour à Fleur de Peau
5. Reviens Chez Nous
6. Partis Avant d'Avoir Tout Dit
7. 2001, Le Pied sur la Lune
8. L'Argument du Séducteur
9. C'est Pour Elle
10. Tout Se Ressemble, Rien N'est Pareil

《Vingt Ans 20년》에는 콘서트와 베스트앨범에 수록되는 히트곡들 〈Vingt Ans〉, 〈Partis Avant d'Avoir Tout Dit 모든 것을 이야기하기 전〉, 〈C'est pour Elle 그게 다야〉 등이 수록되어 있다.

그러나 정작 글쓴이를 감동시키는 작품은 따로 있다.

〈Mal A Vie 삶에 악〉은 신시사이저 오케스트레이션과 여성 스캣, 트럼펫과 시를 읊는 나지막한 그의 목소리가 어우러진 쓸쓸한 샹송이다. 고백도 없이 놓쳐버린 사랑으로 병든 삶을 살아가는 한 사나이의 회색빛 인생이 그려진다.

…내가 당신을 사랑한다고 말했던 것을 기억하고 있었다면, 오늘 밤 여기 없었을 텐데. 창백한 시간과 함께, 삶에 악의 바위처럼 외롭네. 술에 또 술을 마시고, 망각에서 망각으로. 당신은 손을 대려 하지, 홍조가 된 내 얼굴 위로… 당신과 함께하면 나 자신이 되지. 내가 당신을 사랑한다고 말했던 것을 알고 있다면, 삶의 악, 그 바람 밑에서, 바다는 어두운 밤이야. 삶의 악, 그것은 내게 전해주려 불어오는 바람이지, 삶의 악, 가면 갈수록 난 덜 잊겠지, 사랑이 모든 것을 말하지 않을 때, 삶의 악은 인생을 놓치게 하네…

〈L'Amour à Fleur de Peau 꽃잎으로 사랑을〉은 아름답고 긍정적인 사랑의 꿈을 노래한다.

히트곡인 〈En L'An 2001 2001년에〉의 후속작인 〈2001, Le Pied sur la Lune 2001년 달에 발을 딛고〉 역시 어린이 합창과 함께 노래한다. 이 달콤한 찬가에서 그는 2001년에 스무 살이 되는 어린이들의 천진난만하고 순수한 동화적인 상상에 그 꿈이 이뤄지길 바라며 자랑스러워하는 마음을 표현한다.

〈Tout Se Ressemble, Rien N'est Pareil 모든 게 닮았지만 똑같진 않아〉는 새소리가 들리는 전원 풍경에 도착하면 개가 짖고 어린이들의 놀이 소리가 생생하게 들린다. 그는 숲속에서 노니는 어린이들을 보며 각각의 귀중한 사랑과 인생과 시간을 산다고 노래하며, 타인에 대한 배려와 존중을 함축적인 시어로 주창하고 있다.

다른 앨범에 비해 표면적으로 두드러지진 않지만, 깊고 투명한 진실의 멋을 느낄 수 있는 걸작이 아닐까 싶다.

Quelque Part… C'est Toujours Ailleurs

1989 | AVREP | 35627 43192

1. Quelque Part… C'est Toujours Ailleurs
2. Flo (& Florence Arthaud)
3. Elle Avait Tout Peint en Bleu
4. Regarde la Mer
5. Typhon (& Florence Arthaud)
6. A l'Aube des Requins Chagrins
7. Dauphin de Légende
8. Le Testament de l'Océan
9. L'Homme en Blanc
10. Pleure Pas Boulou
11. J'Les Oublierai Pas
12. Châteaux de Sable
13. La Terre est Basse
14. Théo Je T'Ecris
15. Yé Yé les Tambours
16. Etretat
17. Le Déversoir

《Quelque Part… C'est Toujours Ailleurs 일부는…그것

은 다른 곳에 있네》는 바다와 육지로 나뉜 콘셉트 앨범으로, 영감을 받은 곳은 그의 고향땅 칼레였다. 그는 요트 마니아이기도 한데, 본작에서는 17세 때 치명적인 교통사고 후유증을 딛고 보트 하나로 대서양을 횡단하는 등 해양여행가이자 수필가이기도 한 여성 요트조종사 플로랑스 아르토 Florence Arthaud(1957-2015)를 참여시킨다.

타이틀곡은 바다여행 중 플로랑스와의 첫 만남을 노래한 것으로, 마치 영화 「남과 여」의 바다 편을 보는 듯하다.

…바람이 우리에게 생명을 안겨주네. 우울한 허리케인, 하지만 연처럼 마음은 바람에 날리네. 어둠 속에서 헤드라이트가 비칠 때, 당신의 눈엔 이야기로 가득해. 마음은 방랑자야… 당신은 고요한 땅 위에서 동요하네. 그리고 나는 이미 알고 있어. 당신이 곧 다시 바다로 갈 거라는 걸.

〈Flo 플로랑스〉는 그녀와 대화하는 듯한 듀엣 송으로, 그 서정을 타고 흐르는 아름다운 우정과 진실 된 응원이 그려진다.

플로! 그것은 당신이 원하는 이름이야, 밀물을 담은 당신은 생 말로의 바위 위에 있지, 플로, 당신의 바다 빛 눈매 아래서, 가끔 나는 의문이 생겨, 보트에서의 고독함에 대해. 피에르! 황야의 바위 같은 당신, 희망을 놓치지 마, 강이 어디로 흐르든지 간에… 빛나는 바위의 이름을 지닌 당신은, 마음의 조난자가 될 수도 있어… 플로! 가끔 비에 당신이 젖더라도, 파도는 당신을 비켜갈 거야. 보트를 조종하는 이가 당신이기에.

〈Regarde la Mer 바다를 봐〉에서는 폭우와 거센 파도 소리 그리고 돌고래의 울음소리 등이 잠잠해지며 곧 맑게 갠 듯한 바다 풍경이 펼쳐진다. 난파의 위험 속에서 너무나 외로운 항해가 되겠지만, 심장을 두근거리게 하는 또 다른 희망의 바다 찬가를 플로랑스에게 선물한다.

〈Typhon 태풍〉은 《Les Corons》에 수록된 곡으로, 원곡의 남녀 부분을 바뀌어 들려주고 있다. 두려움에 싸인 듯한 플로랑스가 주연이다. 긴급을 다투는 주의 경보와 모스 부호로 SOS를 보내는 신호음 그리고 전자기타의 거친 타현…

웅대한 코러스에 인도되는 애틋한 발라드 〈A l'Aube des Requins Chagrins 슬픈 상어의 노〉는 일반적으로 남녀 사이에는 존재하지 않는다고 말하지만, 플로랑스와의 우정을 추억하는 진심을 담았다.

또다시 거세치는 해풍과 파도가 파노라마로 펼쳐지는 〈Le Testament de l'Océan 바다의 유언〉은 환경운동가로서 인간의 잘못으로 파괴되고 생명을 잃어가는 바다를 노래했다. 바닷물이 짜다면 그것이 바로 고통의 눈물이기 때문이라 노래한다.

9번째 트랙부터는 육지에 대한 이야기이다.

이듬해 '대서양의 연인'이란 별칭의 플로랑스는 몇 개월에 걸친 항해를 성공적으로 마쳤고, 스포츠 아카데미와 스포츠 저널에서 수상하는 챔피언상을 받았다.

La Ville, Ainsi Soit-il

1995 | AVREP | 74321296932

1. Intro
2. La Ville, Ainsi Soit-Il
3. Y'a des Filles Comme Ça
4. Reconnais Que Tu Pars
5. Cool Man Cool
6. Sans Abri
7. Le Jour Se Lève Ici, Là-Bas
8. Retrouvailles
9. C'est Pas Vrai, C'est Pas Moi
10. Fatalité (& Robert Charlebois)
11. Blues de l'An 2000

여성 찬가 타이틀곡과 〈Elle est Ma Guerre, Elle est Ma Femme 그녀는 내 전투요, 나의 여인〉이라는 히트곡이 수록된 《Les Lolas 로라, 1992》를 발표한 후, 그는 1994년에 파리 바타클란 극장에서부터 레위용섬, 마다가스카르에서 모리셔스 그리고 스위스와 벨기에를 거쳐 캐나다 퀘벡에 이르는 대장정의 투어를 수행했다.

1995년에는 '도시'를 주제로 한 콘셉트 앨범 《La Ville, Ainsi Soit-il 도시, 그것이 그렇게》를 발표했는데, 그동안 자신의 가사를 전담했던 장-피에르 랑Jean-Pierre Lang과의 작업을 잠시 중단하고, 「Les Noces Barbares 야상의 결혼」으로 1985년 프랑스 문학상인 공쿠르Goncourt 수상자 얀 케펠렉Yann Quéffelec과 조우했다. 커버와 북클릿의 디자인은 프랑스 애니메이션을 대표하는 시각디자이너 필립 드뤼예Philippe Druillet의 작품이다.

음악은 전체적으로 뉴에이지 음악 같은 전자음악적 요소를 대거 수용했고, 구상음의 삽입도 두드러져 시각적인 환상을 불러일으키는 특징을 지닌다.

도심의 자동차 경적과 소음, 경찰관의 호루라기, 지하도의 발자국 소리 등으로 공간적 배경을 암시하는 〈Intro〉…

메마른 도시 삶의 우울함을 그린 차분한 발라드 〈La Ville, Ainsi Soit-Il〉로 도회지에서 성장하는 아들을 연민 섞인 눈으로 지켜보는 아비의 마음을 그려낸다. 후미의 빗줄기 소리가 감정을 잇는다.

〈Y'a des Filles comme Ça 또한 그런 여자〉는 그리 관대하지 않은 도시에서도 각자의 꿈과 사랑을 향해 살아가는 여성들을 주제로 멜랑꼴리한 찬사를 풀어놓는다.

백미 중 하나인 〈Reconnais Que Tu Pars 당신이 떠난 것을 알았어〉는 도시인의 욕망과 사랑 그리고 이별을 축약한 서글픈 엘레지이다. 공허감을 남기며 낭만적인 마차와 비정한 자동차 소리를 연결한다.

노숙자를 주제로 한 〈Sans Abri 지붕 없는〉에서는 그들의 위험한 상황을 구체적으로 기술했다. 어두운 밤의 도시 블루스에서 소프트 재즈풍으로 변화하며, 비정한 밤거리의 소음들이 후미에 삽입되었다.

〈C'est Pas Vrai, C'est Pas Moi 사실이 아니야, 내가 한 짓이 아니야〉는 범죄가 그 주제로, 구치소에 수감된 이의 자기변호가 가사로 표현되어 있다. 사이렌을 울리 는 경찰차와 도망가는 차량의 급정차 소리, 그리고 전자오락실에서의 소음이 콜라주 된다.

퀘벡 출신의 배우이자 싱어송라이터 로베르 샤를부아Robert Charlebois와 함께 노래한 〈Fatalité 숙명〉은 지루하고도 냉혹한 세상에서 자유와 사랑을 꿈꾸지만 현실의 위협에서 비관적인 삶을 살아가는 한 인생 이야기를 그렸다.

〈Blues de l'An 2000 뉴밀레니엄 블루스〉는 세기말의 우울함에서 벗어나 미래에 대한 푸른 꿈의 행진을 청유하는 희망의 메시지이다.

이후 발표한 《Un Homme Simple 평범한 사람, 1998》은 작사가로 장-피에르 랑과 얀 케펠렉을 동시에 기용했고, 두 곡에서는 자신이 직접 가사를 썼다.

우울한 발라드인 타이틀곡 은 자서전적인 감정을 담았고, 스코틀랜드로 초대하는 〈Le Voilier Noir 검 은 돛〉은 그해 아일랜드 바다에서 사망한 요트레이서 에릭 타바리Eric Tabarly에게 헌정되었다.

〈On Ne Prend Pas le Temps d'Aimer 사랑에는 시간이 없어〉와 〈Je Pense à Toi, Je Pense à Nous 난 당신을, 우리를 생각해〉도 잔잔한 감흥을 안겨준다.

〈On Ne Sera Jamais Grand 성장하지 않을 거야〉는 피아노 솔로와 휘파람 그리고 아이들의 맑은 웃음소리가 삽입된 어린이 찬가로, 그의 1977년생 아들이 편곡을 맡았다.

《Une Autre Lumière 다른 빛, 2001》에는 우리에게 잘 알려진 월드뮤직 명곡 레온 히에코León Gieco의 〈Solo Le

Pido a Dios 하늘이여 바라건대〉를 레게풍으로 번안한 〈Pour un Monde Bleu 푸른 세상을 꿈꾸며〉에 이어, 〈Sans Toi 당신 없이〉는 온화한 기도조의 사랑 노래이다.

또한 항구에서의 사랑과 이별의 모습들을 그린 〈Les Ports du Monde Entier 전 세계의 항구〉, 히트곡 〈En l'An 2001〉을 새롭게 구성한 〈Tout Commence avec 2001 2001년과 모든 것을 시작해〉, 밀레니엄의 어린이를 위한 희망을 의미하는 타이틀곡 등을 실었다.

2003년에는 사망 25주기를 맞은 벨기에의 자존이자 샹송계의 음유시인 자크 브렐Jacques Brel(1929-1978) 헌정 앨범 《Bachelet Chante Brel : Tu Ne Nous Quittes Pas 우리를 떠나지 말아요》를 발표했다. 이는 프랑스인들에게는 매우 당연한 작품으로 여겨지고 있다. 과묵한 성격과 정치색 그리고 낮은 음성 등 많은 점이 닮은 피에르 바슐레가 불멸의 명곡을 불러주었기에 많은 사랑을 받았다.

2004년 카지노드파리에서 닷새 동안 열린 음악 인생 30주년 콘서트는 만석으로 성공적인 반향을 얻었다.

그러나 2005년 2월 15일, 당시 영화음악을 맡아 작업 중이었지만, 그는 파리 근교 쉬렌느의 집에서 폐암으로 세상을 떠났으며, 생트로페즈의 바다묘지에 안치되었다.

생전에 통기타로 노래 부르던 마지막 음성을 담은 사후 앨범 《Essaye 에세이, 2008》가 공개되었다.

불과 이순을 넘기고서 프랑스인들의 곁을 떠났지만, 그의 사랑과 관용이 담긴 명곡들은 아직도 프랑스인들의 가슴에 따스한 낭만과 소망으로 기록되고 있다.

회색빛 우수
Pierre Barouh ● 피에르 바루

프랑스 고전 명화 「Un Homme et une Femme 남과 여, 1966」의 고혹적인 흑백 화면을 통해 들려왔던 영화음악의 거장 프란시스 레Francis Lai(1932-2018)의 음악은 영화 못지않은 명작으로 기억되고 있다. 특히 '바다바다바…'라는 독특한 스캣으로 명확한 인상을 남겼던 그 주제곡을 작사하고, 여가수 니콜 크루아질Nicole Croisille의 환상적인 듀엣으로 노래했던 남자가수가 바로 피에르 바루이다.

그리고 「13 Jours en France 하얀 연인들, 1968」에서도 그의 호소력 있는 노래를 니콜 크루아질과 함께 불렀다.

피에르 바루(1934-2016)는 파리 출생으로, 제2차 세계대전을 피해 방데Vendée의 몽투르네Montournais에서 어린 시절을 보냈다.

전쟁이 끝나고 그는 스포츠기자로 활동함과 동시에 국가대표 배구팀의 선수로도 활약했다. 포르투갈에서 머물면서 브라질 음악을 접하게 되었는데, 이에 매료되어 모든 것을 중단하고 브라질로 날아갔으며, 파리로 돌아온 그는 보사노바의 작곡자 그리고 작사가가 되어있었다.

그는 배우로도 활동했는데, 「En Plein Cirage 금괴 수송작전, 1962」, 「D'ou Viens-Tu Johnny? 조니는 어디에서 왔는가?, 1964」, 클로드 를루슈 감독의 「Une Fille et des Fusils 소녀와 킬러, 1964」에도 출연했다.

1965년에는 마리 라포레Marie Laforet(1939-2019)가 불렀던 〈La Playa 안개 낀 밤의 데이트〉를 작사하고, 브라질로 건너가 친구였던 기타리스트 바덴 포웰Baden Powell(1937-2000)과 함께 보사노바 다큐멘터리 「Frémeaux & Associés」를 제작하기도 했다.

그 후 프랑스로 돌아와 를로슈 감독의 영화 「남과 여」에서 여주인공 안느Anne의 전남편 역을 맡음과 동시에 작사가와 가수로서 참여했는데, 이 영화가 칸영화제에서 황금종려상을 수상하면서 우울한 회색의 화면에 흐르던 보사노바의 창시자 모라이스Vinicius de Moraes(1913-1980)와 포웰과 함께 쓴 〈Samba Saravah〉는 그의 명성을 확고히 해준 작품이 되었다.

그 영화에서 여주인공을 맡았던 아누크 에메Anouk Aimée (1932-2024)와 결혼하여 를로슈 감독의 차기작 「Virve Pour Vivre 생을 위한 삶, 1967」에 나란히 카메오로 우정 출연하기도 했으나, 3년간의 결혼생활은 막을 내린다.

1965년에 자신이 어린 시절을 보냈던 방데 지역 강가의 한 제분소를 사들이고 이를 스튜디오로 개조했는데, 자신의 음악 레이블 Saravah를 설립, 이혼 후 더욱 음악에 매진한다. 재즈, 삼바, 보사노바 등의 독특한 색깔을 찾아 자신의 음악뿐만 아니라 다양한 가수들의 음반 제작에도 관여했으며, 특히 1980년대부터 일본의 아티스트들과 교류하며 많은 팬들을 확보했다.

Le Pollen

Le Pollen Pierre Barouh

1982 | SARAVAH | SHL 1066

1. L'Autre Rive
2. Pepe
3. Sans Parler d'Amour
4. Perdu
5. La Lettre
6. Le Pollen
7. Parenthese
8. Les Uns et les Autres
9. Saint Paul de Vence
10. Demain
11. Boule Qui Roule

배우 겸 작가이자 작사가였던 그는 영화음악가 프란시스 레 Francis Lai와의 인연으로 공동작품을 많이 남기게 되고, 영화음악가 프란시스 레는 샹송 작곡가로도 활약했다.
네 번째 솔로 앨범인 《Le Pollen 꽃가루》는 일본과 프랑스에서 발표되었다. 3곡이 프란시스 레의 작곡이며, 2곡은 자작곡, 그리고 4곡이 일본 작곡가들의 작품에 자신이 가사를 썼다. 일본의 저명한 작곡가 사카모토Ryuichi Sakamoto(1952-2023)가 편곡에 참여하여 동경의 콜롬비아 스튜디오에서 녹음을 마쳤다.

배우로서 남성미가 물씬 풍기는 외모와 우수에 젖은 듯 부드러운 그의 목소리는 독특한 음악과 함께 많은 여성 팬들의 호응을 얻어낸다.

자작곡 〈L'Autre Rive 다른 바닷가〉는 서늘한 브라질풍의 음악으로, 실내악에 클라리넷의 낙관적인 느낌을 이어간다. 이는 어린 시절 전쟁을 피해 작은 마을로 몸을 숨겼던 당시의 감정을 노래한 것이다.

…길거나 짧은 인생, 나의 모든 꿈, 그들은 심각해, 언제 유토피아를 위한 산소를 나눌 수 있을까? 아직도 호기심은 남아있네… 그것은 테러야, 감옥의 한 형태지, 그것은 우리가 오기 전에 반대편에 다다랐네…

일본 작곡가 카주히코 카토Kazuhiko Katoh의 작곡인 〈Pépé 할아버지〉는 여성 보컬과 드럼의 효과적인 사용으로 멜랑꼴리한 느낌을 끌어낸다.

어린 시절부터 그는 꽃과 고양이의 사랑과, 어떤것도 멈출 수 없는 무방비의 사랑을 가져왔네, 그의 노래에서 항상 우리 자신을 발견하게 되고, 백년이 지나도 우리는 다시 노래할 거야, 그는 프랑스 남부의 작은 항구에서 태어났네, 편협함은 그의 재치를 자극했지. 부자와 걸인 사이, 차이를 두지 않고, 고통을 이해하며, 이침이면 인사했네, 프랑스의 향기, 거리와 땅의 사람들, 그리고 무례함, 그가 노래하면, 현재 순간에 살아나네…

유키히로 타카하시Yukihiro Takahashi가 곡을 쓴 〈Sans Parler d'Amour 사랑 표현도 없이〉에는 일본의 전통 타악기도 가미되어 있는데, '탁탁…'하며 소리를 내는 악기의 울림에 프랑스 특유의 우수와 긴장이 어우러진다.

미셸 리바Michel Rivard 작곡인 〈Perdu 상실〉에 이르면 그의 목소리는 중음역으로 일관되고 진한 어두움 속으로 파묻힌다.

우리의 감성을 사로잡는 〈La Lettre 편지〉는 프 랑시스 레의 곡임을 어김없이 증명하는데 축약된 슬픔과 특유의 우울함이 매력을 끈다.

난 마지막으로 당신에게 쓴 편지를 기억해. 날 울리고야 말 았던 그 편지, 당신을 향한 울음은 더 이상 아니었네. 날 위 해 울었지. 더 이상 울지 않고 평정을 찾기 위해 필요한 것 이었어. 당신이 본 사랑, 당신이 아는 사랑, 그것이 불행이 거나 행복이거나, 그것이 슬프거나 빛이 나거나, 당신이 당 신에게 가져왔고 당신이 간직할, 그 목록에 항상 존재할 당 신, 적어도 그대는 자신이 살아있다는 것을 느끼겠지… 그 러나 당신은 결코 알지 못할 거야. 내가 쓴 마지막 그 편 지… 믿어줘. 이 저녁에 난 잃어버렸네… 영원한 마술, 향기 있는 동사 : 존재… 당신이 본 사랑, 당신이 아는 사랑, 이 것은 내 눈에서만 계속될 뿐이야. 훌륭한 것을 포착한 것처 럼… 내가 잃었던 것들, 나는 벽에서 자신에게 노크를 해. 시간이 지나면 날 용서해 줘. 이 저녁에 당신을 떠나네. 난 전율과 바람을 잃었네. 난 문턱을 돌아서 갈 거야. 그 편지 는 잃어버렸네.

일본 뮤지션 타카하시의 곡으로 본작의 타이틀인 〈Le Pollen 꽃가루〉는 노천카페의 소리들을 믹스하고 있다. 비 바람이 몰려오면 「Che Guevara 체 게바라」의 작가 장 코 르미에Jean Cormier와의 대화가 이어지고 곧 그의 짧은 노래가 들려온다. 마치 영화의 한 장면을 그 대로 옮겨온 듯하다.

영화 「Les Uns et les Autres 사랑과 슬픔의 볼 레로」의 주제곡은 거리 어린이들의 목소리들이 후 미에 삽입된 커버 버전이다.

본작에서 가장 우울한 곡이자 우리의 감성에 근접해 있는 〈Saint Paul de Vence 생폴드방스〉는 유명한 관광지로 성 벽으로 둘러싸인 언덕 위의 마을이다. 프란시스 레 작곡, 류 이치 사카모토의 피아노 연주와 오케스트레이션이 돋보인다. 현악의 클래시즘과 신시사이저의 몽환적인 음률이 섞여 아득한 쓸쓸함을 길게 남기는 걸작품이 아닐 수 없다.

짧은 시간과 내 삶의 정진, 생폴드방스로 돌아가네. 시간이 지나면 점점 아파지네. 해안도로, 큰 야자수와 소나무, 돌 성벽의 낡은 고리들, 그들은 어린 시절 내 열정의 많은 사 연을 이야기하지. 정화되는 내 기억들의 소수와 전쟁을… 내 기억 한가운데의 섬, 내 집착에 사로잡힌 섬, 그리고 이 전 삶의 은밀한 인상, 나는 프로방스의 작은 생폴드방스에 머무네. 그건 소임의 철도길이야. 사랑에 기대야 하는 열정 어린 태아처럼… 이 교차로는 얽혀있고 내 운명은 다른 길 을 따르네. 그릇 두들기는 소리, 분수, 비둘기, 잊은 것은 아무것도 없네. 밝은 미래 혹은 어두운 과거, 산호초를 넘어 성벽을 관통하는 코담배…

피에르 바루의 작품 〈Demain 내일〉은 불확실한 내일에 대 한 시간을 맞이하는 자세를 피력한 노래로, 우리의 손에 들 린 그 무엇으로 내일은 결정될 것이라는 교훈을 안겨준다. 마칭드럼과 기타, 비교적 단순한 구성에 피아노와 현악이 가세하며, 다양한 언어로 '내일'이란 단어 를 나열한다.

캐나다의 싱어송라이터 다니엘 라부아Daniel Lavoie의 작품 〈Boule Qui Roule 둥근 공〉은 본작에서 가장 차분한 어쿠 스틱 포크이다. 사카모토의 피아노 반주에 맞추어 사랑의 인연을 기다리는 그의 포근한 목소리는 따 사로운 여성 스캣과 휘파람 소리에 실린다.

어느 술집에서 많은 시선 중에 사랑스러운 한 눈동자를 보 았네. 나는 미소 지었지. 난 사랑이 필요해. 그들은 내 침대 에서 배심원이 되고 확고해. 이 모든 일이 끊임없는 둥근 공 위 어딘가에서 일어나네.

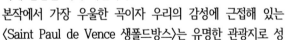

Sierras

1984 | SARAVAH | SHL 030

1. Sur le Fil
2. Sierras
3. Le Tourment
4. Que Viva Villas
5. Le Chirugien Joue du Piano
6. Ce Jour Là
7. Cœur Battant
8. Un Refrain pour les Dauphins
9. Chats, Chiens, Chats

그는 본작 《Sierras 산맥》에서 또다시 일본의 뮤지션들과 조우했다. 전작에 참가했던 일본인 작곡가 Yukihiro Takaha -shi와 Yasuaki Shimizu 외에도 4명의 일본인 작곡가들의 곡을 포함시켰고, 6곡이 일본 작곡가들의 작품이다. 전작에 이어 일본이 자랑하는 세계적인 뮤지션 류이치 사카모토 Ryuichi Sakamoto(1952-2023)가 편곡에 참여했다.

아쉬운 것은 CD에는 가사지가 없으며, 홈페이지나 인터넷을 아무리 뒤져봐도 찾을 수 없어 유감이다. 하지만 음악의 아름다움으로 그의 팬이라면 필청작이 아닐까 생각된다.

첫 곡 〈Sur le Fil 줄타기〉에서부터 마치 류이치 사카모토 특유의 스타일을 연상시키는 젠 사운드가 흐른다.

인생은 만남의 예술이라 노래하는 걸작 〈Sierras 산맥〉은 마치 끊임없이 연결된 산맥들이 내려다보이는 최정상에서 세상을 조망하고 있는 듯하다. 지난날 추억의 얼굴들이 주마등처럼 스친다.

자신이 감독하고 음악까지 쓴 영화 「Le Divorcement 이혼, 1979」의 주제곡 〈Tourment 고통〉은 새롭게 연주되었다. 풍랑 같은 오케스트레이션에 피아노와 기타 그리고 아코디언의 물씬한 애환이 가슴에 푸른 멍 빛으로 물든다.

프란시스 레Francis Lai(1932-2018)가 작곡한 〈Que Viva Villas 비야 만세〉은 아코디언의 탄력인 주법이 매혹적인 탱고풍의 발라드로 때론 온화하게 때론 강렬한 열정을 오가며 리드미컬하게 전개된다. 갱스부르Serge Gainsbourg(1928-1991)도 1961년에 흥겨운 남미의 정취를 살린 〈Viva Villas 비야 만세〉를 노래했는데, 이는 멕시코의 전설적인 혁명가 판초 비야Pancho Villa(1878-1923) 헌정곡이다.

홀가분한 자유를 만끽하게 되는 보사노바 서정시 〈Ce Jour-Là 오늘〉에서는 아코디언의 간드러진 숨결이 낭만의 하루를 열어젖힌다. 행복을 위해서는 일시적이고 때때로만 존재하는 은혜의 순간을 붙잡아야 한다는 메시지를 담았다.

동양적인 피리와 서양의 아코디언 그리고 마칭드럼의 스튜디오 호흡이 그대로 전해지는 〈Cœur Battant 심장박동〉은 은은하고 따스한 온도가 흐른다. 때론 유려한 전원곡으로 때로는 비장감이 감도는 크로스오버 합주이다.

Noël

1992 | SARAVAH | SHL 1056

1. Alphabet
2. Chanson pour Maïa
3. Berceuse
4. Chats, Chiens, Chats
5. L'Allégresse
6. Qu'est-ce Qui Fait Courir un Enfant?
7. Malangosha
8. Noël
9. Alphabet

1990년대에 처음으로 등장한 네 번째 솔로 앨범 《Noël》은 어린이를 위한 특별 선집이다. 명화에서 보던 천사의 모습처럼 실 오라기 하나 걸치지 않은 어린아이와 그보다 큰 까만 개 한 마리가 문 앞에서 노크를 하고 있다. 그리고 크레용으로 어설프게 쓴 타이틀 Noël…

커버는 어린이들의 동심을 보호하기 위해 어른에게 마음의 문을 열어줄 것을 상징적으로 말하고 있다. 이를 위해 자연의 효과음을 삽입하여 전원적이고 목가적인 향기를 불어넣었고, 그의 재즈 어프로치는 맑은 꿈과 희망과 환희로 그려진다.

어린이의 부정확하지만 귀여운 음성으로 노래하는 〈Alpha-bet 알파벳 송〉은 수미상응의 구조를 이루며, 마지막 곡에서는 그가 어린이에게 알파벳을 가르치는 사랑으로 표현되고 있다.

귀뚜라미가 우는 밤 풍경이 그려지는 〈Berceuse 요람〉은 평화롭게 잠이 든 어린이를 바라보며 어버이가 느끼는 자애를 담았다. 그의 자작곡으로, 재즈 피아노는 포근하고도 청명하기 이를 데 없다.

〈L'Allegresse 환희〉는 그의 우수가 최대로 발휘된 곡이다. 슬픈 분위기를 띠는 아코디언의 음색이 전체를 감싸고 있으며 진한 애수에 잠긴다.

모든 고통이 날 건드리고 다치게 할지라도, 가끔 내 주위로 기쁨의 바람이 부네. 그건 고대로부터 이어온 마을 축제의 환희의 맛이라네. 멀리 떨어진 다정한 마음의 향기, 그건 예고도 없이 찾아오고, 선택 없이 꽃을 피우지… 부서진 세상으로부터 어리석은 행복, 댄서의 욕망, 숨결은 곧 사라지겠지… 모든 고통이 날 건드리고 압박할지라도, 가끔 내 주위로 기쁨의 바람이 부네. 견딜 수 없는 가벼움과 낯섦, 노래하는 새벽의 행인들, 그건 매우 미묘하고 무한한 연금술에서 유래했지. 어린 시절 이후 그건 내 손가락을 어루만지네. 이 시간의 소용돌이 속에서 모든 봄날을 기원해. 그리고 나는 기다리네. 다시 환희가 찾아올 때까지…

프란시스 레[Francis Lai(1932-2018)의 주옥같은 영화음악 명작 「13 Jours en France 하얀 연인들, 1968」의 주제에 피에르 바루가 가사를 붙인 〈Noël 노엘〉은 재즈의 향취가 극에 달한다. 후반의 어린이와의 짧은 대화와 여성의 재즈 임프로비제이션도 매우 감미롭다.

저 지평선을 넘어 머플러의 계절이 왔네. 더 이상 이유 없는 감옥은 없어. 나는 이 노래를 부르네. 몽상가, 연인, 취약한 행복, 어린이, 바다표범, 불신과 대가는 깨달을 수 없어… 여기 침통하고 터무니없는 성탄 캐럴이 있네. 우리 주위를 위한 사랑의 맹세, 침례의 새로운 새벽, 호롱불, 열정, 점진적인 진화, 그들은 언제 어디서도 보호받지 못해…몽상가, 연인, 유토피아, 모험, 강과 새들, 늑대, 고래, 그래 나는 그들을 위해 노래하네…

그리고 마지막으로 사랑이 넘치는 모차르트의 곡 알파벳 송을 어린이와 함께 재즈로 노래한다.

이후 《Itchi Go Itchi E, 1998》를 발표했는데, 맑은 기타와 애수의 아코디언 전원적인 포크 넘버 〈Lili〉, 맑은 기타가 멋진 일본 작곡가의 보사노바 작품 〈Le Voyage 여행〉에 이어, 피아노 솔로곡 〈La Lune 달〉에는 침잠의 고독감이 노랗게 빛을 발한다.

〈Hasta Siempre 영원하라〉에는 체 게바라Che Guevara 사망 30주기를 위해 여가수 비아Bia와 듀엣으로 노래했다.

그리고 대표곡 〈Samba Saravah 삼바 사라바〉를 재즈 피아노로 리메이크하여 들려준다.

…이건 바이아 출신 네가 불러야 할 삼바 노래야, 그녀는 품과 고통의 시대에서 자신의 리듬과 시를 빚고 있지, 하지만 그녀가 어떤 감정을 표현하든, 형식과 운율이 있는 흰색이야, 그녀는 마음속까지 흑인이야, 하지만 그녀가 어떤 감정을 표현하든 형식과 운율을 갖춘 흰색이라네…

1962년과 1963년에 발표된 싱글 모음집 《Saudade 사우다지, 2003》를 발표하고, 칠순을 훨씬 넘긴 시점에서 발표한 《Daltonien 색맹, 2007》은 보사노바 재즈를 강조한 아름다운 작품이다. 프랑스의 대표적인 음유시인 레오 페레Léo Ferré(1916-1993)의 〈Les Indifférentes 무관심〉과 여가수 클레어 엘지에르Claire Elzière와의 듀엣 재즈 하모니 〈Mémoire 추억〉, 그리고 카를루스 조빙 Carlos Jobim(1927-1994)의 보사노바 명곡 〈Corcovado 코르코바도〉를 수록했다.

서정적인 피아노 솔로곡 〈Quelques Notes 메모〉와 여러 나라를 떠도는 난민의 슬픈 운명을 그린 〈Ovalie 오발리(타원)〉는 깊은 애상감을 남긴다.

백미 중 하나인 걸작 〈Crépuscule 황혼〉은 반짝이는 황홀함에 도취될 수밖에 없다.

RoBERT ● 로베르

photo from single 〈Elle Se Promène〉

이름이 운명을 결정할 수 있을까? 뤼세트는 자기 뱃속에 있는 아기의 이름에 대해 너무 가벼이 여기는 남편의 머리에 대고 방아쇠를 당긴다. 그리고 감옥에서 태어난 자신의 아기를 위해 특이하고도 호신적인 이름 플렉트뤼드Plectrude를 선물하고는 그녀도 목을 맨다.

갓난아기 플렉트뤼드는 이모 클레망스 부부에 의해 그것도 편집광스러운 사랑 속에서 길러졌다. 기묘한 매력으로 주위의 인물들에 의해 사랑과 시기를 받으며 발레리나가 되려고 오페라 무용학교를 들어간다. 무리한 수업과 건강 악화로 관절에 이상이 생겨 더 이상 발레를 할 수 없다는 의사의 진단을 받는다. 모든 꿈을 잃어버린 사춘기 소녀는 차츰 건강을 회복하던 중 이모에 의해 출생의 비밀을 듣게 된다.

16세 소녀는 연극학교에서 배우의 길을 걷게 되지만 자신의 어머니 인생처럼 자신도 19살의 나이에 아기를 낳고 죽기로 결심한다. 어느 날 TV에서 본 혼성그룹 리타 미츠코Rita Mitsouko의 싱어 까뜨린느 랭제Catherine Ringer가 노래하는 모습을 보고 새로운 가수의 꿈에 휩싸이게 되지만, 19살까진 시간이 없음을 직감하고 스스로를 위로한다.

이오네스코Jonesco의 부조리극 「수업」의 주역을 맡은 그녀는 자신의 계획대로 상대 남자배우의 아기를 가진다. 하지만 19세 때 그녀는 어머니처럼 아기의 아버지를 살해하지 않았고, 아들 시몽과 어머니(이모)에 대한 사랑을 품고 퐁네프 다리 위에서 자살을 결심한다.

이 모습을 발견한 이는 다름 아닌 초등학교 시절 서로를 짝사랑했던 언청이 친구이자 뮤지션 마티유 살라댕Mathieu Saladin으로, 그도 어린 시절부터 여러 번 죽음의 문턱을 넘나들었던 예사롭지 않은 운명의 소유자였다.

플렉트뤼드는 이것이 운명임을 깨닫고 그와 함께 노래하기 위해 남자의 이름인 예명 로베르RoBERT를 짓는다.

이는 프랑스 작가 아멜리 노통브Amélie Nothomb의 「Robert des Noms Propres 로베르 인명사전, 2002」의 줄거리이다. 이 실화의 주인공은 1964년생인 미리암 룰레Myriam Roulet로, 그녀는 마티유 살라댕과 결혼했고, 세 아이를 위한 전원생활을 위해 L.A와 보르도 그리고 파리의 근교로 이사를 했다.

제인 버킨Jane Birkin이나 밀렌 파머Mylene Farmer의 음성에 흑마술을 건 듯한 독특한 창법을 선보이는 그녀는 남편이 작곡한 일렉트로닉스가 섞인 바로크풍의 음악에 마법과 죽음 등 어린 시절과 연관된 기묘한 뉘앙스의 노래를 부른다. 연극적인 무대의 라이브와 발레리나를 연상시키는 클립도 매우 인상적이다. 비록 미디어와는 철저하게 담을 쌓고 있지만, 그녀의 명성은 프랑스와 스위스, 벨기에, 그리고 일본에 이르기까지 알려져 있다.

Sine

1993 | DEA | DA 25110

1. It's a Small World
2. Jeannette
3. Les Clichés de l'Ennui
4. Das Modell
5. Goutte de Pluie
6. Hé Toi
7. La Chanson des Vieux Amants
8. Elle Se Promène
9. Sans Domicile Fixe
10. Simon's Song
11. Je Me Suis Devetue
12. Le Chien Mauve
13. Aime-Moi
14. A Children's Tale
15. Les Jupes
16. Intrus
17. Elle Se Prémix
18. Maxi Jupes
19. A l'Infini la Nuit
20. Juste en Fermant les Yeux

삼각함수 용어를 타이틀로 한 데뷔앨범 《Sine 사인》은 그녀가 서른 되는 해에 발표되었다. 가까운 일본에서도 라이선스로 공개되었으며 16곡이 수록된 초반은 얼마 못가 절판되어 도플갱어를 연상시키는 커버로 재발매되었다.

1990년에 발표했던 첫 싱글 〈Elle Se Promène 그녀는 산책해〉는 따분하고 건조한 일상에서 수채화같이 촉촉한 사랑을 위해 연인에게 전화를 하라는 내용을 담았다.

이는 그녀의 초등학교 시절 전학 온 남학생이었던 남편 마티유 살라댕과의 추억을 소재로, 먼저 마음을 고백하지 못했던 아쉬움을 담은 것이었다. 가볍고도 단순한 댄스 팝으로, 부드러운 로베르의 음성이 여러 성부로 믹스되어 메마른 듯 슬프고 환상적인 멋이 서린다. 흑백에 가까운 뮤비는 어둠 속을 산책하는 듯한 발레리나의 무용을 담았으며, 리믹스 버전 〈Elle Se Prémix〉에서는 180도 다른 감흥으로 증폭된다.

1992년에 발매된 두 번째 싱글 〈Les Jupes 스커트〉에서는 여성의 치마에 관한 이야기로, 그 길이나 소재에 따라 다리의 자세가 달라진다고 노래한다. 야릇한 육감으로 유혹하는 그녀는 타일로 마감된 방에서 란제리 차림으로 뮤직비디오에 등장했다. 역시 반복적인 트랜스에 취하게 되는 가벼운 신스팝으로, 보너스로 실린 〈Maxi Jupes〉가 리믹스 버전이다.

세 번째 싱글 〈Les Clichés de l'Ennui 권태의 그림자〉에는 지루한 일상이지만 항상 로맨틱한 밤을 꿈꾸는 소망을 노래했으며, 연주곡 버전 〈A l'Infini la Nuit 밤의 무한대〉을 보너스로 수록하고 있다.

〈Jeannette 자네트〉는 추위에 떨고 있는 어린 소녀 자네트에게 울지 말라고 위로하는 내용으로, 긴박하고 칠흑같이 어둠은 영화의 한 장면 같다.

독일의 일렉트로닉 그룹 크래프트베르크Kraftwerk 의 히트곡을 부른 〈Das Modell 모델〉은 스포트 라이트를 받는 모델을 동경하는 내용으로, 독일어로 불렸으며 항상 마음을 빼앗기게 된다.

자신의 슬픔을 담은 〈Goutte de Pluie 빗방울〉은 바다에 떨어지는 빗방울처럼 그 어떤 것도 자신의 눈물의 산도를 희석시킬 수 없다고 속삭인다.

불가사의한 〈Hé Toi 야 너〉에서는 마치 신데렐라 콤플렉스를 꿈꾸는 유약함을 드러내며, 영어로 노래한 〈Simon's Song〉은 자신의 아들을 소재로 한 것이다.

기이한 부조리 문학에 깊게 빠졌던 그녀의 가사에는 명료한 기승전결보다는 여러 해석이 가능한 현상들이 기술되어 있다. 음산하고도 짙은 슬픔이 밴 본작은 한번 들으면 절대 잊히지 않는 스페셜리스트이다.

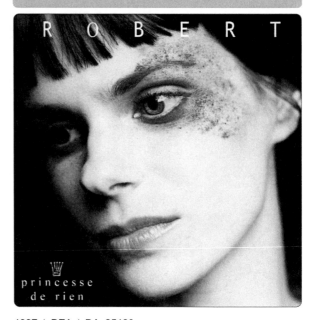

Princesse de Rien

1997 | DEA | DA 25120

1. L'Appel de la Succube
2. Colchique Mon Amour
3. Princesse de Rien
4. Louis
5. Le Model
6. Tout Ce Qu'on Dit de Toi
7. Question de Philosophie
8. Nature Morte
9. Qui Saura l'Aimer
10. Les Couleurs
11. Dans la Cite Nouvelle
12. L'Écharpe
13. Psaume
14. Nickel
15. Amanite
16. Dynamite

로베르의 음악을 들을 때마다 느끼는 것이지만, 그녀의 음악은 흡사 악몽과도 같은 늪이 아닐까 생각한다. 푸른 밤 연못에 피는 짙은 물안개에서 불쑥 나와 잠이 든 우리의 발목을 붙잡는 것이다. 날개 잃은 천사처럼 항상 가녀린 체구에 긴 머리를 휘날리며 자신의 이야기를 들어줄 것을 애원하고 있다.

두 번째 앨범 《Princesse de Rien 갈 곳 없는 공주》는 글쓴이의 첫 대면이었던 앨범이라 그 어떤 작품보다도 각별하다.

첫 싱글 〈Colchique Mon Amour 콜키쿰 내 사랑〉은 사랑을 영원히 간직하기 위해 독약을 마시고 죽음을 선택하는 비극적인 줄리엣 신드롬을 노래한 것이다. 고혹적인 현과 하프시코드에 LP의 잡음처럼 노이즈도 삽입되어 있으며, 청아함을 넘어선 그녀의 스캣이 어우러져 어두운 고딕의 매혹을 남긴다.

두 번째 싱글이자 또 하나의 명작 〈Princesse de Rien 갈 곳 없는 공주〉는 19세 때 자살을 결심하고 퐁네프 다리 위를 거닐 때의 심경을 비약한 것이다. 비록 죽어야겠다고 결심은 했지만, 아마도 그녀는 죽고 싶지 않았을지도 몰랐다. 마치 치명적인 매력을 발산하며 역설적으로 생명을 구걸한다. 지독한 슬픔에 휩싸이게 되는 본작의 뮤비는 순백의 웨딩드레스를 입고 발레를 춤추는 연극무대를 연출했다.

…난 버려졌어. 아기도 있지. 누가 내게 먹을 걸 좀 줘.

초반에는 수록되지 않은 신곡이자 세 번째 싱글 〈Nickel 니켈〉은 그녀의 노래 〈Tout Ce Qu'on Dit de Toi 모든 사람들이 널 이렇게 말하지〉가 원곡이다. 이는 자신의 어린 시절을 비유한 것이었는데, 세상 모든 이가 나쁘게 말해도 여전히 아름다운 니켈은 그들과 대항할 것이라는 내용이다. 특히 신데렐라의 한 장면을 연상시키는 뮤비는 고혹적인 영상미가 돋보이며, 〈Amanite 독버섯〉과 〈Dynamite 다이너마이트〉가 리믹스 버전이다.

연극의 짧은 독백을 듣는 듯한 〈Louis 루이〉에 이어 전작의

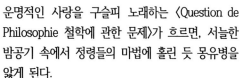

〈Das Model〉을 잇는 신스팝 〈Le Model 모델〉에서도 기묘함은 꿈틀거린다.

운명적인 사랑을 구슬피 노래하는 〈Question de Philosophie 철학에 관한 문제〉가 흐르면, 서늘한 밤공기 속에서 정령들의 마법에 홀린 듯 몽유병을 앓게 된다.

〈Nature Morte 자연사〉는 죽음의 결과에 대한 상상 음악이며, 〈Qui Saura l'Aimer 누가 날 사랑할지 어떻게 알아〉에서는 사랑에 대한 막연함을 그렸고, 음악에 대한 생명력을 노래한 듯한 〈Les Couleurs 색상〉은 살라댕의 독특한 일렉트로닉스가 몽환의 향료가 된다.

종교적인 분위기의 〈Dans la Cité Nouvelle 새로운 도시에서〉는 종전을 기념하는 기념일처럼 한순간에 지나가는 시간의 덧없음을 노래했는데, 첼로와 구슬픈 리코더 그리고 로베르의 목소리가 퍽 애상적이다.

모리스 파농Maurice Fanon(1929-1991)의 고전 〈L'Écharpe 쟁기질〉에 이어, 민요를 리메이크한 〈Psaume 시편〉에서는 바로크의 클래식을 듣는 듯한 고색의 하프시코드에 로베르의 짧은 성악이 이어진다.

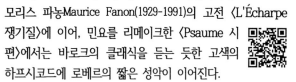

수차례나 재발매 될 정도로 인기가 많은 그녀의 대표작으로, 영어 버전 《Princesse of Nowhere, 2006》을 내놓았다.

본작은 자신에게도 팬들에게도 로베르의 명료한 이미지를 각인시켰던 신비한 음의 연금술이었다. 불행하게도 본작에 대한 해독제는 없다. 중독성은 치명적이라 각별히 유의하는 수밖에.

Celle Qui Tue

2002 | DEA | DA 25130

1. Acide a Faire
2. A la Guerre Comme a la Guerre *
3. L'Eau et le Ciel
4. Le Chant des Sirènes *
5. La Malchanceuse
6. Nitroglycerine *
7. Le Prince Bleu
8. Sorcière *
9. Pour Moi
10. Rendez-Moi les Oiseaux
11. Maman
12. Celle Qui Tue *
13. Requiem pour une Soeur Perdue *
14. Le Funambule
15. Le Prince Bleu (& Majandra Delfino)
16. Le Prince Bleu D'Arthélius (& Majandra Delfino)
17. Rouge Sang
18. Hiroko

    * paroles : Amelie Nothomb

세 번째 앨범 《Celle Qui Tue 살해》의 커버는 마치 아멜리 노통브Amélie Nothomb의 소설 「Robert des Noms Propres 로베르 인명사전, 2002」의 결말을 연상시킨다.

노통브는 자신의 소설을 위해 플렉트뤼드를 인터뷰한 후, 그녀와 그녀의 남편에 의해 대작을 쓰지 못할 것이란 이유로 살해당한다. 물론 이는 작가의 강박관념에서 비롯된 비약적인 종결이지만, 마치 그 결말을 실행이라도 하듯 로베르는 순백의 웨딩드레스 차림으로 장총을 들고 있다.

그들은 우정을 과시하듯 함께 작사한 한 곡을 제외하고도 무려 5곡의 가사를 노통브가 썼다.

〈Acide a Faire 산성 만들기〉는 자신과 사랑을 나눈 후 동정심을 가지고 떠나지 말라며 간절하게 노래했다. 내면에 감추어진 버려질까 하는 두려움은 불안하고 음침한 고딕의 일렉트로닉스에 담긴다.

첫 싱글 〈A la Guerre Comme a la Guerre 전쟁 같은 전쟁〉은 전쟁에 임하는 것처럼 비장하게 당신을 사랑으로 정복하고 싶다는 열망을 그렸는데, 그녀의 보컬은 매우 뇌쇄적이고 요염하며 실험극을 보는 듯 전위적인 인상마저 든다. 〈Hiroko 히로코〉는 일본의 무사로 등장하는 리믹스 버전이다.

슬픈 드라마의 독백 〈L'Eau et le Ciel 물과 하늘〉은 현실의 고통을 인내하기엔 너무나 여리고 가벼운 자신의 영혼에게 작별을 고하며 차라리 흐르는 물이고 공기였으면 하는 바람을 그렸는데, 마치 어두운 밤 장례식을 치르는 듯한 기묘함이 소름 끼친다.

〈Le Chant des Sirènes 사이렌의 노래〉는 뱃사공을 홀리는 사이렌의 목소리처럼 당신을 유혹하고 싶다는 욕망의 곡으로, 희미한 스캣들과 리드미컬한 살라댕의 다크 일렉트로닉이 환상의 물안개를 피운다.

자신의 행복과 사랑을 잃은 데에 따른 한탄과 비애를 그린 〈La Malchanceuse 불행〉은 스산한 댄스 비트이며, 다이너마이트 제조의 원료이기도 한 〈Nitroglycérine 니트로글리

세린〉은 마치 사랑의 저주를 풀려는 흑마술의 주문이다.

세바스티앙 로시뇰Sébastien Rossignol 감독의 만화영화 「Le Prince Bleu d'Arthélius 아르테리우스의 블루 왕자」 주제곡인 〈Le Prince Bleu〉는 블루 왕자의 재림을 기다리는 요정의 노래로, 동화적인 가사에 환상적인 클럽으로 인기를 끌었다. 보너스로 삽입된 두 곡은 함께 더빙에 참여한 베네수엘라 출신의 미녀배우 마잔드라 델피노Majandra Delfino와 함께 부른 사운드트랙이다.

사악하고도 무시무시한 공포 스릴러 〈Sorcière 마녀〉는 사랑과 본능 사이에서 고민하는 뱀파이어가 그 소재이며, 반대로 부드러운 코러스에 둘러싸여 노래하는 여린 발라드 〈Pour Moi 날 위해〉는 자신을 위한 눈물의 맹세이다.

대표곡인 〈Rendez-Moi les Oiseaux 새와 만나게 해줘〉는 댄스 비트에 고뇌하는 듯한 연약한 보컬이 고혹감을 남긴다. 새란 아름다운 목소리로 노래하고 황홀한 아름다움을 지닌 자신의 이상적인 정체성으로, 마법에 걸린 듯 피를 토하며 죽어가는 현실에서 아름다운 새를 돌려달라고 애원한다. 보너스로 실린 〈Rouge Sang 붉은 피〉가 리믹스 버전이다.

발레리나가 되지 못한 실망감에 자신을 싸늘하게 대했던 이모에게 바치는 〈Maman 엄마〉로 그녀의 집착이 슬프지만 사랑한다는 마음을 전했다.

천국과 지옥을 오가는 미친 사랑의 결말을 노래한 〈Celle Qui Tue 살인자〉에 이어, 작가 노통브가 쓴 〈Requiem pour une Soeur Perdue 잃어버린 여동생을 위한 레퀴엠〉은 남편을 살해하고 아기를 낳은 후 목을 맨 어머니의 영혼을 달래는 이모의 시선으로 그려진 작품이다.

피아노 반주에 쓸쓸히 노래하는 〈Le Funambule 줄타기〉는 어둠 속에서 균형을 유지하지 않으면 나락으로 떨어지는 인생을 비유한 것이다.

커버에서는 그 어떠한 것도 물리칠 것 같은 강인함이 엿보이지만, 실상 본작을 개봉하면 총알도 없는 장총으로 수많은 위험과 고난에 떠는 한 여인의 연극이 있을 뿐이다. 과연 그녀는 공상과 아름다운 노래로 자신을 지켜낼 수 있을까?

아멜리에 노통브의 소설의 성공에 따라 우정 어린 본작도 성공을 거두었다.

이후 신곡과 리믹스 버전을 수록한 베스트 《Unutma 잊지 마, 2004》를 발표했다.

특히 타이틀곡은 터키어로 부른 신곡으로, 기묘함으로 가득한 인생의 로베르를 흠모하는 수많은 팬들에게 표하는 감사의 노래이다. 또한 지나친 관심과 정신이상을 우려하는 시선 그리고 추파 섞인 비방에 대한 정중한 거절의 뜻으로, 자신은 자녀가 있는 엄마임을 기억해 달라고 부탁한다.

Six Pieds Sous Terre

2005 | DEA | DA 25090

1. Personne
2. Aphone
3. Hija de Puta
4. Prière Pour Aller au Paradis
5. Histoire de Loup (& Sacha Bourdo)
6. Dégage
7. Ta Femme, Ton Drapeau
8. Le Chant de la Lorelei
9. Ta Traînée
10. Six Pieds Sous Terre
11. Partir au Bord des Larmes
12. L'Hymne a la Morte
13. Éléonore
14. Cold Earth
15. Rein
16. Chuchoter

대중에게 모습을 드러내길 꺼렸던 내성적인 로베르는 2004

년 초에 시갈Cigale 극장에서 라이브를 가졌다. 모노드라마를 보는 듯한 무대에서 줄곧 팬들에게 불안해하고 어색해하는 모습을 감추지 못했는데, 그 모습까지도 신비로웠다.

2005년 연말에 발표한 《Six Pieds sous Terre 지하 6피트》의 타이틀은 장례식 때 관이 땅에 묻히는 깊이를 의미하는 것으로, 아르누보Art Nouveau 스타일의 고혹적인 일러스트와 진한 흙빛으로 마감되어 있다.

마티유 살라댕의 건반 외에도 바이올린, 첼로, 콘트라베이스, 하프, 클라리넷, 오보에, 바순, 플루트, 퍼커션 등의 연주자들을 참여시켜 클래시컬한 사운드를 창출한다.

우아하고도 서글픈 실내악 〈Personne 누구도〉에서 이전의 작품들에 비해 퍼커션과 어쿠스틱 현의 따사로워졌음을 알 수 있다. 자신과 아무 상관 없는 군중 속의 절대고독과 슬픔을 노래하며, 그 무기력함 속에서 어떤 것도 후회하지 않는다는 냉소적이고도 허무한 마음을 담는다. 초반에 보너스로 수록된 리믹스 버전은 댄스 비트와 첼로의 무거운 음색으로 침울함의 극치를 이루며, 리믹스 버전 〈Rein〉에는 전자음향이 가미되었다.

음산한 영화의 한 장면 같은 〈Aphone 무성無聲〉에는 어두운 밤 고양이 울음소리와 누군가를 쫓는 듯한 발자국 소리에 목소리를 잃은 로베르의 두려움이 전해진다. 이는 마치 사랑을 위해 자신의 목소리를 다리와 맞바꾼 인어공주의 절망적인 심정과도 같다.

마리 라포레Marie Laforet(1939-2019)가 노래했던 〈Prière Pour Aller au Paradis 천국의 기도〉의 커버는 느린 템포에 코러스가 부각되어 보다 고해성사와도 같은 숭엄함이 드리워진다.

1961년생 러시아 출신의 배우 사샤 부르도Sacha Bourdo와 듀엣곡인 〈Histoire de Loup 늑대 이야기〉는 사랑하는 남자와 잠에서 깬 후의 감정을 그렸는데, 마치 서커스 음악을 연상시키는 편성에 트롯 템포

그렸는데, 마치 서커스 음악을 연상시키는 편성에 트롯 템포가 서서히 흥분을 불러일으킨다.

군중의 소음 소리가 가미되어 보다 영상적인 〈Chuchoter〉는 중독의 일렉트로닉스 파티 리믹스 버전이었다.

〈Dégage 해방〉에서는 슬픈 사랑으로부터 벗어나길 간구하며, 〈L'Hymne a la Morte 주검의 송시〉에는 사랑하는 이와의 영원한 이별 앞에서 약속 따위는 하지 말라며 원망의 눈물을 흘린다.

유령을 쫓는 몽상가 〈Éléonore〉에 이어, 영국의 바로크 음악가 헨리 퍼셀Henry Purcell의 음악에 로베르가 노랫말을 붙인 〈Cold Earth〉는 자신의 장례식에서 하얀 드레스를 입고 땅에 묻히는 영혼의 안식을 위한 레퀴엠이다.

죽음과 더욱 가까워진 듯한 이 잔혹동화를 발표하고 이듬해 2월 올랭피아 극장에서 다시 한번 을씨년스러운 무대를 선보였다.

Sourde et Aveugle

2008 | DEA | DA 25600

1. À Mes Copines
2. Le Jardin des Rose (& Austyn)
3. Tout est Calme
4. Ma Gueule
5. Une Fille a Prendre
6. Cerise
7. Comme un Dieu
8. Sois Courageux
9. Le Froid
10. L'Oiseau Dont J'ai Rêvé
11. J'Ouvre Pas
12. Le Tour de France
13. Goutons au Ciel
14. The End

다섯 번째 정규앨범 《Sourde et Aveugle 귀머거리와 맹인》에서 그녀는 커버에서도 보이듯 귀를 닫고 눈을 감았다. 그런 채로 그녀는 목적지를 향해 아슬아슬 자전거를 탄다.

이는 또 다른 인생을 위한 잔혹동화로 매우 위험한 외줄타기이다.

그녀의 남편 살라댕은 전작 《Six Pieds Sous Terre 지하 6피트》와 마찬가지로 일렉트로닉보다는 고혹적인 바로크 체임버 사운드를 유지했으며, 보다 투명하고 청아한 느낌의 포크 스타일도 구사했다.

불안하고 심리적인 인형극을 보는 듯한 〈À Mes Copines 친구에게〉는 모든 것이 병든 세상에서 자신도 더 이상 소녀가 아니라 병든 남성男性을 가졌다고 고백하면서 중국인 여자 친구와 함께 노는 상상을 한다는 어린 시절의 병적인 증상을 드러낸다.

오스틴Austyn이란 남성 뮤지션의 자작곡으로 그와 함께 부른 〈Le Jardin des Rose 장미의 정원〉은 우주선을 이끌고 장미의 정원에 도착할 왕자님을 기다리는 정령의 동화이다. 뮤직비디오에서 비극적인 사랑의 드라마를 연출하였는데, 그리움에 괴로워하는 사랑하는 이를 떠나지 못하고 곁에 머무는 혼령으로 등장한다.

〈Tout est Calme 모든 것은 고요해〉는 로베르의 현대무용을 클로즈업하여 뮤직비디오로 선보였다.

조니 알리데이Johnny Hallyday(1943-2017)의 노래를 커버한 〈Ma Gueule 나의 입〉은 욕망과 감정의 상징으로서 사랑을 해설하고 있으며, 마지막으로 수록된 〈The End〉는 도어스 The Doors의 작품을 커버한 것이다.

〈Comme un Dieu 하나님처럼〉과 〈Sois Courageux 용기있게〉 역시 불가사의한 로베르의 치명적인 매력을 접할 수 있다.

이후 라이브앨범 《Ange et Démon a L'Olympia 천사와 악마, 2010》를 발매했다.

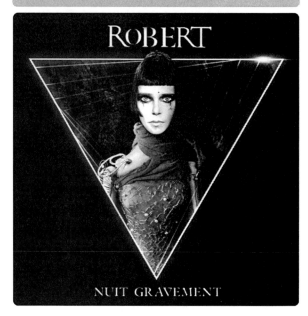

2012 | DEA | DA 25800

1. Skype (& Anthony Delon)
2. Radioactivity
3. Débutante
4. Nuit Gravement
5. Taste of Your Tongue
6. La Révolution
7. Vara, Vara
8. Mon Connard
9. Ca Fait Mal
10. Je Traîne des Pieds
11. Dans le Caniveau
12. Deuil en Décembre

그녀는 《Nuit Gravement 근엄한 밤, 2012》을 선보이며 더욱 빛을 잃은 고딕 샹송을 선보였다.

제인 버킨Jane Birkin(1946-2023)과 세르주 갱스부르Serge Gains-bourg(1928-1991)를 오마주한 〈Skype 스카이프〉는 채팅을

통한 대화로 녹음되었는데, 배우 알랭 들롱Alain Delon(1935-2024)과 나탈리 들롱Nathalie Delon(1941-2021)의 아들인 안소니 들롱Anthony Delon이 그녀의 유혹 상대이다.

⟨Radioactivity⟩는 독일의 앰비언트 그룹 크래프트베르크 Kraftwerk의 1976년 히트곡을 리메이크한 것으로, 미니멀한 동기를 계속해서 발전시켜 중독성을 가중시킨다.

영어 곡인 ⟨Taste of Your Tongue⟩는 가사를 반복 주입하며 욕망을 끌어올린다.

…난 원해, 어린 소녀처럼, 네 혀 맛을 좋아해, 난 그냥 다시 신을 믿고 싶어…

⟨Vara, Vara 여름, 여름⟩은 헝가리 트란실바니아의 농요로, 쟁기질을 하는 농부가 사랑에 대한 그리움으로 애꿎은 소만 때린다는 이야기이다. 로베르의 레퍼토리 중 가장 이채롭고 독특한 트랙이지 않을까.

⟨Mon Connard 나의 멍청이⟩의 일렉트릭 그루브와 랩은 과히 몽환적이다. 아빠는 예의 바르고 부자인 남자와 결혼해야 한다고 말했지만, 자신은 무일푼이어도 상관없고 냄새나고 멍청한 남자를 좋아한다고 고백한다.

⟨Je Traîne des Pieds 발을 끌고 있어⟩는 전형적인 그녀의 고딕 송으로, 이별에 직면하여 무너져 내리는 심경을 그렸다.

⟨Dans le Caniveau 시궁창 속에서⟩는 전자음향이 파리처럼 날아다니는 혼돈의 부조리극이다. 이는 분노의 부작용을 기술한 것으로, 마녀로 변한 자신은 추락한 줄타기 선수며, 죽은 잎사귀라 노래한다.

…시궁창 속에서 우리는 모두 평등해, 의심하는 사람들은 그것이 아름답다고 생각하지…

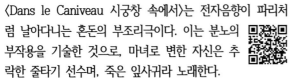

동년에 프랑스의 전설을 모은 ⟪Aux Marches du Palais 궁전 계단에서, 2012⟫을 냈는데, 이는 어둡고 침울한 판타

지 동화책 같다. 경쾌함마저 깊숙하게 숨어있는 고대의 유령들의 축제처럼 들릴 정도이다. 하지만 돌림노래처럼 중창으로 여운을 남기며 환상을 심어주는 매력적인 작품임에 틀림없다. 타이틀곡은 18세기 노래로 마법적인 음향들로 가득하다.

…궁전 계단에, 정말 아름다운 소녀가 있네, 그녀는 연인이 너무 많았네, 그녀는 누구를 선택할지 몰랐네. 그는 신발 수선공이지, 무엇이 마음에 드는지 우린 물었네, 착용해 보라고 말했지, 원하는 아름다운 걸로…

로베르는 호주의 남성 가수 George Pappas와 함께 Plastic Art Noise란 프로젝트로, 1980년대 뉴웨이브와 다크 앰비언트를 섞은 영어 앨범 ⟪Like Strangers Do, 2014⟫를 냈다.

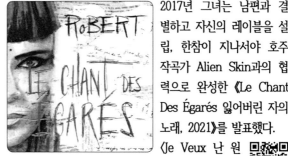

2017년 그녀는 남편과 결별하고 자신의 레이블을 설립, 한참이 지나서야 호주 작곡가 Alien Skin과의 협력으로 완성한 ⟪Le Chant Des Égarés 잃어버린 자의 노래, 2021⟫를 발표했다. ⟨Je Veux 난 원

해⟩를 들어보면 더욱 무게감 있는 일렉트로닉 판타지가 온몸을 휘감는다.

새로운 막시 싱글 ⟨Aurélie 오렐리, 2024⟩도 칠흑처럼 어두운 마법의 고혹적인 소리를 들려준다.

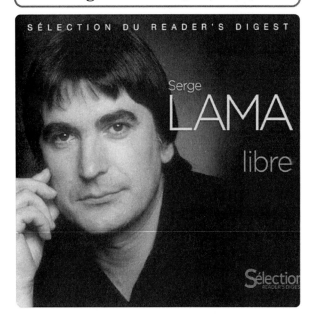

불멸의 나폴레옹

Serge Lama ● 세르주 라마

SÉLECTION DU READER'S DIGEST

Serge
LAMA
libre

Sélection
READER'S DIGEST

세르주 라마는 1943년 보르도Bordeaux 출생으로 본명은 세르주 쇼비에Serge Chauvier이다. 부친은 보르도 음악원에서 1등을 수상한 이력이 있는 오페레타 가수였다.

아버지의 영향으로 오페라 레퍼토리와 루이스 마리아노Luis Mariano의 음악을 접하며 유년기를 보냈고, 7세 때 파리로 간다. 카푸신느Capucines 극장에서 그의 아버지는 노랠 불렀고 무대 뒤편은 그의 놀이터였다.

브라상스Geroges Brassens, 질베르 베코Gilbert Bécaud, 피아프Édith Piaf, 슈발리에Maurice Chevalier 등의 노래를 들으며 11세 때 처음 곡을 썼던 그는, 건너편 최고의 스타들만 설 수 있는 올랭피아 극장을 바라보며 자신도 그 간판에 이름을 올릴 것을 결심했다고 한다.

경제적인 어려움으로 부친은 맥주 양조장으로 취업했고, 고등학교에서 연극과 시를 쓰는 등의 예술적인 작업을 즐기던 그를 모친이 못마땅하게 여겨 학업을 중도 포기, 디자인학원을 다니며 자신의 곡을 틈틈이 만들어 간다.

잠깐 은행에서도 일했던 그는 알제리 사막에서 병역복무를 하였는데, 훈련을 마치고 돌아온 그를 본 동료 병사가 사막의 라마Lama 같다고 놀렸고 이는 그의 예명이 되었다.

파리도 돌아온 후, 1964년에 미레유Mireille 샹송음악원에서 피아니스트 재키 벨라드Jackie Baillard를 만나 음악을 만들었고, 여러 오디션 후 레크뤼즈L'Écluse 카바레의 무대에 섰다. 거기서 최고의 스타 바르바라Barbara의 피아니스트 릴리앙 베네리Liliane Benelli를 만나 사랑에 빠진다.

재능을 인정받아 첫 레코드 《L'Humanité 휴머니티》를 내고, 보비노Bobino 극장에서 브라상스와 바르바라의 찬조 출연으로 무대에 서게 된다.

1965년 여름에는 마르셀 아몽Marcel Amont의 찬조 출연으로 지방 순회공연을 다녔다. 그러나 8월 12일 밤 액상 프로방스 부근에서 교통사고를 일으켜, 운전하던 앙리꼬 마샤스Enrico Macias의 형제 장-클로드 마샤스Jean-Claude Macias와 약혼녀이자 피아노 반주자 릴리앙 베네리는 죽고, 자신은 큰 중상을 입는다. 12월 7일 올랭피아 극장에서는 그의 투병을 돕고 재기를 기원하는 공연이 열렸으며, 브라상스, 마르셀 아몽, 바르바라, 앙리꼬 마샤스 등이 동참했다.

오랜 투병 끝에 레코드 《Les Ballons Rouges 빨간 풍선》을 발표하고 1967년 10월 말 올랭피아 극장에서 나나 무스꾸리Nana Mouskouri의 오프닝 무대에 섰다.

첫 LP 《D'Aventures en Aventures 모험과 모험, 1968》은 이듬해 ACC 디스크대상을 수상하고, 앙띠브D'Antibes 콩쿠르에서 자작곡 〈Une Ile 섬〉으로 우승한다.

1971년에는 연인이자 음악적 반려자 알리스 도나Alice Dona가 작곡한 〈Un Jardin Sur la Terre 대지의 정원〉으로 유로비전 송 콘테스트에 프랑스 대표로 출전, 10위를 기록한다.

Je Suie Malade

1973 | Philips | 812 820-2

1. Je Suis Malade
2. Les Glycines
3. La Chanson des Pécheurs
4. La Fronde
5. La Crise de Nerfs
6. Dans l'Espace
7. La Chanteuse a 20 Ans
8. L'Enfant d'un Autre
9. Les P'tites Femmes de Pigalle
10. Mariages d'un Jour
11. À Chaque Son de Cloche
12. Le Gibier Manque et les Femmes Sont Rares

네 번째 앨범이자 타이틀 명곡을 수록한 《Je Suie Malade 나는 아파요, 1973》를 발표하며 20여 년 전의 오랜 꿈이었던 올랭피아 극장의 그랑 브데트Grande Vedette가 되었다. 그의 대명사가 된 타이틀곡은 마치 그가 교통사고로 약혼녀

를 떠나보내고 병상에서 괴로워했던 심경을 담은 것처럼 절절히 슬픔에 사무친다. 이후 이 곡은 많은 후배 가수들에 의해 커버되었고, 작곡자 알리스 도나 Alice Dona도 그녀의 앨범에서 불렀다.

나는 이제 꿈도 꾸지 않아. 담배도 피울 수 없어… 그대가 떠나갔을 때 내 인생도 멈췄네. 인생 따위는 없어… 이제 내가 어디로 가야 할지도 모르겠어. 그대는 곳곳에 있으니까… 그대의 육체에 내 피를 붓고, 그대가 잠들 때, 나는 죽은 새가 되네… 그대는 내게서 모든 노래를 빼앗아 갔네… 이 사랑으로 난 죽어가… 내 마음은 아파. 철조망으로 둘러싸여 있어. 듣고 있니? 나는 아파!

〈L'Enfant d'un Autre 이웃의 아이〉 역시 부재와 상실의 노래로, 세 살짜리 아이를 남겨두고 하늘로 떠나 버린 이웃 여인에 대한 사연이다. 막 자식을 잃은 아버지처럼 무력한 자신이 불행하다고 술회한다.

서글픈 시대의 반주곡 〈Mariages d'un Jour 원데이 결혼〉은 사랑에 대한 열정도 돈도 없이 팔려가듯 결혼을 하는 소녀들에 대한 연민이다.

1970년대의 또 다른 명곡이라 할 수 있는 《L'Enfant au Piano 피아노 치는 어린이, 1977》의 타이틀곡은 마치 〈L'Enfant d'un Autre 이웃의 아이〉의 뒷이야기처럼 보인다. 이미 연주곡으로도 우리에게 소개되어 친

숙한 멜로디인데, 이는 잃은 어머니의 안식을 위해 그리움을 담아 피아노를 연주하는 아이에 대한 찬가이다.

250회나 되는 콘서트 이후, 자크 브렐Jacques Brel(1929-1978) 헌정작 《Lama Chante Brel, 1979》을 발표했다.

Napoléon

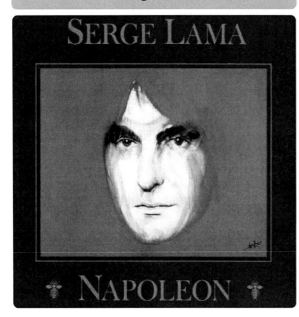

1982-84 | Mercury | 063 458

1. Ouverture
2. La Corse est un Bateau
3. Dans le Signe du Lion
4. La Plus Belle de Paris
5. La Guerre, la Guerre
6. Debout Tous
7. Lettre à Joséphine
8. Méfiez-Vous des Servantes
9. Le Pont d'Arcole
10. Vingt Batailles Gagnées
11. Les Incroyables
12. Frappe, Frappe, Frappe
13. Cela M'Ennuie Tous Ces Cortèges
14. Malmaison
15. À Quarante Ans
16. J'Assume Tout
17. Un Trône C'est Quoi?
18. Le Petit Pape
19. Je N'ai Pas Volé la Couronne

1. La Crainte et les Intérêts
2. On Va Leur Percer la Flanc
3. Napoléon a Dit
4. Soldats, Je Suis Content
5. Austerlitz, Ce N'est Plus Qu'un Rêve
6. Si J'Avais un Enfant d'Elle
7. Moi, Je Me Porte Bien
8. Répudiation de Joséphine
9. Marie la Polonaise
10. Petit Bonhomme
11. La Complainte du Soldat
12. La Retraite de Russie
13. Y'a-T-Il Quelqu'un Qui M'Aime
14. Les Charognards
15. Sainte-Hélène
16. Napoléoné
17. Le Mémorial
18. La Montholon
19. Il N'a Pas Vole la Couronne
20. Comme Toujours 'Le Retour des Cendres'

1980년에는 클로드 를루슈Claude Lelouch의 영화 「Alors… Heureux? 그래 행복한가?」에 출연한 그는 10월에 그는 《Souvenirs… Attention… Danger! 추억, 경고, 위험》을 내고, 이듬해 팔레드콩그레Palais des Congrès에서 무려 2개월이 넘게 33만 명이 넘는 팬들과 콘서트에서 만났다. 게다가 프랑스 전역으로 그리고 캐나다까지 그의 투어는 연장되었고 이는 9월까지 계속되었다.

거의 한 해를 대중들 앞에서 노래했던 그는 다음 앨범을 구상했는데, 바로 프랑스의 영웅 나폴레옹Napoleon Bonaparte(1769~1821)의 일대기를 그린 것이었다.

프랑스령 외딴섬 코르시카에서 출생하여 가난과 설움을 딛고 사관학교를 졸업, 16세의 나이에 장교로 임관하면서부터 천재적인 지략으로 마흔 번의 전투에서 승리하고 결국 황제의 자리에 오른 나폴레옹의 사랑과 배신 그리고 죽음으로 이어지는 화무십일홍花無十日紅의 삶을 장대한 스케일로 써내려갔다.

그가 교통사고로 인해 병상에 있을 때부터 오랜 음악적 반려자가 되어주었던 여성 작곡가 이브 질베르Yves Gilbert가 작곡했다.

이 웅장한 오디세이는 《De Bonaparte À Napoléon 보나파르트에서 나폴레옹이 되기까지, 1982》로 발표, 그리고 후속작 《Marie la Polonaise 폴로네즈를 추는 마리, 1984》를 완성한다. 자크 로즈니Jacques Rosny가 연출을 맡은 2시간 35분여의 뮤지컬은 1984년 9월 20일부터 1986년 6월에 이르기까지 샹젤리제에 소재한 마리니 극장에서 상연되었으며, 이후 프랑스 전역을 돌며 캐나다 투어에 이르기까지 총 백만 장 이상의 표가 판매되었다.

1989년에 CD로 분리되어 재발매된 음반조차 단시간에 절판될 정도로 인기작이었다. (2002년 2CD 합본되어 재발매) 이는 샹송 가수로서의 세르주 라마의 팬들과 뮤지컬 애호가들의 절대적인 지지를 받았던 터였기 때문이다.

베토벤Beethoven도 〈교향곡 3번 : 영웅〉을 통해 장대하고 남성적인 음악을 표출했던 만큼 프랑스인들에게는 나폴레옹이란 인물의 상징성은 대단한 것이었다. 프랑스 역사에 남겼던 행정체제와 시민개혁만으로도 위대한 지도자로 평가받는 그의 사랑과 열정은 젊은이들의 로망이기도 했다.

이 대작은 웅대한 클래시컬 연주와 남녀 코러스, 여배우 크리스틴 들라로슈Christine Delaroche와 라마의 노래로 채워져 있는데, 스토리텔링 앨범이므로 전체를 청취할 것을 권한다.

〈Lettre à Joséphine 조제핀에게 편지를〉은 그리움에 사무치는 연가로, 맑은 피아노에 이은 포근한 오케스트라의 연주가 따사롭다. 전투 중 첫 부인 조제핀에게 사랑을 전하는 내용이다.

…조제핀에게 편지를 쓰네. 당신의 부재는 내 심장을 울부짖게 하고 불타게 하네… 난 작은 군인이고 미미한 존재야. 그대는 작고 예쁜 배, 전투를 향한 내 마음의 중앙에는 당신 조제핀이 있네. 기함으로 승리를 빼앗아 당신에게 바치리… 나는 내 영혼 조제핀에게 편지를 쓰네. 당신을 암살할 자는 이제 없어… 더 이상 길게 쓰는 것은 나를 악화시킬 뿐이야. 당신의 지지자가 나를 불타오르게 하거나 부수거나 죽일지라도, 강력한 폭력의 욕설이라도 좋으니 제발 답장을 해줘. 오 정말 사랑하는 당신, 당신의 모습은 내게 깃발처럼 아른거려. 당신의 육체는 내 칼이요, 내 인생이며, 내 마음이고 피부야.

비애에 잠긴 피아노 협주곡 〈Malmaison 말메종〉은 조제핀과의 불꽃같은 사랑을 나누던 가장 아름다운 시절을 보냈던 장소로, 나폴레옹이 엘바섬으로 유배된 후 후세를 낳지 못해 이혼한 조제핀이 쓸쓸히 죽음을 맞이했던 곳이기도 하다. 워털루 전투 이후 말메종을 방문, 눈물을 흘리며 토했던 탄식이 느껴진다. 뜨거운 가슴을 지닌 인간으로서의 나폴레옹이 느껴지는 대목이다.

말메종, 정원, 욕조, 등나무가 있는 나의 집, 조제핀 당신의 집, 유령의 날개, 순백의 꿈, 골목길, 그리고 흔들리는 덤불, 여인상, 당신의 크리스털 미소, 질식할 듯한 꿈, 당신의 돛에 바람이 이네. 흰색 매트를 깔고 저녁식사를 즐기지, 이것은 정말 아름다운 장식과도 같지, 당신의 신경을 거스르는 영양들, 더 이상 음탕하지도 않고 공황에 빠진 여인이여, 당신은 내게 세상 끝의 종착지라네.

매우 낭만적인 클래식 춤곡 〈Marie la Polonaise 폴로네즈를 추는 마리〉는 나폴레옹 2세의 어머니이자 그의 두 번째 부인인 오스트리아 공주 마리 루이즈와의 만남을 그린 작품이다.

나의 간절한 폴로네즈, 장미꽃 한 다발, 나쁜 군중들 너머로 마리 당신은 빛을 발하네. 그대의 청초함에 나는 근접할 수 없어. 살굿빛 피부 아래 붉은 피가 흐르는 당신은 여신이야. 마리, 당신의 고통, 출발, 난 떠나. 경탄을 금치 못해 두렵기까지 해. 당신의 심장에 붉은 내 입술을 피우고 싶어. 나의 간절한 폴로네즈, 난 당신의 보석이 되고 싶어… 결국 당신의 입술에 키스하네. 결국 당신의 배를 꽉 움켜쥐네. 나의 폴로네즈를 용서해. 나는 늑대같이 배가 고파… 나의 꿈은 내 심장을 당신이 차지하는 거야. 대지의 마리, 당신의 그림자는 사랑의 태양이네. 신의 빛, 하늘에서 내려온 마리.
성스러움의 찬가 〈Petit Bonhomme 꼬마〉는 마리에게서 아들 나폴레옹 2세를 얻게 되는 기쁨을 노래했고, 전쟁에서 죽어가는 군인들을 위한 애도가 〈La Complainte du Soldat 병사의 애도〉는 서글픈 현악에 진군하는 마칭드럼의 행진과 힘찬 군가의 영광이 여성 코러스의 윤창으로 이어진다.

〈La Retraite de Russie 러시아에서의 퇴각〉은 짧은 휘파람에 이어 난관의 코러스와 오케스트레이션이 적막한 설원 속으로 무거운 발걸음을 옮긴다. 러시아 원정에서 실패하고 퇴각하는 영웅의 쓰라린 비통감이 웅장한 혼성 코러스와 함께 러시아풍의 서정적인 노래로 흐르는 명연이다.

슬픈 기념비여, 바람은 불고 종은 울리네, 흰 물결처럼 눈보라는 무덤을 덮네, 대지의 군사들 슬픈 주검들이여, 일어나라, 살아야 한다. 군복 밑으로 언 고드름, 슬픈 전설이여, 어제의 군대는 찾을 수 없네, 그림자, 도주로의 어둠, 깃발은 거추장스러울 뿐이지, 슬픈 후퇴여, 검은 북과 목멘 나팔, 패잔병의 무리 속에 어제의 찬란한 별과 제국의 모습은 온데간데없네!

피아노의 독특한 리듬에 떨리는 현악이 덧붙여지는 쓸쓸한 노래 〈Y'a-T-il Quelqu'un Qui M'Aime 내 사랑은 어디 있나〉는 패배 이후 형제에게도 배신당하고 자신의 곁에 아무도 없는 극한 외로움과 신에게조차 버림받은 듯한 신세를 한탄한다.

파도 소리와 함께 너무나 맑게 전개되는 〈Sainte-Hélène 생텔레느섬〉은 대서양 남쪽에 버려진 섬 세인트 헬레나에 유배되어 느끼는 회한을 바람결 같은 오케스트레이션으로 그렸다.

파도는 밀려오고 부서지네, 공기는 해롭고 습하지, 여기엔 더 이상 나의 확신은 없어, 검은 바위 위에 회색의 그림자가 드리우고, 내 죽음이 비치는 것을 본다네, 갈매기, 생텔레느섬은 너그러운 한 어린이로 만들지, 부디 사랑스러운 14살 시절로 날 돌려줘. 그러나 이젠 너무 늦었어, 생텔레느섬, 세상의 모든 푸르름이여!'

〈Comme Toujours 'Le Retour des Cendres' 달빛으로 돌아가는 날처럼〉은 나폴레옹의 죽음 후 영광을 기리는 추모곡으로, 박력이 넘치는 코러스와 오케스트라의 장대함이 감동을 남기는 결말이다.

'나의 사전엔 불가능이란 없다'라는 명언을 남긴 나폴레옹! 그리고 전투 중에 평야에 펼쳐진 클로버 평원에서 네잎클로버를 발견하고 목숨을 건졌다는 일화는 너무나 유명하다. 물론 이는 '행복을 밟고 행운을 택한 사나이'라는 폄하의 해석도 따라다니지만, 어쨌든 나폴레옹은 정말 진한 인생을 살았다.

지도자로서보다는 순수한 한 인간으로서의 희로애락이 더 부각된 이 전율의 대작은 세르주 라마의 음악 인생에서 1980년대를 대표하는 최고의 위업으로 기록되었다.
본작으로 1960년 이래 극장이사회에서 수여하는 브리가디에상Prix du Brigadier을 1985년에 수상했고, 1987년 프랑스 최고의 음악상인 Victoire de la Musique도 본작에 돌아갔다.

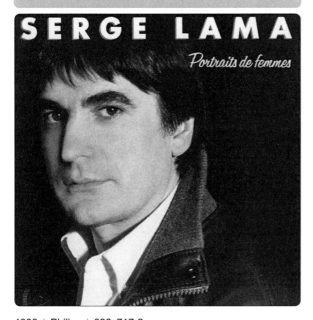

Portraits de Femmes

SERGE LAMA
Portraits de femmes

1986 | Philips | 826 717-2

1. Seul Avec Ma Cigarette (Le Porte-Briquet)
2. Je Vous Salue Marie
3. Pas Vraimambeau
4. Idees de Femmes
5. Maman Chauvier
6. Je Ne Me Sens Vrai Que sur la Scene
7. Dans les Yeux des Femmes
8. Portraits de Femmes
9. La Vie Simple et Tranquille
10. La Musique et L'amour
11. Fou D'elles et Dégouté Je les Aime
12. Encore une Heure Encore un Jour

그러나 나폴레옹 공연 중이던 1984년 12월 교통사고로 부친은 즉사하고 3개월 뒤 모친마저 숨을 거둔다. 가수로서 영광의 자리에 있었던 시기에 닥친 시련이었다. 이후 어머니에게 바치는 《Portraits de Femmes 여인의 초상, 1986》

이 뒤이었다.

상실의 슬픔이 잔잔히 전해지는 〈Maman Chauvi-er 엄마 쇼비에〉는 하늘로 떠난 모친에 올리는 전상서로, 자신의 어린 시절 추억을 끄집어낸다.

1950년에 난 일곱 살이었지, 난 빈민촌 두비비에 거리에 살았어, 가구가 딸린 한 방에 세 명, 우리 아버지는 오페레타에 있었어, 사람들은 그를 매력 왕자로 불렀고, 그는 거기서 겨우 몇 프랑을 벌었지. 아이를 사랑하는 쇼비에 엄마는 못마땅했어. 파리 7구 두비비에 거리 19번지에서… 우리는 대야에서 씻었고, 삶은 감자를 먹었지, 라디오는 내 머릿속에서 윙윙거렸네, 피아프, 아즈나부르, 베코… 하늘 꼭대기에 있다면, 엄마, 내 말이 들리나요? 이제 이해하시나요? 어떤 상도 한 번 받지 못한 아이의 허황된 꿈을, 비밀리에 사랑을 꿈꾸며 살았던 아이를… 빨간 풍선을 못 받았던 아이가 쇼비에 엄마를 사랑합니다.

참고로 가사 속 1950년은 외동아들인 라마가 보르도에서 파리로 간 부모와 처음으로 떨어져 6개월간 할머니에 맡겨진 후 파리로 간 해이다. 또한 빨간 풍선Les Ballons Rouges은 그의 1967년 발표곡으로 '난 아무것도 받지 못했네, 그래서 난 아무것도 줄 수 없었네, 하지만 난 내가 원하는 걸 했네'라 노래했던, 가난한 유년을 대유하는 것이었다.

〈Encore une Heure Encore un Jour 한 시간만 더 하루만 더〉는 슬픈 피아노협주곡이다. 이는 온정 없는 무관심 속에서 무력한 고독과 더러운 어둠으로부터 한 시간만 더 하루만 더 살게 도와달라는 한 여인의 처절한 외침을 노래한 것으로, 그녀의 모습을 닮은 사람이 있다고 노래한다.

후속작 《Je T'Aime 사랑해, 1987》의 타이틀곡은 끓어오르는 열망과 헌신에 대한 사랑의 찬가였다. 전작과 함께 그리 성공을 거두진 못했지만, 1980년대 후반을 대표하는 그의 명곡들이다.

Pluri (Elles)

2003 | WEA | 25646-1180

1. Je Voudrais Tant Que Tu Sois Là
2. Les Ballons Rouges
3. Le 15 Juillet À5 Heures
4. L'Enfant d'un Autre
5. Je Suis Malade
6. Une Ile
7. Une Petite Cantate
8. Quand on Revient de Là
9. Femme, Femme, Femme
10. D'Aventures en Aventures
11. Les Poètes
12. Je T'Aime a la Folie

1990년대 초는 변화의 시기였다. 「La Facture 송장, 1991」 과 「Toâ 토아, 1993」 등 연극에 집중했다.

스튜디오 앨범 《Lama, 1994》로 다시 음악계로 돌아온 후, 2003년에 이순耳順을 기념하는 베스트 《Pluri (Elles)》에서 많은 여성 가수를 초대하여 히트곡들을 불렀다.

고전들은 현대적인 감각으로 재편곡되었으며, 담담하고도 남성적인 라마의 목소리에 다양한 음색의 여자가수들이 함께하여 대화하는 듯한 드라마의 호소력은 배가되어 감흥을 전달한다.

첫 곡 〈Je Voudrais Tant Que Tu Sois Là 난 당신이 그곳에 있길 원해〉는 《L'Enfant au Piano, 1977》에 수록된 곡이다. 여배우 애니 지라르도Annie Girardot(1931~2011)의 연륜이 느껴지는 낭송에, 다소 우울하면서도 따스한 오르간 사운드와 연민 섞인 아코디언의 연주가 아름답게 배합되었다. 원곡은 아르페지오 기타 반주와 온풍의 아코디언으로 시큰한 애수를 자아낸다.

…난 당신이 그곳에 있길 원해. 나의 희망이야, 당신이 나와 함께 하루를 보낼 수 있다면 그 가격을 지불하겠어. 나의 사막에는 꽃이 없어. 오아시스도 없고 바람도 불지 않아. 만약 당신이 여기 자주 온다면 내 마음은 풍성해질 텐데, 가난한 내 마음이여…

1967년 작인 〈Les Ballons Rouges 빨간 풍선〉은 단골 라이브 레퍼토리이면서 초기 히트곡이다. 현대적으로 탈바꿈한 서정적인 재즈 라운지풍의 편곡이 긴장감을 불러일으킨다. 무엇보다도 탁월한 가창력으로 인정받고 있는 라라 파비앙Lara Fabian이 참여하여 절묘한 하모니를 보여준다. 어린 시절의 추억과 동심을 상징하는, 잃어버린 빨간 풍선을 간절히 원한다는 내용이다.

〈Le 15 Juillet à 5 Heures 7월 15일 5시〉는 《D'Aventures en Aventures 모험 모험, 1968》 수록곡으로 젊은 여류 싱어송라이터인 레나 카Léna Ka가 투명하고도 맑은 보컬을 선사한다. 특정 시간과 얽힌 자신의 슬프고도 소중한 추억을 회상하며 색소폰의 진한 블루스가 도회지적인 감성을 창조하고 있다.

1973년 작 〈L'Enfant d'un Autre 이웃 아이〉는 라마의 깊은 목소리와 캐나다의 상송 가수 린다리메이Lynda Lemay의 팝 보컬이 엄마를 잃은 이웃 아이에 대한 애틋한 심정을 노래했다.

1973년도 명곡 〈Je Suis Malade 나는 아파〉는 당해 이 곡을 취입했던 달리다Dalida(1933-1987)의 음성과 가상 듀엣으로 편집했다. 담담한 라마의 보컬과 달리다의 북받치는 감정은 한 편의 드라마를 보는 듯하다. 특징적인 퍼커션의 리듬 위에 오케스트라가 슬픔의 깊이를 더한다.

〈Une Île 섬〉은 1969년 앙티브 콩쿠르 우승곡으로 1970년 동명의 앨범에 수록된 대표곡이다. 관조적인 노래의 섬 위로 피아노 임프로비제이션이 비처럼 내리고, 현악의 광활한 바람이 불어온다. 그리고 인도네시아 출신의 샹송 가수 앙군Anggun의 호소력 넘치는 허스키 보이스의 안개가 가득 뒤덮는다.

하늘과 물 사이의 섬, 사람도 없고 배도 지나지 않는 섬, 약간은 모욕적인 미개척지, 여행의 희망 없는 야생지… 이것은 광대한 바다를 향하고 있네, 기대와 욕망도 없이, 모든 것은 내 운명과 얼굴을 맞대네, 홀로, 더 많은 숲의 중심에는 나의 패배도 있지, 정복의 욕망도 없이 혼자서, 결국 나는 왜 내가 사랑하는 당신을 떠났는지 알았네… 잠자는 아이 같은 섬, 이것은 광대한 바다를 향하네, 내 복수를 보복하기 위해, 내 기억과 함께 혼자서, 죽음의 순간이 다가오네. 그것은 세인트헬레나섬 심장에 있네. 기쁨도 없고 사랑과 증오도 없는, 결국 나는 왜 내가 사랑하는 당신을 떠났는지 알았네.

〈Une Petite Cantate 작은 칸타타〉는 1965년에 발표된 바르바라Barbara(1930-1997)의 곡으로, 1970년대 활동했던 여가수 마리-폴레 벨르Marie-Paule Belle와 함께 노래했다. 본래 라마가 쓴 이 노래는 바르바라의 피아니스트이자 자신의 약혼녀였던 릴리앙 베네리Liliane Benelli를 향한 경의를 표한 곡이었다.

〈Quand on Revient de Là 거기서 돌아올 때〉는 《Feuille a Feuille 잎, 2001》에서 레나 카와 함께 자신을 힘들게 하는 감정들을 딛고 현실로 돌아오라는 메시지를 노래했는데, 본작에서는 이자벨 불레Isabelle Boulay가 레나 카를 대신했다. 두 버전 모두 록적인 비트가 가미되었는데, 은은한 원곡에 비해 시원스럽고도 호쾌한 편곡으로 구성되었다.

〈Femme, Femme, Femme 여자〉는 《Enfadolescence, 1978》에 수록된 곡으로, 여인들에게 긍정적인 힘을 실어주는 내용이다. 신세대 여성 5인조 그룹 Les L5의 다이내믹한 중창이 가세하여 원곡보다는 전혀 다른 흥겨운 감각을 전한다.

〈D'Aventures en Aventures 모험과 모험〉은 1968년 동명 타이틀곡으로, 엔조 엔조Enzo Enzo의 맑은 보컬이 일품이다. 하지만 이 작품은 의도적으로 LP를 듣는 듯한 노이즈를 삽입하여 과거의 향수에 빠지게 된다. 사랑하는 이를 찾아 떠나는 여정을 그렸다.

《Feuille a Feuille 잎새, 2001》에 수록된 〈Les Poètes 시인〉은 하모니카의 발랄함이 좋은 선곡으로 로리Lorie의 소녀다움이 묻어나는 하이톤에 라마의 깊은 연륜의 따스함이 잘 어울린다. 이는 사랑하는 시인의 연약한 심상에 보내는 답사로, 원곡에는 질감이 다른 담백한 기타와 중후한 첼로 합주로 연주되었다.

〈Je T'Aime a la Folie 미치도록 당신을 사랑해〉는 《La Vie Lilas 라일락 향기의 삶, 1975》에 수록된 낭만적인 넘버로, 5명으로 구성된 10대 소녀그룹 Sweet Generation이 참여하여 더욱 달콤함을 남긴다.

그의 주옥같은 명작들을 여성들과 함께 현대적인 향취로 느낄 수 있다는 장점은 즉각 갈채를 얻어냈다.

L'Âge d'Horizons

SERGE LAMA
L'ÂGE D'HORIZONS

2008 | Warner | 2564693157

1. D'Où Qu'on Parte
2. J'Espère
3. Les Hommes et les Femmes
4. Les Filles d'Abraham
5. Une Histoire de Rien
6. Grosso Modo
7. J'Arrive a l'Heure (Le Cocotier)
8. Accident d'Amour
9. Alors Que l'On S'Est Tant Aimés
10. Que Viva Vivaldi
11. Socrate
12. Verbaudrimlaine (& Gélisdéa Tomassi)
13. La Lampe a Pétrole
14. Objets Hétéroclites
15. Cathy (& Marie Christophe)
16. L'Âge d'Horizons

65세 때 발표한 《L'Âge d'Horizons 시대의 지평》에서도

맑고 강직한 그의 목소리는 여전하다. 자신이 모든 곡을 작사했으며, 세 작곡가의 협력으로 샹송 특유의 낭만과 우수를 불어넣고 있다. 이는 시대가 변한 인생의 후반기에서 인생을 돌이켜 보며 느끼는 진솔한 감정의 에세이이다.

비장하고도 격정적인 현악의 〈D'Où Qu'on Parte 우리가 가는 곳으로부터〉는 덧없고 무상한 인생을 바라보며 그럼에도 그는 노력하고 전진해야 한다는 삶의 의미를 덧붙인다.

…우리가 가는 곳으로부터, 신들은 홀로 불멸을 유지하겠지, 이러한 곳에서 우리는 미상으로 남을 거야, 전진하라 오랜 아기집이여, 전진하라, 오랜 태아여, 요람으로부터 영광으로, 영광으로부터 먼지로.

부드러운 서정의 〈J'Espère 나는 희망하네〉는 항상 자식을 방어해 주었던 부모와 이별한 후, 그들의 침묵과 상실감으로 아파하는 심정이 그려진다.

…나는 덫에 걸린 늑대가 된 것 같네, 기찻길 중간에서 파업한 철도와 같네, 내가 쓸모가 없어진 느낌이야, 마치 입고 있던 옷마저 전부 벗겨진 느낌이네.

활력 있는 〈Les Hommes et les Femmes 남과 여〉는 달콤한 남녀 코러스, 경쾌한 아코디언과 기타 연주로 남녀 간의 차이와 조화를 귀띔해 주고 있다. 분석적이고 재치 있는 가사에 동감이 간다.

여자는 장미를, 남자는 꿈을 사랑해. 여성은 일을, 남성은 탐험을 좋아해, 여성은 폭풍을, 남성은 불을 두려워하지. 여성은 용기, 남성은 호기심이야. 여자는 해변을, 남성은 게임을 좋아해… 여성은 감촉을 느끼고, 남자는 생각에 몰두하지, 여성은 기쁨을, 남성은 승리를 추구해. 여성은 어머니고, 남성은 아이야. 여성은 봉사를, 남성은 영광을… 여성은 드라마를, 남성은 박수를 꿈꾸지. 여자는 섬, 남자는 배. 연약한 여성, 건장한 남성… 이 둘이 대적하면, 그것은 지옥이야, 하나님이 화해시켜야 하지. 이 둘이 합심한다면, 그건 비행이고 활활 날아오를 거야.

거룩한 기도로 자신의 사랑을 실천하는 여성들을 위한 찬미가 〈Les Filles d'Abraham 아브라함의 딸〉은 애틋한 아코디언 연주가 귀를 사로잡는다.

잔잔한 피아노 발라드 〈Une Histoire de Rien 아무것도 아닌 이야기〉 역시 자식을 위해 지원을 아끼지 않는 여성의 삶을 칭송하는 노래이다.

엄중한 분위기의 〈J'Arrive a l'Heure 나는 지금 도착했네〉에서는 인생을 살아가며 사랑에 지치고 더 이상 행복하지 않을 때, 여름이 가고 겨울이 왔을 때, 그 슬픔을 위해 더 많은 사랑과 친구가 필요하다고 고백한다.

침울한 서정의 늪에 빠뜨리는 〈Alors Que l'On S'Est Tant Aimés 반면 하나는 너무 사랑했네〉는 남녀의 비균형적 사랑 이야기로, 상대를 향한 집착과 질투가 더 사랑을 쓸쓸하게 만든다고 노래한다.

싱어송라이터 세르지오 토마시Sergio Tomassi의 낭송으로 시작되는 〈Socrate 소크라테스〉는 마치 안개 낀 밤하늘 아래 정원을 배경으로 한 연극 한 장면을 보는 듯하다. 우울한 플루트의 랩소디가 자욱한 가운데서, 불행했던 유년 시절을 거치며 사랑을 알아가는 젊은 인생을 회상하고 있다.

발레리나, 피아니스트, 배우로 활동하고 있는 소녀 제리스데아 토마시Gélisdéa Tomassi와 함께 부른 〈Verbaudrimlaine 베르보랭렌〉은 우리를 맑은 동심의 세계로 초대한다. '예술은 그들의 시를 결정화한다'라는 가사에서 유추하면, 제목은 프랑스의 대표적 상징주의 작가 폴 베를렌Paul Verlaine과 아르튀르 랭보Arthur Rimbaud의 이름을 합성한 것으로 보인다.

〈La Lampe a Pétrole 오일 램프〉는 잔잔한 피아노 왈츠로 그 감미로운 서정을 들려준다. 약혼자를 전쟁에 보내고 조용히 다락방에서 램프에 의지하여 바느질로 세월을 보냈던 한 여인의 가엾은 사연이다.

배우 마리 크리스토프Marie Christophe와의 듀엣곡 〈Cathy〉는 대화형으로 작성된 가사가 이채롭다. 사랑과 믿음에 흠뻑 빠진 캐시에게 그의 연인을 질투하고 있는 대화는 무척이나 포근하고 낭만적이다.

인생에 있어서 황금의 시대에 도달한 것에 대한 환영과 긍정과 감사의 의미를 부여하고 있는 본작은 단순한 음악 이상의 의미를 생각해 보게 하는 시간이다.

녹음 기간에 20년간 그의 곁을 지켜주었던 아내와 사별하고 발표한 《Où Sont Passés Nos Rêves 우리의 꿈은 어디로 가나, 2016》에는 카를라 브루니Carla Bruni, 프랜시스 카브렐Francis Cabrel, 줄리앙 클레르Julien Clerc, 칼로제로Calogero, 아다모Adamo, 막심레포레스티에Maxime Le Forestier, 패트릭 브뤼엘Patrick Bruel 등 많은 동료 가수들의 작곡으로 채웠다.

2021년 78번째 생일을 기념하며 그의 비서이자 매니저와 결혼했고, 24번째 스튜디오 앨범 《Aimer 사랑, 2022》을 끝으로 은퇴를 선언했다.

마리차 강변의 예예 소녀
Sylvie Vartan ● 실비 바르탕

compil album 《Sylvie Vartan》

그녀의 앨범 커버를 보고 있으면, 여아들의 친구였던 미미 인형이 떠오른다.

본명이 실비 조르주 바르타니안Sylvie Georges Vartanian인 실비 바르탕은 1944년생으로, 불가리아에서 태어났다. 부친은 프랑스 대사관에서 일했다. 태어나자마자 소련군이 불가리아를 침공하며 소피아로 이사했으며, 8세 때 아버지 친구인 영화감독의 제안으로, 오스만 점령에 저항하는 불가리아 반군에 대한 영화 「Pod Igoto, 1952」에 여학생을 맡으며 연예인에 대한 꿈을 가진다.

전쟁 후 고국의 어려움으로 가족은 파리로 이주했고 부친은 가족부양으로 상점에서 일했으며 몇 년간을 싱글룸에서 살았다. 어린 실비는 어려운 환경 속에서도 열심히 공부했으며 1960년에 되어서야 겨우 아파트에 살 수 있었다.

10대 시절 실비의 오빠 에디 바르탕Eddie Vartan(1937-2001)이 Blue Note를 포함한 파리 재즈 클럽에서 트럼펫 연주자로 일했기에, 재즈를 비롯한 음악은 자연스럽게 관심사가 되었으며, 미국의 로큰롤 가수 Brenda Lee, Bill Haley, Elvis Presley는 그녀의 우상이었다.

1961년 오빠는 법학 공부를 포기하고 Decca Records의 풀타임 음악가로 일했는데, 그는 실비에게 프랑스 로큰롤 가수 프랭키 조던Frankie Jordan의 〈Panne d'Essence 연료부족〉에 참여시켰다. 이 노래는 프랑스 TV에 첫 출연 기회를 주었으며, 저널리스트들은 그녀를 '트위스트 여학생'이라 소개한다. 고등학교를 졸업하고 데카 레코드와 계약한 그녀는 첫 EP를 발매함과 동시에 파리 올랭피아 홀에서 열린 첫 콘서트를 열었다.

이듬해 7월 질베르 베코Gilbert Bécaud(1927-2001)와 순회공연을 다녔으며, 1962년 히트 싱글 〈The Loco-Motion〉과 함께, 이가 수록된 첫 LP 《Sylvie, 1962》를 발표한다. 물론 그녀의 음악 인생에는 자신의 악단을 꾸렸던 오빠가 작곡가로서 연주자로서 함께했다.

Sylvie

1962 | BMG | ND 75059

1. Moi Je Pense Encore a Toi
2. Quand le Film est Triste
3. L'Amour C'est Aimer la Vie
4. Baby c'est Vous
5. Les Vacances Se Suivent
6. Dansons
7. Le Loco-Motion
8. M'amuser
9. Tous Mes Copains
10. Gong-Gong
11. Comme l'Été Dernier
12. Ne le Déçois Pas
13. Cri de Ma Vie
14. Est-ce Que Tu le Sais

트위스트 여학생 실비 바르탕의 역사적인 데뷔작이다.
그녀의 오빠가 작곡한 두 곡 〈Les Vacances Se Suivent 휴가는 서로를 이어주지〉와 〈M'Amuser 재미있게 보내〉 등 3곡을 제외하면 모두 번안곡으로, 인기몰이 중이던 미국의 재즈, 로큰롤과 트위스트를 재빨리 프랑스에 소개했다. 물론 대부분이 이전에 싱글로 발표했거나 이후에 싱글로 커트되었다. 1960년대 초 흑백 시대의 향수로 몰고 가는 흥거운 리듬을 그녀의 음성으로 듣고 있으면, 발바닥에 윤이 날 것도 같다.

첫 곡 〈Moi Je Pense Encore a Toi 난 아직도 널 생각해〉는 미국 가수 Neil Sedaka의 1962년 히트곡 〈Breaking Up is Hard to Do〉이며, 전년에 발표한 〈Quand le Film est Triste 영화가 슬플 때〉는 미국 여자 팝 싱어 Sue Thompson의 1961년 작 〈Sad Movies〉이다.

미국 걸그룹 The Shirelles의 노래는 3곡을 수록하였다. 1960년 작 〈Love is a Swingin' Thing〉을 노래한 〈L'Amour C'est Aimer la Vie 사랑은 인생을 애모하는 것〉, 비틀즈도 취입한 1961년 작 〈Baby It's You〉의 번안 〈Baby C'est Vous〉, 1962년 작인 〈Putty in Your Hands〉을 부른 〈Ne Le Déçois Pas 실망시키지 마〉가 그것이다.

미국 팝 록 가수 Chris Montez의 1962년 히트곡 〈Let's Dance〉의 〈Dansons〉, 여성 트리오 The Ikettes의 1961년 히트곡 〈I'm Blue〉를 귀엽고 빠르게 부른 〈Gong-gong〉, 미국 로큰롤 가수 Chubby Checker의 1962년 발표곡 〈Dancin' Party〉의 〈Comme L'été Dernier 지난여름처럼〉, 미국 싱어송라이터 Roy Orbi-son(1936-1988)의 1962년 작 〈Dream Baby〉의 〈Cri de Ma Vie 내 인생의 외침〉 그리고 전년 말 첫 라이브에 선보였던 맹인 가수 Ray Charles(1930-2004)의 〈What'd I Say〉를 부른 〈Est-ce Que Tu Le Sais 넌 알고 있니〉를 수록하고 있다.

굳이 대표곡을 뽑으라면 미국 여가수 Little Eva(1943-2003)의 1962년 히트곡 〈The Loco-Motion〉을 들 수 있다.

기대와 여흥으로 가득한 청춘 열차의 차장이 된 듯 흥분을 감추지 못하는 그녀의 풋풋하고도 싱그러운 보컬은 나팔바지와 스커트가 유행이던 과거로 시간을 돌려준다.

그녀를 히트 반열에 세운 〈Tous Mes Copains 모든 내 친구〉는 프랑스 싱어송라이터 장-자크 데뷔Jean Jacques Debout의 곡으로, 연주로는 프랑스 재즈 아티스트 로비 데이비스Roby Davis Et Son Orchestre가 1960년에 취입한 기록이 있다. 차분하면서도 다소 쓸쓸한 서정에 코러스와 전자오르간의 향수가 더해지면서 옛 사진앨범을 들추게 한다. 낮과 밤을 같이 보내며 꿈을 이야기했던 단짝들이 각자의 길로 성장하며 헤어지는 것에 대한 감정이 촉촉하다.

영화에서 작은 배역으로 성인 연기에 도전한 후, 두 번째 앨범 《Twiste et Chante, 1963》가 발표되었는데, 미국의 싱어송라이터 Paul Anka가 작곡하고 5월에 영국 가수 Jimmy Cassi-dy가 취입한 〈(I'm Watch-ing) Every Little Move You Make〉을 프랑스어로 번안한 〈Je Ne Vois Que Toi 난 너만 보여〉가 수록되었으며, 영어로 부른 〈I'm Watching You〉도 싱글로 발표했다. 귀여운 아가씨의 도발적인 질투가 생생하다.

이 많은 사람들 중에 너만 보여, 네가 떠난 걸 누가 알기나 하겠어? 너랑 그 여자만 보여! 너와 춤추는 사람, 나를 대신한 사람, 네가 춤출 때마다 네가 보여, 웃을 때마다, 지나갈 때마다, 거기 내 앞에! 그때마다 나는 나 자신에게 말해, 너와 나는 이제 끝났고 너를 잊는 게 낫다고, 하지만 난 못

해, 그래도 난 너만 보여, 둘이 얘기하고 있잖아, 행복해 보이는데 마음이 아파, 난 너만 보여, 너도 눈치 보잖아, 하지만 넌 괴롭지도 않고 상관도 안 해…

1963년 말 그녀는 청춘스타 조니 알리데이Johnny Hallyday(1943-2017)와 함께 프랑스를 여행하고, 영화 「D'où viens-tu, Johnny? 쟈니, 넌 어디서 왔니, 1963」에서 그와 함께 주연을 맡았으며, 라디오를 통해 약혼을 발표한다.

이 커플은 파리에서 20만 명의 관중 앞에서 공연을 가졌으며, 1964년 11월 그녀는 올랭피아에서 비틀즈와 함께 공연했다. 12월에 알리데이가 군 복무를 위해 입대했으며, 1965년에 부부가 되었다.

그녀는 점점 번안곡보다는 오리지널 곡의 비중을 늘려갔다.

트위스트와 로큰롤로 대표되는 초기작 중 하나 《Il Y A Deux Filles En Moi 내 안에는 두 소녀가 있네, 1966》는 5번째 앨범으로, 아직 소녀티를 간직한 타이틀곡이 너무나 서정적이다.

내 안에는 두 소녀가 있네, 기쁨을 노래하는 소녀와 조용히 우는 소녀. '넌 날 사랑해'라고 말하는 한 소녀와 그걸 의심하는 또 다른 소녀. 둘 다 안타까워. 한 소녀는 '난 행운이야, 그에 대한 많은 사랑을 가지고 있지, 내 마음에 믿음이 있네'라며 그가 돌아오기를 기다리지. 다른 한 소녀는 '내일이 되어도 그는 나한테 돌아오지 않을 거야, 집은 삭막해지고, 삶은 끝나겠지'라 말하네, 하지만 그 사랑은 같은걸, 둘 다 너만 사랑하는걸.

후속작 《2'35 de Bonheur 행복의 2'35, 1967》에는 〈Deux Mains 두 손〉의 간절함이 투명하고도 따스한 감정을 남긴다. 그녀는 두 손을 모아 사랑에 밤과 낮을 잊도록 그리고 작별하지 않 도록 기도한다.

〈Un Enfant Sans Soleil 태양이 없는 아이〉의 전원적이고도 로맨틱한 음악 광경은 그야말로 초원의 집이다.

그의 집 앞을 지나갔네, 태양이 없는 아이, 그는 밝은 눈과 금발머리를 가졌지, 난 시골에서 돌아오는 중이었고, 여전히 어지러운 한여름이었지. 그날 이후 내 인생은 어느 정도 변했어, 곤경에 처하더라도 대수롭지 않게 여겼네, 태양이 없는 아이를 보며.

간절함을 전해주는 〈Par Amour, Par Pitié 사랑으로, 연민으로〉는 드럼과 키보드 연주가 향수에 젖게 한다.

…나를 사랑해 준 너, 내가 상처받은 걸 아는 너, 그런 네가 없는 망가진 내 삶으로, 너에게 부르짖네, 자비를 베풀어줘, 사랑으로, 연민으로…

Comme un Garçon

1967 | BMG | 781 985

1. Comme un Garçon
2. Elle Est Partie
3. Nuit De Neige
4. Quel Effet Ça M'a Fait
5. L'Enfant aux Papillons
6. Le Jour Qui Vient
7. Le Testament
8. L'Oiseau
9. Sur un Fil
10. Un Soir Par Hasard
11. Katamango
12. Le Kid

프랑스의 성性 혁명이 절정에 달했던 1967년 또 하나의 앨범 《Comme un Garçon 소년처럼》을 발표했다.

명랑한 타이틀곡 〈Comme un Garçon 소년처럼〉은 미니스커트와 바지를 입는 여성과 긴 머리 혁명의 남성이 거리를 활보하는 시대적 풍경을 묘사한다. 작곡자 장-자크 데뷔Jean -Jacques Debout가 파리로 택시를 타고 가던 중 오토바이를 탄 여성이 택시를 추월하자 택시운전사가 '요즘 여자들은 남자들과 같아'라고 말 한 것에 아이디 어를 얻어 작곡했다고 한다.

…소년처럼 난 긴 머리를 가졌지, 소년처럼 재킷을 입고 큰 목걸이를 하고 큰 허리띠를 하지. 소년처럼 넌 조심성 없고, 편안해. 하지만 너와 함께라면 소년처럼 굴 수 없어. 난 어린 소녀고, 나와 함께 네가 하고 싶은 대로 해, 난 어린 소녀고, 이게 나야.

⟨Elle Est Partie 그녀가 사라졌네⟩는 인도풍의 발라드로, 새로운 인생과 행복을 찾아 가출하는 소녀의 이야기를 그렸다.

⟨Nuit de Neige 눈 내리는 밤⟩에서는 화이트 크리스마스처럼 눈 내리는 날 연인과 함께하고픈 사랑의 꿈을 소망한다.

⟨L'Enfant Aux Papillons 나비의 아이⟩는 정원에서 나비가 춤출 수 있도록 바이올린을 연주하는 소년의 이야기로, 어느 아침 그는 죽었지만 정원에서 나비들이 여전히 노닌다는 구슬픈 동화를 들려준다.

…하늘에는 태양이 빛나고, 바이올린을 든 작은 천사는 검고 하얀 날개를 펄럭이며, 나비들과 함께 노래하고 춤추네.

⟨Le Testament 유언장⟩은 처량한 소녀가 꿈속에서 자신의 유언장을 읽는 이야기로, 네 가지 소원에 대해 노래한다. 부모에는 첫 말과 미소와 울음을, 친구들에게는 고난을 겪을 기회를, 적들에게는 거짓말을 할 기회를, 그리고 자신에게는 첫 키스와 첫 후회를 주었지만 눈물과 피로 적은 연애편지를 남긴다는 유언이다.

⟨Un Soir Par Hasard 어느 날 저녁 우연히⟩는 처연함이 촉촉한 포크 발라드로, 어느 날 저녁 우연히 사랑에 빠지고 헤어진 첫사랑의 추억을 잊지 못하는 아련함이 잔잔하다.

La Maritza

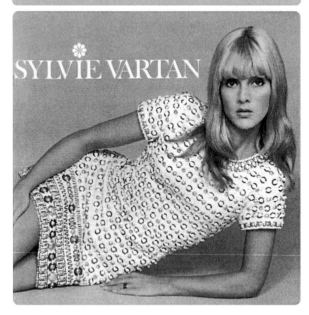

1968 | BMG | BVCP 1063

1. La Maritza
2. Un P'tit Peu Beaucoup
3. J'ai Caché le Soleil
4. Jolie Poupée
5. Irrésistiblement
6. On a Toutes Besoin d'un Homme
7. Face au Soleil
8. Deux Bateaux
9. Il Sait Revenir
10. Le Silence
11. Une Feuille d'Or

⟨La Maritza 마리차⟩는 '마리차 강변의 추억'이란 제목으로 우리에게 알려진 그녀의 상징이다. 불가리아에서 그리스-터키 국경을 따라 에게해로 흘러 들어가는 마리차강에 대한 기억을 떠올리며, 불가리아에서 태어나 8세까지 살았던 고국에 대한 향수를 노래한다.

센강이 당신의 강이듯이, 마리차는 나의 강입니다. 그러나 지금 기회 있을 때마다 그것을 회상하는 것은 나의 아버지 뿐. 처음 10년간의 추억은 나에겐 아무것도 남아 있지 않은 것입니다. 가엾은 인형과 옛날의 보잘것없는 후렴구 외에는 아무것도…. 내 강의 새들은 모두 우리에게 자유를 노래하고 있었습니다. 지평선이 훨씬 벌어졌을 때, 새들은 모두 희망의 길 위로 날아가고 있었습니다. 그리고 그 뒤를 쫓아 파리에 온 것입니다.[12]

〈J'ai Caché le Soleil 난 태양을 숨겨〉는 부드러운 태양을 향한 행진곡으로, 트럼펫의 팡파르가 화창함을 열어젖힌다.

…우리 사랑은 방금 폭풍을 겪었네, 아주 슬픈 여행이었지만, 모든 것은 멀리 달아났네, 내 사랑, 밤이 우리에게 끝없이 계속되길 원해, 태양을 네 손에 숨겨놨으니까, 그래 내가 태양을 훔쳤어, 놓치지 마.

〈Jolie Poupée 예쁜 인형〉의 달콤함도 지극히 황홀하다. 이는 더 이상 어린아이가 아닌 소녀와 인형의 대화로, 동심과의 작별이다.

그녀는 낡은 라탄 의자에 앉아 있었네, 귀여운 인형은 불평하는 목소리를 냈고, 크고 파란 눈은 매우 슬펐네, 그녀는 내게, 난 살아있는데 왜 버렸니, 난 널 용서하지 못해, 갑자기 날 잊어버린 거니? 이유를 말해봐! 라고 말했지. 난 컸는데, 넌 작아졌어, 내 나이의 소녀는 더 이상 너와 놀지 않아, 난 머물지 않고 성장했는걸, 나한테는 쓸모가 없어, 날 비난하지 마, 내 어린 소녀야, 예쁜 인형으로 운명을 받아들이렴. 너의 아름다운 왕국으로 돌아가렴, 예쁜 인형아.

〈Irrésistiblement 거부할 수 없이〉는 프랑수아즈 아르디 Françoise Hardy(1944-2024)와 '예예Yéyé'의 경쟁자로서 함께 했던 그녀에게 확고한 이미지를 심어준 대성공작이었다. 사랑을 향한 율동적이고 활

12) 박홍진 「이야기 샹송 칸초네 여행」,1995, 삼호, 225p 8~13

기찬 대항해가 찬란하다.

…바다가 바위를 때리는 것처럼, 무장해제 한 번 없이 완강히, 우리는 종종 불행에 직면하지, 하지만 사랑만이 우릴 구할 수 있어, 슬픔 뒤 기쁨이 찾아오듯, 겨울이 지나면 꽃 피는 계절이 오고, 모든 것이 죽어가고 있다고 여기는 순간, 사랑은 위대한 승리로 돌아오지. 모든 것이 날 끌어당기네, 전처럼 거부할 수 없이 너에게로, 거부할 수 없이 너를 느껴…

〈Le Silence 침묵〉은 사랑과 슬픔의 왈츠로, 물기 어린 그녀의 보컬이 점점 비극에 물든다.

처음부터 난 조용히 널 사랑했네, 그러나 날마다 넌 침묵했지, 수많은 불확실성과 눈물의 고통으로, 내 심장은 수명을 잃어갔어. 그러다 네가 침묵을 깨는 날이 왔지, 사랑의 대화로, 천 개의 행복으로, 수천의 기쁨과 눈물로, 내 심장은 수명을 잃어갔네, 사랑은 우리를 불태웠고, 내 영혼은 백 번이나 항복했지, 하지만 침묵이 깃든 날이 왔어, 처음처럼 넌 침묵했지, 더 많은 고통과 더 많은 눈물로, 침묵 속에서 내 인생은 망가졌어.

〈Une Feuille D'or 금빛 잎사귀〉에서는 쓸쓸한 추풍이 노랗게 물든 단풍을 휘몰아치듯 털어낸다.

젖은 땅에 금빛 잎사귀가 떨어졌네, 가을에 선사하는 여름의 마지막 숨결, 우리의 눈은 서로를 바라보았네, 말없이, 우리는 서로를 떠나야 해. 우린 자신을 방어하듯 두 몸을 감쌌지만, 시간은 자비가 없어, 꽃은 시들었고, 난 정말 많이 울었네, 금빛 잎사귀가 나의 상처받은 마음으로 떨어졌네, 널 닮은 잎사귀를 간직하려 가져왔지만, 내 손에서 부서졌네, 난 이해하지 못했어, 넌 돌아오지 않을 거야.

예쁜 커버로 발표한 후속작 《Aime Moi 날 사랑해 줘, 1970》에서는 〈Apprends-Moi 가르쳐 줘〉가 돋보인다. 사랑에 대한 욕망을 부드럽고 달콤한 코러스가 감싼다.

내 마음에는 꽃이 있네, 빼앗고 훔치고 싶은 사람… 난 사랑하는 방법을 몰라, 감히 이야기할 수도 없어, 그래 가르쳐 줘, 내 것이 되기 위해, 당신의 것이 되기 위해…

〈Entre Nuit et Jour 밤과 낮 사이〉에서 그녀의 보이스는 청자를 유혹하듯 꽤나 육감적인 전반과 자유롭고 힘 있는 후반이 대별된다.

… 우리는 밤과 낮 사이를 떠다니네, 따뜻한 사랑의 시간에. 우리 중 한 명이 잠들면, 다른 이가 지켜보지. 시간은 우리를 덮고, 우리는 계속 등을 대고 누웠네, 인생은 우리에게 한숨을 쉬게 해, 삶과 죽음 사이에서. 낮이 오거나 밤이 죽도록, 우리는 몇 시간 동안을 미끄러질 거야, 하루에서 다른 날로, 한 숨결에서 다른 호흡으로, 심장박동에서 심장박동으로, 나는 내 마음을 행복에 맡기네.

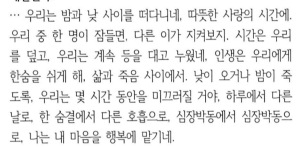

《Sympathie 연민, 1971》에서는 무거운 피아노의 발라드 〈Comme un Arbre Arraché 쓰러진 나무처럼〉이 애틋하다.

난 네가 필요해, 바다에 조수가 필요한 것처럼, 마음이 사랑받아야 하는 것처럼, 인간에게 희망이 있는 것처럼. 너 없는 난 엄마 없는 아이, 음조 없는 노래, 돌 없는 채석장, 음률 없는 시와 같지. 네가 필요해…

〈Parle-Moi de Ta Vie 네 인생을 말해줘〉에도 서정과 고독이 잔잔한 아지랑이처럼 피어오른다.

3년이 지났건만 어제 같네, 오늘 네게 편지를 쓴다면, 그건 내가 등을 기대고 있기 때문이야, 후회할 생각은 없지만, 가끔은 하고 있어, 네가 무엇을 하는지, 어떻게 시간을 보내는지 내게 써준다면, 네 사람과 하루에 대해 말해줘, 네 인생에 대해 말해줘, 네 사랑은 어디에 있나…

그리고 일본 라이선스에는 이태리에서 히트한 싱글 〈Caro Mozart 친애하는 모차르트〉가 수록되었다. 이는 모차르트의 〈Symphony No 40 in G minor KV550〉에 이태리어 가사를 붙인 것으로, 클래시컬한 연주에 부드러움과 강렬함을 조율하는 절창이 이어진다.

…친애하는 모차르트, 당신의 음악을 들으면, 모든 것을 잊어버려. 슬픔과 추악한 기억들, 비 오는 날들과 끝난 로맨스를. 나는 당신과 함께 머물고 싶어, 존재하지 않는 세상으로 날아가고파, 대기를 떨게 하는 당신의 음악은 위대한 마법을 담고 있기에, 당신의 환상이 지배하는 마법의 세계가 날 끌어들이네.

동경과 올랭피아의 라이브 앨범을 낸 후 발표한 《J'ai un Problème 문제가 있어, 1973》는 남편(1980년에 이혼)이자 프렌치 록의 제왕 조니 알리데이(Johnny Hallyday(1943-2017)와의 듀엣으로 타이틀을 포함한 두 곡을 수록했으며 히트했다.

안개 같은 코러스와 함께 감미로움이 특징적인 〈Va Si Tu l'Aimes 네 마음이라면 가〉는 실비만의 미묘하면서도 미혹하는 부분이 있다.

슬픔은 이야기하지 않았으면 해, 여기 있는 모든 것이 당신에 대해 나에게 이야기할 때, 나에게 손을 건네줘, 마지막으로 키스해 줘. 네 마음이라면 망설이지 말고 가, 널 더 이상

여기에 가두는 것은 아무것도 없어, 각자의 기쁨으로 고통
일 뿐. 때때로 내게 편지를 보내줘, 무엇보다 소식도 없이
날 떠나지 마, 난 항상 널 생각할 거야, 시트론의 모든 향기
와 함께…

⟨Non Je Ne Suis Plus la Meme 더 이상 예전 같지 않아⟩
의 드라마도 감성을 사로잡는다. 자신과 아이를
두고 떠나버렸지만, 아직도 그를 흠모하며 돌아오
길 바라는 미혼모의 마음이다.

⟨Mon Père 내 아버지⟩는 1970년에 여읜 부친에 대한 그리
움을 노래한 것이다. 불가리아에서 대사관의 행정관으로 일
하다, 전쟁으로 집이 국유화되고, 그녀가 8세 때 파리로 이
주하여 여관 싱글룸에 머물며 가족을 위해 식료품
판매상으로 일했던 부친은 실비가 열심히 공부하
게 된 자극이기도 했다.

…그는 전쟁에 관해 이야기하진 않았지만, 나의 영웅이었네,
그가 내 아버지란 사실은 너무 자랑스러워, 내가 불순종했
을 때, 그의 분노는 폭풍이 되었고, 난 1등을 했음에도 남
몰래 울었지, 우리의 장미 가시를 덮을 만큼 그의 부드러움
은 그 이상이었네, 그는 내가 포즈를 취하면, 서투르게 그림
을 그렸지, 나도 그와 같이 고집이 세다는 걸 알아, 나는 그
의 눈과 부드러운 옆모습을 가졌고, 그가 사랑했던 모든 걸
사랑해, 그는 내 친구이자 형제였으며, 어린 시절의 모든 추
억이었네, 그가 자주 그리워.

La Reine de Saba

1974 | BMG | 782 013

1. La Reine de Saba
2. Love is Blue
3. Hymne À L'amour
4. Les Feuilles Mortes
5. The Music Played
6. Les Moulins De Mon Cœur
7. Holidays
8. Rock'n Roll Man
9. Ne Me Quitte Pas
10. Bang Bang
11. Dadou Ron Ron
12. Qui Saura

본작은 국내에 세 차례나 라이선스로 소개된 그녀의 대표작
으로, 샹송의 명곡 레퍼토리들이 대거 포진해있다.
타이틀곡 ⟨La Reine de Saba 시바의 여왕⟩은 구약성서에
등장하는 인물로, 자신의 말을 듣지 않는 세대의 정죄를 위

해 먼 길을 달려와 이스라엘 솔로몬왕의 지혜를 얻고 돌아간 남방국 시바의 여왕을 주제로 했다. 미셸 로랑Michel Laurent(1944-2023)이 1967년에 발표한 것으로, 처량한 트롯 같은 원곡은 사랑하는 연인으로서 그녀의 귀환을 손꼽아 기다리는 듯하다. 실비의 노래는 마치 시바의 여왕이 솔로몬과 사랑에 빠져 고국을 저버릴까 염려하는 충직한 여전사나 공주의 간절함으로 다가온다.

〈Love is Blue 사랑은 푸른빛〉은 그리스 출신의 여가수 비키 레안드로스Vicky Leandros가 1967년 유로비전 송 콘테스트에 룩셈부르크 대표로 출전했던 곡으로, 그녀는 불어 〈L'Amour est Bleu〉로 불러 4위에 랭크되었다. 저명한 작곡가 앙드레 팝André Popp(1924-2014)이 작곡했는데, 우리에겐 그 이듬해 빌보드에서 5주간 1위를 한 폴 모리아Paul Mauriat(1925-2006)의 연주곡으로 더 친숙한 넘버이다. 영어로 노래하는 실비의 록발라드 발성은 질주하는 듯한 붉은 열기가 감돈다.

당신 없는 내 세상은 우울해, 당신이 떠나버렸기에 내 인생은 잿빛이야, 침대에서 홀로 당신을 그리며 울다 내 눈은 붉은빛이네, 당신을 의심하고 질투하는 내 마음은 창백해, 이제 사랑은 식었고 무지개는 사라졌네…

〈The Music Played〉는 오스트리아 출신의 우도 위르겐스 Udo Jürgens(1934-2014)가 1967년 데뷔작에서 노래했던 대표곡 〈Was Ich Dir Sagen Will 내가 너에게 말하고 싶은 것〉이 원곡이다. 사랑의 고백을 머뭇거리는 순간, 사랑을 빼앗기며 지켜볼 수밖에 없었던 침묵의 슬픔은 그녀의 건조한 음성으로 점점 타들어간다.

참고로 위르겐스는 우리에게 라디오 프로그램 시그널로 친숙한 프랑크 푸르셀Frank Pourcel(1913-2000)의 연주곡 〈Merci, Chérie 고마워, 내 사랑〉을 1966년 유로비전 송 콘테스트에서 노래해 우승한 이력이 있다.

〈Les Moulins de Mon Cœur 내 마음의 풍차〉는 미셸 르그랑Michel Legrand(1932-2019)이 음악을 맡은 영화 「The Thomas Crown Affair. 1968」의 주제곡 〈The Windmills of Your Mind〉의 불어 버전이다. 마치 시공간이 멈춘듯한 상이함 속에서 부재한 연인에 대한 그리움을 애태운다.

…흐르는 시냇물에 던져진 돌처럼, 물속에서 피어오르는 수천의 물방울처럼, 사계절의 바람 속에 네 이름이 도네…

〈Holidays 사랑의 휴일〉은 청춘의 반항아 미셸 폴나레프 Michel Polnareff의 1972년 발표곡으로, 기타 트레몰로가 긴장과 흥분, 서정과 낭만으로 심장을 간질이며 그의 부드러운 음성과 전자기타의 블루스도 명확한 인상을 남기는 명곡이다. 따스한 파스텔 질감의 실비의 노래도 좋다.

휴일은 하늘에서 내려오는 비행기, 그 날개의 그림자 아래, 낮은 땅의 도시가 지나가네, 교회와 집들, 낮은 땅에서 사는 이들이 사랑하는 하나님은 무엇을 하고 계실까. 비행기의 그림자가 바다로 가네, 사막의 문 앞에서, 바다로 내려앉네. 사랑의 휴일에는 하늘도 많고 구름도 많아, 네 나이엔 알 수 없지, 삶에 지치면 죽음도 가까운 것을, 휴일은 하늘에 사는 비행기, 그러나 아름다운 그대여 잊지 마, 땅에 가까워질수록 비행기는 위험하다는 걸.

〈Qui Saura 누가 알까〉는 이태리의 4인조 혼성 팝그룹 리키에포베리Ricchi E Poveri가 1971년 산레모가요제에서 불러 2위를 차지한 〈Che Sarà〉로, 사랑을 기다리는 낙관적인 희망이 노란 꽃처럼 만발하는 봄노래이다.

물론 언급하지 않은 곡들의 해석도 훌륭하다.

Shang Shang A Lang

1974 | BMG | 781 997

1. Les Chemins de Ma Vie
2. Da Dou Ron Ron
3. Toi Mon Aventure
4. Encore un Jour une Nuit
5. Le Train Sans Retour (Train of Thought)
6. Reste Encore
7. Shang Shang A Lang
8. Rock N'Roll Man
9. Entre Tes Mains
10. Je Te Cherche (Rocket Man)
11. Une Nuit d'Amour
12. Laisse Faire Laisse Dire

본작은 영국 가수 Marty Wilde의 프로젝트 Ruby Pearl and The Dreamboats의 1974년 히트곡 〈The Shang-A-Lang Song〉의 번안곡을 타이틀로 했다.

이 타이틀곡은 배우 장 스타우트Jean Stout(1933-2012)의 베이스 보컬과 달콤한 코러스, 재지한 로큰롤이 뮤지컬 무대로 초대하는데. 마음에 둔 사람이 사랑해 줬으면 하는 바람으로, 그 리듬은 가벼운 댄스파티를 개장한다.

여전히 유효한 로큰롤 중에서 우리에게 친숙한 〈Da Doo Ron Ron 다두론론〉이 수록되어 있다. 이는 남편인 조니 알리데이Johnny Hallyday(1943-2017)의 1963년 히트곡 커버로, 이 사랑 고백의 언어는 진땀 나는 흥겨움으로 가득하다.

내가 얘기할 때, 넌 다두론론으로 대답해, 나에게 전하고 싶은 걸 말해봐, 다두론론 그건 무슨 뜻이니? 아마 그것은 '나는 널 사랑해, 난 영원히 널 사랑할 거야'라는 뜻일 거야, 넌 항상 나만 생각한다는 뜻이야, 다두론론, 널 보면 난 이렇게 말하고 있는 날 발견해, 너와 함께 있는 것이 얼마나 아름다운지 느껴져, 다두론론…

오빠인 에디 바르탕Eddie Vartan(1937-2001)의 작곡 〈Toi Mon Aventure 넌 나의 모험〉에서 그녀의 간절한 목소리는 다분히 로맨틱하다.

…통증으로 숨이 가빠, 난 널 사랑한다고 소리치고 싶어, 그리고 자비를 베풀어 나를 영원히 지켜달라고 간청하고 싶어, 넌 상처를 입었고, 화재에 휩싸였어, 순수한 물과 같았던 넌, 모험 그 이상이었네, 그건 사랑이었어.

〈Reste Encore 다시 머물러줘〉에도 다소 탁성이 있고 건조한 그녀의 보컬에 따스한 열정이 오르며, 짧은 낭송도 호소력 있다.

…인생은 집이다, 우리가 문을 제대로 닫지 않고 아이들처럼 뛰어다니는 곳, 그리고 벽에 부딪혀 때때로 상처를 입는 곳, 기억은 자신을 방어하지, 과거 사진에서 얼굴 하나면 충분해, 우린 너무 많은 이미지를 생각하고, 부러진 우리의 장난감을 공유하려 해, 그러나 이건 충분치 않아, 다시 사랑해, 난 더 원해, 아직도 그것을 믿고 가지고 있어, 난 널 다시 사랑해…

〈Une Nuit d'Amour 사랑의 밤〉은 우리에게 피아노 연주곡으로 잘 알려진 피에르 포르트Pierre Porte가 작곡했다. 재지한 로망스는 웅대한 현악과 함께 믹스되어 냉정과 열정을 순식간에 오간다.

…사랑의 밤은 인생의 지름길이야, 기쁨도 고통도 있는 사랑의 밤, 부상과 휴식, 그의 작별 인사, 그의 귀한, 문제가 있지만 난 널 사랑해, 증오의 외침도. 서로 사랑하며 기쁨을 주지만, 기다림으로 고통을 주기도 하지, 서로를 취하게도 하고 찢기도 하네. 하지만 이건 죽음에 맞서는 이상한 게임이야, 우리는 마음과 몸을, 최고와 최악을 나누지, 문제가 있지만 난 널 사랑해…

동년에 TV쇼 '댄싱스타'에 출연하여 디스코 시대를 열었던 그녀는 《Dancing Star, 1975》를 발표했다.

《Ta Sorcière Bien Aimée 널 사랑하는 마녀, 1976》에는 앙드레 팝André Popp(1924-2014)이 작곡한 아주 멋진 곡이 수록되어 있다. 〈L'Amour C'est Comme les Bateaux 사랑은 보트와 같지〉가 그것 인데, 숙명인 사랑의 서정이 거친 폭풍우와 같은 슬픔과 만난다.

사랑은 배와 같지, 조금 멀리서 보면 항상 아름다워, 고요하고 평화로운 대기 속으로 데려가지, 섬이 있다고 석유가 있다고 믿음을 주면서. 보트는 인어와 같지, 그것은 거짓이지만 우리는 여전히 그것을 믿네, 몇 번의 눈물과 몇 개의 칼날로. 한 번의 폭풍으로 심하게 전복되니까. 사랑은 배와 같아, 우리는 항상 너무 일찍 출발하고 간신히 끝을 밟고 내리지…

〈Je Croyais 난 믿었네〉는 마치 로미오와 줄리엣처럼 금지된 사랑 때문에 헤어졌다가 다시 그 사랑을 찾기 위한 애틋한 믿음이다.

〈Le Bonheur 행복〉도 전형적인 1970년대의 서정적인 샹송으로, 행복은 가까이 그리고 사소한 곳에 있다는 진리를 노래한다.

…추억을 만드는 작은 노래, 거기엔 미래를 맛보는 듯한 지평선이 있네, 비용이 많이 들지 않는 화창한 날의 꽃, 어제 네가 내게 했던 사랑의 두세 마디, 어쩌면 그게 행복이 아닐까…

예예Yé-yé, 로큰롤, 디스코, 팝, 소울과 재즈 등으로 시대의 조류에 편성하며 인기스타의 자리를 지켰던 그녀에겐 1980년에 이혼한 조니 알리데이 사이에서 난 1966년생 아들 다비드 알리데이David Hallyday가 든든한 지원군이 되어주었다. 부모의 재능을 물려받는 그는 많은 그룹을 거치며 1988년에 솔로로 활동을 시작했고, 부친의 레퍼토리를 클래시컬록으로 들려준 근작 《Requiem pour un Fou 미치광이를 위한 레퀴엠, 2024》을 발표하기도 했다.

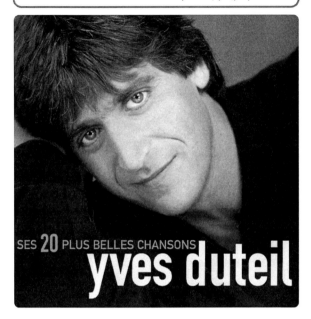

자연과 어린이의 아버지
Yves Duteil ● 이브 뒤테이

SES 20 PLUS BELLES CHANSONS
yves duteil

예술의 나라 프랑스답게 많은 유명 가수들의 나라이기도 하지만, 이브 뒤테이처럼 세대를 막론하고 폭넓게 사랑받고 있는 샹송 가수도 드물 듯싶다. 낭랑한 목소리와 담백한 음악 그리고 시적인 가사 속에 흐르는 자유와 평등과 박애 정신은 프랑스 음악의 진정한 멋을 느끼게 해준다.

1985년과 1992년 두 차례 내한하여 국내에도 샹송의 멋을 전했던 진정한 음유시인 이브 뒤테이의 음악은 가장 영원한 것으로 기록될 것이다. 적어도 글쓴이에게는 경건한 종교와도 같은 복음이고 시원한 성수 같았다.

그는 1949년 파리 근교 뇌이쉬르센(Neuilly-sur-Seine)에서 2남1녀 중 막내로 태어났다. 사무원이었던 아버지와 귀금속상을 운영했던 어머니 사이에서 보수적이고 전통적인 가풍을 따라야 했다.

10세 때는 학교의 합주단에서 오르간과 피아노를 연주하였으나, 15세 때 기타 연주와 노래에 열정을 느끼며 짧은 노래들을 작곡하기 시작하였다.

하지만 부모의 희망대로 대입 자격시험을 치른 후 과학학부를 지원했다. 그러나 미셸 폴나레프(Michel Polnareff)는 당시 그의 우상이 되어있었다.

군 복무 후 미레유 음악원에 들어가 음악교육을 받았고 밤에는 카바레와 클럽을 돌며 노래와 연주를 했다. 또한 프랑스의 전설적인 가수들에 대한 공부도 병행했다.

마침내 1972년 첫 싱글 〈Virages 선회〉를 발표하며 음악계에 문을 두드린 그는, 모친을 여읜 이듬해 레진(Regine(1929 -2022)의 보비노 극장 공연과 줄리에트 그레코(Juliette Greco (1927-2020)의 올랭피아 공연 오프닝 무대에 설 수 있었다.

여전히 대중들에겐 존재감이 미미했던 그는 1974년 벨기에의 온천축제에 참가하여 〈Quand on est Triste 우리가 슬플 때〉로 베스트송과 그랑프리를 차지하고 언론에서 관심을 받는다. 동시에 문학적인 데뷔앨범 《L'Ecritoire, 잉크스탠드》가 발표된다.

L'Écritoire

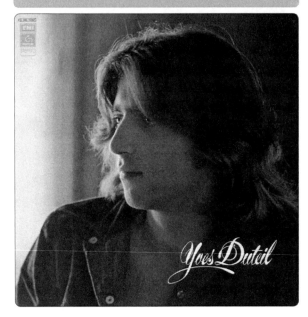

1974 | EMI | 7243 5 23698

1. Dès Que J'ai Besoin de Toi
2. L'Amour est une Maison
3. J'ai le Cœur en Bois
4. J'ai Caché Ton Mouchoir
5. Virages
6. L'Écritoire
7. Elle est Brune
8. Je Suis une Larme
9. Un Lilas Pour Eulalie
10. Marie Merveille - Marie Bonheur
11. Et Puis Voilà Que Tu Reviens
12. La Tendre Image du Bonheur

25세의 나이에 발표한 그의 첫 앨범은 일기를 엿보듯 풋풋하고 순수함으로 차 있다.

첫 싱글로 발표했던 〈Virages 선회〉와 짧은 연가 〈Un Lilas pour Eulalie 울라리에를 위한 라일락〉, 〈Marie Merveille

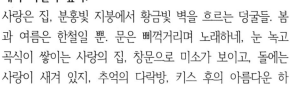

- Marie Bonheur 놀라운 마리 행복한 마리〉 등이 수록되었다.

본작에서 가장 아름다운 대목인 〈L'Amour est une Maison 사랑은 집〉은 밴드와 피아노가 그의 기타와 멋지게 호흡하고 있는 곡으로, 모든 청년이 꿈꾸는 미래가 아닐까 싶다.

사랑은 집, 분홍빛 지붕에서 황금빛 벽을 흐르는 덩굴들. 봄과 여름은 한철일 뿐. 문은 삐걱거리며 노래하네, 눈 녹고 곡식이 쌓이는 사랑의 집, 창문으로 미소가 보이고, 돌에는 사랑이 새겨 있지, 추억의 다락방, 키스 후의 아름다운 하루, 내 사랑…

담백한 기타의 서정이 아련하게 다가오는 〈J'ai le Cœur en Bois 내 마음의 나무〉에는 연인을 향한 충심이 서술되어 있다.

…내 마음은 온화한 바다이며 바위라네. 당신의 성당을 짓기 위한, 내 뒤에 당신을 둘, 당신을 보호할, 돌의 철학을 지닌 내 마음이야. 별의 마음이야. 내 마음은 당신에게 있네. 당신의 땅에서 피는 꽃과 같이, 엄마 품의 아이같이, 내 마음은 당신에게 있네. 세상의 마음 같은 시간, 내 마음은 나무야. 당신의 상실감을 위로하기 위한, 하지만 당신을 기다리고, 보살피는 나무의 마음이야.

한 편의 영화처럼 드라마틱한 〈Virages 선회〉는 오랜 여행 후 사랑하는 이에게 돌아가는 심경을 그렸는데, 재회의 떨림에 박동하는 심장처럼 빠른 템포에 폭풍우 같은 긴장이 서린다.

어린 시절 긴 방학을 마치고 개학에 즈음하여 짝사랑했던 친구에 대한 그리움이 묻어나는 〈Et Puis Voilà Que Tu Reviens 네가 돌아올 자리〉에는 현과 피아노가 순백의 동심과 진솔한 서정으로 충만하다.

기타를 치며 푸른 잉크로 음표를 그려나가는 젊은 작가 뒤테이의 감미로운 첫 노래들은 지금도 진한 향수를 불러일으킨다. 그 전원적인 풍경들과 어울리는 정서는 잊을 수 없다.

J'Attends

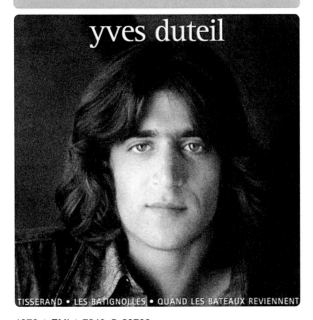

yves duteil

TISSERAND • LES BATIGNOLLES • QUAND LES BATEAUX REVIENNENT

1976 | EMI | 7243 5 23700

1. Dans les Jardins des Baladins
2. Le Mur de Lierre
3. Le Labyrinthe
4. Quand les Bateaux Reviennent
5. Vole à Tire d'Ailes, Nage à Tire d'Eau
6. Tisserand
7. Une Lettre
8. La Vallée Tranquille
9. Les Batignolles
10. J'Attends

그는 데뷔앨범 발표 후, 아내가 될 노엘Noëlle을 만나게 된다. 두 번째 앨범 《J'Attends 나는 기다리네》는 제목처럼 그의 사랑의 초석이 된 연애시 모음집이다.

그의 건강한 사고의 아름다움은 〈Quand les Bateaux Reviennent 배가 귀항할 때〉에서 먼저 머문다. 바다에서의 고된 삶을 살아가는 선원들의 갈매기 같은 자유 이상과 사랑하는 이가 기다리는 내륙을 향해 귀항할 때 느끼는 종교 같은 안식이 그려진다.

간절함이 느껴지는, 하지만 너무나 아름다운 〈Tisserand 티스랑〉은 자신의 사랑과 미래의 삶을 마련할 수 있 도록 자신감과 현명함을 구원하는 한 젊은이의 기도이다.

내 친구 티스랑이여! 인생은 빨리 지나가지… 당신이 시간들을 엮기 원한다면, 내게 새로운 노래를 써줘, 그러나 나의 색 바랜 이야기라 할지라도, 나는 단어들을 엮을 거야. 그녀를 위한 노래의 가장 아름다운 타래를, 나날의 타래는 신비하지. 하지만 각자의 재능과 그의 방식으로 시간을 짜겠지. 티스랑! 난 내 인생을 엮길 원해.

낭만적인 포크송 〈Une Lettre 편지〉는 러브레터를 보낸 후 답장을 기다리는 애달픈 마음을 읽을 수 있고, 채 2분이 되지 않는 타이틀곡이자 사랑의 서약 〈J'Attends 나 는 기다리네〉는 중후하면서도 그 애절함에 감화될 수밖에 없다.

나는 삶을 위해 너의 심장이 있는, 높은 별의 천점을 기다리네. 거실과 침실을 건너, 현관의 복도에서, 긴 소파와 의자에서 삶이 교차되기를 기다리네. 너의 사랑을 파고들 슬픔과 고뇌가 없는 휴식을, 시간의 끝에서 우리 둘이 살아갈 공간의 단편들이 모이길, 죄와 악의로부터 우리의 마음을 지켜줄 우주를, 우리 주위에 펼쳐진 시간을 이어주고 영속시켜줄 순간을, 영원히 흐르고 지나갈, 오두막의 꽃이 피는 봄날을, 겨울밤을 여름으로 바꿔줄 태양의 빛을, 대지의 끝에서 꿀이 흐르는, 음악을 제외한 모든 소음이 더 이상 존재하지 않을 그때를 기다리네. 그리고 가장 높은 하늘로 우리의 욕망을 표출할, 온수가 터지는 환상을 기다리네. 그 세상을 닮은 너와 함께 할 시간을 위해 결혼을 하고 싶네.

본작으로 프랑스어학회로부터 'Jeune Chanson 신인상'을 받았다. 이후 파리 극장에서 라이브 무대를 가졌다.

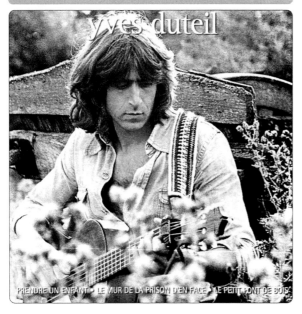

La Tarentelle

yves duteil

PRENDRE UN ENFANT · LE MUR DE LA PRISON D'EN FACE · LE PETIT PONT DE BOIS

1977 | EMI | 7243 5 23706

1. Tarentelle
2. Il Me Manquait Toujours
3. Le Petit Pont de Bois
4. Lucille Etles Libellules
5. Prendre un Enfant (À Martine)
6. Le Mur de la Prison d'en Face
7. La Puce et le Pianiste
8. Petit Patron
9. Les Bonheurs Perdus
10. Le Fruit de Mon Verger
11. Les P'tites Casquettes

1977년 디스코와 펑크 그리고 뉴웨이브가 프랑스를 뒤덮었을 때 이브 뒤테이는 이태리 나폴리의 민속무용악을 의미하는 세 번째 앨범 《Tarentelle 타란텔라》를 발표했다. 130만 장 이상이 팔려나가 그는 완전히 히트 가수의 반열에 오른다. 시대의 조류에 휩쓸지 않은 젊은 음유시인의 승리였다.

〈Prendre un Enfant 어린이의 손을 잡아요〉는 이후 10년이 지난 1987년 프랑스에서 '가장 좋은 노래'로 선정되었다. 'À Martine 마르틴느에게'라는 부제로부터 천사 같은 딸 마르틴느를 위해 온화한 자장가를 부르는 아버지로서의 사랑이 엿보인다.

어린이의 손을 잡아요! 내일을 꿈꾸고, 그의 발걸음에 자신감을 북돋우기 위해. 왕을 대하듯 어린이의 손을 잡고 꼭 안아주세요, 환희로 그의 눈물이 마를 수 있게, 어린이를 포옹하세요, 진심으로 어린이를 대하세요. 불행에서 안도할 수 있게, 벅차오르는 환희의 눈물을 위하여. 어린이와 마주하세요, 황혼에 잠들 수 있게. 사랑으로 손을 잡아주세요, 그가 다가오면 슬픔을 위로하듯, 모든 길의 끝에서 지켜보며 그들을 위해 어린이의 손을 잡아요.

〈Le Mur de la Prison d'en Face 감옥 맞은편의 벽〉은 사회에서 소외되고 단절된 도시풍경의 비정하고도 무심한 일면을 소재로, 인류애적 메시지를 담담하게 풀어낸다.

감옥 맞은편의 벽을 바라보며, 나는 모든 험담을 듣지, 몽파르나스 탑 끝에서 지평선에 걸린 지붕 위로 지나다니는 도로의 자동차 소음들도 함께, 겨울에는 맞은편 집들의 사람들이 보여, 여름에는 밤나무가 죄수들을 가리네… 그 벽을 바라보며 나는 장미 덩굴로 뒤얽힌 나무들로 방치된 공원에서 철조망을 연상해, 감옥 맞은편의 벽을 바라보며, 가슴이 답답해짐을 느껴, 차들 옆쪽 길로 나는 지나가지, 탑의 일부만 보이는 지평선을 가로막은 지붕들 사이로…

르네상스 시대의 지중해로 옮겨가는 기타협주곡 〈Le Fruit de Mon Verger 내 과수원의 열매〉에서는 인생을 의미하는 농장과 그 농장에서 수확하게 되는 사랑, 평화, 행복, 조국애, 지혜 등 다양한 인생 가치를 비유한 열매로 인생은 더욱 풍요롭다고 이야기한다.

본작으로 1948년 이래 음악비평가들이 수여하는 샤를 십자가 아카데미상을 수상하였다.

J'ai la Guitare Qui Me Démange

1979 | EMI | 7243 5 23699

1. J'ai la Guitare Qui Me de Démange
2. Dans la Maison de Normandie
3. Mélancolie
4. Les Chemins de la Liberté
5. Le Piano de Mélanie
6. Le Bûcheron
7. Le Soleil sur l'Agenda
8. Petite Fille (À Martine)
9. La Maman d'Amandine (À Amandine et Sa Maman)
10. 30 Ans

전작의 대성공으로 1979년에도 샹젤리제 극장에서 라이브 무대를 가진 그는 전원시 모음집 《J'ai la Guitare Qui Me de Démange 나에겐 욕망인 기타가 있어》를 발표한다.
청년의 꿈과 어른으로서의 성숙한 책임감을 동시에 느끼며, 그 시상은 이웃에까지 포용하고 있다. 솔직 담백하고 간명한 음악에서 명도는 보다 밝고 채도는 투명하며 무게는 가볍다.

우울함에 대한 기타 로망스 〈Mélancolie 멜랑꼴리〉는 쓸쓸한 바람처럼 다가오는 옅은 오케스트레이션에 일상에서 문득 찾아오는 외로움이 휴지 조각처럼 뒹굴며 잔잔한 음성이 이를 음유한다.

날이 가고 다음 날이 올 때, 우리는 꿈의 저편으로 돌아가고 싶어 하지, 그리고 불현듯 종탑이 울릴 때면 아무도 없는 시간이 된 듯해, 그러면 잠시 눈을 감아, 다시 눈을 뜨면 모든 것이 이전으로 돌아가네… 지루한 영화의 중간에서 되감으면 모든 것은 앞으로 되돌아가듯. 그리고 사람들에게 버려졌다고 생각될 때 아무도 없는 시간이 된 듯해, 모든 바람이 지날 수 있게 가슴을 열어봐, 그리고 우리의 기쁨에서 지워진 모든 슬픔을 잊기 위한 어느 아침이면, 아무도 없는 시간이 된 듯해… 종탑의 소리가 잠잠해지면 또다시 아무도 없는 시간이 된 듯해.

〈Le Soleil sur l'Agenda 일기장 밑 태양〉에서 그의 전원시는 청량한 기타와 화사한 오케스트레이션으로 평온의 따사로움을 전달한다. 이는 사랑하는 이와의 첫 통 화 후 봄날의 태양이 뜬 것 같은 행복감을 섬세하게 기록했다.

〈30 Ans 서른 살〉은 아내와 딸을 둔 가장으로서 무게감 있는 사랑과 책임, 슬픔과 환희, 젊은 꿈과 미래에 대한 감정을 투명한 포크에 담았다.

딸 마르틴느가 주는 삶의 기쁨을 노래한 〈Petite Fille (à Martine) 소녀〉에서는 부성애가 온유한 선율로 흐른다.

발랄한 왈츠풍의 소곡 〈La Maman d'Amandine 아망딘의 엄마〉에서 아빠와 결혼을 꿈꾸는 동심 어린 소녀 이야기를 친밀하게 들려준다.

Ça N'est Pas C'qu'on Fait Qui Compte

1981 | EMI | 531 503

1. Ca N'est Pas C'qu'on Fait Qui Compte
2. Au Parc Monceau
3. Les Fees
4. Le Temps S'Ecrit sur Ton Visage
5. Le Chemin du Pays où Rien N'Est Impossible
6. Les Choses Qu'on Ne Dit Pas
7. Le Bonheur Infernal
8. Hommage au Passant D'un Soir
9. Le Fataliste
10. Les Gens Sans Importance
11. Coucher de Soleil

전작 《Tarentelle 타란텔라》와 함께 국내에 라이선스로 소개되어 많은 사랑을 받은 본작은 아름다운 고전이다.

그의 시정이 최고에 이른 전원시 〈Au Parc Monceau 몽소공원에서〉는 호수 위로 유유히 흐르는 기타, 초록빛 오케스트레이션, 푸르른 하늘 같은 노래는 청자로 하여금 안온한 회상에 잠기게 하는 풍경화이다.

18세기 때 조성된 몽소공원은 세기말적인 분위기가 감도는 영국식 정원으로, 거대한 수목들과 산책로, 이집트의 피라미드, 네덜란드의 풍차, 오랜 조상들과 탑, 호수 주변으로 동그랗게 줄지은 코린트식 열주 등이 작은 스케일로 군데군데 자연스레 구성되어 있다. 인상파 화가 모네Claude Monet도 이를 화폭에 옮기기도 했을 만큼 프랑스 인들의 사랑을 받고 있는 명소이다.

펜스와 아치문이 있는 몽소공원에서 아이들은 굴렁쇠를 가지고 노네, 갈대들로 가려진 물결을 따라 새들이 지저귀는 소리가 들려, 내 이야기의 작은 조각 몽소공원, 비틀거리는 중년 아저씨, 호수의 흑고니와 로톤다가 있는 세상의 다른 끝에 있는 마을. 메트로 근처에서 그녀는 말없이 날 기다렸고, 나는 선물을 쥐듯 그녀의 손을 잡았지, 내 이야기의 첫 입맞춤인 몽소공원, 그늘진 산책길의 한 벤치에서 약간의 기대와 두려움, 그 시간을 잊기 위한 부질없는 갈망, 나의 손은 그녀의 뒤에서 감싸안았지… 그 몽소공원에서 행복의 요람이 창조되었어, 열여섯 살 때 그 피라미드에 숨어서 했던 우리의 천년을 위한 약속… 내 청춘을 발견한 어린 시절의 작은 부분, 우연히 그곳으로 되돌아가는 운 좋은 어느 날, 내 추억이 보전된 몽소공원…

〈Le Temps S'Ecrit sur Ton Visage 당신 얼굴에 씌워진 시간들〉은 노인을 위한 평안을 기원하고 공경을 표한 작품이다.

〈Hommage au Passant d'un Soir 어느 저녁의 행인을 향한 경의〉는 과거에 사랑했던 이를 스치며 성숙하지 못했던 지난날 사랑에 대한 성찰의 노래로 선율에 애수가 묻어난다.

따스한 봄바람 같은 〈Les Gens sans Importance 신중하지 않은 사람들〉은 희망에 무심하고 타인에 무정하며 삶의 순간들의 소중함을 잊고 살아가는 현대인들을 일깨운다.

La Statue d'Ivoire

Yves Duteil

La statue d'ivoire

1983 | BMG | 74321397122

1. La Statue d'Ivoire
2. Le Coeur Gris, Le Coeur Gros
3. Le Cours du Temps
4. Mon Ami Cevenol (A Pages Patrick)
5. Pour l'Amour d'un Enfant
6. Clementine et Leon (Au Carillon d'Or)
7. Dans le Coeur de Leonore
8. Sur une Mappemonde
9. La Musique et Ma Vie
10. Ni Messie Ni Message

'상아조각상'이라는 고풍스러운 시간의 고리를 타이틀로 한 본작에서도 그의 기타는 많은 작용을 하고 있지만, 전체적으로 장 머시Jean Musy(1947-2024)의 오케스트레이션이 강조되어 있어 풍성하고도 윤택한 사운드가 고전적인 낭만주의의 향취를 느끼게 해준다.

현악의 숨결이 고혹적인 〈La Statue d'Ivoire 상아조각상〉은 변치 않을 사랑에 대한 맹세의 작은 선물이자 오래도록 사랑을 지켜봐 줄 상징에 대한 것으로, 채 2분여의 짧은 연주시간이지만 영원히 간직될 아름다운 소품이다.

모친을 잃은 사촌에게 위로와 사랑을 전하는 노래 〈Le Coeur Gris, Le Coeur Gros 회색의 심장, 무거운 마음〉은 현악의 빠른 템포의 연주 속에 담담히 그의 기타는 진심을 쓴다.

어른의 희망인 아이들을 충심으로 사랑해야 한다는 메시지를 담은 평화로운 서정시 〈Pour l'Amour d'un Enfant 어린이의 사랑을 위해〉에서는 피아노와 하프 그리고 현악으로 따뜻한 체온을 올린다.

〈Sur une Mappemonde 세계지도에서〉에서는 지구 반대편에서 불행을 겪는 사람들을 위한 관심과 사랑을 주창하며 이를 그는 지구가 둥근 이유라고 노래한다. 흡사 비발디의 생동하는 음악을 연상시키는 화사한 현악의 항해가 더없이 포근하고 희망에 충만해 있다.

삶의 아픈 상처를 치유하기 위해 노래하고 또한 노래하는 삶을 살아가는, 즉 음악이 인생이라는 〈La Musique et Ma Vie 음악과 인생〉 역시 행복과 꿈이 담겨 있다.

자신의 노래에 대한 의미를 이야기하고 있는 〈Ni Messie Ni Message 메시아도 아니고 메시지도 아니야〉는 그래도 노래를 부를 수 있다는, 날아갈 듯한 행복감에 젖어 있다. 역시 지중해풍의 고전주의 연주가 매혹적인 작품이다.

워낙 다른 앨범들에서 히트한 곡들이 많다 보니 본작은 큰 특징이 없는 미미한 것으로 느껴지기도 하지만, 이러한 미백의 여운이 매력으로 기억될 작품이다.

La Langue de Chez Nous

1985 | BMG | 74321397132

1. Jonathan
2. Les Mots Qu'on N'a Pas Dits
3. La Ligne de Vie
4. Instants de Trêve
5. Le Village Endormi
6. La Langue de Chez Nous
7. Comme Dans les Dessins de Folon
8. Le Cirque
9. Fany
10. Qu'y a T-il Apres?

프랑스에서 이브 뒤테이를 말할 때는 항상 앞에 붙는 칭호가 있다. 바로 '프랑스어와 프랑스 문화 수호자'라는 명예로운 닉네임이다. 그는 1970년 초반 데뷔한 이래 샹송을 통해 어린이에 대한 사랑, 세계의 평화, 환경보호, 그리고 프랑스어의 보전에 앞장서며 프랑스인들의 사랑을 한몸에 받았는데, 이에 힘입어 그는 1985년 당시 대통령인 미테랑에 의해 '예술 및 문화의 공작Chevalier des Arts et Lettres'으로 임명되었다. 그 계기가 되었던 작품이 바로 본작이다. 1985년 내한 기념앨범으로 국내에 소개되기도 했던 대표작이기도 하다.

간결한 기타 연주에 파도의 바다처럼 일렁이는 시원한 오케스트레이션으로 가슴을 열어젖히게 되는 곡 〈Jonathan〉은 꿈과 희망에 대한 테마이다.

…조나단은 내게 날개를 여네, 순풍은 미래를 향해 불고 날 배움으로 이끄는 시간은 다가오지, 우리의 아이들에 둘러싸여 그녀와 함께 삶을 영위하기 위해 바람은 시간의 끝으로 가라 이야기하네, 비상 때마다 뼈저리게 느끼는 사랑하는 당신 없이는 세상의 만족도 존재하지 않네, 바람은 이야기하네, 그리고 내 어깨 뒤에는 나의 모든 것을 초월한 사랑과 역할을 아는 한 여인의 부드러운 눈길이 숨어있네…

흡사 순국자를 위한 기념식에서 군악대의 연주를 듣는 듯한 〈Les Mots Qu'on N'a Pas Dits 우리가 하지 못한 말〉은 표현하지 않는 침묵의 결과에 대해 다시금 생각하게 한다.

온화한 실내악이 감미롭기 그지없는 〈La Ligne de Vie 생명선〉에서는 선명한 손바닥의 생명선처럼 운명의 사랑을 만나 함께 나이 들고 영혼을 교감하고 싶은 욕망을 담았다.

경쾌한 보사노바의 템포를 간직한 서정시 〈Instants de Trêve 정지의 순간〉은 슬픔의 중심부에서 발견한 오아시스처럼 열렬한 사랑의 영속을 위해 시간이 이대로 멈추어버렸으면 하는 바람이 녹아있다.

꿈결로 이끄는 숨은 명작 〈Le Village Endormi 잊힌 마을〉은 도시로 사람이 떠나고 텅 빈 가옥들만 남은 마을을 향해 연민을 느낀다.

타이틀이자 최고 명곡 중 하나인 〈La Langue de Chez Nous 우리의 언어〉는 프랑스어에 대한 사랑을 표한 것으로, 성스러움을 더하는 코러스와 충동 서린 피아 노 그리고 잔잔한 서정을 불러일으키는 오케스트 레이션이 아름답기 그지없다.

그것은 호밀빵과 염소치즈 그리고 허브의 향내와 음악의 억양으로 이야기하는 아름다운 언어이자 최고의 말이네. 그리고 몽생미셸 수도원에서 사람들은 이것에 대해 듣고 말하며, 바람은 하프의 선율처럼 이를 속삭이지, 그리고 이것은 모두를 조화롭게 하지…

이어지는 가사에서도 그는 세상 끝의 유일한 언어이며 대서양 위의 다리이고 프랑스인을 대변하는 아름다운 언어라고 노래한다. 그 자긍심이 부럽기도 하다.

2000년대에 들어 주가를 올리고 있는 젊은 싱어송라이터 뱅상 들레름Vincent Delerm의 부친인 저술가 필립 들레름 Philippe Delerm가 쓴 〈Commedans les Dessins de Folon 플롱의 그림처럼〉도 많은 사랑을 받았다. 벨기에 출신의 현대미술가 장-미셸 플롱Jean-Michel Folon의 단순한 초현실주의 회화에서 느낀 감정으로, 억압되고 혹은 과장된 현대인의 꿈과 사랑과 육체와 영혼 등을 아련하게 노래한다.

활기차고도 경쾌함이 행복으로 이끄는 〈Le Cirque 서커스〉에서의 푸른 동심은 또 어떠한가! 자신의 꿈과 슬픔을 무대 뒤에 두고서 관객들 앞에서 동화와 마술로 천국의 카니발을 열어주는 서커스단에게 무한한 애정을 표하고 있다. 왈츠에서 폴카풍으로 변화하는 리듬도 무척 이채롭다.

4천만 장 이상 판매된 본작으로 국내와 일본 그리고 캐나다로 이어지는 투어를 통해 세계적 명성을 확고히 했다.

이듬해 최고의 음유시인이라 평가받는 조르주 브라상스Georges Brassens(1921-1981)에 이어 가수로서는 두 번째로 아카데미 프랑세즈가 수여하는 은장훈장을 수상했고, 음악저작권협회SACEM는 본작을 최고의 프랑스어 노래로 선정하였다.

Ton Absence

1987 | BMG | 74321397142

1. Pour les Enfants du Monde Entier
2. À Ma Mère
3. Jusqu'ou Je T'Aime
4. Le Silence ou la Verite
5. La Valse des Etiquettes
6. Ton Absence
7. La Mer Ressemble a Ton Amour
8. La Rumeur
9. Les Petits Hommes Verts
10. Regard Impressionniste

'진정한 샹송의 혼을 지닌 계승자', '언어의 마술사' 등의 존칭이 아깝지 않은 이브 뒤테이의 기념비적인 앨범 《Ton Absence 너의 부재》는 첫 곡으로 수록된 〈Pour les Enfants du Monde Entire 전 세계 어린이들을 위하여〉로 또다시 SACEM의 그랑프리를 수상하게 된다.

이는 기아와 가난 그리고 질병으로 잃어버린 동심과 함께 삶의 전투 속으로 내몰려야 하는 소외 아동들을 위한 노래이다.

더 이상 어떤 희망도 없는 전 세계 어린이들을 위하여 나는 이 땅의 모든 지도자들께 간청합니다. 이 우주에서 사라지는 어린이마다 우리를 따르는 미래의 희망을 그들의 얼굴에도 그려주세요. 나는 동심과 미소를 머금고 어른들의 자의에 따라 지옥과 천국을 향해 가는 어린이들을 보았습니다. 그러나 그들은 모차르트도 모른 채 광산 위로 뛰어다닙니다. 행복을 위해 대가를 치르고 있다면, 이 지옥은 왜 이리도 커진 건가요? 그리고 그들의 기억 속에서 고독과 어둠을 지우기 위한 역사적인 선물을 마련하려면 또 얼마나 많이 지불되어야 합니까? 어떤 언행이, 어떤 복음이, 어떤 맹목이, 혹은 그 어떤 무지한 손이 그렇게 많은 눈물과 고통과 순수함을 강요할 수 있을까요? 더 이상 울음소리를 내지 않도록 전 세계 어린이들을 위하여 나는 이 땅의 모든 지도자들께 간청합니다. 당신이 수면제로 잠을 청하려 뒤척일 때, 당신 아이의 심장이 뛰는 신비한 순간을 느껴 보세요… 희망의 마음과 삶을 찬양하는 오늘의 노래만이 있을 뿐입니다. 유배당하는 세기의 중심에서 게토와 빈민가에서 고양된 사람들이 노래하는 그 어떤 곳에서라도 목소리는 드높아갈 것입니다… 그들의 어머니가 이들을 가르치고 또 그들의 어린이가 이를 이어가 자유의 하늘 아래서 마침내 그것은 분출할 것입니다. 전 세계의 어린이들을 위하여…

잔잔한 기타 연주에 마음이 실리는 〈À Ma Mère 어머니께〉에서는 1973년에 여읜 그의 모친의 빈 침대를 보고 이별을 실감하며 그리움을 노래했다.

세상보다 큰 사랑에 대한 소망을 담은 〈Jusqu'ou Je T'Aime 내가 너를 사랑할 때까지〉는 청명하고도 싱그러움이 넘치는 음률이 감각적이다.

〈Le Silence ou la Verite 침묵 혹은 진실〉에서는 전쟁과 위선이 행해지는 세상의 혼란을 서정

적인 중동풍의 월드비트에 실어 보낸다.

오케스트레이션의 선과 피아노의 율에 눈물마저도 증발할 듯한 명작 〈Ton Absence 당신의 부재〉는 어린 시절에 떠난 사랑하는 이(혹은 어머니)의 빈자리에 외로움과 슬픔을 느끼며 사랑을 추억한다.

넓은 바다를 항해하는 듯한 낭만의 찬가 〈La Mer Ressemble à Ton Amour 당신의 사랑을 닮은 바다〉는 모든 것을 포용하고 지평선을 경계로 하늘을 투영시키는 바다 같은 연인에게 사랑을 바친다. 맑은 피아노와 여성 허밍은 더욱 포근하게 한다.

몽상가로서의 매혹에 빠져드는 〈Regard Impressionniste 인상주의자〉는 그랑팔레Grand Palais에서 본 인상주의 화가들의 회화를 본 후, 모네Monet의 정원과 르누아르Renoir의 태양과 같이 메마른 우리의 일상을 반영하고픈 심경을 몽환적인 사운드로 표현한다.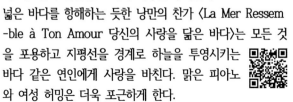

본작의 오케스트레이션을 맡은 크리스티앙 고베르Christian Gaubert의 미세한 전자음향의 가미로 예전보다 부드러운 바람결이 흐르고 있기도 하다.

캐나다 퀘벡의 여름 페스티벌에서 2만 관중들의 갈채를 받았으며, 1989년에 파리 근교 프레시쉬르마른Précy-sur-Marne의 시장으로 선출되어 그의 인생 악보에 정치가로서의 이력을 더했다.

Blessures d'Enfance

YVES DUTEIL
Blessures d' Enfance

1990 │ BMG │ 74321397152

1. Retour d'Asie
2. A Mi-Chemin de l'Existence
3. Bébé Soleil
4. Les Dates Anniversaires
5. Avec les Gens de Mon Village
6. Blessures d'Enfance
7. Quarante Ans
8. Le Coeur en Aquitaine
9. Au Temps du Pain et de l'Eau
10. L'Autre Cote

불혹의 나이에 접어든 그가 파리 근교의 마을 프레시쉬르마른 시장으로 선출된 후 발표한 《Blessures d'Enfance 아이의 상처》에서도 사랑의 실천은 계속되었다.

모범적인 가장으로서 또한 존경받는 마을의 아버지로서, 그의 눈길은 항상 그래왔던 것처럼 애정으로 가득 차 있다.

전체적으로 밝고 빛으로 가득한 꿈을 노래한 본작에서 〈Retour d'Asie 아시아로의 회귀〉와 〈Bebe Soleil 아기 태양〉이 많은 사랑을 받았다.

첫 곡 〈Retour d'Asie 아시아로의 회귀〉는 전쟁과 기아로 동심이라고는 찾을 수 없는 침묵의 입양아들을 보며 그들의 성전과 희망을 되찾아주고픈 바램을 담은 것이었다.

〈Bébé Soleil 아기 태양〉은 작은 일상의 아침에서 자신의 삶에 찬란한 빛이 되어주는 어린이를 위한 동시로, 노란 생동감이 전해져 온다.

생일을 맞은 감상을 노래한 〈Les Dates Anniversaires 기념일〉은 평온한 축복이 느껴진다. 그는 기념일이 덧없는 순간일지 모르나 이러한 작은 기쁨을 공유하면 달콤한 추억으로 남으며 우리 주위의 열린 시간 속에서 같이 축하해줄 수 있는 자신의 마음의 신비를 열어보라고 조언한다.

〈Avec les Gens de Mon Village 우리 마을 사람들과 함께〉는 기쁨이 샘솟는 듯한 키보드가 부드럽게 펼쳐지는데, 내가 아닌 우리를 위한 아름다운 환희를 위해 노래하고 그들을 위해 일할 수 있어서 행복하다고 고백하고 있다.

백미인 〈Blessures d'Enfance 아이의 상처〉는 피아노와 클래시컬한 오케스트레이션으로 어린이의 멍든 마음을 위로한다. 어린 시절에 받은 상처는 긴 일생에서 지워지지 않는 기억으로 유지되며 치유하는데도 많은 시간이 걸린다고 이야기하면서, 어른이 된 지금 아이의 슬픔을 조금이나마 이해하며 그들을 위해 사랑의 음악으로 희망을 주고 싶다고 덧붙인다.

피아노를 위한 발라드 〈Au Temps du Pain et de l'Eau 빵과 물의 시간에서〉는 결식아동을 위한 것으로, 빵과 물도 없었던 어린 시절 케이크를 가져다준 이웃에 감사의 노래를 불렀던 기억을 되살리며,

물질적으로 풍요로운 지금에도 이웃에 대한 관심과 사랑을 선행하자는 캠페인 메시지를 심는다.

〈L'Autre Côté 다른 쪽〉은 기운생동이 넘치는 중후한 클래식 록이다. 1989년 철거된 냉전과 이념대립의 산물 베를린 장벽의 철거를 소재로 서사적인 피아노와 휘몰아치는 현의 활개가 웅장하고도 장대한 감동을 불러 일으킨다.

그의 음악에는 보다 넓은 시야에 이웃들과 세계의 인권문제들이 포함되어 있음을 직감할 수 있는데, 이는 정치가로서의 자신의 정책을 반영하고 있기도 하여 많은 사람들의 자선과 선행을 끌어내는 아름다운 힘이기도 했다. 이전보다 전자악기를 많이 도입한 미셸 베른홀릭Michel Bernholc의 오케스트레이션도 변화된 사운드였다.

이듬해 제니스에서의 공연을 담은 《En Public - Spectacle au Zénith》가 출시되었고, 1992년에는 알프스산맥의 기슭에 위치한 도시 알베르빌Alberville에서 열렸던 동계 올림픽의 테마송 〈La Fleur de l'Impossible 불가능의 꽃〉을 싱글로 발표했다.

그해 한국과 일본을 거쳐 퀘벡에 이르는 월드투어가 이어졌으며, 정치가로서 우수한 시장에게 수여되는 '마리안느Mari -anne 상'이 뒤따랐다.

Ligne de Vie

1993 | Sony | 14-473890

1. Hommages
2. Frédérique Endormie
3. Les Corses
4. Entre Pere et Mari
5. Le Bateau
6. Bientot Vingt Ans
7. L'Histoire d'Amour
8. L'Enfant Poète
9. La Démagogie
10. Léonore

인기 있는 가수로서 그리고 지지받는 정치인으로서의 유명세와는 거리가 먼 친근함과 성실 그리고 겸손은 진정 프랑스인들의 존경 대상이 되고 있다. 또한 스캔들 없이 좋은 아빠와 모범적인 남편으로서도 존경받고 있는 그는 항상 앨범을 발표할 때면 아내와 딸의 이름을 기록하고 있다.

회고록과도 같은 《Ligne de Vie 생명선》의 제목은 《La Langue de Chez Nous 우리의 언어, 1985》에 세 번째로 수록된 곡목으로, 동명 타이틀곡이 없지만 앨범 타이틀이 되었다. 내용적으로는 《Blessures d'Enfance》을 뒤잇고 있다.

기타 선율이 화사한 봄바람에 실리는 〈Hommages 존경〉은 자신에게 경의를 표하는 이들에게 삶의 확신과 감사를 전하는 회신으로서의 존경이다.

고요한 서정이 피아노와 기타의 현을 타고 흐르는 〈Frederi-que Endormie 잠든 프레데릭〉에서는 어머니의 품속에서 잠이 든 어린 아기를 바라보는 아버지의 자애를 목가적으로 노래했다.

여러 번 반복하게 되는 〈Les Corses 코르시카인〉은 그들의 독특한 삶을 향유하고 살아가는 코르시카인들에 대해 가족과도 같은 호감을 표한 작품으로, '지역주의'를 소재로 했다. 빠른 템포에 기타의 서정성과 첼로의 따뜻한 음성 그리고 그의 허밍과 현악의 서사적인 몸부림이 깊은 인상을 남긴다.

그의 아내 노엘과 딸 마르틴느를 위한 〈Entre Pere et Mari 아버지와 남편 사이〉는 무한한 가족에 대한 사랑을 햇살 가득한 전원적이고도 낭만적인 연주로 표현한다.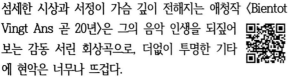

섬세한 시상과 서정이 가슴 깊이 전해지는 애청작 〈Bientot Vingt Ans 곧 20년〉은 그의 음악 인생을 되짚어 보는 감동 서린 회상곡으로, 더없이 투명한 기타에 현악은 너무나 뜨겁다.

여러 어린이 친구들과의 소중한 추억을 담은 〈L'Histoire d'Amour 러브 스토리〉는 모차르트Mozart를 연상시키는 경쾌함과 활기의 오케스트레이션이 밝게 진행된다.

기타와 하프 그리고 피아노 연주로 이어지는 천상을 향하는 기도 〈L'Enfant Poète 아이 시인〉은 항상 뭔가를 낙서하고 그리며 노래를 흥얼거리는 어린이들의 창조 본능을 찬양하고, 사랑으로 그들의 꿈과 희망을 심어주자는 의지를 표명했다.

긴장 넘치고 흥미진진한 서커스 음악 〈La Demagogie 선동자〉는 터무니없는 백색선전으로 민중들을 선동하여 혼란을 초래하는 이들에게 노래로 철퇴를 가한다.

드라마틱한 〈Léonore 레오노레〉는 '저출산'이라는 사회적 문제를 소재로 한 것으로, 새로이 태어난 생명에 대한 찬사와 그들이 주는 삶의 기쁨을 노래했다. 르네상스 기타 연주와 재지한 피아노 그리고 중후한 오케스트레이션의 바람 속에서 나부끼는 플루트의 마술이 다소 우울한 몽환을 끝없이 피운다.

Entre Elles et Moi

1994 | EMI | TOCP-8643

1. L'Adolescente
2. Instants de Trêve
3. Écris Ta Vie sur Moi
4. J'Attends
5. Au Parc Monceau
6. Trente Ans
7. J'ai le Cœur en Bois
8. Jusqu'ou Je T'Aime
9. Le Soleil sur l'Agenda
10. Entre Pere et Mari
11. Prendre un Enfant
12. Mélancolie
13. Bientôt Vingt Ans
14. Le Mur de la Prison d'En
15. Virages
16. Pour les Enfants du Monde

여성 가수들과 함께 듀엣으로 노래한 스페셜 앨범 《Entre

Elles et Moi 나와 여인들》은 베스트 선곡으로 채워져 있다.

여배우이자 가수 잔느 모로Jeanne Moreau(1928-2017)와 노래한 〈L'Adolescente 소녀〉는 1979년 작으로, 잔느 모로가 제작하고 시나리오에도 참여했으며 전설적인 여배우 시몬느 시뇨레Simone Signoret가 출연한 동명 영화의 주제곡이다. 가사는 그녀가 직접 썼고, 작곡은 영화음악가 필립 사르드Philippe Sarde이다. 우수에 젖은 키보드에 잔느의 연륜 있는 목소리로 더없이 따사롭다.

이전 트랙과 함께 본작을 빛내주는 〈Écris Ta Vie sur Moi 당신의 삶을 내게 써요〉는 신작으로 여성 싱어송라이터 로즈 로랑스Rose Laurens(1951-2018)과 함께 불렀다. 그녀는 1980년대 초 뮤지컬 『Les Misérable 레미제라블』의 히트송 〈J'Avais Rêvé d'une Autre Vie · I Dreamed a Dream〉와 싱글 〈Africa〉로 유명해진 가수로, 허스키한 보이스의 질감이 독특한 목소리의 소유자이다. 두 가수의 전혀 다른 보컬 하모니가 잔잔한 피아노와 현의 풍성함 속으로 간절함이 전해지는 명작이 아닐 수 없다.

내 가슴에 손을 얹고 내 입술에 당신의 단어를 넣어주세요, 내 안에서 당신의 인생을 쓰고, 끝도 없는 물의 전율처럼 내 피부에 당신의 꿈을 쓰세요, 내 고통의 태양과 같이 내 밤에 당신의 나날을 걸어주세요, 새로이 시작된 다른 삶, 내 어린 시절의 한 페이지를 열고, 당신의 아름다운 필적을 남겨주세요, 내 상처에 사랑을 써주세요. 텅 빈 내 손에 당신의 길을 새겨 주세요. 난 당신의 손을 부여잡을 겁니다. 얽힌 내 이야기에 당신의 추억을 수놓아 주세요. 다른 피부와 다른 문을 향해 우리의 시간이 가기 전에, 나는 미래를 꿈꾸며 당신의 기억이 내 모든 육체와 내 존재에 새겨지길 바랍니다. 당신이 따르고 당신이 아는 운명과 재생을 더하세요. 나는 주목할 만한 이야기로 가득 찬 열린 책입니다. 내게 당신의 인생을 써주세요.

더욱 맑고 싱그러우며 온화하게 편곡된 〈Au Parc Monceau 몽소 공원에서〉는 러시아 시인 푸시킨Pushkin의 손녀딸로 알려진 여가수 엔조 엔조Enzo Enzo와 노래했는데, 그녀의 청초한 매력이 이브 뒤테이와 대화하는 듯한 로맨스가 따스한 감흥을 전한다.

리안 폴리Liane Foly와 노래한 그의 데뷔앨범 수록곡 〈J'ai le Cœur en Bois 내 마음의 나무〉는 담담한 원곡의 느낌에 애상적인 호소력이 부가되어 외로운 고목처럼 애달픈 감성이 그려진다.

〈Le Soleil sur l'Agenda 일기장 밑 태양〉은 여류 동요작가이며 가수 파비안느 마르소돈Fabienne Marsaudon이 참여하여 달콤함을 더한다.

〈Prendre un Enfant 어린이의 손을 잡아요〉는 두 번의 그래미상과 토니상 수상자인 1950년생인 흑인 재즈 싱어 Dee Dee Bridgewater과 호흡을 맞추었는데, 그녀는 부드러운 재즈 스캣을 가미하여 이브의 샹송에 최고의 악기가 되어주었다.

베로니크 상송Véronique Sanson과 함께한 심미적인 에세이 〈Mélancolie 멜랑꼴리〉는 가녀린 그녀의 가창과 더욱 고조된 오케스트레이션으로 고독한 드라마가 증폭된다.

1959년생인 여가수 베로니크 리비에르Véronique Rivière과 노래한 〈Le Mur de la Prison d'en Face 감옥 맞은편의 벽〉은 우울한 키보드와 플루트, 현악으로 허망감과 애잔함이 깊숙이 자리하고 있다.

명곡 〈Pour les Enfants du Monde 세상의 어린이를 위하여〉에는 재즈 싱어 디 디 브릿지워터가 다시 한번 참여, 파스텔 색조의 재즈 보컬이 빚어내는 애상감과 힘 있는 열정으로 광명의 어린이 나라를 호소하였다.

Touché

1997 | BMG | 7432146827

1. Dreyfus
2. Les Savants les Poètes et les Fous
3. Grand Père Yitzhak
4. Venise
5. La Grande Maison des Vacances
6. Autour d'Elle
7. Aller Simple Pour l'Enfer
8. La Tibétaine
9. N'Aie Plus Peur
10. Dans l'Eau de Ses Silences
11. La Légende des Arbres

1995년에 시장에 재임되었던 그는 청중과 한목소리로 정치적인 영향력을 유지한다. 또한 프랑스 샹송의 발전과 증대를 위해 지원에 앞장선 후, 《Touché 감화》를 발표했는데, 이 멋진 작품에는 은밀히 정치적인 사안들을 포함하고 있었다.

전율과 애도의 노래 〈Dreyfus〉는 프랑스 근대사에서 좌익과 우익의 정치적인 투쟁으로 전환되었던 1894년 '드레퓌스 사건'의 희생자인 포병 대위 알프레드 드레퓌스Alfred Drey-fus(1859~1935)의 애국심을 기리기 위한 것이었다. 군사비밀을 독일군에게 누출했다는 반역죄로 종신형을 받고 악마의 섬 기아나Guiana에 유배되었으나, 무죄를 증명하는 증거가 발견된다. 프랑스의 문호 에밀 졸라Emile Zola(1840-1902)가 '나는 탄핵한다'라는 논설을 게재해 군부의 의혹을 신랄하게 공박했던 것을 시작으로 많은 재심사 요구 끝에 1906년 최고재판소에서 무죄를 확정받는다. 암살 기도의 위험 속에서도 나라를 위해 다시 제1차 세계대전으로 참전했던 드레퓌스에게 사건 100년 만인 1995년이 되어서야 프랑스군의 공식적인 무고가 발표된다.

나는 당신의 미약한 아들입니다. 나는 당신의 재판에 대한 신념과 전투에서의 힘을 믿습니다. 당신은 실추된 명예와 크나큰 슬픔에도 불구하고 프랑스에 대한 사랑을 잃은 적이 없습니다… 하늘에 있는 그와 그 사건을 기리며 우리는 그가 배신하지 않았다는 것을 항상 알고 있습니다. 그의 충정은 고국을 저버린 적이 없습니다.

〈Grand Père Yitzhak 위대한 아버지 이츠하크〉는 중동에 긴장 완화의 시대를 열어 1994년 노벨 평화상을 수상하기도 한 이스라엘 지도자 이츠하크 라빈Yitzhak Rabin(1922-1995)에게 헌정한 노래로, 극우파 청년에 의해 암살당한 그의 슬픈 죽음이 세상의 평화를 위해 헛되지 않기를 기도한다.

〈La Tibétaine 티베트인〉에서는 인도와의 국경분쟁, 내부적인 정치와 사회의 불화, 중국의 소수민족에 대한 문화 말살 정책 등으로 박해받고 짓밟힌 인권을 고발했다. 이는 티베트의 정신적인 지도자이자 1994년 세계 안보 평화상을 수상했던 달라이 라마Tenzin Gyatso의 비폭력 투쟁노선과 여러 인류 문제에 대한 성찰에 감화받아 작곡된 것이었다.

〈N'Aie Plus Peur IEA는 두렵지 않아〉는 OPEC의 석유 공급 삭감으로 인한 유류가격 상승으로 전 세계를 위협하는 오일쇼크와 현실이기에 대항하기 위해 창설된 국제에너지기구를 응원하는 작품으로, 두려움과 위기에서 해방되어야 사랑을 지킬 수 있다고 한다.

〈Aller Simple Pour l'Enfer 지옥행 티켓〉에서는 자유라 말하며 마약을 복용하는 자들을 향해 당신의 희망을 폐기하고 꿈의 열쇠를 팔아넘기는 행위라고 따끔하게 충고한다.

컨트리풍의 연주와 코러스가 이색적인 〈La Légende des Arbres 나무의 전설〉에서는 무분별한 도시계획으로 사라져가는 녹지가 그 소재가 되었다.

낭만적인 소프트 재즈 〈Les Savants les Poètes et les Fous 학자 시인 그리고 친구들〉을 통해서 미래를 반영하는 우리 시대 예술가들을 응원한다.

풍성한 심포니 〈Venise 베니스〉에서는 아름다운 물의 도시의 풍경을 예찬했으며, 〈La Grande Maison des Vacances 집에서 보낸 멋진 휴가〉에서 9월에 친지들과 함께 보낸 휴가의 추억을 수채화처럼 촉촉하게 채색했다.

그의 절친한 싱어송라이터 장-피에르 마르셀레시Jean-Pierre Marcellesi가 작곡한 걸작품 〈Dans l'Eau de Ses Silences 고요의 물에서〉는 변치 않는 사랑의 포용력을 어필하고 있다.

〈Autour d'Elle 그녀의 주위에〉에서는 항상 순수하고 여린 마음으로 주위의 아이들을 대하는 여인은 봄의 크리스마스를 꿈꾼다고 응원한다.

이 노래들의 메시지는 커버에 일러스트 된 새총에 담긴 의미와도 무관하지 않다. 그의 진실의 목소리만큼이나 음악 또한 아름다운 조형의 결과를 거두고 있기에 그의 1990년대를 마무리하는 최고의 작품이며 필청작이라 할 만하다.

Sans Attendre

2001 | EMI | 5360672

1. Avoir et Être
2. Lettre à Mon Père
3. L'Île de Toussaint
4. Apprendre…
5. Nos Yeux Se Sont Croisés
6. Yen
7. Pour Que Tu Ne Meures Pas
8. Les Gestes Délicats
9. Vivre sans Vivre (& Bia)
10. Tombée des Nues
11. Le Simple Fait Que Tu Existes

밀레니엄을 열었던 《Sans Attendre 기다림 없이》는 투명한 색채의 앨범이다. 그의 디스코그래피를 살펴보면 분명 오래 전의 앨범들은 특징적인 컬러가 있었다. 청명한 푸르름에서 부터 숲의 녹색, 그리고 태양의 황금색 등의 배경이었지만, 점차 순백의 흰색으로 탈색되다가 마침내 모든 색채를 비워

내는 투명으로까지 이른다. 아무런 사심 없는 인자한 이웃 집 아저씨나 친구로서의 모습을 담는 가장 큰 그릇의 재질 로써 더욱 목소리를 낮추고 은은하면서도 부드러운 목소리 를 통해 그 내용을 부각하고 있다.

〈Avoir et Être 소유와 존재〉는 같은 부모에서 쌍둥이 형제로 출생한 소유와 존재의 동사처럼 끊임없이 경쟁하고 타협하는 우리의 삶을 철학적으로 들려준다.

〈Lettre à Mon Père 내 아버지께 편지를〉은 불치병으로 시달리면서도 매스컴에 오르내리는 아들을 걱정하고 진심 어린 마음으로 응원해 주었던 아버지의 무한한 사 랑을 그린 것으로, 그는 부친의 슬픈 영정 앞에서 노래했다.

안온한 평화의 세계가 낭만적으로 그려지는 〈L'Île de Toussaint 성도의 섬〉은 그가 그리는 이상향으로, 자신을 지지해 주는 마을 프레시쉬르마른Précy-sur-Marne 를 대유하는 것이기도 했다. 그 따사로운 사랑이 너무나 너그럽게 전해진다.

또 하나의 사랑과 낭만의 시가 〈Apprendre… 배 운다는 것…〉에서는 교육의 중요성을 피력했다.

…놀라운 일. 꽃처럼 단어를 모아 마음 위에 씨를 뿌리는 것. 미래에 찾아올 영혼과 기억을 내맡기는 일. 책상에 앉은 어린이를 위해 제목 아래 언어를 그리며. 책에 자신의 이름 을 쓰는 것. 그것은 그의 자유를 향해 뛰어들게 할 것입니 다.

태양처럼 눈부시게 강한 용기를 지니고 성장할 어린이들을 위한 찬가 〈Nos Yeux Se Sont Croisés 우리의 감긴 눈〉은 우울한 기타 선율에서 따뜻한 체온이 전달된다.

입양된 베트남 소녀 옌이 슬픔을 잊고 프랑스에서 사랑을 듬뿍 받으며 성장하기를 기원하는 〈Yen 옌〉으로 어린이에

대한 사랑을 빠트리지 않았다.

피아노의 여린 선율로 애잔함을 더하는 작품 〈Pour Que Tu Ne Meures Pas 당신이 죽지 않기를〉에는 아픈 아내 노엘을 위해 기도를 올린다.

그리고 후반에 이어지는 4곡은 연가로, 짧지만 서정적인 반도네온과 투명한 기타 그리고 무거운 첼로로 사 랑하는 이가 주는 기쁨을 노래한 〈Les Gestes Délicats 섬세한 몸짓〉이 그 첫 문을 연다.

〈Vivre sans Vivre 생활 없는 삶〉은 국내에도 소개된 여가수 비아Bïa와 듀오로 노래한 보사노바로, 그 쓸쓸함의 서정은 늦가을 말라버린 갈대처럼 바람결에 힘없이 하늘거리는 감상에 젖어들게 된다. 이는 브라질 보사노바의 듀오 명인 비니시우스 지 모라이스Vinicius de Moraes(1913-1980)와 바덴 포웰Baden Powell(1937-2000)이 함께 쓴 1963년 작품 〈Samba em Preludio〉의 멜로디에 이브 뒤테이가 가사를 썼다.

당신 없는 삶 속의 내 마음, 그것은 물 없는 바다네. 한겨울 같은 추위라네. 밤처럼 길고 긴 시간이며, 무거운 고통이야. 새벽이 오지 않는 밤, 그것은 죽음처럼 긴 세월이라네. 당신 없는 삶 속에서 내 마음은 누구와 무엇을 위해 살아갈 수 있을까? 날 지탱하는 바닥은 사라질 거야. 대지의 모든 외로움, 지옥의 심장, 하나님은 내게 당신 없는 하루를 살게 하셨지. 생활 없는 삶… 당신이 호흡하는 그 공기를 숨 쉬고 싶어, 아무 말 없이 우리 마음을 이야기해 줘. 삶 혹은 생존, 당신의 눈망울에서는 절대 찾을 수 없는 소설의 결말, 삶 없는 생활…

육감과 사랑의 도시 파리를 간결한 재즈로 표현한 〈Tombée des Nues 떨어진 구름에서〉, 그리고 〈Le Simple Fait Que Tu Existes 당신이 살아있다는 간명한 사실〉이 마지막을 장식하고 있다.

강력한 힘을 내재했던 《Touché 감화》에 비하면 본작에는 그의 목소리에서조차 힘을 발견하기 쉽지 않다. 수수하고도 간결한 어쿠스틱의 사운드에는 초기의 화려함과 드라마틱함도 없다. 전체적으로 스르르 눈이 감길 정도로 나른함을 주기까지 한다. 그러나 더욱 그의 선량한 심성이 세밀하고 견고해짐을 느낀다.

2002년 6월에 30주년 기념콘서트가 올랭피아 극장에서 개최되었고, 2004년에는 102편의 시화집 「Dans l'Air des Mots 단어의 대기에서」를 출간했다.

2006년에는 아내 노엘, 딸 마르틴느, 존경한 최고의 샹송 여가수이자 자신의 마을 프레시쉬르마른에서 숨을 거둔 바르바라Barbara(1930-1997), 달라이 라마, 3대를 거슬러 올라가는 삼촌이자 역사적인 인물 드레퓌스경에 이르기까지 그들을 향한 편지를 담은 「Les Choses Qu'on Ne Dit Pas 하지 못한 말들」이 출판되었다.

또한 아내와 함께 불우한 계층의 어린이들에게 새로운 미래를 제공하고 교육의 기회를 제공하는 '재해 지역 주민지원 및 재건 협회'를 설립했다.

(fr)giles

2007 | l'Écritoire | 700409802096

1. Si J'Étais Ton Chemin
2. Deux Enfants du Tamil Nadu
3. Si J'Entrais dans Ton Cœur
4. Madame Sévilla
5. Ma Terre Humaine
6. Fragile
7. Elle Ne Dort
8. Sur le Clavier du Grand Piano
9. Tu M'Envoles
10. Les Amours Fanées
11. Où Vis-Tu Pauline?
12. La Note Bleue

타인의 말만 들어도 이치를 깨닫고 이해한다는 이순耳順, 이를 바라보는 즈음에서 발표한 《(fr)agiles》은 자신이 좋아하는 여인과 어린이 그리고 자연에 대한 사랑을 주제로, 절친한 싱어송라이터인 아르멩고Art Mengo, 베로니크 상송Véroni

-que Sanson, 코르시카 출신의 싱어송라이터 장-피에르 마르셀레시Jean-Pierre Marcellesi를 초청하여 만든 우정의 무대이다.

'깨어지기 쉬운' 그리고 '민감한' 의미의 형용사 'Fragile'이란 제목은, 보호의 의미로 사용한 (괄호)와 자국 프랑스의 이니셜, 그리고 '영민한'의 의미인 'agile'로 표현하고 있다. 이는 자국 프랑스가 먼저 실천했으면 하는 사안들을 심어놓은 것으로 풀이할 수 있겠는데, 많은 사람들이 더 깊이 그리고 열렬히 사랑하길 희망하고 있다.

아르멩고가 작곡하고 이브 뒤테이가 가사를 붙인 〈J'Étais Ton Chemin 내가 당신의 길을 기다린다면〉은 콘트라베이스의 피치카토 주법과 아코디언 그리고 클라리넷이 진한 애수를 더한다. 항상 자신에게 풍부한 용기와 자유를 심어주는 연인과 인생을 함께하고픈 사랑의 욕망과 확신을 담았다.

마르셀레시가 작곡한 〈Deux Enfants du Tamil Nadu 타밀나두의 두 어린이〉에서는 해일과 쓰나미가 휩쓸고 간 진흙과 쓰레기 더미의 땅에서 살아가는 인도의 Shivan과 Vaidi란 두 어린이를 응원하고 있는 노래이다. 슬픔과 고통을 이기고 희망을 잃지 않길 바라는 따사로운 온정이 느껴진다.

〈Si J'Entrais dans Ton Cœur 내가 당신 마음 속으로 들어갈 수 있다면〉은 다소 우울함을 가미한 낭만의 보사노바로, 그의 아내에게 헌정했다.

…당신의 마음에 들어갈 수 있다면, 그건 아마 수만 개의 도로와 호기심을 유발하는 '미로찾기'겠지. 세계지도 그리고 숨겨진 보물, 그건 정말 사랑스러운 당신의 얼굴이야… 당신의 마음에 들어갈 수 있다면, 그건 숨겨진 복도에 비밀의 문을 통과하는 것이지… 당신의 마음에 실수로 들어간다면, 소중한 당신의 삶에서 하룻밤의 시간을 보내고 싶어… 당신의 비밀의 정원에서 내가 아는 것보다 더 많이 아름다운 당신을 발견할 거야. 당신의 모든 마음속에서, 꿀벌이 내 운명

이라면, 당신의 꽃에서 먹이를 찾는 나 자신을 발견하게 될 거야…

〈Madame Sévilla 세비야 여사〉는 어린 시절 충심으로 학생을 대했던 교사 잔느 세비야Jeanne Sévilla에 대한 존경과 감사를 표한 것으로, 마치 정년퇴임을 축하하는 듯한 관악대 연주가 감상에 젖게 한다.

장-피에르 마르셀레시와 그의 동생 샤를 마르셀레시Charles Marcellesi가 작곡한 〈Ma Terre Humaine 인간적인 나의 땅〉은 하늘을 무심한 듯 우러러보는 듯한 쓸쓸함이 자리한다. 전쟁을 모르고 행복했던 어린 시절을 회상하며 이 세상에서 전쟁이 사라지는 날을 희망하는 바람이 포크송의 선율과 함께 더없이 투명하다.

딸 마르틴느를 위한 노래이자 타이틀곡 〈Fragile 연약한〉은 이브의 피아노 연주에 고혹적인 현이 애잔한 감성을 더하는데, 고통과 희망 사이에서 불안을 느끼는 연약한 어린이의 성장통에 어른인 우리가 그들의 등불이 되어주어야 한다고 청유한다.

아내를 위한 목가 〈Elle Ne Dort 그녀는 잠들지 않아〉는 매일 밤 내일의 행복을 꿈꾸며 자신의 슬픔을 희망으로 승화시키고 항상 아이를 위해 환한 미소로 대하는 이 세상의 모든 어머니를 향한 찬가였다.

베로니크 상송과 함께 작곡한 〈Sur le Clavier du Grand Piano 그랜드피아노의 건반에서〉은 사막의 오아시스와 겨울에서 환절되는 봄처럼 밤의 침묵 속에서 사랑의 웃음과 고통의 눈물을 노래하는 Véro라는 여성에 대한 감상이다.

사랑하는 이의 행복을 위해 대륙으로 떠나보낼 수밖에 없는 코르시카섬에 남은 이의 심경을 아련하게 그리는 〈Tu M'En -voles 그대여 멀리 날아가요〉는 장-피에르 마르셀레시가 작곡하고 코르시카 합창단이 참여했다.

역시 마르셀레시의 곡인 〈Les Amours Fanées 빛바랜 사랑〉은 불완전한 미래에서도 새로운 시작을 꿈꾸며 사랑을 다짐하는 곡으로 포근한 포크의 매력을 더한다.

가정폭력을 소재로 한 〈Où Vis-Tu Pauline? 폴린은 어디에 있나요?〉에는 아이를 위해 다시 돌아오길 기다리는 이웃의 마음을 그렸는데, 피아노와 현악의 실내악 같은 온화한 분위기가 줄곧 흐른다.

아르멩코와 공작인 〈La Note Bleue 파란색 노트〉는 샹송의 명인 클로드 누가로Claude Nougaro(1929-2004)를 기리는 명상곡으로, 여린 재즈의 몽상이 하늘거린다.

리코딩의 실수인지 혹은 의도적인 구성인지는 모르겠지만, 30초의 간격을 두고 클로드 누가로의 영정에 바치는 듯 〈Tu M'Envoles 그대여 멀리 날아가요〉의 성스러운 코러스 파트가 이어진다.

이듬해 데자제극장Théâtre Dejazet에서 거행된 라이브에는 장-피에르 마르셀레시 외에도 벤자멩 비올레Benjamin Biolay 와 다니엘 라부아Daniel Lavoie 등이 일일 게스트로 참여하여 우정을 보여주었다.

그는 시장으로서 2008년에 또다시 재임하였다.

《Flagrant Délice 명백한 기쁨, 2012》은 타이틀처럼 달콤하고 부드러운 미소로 가득 차 있는 앨범이다.

그러나 〈La Chanson des Justes 의인의 노래〉에서 분노의 노래가 흐른다. 이는 전쟁과 테러 등 나치 이념의 몰살 의지에 굴복하지 않은 사람들을 기리며 잔혹한 비극에 대한 기억의 의무를 이야기한다. 그러나 그의 바람처럼 여전히 현실은 이념이 다른 이들의 테러 위험에 노출되어 있었다.

간헐적인 테러 위협에 2015년에는 프랑스행 고속열차에서

하마터면 수백 명이 목숨을 잃을 뻔한 사건이 일어났고 탑승자의 제압으로 희생자를 막을 수 있었다. 이러한 사건 이후 뒤테이는 상징적인 커버로 《Respect, 2018》을 발표한다.

타이틀곡에는 주변의 모든 것이 흔들릴 때 바로 세우는 사람들에 대한 경의를 심었다.

〈Quarante Ans Plus Tard 40년이 지난 지금도〉는 40여년을 함께한 아내를 향한 영원한 사랑을 그린 곡으로, 앞으로의 40년도 함께 걸어가자고 프러포즈한다.

그의 코르시카의 음악문화 발전에 대한 지원과 애정을 엿볼 수 있는 〈Mon Petit Âne Corse 내 작은 코르시카 당나귀〉에는 평화와 희망이 흐른다.

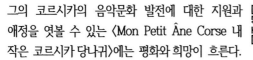

〈Mon Piano A Cent Ans 백 년 된 피아노〉의 유유한 선율은 지옥과 전쟁을 견뎌낸 자신의 피아노 앞에서, 음악과 함께 거울을 건너 촛불을 켜고 역사를 밝히고 싶다고 소명한다.

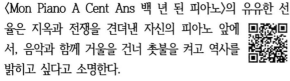

〈Une Minute de Silence 잠시의 침묵〉은 인상적인 악곡으로 단편영화처럼 강력한 이미지를 남긴다. 이는 주위의 목소리에 귀 기울이라는 메시지가 아닌가 싶다.

…눈물을 위해 신뢰의 표시로, 삶을 위해 여기 있는 행복에 또 다른 기회를 주세요, 말이 없는 파도와 신중한 연결이 우리의 비밀스러운 꿈에 자유로운 고삐를 줄 것입니다. 이 귀청이 터질 듯한 고요함을 만들 수 있는 소음으로, 지구 전역은 인상적일 것입니다. 수 광년 떨어진 곳에서도 우리는 오직 그 소리만 들을 것입니다. 밤에 울리는 대포의 천둥을 가릴 것입니다. 그저 기쁨을 위한 잠깐의 침묵, 희망의

숨결이고 심장박동입니다.

2023년 파리 카바레 음악 홀 폴리 베르제르에서 가진 라이브앨범 《Yves Duteil Aux Folies Bergere, 2024》을 발표하며, 여전히 맑은 음성으로 청중과 호흡하는 이브 뒤테이!

여전히 마을의 큰 어른으로서 사랑을 실천해야 하는 책임으로부터 자유로울 수 없겠지만, 프랑스 문화의 수호자로서 그리고 사랑과 평화를 노래하는 가수로서 영원히 남을 그의 약속은 우리를 진정 행복하게 한다. 이 시대 프랑스에서 가장 아름다운 예술인이자 위인이다.

지성의 목소리
Yves Simon ● 이브 시몽

싱어송라이터인 그는 디스코그래피보다도 30여 권이 넘는 책을 집필하여 문학가로 더 잘 알려져 있다.

국내에도 「L'Amour dans l'Ame 1500만 초의 사랑, 1978」과 1988년 출판인 문학상Prix des Libraires을 받은 「Le Voyageur Magnifique 아름다운 여행자, 1987」, 1992년 프랑스 메시디상Prix Médicis 수상작인 「La Dérive des Sentiments 감정의 표류, 1991」, 「Le Prochain Amour 다음 사랑, 1996」 등이 번역 출간되었다.

샹송 가수로서는 국내에 1975년에 발표된 〈Raconte-Toi, 당신에게 말하세요〉로 알려졌고, 《Liaisons 접속, 1988》이 1990년에 LP로 소개되었다.

그는 1944년 오트마른Haute-Marne의 쇼셸Choiseul에서 철도 기관사였던 아버지와 간호사였던 어머니 사이에서 태어났다. 그가 8세 때 부모에게 받은 선물은 아코디언이었다.

동부의 낭시Nancy에서 고등학교 문학부를 졸업하고 19세 때 파리로 와서 소르본 대학과 프랑스 국립영화학교 이덱IDHEC에서 작문과 영화를 전공한다.

졸업 후 유럽과 미국을 여행한 그는 조용히 《Ne T'en Fais Pas Petite Fille 더 이상 소녀가 아니야, 1967》와 《La Planète Endormie 잠든 행성, 1969》 앨범을 냈고, 「Les Jours en Couleurs 채색된 나날들, 1971」로 문학계에도 문을 두드렸다.

RCA로 이적하고 발표한 《Au Pays des Merveiles de Juliette, 경이로운 줄리엣의 나라, 1973》는 디스크 아카데미 대상을 수상한다.

《Respirer, Chanter 숨, 노래, 1974》에 이어 《Raconte-Toi, 자신에게 말해요, 1975》는 마니아들의 표적이 되었던 초기 명반이다. 프랑스 포크-팝의 걸작으로 평가받고 있는 초기 작들은 간결한 연주에 약간은 상기된 듯한 나지막한 보컬이 어우러지고 있다.

특히 일본 팬들의 열렬한 애정으로 라이브앨범 《Concert a Tokyo, 1977》가 출시되기도 했다.

유명한 여류 영화감독 다이언 커리스Diane Kurys와 인연을 맺어 「Diabolo Menthe 박하향 소다수, 1977」, 「Cocktail Molotov 몰로토브 칵테일, 1978」, 「Après l'Amour 사랑 후에, 1992」의 영화음악을 맡기도 했다.

2000년 이후로 개인 음악 활동보다는 문학 활동에 주력하고 예술인들의 작업에 참여했다. 참고로 화가이자 사진작가인 부인 파트리스-플로라 플라소Patrice-Flora Praxo는 이브 시몽의 이미지 작업을 돕고 있다고 한다.

Raconte-Toi

1975 | BMG | 74908

1. Raconte-Toi
2. Les Heros de Barbes
3. L'Aerogramme de Los Angeles
4. Le Film de Polanski
5. Tout Ce Que J'ai Dit
6. Mille Aujourd'Hui
7. Petite Mauve
8. Sur une Autre Route
9. Tu Marches dans une Ville
10. Quelque Part a Paris Demain
11. Paris 75

본작은 그의 대표작이다. 포크란 장르에 더 가까운 이 앨범은 군더더기라고는 찾아볼 수 없는, 간결하고도 명료한 음악이 수채화처럼 맑게 그려져 있다.

⟨Raconte Toi 당신에게 말해요⟩는 속삭이듯 이야기하는 보컬, 반복적인 기타 연주, 여성 스캣, 아코디언과 구슬픔이 묻어나는 오보에의 즉흥이 한데 어울려 아련함을 그려낸다.

당신은 인도 맞은편에서 오거나 당신의 삶을 지나가는 사람들을 두려워하지. 그들이 당신을 바라볼 수 있도록 놔둬. 그리고 당신이 그어놓은 범주 속에 자신이 있다고 자신에게 말해… 당신이 느끼고 본 다양한 색상을 얼굴에 써봐. 몹시 춥거나 혹은 안개 자욱한 당신의 도시에서 타인과 당신이 마주 본다고 그들에게 그리고 당신에게 말해봐… 다양한 메시지를 낯선 행인들과 반딧불이에 보내봐. 실수에 대한 위험을 즐겨봐. 침묵은 항상 동조나 오해의 소지가 있을 뿐이야… 신문과 당신의 꿈의 내면을 들여 봐. 세상의 모든 광기는 당신의 머릿속에 있어. 당신 자신에 대해 말해봐…

화사한 포크 넘버 ⟨Le Film de Polanski 폴란스키의 영화⟩는 「Chinatown 차이나타운, 1974」으로 아카데미 최우수 감독상을 받은 폴란스키 감독의 영화에 대한 짧은 단상을 쓴 낙서이다.

⟨Tout Ce Que J'ai Dit 내가 말한 모든 것⟩은 따 사로운 현악과 어쿠스틱 기타가 맑은 몽환을 채색한다.

내 인생을 말해주는 노래에서 나는 파리와 뉴욕을 이야기했지, 내가 말한 그 모든 것은 도피야… 파멸을 사랑하는 시간과 함께 겨울은 가고 노래는 바뀌지, 내가 말한 모든 것은 떠나가네.

피에르 바루Pierre Barouh(1934-2016)의 두 번째 아내였던 가수 도미니크 바루Dominique Barouh와 노래한 ⟨Petite Mauve 약간 상기되어⟩는 낙천적인 컨트리 포크로, 그 순백의 조화가 눈부시다.

난 축제의 날 전화했지, 그건 매우 흥분되는 일이었어, 우리는 파리의 다리 위를 걸었지, 난 약간 상기되어 전화했어, 그녀가 피할까 봐 두려웠지, 우린 오를리 공항으로 떠났어… 난 축제의 날 전화했어, 그리고 아무 생각이 없이 파리의 다리 위를 유유히 걸어갔지…

Liaisons

YVES SIMON

Liaisons

1988 | Barclay | 837 642

1. Les Enfants du Siècle
2. La Nuit, les Désirs (& J. J. Goldman)
3. Deux ou Trois Choses pour Elle
4. Bad Love
5. Nés en France
6. La Movida
7. Unter den Linden
8. A Qui Pence Gainsbourg
9. C'est Quoi l'Amour
10. Un Ange Qui Plane
11. Crime d'Amour

'관계' 혹은 '접속'이란 의미를 담고 있는 《Liaisons 타인》 앨범은 1990년에 국내에 라이선스로 소개되었다. 포크의 성향을 지닌 초기작들에서 점차 신시사이저가 가미된 팝 록의 중반기를 거쳤는데, 본작에는 제법 세련되고 매끈한 사운드를 들려주어 당시 꽤나 호응을 얻었다.

내용은 그의 소설에서 가장 핵심이 되어왔던 테마이기도 하다. 우리가 쉽게 일상에서 지나칠 수 있는 타인 그리고 현실과의 내밀한 관계성에 주목하고 있다.

포크의 거장 알랭 스티벨Alan Stivell의 아일랜드 플루트 세션이 첨가된 〈Les Enfants du Siècle 세기의 어린이들〉은 반복적이고도 타이트한 드럼 위에 멜랑꼴리한 연주가 힘 있게 진행된다. 구소련의 공산주의 붕괴와 베를린 장벽의 철거를 본 후, 세계 모든 어린이의 동심을 보호할 수 있는 사랑과 평화의 세상을 염원한다.

장-자크 골드만Jean-Jacques Goldman과 함께 노래한 〈La Nuit, les Désirs 밤, 욕망〉은 뉴욕 할렘가에 매춘으로 내몰린 어느 소녀의 이야기로, 밤의 애욕으로 유린당하는 어린 인권을 위한 쓸쓸한 랩소디이다. 다소 긴박한 템포에 색소폰의 재즈 즉흥과 민속풍의 여성 허밍이 삽입되어 비열한 도회지 밤의 풍경을 그린다.

로랑 불지Laurent Voulzy가 참여한 〈Deux ou Trois Choses pour Elle 그녀에 관한 두서너 가지〉에서는 현대인들의 신중함이 없는 꿈과 사랑에 대한 무심함을 풍자했는데, 오히려 낭만을 불러일으키는 다이내믹한 다운비트와 코러스, 전자기타의 연주가 자유롭게 항해를 한다.

〈Bad Love〉는 빠르게 변화하는 현실에서 사랑도 변하고 결국 이별할 것이라는 심적 두려움을 안고 깊이 사랑하지 못하는 이야기를 들려준다. 황량함과 쓸쓸함의 이미지에 심장박동을 연상시키는 비트가 무척 마음에 든다.

파티장에 와있는 듯한 구상음으로 영화적인 이미지를 연출하는 〈Nés en France 프랑스 태생〉에서는 겁이 좀 많은 편이긴 하지만 피부색에 상관없이 월드컵에 열광하는 우리는 프랑스 태생이라 노래한다.

스페인 프랑코 정권이 퇴진한 1970년대 후반과 1980년대 초 마드리드에서부터 바르셀로나, 빌바오로 번져간 예술의 자유주의적 흐름에 바치는 찬가 〈La Movida 모비다〉에서는 노래보다는 말하는 듯한 보컬로 이어져 강한 인상을 받게 된다.

〈Unter den Linden 라임나무 아래서〉는 여성 코러스와 차가운 건반의 사운드 위에 뜨거운 색소폰의 비가 내린다.

서독, 동독, 하나의 나라, 그리고 하나의 벽. 화씨 45도의 추운 기후의 얄타에서 3국의 수뇌가 모였습니다. 라임나무 아래서. 미국은 스탈린의 시가에 불을 붙였고, 윈스턴 경은 유럽을 흑해에 상륙시켰습니다. 라임나무 아래서. 감시탑, 전기가 흐르는 그 벽이 있는 한, 아무도 잠들 수 없습니다. 록스타가 장벽을 오가며 기타를 연주하기 위하여, 라임나무 아래서. 서독, 동독, 하나의 나라, 그리고 이제 하나의 벽만 남았습니다.

독백에 가까운 〈A Qui Pence Gainsbourg 갱스부르에게〉는 갱스부르Serge Gainsbourg(1928-1991)의 열렬한 팬이자 추종자로서 각별한 존경을 느낄 수 있는 팬레터라 할 수 있는데, 부드러운 여성 코러스에 이어 이브 시몽의 보컬은 흥분을 감추지 못한다.

서정적인 발라드 〈C'est Quoi l'Amour 이것이 사랑〉은 본작에서 가장 부드럽다.

이것은 병적인 사랑, 당신을 향한 사랑, 나날들을 잊기 위해 감상에 젖지, 남자는 볼에 눈물을 흘리며 두려워하지, 하지만 아직도 난 사랑하고 있어, 어느 기차역의 아름다운 다리 아래서 난 밤이 오길 기다리네, 우디 알렌Woody Allen은 뉴욕에서 절망 섞인 하루를 뛰어다니지.

〈Un Ange Qui Plane 비행기 천사〉는 천사처럼 우연히 만나게 되는 사랑의 신비함이 주제이며, 색소폰과 피아노 그리고 여성 코러스의 도회지 낭만이 상큼하고도 경쾌하다.

Intempestive

1999 | Barclay | 547 725

1. Sarah et Tobie
2. Pardonnez
3. Mille et une Nuits
4. La Seconde Mort de Werther
5. Je Me Souviens
6. Les Souffrantes
7. Des Cités, des Pleurs
8. Basquiat
9. Morsures
10. Elle Rêve aux Étoiles
11. Ces Visages-là
12. Je Te Prie d'Oublier

세계가 밀레니엄 시대를 앞두고 기대와 축제의 분위기에 사로잡혀 있을 때 이브 시몽은 《Intempestive 시기상조》에서 세계정세 등을 언급하며 아직은 우리가 그 흥분을 감상하기에는 '때가 이르다'라는 의견을 던졌다. 여전히 그의 목소리는 직관적이고 젊으며 솔직하다. 예전의 가사(시)를 읊조리던 창법은 대담한 트립합 비트에 실려 흡사 랩처럼 들리기도 한다.

1번과 6번 트랙을 이브 시몽과 공동으로 작곡하기도 한 편곡자 미셸 크리오Michel Cœuriot의 재능이 한껏 표출된 음악은 대단위 현악단의 클래시즘과 록, 테크노 성향의 트립합, 그리고 아라비아풍의 트리발리즘이 융해되어 이전 앨범에서는 접할 수 없었던 새로운 감흥을 들려주고 있다.

뮤비로 제작된 〈Sarah et Tobie 사라와 토비〉는 중동의 거센 모래바람 속에서 불가사의한 주술을 일구는 멋진 트립합 트랙이다. 마녀의 저주를 받은 것처럼 매혹의 여성 사라에 이미 7명의 남성이 죽고 절망에 빠진 그녀의 8번째 연인으로서 토비와 함께 평생의 사랑을 만들어 간다는 다소 우화적인 스토리를 랩(?)에 가까운 낭송으로 들려준다. 손에 땀을 쥐게 하는 긴장감이 묘하게 취하는 흥분으로 변화한다.

프랑스 정치 사건을 다룬 〈Pardonnez 용서하세요〉는 엷고 부드러운 트립합 비트와 따사롭지만 무거운 듯한 오케스트레이션 그리고 회상하는 듯 엷은 고백조의 보컬이 애상적으로 그려진다. 1975년생 철학을 전공하던 여대생 플로랑스 레이Florence Rey와 그녀의 남편인 1972년생 의대생 오드리 모팽Audry Maupin이 무정부적 지하조직들과 연루되어 있다는 첩보에 의해 경찰이 급습, 1994년 10월 4일 밤 9시 즈음의 파리시 내 총격전이 벌어지고 추격 끝에 혼자만 살아남아 당시 30년형을 선고받은 19세의 여성 플로랑스 레이의 이야기이다. 이 사건으로 많은 매스미디어들이 그녀를 죽음과도 같은 독설을 퍼붓고 공격하였지만, 그녀는 자신에게 불리하거나 혹은 유리한 진술도 하지 않았고, 증언에서도 결코 입을 열지 않아 의문은 더욱 깊어갔다. 이 현대판 '보니와 클라이드Bonnie and Clyde' 사건을 담은 많은 소설과 노래 그리고 영화까지 등장하기도 했다고 한다.

이브 시몽은 침묵으로 일관했던 그녀에게 인간적인 용서를 구하며 당신의 침묵으로 인해 비어있는 세상을 말해달라고 요청한다.

다시 신비스러운 아라비아풍의 환상으로 돌아가는 〈Mille et une Nuits 천일야화〉에서 그는 아라비안나이트처럼 아름다운 사랑에 대한 욕망을 랩으로 고백했다.

영화를 전공한 그답게 시각적인 영상이 그려지는 시네마틱 트랙 〈La Seconde Mort de Werther 베르테르의 두 번째 죽음〉은 연주곡으로, 그의 읊조리는 음성은 그저 효과로 머물 뿐이며 클래시컬한 현악의 진한 비애가 가슴을 파고든다.

영화의 사운드트랙을 서두와 후미에 삽입한 빠른 템포의 록 넘버 〈Je Me Souviens 나는 기억해〉는 OLIPOWorkshop of Potential Literature 그룹의 일원이었던 프랑스의 소설가이지 영화감독이며 비평가 조르주 페렉Georges Pérec에 헌정한 것으로, 그의 작품에서 등장했던 인물들 - 미테랑Mitterrrand 프랑스 전 대통령, 가수 갱스부르S. Gainsbourg, 영화배우 장 가뱅Jean Gabin, 고르바초프Gorbatchev 러시아 전 대통령, 인도 출신의 작가 살만 루시디Salman Rushdie, 그리고 미국의 히로시마 원자탄 투하 등을 언급하며 불멸의 용기와 기억을 되살리고 있다.

〈Les Souffrantes 고통〉은 1979년 구소련의 침공에 이어 1996년 텔레반의 집권으로 고통을 겪고 있는 아프가니스탄의 여성들이 처한 상황을 고발하여 경각심을 고취했다.

전쟁과 폭동, 마약 등으로 사랑이 죽어가는 세계도시를 향한 애도가 〈Des Cités, des Pleurs 도시, 눈물〉은 강력한 일렉트로닉스의 기운에 여린 건반과 이브 시몽의 가녀린 묵상이 이어진다.

〈Basquiat 바스키아〉는 1988년 27세의 나이에 마약중독으로 죽은 미국의 스프레이 낙서 그룹 SAMOSame Old Shit의 화가이자 팝아트의 젊은 천재 바스키아Jean-Michel Basquiat를 기리는 노래이다. '검은 피카소'라는 닉네임의 그의 작품에는 인종주의, 인체 해부, 흑인 영웅과 죽음 등의 주제가 드리워져 있는데, 1996년에 제프리 라이트Jeffrey Wright가 그의 역을 맡고 데이비드 보위David Bowie가 앤디 와홀Andy Warhol을 열연한 영화 「Basquiat」가 제작되기도 했다.

시몽은 스타로서의 성공과 꿈을 위해 뉴욕의 밤거리에서 알몸으로 쇼윈도 마네킹 일을 하는 여인의 삶과 바스키아의 인생을 나란히 병치시켰다.

〈Morsures 물린〉는 록풍의 베이스가 들끓는 연주에서 시간에 물려 너무나 서두르고 바쁘게 돌아가는 인생살이를 다시금 돌아보기를 조언한다.

〈Elle Rêve aux Étoiles 그녀는 스타를 꿈꾸지〉는 꿈을 간직하며 생명에 대한 두려움과 우주와 같은 인내로 살아가는 연약한 여성을 위한 기도이다.

세기말과 밀레니엄에 대한 낙관적인 단상이 기록된 〈Ces Visages-là 그 얼굴〉에는 그의 기타와 반복적인 오케스트레이션이 뿜어내는 나른한 분위기의 몽상 속에서 그는 하루아침에 크게 달라질 것은 없을 거라는, 하지만 잘 돌아갈 것이라는 기대를 놓치지 않는다.

트립합 앰비언트 〈Je Te Prie d'Oublier 당신이 잊기를〉에서는 여성 스캣을 뒤로 지난 일을 잊고 새로운 밀레니엄을 긍정적으로 받아들이라는 랩이 흐르고 있다.

당신은 이 세기의 종말을 기억하겠지. 사랑이, 두려움이 뒤에 따라올 회개와 전면에 대한 후회를 결코 만들지는 않을 거야. 놓쳐버린 이것들을 제발 잊어버려, 물리학의 법칙 아래 있는 행성들처럼. 나는 내 육체와 영혼 사이에 존재하는 비극적인 생물학이야. 나는 이 프로그램을 넘어설 거야, 완벽하고 부드럽고 비극적인 당신의 사랑을 위하여… 완전한 시간을 위한 작별의 기념식, 알 수 없는 미래에게 당신의 기억을 제공하고 이 낯섦 아래 우리의 역사를 가져다 놔. 내가 존재하지 않을 그곳을 떠날 시간이야. 놓쳐버린 이것들을 제발 잊어버려.

이후 자신의 책 제목이기도 한 《Rumeurs 루머, 2007》가 발표되었다. 그의 초기 음반들의 향수를 느낄 수 있는 어쿠스틱 기타를 기본으로 잔잔한 포크풍의 음렬로 구성되었는데, 짧은 연주시간에 간결하면서도 투명한 이미지를 보여준다.

마음의 상처, 눈물, 열정, 기대, 모험 등이 두렵다고 노래하는 〈J'ai Peur 난 두려워〉는 기구한 삶을 살다간 여류 작가 알베르틴 사라쟁Albertine Sarrazin(1937-1967)의 반자전적 소설 「L'Astragale 복사뼈, 1964」에서 영감을 받은 듯하다.

여가수 안젤라 몰리나Angela Molina와 부른 〈Rumeurs〉는 뿌리 없는 나무이며, 목소리로 전파되는 미생물이고, 목숨을 앗아가는 중상모략이자 총알 없는 강력한 무기라 경고한다.

프랑수아즈 아르디Françoise Hardy(1944-2024)와 함께 부른 〈Aux Fenêtres de Ma Vie 내 인생의 창〉에서는 슬픔을 지우고 자신을 극복하며 열정과 젊음을 유지하는 것에 대한 성찰이 필요하다고 충언한다.

2008년 3월 데뷔 30주년 기념콘서트를 올랭피아 극장에서 가진 그는 조르주 브라상스Georges Brassens, 세르주 갱스부르Serge Gainsbourg, Bob Dylan, The Rolling Stones, Beatles 등의 정신을 잇는 의식 있는 계승자로서 또한 문학가로서 프랑스인들의 가슴과 머릿속에 영원히 자리하고 있다.

Aleandro Baldi ● 알레안드로 발디

album 《Ti Chiedo Onestà》

그의 유년은 잘 알려지지 않은데, 지아니 벨라Gianni Bella, 움베르토 토찌Umberto Tozzi, 마르코 마지니Marco Masini 등의 음반 제작자였던 유명 프로듀서 지안카를로 비가찌Gian-carlo Bigazzi의 눈에 띈 후 자작곡 〈La Nave Va 항해〉로 1986년 산레모가요제에 출전하고, 이듬해 그의 첫 앨범 《E Sia Così 정말입니다》를 발표했다.

1992년에 다시 산레모가요제에 참가한 그는 여가수 프란체스카 알로타Francesca Alotta와 듀엣으로 〈Non Amarmi 날 사랑하지 마〉를 불렀고 신인 부문에서 우승한다. 특히 이 곡은 제니퍼 로페즈Jennifer Lofez와 그녀의 배우자이자 가수 마크 앤서니Marc Anthony가 1999년에 리바이벌하였는데, 빌보드 라틴 트랙 차트에서 1위를 기록함으로써 원작자인 그도 유명세를 치르게 된다.

그는 그해 두 번째 앨범 《Il Sole 태양》을 발표했다.

1994년 산레모가요제에서 〈Passerà 지나갈 거야〉로 기성 부문에서 우승을 차지하며, 명실공히 성공을 보장받는 유명 싱어송라이터가 되었다. 특히 이 곡은 2005년에 이태리 남성 팝페라 4인조 일디보Il Divo가 데뷔앨범에서 다시 한번 그 영광을 재현하기도 했다. 그해 알레안드로의 세 번째 앨범 《Ti Chiedo Onestà 솔직히 묻습니다》가 발표되었다.

1996년에는 마르코 주에르조니Marco Guerzoni와 함께 부른 〈Soli al Bar 바에서 혼자〉로 차트 8위를 기록하고, 《Tu Sei di Me 당신은 나의 것》이 출시되었다.

한참이 지나 공식 6집 《Liberamente Tratto 자유로운 적응, 2007》이 발표되었는데, 수염을 기른 모습을 커버에 담았다.

이미 중견으로 자리 잡은 그는 다른 가수들처럼 앨범을 많이 발표하진 않으나, 팬들과 함께 부를 수 있는 주옥같은 레퍼토리로 어둠이 내린 무대 위에서 별빛 가득한 노래를 열창한다.

알레안드로 발디는 1959년에 와인축제의 도시로 알려진 이태리 피렌체 근교의 그레베인키안티Greve in Chianti에서 시각장애인으로 태어났고, 본명은 알레안드로 발디 치바이Aleandro Baldi Civai이다.

Ti Chiedo Onestà

1994 | Dischi Ricordi | TCDMRL 6471

1. Passerà
2. Sarajevo
3. Come le Stagioni
4. Il Ragazzo Solitario
5. Perchè (& Danilo Amerio)
6. Ti Chiedo Onestà
7. Il Mondo Degli Altri
8. Giorni
9. Record
10. Francesco

세 번째 앨범 《Ti Chiedo Onestà 솔직히 묻습니다》는 그의 대표작이라 할 만하다. 이태리 특유의 서정과 악곡의 기승전결이 또렷한 드라마가 숨 쉬는 가운데, 그의 깊고도 여린 진솔함이 우리의 감성을 울리기에는 너무나 따스하고 충분하다.

1994년 산레모가요제 기성 부문 우승곡인 〈Passerà 지나갈 거야〉에는 잔잔한 기타와 푸근한 오케스트레이션의 중심에서 따사로운 사랑의 노래가 울려 퍼진다. 매력적인 연인에게 당신을 괴롭히는 현실의 고민들과 사랑의 고통은 빨리 지나갈 거라는 위로의 마음을 담았는데, 부드러운 코러스와 더욱 힘이 실리는 절정에서 그의 호소력 은 열정을 토한다.

〈Sarajevo 사라예보〉에서는 이태리 국경에서 이 별하고 도착한 눈 덮인 사라예보에서 순수한 설원의 풍경을 보며 새로운 사랑을 열망한다.

아름답고 시적인 〈Come le Stagioni 계절처럼〉에서는 사랑을 사계에 비유했는데, 고통과 눈물로 얼어버린 사랑의 겨울이 지나가면 또다시 라일락 향기가 피어나는 봄날이 찾아올 것이라는 내용이다. 악곡의 구성은 〈Passerà 지나갈 거야〉처럼 서정을 타고 또렷한 선율을 그리며, 결코 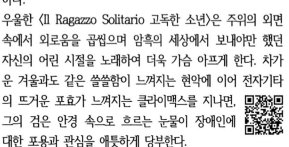 사랑은 끝나지 않았다는 그의 음성이 더없이 따뜻하다.

우울한 〈Il Ragazzo Solitario 고독한 소년〉은 주위의 외면 속에서 외로움을 곱씹으며 암흑의 세상에서 보내야만 했던 자신의 어린 시절을 노래하여 더욱 가슴 아프게 한다. 차가운 겨울과도 같은 쓸쓸함이 느껴지는 현악에 이어 전자기타의 뜨거운 포효가 느껴지는 클라이맥스를 지나면, 그의 검은 안경 속으로 흐르는 눈물이 장애인에 대한 포용과 관심을 애틋하게 당부한다.

반항아의 얼굴을 한 외로운 소년은 소리 죽여 이야기하고 미소도 절대 짓지 않았네, 도로에 접한 울타리 안에서 자유는 제한된 채 자랐지. 터무니없는 운명의 소년은 불신의 눈길로 학교도 가본 적이 없지, 불행 속에서도 많은 욕망이 솟구쳤건만, 외로운 소년은 항상 멀리 떠나는 기차와 역을 꿈꾸었네. 그의 희망 어린 눈매는 이미 교외 아스팔트를 향하고 있었네, 불행의 나날로부터 벗어나고 모멸감을 잊기 위해서, 하지만 태어났을 때부터 미래란 없었고, 내일 없는 날이 계속되었네. 태양은 죽은 친구와 같았지. 아무것도 없는 벽 하단에 침몰한 분노의 욕설들, 폭발하는 외로움의 고통도 느끼지 못했지. 더 큰 사랑이 필요했지만, 세상은 자신만 생각하기에도 바쁘지… 그리고 일몰이 다가올 때 고독한 소년을 모두 떠나버렸네. 말문은 막혔고 그들로 인한 혼란만 남았지. 많은 외로운 소년들이 있네. 하지만 나는 이해해. 왜냐하면 그들은 날 닮았으니까.

〈Perchè 왜〉는 1963년생 남자가수 다닐로 아메리오Danilo Amerio의 허스키 보이스와 하모니를 이룬다. 성공을 거두었지만 자식을 잃고 사랑에 배신당한 한 노인이 성탄과 새해의 기쁨으로 충만한 세상을 바라보며 죽음을 맞이하는 비극이다. 공평하지 않은 삶에 대한 질문! 그는 자신에게 묻지 말라고 이야기한다.

타이틀곡 〈Ti Chiedo Onestà 당신에게 솔직하게 요청합니다〉는 맑은 피아노의 음률이 현악과 융합되는 전형적인 서정의 발라드 트랙으로, 자신을 떠나지 말라는 간절함이 촉촉하다.

옥구슬 같은 피아노 연주와 바람결처럼 밀려오는 오케스트레이션의 겹으로 마음을 빼앗는 또 하나의 백미 〈Il Mondo Degli Altri 타인의 세계〉는 그대가 없는 다른 세상에서는 사랑도 꿈도 없으며 결코 자신도 다른 세상에서는 살아갈 수 없으므로 그대를 간절히 원한다는 연가이다.

일에 매달리며 깨지기 쉬운 사랑의 나날들 속에서 충심을 다할 것을 서약하는 〈Giorni 나날〉에 이어, 〈Record 기록〉에는 자신의 새로운 기록을 위해 인생을 살아가는 사람들에게 우리는 패배자도 기록의 대상도 아니며 삶의 조바심에서 벗어나길 권유하고 있다.

성스러운 명작 〈Francesco 프란체스코〉는 이태리의 성인 프란체스코Giovanni Francesco(1181~1226)에 바치는 찬가이다. 그는 아시시Assisi에서 부유한 무역가의 아들로 출생하여, 다양한 상상과 세력들이 혼재하고 대립했던 시대 상황에 맞서 순수한 초기의 기독교 정신으로 만민의 영혼을 구원하고자 했던 프란체스코 수도회의 창시자이다. 알레안드로는 절망의 늪에서 힘이 되어주었던 그를 기리며 감사의 기도를 올린다. 구슬픈 피아노와 서정의 극에 다다르는 오케스트레이션은 눈물을 머금을 만큼 아름답기 그지없는 최고의 작품이 아닐까 싶다.

산타크로체Santa Croce 성당에서 매일 아침, 매일 밤 당신을 봅니다. 평소의 목소리에 수류탄을 안고서, 바람은 매섭게 붑니다. 우리 주위는 부패했습니다. 프란체스코는 내게 빨리 작별을 고하고는, 세상의 정화를 위해 돌아섭니다. 환영으로부터 마음을 홀리는 악귀들이 난입하고 얼굴은 일그러집니다. 온화한 한 여인의 성명서로부터 나는 눈물을 흘립니다. 프란체스코는 바람에 사라지고, 믿을 순 없지만 태양이 떠오릅니다. 한기와 비명이 행성과 별을 엄습합니다. 어둠과 공포의 세상에는 쓰레기 더미만 남았죠, 처음 그를 본 누군가가 말했습니다. 그건 미친 짓이라고, 그래도 악마는 매번 출몰할 것이라고… 매일 청소하고 큰 상자에 쓸어 담았죠, 프란체스코는 항상 때가 묻어있었고, 흐트러져 있으며, 눈이 잘 보이지도 않았습니다. 암흑 속에서 날아다니던 악귀들도 결국 질병으로 떨어지고 말았죠. 미소 짓는 여인의 성명서는 단호합니다. 고통의 일상은 사라지고 우리가 내던진 모든 사랑과 모든 꿈, 프란체스코는 쓰레기만 남은 우주에서 한기의 행성과 비명의 별을 쓸어버립니다.

Il Meglio e il Nuovo

Aleandro Baldi

IL MEGLIO E IL NUOVO

2002 | Dischi Ricordi | TCDMRL 6471

1. I Care
2. Gira Gira Gira
3. La Nave Va
4. E Sia Così
5. La Curva dei Sorrisi
6. Non Amarmi
7. Sogno di Volare
8. Ci Vuole un Attimo
9. Sarajevo
10. Il Bello delle Donne È
11. Sentimenti
12. Passerà
13. Ti Chiedo Onestà
14. Ńa Ninnananna e Mare
15. Stay Gold

네 번째 앨범 《Tu Sei di Me 당신은 내게 있어, 1996》을 발표한 후, 1~3집의 히트곡들과 5곡의 신곡을 수록한 《Il Meglio e il Nuovo 베스트와 신곡, 2002》이 발표되었다.

첫 앨범 《E Sia Così 정말입니다, 1987》 수록곡인 〈E Sia Così 정말입니다〉는 사랑의 맹세를 담은 애달픈 심경이 느껴지며 후반에는 즉흥적인 재즈 편곡이 포함되어 구성의 이채로움을 더한다.

두 번째 앨범 《Il Sole 태양, 1992》에서 커트된 〈Non Amarmi 날 사랑하지 마〉는 그해 산레모가요제 신인 부문 우승곡으로, 여가수 프란체스카 알로타Francesca Alotta와 듀엣으로 불렀다. 진정 사랑을 원하지만 그리고 자신을 떠날까 봐 두려움에도 떨지만, 사랑의 고통으로 자신을 사랑하지 말라고 역설적으로 요청한다.

〈Sentimenti 감정〉은 평화롭고 행복했던 예전으로 돌아가고픈 소망으로, 선글라스를 쓰고 대중들 앞에 서야 하는 그의 내적인 고충을 노래한 듯하여 더욱 마음이 간다.

다음은 신곡들이다.

어린이 합창단이 참여한 아름다운 성가 〈I Care〉는 부유한 지식인의 아들로 태어났지만 카톨릭 종교인으로서 그리고 가난한 이들을 위하여 교육자로의 삶을 살았던 숭고한 위인 돈 밀라니Don Lorenzo Milani(1923-1967)에게 헌정하는 작품이다.

지중해의 고전적인 음악을 연상시키는 〈Ńa Ninnananna e Mare 내 자장가와 바다〉는 라틴어로 노래했는데, 만돌린의 트레몰로가 자아내는 구성지고도 서글픈 서정이 이태리 가곡이나 민요를 듣는 듯한 이색적인 풍물로 그려진다.

〈Stay Gold〉은 미국의 시각장애인 가수 스티비 원더Stevie Wonder의 노래이다.

그는 좀 더 오랜 시간을 보내고 《Liberamente Tratto 해방감, 2008》으로 다시 그 모습을 드러냈는데, 이 앨범에는 〈So Che ci Sei 거기 있다는 걸 알아〉라는 발라드가 수록되어 있다.

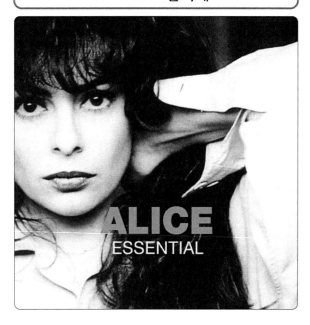

젊은 연인
Alice ● 알리체

프랑코 칼리파노Franco Califano(1938-2013)가 쓴 〈La Festa Mia 나의 축제〉를 들고 베니스에서 열린 '빛과 음악의 국제 전시회'에 참가하여 실버 곤돌라상을 수상한다.

이듬해 세 번째 싱글 〈Il Giorno Dopo 하루가 지나고〉를 발표한 후, 새로운 이름 알리체 비스콘티Alice Visconti로 첫 앨범 《La Mia Poca Grande Età 나의 작고도 위대한 시절, 1975》를 발표, 그녀의 고전이 된 〈Io Voglio Vivere 살고 싶어〉와 〈Piccola Anima 작은 영혼〉이 수록되었다.

두 번째 앨범 《Cosa Resta⋯ un Fiore 꽃만 덩그러니, 1978》에서는 〈⋯E Respiro 휴식〉과 〈Un'Isola 섬〉이 싱글 커트되었다. 우리에게 잘 알려진 뿌나 노마디 Nomadi등의 사운드처럼 서정의 현악이 환한 두 매의 초창기 걸작들을 들어보면, 그녀의 음성은 가느다란 고역에 위치하고 있었다. 그녀는 더 단순한 이름 알리체로, 거물 프랑코 바티아토 Franco Battiato(1945-2021)의 협력으로 제작한 《Capo Nord 북향, 1980》을 발표, 이는 그해 여름을 독차지했던 히트곡 〈Il Vento Caldo dell'Estate 여름날의 열풍〉이 수록되어 대성공을 거둔다.

《Alice, 1981》 발표 후, 산레모가요제에서 〈Per Elisa 엘리사를 위해〉로 우승을 차지, 이 앨범의 성공으로 첫 유럽투어를 실시했고, 싱글 〈Una Notte Speciale 특별한 밤〉은 독일에서도 2년 동안 차트에 머물렀다.

〈Messaggio 메시지〉 역시 알리체와 바티아토 듀오의 히트 행진을 이어갔고, 이는 《Azimut 방위각, 1982》에 수록되었다.

《Falsi allarmi 거짓 경보, 1983》로 이 커플은 나다Nada와 함께 노래 경연대회 'Azzurro'에 참가하여 대상을 받았다. 〈Solo un'Idea 혼자 생각〉과 〈Notte a Roma 로마의 밤〉이 히트했다.

1984년에는 독일 가수 스테판 바거사우젠Stefan Waggershausen과의 듀엣 싱글 〈Zu Nah am Feuer 열기에 젖어〉는 백만 장 이상 팔렸다.

그녀의 주된 매력이라면 무엇보다도 착착 감기는 알토 영역의 쿨-보이스가 아닐까 한다. 게다가 그녀의 음색은 티 없이 맑고 투명하며, 결코 가볍지 않은 고밀도의 무게감과 양감을 느낄 수 있다.

이태리 중부에 위치한 도시 포를리Forli에서 1954년 태어난 카를라 비씨Carla Bissi는 11세 때 산레모에서 개최된 국제 청소년 페스티벌에 참가했다.

1971년에 신인가수 등용문 'Festival di Castrocaro'에서 뿌 Pooh의 《Opera Prima, 1971》 수록곡 〈Tanta Voglia di Lei 그녀의 열망〉을 불러 우승을 차지한다.

1972년 첫 싱글 〈Il Mio Cuore se Ne Va 내 마음은 떠나고〉로 산레모가요제에 참가하지만 본선 진출에 실패하고,

Gioielli Rubati

1985 │ EMI │ 0777 7 46795 2

1. Prospettiva Nevski
2. Il Re del Mondo
3. Mal d'Africa
4. Segnali di Vita
5. Le Aquile
6. Summer on a Solitary Beach
7. Gli Uccelli
8. Un'Altra Vita
9. Luna Indiana

본작 《Gioielli Rubati 도둑맞은 보석》은 작곡가 프랑코 바티아토Franco Battiato(1945-2021)의 레퍼토리를 각색한 선집으로, 독일과 스위스에서도 발매되었다.

바티아토의 《L'Era del Cinghiale Bianco 흰 멧돼지가 있었지, 1979》에서 2번과 9번 트랙이 선곡되었다.

〈Il Re del Mondo 세계의 왕〉은 찬란한 황금빛의 영광이 하늘로부터 쏟아지는 전자음향에 알리체의 맑은 보컬과 스캣이 매우 눈부시다. 하지만 이 노래는 전쟁과 내전, 학살과 무질서 등의 불행으로부터 자국을 지키지 못하고 해외로 떠돌아야 했던 아프가니스탄의 마지막 국왕을 안타까운 심경으로 바라본 것이었다.

명작 〈Luna Indiana 인도의 달〉은 원래 연주곡이 원작인데, 깨어질 듯한 피아노와 함께 물안개처럼 피어오르는 알리체의 몽환적인 음성은 너무 현혹적이다. 은은한 차 향기, 신비한 타지마할, 구도자들의 기도, 흥미로운 동화, 영웅 전설, 왕비의 연애 이야기들을 들으며 연못을 산책할 때 수면 위로 그려지는 호젓한 달빛을 바라보는 감정을 그렸다.

바티아토에게 대중적으로 첫 성공을 안겨다 준 《Patriots 애국자들, 1980》에서는 1번과 5번 트랙이 선곡되었다.

〈Prospettiva Nevski〉는 러시아 상트페테르부르크의 겨울 궁전을 지나는 대로명으로, 피에트로 대제Pietro I가 건설한 이래 역사와 함께 많은 문학작품의 배경이 되기도 했다. 니진스키Nijinsky의 발레, 스트라빈스키Stravinsky의 음악, 에이젠슈테인Sergei Eisenstein의 혁명 영화들 등에서 받은 문화 예술적 감동과 겨울 새벽의 희미한 빛을 내던 양초와 등유 가로등 등 러시아 밤의 서정을 그렸다.

〈Le Aquile 독수리〉에서는 마치 프로펠러가 회전하는 듯한 음향을 선보이고 있다.

프로그레시브 록 뮤지션으로서 바티아토의 이미지를 완벽하게 벗어던진 신스팝 앨범 《La Voce del Padrone 주인의 목소리, 1981》는 백만 장 이상 판매고와 18주 동안 차트에 머무르는 성공을 거두었는데, 이 앨범에서는 〈Segnali di Vita 삶의 신호〉, 〈Summer on a Solitary Beach〉, 〈Gli Uccelli 새〉를 커트했다.

《Orizzonti Perduti 잃어버린 지평선, 1983》에서 〈Mal d'Africa 아프리카의 아픔〉과 〈Un'Altra Vita 또 다른 삶〉

이 본작에 실렸는데, 특히 아프리카에서의 새로운 생활에서 느끼는 외로움을 그린 〈Mal d'Africa〉는 마치 월 드비트처럼 빠른 신시사이저 퍼커션 사운드가 매우 신선하다.

이 앨범으로 알리체는 텐코상Premio Tenco[13] '올해의 최고 가수상'의 영예를 안았다.

새 프로듀서이자 작곡가 프란체스코 메시나Francesco Messina의 예술적인 영향력으로 탄생한 《Park Hotel, 1986》은 히트 싱글 〈Conoscersi 만나보세요〉와 함께 새로운 전환점이 되었으며, 스웨덴, 독일, 오스트리아와 스위스에서도 발매되었다.

유리 카미사스카Juri Camisasca의 작곡 〈Nomadi 유목민〉은 언제 들어도 상쾌한 자유분방함을 느끼게 된다.

…여행자들은 환대를 찾아 떠나네, 햇볕이 잘 드는 마을에서, 광활한 빈민가에서, 그리고 그들은 땅의 베개 위에서 잠이 드네. 알 수 없는 차원을 추구하는 낯선 사람, 당신은 그것을 찾을 거야, 도시 외곽 길 끝에서.

두 곡의 신곡을 포함한 베스트앨범 《Elisir 영약, 1987》은 독일에서 비평가상을 받았고, 《Mélodie Passagère, 1988》는 고전음악가 사티Satie, 포레Fauré, 라벨Ravel의 작품을 노래한 클래식 앨범이었다.

---

13) Premio Tenco : 젊은 나이에 유명을 달리한 천재 작곡가 루이지 텐코Luigi Tenco(1938-1967)를 기리기 위한 것으로, 1974년부터 각 부문에 걸쳐 시상하고 있으며, 그 대상은 국경을 초월하고 있다. 당해 '올해의 작곡가' 상은 실비오 로드리게스Silvio Rodriguez였다.

Il Sole Nella Pioggia

1989 | EMI | 0777 7 92520 2

1. Il Sole Nella Pioggia
2. Cieli del Nord
3. Visioni
4. Tempo Senza Tempo
5. Le Ragazze di Osaka
6. Orléans (trad.)
7. Anín a Grîs
8. L'era del Mito
9. Le Baccanti
10. Now and Forever (& Peter Hammill)

알리체의 화사했던 1980년대를 마감하는 《Il Sole Nella Pioggia 빗속의 태양》에는 〈Nomadi 유목민〉이란 곡으로 성공을 안겨준 싱어송라이터 유리 카미사스카Juri Camisasca가 무려 5곡을 썼다.

유리의 타이틀곡 〈Il Sole Nella Pioggia 빗속의 태양〉에서부터 조짐이 가볍지 않다. 원주민이 사는 밀림에서 들려오는 듯한 관악과 월드 퍼커션, 그리고 물기 있는 바닥으로 깔리는 알리체의 묵시적인 음성이 반사되어 신비스럽고도 몽환적인 분위기를 창조하고 있다. 인도네시아의 특징적인 기후 속에서 자연의 생명력과 인간의 삶에 대한 영험한 감동을 서정시로 표현했다.

트럼펫, 알리체의 스캣과 하이톤의 음성이 지독한 쓸쓸함으로 그려지는 발라드 〈Cieli del Nord 북쪽 하늘〉에는 힘겹고 외로운 현실에서 사랑과 평화와 자유를 위해 걸어왔던 시간을 돌이키며 느끼는 무상감이 흐른다. 하늘 아래 순진무구한 어린이들의 음성을 믹스하며 희망을 내비친다.

역시 유리의 작품임을 알아차리게 되는 〈Visioni 비전〉은 갈등을 내던지고 하늘의 끝을 향해 꿈을 표출하라는 긍정적인 가사와 함께 안개와 같은 전자음향으로 채워지는 멋진 작품으로, 광대한 공간의 울림도 좋지만 알리체의 스캣도 무척 아름답다.

히트곡 〈Tempo Senza Tempo 영원의 시간들〉에서는 자신의 정체성을 찾기 위한 현실과 꿈 사이에 흐르는 시간으로의 자유여행을 더욱 서늘한 감성으로 노래한다.

〈Le Ragazze di Osaka 오사카의 소녀〉는 에우제니오 피나르디Eugenio Finardi의 《Dal Blu, 1983》에 수록된 것이다.

세 개의 연작 〈Orléans (trad.) - Anín a Grîs - L'Era del Mito〉는 가장 주목하게 된다.

대기의 얇은 세로의 결들이 청자를 관통하고 지나가는 환상체험 〈Orléans 오를레앙〉은 엔야Enya의 오버더빙 음색과 같은 무반주 코러스가 강렬한 인상을 남긴다.

수정 같은 눈물이 맺혀있는 〈Anín a Grîs 귀뚜라미를 타고〉는 작은 요정처럼 자유롭게 밤을 돌아다니고픈 순수한 꿈을 노래한 것으로, 라틴어 시에 곡을 붙였다. 호젓한 밤의 서정을 그려내는 기타와 은은한 달빛을 연주하는 키보드 그리고 동화를 노래하는 보컬은 아름다움의 극치이다.

유리의 철학적이고 종교적인 가사에 아시아의 리듬이 가미된 〈L'Era del Mito 신화의 시대〉는 새로운 시대의 구현을 위한 찬양가로, 블루지한 기타에 타블라Tablas의 향이 드리운다.

신비스러운 내면의 세계를 그린 〈Le Baccanti 바카스의 여인들〉은 반복적인 멜로디로 최면에 이르게 한다.

영국의 프로그레시브 록 뮤지션 피터 해밀Peter Hammill이 곡을 만들고 노래까지 함께 부른 영어 노래 〈Now and Forever〉에는 플루트의 여운이 나풀거린다.

물론 본작은 차트에 올랐고, 유럽투어가 뒤따랐다.

Mezzogiorno Sulle Alpi

1992 | Polydor | 074 7 98944 2

1. In Viaggio sul Tuo Viso
2. Passano gli Anni
3. Blue Melody
4. Neve d'Aprile
5. Rain Town
6. Il Colore della Lontananza
7. Tim
8. Lungo Ritorno a Casa
9. La Recessione
10. Madre Notte
11. Luce della Sera

1990년대 초에 발표한 신세계의 향연 《Mezzogiorno sulle Alpi 알프스의 한낮》은 매우 복합적인 양상을 띤다. 월드뮤직, 트랜스 댄스, 재즈, 뉴에이지 등과 융합하였지만, 미니멀 성향으로 결코 복잡하지 않다. 연주자로서도 참여하고 있는 알리체 자신과 프로듀서 프란체스코 메시나Francesco

Messina와 재즈 색소폰 연주자 파올로 프레수Paolo Fresu 외에, 두 곡의 공작자인 영국의 뉴웨이브 밴드 Japan 출신의 Richard Barbieri를 비롯하여 많은 영국의 게스트 뮤지션들이 참여하고 있다. 결과적으로는 매우 현대적이며 감각적인 파퓰러음악이다.

활력과 상큼함이 샘솟는 초록 사운드 〈In Viaggio sul Tuo Viso 당신 얼굴로의 여행〉은 트립합 비트에 퓨전재즈와 에스닉 월드가 신선함을 듬뿍 안겨준다. 후미에는 헝가리 민요 〈Istenem Istenem〉가 믹스되었으며, 얼굴에서 미묘하고 내밀한 감정의 표현이 현실의 긴장감에 의해 가려져 버린다고 노래한다.

역시 포근한 안개와 더불어 새벽 공기를 맞는 것처럼 음의 신선도에서 최고를 자랑하는 〈Passano gli Anni 지나가는 한 해〉에도 월드 라운지가 마련되어 있다. 삶의 순간들에서 의미를 찾고 자신에 대한 사랑을 지니라고 권유한다.

영어 곡 〈Blue Melody〉는 28세에 마약중독으로 세상을 등진 전설적인 미국 뮤지션 팀 버클리Tim Buckley(1947-1975)의 《Blue Afternoon, 1969》 수록곡을 커버하였는데, 기타의 맑음과 재즈 건반의 몽롱함이 나른하게 우리의 신경을 이완시킨다.

댄스 비트에 현란한 재즈 키보드가 즉흥을 달리는 〈Neve d'Aprile 4월의 눈〉에서는 흰 눈으로 뒤덮인 알프스를 보며 이를 겨울의 대폭설의 혼란을 겪고 새로운 세계를 맞이한 생존자라고 이야기한다.

삶의 감각을 더욱 촉촉이 살려주는 비 내리는 도시의 서정시 〈Rain Town〉은 공감각적으로 우울한 환상을 심어주는 명곡이며, 이전 작품들에서 함께 했던 사운드 엔지니어 팀 크레머Tim Kramer를 기리는 〈Tim 팀〉은 짧지만 강렬한 인상을 남기고 있다.

봄날의 향수를 그린 〈Lungo Ritorno a Casa 귀향〉은 일렉트로닉 사운드에 파격적인 댄스 리듬,

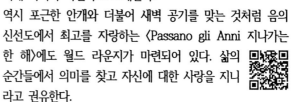

라틴 기타와 색소폰의 재즈 블루스가 다시금 애잔한 서정을 이끈다.

〈La Recessione 불황〉은 이태리 시인이자 영화감독, 소설가, 기자, 배우, 화가, 정치인이기도 했던 피에르 파올로 파솔리니Pier Paolo Pasolini(1922~1975)의 작품에서 가사를 차용했는데, 공황의 여파와 침묵의 세계를 서늘한 음성으로 경고하고 있는 듯하다.

신비와 고요의 시간으로 초대하는 〈Madre Notte 어머니의 밤〉는 앰비언트 음악의 결속에 '새벽의 밤은 올려지고, 언덕은 태양을 삼키네. 우리의 또 다른 하루, 구름을 타고 흐르는 작은 그림자…'라 노래하며 힘겨운 삶 속의 외로움을 축약적인 시어로 표현했다.

〈Luce della Sera 저녁의 빛〉은 현대음악과 동양의 민속음악이 빚어내는 고혹적인 크로스오버 넘버로 일본의 소설가인 Natsume Soseki의 전통 시가 하이쿠Haiku를 서두에 배치하였다.

본작은 그녀의 음악적 성숙도가 최고점에 이르렀다고 호평받았다. 전작에 이은 상업적인 성공을 거둔 후 '예술과 장식 Art et Décoration'이란 라이브 프로젝트를 대규모 오케스트라와 함께 거행했다.

Charade

alice

1995 | Warner | 0630-13917

1. L'Apparenza
2. Dammi la Mano Amore
3. In Piedi su uno Specchio
4. Il Silenzio delle Abitudini
5. Charade
6. Gli Ultimi Fuochi
7. Non Ero Mai Sola
8. Nel Resto del Tempo
9. Il Nido del Gatto
10. Sotto lo Stesso Cielo
11. Dammi la Mano Amore (Devogue vers.)
12. La Fronte Mormora
13. Dammi la Mano Amore (Remix)

일렉트로닉스를 도입한 전작 《Mezzogiorno sulle Alpi》의 연장선에 있는 《Charade 위장》에서도 프로듀서이자 작곡가 메시나와의 조력은 계속되었다.

히트 싱글인 자작곡 〈Dammi la Mano Amore 내게 사랑을 주세요〉는 여성 특유의 내성적인 감성을 엿볼 수 있다. 어린 시절 일몰과도 같이 홀로 비밀을 숨겨온 자신에게 사랑과 우정이 필요함을 느끼게 되는 내용으로, 흐르는 흰 구름 사이로 보이는 푸른 하늘과 떨어지는 빛줄기의 몽상처럼 유유하고 따스한 키보드 음향에 둘러싸인다. 원곡 외에 성스러운 복음 연주로 압축한 〈Devogue Version〉과 드럼비트가 가미된 〈The Remix〉가 추가 수록되었다.

황홀한 월드 라운지 〈In Piedi su Uno Specchio 거울에 서서〉는 민속 구음들의 믹스와 트립합 비트 그리고 구슬픈 트럼펫의 즉흥이 어우러진 최고의 작품 중 하나이다. 영어, 이태리어, 프랑스어가 섞인 가사는 더 이상 지나간 과거에 연연하지 말아야 한다는 메시지를 담은 듯한데, 환청처럼 들리는 작사가 미노 디 마르티노Mino Di Martino의 낭송까지 겹쳐 매우 드라마틱하다. 마치 딥 포레스트Deep Forest가 협연하고 있는 듯한 느낌이다.

아코디언의 애수가 지중해의 특별한 노스텔지아로 변화하는 또 하나의 걸작 〈Il Silenzio delle Abitudini 습관적 침묵〉은 여름비를 맞으며 슬픈 고독감에 휩싸이는 여린 감정을 노래하였는데, 서서히 카타르시스에 젖는 이 작품은 흡사 전성기 시절의 야니Yanni의 서정과 알리체의 조우를 보는 것 같다.

미노 디 마르티노의 타이틀곡 〈Charade 허구〉는 현실을 직면하지 못하고 허황된 내일을 꿈꾸는 망상에 대한 노래로, 이니그마Enigma의 사운드를 연상시키는 서두를 지나면 메아리처럼 울리는 보컬과 단단한 팝 연주에 창공의 풍경이 재빨리 지나간다.

〈Gli Ultimi Fuochi 마지막 불빛〉은 내일의 평화를 염원하는 자작곡이다.

잔잔한 발라드에서 역동적인 퓨전 록으로 또다시 애틋함을 남기는 발라드로 변신하는 히트곡 〈Non Ero Mai Sola 난 결코 혼자가 아니었어〉가 돋보인다. 예전에는 혼자가 아니었지만 사랑하는 이를 만난 다음부터 외로움을 느끼게 되었다는 심정을 고백했다.

바이올린이 외로움과 애상감으로 마음을 흐려놓는 〈Nel Resto del Tempo 시간의 나머지〉, 여러 사람들의 대화를 구상음으로 믹스한 〈La Fronte Mormora 속삭임〉은 더 많은 것을 말하는 눈과 손짓과 표정의 섬세한 관찰을 테마로 하였다.

이후 유리 카미아스카Juri Camisasca와 피터 해밀을 초대하고 레오 페레Léo Ferré(1916-1993)의 노래를 수록한 《Exit, 1998》, 클래식과 민요, 현대음악 등 보다 순수음악으로 기울인 《God is My DJ, 1999》가 뒤따랐다.

2000년 산레모가요제에서 유리 카미사스카의 곡 〈Il Giorno dell'Indipendenza 독립기념일〉로 9위에 올랐고 이 곡을 포함한 베스트앨범 《Personal Juke Box》를 내놓았다.

그리고 영국의 프로그레시브 록 뮤지션 Syd Barrett과 King Crimson의 노래 두 곡과 이태리 유명 싱어송라이터의 명작들을 노래한 《Viaggio in Italia 이태리 여행, 2003》에 이어, 2006년부터 사랑, 전쟁, 시를 주제로 한 라이브 프로젝트는 앨범 《Lungo la Strada 여정, 2009》에 담아 팬들에게 선물했다.

불과 몇 개의 작품들만 접했을 뿐이지만, 맑고 시원한 샘물과도 같은 알리체의 목소리는 다른 아티스트들이 재현하지 못하는 개운한 쾌감으로 기억될 듯싶다.

2세대 깐쏘네의 여제
Anna Oxa ● 안나 옥사

그녀의 이름이 국내에 상륙하게 된 것은 한창 이태리 아트 록의 붐이 일었던 1990년대 초반 즈음, New Trolls가 찬조 출연한 실황 《Live con I New Trolls》가 라이선스 되고서 부터이다. 중견 가수 파우스토 레알리Fausto Leali와의 듀엣 곡으로 1989년 산레모가요제 대상을 수상한 〈Ti Lascerò 널 떠날 거야〉를 들려주고 있지만, New Trolls의 히트곡인 〈Concerto Grosso〉가 연주되었다는 사실만으로 주목받았다.

1961년 바리Bari에서 출생한 안나 옥사는 부친이 알바니아인으로 본명이 일리라냐 옥사Iiriana Hoxha이다. 어린 시절과 청소년기를 보낸 바리에서 예술학교를 다니던 15세 때, 마리오 판세리Mario Panzeri가 1940년에 발표한 〈Fiorellin del Prato 잔디밭의 꽃〉을 부른 것이 첫걸음이었다.

17세 때 그녀는 싱어송라이터 이바노 포싸티Ivano Fossati의 지원으로 〈Un'Emozione da Poco 보통의 감정〉를 들고 산레모가요제에 출전, 혼성그룹 마티아 바자르Matia Bazar에 이어 2위를 기록한다. 이 싱글은 3주간 톱10에 들 만큼 성공을 거두었고, 이바노 포싸티가 가사를 쓴 〈Fatelo con Me 나와 함께 해〉를 수록한 데뷔앨범 《Oxanna》가 발표되었다. 당시 그녀는 중성적인 이미지와 펑크스타일의 외모로도 화제를 뿌렸다.

이듬해 두 번째 앨범 셀프 타이틀을 발표하고, 영화 「Maschio, Femmina, Fiore, Frutto 남자 여자 꽃 과일」의 주연을 맡았다.

그녀는 산레모가요제와 깊은 인연을 맺었는데, 1982년 입상은 못했지만 〈Io No 내가 아니라〉, 1984년 〈Non Scendo 가지 마세요〉로 7위, 1985년 〈A Lei 여자〉로 7위, 1986년 〈È Tutto un Attimo 그리고 모든 한순간〉으로 5위, 1988년 〈Quando Nasce un Amore 사랑이 태어났을 때〉로 7위, 그리고 1989년에 레알리와 함께 〈Ti Lascerò 당신을 알려줘〉로 1위를 기록했다. 유로비전 송 콘테스트에도 동반 출전하여 〈Avrei Voluto 내가 원하던〉으로 9위에 입상하였다.

1990년에 〈Donna con Te 당신의 여인〉으로 입상은 못하였으나, 1997년 〈Storie 이야기〉로 2위, 1999년 〈Senza Pietà 자비〉로 다시 정상을 차지한다.

2000년대에 들어서도 그녀의 산레모 참가는 계속되었는데, 2001년 〈L'Eterno Movimento 불멸의 운동〉으로 10위, 2003년 〈Cambierò 변할 거야〉로 14위, 2006년에도 미입 상곡 〈Processo a Me Stessa 내게도 공정하게〉가 뒤따랐다.

빼어난 외모에서 풍기는 기품 있고 고고한 목소리의 소유자 안나 옥사는 팝 록과 댄스풍의 노래를 들려주었지만, 1990년대에부터 작품성에 치중했고 새천년에서는 점차 다양한 장르를 포괄하는 등 월드뮤직으로서의 비약적인 아름다움을 선보였다.

Di Questa Vita

Di questa Vita

1992 | Sony | Col 471501

1. Ognuno
2. Mezzo Angolo di Cielo
3. Senza
4. Tutto Quel Che Non Si Dice
5. Non Cambiare
6. Scene Vere
7. Allora
8. Di Questa Vita
9. Figli di Nessuno
10. Io Non So Dove

본작 《Di Questa Vita 이 삶》은 1990년대의 첫 리본을 끊는 앨범으로, 음악은 New Trolls 출신의 남편 지아니 벨레노Gianni Belleno가 작곡했다. 갓 서른을 넘겼을 뿐이지만 커버에서처럼 그녀는 마치 고전영화에서 볼 수 있었던 로망느와르의 여주인공처럼 이미지화되어 있다.

고전적이면서도 우아한 걸작 〈Ognuno 누구나〉는 시련의 연속과 전쟁과도 같은 인생에서 운명을 향해 끊임없는 주체적 열정을 쏟아야 한다는 철학을 담았다. 누구나 자신의 삶으로부터 준비된 상황의 테이블이 있네. 각자 좋은 추억의 시간을 음미하고 희망을 새로이 하지. 그리고 빗속에 가라앉아 지워진다 해도 이전에 경험한 자신의 감정을 항상 향유해…

싱글 커트된 〈Mezzo Angolo di Cielo 하늘을 비스듬히〉는 단순한 멜로디지만, 그 시원스러운 음향의 전개가 매우 황홀하다. 전쟁과 무자비함이 난무하는 현실이지만, 하늘을 올려다보고 삶의 의지를 불태우는 우리를 영웅이라 노래한다.

〈Tutto Quel Che Non Si Dice 나누지 못한 모든 말들〉에서는 오페라극장 무대 위에서 지난날의 회한에 사로잡힌 한 여배우의 목 놓아 부르는 사랑의 아리아를 듣게 된다. 망각하기엔 너무나 깊은 연의 끈을 부여잡고 사랑의 재생을 위한 확신을 소망하는 그녀의 목소리에 눈물이 송송 맺힌다.

온유한 빛으로 충만한 드뷔시의 음악처럼 인상적인 수법으로 그려지는 〈Io Non So Dove 나도 모르겠어〉는 중후하고 두툼한 실내악의 숨결이 무척 생생한 걸작이다. 그녀는 왜 서로를 공격하고 배신하는지, 삶의 부스러기처럼 시간을 속이며 부정직하고 약탈하며 투쟁하는 삶을 살아야 하는지 모르겠다고 노래한다. 그렇지만 희망을 보고 우리의 마음이 움직임을 알 수 있다고 첨부했다. 1950~60년대 스타일의 고혹적인 영상미가 돋보이는 뮤비는 극장의 관객석에 그 중요한 상징을 던져둔다. 한 무대를 바라보고 한 공간을 채우고 있는 각각 다른 인간의 모습들에서 그녀는 고독감으로 혼란스러워한다.

국내 모 사이트에서 그녀의 목소리를 '서늘한 비단 자락이 몸에 감겨오는 듯한 목소리'라 소개하고 있는 걸 보았는데, 본작을 들으면 매우 수긍이 간다.

Senza Pietà

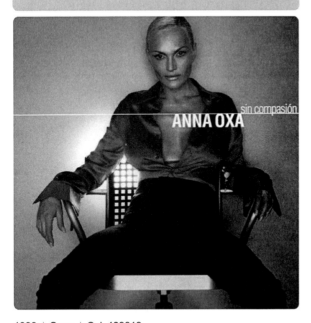

sin compasión
ANNA OXA

1999 | Sony | Col 489819

1. Le Stagioni dei Disinganni
2. Verrai
3. Senza Pietà
4. Chissà
5. Camminando Camminando
6. Luci e Ombre
7. Come Dirsi Ciao
8. Che Cosa Dire di Te
9. Il Dio della Luna
10. Don't Cry, Sweet Love
11. Caminando Caminando (& Chayanne)

산레모가요제에서 단독으로 우승을 차지한 노래 〈Senza Pietà 자비 없이〉가 수록된 앨범이다. 어느 때보다도 그녀의 가창력은 폭발적이며 성량은 탄력적이고 풍부하다. 그리고 음악의 질감도 고배율로 확대된 듯 선명하다. 무엇보다 현대적이고 세련된 음악의 감흥도 빼놓을 수 없다.

타이트한 리듬감의 발라드 〈Verrai 당신은 올 거야〉는 사랑을 예감하고 자신의 운명이 될 그대가 내게 와서 아침을 맞게 될 것이라는 내용으로, 보컬은 솜털처럼 부드럽고 또한 유혹적이기까지 하다.

모로코풍의 트랜스가 살짝 가미되어 있으며 시원시원한 록의 박동과 혈기가 전해지는 〈Senza Pietà 자비 없이〉는 '일체의 주저함이나 망설임도 없이'라는 의미의 제목처럼 그녀의 가창은 꼭짓점을 향해 무자비하게 분출한다.

…당신과 항상 함께하기 위해, 나는 당신에게 엄격할 것이며, 정복할 것이고 보호할 거야, 자비 없이. 난 이 모든 내 애정으로 당신을 사랑할 거야. 그리고 유감없이 당신의 갈증을 풀어줄 사막의 원천이 될 거야. 내게서 두려움을 느끼지 마, 어둠 속 바닥이 더 위험해. 당신은 주저 없이 당신의 왕국에 달콤한 꿈이 될 거야. 나는 당신을 이길 거야. 나는 유감없이 당신에게 마음을 주고 또한 내게도 줄 거야. 나는 당신의 타는 입술에서 젖을 거야.

우울하지만 포근하며 쓰라리지만 감미로운 발라드 〈Chissà 누가 알까〉는 사랑의 땅에 정박하기 위해 마음속으로 항해를 하는 기다림의 내밀한 감정을 노래한 것으로, 불타는 가슴에서 우러나는 간절함은 퍽 애상적으로 다가온다. 개인적으로 본작에서 가장 애청하고 있는 작품으로 그녀의 고뇌가 끝나면 속이 후련하다.

시련과 슬픔을 견디고 계속해서 전진하는 오뚝이 같은 삶의 자세를 주창한 〈Camminando Camminando 걷고 또 걷기〉는 라틴 기타의 속주가 매우 긴장감에 서려있으며 그녀의 박력이 넘치는 노래가 후끈한 열기를 토한다.

푸에르토리코 출신의 라틴팝 가수 샤이안Chayanne과 함께 호흡을 맞춘 〈Caminando Caminando〉도 마지막에 보너스로 감상할 수 있다.

전체적으로 록적인 기운이 넘실거리는 앨범이다.

Ho un Sogno

OXA
Ho un Sogno

2003 | Sony | Col 511055

1. Questa Sono Io
2. Ho un Sogno
3. Cambierò
4. Io Sono Quella Che Sono
5. Giovanni
6. Figlio
7. Il Muro
8. Figlio Parti per la Tua Odissea
9. Di Questo Amore
10. La Mia Coscienza
11. Piccolo Violino
12. Ho un Sogno Enorme e Irrinunciabile
13. Ultime Novità

불혹을 넘기며 긴 흑색의 머리칼과 더 깊어진 눈매로 돌아온 《Ho un Sogno 내겐 꿈이 있어》는 월드뮤직과 클래식의 향연이다.

〈Questa Sono Io 이것이 나야〉는 사랑을 꿈꾸고 모순적인 삶을 살아온 진솔한 자신의 소개서이다. 단순하지만 변주로 신선함과 긴장감을 이어간다.

최종 목적지로서의 사랑을 꿈꾸며 노래하는 자신의 인생을 그린 〈Ho un Sogno 난 꿈이 있어〉는 현의 예리함과 키보드의 몽환이 어우러진 걸작이다.

산레모가요제 14위 입상곡인 〈Cambierò 변경〉에서는 시간의 흐름에 따른 자신의 사랑과 믿음에 대한 변화를 고백했다.

에르마노 올미Ermanno Olmi 감독의 「Il Mestiere delle Armi 군사, 2001」의 주인공 테마 〈Giovanni 지오반니〉는 16세기 이태리에서 벌어진 전쟁을 배경으로 사랑을 지키기 위해 기꺼이 참전하여 목숨을 던진 한 병사의 고결함을 들려준다.

환상의 대서사 〈Figlio 아들아〉는 스스로의 운명을 개척하고 영혼을 지켜나갈 수 있도록 바라는 모정의 시가로, 비장감과 애상감이 폐부를 찌른다.

〈Il Muro 벽〉은 'Festivalbar 2003' 경연축제의 참가곡으로, 애벌레가 나비가 되기 위해서는 자신의 벽을 해체해야 한다는 진리를 시사했다.

오페라를 감상하는 듯한 〈Di Questo Amore 이 사랑〉은 낯선 인도에서 느꼈던 짧은 사랑에 대한 편지로, 자신의 심장을 다시금 띄게 해준 대상에게 감사의 마음을 전한다. 클래식 기타의 트레몰로와 플루트의 여음으로 더욱 애틋하다.

일렉트로닉 사운드와 옥사의 랩이 세련된 감성을 전달하는 〈Il La Mia Coscienza 나의 양심〉에 이어, 아카펠라에서 바이올린 솔로를 거쳐 첼로와 오케스트라의 협연이 더해지는 〈Il Piccolo Violino 작은 바이올린〉은 루마니아에서 가족을 부양하기 위해 밀라노 거리에서 연주하는 어린 바이올리니스트의 사연이다.

본작으로 가사의 문학성에 대해 수상하는 '루네지아Lunezia' 상을 받았다.

La Musica e'Niente Se Tu Non Hai Vissuto

2006 | EMI | 09946 3 59616

1. L'Eterno Movimento
2. La Panchina e il New York Times
3. Trance-Forma-Açaò
4. Oltre la Montagna
5. The Dance
6. Tutti i Brividi del Mondo
7. Ti Lascero
8. Processo a Me Stessa
9. La Musica e'Niente Se Tu Non Hai Vissuto

《La Musica e'Niente Se Tu Non Hai Vissuto 당신의 삶이 없다면 음악도 없어, 2006》는 2005년 라이브 실황과 2006년 산레모가요제 참가를 위한 두 신곡을 수록한 작품이다.

2001년 산레모가요제 10위 입상곡 〈L'Eterno Movimento 불멸의 운동〉에서 이어, 2001년 싱글 〈La Panchina e il

New York Times 벤치와 뉴욕타임스〉는 아프리카풍의 정글 음악에 원초적이고도 실험적인 가창을 퍼붓는 전위음악이다.

Peter Gabriel의 커버인 화려한 룸바 〈Trans-Form-Açaò〉에서는 꾀꼬리 같은 하이톤 마법을 음미할 수 있고, 비요크 Björk의 커버곡 〈The Dance〉에는 민속적인 축제 음악에 악기로서의 보컬로 많은 환호를 받았다.

본작을 주목할 수밖에 없는 두 신곡은 익히 선보인 적이 없는 대규모의 오케스트레이션을 열어 보인다.

당해 산레모가요제 여자가수 부문 6위를 기록한 〈Processo a Me Stessa 나와 같은 방법〉은 민속음악과 클래식의 완벽한 조합으로 탄생한 명작이다. 고백과 맹세, 사랑 그리고 행복에 이르는 과정을 그린 것으로, 한편의 오페레타를 보는 듯 초절정으로 몰고 간다. 민속 구음과 성악 코러스의 대치, 월드 퍼커션의 장단을 따르는 오케스트라, 대사인지 노래인지 모를 그녀의 거칠 것 없는 주술이 흥건하게 깔린다.

타이틀곡 〈La Musica e'Niente Se Tu Non Hai Vissuto 당신의 삶이 없다면 음악도 없어〉는 무겁고 서글픈 레퀴엠이다. 사랑하는 이의 주검이 놓인 장례식에서 죽은 자의 영혼을 위로하는 음악조차도 무슨 소용이 있느냐며 비탄에 젖는 그녀는 마지막 이별의 키스를 나눈다. 비장한 이 독백의 모노드라마는 가슴속으로 여과 없이 들어와 붉은 흔적을 남긴다.

육감과 순수 등 그녀의 음색은 많은 이미지를 담고 있지만, 노래와 하나 되어 청자를 제압하고 마침내 무기력하게 만들어 승리를 일궈낸다. 이는 절대 강해서가 아니라, 너무나 연약하기 때문이다. 그래서 그녀의 목소리에 귀 기울이고 복종할 수밖에 없다. 이 시대 가장 아름다운 깐쏘네 가수 중에 안나 옥사의 이름을 올린다.

이태리 국민가수
Claudio Baglioni ● 클라우디오 발리오니

아마도 대부분의 이태리 음악을 좋아하는 국내 팬들은 발리오니의 음악을 깐쏘네의 출발점이자 종착점이 될 정도로 지극히 애정을 표하고 있다. 글쓴이가 월드뮤직 동호회에서 만난 한 친구는 그의 전도사로서 음악을 널리 알리기에 여념이 없었고, 또 한 친구는 학업을 중단하고 이태리로 가서 그의 비정규 앨범과 비디오에서부터 콘서트까지 보고 온 열혈팬이었다.

물론 이러한 국내의 인기는 이태리의 절대적인 최상급 인기에 비할 바가 아니지만, 그는 끊임없이 진화하는 문예적인 음악으로 엄청난 음반과 콘서트의 기록적인 성공을 거듭하며 세대와 국경을 초월한 가장 세계적인 뮤지션임이 분명하다.

1951년 로마 출생인 그는 본명이 클라우디오 엔리코 파올로Claudio Enrico Paolo로, 부친은 경찰청의 부사관으로 근무했고 모친은 봉제일을 했다. 예술에 관대했던 중산층의 가정환경 속에서 외아들로 자랐고 학업성적도 뛰어나 시립 건축학교에 다녔으며 기타를 연주하고 피아노 레슨을 받을 수 있었다.

겨우 13세 때인 1964년에 로마의 부도심 첸토첼레Centocelle에서 열린 노래 경연에 세계적인 팝가수 폴 앵카Paul Anka의 1964년 산레모가요제 입상곡 〈Ogni Volta 때마다〉를 불렀고, 이듬해에 미국 가수 진 피트니Gene Pitney(1940-2006)의 노래로 우승, Maria Pia Crostella와 함께 Ludi Canori 페스티벌에도 참여하여 우승한다.

첫 기타를 선물 받고 검은색 터틀넥과 두꺼운 안경을 쓴 채 파브리지오 데 안드레Fabrizio De André(1940-1999)의 곡을 연주하는 지적인 이 사춘기 소년의 모습을 지켜본 그의 친구들은 'Agonia 고뇌'라는 별명을 붙여주었다고 한다.

친구들과 함께 'Studio 10' 이란 그룹을 결성하고 비트 음악으로 몇 공연장에서 모습을 나타냈지만 그리 성공적이지는 않았다.

1967년에는 'Festival degli Sconosciuti 낯선 사람들의 축제'에서 준우승했으며, 이듬해에도 레이 찰스Ray Charles의 〈Georgia on My Mind〉를 들고 참여한다. 그의 초창기의 가장 중요한 조력자인 프로듀서이자 피아니스트인 안토니오 코지오Antonio Coggio(1939-2021)를 만나게 된 것도 이 시기였다.

1969년 당시 미성년자였던 그를 대신해 부친이 RCA와 계약하고 두 매의 싱글을 제작, 1970년에 셀프 타이틀의 데뷔 앨범이 발표되었다.

Claudio Baglioni

1970 | RCA | ND 71660

1. Notte di Natale
2. Quando Tu Mi Baci
3. Lacrime di Marzo
4. Isolina
5. Una Favola Blu
6. Il sole e la Luna
7. I Silenzi del Tou Amore
8. Mia Cara Esmeralda
9. Interludio
10. L'Africa Ti Chiama
11. 'Izia
12. Signora Lia

셀프 타이틀의 데뷔작은 첫 타이틀로 《Notte di Natale》로도 불린다. 가장 아름다운 작품 중 하나인 본작은 안토니오 코지오Antonio Coggio(1939-2021)와의 완전한 협력이 보여준 예술의 승리였으나 흥행에는 성공하지 못했다고 한다.

서글픈 기타와 여성의 반복되는 자동응답 목소리로 시작되는 걸작 〈Notte di Natale 탄생의 밤〉에서 사랑을 갈망하는 젊은 영혼 발리오니는 크리스마스이브라는 시간적 배경에서 하나님은 태어났지만 자신은 외로움으로 죽어간다고 애끓는 목소리로 노래한다.

피아노의 슬픈 서정시 〈Lacrime di Marzo 3월의 눈물〉도 사랑의 고통을 담은 것으로, 미아 마르티니Mia Martini(1947-1995)도 이듬해 취입했다.

싱글로 먼저 발표된 〈Una Favola Blu 푸른 이야기〉는 한여름 푸르른 바닷가를 보며 헤어진 연인을 그리워하는 이야기지만, 기타의 시원한 바람이 살살 부는 낭만적인 포크송이라 너무나 감미롭다.

연인들을 은유한 애달픈 사랑 모습을 노래한 〈Il Sole e la Luna 해와 달〉은 플루트와 건반이 그려가는 밤하늘의 서정이 호젓하게 전해지며, 우리는 달빛에 홀린 피에로가 된다.

〈I Silenzi del Tuo Amore 네 사랑의 침묵〉은 별밤의 강가에서 어깨를 기댄 채 잠든 여인을 바라보는 청년의 애심이 시적인 운율을 타고 흐른다. 감성을 자아내는 여성 스캣과 허밍, 미소 가득한 가사를 읊는 그의 목소리, 그리고 한적한 바람결처럼 흐르는 첼로의 온화한 숨결이 매혹의 향기를 잔잔히 뿜어내고 있다.

베토벤Beethoven의 〈비창〉에 가사를 붙인 〈Interludio 간주곡〉은 맑고 투명한 건반과 성스러운 오르간 그리고 고혹적인 여성 스캣의 캔버스에 연인을 향한 떨리는 감정을 그리고 있다.

〈L'Africa Ti Chiama 아프리카가 당신을 불러요〉는 당시 유행하던 진보적인 색채를 간직하고 있는데 아프리카 밤의 서정을 월드퓨전으로 녹여낸 이색적인 작품이다.

짝사랑하는 대상을 향한 찬가 〈'Izia 이지아〉에는 꿈결 같은 실내악과 댄스 록 앙상블이 절묘하게 배합되어 있다.

훌륭한 음악과 문학적인 가사로 점철된 젊은 사랑의 음유시를 데뷔앨범으로 발표한 후, 베니스에서 열렸던 국제 대중음악쇼와 바리의 '승리의 범선Caravella dei Successi' 행사에서 〈Notte di Natale〉를 불렀으나, 카톨릭의 도덕성에 위배된다는 야유 섞인 평가를 받았다.

냉담한 반응에 채 몇 개월이 지나지 않아 그는 거창한 제목의 두 번째 앨범 《Un Cantastorie dei Gior-ni Nostri 우리 시대의 음유시인》를 발표하는데, 이는 데뷔앨범에 수록된 7곡에 새로운 5곡을 수록했다.

데뷔작에 〈Una Favola Blu 푸른 이야기〉가 수록되어 있다면, 본작에는 〈E Ci Sei Tu 당신이 있어요〉가 있다. 여성백 보컬 하모니와 파도 소리가 끝도 없이 일렁이면, 아련한 사랑과 낭만의 몽상에서 놓쳐 버릴 듯한 두려움과 영원히 함께하고픈 갈망을 담은 세레나데가 들려온다. 그의 보컬이 없다고 해도 이 환상적인 연주는 별이 빛나는 바다에서의 낭만을 불러일으키기에 너무나 충분하다.

추가된 나머지 곡들도 저마다의 아름다움을 담고 있다.

1971년 4월 로마의 전자제품 쇼Mostra dell'Elettronica 행사에서 그의 연인이 되는 파올라 마싸리Paola Massari를 만나게 되고, 9월에 폴란드의 해안 도시 소포트에서 열린 'Festi-val Internazionale'에 참가하여 비평가상을 수상, 10일간의 라이브가 뒤이었다.

또한 미아 마르티니의 국내 발매된 명작 《Oltre la Collina 언덕 너머로, 1971》에서 타이틀곡을 포함하여 무려 4곡에 참여하기도 했다.

Questo Piccolo Grande Amore

1972 | RCA | PD 70739

1. Piazza del Popolo
2. Una Faccia Pulita
3. Battibecco
4. Con Tutto l'Amore Che Posso
5. Che Begli Amici!⋯
6. Mia Liberti
7. La Prima Volta
8. Quel Giorno
9. Io Ti Prendo Come Mia Sposa
10. Cartolina Rosa
11. Questo Piccolo Grande Amore
12. Porte Portese
13. Quanto Ti Voglio
14. Sembra il Primo Giorno
15. Con Tutto l'Amore Che Posso (finale)

프랑코 제피넬리Franco Zeffirelli 감독의 고전 「Fratello Sole, Sorella Luna 성 프란체스코, 1972」의 영화음악 3곡

을 싱글로 발표한 그는 그해 9월에 성공의 발판이 된 세 번째 명작 《Questo Piccolo Grande Amore 작고도 위대한 사랑》을 발표했다.

이는 그의 연인 파올라 마싸리Paola Massari와의 사랑을 테마로 한 단편들로, 폼페오 드 안젤리스Pompeo de Angelis의 삽화가 인상적이다. 전작들에 비해 많은 인원의 오케스트라와 게스트 뮤지션을 참여시켰는데, 맹인 피아니스트 토토 토르콰티Toto Torquati(1942-2023)의 키보드도 포함되었다.

곡 구성이 독특한 〈Battibecco 사랑싸움〉은 연인 파올라와 듀오로 노래하는 경쾌한 대화와 침울한 독백이 교차된다.

〈Con Tutto l'Amore Che Posso 내가 할 수 있는 모든 사랑과 함께〉는 관악으로 시작하여 바이올린 즉흥으로 끝을 맺는 서정적인 드라마로, 그의 음성에서 사랑에 대한 진심과 맹세가 불타오른다.

집착과도 같은 열망에 아파하는 〈La Prima Volta 처음으로〉는 환영적인 허밍과 블루지한 해먼드오르간, 여성 스캣, 반복적인 현악 패턴, 대단위 코러스, 서스펜스한 분위기, 분열적인 록풍의 전개 등 실험적인 요소의 나열이 이채롭다.

장중한 파이프오르간 사운드와 남녀 코러스가 가미된 〈Quel Giorno 그날〉에는 고해성사가 이어진다.

내면의 침묵, 교회로 발길이 닿지 않았던 수많은 시간들… 하나님은 많은 곳에서 존재한다고. 난 이에 동의할 수 없지만 한 가지만 간청하려 해. 여기 이 교회에서, 난 그녀의 배우자이고 그녀도 내 배우자가 될 수 있길… 기쁨과 고통 사이에서, 삶과 죽음, 선과 악 사이에서, 가시와 꽃과 함께, 웃음과 눈물을 당신과 함께, 내 사랑… 지금부터 마지막까지 당신과 함께할 거야. 내가 할 수 있는 모든 사랑과 함께…

파도 소리가 감미롭기 그지없는 〈Questo Piccolo Grande Amore 이 작고도 위대한 사랑〉은 금세기 최고의 연애시로 간주되는 걸작으로, 토토 토르콰티의 키보드가 뭉클함을, 드럼이 호쾌함을 더하면 잔잔한 바다는 화염에 휩싸인다.

그녀는 나를 의심스러운 눈초리로 보았었죠. 나는 그냥 웃었고 그녀는 나를 점점 구속하려 했어요. 나는 아무것도 이해하지 못했었죠. 그녀는 작고도 커다란 사랑이었어요… 나는 그리워 죽을 지경이에요. 그녀의 작고도 커다란 사랑이 이제 무엇을 말해야 할지 알겠어요… 이제 나는 이 작고도 소중한 사랑을 원해요.[14]

이어지는 컨트리풍의 로큰롤 〈Porte Portese〉 등 당시 대중음악계의 진보주의적 예술 성향을 배치하고 있는 본작은 젊은이들의 공감을 얻어내며, 단기간 내에 80만 장 이상 판매되는 놀라운 결과를 거두고 베스트셀러 9위를 기록한다.

---

14) 박홍진 「이야기 샹송·칸초네 여행」 삼호출판사, 1995, 368p

Gira Che Ti Rigira Amore Bello

CLAUDIO BAGLIONI
gira che ti rigira amore bello

1973 | RCA | 74321 63620

1. Gira Che Ti Rigira
2. 70, 80, 90, 100⋯
3. W l'Inghilterra
4. Io Me Ne Andrei
5. E Apri Quella Porta
6. Ragazza di Campagna
7. Casa in Costruzione
8. Miramare
9. Amore Bello
10. Lettera
11. Gira Che Ti Rigira

《Gira Che Ti Rigira Amore Bello 당신은 아름다운 사랑으로 돌아올 거야》는 전작에 비하면 사운드는 간결하게 마무리되어 있고 윤택한 기교 또한 음악에 충실할 정도로만 발견된다. 전작이 그의 구애의 노래였다면 본작은 결혼 선물과 다름이 없었다. 이후 그는 8월 결혼식을 올린다.

커버는 그가 전년에 라이브 공연차 폴란드로 떠났을 때 찍었던 사진을 실었다. 가사에도 가끔 등장하는 그의 애마 카밀라Camilla(노란색 시트로엥 2CV) 위에서 찍은 독사진에 이태리의 명물들을 콜라주 했다.

투명한 어쿠스틱기타 선율로 시작되는 〈Io Me Ne Andrei 나 혼자 갈 거야〉는 가장 드라마틱한 구성과 서정을 응축하고 있다. 연인이 홀로 잠든 순간에조차 외로워하는 열렬한 감정을 노래했다.

사랑으로 떠들썩한 집안 풍경들을 한밤에 떠올리며 이 밤에도 자신을 홀로 두지 말라고 이야기하는 〈Casa in Costru-zione 공사 중인 집〉은 성스러운 꿈결로 이끄는 파이프오르간 사운드와 메아리치는 그의 보컬이 환영적으로 들린다.

자연스레 접속되는 〈Miramare 내 사랑〉은 〈Questo Piccolo Grande Amore〉와 함께 싱글로만 발표된 트랙 〈Caro Pad-rone〉의 멜로디가 반영되었다. 록과 재즈, 블루스, 포크 등의 음악에 영화음악과도 같은 요소들을 섞어낸 다이내믹 록이라 할 만하다.

〈Amore Bello 아름다운 사랑〉은 차트에서 6위를 차지할 만큼 성공을 거두기도 하였는데, 토토 토르콰티의 건반이 우아함을 전하는 이 서정의 발라드는 한순간도 떨어져 살 수 없는 사랑을 그렸다.

어쿠스틱기타의 맑음과 플루트의 온화함이 더없이 담백한 〈Lettera 편지〉는 어머니께 전하는 그리움과 자신의 안부를 전한 것으로, 더없이 감미롭다.

본작의 주제라 할 수 있는, 더 큰 사랑에 대한 기다림의 록 오페라 〈Gira Che Ti Rigira〉는 자장가를 노래하는 어머니와 귀여운 아기 목소리를 처음과 끝에 배치하고, 그 사이에 뭉클한 클래시컬 교향악과 웅장한 어린이 합창과 드럼이 가세했다.

겨우 22세의 청년 발리오니의 성숙하고도 노련미까지 더해진 걸작의 행렬이었다.

E Tu…

1974 | RCA | PD 70843

1. E tu
2. Oh Merilù
3. E Me lo Chiami Amore
4. Ad Agordo è Così
5. Ninna Nanna Nanna Ninna (da una Poesia di Trilussa)
6. Chissà Se Mi Pensi
7. A Modo Mio
8. Il Mattino Si è Svegliato
9. Quanta Strada da Fare
10. Canto

그는 전작의 흡족하지 못한 상업적 결과로 새 앨범에서 색다른 방안을 모색했다. The Who의 록오페라 앨범 《Tommy, 1969》를 염두에 두고 파리로 날아갔지만, 많은 음악적 문제들이 미결되어 고민하던 중, 편곡을 그리스 출신의 세계적인 전자음악가 반겔리스Vangelis(1943-2022)에 의뢰한다. 그래서 시대와 장르를 초월한 명작 중 하나인 《E Tu… 그리고 당신은》이 탄생하게 된다.

발리오니와 코지오 듀오의 완벽한 결합이 빚어낸 원곡에 반겔리스만의 독특한 전자 색채의 마술이 더해져 재빨리 우리의 귀를 현혹시킨다. 또한 토토 토르콰티의 피아노 외에도 건반이 보강되었으며, 프랑스의 세션 보컬리스트 릴리앙 다비Lilian Davis를 필두로 13명의 코러스 가수들과 아내 파올라 마싸리도 보컬로 참여했다.

애정의 바다로 푹 빠지게 한 연인을 향해 자신보다 더 사랑한다고 고백하는 〈E Tu 그리고 당신〉은 부드러우면서도 장엄한 공간감이 느껴지는 반겔리스의 심포니에, 별빛처럼 반짝이는 피아노와 고전적인 하프시코드, 그리고 찬가를 부르짖는 열정 보컬과 코러스 하모니가 영롱한 연가를 빚어낸다.

〈E Me lo Chiami Amore 그리고 난 그것을 사랑이라 부르네〉는 이해할 수 없는 사랑에 사로잡힌 진실한 에세이이다.

이태리 근대 시인 트리루싸Trilussa(1871~1950)의 시에 곡을 붙인 〈Ninna Nanna Nanna Ninna 자장가〉는 전쟁이라는 격동의 시간에서 잠시라도 현실의 고뇌에서 벗어나 영혼과 육체가 안식할 수 있는 순간을 조형한다.

혼자의 인생길에서 갑자기 끼어든 사랑에 당혹해하는 마음을 담은 〈A Modo Mio 나의 길에서〉는 유유한 포크 발라드로, 긍정과 기대가 샘솟는다.

〈Il Mattino Si è Svegliato 아침에 깨어나〉는 코러스와 관악대 그리고 심금을 울리는 피아노의 촉촉한 음소가 조화된다. 아침의 자연이 주는 마법 속에서도 사랑을 원하고 있는 자신을 발견하는 내용이다.

〈Canto 노래〉는 장엄한 스케일의 오케스트라 속에서 노래하는 사랑의 신념이다.

그해 노래 경연 Festivalbar에 참가하여 〈E tu〉로 우승을 차지한다.

Sabato Pomeriggio

CLAUDIO BAGLIONI
SABATO POMERIGGIO

1975 | RCA | PD 70844

1. Aspettare…
2. Carillon
3. Alzati Giuseppe
4. Poster
5. Tutto Qua!
6. Doremifasol
7. Lampada Osram
8. 2 1 X
9. Sisto V
10. Il Lago di Misurina
11. …Ed Aspettare
12. Sabato Pomeriggio

전작 《E Tu…》와 함께 초기 양대 걸작으로 평가받고 있는 《Sabato Pomeriggio 토요일 오후》에서는 루이스 바칼로프 Luis Bacalov(1933-2017)와 조우했다. 그는 아르헨티나 출신이지만 이태리로 귀화하여 대중음악사에 굵직한 자국을 남

긴 프로듀서로, New Trolls의 《Concerto Grosso》 등 다수의 아트록 명반들의 현악 편곡자와, 「Il Postino 일 포스티노, 1995」 등의 영화음악가로 잘 알려져 있다.

전작과 마찬가지로 한 남성의 인생의 단면을 회고하는 시나리오에 따라 수미상응(가사)의 구성을 취하고 있다.

〈Aspettare 기다림〉은 사랑을 간직한 채 홀로 노부모와 살아가는 한 여인을 지켜보는 남성의 노래로, 시원한 록풍의 연주에 보컬이 메아리로 반복된다.

〈Alzati Giuseppe 일어나! 주세페여〉는 1934년과 1938년 두 번의 월드컵 우승을 고국에 선물한 축구 영웅 주세페 메아짜Giuseppe Meazza(1910~1979)의 말년에 바치는 찬가로, 컨트리에서 심포니에 이어 사이키델릭 록으로 접속된다.

〈Poster 포스터〉는 1975년 겨울 아침 지하철역에서 본 공사안내문을 소재로 한 것으로, 리네아 B라인의 개통을 기다리며 어디로 멀리 떠나고픈 도시인의 욕망을 풀어냈다.

〈Lampada Osram 오스람 전구〉는 1960년 제17회 로마올림픽 때 테르미니역을 중심으로 처음 설치된 가로등을 소재로, 일몰 후 점등되기까지 약 30분 동안의 저녁 도시의 풍경을 노래하고 있다.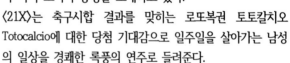

〈21X〉는 축구시합 결과를 맞히는 로또복권 토토칼치오 Totocalcio에 대한 당첨 기대감으로 일주일을 살아가는 남성의 일상을 경쾌한 록풍의 연주로 들려준다.

〈Sisto V〉는 부패한 사회에서 로마의 현대화에 앞장선 교황 식스토 V(1521~1590)를 향한 찬송가로, 기타의 트레몰로와 플루트, 코러스와 오르간연주가 거룩한 감동을 울린다.

명곡 〈Sabato Pomeriggio 토요일 오후〉는 사랑의 추억이 담긴 해변가를 다시 찾아 이별한 사랑을 애타게 그리워하는 노래로, 장엄한 일몰의 광경처럼 색감이 눈이 부시는 교향악으로 자리한다.

Solo

1977 | RCA | PD 71304

1. Gagarin
2. Duecento Lire di Castagne
3. Solo
4. Romano Male Malissimo
5. Gesù Caro Fratello
6. Nel Sole, Nel Sale, Nel Sud
7. Strip-Tease
8. Il Pivot
9. Quante Volte
10. Puoi?

RCA 레이블에서의 마지막 앨범인 본작은 음악적 동반자 안토니오 코지오와 공작인 한 곡을 제외하면 전부 혼자서 곡을 썼으며, 오케스트레이션 편곡은 토토 토르콰티와 함께했다.

서정의 발라드 〈Gagarin 가가린〉은 블루지한 일렉기타 선율 위로 이브 브래너Eve Brenner를 연상시키는 아내 마씨리의 스캣이 지나면, 세련된 키보드가 넘실거린다. 구소련의 최초의 우주비행사 가가린Yuri Gagarin(1934~1968)을 떠올리며 영원히 사랑의 우주공간에서 유영하고픈 염원을 빛의 바다에 흘려보낸다.

휘파람이 청명함을 더하는 〈Duecento Lire di Castagne 200리라짜리 밤나무〉는 겨울의 주말 밤에 느낀 쓸쓸한 도시의 서정을 그린 것으로, 온기 있는 기타 전주는 차가운 키보드의 후주가 이어진다.

사랑을 떠나보낸 후 체념한 듯 겨우 혼자 걷고 노래한다는 연가 〈Solo 홀로〉는 가슴 뭉클한 키보드연주가 줄곧 샘솟는 걸작이다. 색소폰이 가세하는 간주를 지나면 그 키보드의 눈물 속으로 잠기고야 만다.

코지오와의 공작인 〈Gesù Caro Fratello 사랑하는 형제 예수〉는 사랑과 평화의 종교적인 메시지를 담은 곡으로, 드라마틱한 멜로디와 중후한 현악 그리고 서사적인 코러스가 소망의 불꽃을 틔운다.

느긋한 템포에 은은한 기타의 트레몰로가 잔잔히 파장을 일으키며 행진하는 멋진 작품 〈Nel Sole, Nel Sale, Nel Sud 태양에서, 소금에서, 남쪽에서〉는 브라질 리우의 거리에서 느끼게 되는 남국의 정서를 서정적으로 그려냈는데, 후반의 삼바 리듬을 가미하여 생생함을 전달한다.

사랑의 고통과 과오에 대해 자아성찰적인 내용을 노래한 〈Quante Volte 몇 번이나〉에는 점차 고조되는 긴장 어린 록 연주 위로 하모니카의 향수가 오케스트라의 바람에 실려 불어온다.

〈Puoi? 당신이?〉는 영롱한 키보드가 그려내는 마법의 여운을 남기는 로망스로, 열정 어린 그의 담백한 사랑고백이 진솔하게 그려진다.

E Tu Come Stai?

1978 | Columbia | 466532

1. Con Te
2. Signori Si Chiude
3. Ti Amo Ancora
4. Giorni di Neve
5. Loro Sono Là
6. E Tu Come Stai?
7. Un Po' di Più
8. Quando è Cosi
9. Ancora la Pioggia Cadrà

레이블을 옮긴 후 발표한 《E Tu Come Stai? 잘 지내십니까?》는 사랑의 인사지만 홀로서기를 하면서 지난날 함께 했던 동료들에게 전하는 안부이기도 했다. 마치 자신은 잘 지내고 있으며 홀로서기에 성공했다는 자신의 안부를 건네는 듯한 커버는 대저택의 거실에서 두 마리의 개와 함께 촬영한 여유로운 모습이었다.

하지만 지난 RCA에서의 레코드 권리문제로 약간의 분쟁을 겪었는데, 창조적인 완성도는 힘을 잃었으며 예전과 달라진 게 없다는 냉정한 평가를 받았다. 하지만 골드레코드를 기록하는 상업적 대성공을 얻었고, 보다 국제적인 감각을 향해 한걸음 내디뎠던 탓에 프랑스와 스페인에서도 발표된다. 모든 수록곡을 자신이 직접 썼다.

감성을 사로잡는 〈Signori Si Chiude 남자는 자신을 숨기지요〉는 RCA 전성기 시절을 연상시키는 작품으로, 억제한 감정 뒤로 숨은 지고지순한 사랑이 그 주제이다. 간결한 현악에 코러스가 풍부함을 더하며 애조띤 멜로디를 더듬는 그의 보컬은 애절함에 이른다.

〈Ti Amo Ancora 여전히 당신을 사랑해〉는 영미팝의 영향을 받은 듯한 피아노 워크가 그 낭만의 풍선을 부풀린다.

최고의 걸작품으로 여겨지는 〈Giorni di Neve 눈 내리는 날〉도 국제적인 감각으로 탄생한 낭만파 음악이다. Bee Gees의 전성기 음악을 연상시키는 서두와 점점 비상하는 듯한 연주에서, 그는 사랑이 그리 대단하거나 환상적인 모습이 아니라 매우 일상적인 슬픔과 불행한 일면도 사랑이라고 말한다.

피아노의 소박한 연주와 기타의 트레몰로 그리고 온화한 오케스트레이션이 만들어내는 또 하나의 멋진 발라드 〈Loro Sono Là 그들은 여기에 있지〉는 전쟁과 공포 속에서 사랑으로 희망을 꿈꾸는 한 커플의 이야기이다.

고통과 우울한 세월 속에서 그리움의 안부를 전하는 록발라드 〈E Tu Come Stai? 어떻게 지내?〉가 서정적인 현악의 애달픈 선으로 뜨거운 가슴을 후련한 눈물로 적신다.

〈Un Po' di Più 좀 더〉는 블루지한 연주에 코러스의 매력이 총동원된 소프트 재즈였다.

이후 유럽과 북남미를 돌며 대대적인 콘서트를 거행한다.

Strada Facendo

1981 | Columbia | 84764

1. Uno
2. Via
3. I Vecchi
4. Due
5. Notti
6. Ragazze dell'Est
7. Strada Facendo
8. Tre
9. Fotografie
10. Ora Che Ho Te
11. Quattro
12. Buona Fortuna

1980년대를 열었던 앨범 《Strada Ffacendo 길에서》는 오랜 기다림 끝에서 나온 반가운 결과물답게 16주 동안 차트에 머물렀고 가볍게 백만 장을 돌파했다. 또한 올해의 베스트 가수로 꼽혔고, 비평가협회에서도 최고 가수상을 받았다.

피아니스트인 Geoff Westley의 현악 편곡에 게스트 뮤지션 등 영국 출신의 뮤지션들이 대거 동원되었다.

본작의 주제도 사랑에서 크게 벗어나진 않았지만, 그의 시선은 타인에게 넓게 열려있다. 타이틀곡 〈Strada Facendo 길에서〉는 가장 유명한 대표곡 중 하나가 되었다.

…끝나지 않은 관계 속에서 우리를 계속 전진하게 하는 것, 노래와 사랑 사이에서 내 마음을 아프게 하는 것, 그게 나를 점점 더 노래하고 사랑하게 만드네, 내일은 더 좋을 것이고, 내일이 바로 네가 될 테니까…

담백한 어쿠스틱기타 포크송으로 문을 여는 〈I Vecchi 노인〉은 희망도 행복도 엿볼 수 없는 길가의 소외 노인들을 보며 사회적으로도 대두되고 있는 노년 문제를 노래한 것이었다.

〈Ragazze dell'Est 동부의 소녀〉는 그리 풍족하지는 않지만 사랑과 행복감을 느끼며 아름다운 삶을 살아가는 이웃 소녀의 모습을 그렸다.

매달 연인과 함께 찍었던 사진을 보며 소중한 사랑의 추억에 잠기는 〈Fotografie 사진〉은 매우 이채로운 구성이다. 달콤한 발라드에는 라틴 기타가 정열을 내뿜다가 재즈 코드가 아련함을 남기더니 5분여가 흐르면 돌연 중후한 현악의 클래식 연주가 연결된다.

본작을 마무리하는 〈Buona Fortuna 행운〉은 연인과의 이별에 행운이 함께 하기를 덧붙이는 인사로, 피아노 솔로의 잔잔함에 그의 진심이 실린다.

이듬해 여름 제네바에서 로마 등 총 42개의 도시에서 백만이 넘는 팬들과 만난 그는 12월에 이 감동적인 순간들을 모은 두 매의 라이브앨범 《Alè-oò》를 출시했다. 역시 백만 장 이상 판매되어 그에게 7번째 플래티넘을 안겨준 앨범이 되었다. 특히 그해 출생한 아들을 위한 〈Avrai 너는〉이란 신곡이 싱글로 발표되었다.

La Vita è Adesso

CLAUDIO BAGLIONI

LA VITA E' ADESSO

1985 | Columbia | CB 08

1. Un Nuovo Giorno o un Giorno Nuovo
2. L'Amico e Domani
3. Uomini Persi
4. La Vita è Adesso
5. Tutto il Calcio Minuto per Minuto
6. Andiamo a Casa
7. Amori in Corso
8. E adesso la Pubblicità
9. Un Treno per Dove
10. Notte di Note, Note di Notte

기록적인 관중과 라이브앨범의 성공적인 판매고에 앞서 아버지가 된 발리오니에게 1982년은 정말 최고의 순간이었다. 어린 아들의 재롱을 지켜보며 육아의 행복을 보낸 후, 1984년에 2만 관중들 앞에서 솔로 콘서트를 열고 이듬해 신작 《La Vita è Adesso 인생은 현재》를 발표한다.

런던 심포니 오케스트라를 참여시킨 이 앨범은 27주 동안이나 차트에 머물며 120만 장이 판매되었다.

초기의 아이덴티티와 결별을 알리는 듯 전혀 다른 중반기의 음악을 선보였는데, 긴 가사와 긴 연주시간 외에도 곡 구성은 고저의 차이는 부드럽게 마무리되었으며, 1980년대 특유의 신시사이저 음향도 가미되었다. 그의 오랜 팬이라면 갑자기 걸러지고 다듬어진 팝 스타일에 적잖이 놀랐을 것이다.

〈Uomini Persi 실종자〉는 기아나 전쟁 그리고 사고, 혹은 이익을 위해 교살의 위험에 노출된 인권과 생명경시 풍조를 고발하는 내용으로, 사회 종교적 반성을 거두고 있다. 피아노의 깊고 은은한 반주에서 점점 고조되어 가는 심포니와 보컬이 그윽하게 빛난다.

〈La Vita è Adesso 인생은 현재〉는 자신을 찾고 일상의 작은 행복을 위해 현재를 즐기라는 카르페 디엠Carpe Diem의 메시지를 담았다.

소중한 명연이 될 〈Tutto il Calcio Minuto per Minuto 축구의 모든 순간〉은 밀고 당기는 남녀의 연애사와 사랑의 인생을 축구에 비유했는데, 모던과 고전을 잘 융화시킨 음악은 아름답다는 말 외에는 달리 형용할 길이 없다.

〈E Adesso la Pubblicità 지금은 광고 시간〉은 현대인의 삶에 면밀히 침투하고 또한 그 일부를 차지하고 있는 매스미디어에 대한 이야기로, 보다 파퓰러한 요소로 채우고 있다.

마지막 곡에서 유래한 'Notti di Note' 콘서트는 로마의 스타디움에서 열렸고 이전의 백만 관중 동원을 뛰어넘었으며 TV로도 중계되었다. 이후 발표한 《Assolo 독주, 1986》는 히트곡들을 새롭게 믹스한 베스트앨범으로, 세 장짜리 LP 분량임에도 역시 백만 장이 넘는 상업적 성공을 거둔다.

Oltre

1990 | Columbia | 466135 2

1. Dagli il Via
2. Io dal Mare (& Pino Daniele ai cori)
3. Naso di Falco
4. Io Lui e la Cana Femmina
5. Stelle di Stelle (& Mia Martini)
6. Vivi
7. Le Donne Sono
8. Domani Mai (& Paco De Lucia alle Chitarre)
9. Acqua dalla Luna
10. Tamburi Lontani
1. Noi No
2. Signora delle Ore Scure
3. Navigando
4. Le Mani e l'Anima (& Youssou N'dour ai cori)
5. Mille Giorni di Te e di Me
6. Dov'è Dov'è (introduzione di Oreste Lionello)
7. Tienamente
8. Qui Dio Non C'è
9. La Piana dei Cavalli Bradi
10. Pace

1988년에 그는 새 앨범을 위해 이태리와 해외에서 녹음을 시작했다. 그해 9월 8일 유순두르Youssou N'Dour, Tracy Chapman, Sting, Peter Gabriel, Bruce Springsteen 등이 참가한 국제사면위원회 주최 토리노 콘서트에 이태리 대표로 참여하여 〈Strada Facendo 길에서〉를 불렀다. 이 행사는 자신에게 큰 전환점이 되었는데, 다른 아티스트와의 교류를 통해 음악적으로 보다 큰 성장과 변화를 가져다주었으며, 조인트는 새로운 창조 방안이 되었다.

본래 1989년 10월 발매 예정으로 앨범 예약까지 진행되었던 상황이었지만, 발리오니는 만족하지 못하여 일 년여의 세월을 끌었다. 그 와중에 교통사고를 당하여 손과 얼굴에 부상을 입었고, 앨범 작업과 병가로 수척해진 그의 모습이 TV쇼에 방영되어 팬들의 안타까움을 샀다.

드디어 1990년 11월에 정규 스튜디오 앨범으로는 처음으로 두 매의 디스크로 완성된 《Oltre 위에》가 공개되었다.

대부분의 팬들과 평론가들은 더욱 시적이고 뮤지컬과도 같은 언어적 실험의 아름다움에 칭찬을 아끼지 않았지만, 소수의 팬들은 복잡하고도 초현실적인 가사에 당혹스러움을 감추지 못했다.

환상과 우울의 발라드 〈Io Dal Mare 나는 바다에 서〉는 피노 다니엘레Pino Daniele(1955-2015)의 재즈 스캣과 합창단의 부드러운 바람이 감미롭다.

〈Stelle di Stelle 별 중의 별〉는 여가수 미아 마르티니Mia Martini(1947-1995)와의 듀엣이 빛나는 재즈 발라드로, 어린 시절 자신의 정체성과 기억들을 떠올리는 포근한 감상에 젖게 된다.

〈Vivi 살다〉는 사랑의 순간을 회상하고 후회와 회한에 잠긴 그의 모습에서 애틋함을 절감하게 되는 서정시이다.

〈Acqua dalla Luna 달의 물〉에서는 사람들에게 기쁨을 주고 아무도 좋아하지 않는 사람조차도 사랑에 빠지게 만드는 마술사가 되고 싶다고 노래했다.

부드러움과 엄숙함이 공존하는 브라스 랩소디 〈Tamburi Lontani 머나먼 드럼〉은 자식으로서 아버지로서 그리고 사랑하는 이의 연인으로서 살아가는 한 인간의 외로움과 고충과 희망을 쓰고 있다.

세네갈 출신의 유순두르가 참여한 〈Le Mani e l'Anima 손과 영혼〉은 북아프리카 이민자들의 뿌리 찾기와 향수를 그린 신선한 월드퓨전이다.

〈Mille Giorni di Te e di Me 당신과 나의 수천일〉는 사랑의 영원성을 열망하는 노래로, 데뷔 후 최고의 연가로 군림했던 〈Questo Piccolo Grande Amore 이 작고도 위대한 사랑〉을 잇는 러브송.

〈Tienamente 유지〉에서는 1989년 6월 천안문 광장에서 벌어진 민주화를 위한 참사를 상기하라는 메시지를, 꿈길을 거니는 듯한 따사로운 피아노의 향연과 함께 흘려보낸다.

하얀 구름 위로 날아가는 듯 홀가분한 자유와 해방감을 만끽하게 되는 〈Pace 평화〉는 인간으로서 바라는 마음의 안식과 사랑에 대한 여린 소망이다. 역시 공감과 감격으로 이어지고 있는 훌륭한 작품이다.

에너지로 충만한 본작은 이후에 발표될 보다 아름다운 음악들의 초석이 될 것이라고 그는 인터뷰에서 말했으며, 팬들에게는 가장 혁신적인 앨범으로 평가받았다.

이듬해 로마 외곽에서부터 시작한 콘서트는 로마 플라미뇨 Flaminio 스타디움에서 절정에 달했고 이는 TV로 방송되었다. 독특한 무대의 혁신적인 디자인에 영국의 빌보드 매거진은 '올해 세계에서 거행된 베스트 콘서트'로 꼽았으며, 이 열광적이고 성공적인 실황은 《Assieme 함께, 1992》에 수록되었다.

1992년 1월 피렌체에서 재개된 라이브는 4개월 동안 이어졌으며, 음악팬들의 투표에 올해 최고의 투어로 선정된 이 실황은 《Ancorassieme 또 함께, 1992》로 발표되었다.

Io Sono Qui

1995 | Columbia | 84764

1. Inizio
2. Io Sono Qui
3. Primo Tempo
4. Le Vie dei Colori
5. Reginella
6. Secondo Tempo
7. Nudo di Donna
8. V.O.T.
9. Acqua nell'Acqua
10. Intervallo
11. Terzo Tempo
12. Bolero
13. Fammi Andar Via
14. Quarto Tempo
15. Male di Me
16. L'ultimo Omino
17. Titoli di Coda
18. Fine

성공적인 《Oltre》에 이어지는 2부 《Io Sono Qui 나는 여기 있어》는 전작에서 드러났던 단점들을 완벽하게 보강하여 예술적 성숙의 절정에 다다름을 보여준다. 영화와도 같은 시나리오 구성에 따라 복잡하고 난해한 가사는 이해가 쉬웠고, 리듬과 멜로디는 이성적인 조화를 거쳐 드라마틱한 감흥을 불러일으키며, 완전무결한 작품으로 공인받는다.

실제 음악을 들어보면 여러 일상과 자연의 구상음의 삽입, 낭독과 독백을 비롯한 다양한 보컬의 연출, 스코틀랜드와 아일랜드의 정서까지 느낄 수 있는 월드 사운드 등으로 흡사 현장감 넘치는 원맨 뮤지컬처럼 들린다. 또한 매우 긍정적이고 낙관적인 장조의 음악들로 그가 설정해 놓은 가상의 무대는 4개의 시간적 단막들로 연결되었다.

독특한 음악풍경이 지나면 주제곡 〈Io Sono Qui 나 여기 있어〉를 듣게 되는데, 이 켈틱 풍의 록발라드는 마치 전쟁과도 같은 현실 속에서 사랑에 대한 희망을 품고 또다시 사랑하는 이의 앞에선 이유를 상징적으로 표현하고 있다.

〈Le Vie Dei Colori 오색찬란한 거리〉에서는 맑은 하프의 목가적인 풍취에 취하게 만드는데 여행 중 다양한 색상의 길에서 삶의 영웅들 - 다양한 색상의 기사들을 만나며 자신을 기다릴 연인을 떠올리고 있다. 아내와 함께하여 마치 세르반테스의 돈키호테와 그의 연인 둘시네아의 사랑 이야기처럼 들리기도 한다.

애상의 무곡 〈Reginella 나의 여왕〉은 드라마틱한 피아노와 우아하고도 독특한 주법의 현악 그리고 바람결 같은 코러스가 무척 서정적이다. 이별의 통한 속에서 지난날의 기억을 더듬는 보컬이 공감 어린 감격의 페이지를 열어준다.

〈Nudo di Donna 여인의 누드〉에서는 연인을 향한 뜨겁고도 달콤한 욕망을 시적 언어로 표출했는데, 마칭 드럼의 타이트한 팝리듬과 뿌연 안개와도 같은 오케스트레이션 속에서 색소폰과 피아노가 진한 재즈의 열기를 내뿜는다.

전년도에 발표한 세계수영선수권대회의 오피셜송 〈Acqua nell'Acqua 물속의 물〉에서는 우리와 자연의 생명이자 숨이며 심장이라는 물의 찬가를 힘차게 노래한다.

포근한 드라마 〈Fammi Andar Via 날 좀 내버려둬〉에서는 사랑의 고통을 처절하게 털어내고 있는 그의 보컬 뒤로 서서히 아코디언은 점점 열정에 휩싸이며 장대한 탱고의 공간 속으로 행진한다.

명곡 〈Titoli di Coda 엔딩 크레딧〉에는 휘파람 소리에 이어 담담한 피아노 반주에 인생 여로의 중간 즈음에서 느끼게 되는 과거와 미래, 그리고 사랑과 소망에 대해 감정을 진솔하게 담아낸다. 푸른 창공 너머로 피어나는 희망의 흰 구름처럼 밝고 긍정적인 인생관이 시간을 거슬러 자막처럼 올라갈 때 눈시울이 뜨겁게 달아오른다.

샴페인을 터뜨리는 〈Fine 끝〉에서는 록의 젊음과 열정으로 대단원의 막을 내리며 다시 〈Inizio 시작〉의 에피소드로 돌아가 피아노를 닫는다.

본작 이후 그는 12월 28일 로마의 스포츠 홀에서 17,000여 명이 참여한 가운데 첫 번째 팬클럽 모임을 가짐으로써 1995년은 그에게 가장 뜻깊은 한 해가 되었다.

이듬해에 그의 투어를 담은 두 장짜리 라이브앨범 《Attori e Spettatori 배우와 관객》으로 인기를 더했고, 10월 27일 로마 콜로세움에서 거행된 '세계 식량의 날' 기념 콘서트에 참여했다.

Anime in Gioco

1997 | Columbia | 88697874402

1. Ma Che Musica Maestro
2. Anima Mia
3. Orzowei
4. E, la Vita la Vita
5. Heidi
6. Chissà Se Va
7. Donna Felicità
8. Obabaluba
9. Pippi Calzelunghe
10. El Pueblo Unido
11. Felicità Tà Tà
12. Buonasera Dottore
13. Figli delle Stelle
14. Sandokan
15. Il Nostro Concerto
16. Vieni Via con Me (taratapunzi-e)
17. UFO Robot
18. La Canzone Intelligente
19. Na No Na No
20. Giù la Testa

브라운관 TV에 쇼걸의 하이힐이 등장하고 있는 재미있는 커버의 앨범 《Anime in Gioco 게임의 정수》는 발리오니의 13번째 디스코그래피로 가장 이색적인 결과물이다.

1997년 1월 25일 TV 채널2에서 첫 에피소드를 방영한 'Ani-ma Mia 내 영혼'이란 프로그램에서 쇼호스트 파비오 파지오Fabio Fazio와 함께 진행을 맡았던 발리오니가 이 프로에서 불렀던 레퍼토리들을 수록하고 있다. 모든 곡이 그 쇼에 출연한 게스트의 작품을 자신이 단독으로 혹은 함께 불렀다. 특유의 해석력으로 그의 다른 면모를 보여주는 반가운 선물이었다.

〈Anima Mia 내 영혼〉은 1970년에 결성된 4인조 팝그룹 쿠지니디캄파냐Cugini di Campagna의 1973년 히트 싱글로, 뭉글한 피아노가 안내하는 재지한 팝 사운드와 특유의 샤우팅 창법이 감미롭다.

〈E, la Vita la Vita 그리고 삶 생명〉은 1965년도 밀라노에서 결성된 남성 듀엣 코치에레나토Cochi e Renato의 1974년 싱글로, 그해 TV 경연 프로 깐쏘니시마Canzonissima의 우승곡이었다. 이태리 로큰롤의 선구자로 꼽히는 엔조 야나치Enzo Jannacci(1935-2013)와 함께 불렀는데, 로큰롤의 서두를 지나 코를 간질이는 보사노바로 변신한다.

〈Heidi 하이디〉는 가수이자 배우인 엘리사베타 비비아니Elisa-betta Viviani의 1978년도 싱글로, 전자기타와 반복적인 드럼과 코러스에 요들송과 록 샤우팅이 곁들어져 무척 신선하다.

〈Pippi Calzelunghe 삐삐 롱스타킹〉은 스웨덴의 여가수 Cristina Paltrinieri의 노래로, 싱어송라이터 리카르도 코치안테Riccardo Cocciante와 함께 부른 우울한 밀롱가Milonga이다. 라틴 기타와 반도네온의 열정과 은은한 피아노의 서정 안에서, 이 두 명인은 서로 경합을 벌이는 듯 짙은 호소력으로 노래한다.

인권 유린의 지배자들에게 일침을 가하는 〈El Pueblo Unido Jamas Serà Vencido 단결한 민중은 결코 패배하지 않는다〉

는 칠레의 대표적인 민중 그룹 킬라파윤Quilapayun이 1973년에 발표한 혁명가로, 이태리에서 활동하고 있던 인티 이이마니Inti-Illimani와 함께 풍성하고도 아련한 감동을 들려준다.

〈Buonasera Dottore 친절한 신사〉는 여배우이자 가수이며 아드리아노 첼렌타노Adriano Celentano의 아내이기도 한 클라우디아 모리Claudia Mori의 성공적인 싱글이다. 당시 TV 쇼걸로 활동했던 사비나 치우피니Sabina Ciuffini의 대사와 발리오니의 끓는 듯한 노래로 블루스 드라마를 열창한다.

감각적인 댄스 비트와 부드러운 재즈 감각으로 귀를 사로잡는 〈Figli delle Stelle 행성의 아들〉은 알란 소렌티Alan So-rrenti의 1977년 앨범의 타이틀곡이자 히트 싱글이다. 달콤한 여성 코러스와 함께 각기 다른 질감으로 노래하는 두 명인의 대비가 좋다.

움베르토 빈디Umberto Bindi(1932-2002)의 1960년도 히트곡 〈Il Nostro Concerto 우리의 콘체르토〉에는 여가수 오리에타 베르티Orietta Berti가 후반에 등장하여 더욱 깊은 감동을 불러온다.

1971년에 개봉된 세르지오 레오네Sergio Leone 감독의 동명 영화의 주제 〈Giù la Testa 석양의 갱들〉은 엔니오 모리꼬네Ennio Morricone(2028-2020)의 주옥같은 선율에 재지한 편곡을 거친 발리오니의 허밍이 매력을 더한다.

굳이 그의 팬이 아니라 하더라도 올드 깐쏘네를 새롭게 편곡하여 들려주고 있는 본작은 월드뮤직 팬들에게 기쁨을 주는 충분조건이다.

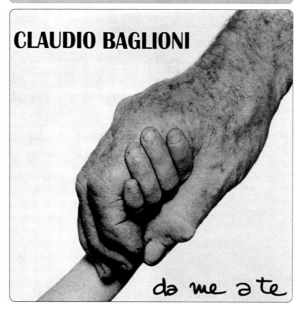

Da Me a Te

CLAUDIO BAGLIONI

da me a te

1998 | Columbia | COL 666040 2

1. Inno
2. Canzone - Da Me a Te
3. Pastorale
4. Etnica
5. Corale - Alé-OÒ (1981-1998)
6. Strumentale
7. Metallica
8. Ballata - Un Azzurro Lungo un Sogno
9. Sinfonica
10. Parlato - Prima del Calcio di Rigore
11. Canto
12. Marcia

본작은 1998년 이태리 축구연맹의 100주년 기념식을 위한 프로젝트 음악으로, 이 쇼의 오리지널 사운드트랙이라 할 수 있다.

가슴이 벅차오르는 웅장한 심포니의 짧은 오프닝 〈Inno〉가

지나면, 밝고 경쾌한 충동을 몰고 오는 트립합 비트에 뿌연 안개를 뿜어내는 듯한 포근한 음향이 가득 차오르는 주제 〈Da Me a Te 나로부터 당신에 이르기까지〉로 힘찬 응원을 더한다.

그들은 우리처럼 역사를, 우리와 같은 사람의 파멸과 영광을 이야기하네. 또한 기억 없이 사라지는 사람들과 비영웅들의 다른 이야기들이 있지. 당신보다 더 많은 것을 이야기하는 내게 손을 건네줘. 당신은 내일 거기 있을 거라 약속해 줘. 내 손을 잡아준다면 당신에게 더 가까이 갈 거야. 모든 역사의 새벽에는 우리와 같은 사람이 있어, 우리처럼 평화와 사냥의 사이에서. 당신은 나를 꽉 포용하고 내게 다시는 떠나지 않을 당신의 얼굴을 주었네. 그리고 우리는 삶의 푸른 꿈을 따라 모든 것을 함께 할 거야. 창공 속의 외침처럼 내게서 당신에 이르기까지 날아오를 거야…

〈Un Azzurro Lungo un Sogno 길고도 푸른 꿈〉은 〈Da Me a Te〉와 함께 본작의 압권이다. 하늘보다 더 높고 바다보다 더 푸른 희망의 꿈을 열망하는 이 노래는 조성이 바뀌어 보다 서정적이다.

발리오니의 낭송이 이어지는 〈Parlato - Prima del Calcio di Rigore 페널티킥 전〉은 환희와 절망의 귀로에서 형벌과도 같은 초긴장을 벗어던지기 위해 한마음으로 뜨거운 응원을 바라는 축구선수의 마음이 담겨 있다. 축구선수들 이름과 우리나라를 비롯한 국명을 언급하는데, 이는 축구 해설을 듣는 것 같기도 하다.

관람자들이 한목소리가 되어 노래하는 스타디움의 음성 〈Canto 열창〉에 이어, 발전과 미래를 담는 〈Marcia 행진곡〉까지 한 편의 파노라마는 열광을 전개한다.

로마와 밀라노, 팔레르모 등을 거쳐 360만 관중이 지켜본 'Da Me a Te 콘서트'는 무려 3CD로 구성된 《A-Live》로 출시되었다.

Viaggiatore Sulla Coda del Tempo

1999 | Columbia | COL 495070 2

1. Hangar
2. Un Mondo a Forma di Te
3. Si Io Sarò
4. Stai Su
5. Caravan
6. Mal d'Universo
7. Chi C'è in Ascolto
8. Opere e Omissioni
9. Quanto Tempo Ho
10. A Domani
11. Cuore di Aliante
12. A Clà

새천년을 앞두고 발표한 《Viaggiatore Sulla Coda del Tem-po 시간의 끝에 선 여행자》는 《Oltre, 1990》와 《Io Sono Qui, 1995》에 이어 1990년대를 대표하며 심오한 예술적 진화를 표방한 3부작의 완결편이다.

《Anime in Gioco, 1997》에서의 편곡의 유연성과 다양성, 그리고 스케일이 큰 《Da Me a Te》에서의 개념적 실험이 큰 발판이 되었기에 그리 오랜 시간이 걸리지 않았다. 전작들과의 전통을 유지하면서도 시간이 흐른 만큼 보다 현대적이고 세련된 음향의 혁신을 실현했으며, 일렉트로니카 등을 비롯한 다양한 음악적 요소로 장르적 경계를 더욱 모호하게 함으로써 탐미적인 사운드를 끌어냈다.

〈Hangar 격납고〉는 서서히 가슴 뛰게 하는 록으로의 출발을 알리고 있다. 격납고는 비행사에게 있어서 용기와 포기의 공간으로, 그는 새천년을 향한 미래의 꿈을 향해 도전의 선택을 질문한다.

〈Un Mondo a Forma di Te 당신이 만들어갈 세상〉은 뉴에이지, 아프리카 월드뮤직, 록발라드, 힙합 등이 섞인 탈장르 소품이다. 열병과도 같은 사랑 후의 이별 노래로, 전쟁의 공포와도 같은 험난한 세상을 살아갈 고귀한 연인에 대한 근심이 담겨있다.

사랑하는 서로가 인생의 꿈이며 이를 함께하길 청유하는 〈Si Io Sarò 네 그렇습니다〉에서는 켈트의 바람과 파도가 넘실거리는 역동적인 드라마를 만나게 된다.

세련된 일렉트로닉스에서 낭만적인 라운지풍의 발라드로 변신하는 〈Stai Su 너 위에〉는 사랑하는 이에 대한 미래의 약속으로, 내일과도 같은 '당신'이라 노래한다.

〈Mal d'Universo 병든 우주〉에는 장대한 심포니의 파노라마를 들려준다. '우주'는 자신과 자신을 둘러싼 모든 세상을 비유한 것으로, 불안에서 벗어나 평화와 정신적인 오아시스를 구원한다.

몽환의 전주로 시작하는 〈Opere e Omissioni 작품과 상실〉은 어두운 오케스트레이션에 맑은 기타 반주가 청량하다. 이는 매우 철학적인 심연 세계를 노래했고 자기반성적인 내용이기도 했다. 한 인간으로서 그리고 예술가로서 살아가는

두 인생의 거리에 대해 그는 사마리아 혹은 탐욕스러운 가면무도회 같다고 말하며, 성취하는 것과 잃어버리는 것에 대한 상념에 젖는다.

웅장한 록오페라 〈Quanto Tempo Ho 시간이 얼마나 남았을까〉는 희망과 절망 사이에서 쉽게 흔들리고 고뇌하는 삶을 살아가는 이의 종교적 고해이다.

〈A Domani 내일〉에서는 사랑하는 연인에게 '그대는 자신의 환상이며 방황하는 여행의 종점이고 돌아갈 내일'이라는 찬사를 화창하게 노래한다.

미래의 인생과 음악에 대한 사랑을 담은 〈Cuore di Aliante 비행사의 심장〉은 빠른 템포의 강렬하고도 열정 어린 록이다.

자신의 애칭을 제목으로 한 〈A Clà 클라에게〉는 볼레로풍의 안온한 발라드로, 이는 지천명에 근접한 시점에서 3인칭이 되어 자신을 되돌아보는 회고록이자 자서전이었다. 사랑하는 부모님과 아내와 아들, 그리고 자신의 행복에 대한 감사가 그 내용이다.

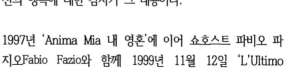

1997년 'Anima Mia 내 영혼'에 이어 쇼호스트 파비오 파지오Fabio Fazio와 함께 1999년 11월 12일 'L'Ultimo Valzer 최후의 왈츠'란 프로그램에 출연했다.

또한 본 앨범의 이미지를 담은 'Tour Blu' 콘서트와 이듬해 'Sogno di una Notte di Note 밤에 쓰는 꿈' 콘서트를 행한 그는 2CD의 라이브앨범 《Acustico, 2000》를 출시했다.

Sono Io l'Uomo della Storia Accanto

2003 | Columbia | COL 512019 2

1. Sono Io
2. Tutto in un Abbraccio
3. Grand'Uomo
4. Mai Più come Te
5. Sulla Via di Casa Mia
6. Patapàn
7. Quei Due
8. Serenata in Sol
9. Tienimi con Te
10. Fianco a Fianco
11. Requiem
12. Di là Dal Ponte
13. Per Incanto e per Amore

새로운 천년을 향한 발걸음은 히트곡을 피아노 솔로로 부른 3CD 《Incanto Tra Pianoforte e Voce, 2001》로 이어진다. 그해 12월 8일 나폴리의 산카를로 극장Teatro San Carlo을 시작으로 거행된 동명의 라이브는 몇 달 전 세상을 떠난 부친을 향한 감사의 시로 시작하였다.

2003년에 밀레니엄의 첫 신작 《Sono Io, l'Uomo della Storia Accanto 나는 다음과 같이 이야기합니다》를 발표했는데, 이는 하늘의 뜻을 안다는 지천명知天命의 나이에 접어든 그의 인생관을 담은 것이었다.

〈Sono Io 나는〉은 얼굴을 맞대고 사랑이라는 유일한 희망을 인생의 무기로 이야기하고 싶다는 내용으로, 활기찬 기타와 진폭이 큰 드럼 그리고 시원스러운 록이 웅대함을 열어젖힌다.

〈Tutto in un Abbraccio 모든 포옹〉에서는 태양과 바다처럼 항상 서로를 바라보고 포옹하고픈 사랑을 열창하며, 〈Grand'Uomo 위대한 사람〉은 어린 아들과 아버지 사이에 신뢰를 노래했다.

〈Mai Più come Te 오로지 당신뿐〉은 연인의 부재로 인한 절절한 그리움을 투명한 기타의 열정 어린 로망스로 표현했다.

'당신은 예술의 지구이며 물이요 공기와 불, 그리고 내 인생의 절반'이라 찬양하는 〈Sulla Via di Casa Mia 나의 집으로〉에서는 그대가 있는 집으로 가는 짧은 순간에도 자신은 방향을 잃은 시인이요 향수병을 앓고 있는 선원이라 노래한다.

〈Patapàn 파타판〉은 1973년생 만화 삽화가인 지안도르메니코Carmine Di Giandomenico의 협조로 탄생한 그의 새로운 팬사이트 이름으로, 이는 열망과 녹색의 가상 도시이며 낭만적이고도 우울한 이상향의 상징이다.

〈Quei Due 둘〉은 전설 혹은 동화 같은 천년의 사랑 역사에 대한 짙은 애수와 그 고귀함을 전하는 걸작이다.

아코디언의 화려한 호흡이 인상적인 목가풍의 포크송 〈Sere-nata in Sol G장조의 세레나데〉로 정겨움을 배가시키고,

고, 모든 것이 끝날 때까지 순간을 함께 하고픈 마음을 담은 〈Tienimi con Te 당신과 함께 영원히〉로 복고적인 향수에 빠뜨린다.

인생 여정의 열광을 주창하는 격려와 화합의 노래 〈Fianco a Fianco 나란히〉는 〈Alé-OÒ〉와 〈Da Me a Te〉의 계보를 잇는다.

〈Requiem 레퀴엠〉은 전쟁과 고통으로 비통의 세월을 보냈던 지난 천년을 위한 진혼곡으로, 그 시대를 살다간 부친을 위한 애도의 의미도 포함되었다. 중후함과 슬픔으로 몰아치는 현악의 바람과 축포를 연상시키는 드러밍은 숭엄한 영결식 현장이다.

〈Per Incanto e per Amore 마법과 사랑을 위하여〉에는 가난하고 겨울같이 춥고 희망이 없다 하더라도 긴 인생의 비밀은 평화와 우정의 몸짓으로 마법과 사랑을 위해 사는 것이라 노래했다. 이는 바흐Bach의 〈Cantata 147〉과 인도의 거성 타고르Tagore의 시에 영감을 받은 곡으로, 평온한 안식과도 같은 카논에서부터 장대한 월드풍의 볼레로로 마무리한다.

본작으로 2003년 이태리 문화훈장 후보에 올랐으며, 문학적 가치가 높은 가사에 시상하는 Premio Lunezia에서 작품 부문인 Antologia상을 수상했다.

2003년 투어 'Da Crescendo'과 2004년 투어 'Da Cercan-do'를 담은 2CD 라이브앨범 《Crescendo e Cercando 성장과 시도, 2005》를 내놓았으며, 콜로세움에서 촬영한 뮤비와 함께 스튜디오에서 녹음된 타이틀곡을 첫 트랙으로 수록하였다.

Quelli Degli Altri Tutti Qui

quellideglialtri tutti qui

2006 | Columbia | 2876897372

1. Cinque Minuti e Poi
2. Io Che Amo Solo Te
3. Una Lacrima sul Viso
4. Insieme a Te Non Ci Sto Più
5. Non Arrossire
6. Che Cosa C'è
7. Arrivederci
8. Fortissimo
9. Cento Giorni
10. Il Mio Mondo
11. C'era un Ragazzo
12. Un Giorno Dopo l'Altro
13. Vengo Anch'Io, No, Tu No
14. L'Ultima Occasione
15. Il Nostro Concerto
1. Se Non Avessi Più Te
2. Il Mondo
3. Amore Che Vieni, Amore Che Vai
4. Io Che Non Vivo
5. Le Strade di Notte
6. Canzone per Te
7. Emozioni
8. Lontano Lontano
9. Senza Fine
10. La Canzone dell'Amore Perduto
11. Nel Blu Dipinto di Blu
12. Vedrai Vedrai
13. Se Telefonando
14. Una Miniera
15. Il Nostro Concerto (vers. sinfonica)

2005년에는 라이브 투어 'Tutti Qui 모두 여기에'에 이어, 1967년에서 2005년까지의 히트곡을 모은 3CD 《Tutti Qui》가 출시되었다. 역시 앨범 타이틀 신곡이 수록되었다.

그해 12월 20일 토리노의 올림픽 실내경기장에서 5만 관중들과 함께 한 라이브 프로그램에는 2006년 2월 전 세계를 뜨겁게 달구었던 제20회 토리노 동계올림픽의 오피셜 송 〈Va 가자〉가 포함되어 있었고, 이듬해 2월 10일 개막식에서 그는 대단위 오케스트라를 대동하여 노래했다.

3CD 베스트앨범 《Qli Altri Tutti Qui 또다른 모든 것, 2006》에 싱글로 커트되지 않은 〈Va 가자〉, 1967년도 데뷔 싱글 수록곡 〈Se la Ragazza Che Avevi 여자가 있다면〉, 1971년 미아 마르티니Mia Martini(1947-1995)에게 써준 〈Amo-re… Amore… un Corno 사랑의 경적〉, 그리고 1973년에 남자배우 지지 프로이에티Gigi Proietti와 듀엣으로 불렀던 〈Una Sstoria Normale 평범한 이야기〉가 수록되어 세 장짜리임에도 30만 장 이상 판매되었다.

그해 10월 세 번째 'Tutti Qui'시리즈 앨범 《Quelli Degli Altri Tutti Qui 다른 모든 사람들이 모두 여기에》가 발표되었다. 이는 자신이 쓴 몇 곡을 제외하면 대부분 깐쏘네 고전들의 커버로, 두 매의 CD에 채웠다.

깐따우또레 움베르토 빈디Umberto Bindi(1932-2002)의 1963년도 고전 〈Il Mio Mondo 나의 세상〉에서의 차분한 서정에 이어, 1944년생인 가수이자 배우이며 TV쇼 진행자이기도 했던 지아니 모란디Gianni Morandi의 1966년 히트 싱글 〈C'era un Ragazzo Che come Me Amava i Beatles e I Rolling Stones 내게도 비틀즈와 롤링스톤즈를 좋아하는 남자가 있었죠〉는 흥겨운 지난날의 추억으로 되돌려준다.

1965년도 미나Mina의 싱글 〈L'Ultima Occasione 마지막 기회〉로 흐린 상념 속으로 빠뜨린다.

고색창연한 현악이 돋보이는 〈Se Non Avessi Più Te 좀 더 있다면〉는 루이스 바칼로프Luis Bacal -ov(1933-2017)의 1965년도 동명의 영화음악이다.

음유시인 파브리지오 데 안드레Fabrizio De André(1940-1999)의 1966년도 싱글 〈Amore Che Vieni, Amore Che Vai 찾아온 사랑, 떠나는 사랑〉은 열정과 이별의 불확실한 사랑의 일면을 고혹적인 협주곡으로 들려준다.

안드레의 1966년도 싱글 〈La Canzone dell'Amore Perduto 잃어버린 사랑의 노래〉는 고전음악가 게오르그 필립 텔레만 Georg Philipp Telemann(1681~1767)의 작품에 가사를 붙여 발표했는데, 많은 가수들이 커버한 깐쏘네의 고전이기도 하다.

작곡자이자 영화음악가로도 잘 알려진 피노 도나지오Pino Donaggio의 1964년도 작품 〈Io Che Non Vivo 나는 당신 없이 살 수 없어〉는 1965년도 산레모가요제 출전곡으로, 1966년 영국의 Dusty Springfield가 〈You don't have to Say You Love Me〉로 번안하여 노래한 팝의 고전이다.

작곡자 조르지오 가베르Giorgio Gaber(1939-2003)의 1961년 싱글로, 질리올라 칭케티Gigliola Cinquetti의 1963년도 데뷔 출세작이기도 했던 〈Le Strade di Notte 밤의 거리〉는 온화한 소야곡으로 재탄생했다.

1968년도 세르지오 엔드리고Sergio Endrigo(1933-2005)의 산레모가요제 우승곡 〈Canzone per Te 당신을 향한 노래〉에서는 처연한 오케스트레이션과 비장한 바이올린 독주로 짙은 슬픔을 우려낸다.

루치오 바티스티Lucio Battisti(1943-1998)의 1970년도 고전 〈Emozioni 감정〉에는 오페라의 아리아 를 듣는 듯한 호젓한 드라마가 잔잔히 흐른다.

지노 파올리Gino Paoli의 밤하늘의 라르고 왈츠 〈Senza Fine 끝없이〉가 끝없는 낭만과 행복으로 물들인다.

아마도 가장 많은 커버 버전이 존재할 듯한 〈Nel Blu Dipinto di Blu 푸르름 속에서 푸른색을 칠하세요〉는 도메니코 모두뇨Domenico Modugno(1928-1994)의 1958년도 산레모가요제 우승곡으로, 우리에겐 〈Volare 볼라레〉로 더 잘 알려진 명곡이기도 하다.

30세의 젊은 나이에 스스로 목숨을 끊은 루이지 텐코Luigi Tenco(1938-1967)의 〈Vedrai Vedrai 알게 될 거야〉는 슬픔이 자욱하다.

국내에서 사랑받고 있는 이태리의 대표적인 아트록 그룹 New Trolls의 1969년 작품 〈Una Miniera 광산〉에서는 눈부실 정도로 찬란한 클래시즘이 만개한다.

〈Il Nostro Concerto 우리의 콘체르토〉는 《Anime in Gio-co 게임의 정수, 1997》에 이어 두 버전을 실었는데, 황금의 광채로 빛나고 있는 마지막 오케스트레이션 버전이 더 황홀하다.

그의 2006년 'Tutti Qui' 라이브 투어를 담은 3CD 앨범 《Buon Viaggio della Vita, 인생의 좋은 여정》이 출반되었다.

2008년 말 발리오니는 'O.P.G.A' 투어를 실행한다. 이 제목은 그에게 첫 성공을 안겨준 앨범 《Questo Piccolo Grande Amore 작고도 위대한 사랑, 1972》의 이니셜로, 이는 이후의 음악 활동을 암시하는 것이었다.

그리고 이듬해 11월 말 새로운 2CD 앨범 《O.P.G.A.》가 발매된다. 이는 《Questo Piccolo Grande Amore》의 확장판으로서, 1970년대 로마를 배경으로 두 소년과 소녀의 지고 지순한 첫사랑의 이야기를 재구성했다. 이는 원본을 유지하는 범위 내에서 7곡이 수록된 기존 LP의 A면과 8곡을 실은 B면 구성대로 두 매의 CD로 나누었으며 순서도 동일하다. 총 15곡의 기존 곡들 사이에 짧은 간주곡 등 37개의 신곡을 삽입하여 총 52개의 트랙을 완성했다. 게다가 70여 명에 달하는 유명 아티스트들을 참여시켜 이태리 대중음악 역사상 초유의 이벤트를 벌였다.

52곡이란 벅찬 트랙들 중에서는 짧지만 너무나 아름다운 소곡들이 많다.

기라성 같은 아티스트들을 초대하여 완성한 《O.P.G.A.》에서 더 이상 스무 살을 갓 넘긴 검은 장발의 앳된 청년은 찾아볼 수 없지만, 그 열정과 감정은 그 시절로 돌아가 있다. 멋있게 음악과 인생의 연륜을 쌓아가는 은발 노신사의 깊은 눈매에서 여전히 작고도 위대한 사랑에 대한 꿈과 열망이 불타오르고 있음을 느끼게 된다.

본작에 참여하고 있는 69명의 아티스트들의 사인은 바로 이러한 그의 젊음을 향한 존경과 기념의 흔적이기도 하다.

2010년 'Un Solo Mondo-One World Tour'라는 이름을 걸고 팬들과 함께했으며, 《Un Piccolo Natale In Più 아주 작은 크리스마스, 2012》란 성탄 앨범을 냈다.

《Con Voi 당신과 함께, 2013》은 《Io L'uomo della Storia Accanto, 2003》 이후 10년간의 미발표곡을 모은 앨범이었으며, 2016년에는 지아니 모란디Gianni Morandi와 합동 콘서트앨범을 발매했다. 2018년 9월 베로나 아레나에서 열린 콘서트는 3CD로 구성된 《Da Una Storia Vera 실화, 2019》로 공개되었다.

미공개 작품들을 담은 《In Questa Storia Che ê la Mia 내가 소개하는 이야기, 2020》는 웅장한 심포닉 스타일의 콘셉트로, 음악 여정 50년에 걸친 자신의 자서전이었다. 그리고 2025년 말까지 라이브가 계획되어 있으며, 2026년까지 은퇴를 예고했다.

〈Altrove e Qui 다른 곳에서도 여기에서도〉를 들으며, 그에게 감사를 전한다.

…여기 깊은 내 마음의 진원지, 영원한 충돌의 껍질 아래에 있는 곳, 다른 곳에서는 세상에서 내가 뭘 해야 하는지 물어보는 곳, 흘러간 시간과 함께 하는 곳, 내면을 뛰게 하는 음악과 함께 하는 곳, 나를 향해 달려가는 삶을 위한 곳, 내가 영원히 아웃사이더가 될 곳, 이제 내 이야기가 시작될 곳, 이게 바로 나의 이야기…

달콤한 사랑의 아리아

Dario Baldan Bembo ● 다리오 발단 벰보

photo from album 《Migrazione》

1948년생 밀라노 출신의 다리오 발단 벰보는 싱어송라이터이자 키보디스트이다.

어머니가 피아노 교사였기에, 형인 알베르토Alberto Baldan Bembo(1938-2017)와 함께 훌륭한 건반 주자로서 대중음악가로 활동을 시작했다.

여름날 저녁 클럽에서 연주하던 중 아드리아노 첼렌타노Adri-ano Celentano가 설립한 레이블 Clan Celentano의 키보디스트로 발탁되어 재능을 발휘했다.

그의 첫 성공은 영화 「Il Dio Serpente · The Snake God, 1970」의 주제가 〈Djamballà 잠발라〉가 히트하면서부터였다.

우리에게 잘 알려진 깐따우또레 루치오 바티스티Lucio Battisti(1943-1998)의 《Amore E Non Amore, 1971》에서 오르간 연주자로 참여한 후, 록그룹 Equipe 84의 《Casa Mia 나의 집, 1971》에서는 〈Nessuno 아무도〉와 〈2000 Km〉를 작곡한다.

국내에도 발매된 치로 다미코Ciro Dammicco의 《Mittente 발신자, 1972》에 수록된 그의 작곡 〈Le Rose Blu 푸른 장미〉는 영화 「Nazareno Cruz and the Wolf 나자리노, 1975」의 주제로 잘 알려진 〈When a Child is Born〉라는 세계적인 명곡으로 재탄생된다.

바티스티의 친분으로 브루노 라우지Bruno Lauzi(1937-2006)을 만난 후 여가수 미아 마르티니Mia Martini(1947-1995)의 히트곡 〈Piccolo Uomo 작은 남자〉와 〈Donna Sola 외로운 여자〉를, 1973년에는 명곡 〈Minuetto 미뉴에토〉와 1974년에는 〈Inno 찬가〉를 쓴다.

그리고 1974년 이태리 프로그레시브 록그룹 I Salis의 두 번째 앨범 《Seduto Sull'Alba A Guardare 일출 전망대에 앉아, 1974》를 제작한다.

Aria

1975 | Come Il Vento | ZSCVE 55742

1. Aria
2. Stranieri Noi
3. Canto Di Levania
4. Arpeggiato
5. Mondo Nuovo
6. Nico
7. Corale
8. La Nuvola Con I Piedi
9. Aria (Ripresa)

본작은 1975년 국제적인 성공을 거둔 그의 솔로 데뷔작이다. 저명한 기타리스트 마우리치오 파브리지오Maurizio Fabri-zio와 이태리 영화음악에 지대한 활약을 선보인 여성 스캐터 에다 델오르소Edda dell'Orso가 참여했으며, 수록곡 중 〈La Nuvola Con I Piedi 발 달린 구름〉을 올린 간결한 분홍빛 커버가 낭만성을 부각시킨다.

첫 곡 〈Aria〉는 귓속말로 속삭이다 포효에 이르는 그의 보컬과 연주가 너무나 아름답고 환상적이기까지 하다. 본작의 장르가 프로그레시브 팝이라 불리는 이유이다.

날아가 버릴 거야, 더 이상 생각하지 마, 시 짓기를 멈추지 마, 네 안에 타인을 초대해, 그러면 네게 평온을 줄 거야. 그가 명확하게 보이고 그를 믿게 되면, 생각하기 전에 넌 이해하게 될 거야. 죽기 전에 사랑하게 될 거야…

이 히트곡은 Sheila, Shirley Bassey, Michel Legrand, Herbie Mann 등에 의해 커버되었으며, 마지막 곡에 피아노 버전을 수록했다.

〈Stranieri Noi 낯선 우리들〉은 자유에 대한 찬가이며, 온화한 현악의 〈Arpeggiato 아르페지아토〉는 사랑 노래이다.

떨리는 현악의 〈Mondo Nuovo 새로운 세상〉에는 따사로운 음성으로 사랑에 관해 조언한다. 이는 미아 마르티니Mia Martini(1947-1995)도 노래했다.

…네가 원하는 만큼 오래 머물 수 있네, 네 안의 두려움 속에서, 다른 것을 찾는다면, 그것은 널 속일 거야. 그가 널 응시할 때 소리 없이 넌 발견할 거야, 비현실에 대한 모든 꿈을, 그리고 새로운 세계가 보일 거야. 시간이 흘러가면 너의 생각도 멈출 거야, 존재하지 않는 새로운 세상을 네게만 준 그 누군가에 대해서.

〈Corale 합창〉은 여성 보컬리스트 에다 델오르소가 참여하여 시네마틱한 스캣 연주를 선보인다.

커버스토리인 〈La Nuvola Con I Piedi 발 달린 구름〉은 뮤지션으로서의 자신의 꿈을 노래한 경쾌함이 화창하다.

동년에 두 번째 앨범 《Crescendo 크레셴도》를 발표했다. 데뷔작에 비해 보다 팝 록적인 앨범이라 다소 실망감을 주었지만, 오르간 사운드가 경건한 웅대한 심포니 〈Prima Alba 첫 새벽〉은 전율 돋는 감동을 선사 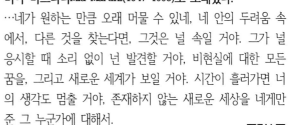 한다.

Migrazione

1977 | Come Il Vento | ZPLC 34013

1. Migrazione
2. Viaggio
3. Arrivo
4. Non Mi Lasciare
5. Lontana Eri
6. Città Dei Pensieri
7. La Mia Casa
8. Risveglio

1976년에는 미아 마르티니Mia Martini(1947-1995)의 《Che Vuoi Che Sia… Se T'ho Aspettato Tanto 당신을 그토록 오래 기다렸다면 어떨 것 같나요?》의 타이틀곡을 작곡하고, 이가 음악 축제 Festivalbar에서 성공을 거둔다. 또한 형과 함께 에로 영화 「Smooth Velvet, Raw Silk 엠마뉘엘인 이집트, 1976」의 사운드트랙을 작곡한다.

이듬해 세 번째 앨범 《Migrazione 이주》가 발표된다. 이는 인간과 공간과 시간을 떠나 옮겨 다니며 살아가는 우리의 인생을 그린 작품이다. 스칼라 극장 현악단과 합창단 Il Polverone를 대동한 회심작으로, 감성적인 싱글 〈Non Mi Lasciare 날 떠나지 마〉가 히트하며 성 공을 거둔다.

…가지 마, 날 떠나지 마, 나의 경계는 단지 너뿐이야, 그리고 넌 짧은 순간을 살아왔고 내가 승리하고자 했던, 내 안에 있는 크나큰 욕망이야, 넌 내 생각과 함께 사라지는 내 호흡을 따르는 바람이야, 그리고 넌 내가 지금 탐험할 사람의 영혼이야…

목가적이고도 애상적인 전원 교향악을 바탕으로 천상의 코러스 하모니가 염원하는 〈La Mia Casa 나의 집〉에는 연인을 그리워하며 꿈을 꾼다.

…지붕의 끝자락에 앉아 지금 잠들고 싶어… 네가 있는 곳이 더 따듯해, 네가 있는 곳이 더 안전해, 네가 있는 곳에서 더 나답고, 더 행복하고, 다 잘 잠들 것이기에.

마지막 곡 〈Risveglio 각성〉에는 깨닫지 못했던 지난날을 돌이켜보는 자기반성적 노래로, 그의 피아노 반주와 따사로운 현악과 코러스로 이전 곡의 향수를 이어간다.

1979년에는 셀프 타이틀 앨범을 발표했으며, 1980년대 초반에는 레나토 제로Renato Zero의 작품들을 작곡했다.

1981년에 〈Tu Cosa Fai Stasera? 오늘 밤 뭐해?〉로 산레모가요제에 출전하여 3위에 입상하였으며, 그가 작곡한 마르첼라 벨라Marcella Bella의 싱글 〈Canto Straniero 낯선 노래〉는 차트 1위에 올랐다.

1983년에 카테리나 카셀리Caterina Caselli과 함께 부른 〈Amico È 친구는〉은 상업적으로 큰 성공을 거두었다.

2014년 〈Papa e Papa 교황과 교황〉라는 노래로 전국 기독교 음악 축제에서 우승했으며, 2022년에는 미공개 두 곡과 히트곡을 수록한 《Atlantide 아틀란티스》를 발표했다.

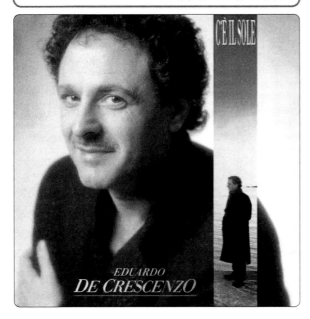

사랑의 전도사
Eduardo de Crescenzo ● 에두아르도 데 크레센조

어린 시절 그는 나폴리의 거리 악사들의 연주를 자연스레 접하게 되었고, 그의 어머니는 몇 시간째 길모퉁이에서 쪼그려 앉아 악사들의 음악에 흠뻑 빠져있는 어린 그를 집으로 데리러 올 때면, 울며 떼를 쓰는 바람에 곤욕을 치러야 했다고 한다. 그를 달래기 위해 결국 부모님은 그에게 음악 생애 첫 악기인 아코디언을 사주었고, 이는 그가 음악을 하게 된 결정적인 역할을 하게 된다.

3년간 아코디언 수업을 받은 후 그는 로마의 아르헨티나 극장에서 '신동 악사'라는 소개로 아코디언을 연주하며 무대에 섰고, 클래식 지휘자 주세페 바보타Giuseppe Bavota에게서 고전음악을 배우게 된다. 지휘자 쥬세페의 연인 아킬레 라우로Achille Lauro는 그의 음악적 활력에 감동받아 교육비를 지원해 주었다.

그는 'Blues e Jazz Invadono i Night'란 대회에 참가하기 위해 모든 것을 제쳐두고, 아코디언에 피아노와 키보드까지 섭렵하며 음악 연주에 기틀을 다진다. 그는 회계학에 이어 법학을 전공하고 8번의 임관시험을 거쳤지만, 그의 머리와 가슴에는 온통 음악에 대한 열정뿐이었다.

그는 'Eduardino e i Casanova 에두아르디노와 카사노바' 등의 몇몇 비트 그룹들을 거치면서 불가피하게 싱어의 역할까지 맡았는데, 그의 음성은 대중들에게 그리 호응을 거두지는 못했다.

하지만 1977년 12월 로마에서 작곡자이자 프로듀서인 클라우디오 마토네Claudio Mattone를 만났고 Dischi Ricordi사와 계약할 수 있었다. 이듬해 거장 비토리오 몬티Vittorio Monti가 작곡한 〈La Solitudine 고독〉을 첫 싱글로 발표한다.

1981년 산레모가요제에 참가하여 마토네가 작곡하고 프랑코 밀리아치Franco Migliacci가 작사한 〈Ancora 아직〉을 불렀는데, 비록 순위에는 들지 못했지만 이 싱글은 백만 장 이상 판매될 정도로 그의 명성을 알리게 된 계기가 되었다. 그해 데뷔앨범 《Ancora》가 발표된다.

내 노래는 매일 만나게 되는 사람들입니다. 때론 홀로, 때론 연인, 어려움에 처하거나 때론 자신의 방법으로 감각을 부여하는 바쁜 사람들… 내가 그들을 만나지 못한다면, 나는 그 어떤 음악도 창안하지 못할 겁니다.

에두아르도 데 크레센조는 1951년 나폴리의 예술가적인 집안에서 출생했다. 부친은 피아노를 즐겨 연주했고, 고조부는 극단을 이끌었다. 또한 필명 안토니오 비시오네Antinio Viscio-ne를 쓰는 큰아버지 빈센조 데 크레센조Vincenzo de Crescen-zo는 저명한 「Luna Rossa」를 쓴 작가이자 시인이었으며, 그와 이름이 같은 사촌은 에디 나폴리Eddy Napoli란 예명으로 활동한 가수였다.

Ancora

EDUARDO DE CRESCENZO
ANCORA

1981 | Dischi Ricordi | CDMRL 6500

1. Al Piano Bar di Susy
2. Quando l'Amore Se Ne Va
3. Alle Sei di Sera
4. Uomini Semplici
5. Doppia Vita
6. Ancora
7. Il Treno
8. Chitarra Mia
9. Padre
10. Uomini Semplici

그의 음성은 아름다운 음악에 비해 매혹적이지 못했다. 보통 이태리의 남자 가수라 하면 언뜻 드는 선입관은 굵고 허스키한 남성미가 물씬 풍기는 보이스지만, 그는 하이톤의 가녀린 목소리였다. 하지만 바이브레이션과 함께 섬세하게 연출되는 독특한 창법은 그의 매력으로 자리 잡기 시작했다.

서정의 발라드 〈Quando l'Amore Se Ne Va 사랑이 떠나갈 때〉는 바람을 거스르는 나비처럼 저항할 수 없는 이별의 고통을 노래했는데, 슬픔을 그리는 피아노와 오케스트레이션이 쓸쓸한 바람결처럼 불어오며 아코디언은 콧날이 시큰한 애수를 자아낸다.

자신의 고요한 삶 속에서 빛나는 사랑을 하는 보통 사람들을 영웅이라 말하며 예찬하는 〈Uomini Semplici 평범한 사람〉은 피아노의 열정 속에서 힘 있는 그의 보컬이 시원한 감동을 불러일으킨다.

피아노와 이태리 특유의 부드럽고도 서정적인 오케스트레이션이 점차 격정을 넘어 가슴을 울리는 〈Ancora 아직도〉는 호소력 있는 그의 창법의 매력을 가장 잘 보여주고 있는 명곡이다.

그리고 밤늦게 깨어있네. 당신은 항상 내 모아진 손끝에 있지. 당신과 함께한 순간은 너무나 좋았어. 당신을 원하는 간절함은 더해갔지… 설익은 과일 같은 이 사랑을 위해, 그리고 이 순간 잃었던 당신을 간절히 원하네. 아직도… 당신 없이는 사랑을 이룰 수 없는 그날 밤으로부터 나는 아무것도 돌볼 수 없네. 그 어떤 천사를 만난다 하더라도 난 이렇게 말하지, "당신은 그녀만큼 나를 날게 할 수 없어"라고. 그리고 밤늦게 깨어있네. 나는 벗은 몸을 덮었지. 이것은 나의 열망을 초조하게 해. 곧 난 큰 실수를 저지르겠지…

신비한 전자음향이 속도감을 가속하는 〈Il Treno 기차〉는 우리의 인생 여정을 비유한 것으로 각각 다른 꿈의 이상향을 향해 달리는 기차에서 만남과 도착지에 대한 철학적인 물음을 제시하고 있는 듯하다.

아버지가 된 나이에서 느끼는 부친에 대한 이해와 사랑을 깨닫는 〈Padre 아버지〉에는 포근함을 더하는 목가적인 연주에 전원적인 풍경이 활짝 열려있다.

Amico Che Voli

1982 | Dischi Ricordi | MPCD 224

1. Due Stelle Nere
2. I Ragazzi della Ferrovia
3. Mani
4. L'Infinità
5. Anna No Stop
6. Camminando
7. Sole
8. Amico Che Voli
9. Manchi Tu

그의 데뷔작에 필적하는 앨범을 꼽으려면 아마도 두 번째 앨범 《Amico Che Voli》이 되지 않을까. 사실 이처럼 부드러운 액체 같은 오케스트레이션은 들어본 적이 없는 것 같다. 매우 촉감적인 선율이다.

첫 곡 〈L'Infinità 무한의 갈망〉은 피아노와 오케스트레이션 그리고 즉흥적인 블루스 색소폰이 밤하늘의 별처럼 맑고 영롱하다. 삶이 서로 교차한 당신과 함께 인생을 함께했으면 하는 사랑의 열망을 그린 것으로, 그의 애타는 심경이 서정의 선율을 타고 강약을 더한다.

〈Amico Che Voli 비행하는 친구〉는 항상 친구같이 보살폈던 새가 새장을 벗어나 날아가다 이웃이 쏜 총에 맞아서 떨어져 죽는 광경을 목격한 새 주인의 슬픈 진혼곡으로, 가슴속에서나마 영원히 날개를 펴고 날아가길 바라고 있다. 쓸쓸함과 자책감이 그의 폭발적인 음성에 묻어나며, 화려한 건반과 오케스트레이션의 조화가 최대로 발휘된 명작이다.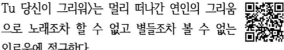

〈Ancora 아직도〉의 격정을 간직하고 있는 발라드 〈Manchi Tu 당신이 그리워〉는 멀리 떠나간 연인의 그리움으로 노래조차 할 수 없고 별들조차 볼 수 없는 외로움에 절규한다.

나머지 곡은 평범한 팝이거나 록 작품인데, 그중 〈Sole 태양〉이란 곡에서는 우리에게 잘 알려진 이태리 클래시컬 록 그룹 New Trolls가 코러스에 참여한 것이 눈에 띈다.

자신의 이름을 타이틀로 한 《De Crescenzo, 1983》에서는 종교적인 고해성사의 곡으로 인내에 대해 노래한 〈Io Ce Credo 나는 믿어요〉가 주목할 만하다.

 《Dove C'è il Mare 바다가 있는 곳, 1985》에는 당해 산레모가요제 참가곡 〈Via con Me 내가 가는 길〉이 수록되었다.

…그리고 달은 언제나 우리와 함께 있을 거야, 당신은 나에게 당신이 어떤 의미인지 알아, 그러면서 밤은 어떻게 홀로 지내? 그럼 나와 함께 가, 난 아직도 사랑을 굳게 믿

고 있어…

타이틀곡 〈Dove C'è il Mare 바다가 있는 곳〉도
그의 아련한 소울이 바다 내음처럼 퍼진다.

…시선에는 경계가 없지, 그리고 평화 앞에서는 무한하지,
우리는 어린아이처럼 울어, 알다시피 바다가 있는 곳에는
자유가 있네, 각자의 생각을 가지고, 배가 어디든 떠나면,
그녀는 내 삶의 일부가 될 거야…

〈Dove 어디에〉의 간절함은 시시각각 변화하는
저녁노을의 마법처럼 뜨겁게 달아오른다,

…나의 큰 사랑 당신은 어디에 있나? 내가 어디로 가야 하
는지 말해줘, 어떤 기차를 타야 할까? 어떤 배를 타야 할
까? 당신이 어디에 있는지 말해줘.

산레모가요제 출전은 계속 이어졌는데, 《Nudi 누드, 1987》에
수록된 〈L'Odore del Mare 바다 향기〉로 15위를, 《C'è il
Sole 태양, 1989》의 〈Come Mi Vuoi 내게 바라는 바와 같
이〉로 21위를, 《Cante Jondo 칸테혼도, 1991》의 〈E la
Musica Va 음악은 흐르고〉로 15위를 기록했다. 비록 상위
에 랭크조차 되지 못했지만, 데뷔 후 10여 년간 무려 5번이
나 이름을 올렸다.

제작자, 작곡가, 그리고 아
코디언 연주자로서 역량이
발휘된 《Cante Jondo 칸
테혼도, 1990》도 주목할 만
하다. 타이틀은 안달루시아
민속음악에서 유래된 플라
멩코 노래 스타일
을 일컫는데, 그

뜨거운 사랑에의 열망이 끓어오른다.

〈Van Gogh 반 고흐〉에서는 고흐의 회화들을 언
급하며 영혼과 인생을 바친 그의 일생에 뜨거운

헌사를 보낸다.

1994년에는 안젤로 브란두아르디Angelo Branduardi와 함께
작곡자와 가수에게 주어지는 레카나티상Premio Recanati을
공동 수상하며, 나폴리를 중심으로 장기 콘서트에 돌입했다.
이후 간간이 공식행사와 합동 라이브쇼에 모습을 나타냈던
그는 《La Vita è un'Altra 인생은 또 다른 것, 2002》로 재
기하였다. 2003년 4월 10일 공연에는 많은 게스트들이 참
여, 샹송 가수 미레유 마띠유Mireille Mathieu와 함께 〈Anco
-ra〉를 불러 많은 팬들의 갈채를 얻었다.

그 후 그는 음악과의 연대사업에 중점을 두어 암 치료를 비
롯한 여러 사회문제들을 고취하는 프로그램의 일환으로 아
티스트들과 대규모 콘서트를 계획하는 사회사업가로 변신했
다.

라이브앨범 《Le Mani 손, 2006》은 2005년 12월 17일 나폴
리 산카를로San Carlo 극장에서 열린 자선쇼를 담은 것이었
다.

이후에도 그의 사랑의 사회 실천은 계속되어 2007년에는 평
화를 위한 국제회의를 위한 무대를 열었고, 2010년에는 제4
회 '세계 신장의 날'의 일환으로 콘서트를 개최, 장기기증
캠페인을 독려하는데 앞장서기도 했다.

우리 시대가 안고 있는 고민에 대해, 일상에서 투쟁하는 생
명들의 열정에 대해, 세대 차이와 문화적인 장벽 등의 전통
적인 분열을 극복하기 위해 음악으로 미덕을 행하는 그를
가리켜 그의 팬들은 '영혼으로 노래한다'고 한다.

아마 꼬마 시절 나폴리 악사들과 함께 시간을 보냈던 에두
아르도는 그들의 음악을 들었던 것이라기보다는 관중들에게
기쁨을 주며 연주하는 악사들을 보고 있었던 것인지도 모른
다.

Etta Scollo ● 에따 스콜로

에따 스콜로는 1958년 이태리 시칠리아 동부의 항만도시 카타니아Catania에서 출생했다.

그녀의 할머니는 만돌린을 연주하였으며, 그녀에게 많은 영향을 준 아버지 살바토레Salvatore는 1960년대 시칠리아 민속음악과 재즈를 섭렵한 마을 악단의 클라리넷 주자였으며 음색도 좋아 세레나데를 직업적으로 노래하는 가수였다. 전쟁 중 영국에 머물렀던 그녀의 아버지는 군대에서 Billie Holiday와 Frank Sinatra의 노래를 불렀으며, 이태리로 돌아와 밴드에서 기타를 연주했다고 한다.

이러한 음악적 가정환경과 부친 덕에 그녀는 불과 6세의 나이에 대중 앞에서 기타를 연주하기도 했다.

1970년대에 그녀의 가정은 음악을 위한 은신처와도 같았는데, 밤마다 친구들을 초대하여 잼세션을 했고, 깐따우또레 Genuese의 노래와 Roberto Murolo의 전통 나폴리 깐쏘네, Beatles의 노래가 레퍼토리였다.

그녀는 계속해서 기타를 습득했고, 시칠리아 전통에 기반을 둔 노래들을 작곡했다.

토리노에서 건축을 전공하던 그녀는 음악에 대한 욕망을 잠재울 수 없어 과감하게 전공을 포기한다.

1982년에 블루스를 접했고 오스트리아 비엔나로 건너가 음악학교에서 가창을 배우며 그녀의 첫 밴드를 결성, 비엔나에서 활동하던 블루스 밴드 Joachim Palden Trio와 조인하여 콘서트를 열었고, Diano Marina Jazz Festival에 참가하여 1등을 수상한다.

당시 알게 된 색소폰 연주자 Eddie Davis와 교류하며, Sunnyland Slim과 Champion Jack Dupree와 함께 대서양을 건너 시카고, 뉴욕, 뉴올리언스 등으로 투어했다.

1988년 독일, 스위스, 오스트리아에서 성공적인 콘서트를 마친 후, 당시 그녀를 지켜봐 왔던 한 프로듀서로부터 Paul McCartney의 〈Oh, Darling〉을 커버할 것을 의뢰받았는데, 이가 차트 1위를 기록하는 대중적인 성공을 거둔다. 하지만 더 이상의 기회를 거부하고 그녀가 하고픈 자유로운 노래를 선택한다. 그리하여 솔로 데뷔작 《Etta Scollo, 1989》이 발표되었다.

프랑스 퍼커션 연주자와 함께 어쿠스틱 콘서트는 계속되었고, 1997년에 비엔나에서 함부르크까지 긴 투어를 실행한다.

포크, 재즈, 팝 등 다양한 뮤지션들과 만났으며, 이 당시에 노래했던 〈L'Art pour l'Art〉와 〈Palimsest〉는 몇몇 페스티벌에서 좋은 평가를 얻어냈다.

그리고 1999년 영화음악가로 일하기도 했던 작곡자 크리스토프 카이저Christoph M. Kaiser의 도움으로 런던 세션 오케스트라와 함께 녹음한 《Blu:》가 발표된다.

Blu:

ettascollo blu:

1999 | ORBIT | 001

1. I Tuoi Fiori
2. Animanimale
3. Amico Pierre
4. Come la Pioggia
5. Aldilà
6. A Due Passi da Te (Footsteps)
7. Partiro
8. Perché Ci Sei Tu
9. Stai con Me
10. Caruso

클래식과 팝의 퓨전으로 진한 블루스를 표현했던 《Blu: 블루》는 매우 고매하고 기품 있는 작품으로, 우리에게 잘 알려진 〈I Tuoi Fiori 당신의 꽃들〉이 실려있다.
상념을 달래는 서정적인 오케스트레이션 속에 심
장박동을 따르는 퍼커션, 목가적인 클라리넷과 광

기 어린 피아노의 선명함, 그리고 그녀의 애절한 목소리는 자신의 마음속에서 그리움의 비명을 쏟아낸다.

여기 낯설지 않은 아름답고 신비스러운 당신의 꽃들, 나는 사람 몸 모양의 화병에 꽃을 꽂아두었지, 그것들은 너의 꽃이야, 너의 꽃, 나를 위한 꽃. 네가 떠나가는 아침이면 신선한 물과 빛을 주었지, 하지만 돌아오는 밤이면 물은 혼탁해지고 빛깔은 검게 어두워지지, 꽃들과 이야기하고 있는 듯 내가 그것들을 볼 때, 너도 알다시피 그것이 미친 짓이라는 걸 나도 알아, 혹은 아마도 꿈인지도 모르지, 그 속에서 꽃들은 말했어. "가지 마, 가지 마, 그렇게 떠나지 마!"

이태리어 사전에서 영혼Anima과 바로 다음으로 등장하는 단어 동물Animale의 합성어로 만든 〈Animanimale 마음과 몸〉은 피아노협주곡 같은 클래식 연주에 트립합 비트를 매치한 서글픈 작품으로, 연인의 모습과 마음을 사 무치듯 갈망하는 호소력으로 감정의 소용돌이에 휩싸인다.

나는 어둠과 함께 깨어나네. 오래도록 할 수 있는 한, 가을이 올 때까지 난 산책하네. 자존심의 옷을 벗고 꿈을 묻었던 그곳으로 돌아가네. 말장난으로 비롯된 Animanimale에 대한 기억, 내 삶이 알고 있는 Animanimale, 그리고 시간의 강을 건너 모든 비밀의 기억 속에서 보배들과 파편들을 끌어내고, 난 당신을 찾네. 내 곁의 그림자, 세심한 천사, 지친 내 육체의 두 눈… 심장 속의 마음, 오래된 박동, 마음과 육체, 나는 백만 년 전에 잃어버렸던 이것을 황금과 배설물 속에서 찾아냈지. 리듬을 만났고, 지금은 멈춘 시간의 연산을 노래하지. 피부 아래의 우주에서, 손으로 약속한 세상에서 만약 마음이 사막이 된다고 해도 나는 결코 잊을 수 없어. Animanimale… 마음과 몸…

침울한 랩소디 〈Amico Pierre 내 친구 피에르〉는 다시는 볼 수 없는 친구를 회상하며 그를 위해 노래 부른다는 고백을 담았다.

첼로와 기타의 찰현 속에서 풀벌레 소리가 들려오는 〈Come

la Pioggia 빗속으로〉는 독일 출신의 영화감독 악크 보훔Hark Bohm의 「Für Immer und Immer · Forever and Ever」에 사용되었다고 한다.

'발걸음'이란 부제가 붙은 〈A Due Passi Da Te 네게 더 가까이〉는 항상 가까이 있고픈 애달픈 사랑의 감정을 노래했다. 클래식에 보사노바의 향기를 가미한 우울한 왈츠라 하겠다. 그녀의 작곡은 엔니오 모리꼬네 Ennio Morricone(1928-2020)의 선율을 연상시킨다.

비장한 현악이 빗물처럼 흘러내리는 〈Partiro 내버려두세요〉는 다시 사랑하고 삶으로 돌아올 때까지 혼자 이 고통을 인내한다는 내용으로 그녀의 보컬에서 괴로움의 상처가 깊게 팬다.

맑고 따사로운 포크송 〈Perché Ci Sei Tu 당신이 여기 있는 이유〉에 이어, 어둡고도 역동적인 재즈 블루스 〈Stai con Me 날 따라와〉에도 그녀의 안개 같은 보이스는 열망을 뿜는다.

넌 너의 꿈을 이야기하지 않지, 너의 고충에 관해서도 말하지 않아. 다른 사람들 사이에 숨어서 아무것도 없이 그렇게 갈 뿐이지, 나의 호기심으로부터 탈출하기 위해 미소 짓고, 넌 수락하는 듯했지만, 너의 큰 유리 벽이 아직도 여기에 있네, 넌 저녁까지 나와 함께 있지, 날 따라와, 지난 어두운 밤이 끝날 때까지 나와 함께 있어 줘. 음악과 같은 침묵이 우리를 따를 거야, 나날과 걱정으로 너의 눈빛은 변하지, (죽음의 공포에 대한 기억이 아닌 사랑만이 여기 남을 거야) …날 따라와, 이 어두운 밤으로 날 따라와, 음악과 같은 침묵이 우리를 따를 거야, 고요가 우리를 따를 거야.

커버곡 〈Caruso〉는 잔잔하면서도 담백한 포크풍으로 수놓아져 있다.

본작은 중후한 엘레지를 좋아하는 팬들에게는 더할 나위 없는 애장반으로 기억될 것이다.

Il Bianco del Tempo

2001 | ORBIT | 108604

1. Il Bianco del Tempo
2. Il Buio
3. Aspetto
4. Un Compleanno a Parigi
5. Sempre Là
6. Ora Zero
7. Chi Son'lo
8. Malvasia
9. Villa Grimaldi
10. Tornerà

독일 감독 마티 게쇼넥Matti Geschonnek의 「Jenseits der Liebe · Beyond Love, 2001」와 프랑스 영화감독 안느 알릭스Anne Alix의 「Dream Dream Dream」의 영화음악에도 참여한 후, 베니스에서 제작한 《Il Bianco del Tempo 시간의 여백》을 냈다.

타이틀곡에서는 둔탁한 리듬과 맑은 피아노의 채 도대비가 이채로운 블루스 속에서 가녀린 음성으로 내성적인 감정을 드러낸다.

지금 이 밤에, 나는 강한 외로움에 잠겨 깨어있네, 난 비밀을 지킬 거야, 이것은 날 항상 피난처에 있게 하지, 그리고 모든 것을 망각할 때 찾아오는 백색의 시간들… 맑은 새벽… 불확실한 삶이 남아있는 현실로 아직도 사람들은 돌아오지 못하네, 그리고 그 진실을 찾아 헤매네, 백색의 시간 속에서…

타지에서 혼자 보내는 생일날 느끼게 되는 외로움과 연인에 대한 그리움을 노래한 〈Un Compleanno a Pari -gi 파리에서의 생일〉에서는 잔잔한 피아노가 바 탕이 되어 향수 어린 독백을 서술한다.

전원적인 풍경에서 들려오는 포크송 〈Ora Zero 지금 0〉는 기타 솔로로 시작하여 투명한 피아노와 바람처럼 스치는 오케스트레이션에 점점 가속이 붙는다.

자신의 정체성에 대한 고민을 담은 〈Chi Son'Io 난 누굴까〉에는 구성적인 현악과 전자기타 그리고 플라멩 코 무희의 손뼉 장단이 가미되어 색다른 서정을 보여준다.

포도의 품종명인 〈Malvasia 말바지아〉는 이별 후 자포자기한 상실감을 오히려 따사로운 체온으로 채우고 있다.

내게 뭐라 해도, 그리고 날 어떻게 봐도 상관없어, 날 헌신적으로 만드는 것에도 관심 없어, 무엇을 묻는다 해도 답하지 않을 거야, 난 멈추지도, 후회도 하지 않을 거야, 난 여기서 희미하게 존재할 뿐, 무엇이 나를 믿게 하는지도 상관없어, 꿈, 요청, 바램, 어떤 공정함으로 과거를 살아왔는지 간에, 나는 늦은 저녁 마법의 포로로 남았네…

애절한 오케스트레이션에 여성 코러스를 대동한 〈Villa Grimaldi 비야 그리말디〉는 칠레의 피노체트 집권 시절 많은 정치범과 그들의 가족들이 끌려와 소리 소문 없이 고문으로 죽어간 수도 산티아고의 비밀 고문 시설로, 인권탄압의 상징이다. 'El Olvido est Lleno de Memoria 망각은 기억으로 가득 차 있다'라는 가사는 우루과이의 비평가이자 문학가 마리오 베네데티Mario Benedetti(1920~2009)의 1995년 출판된 시집의 제목으로, 1974년에서 1977년까지 비야 그리말디에서 사라져갔던 사람들의 이름이 적힌 'Wall of Names'에도 베네데티의 이 제목이 기록되어 있 다고 한다. 이 진혼곡은 천국과 지옥을 오간다.

이후 여성 연주자로 구성된 Musica Nostra 현악 오케스트라와 함부르크의 Schmidt's Tivoli Theatre에서 콘서트를 성대하게 열었고, 이는 《In Concerto》로 발매되었다.

Casa

2003 | Mongebel | MON005

1. Il Ricordo
2. Il Giorno Più Lungo
3. Io Che
4. Assente
5. Piano Piano
6. Che Cos'è il Cielo
7. Casa
9. Crescere Non Mi Va
10. Per Amore
11. Suspira
12. Unn'è

본작 《Casa 나의 집》은 유행과는 거리가 먼 그녀의 내밀하고도 자유로운 스타일이 반영된 예술성으로 점철되어 있다. 전작에서 사용되지 않았던 금관악기들을 투입시킨 것이 돋보인다.

긴장 서린 피치카토에 피아노의 재즈 야상곡이 흐르는 〈Il Ricordo 기억〉은 애달프고도 호소력 넘치는 서정을 보여주고 있다.

아직도 내 마음에는 이 고통이 걸려있어, 그것은 여전히 당신의 눈에 있지, 그 기도, 간청, 저주, 아직도 쉰 목소리, 속삭임, 빈손, 더 이상 묻지 말고 당신 자신을 잊기 위해 거리로 가져가, 하지만 이 기억은 돌아올 거야, 당신의 사랑을 앗아간 여름날, 똑같은 꿈은 다가올 거야. 소금처럼 하얀 순수와 잔인함, 당신은 전혀 알 수 없지, 아직도 당신의 바다에 뛰어들 수 없어. 의문 없이 믿는다는 것은 모든 진실보다 더 많은 것을 요구하지. 그러나 이 기억에 돌아오고 싶어.

온화한 현의 바탕에 트롬본과 플루트가 가세하는 블루스 〈Il Giorno Più Lungo 길고 긴 나날〉은 사랑하는 이의 침묵을 바라보는 고통을 담았다.

살인자와 희생자와 같은 게임처럼 독약 같은 사랑을 열망하는 〈Io Che 나는 당신을 기다려요〉는 민속음악 같은 기타 연주에 트롬본의 재즈 그리고 열기를 뿜어내는 톱 연주가 가미되어 있어 독특한 감흥을 불러일으킨다.

피아노 3중주로 시작되는 〈Piano Piano 조금씩 조금씩〉은 여러 일이 벌어지는 현실 속에서도 결국 가장 높은 나뭇가지에 자신의 둥지를 구축할 것이라는 긍정적인 메시지를 후련한 록풍으로 풀어내고 있다.

타이틀곡 〈Casa 나의 집〉은 역시 본작을 빛내주는 백미 중의 하나로 현과 피아노가 그려내는 향수가 무척 애처롭다.

저기 나의 집이 있어. 우울한 자궁에서 웅크리다 내가 태어난 곳, 이곳에 명랑한 십 대의 추억이 있어. 나를 다시 깨어나게 할 맹렬한 갈망이 있어. 나를 갈등하게 하는 생각과 꿈이 있어… 진실을 향한 안식, 자존의 장소, 피난처, 어디에서나 내가 가고 노래하고 보고 느끼는 나의 집…

요람의 노래 〈Crescere Non Mi Va 난 어른이 되고 싶지 않아〉는 뮤직박스에서 흘러나오는 따스한 자장가로 시작되지만, 후반에 이르러 첼로와 록풍으로 전개되는 연주에 그녀는 폭발할 듯한 연극적인 가창을 부르짖는다.

연인에게 믿음을 가지라는 〈Per Amore 사랑을 위해〉는 이채로운 리듬과 함께 금관악기 튜바의 즉흥 재즈 그리고 하모니카가 현에 덧입혀지는 매혹과 중독이다.

떠나가는 가을의 자연을 보며 심상을 투영한 〈Suspira 한숨〉은 작자 미상의 시에 곡을 붙인 것으로, 피아노 솔로에 톱 연주가 마음을 가른다.

전율의 작품 〈Unn'è 어디에〉는 성 트리니타티스 성당St. Trinitatis Church에서 녹음된 것으로, 장중한 파이프오르간 연주에 그녀의 종교적인 독창으로 탄식의 기도를 올린다.

어디에 있나? 내 목소리는 어디에 있나? 사랑의 호흡, 이 마음은 어디에? 나의 태양은 어디로 숨었나? 왜 이토록 나의 바다는 말랐나? 내가 살기 위해 필요한 공기마저도… 밤은 안도감을 주지 않아. 나는 가까이서 당신을 느끼네. 그리고 홀로 깨어, 귀먹은 나는 당신을 노래해.

이후 시칠리아나 신포니카 오케스트라와 함께 녹음한 새 앨범 《Canta Ro, 2005》를 선보이며 월드뮤직 'RUTH'상을 수상한다. 이는 20세기 시칠리아의 아이콘으로 불렸던 가수 로사 발리스트레리Rosa Balistreri(1927-1990)의 레퍼토리였다. 또한 그녀의 고향인 시칠리아의 오랜 전설을 노래한 《Les Siciliens!, 2007》에 이어 연장선에 있는 《Il Fiore Spienden -te 쏟아지는 꽃, 2008》를 세계적인 뮤지션들을 초대하여 제작하였는데, 이는 약 1000년 전 시칠리아에 살았던 아랍의 어느 시인이 쓴 작품이 그 바탕이 되었다.

Cuoresenza

2002 | Trocadero Records | TR 20472

1. Sopra I Vetri
2. Se Telefonando
3. Canzone Dell'amore Perduto
4. La Cura
5. Dinuovoedinuovo
6. Nina Ti Te Ricordi
7. La Donna Riccia
8. Der Novak
9. Io Ti Amo
10. Lo Scapalo
11. Cuoresenza

본작 《Cuoresenza 무심》은 오랜 고전부터 자신의 신곡까지 두루 수록하고 있는 멋진 앨범이다. 개인적으로는 현대적으로 해석한 고전들의 리메이크를 좋아하는데, 새로운 목소리로 몰랐던 고전들을 접하게 되는 좋은 기회이기 때문이다.

〈Sopra I Vetri 유리 위〉는 엔조 야나치Enzo Jannacci(1935-2013)의 1964년 발표곡으로, 드라마틱한 편곡에 브라보를 외칠 수밖에 없다. 유리창문에 빗방울이 서로를 쫓아다니며 흐르는 배경은 작가의 심정을 대변한다. 이별 후 연인이 가져간 물건들을 다시 가져오라며 상실감과 그리움에 가득 차 있다.

〈Se Telefonando 전화하면〉은 미나Mina의 1966년 발표곡으로, 엔니오 모리꼬네Ennio Morricone(1928-2020) 작곡이다. 모리꼬네는 마르세유 경찰의 사이렌 소리에서 영감을 받아 작곡했다고 한다. 이는 막 시작되고 급진되는 사랑에 작별 인사를 전화로 해야 할지 말아야 할지 망설이는 소녀의 유쾌한 감정을 담은 것으로, 모리꼬네는 벚꽃잎이 눈발처럼 내리는 봄의 교향악으로 들려준다. 동년에 이바 자니키Iva Zanicchi도 취입했으며, 프랑수아즈 아르디Françoise Hardy(1944-2024)도 〈Je Changerais d'Avis 내 마음을 바꿀 거야〉로 노래했다.

〈Canzone dell'Amore Perduto 잃어버린 사랑의 노래〉는 음유시인 파브리지오 데 안드레Fabrizio De André(1940-1999)의 1966년 발표곡으로, 하모니카의 애수가 쓸쓸함을 전한다. 이 곡은 독일의 고전 작곡가 텔레만Telemann의 〈D장조 트럼펫, 현악기 및 통주저음을 위한 협주곡〉 중 '아다지오'를 기반으로 하며, 안드레와 첫 아내와의 실화가 가사가 되었다고 한다. 열정의 종말을 후회할지라도, 계속되는 인생에서 다시 사랑의 기회가 오기를 확신한다.

…머리카락을 움켜쥐는 사랑은 이제 사라졌네, 남은 건 몇 번의 무기력한 애무와 약간의 온정뿐… 하지만 그녀는 길에서 만나는 첫 번째 사람이 될 거야, 한 번도 해보지 못한 금빛 입맞춤으로 덮을 거야, 새로운 사랑을 위해…

〈La Cura 치유〉는 거성 프랑코 바티아토Franco Battiato(1945-2021)의 1996년 작으로, 신성한 키보드와 행진하는 퍼커션 그리고 스콜로의 보컬은 전율에 이른다.

…바다를 건너, 나는 침묵과 인내를 가져다 주리라, 본질에 이르는 길을 함께 여행하리라, 사랑의 향기가 몸에 스며들도록, 8월의 고요함은 감각을 진정시키지 못할 거야, 노래의 씨실처럼 머리카락을 엮어주리라, 세상의 법을 주리라, 중력의 흐름을 이겨내도록, 노화되지 않는 공간과 빛은, 모든 우울함에서 구하리라, 당신은 특별한 존재이니까, 그리고 난 당신을 돌보고 치유하리라.

〈Nina Ti Te Ricordi 니나 기억나?〉는 구알티에로 베르텔리Gualtiero Bertelli의 1977년 노래로, 베니스의 풍취가 느껴지는 왈츠이다. 사랑해서 결혼했지만 떠난 연인이 다시 돌아오길 기다리는 우울한 마음을 물결 뒤로 흘려보낸다.

도메니코 모두뇨Domenico Modugno(1928-1994)의 1962년 작으로 매우 유쾌하고 유머러스한 사랑인 〈La Donna Riccia 곱슬머리 여자〉에 이어, 오스트리아 출신의 배우이자 가수 시시 크라너Cissy Kraner(1918-2012)가 1954년 노래한 〈Der Novak 노박〉은 남편 노박으로 축복받은 결혼 생활을 하고 있지만 자유로운 방종을 꿈꾸는 한 여인의 노래이다.

〈Io Ti Amo 사랑해〉는 스콜로의 신곡으로, 마치 고전 오페라의 한 대목처럼 고혹적인 선율로 청자를 휘어잡는다.

널 사랑해, 그것이 충분하지 않다면, 널 위해 별을 훔쳐 화환을 만들 거야, 그래도 하늘은 불평하지 않을 거야, 별을 잃어버려도 너의 아름다움은 우주를 가득 채울 테니까. 널 사랑해, 그것이 충분하지 않다면, 바닷물을 비워 모든 진주를 너에게 가져올 거야, 바다는 이 범죄에도 울지 않을 거야, 파도도 인어도 너의 매력적이고 매혹적인 눈을 가지고 있지 않기 때문이야.

〈Lo Scapalo 독신남〉은 파올로 콘테Paolo Conte의 1974년 작으로, 피아노에 의지한 채 힘이 빠진 처연함을 들려준 명곡이다. 이는 결혼한 여인을 짝사랑한 한 남자의 슬픈 연가로, 스콜로는 기타와 현악으로 편곡하여 들려준다.

신곡 《Cuoresenza 무심》은 앨범 끝에 배치한 이유가 충분하다. 심장박동 위에 아카펠라로 시작하며, 점차 긴박한 퍼커션과 숭엄한 코러스, 그리고 영화의 여주인공의 대사와 심호흡이 매우 창의적이다.

…무심한 것은 가는 길에 마지막으로 치는 피 묻은 주먹이며, 그리움은 무덤이 되는 깊은 눈에 엉뚱한 장난을 치는 신음이야… 잠깐만, 난 느끼려면 네 손길만 있으면 돼, 안 돼? 나를 데려가, 나를 깨물어야 해, 나를 다시 삶으로 데려가 줘, 한순간이 인생의 전부야…

이후 야심찬 《Lunaria 루나리아, 2017》는 시칠리아 작가 빈첸조 콘솔로Vincenzo Consolo(1933-2012)가 1985년에 출간한 동명의 단편소설을 뮤지컬로 재탄생시킨 작품으로, 18세기가 배경인 이는 사치스러운 아내와 탐욕스러운 친척들, 신뢰할 수 없는 신하들에 의해 고통받는 우울한 총독의 이야기라 한다. 작가도 참여하고 있으며, 성악가들이 참여하여 독특한 연극적 우화를 들려준다.

《Scollo con Cello, 2015》은 독일의 첼리스트 수잔 폴Susanne Paul과 함께 작곡 연주한 작품으로 이태리의 문학가들의 작품을 노래한 것이다. 연주 구성은 매우 단출함에도 복합적이며 다양한 연기로 현대음악을 선보인다.

이 앨범의 개념을 이은 《Il Passo Interiore 내면의 발걸음, 2018》도 작가들의 시를 노래했으며 수잔 폴과의 협력과 함께 다양한 악기를 보강했다.

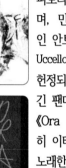

《Il Viaggio Di Maria 마리아의 여정, 2019》은 대부분을 시칠리아 구전 전통 레퍼토리를 바탕으로 하였으며, 민족음악 학자이자 시인 안토니노 우첼로Antonino Uccello(1922-1979)의 위업에 헌정되었다.

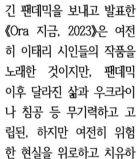

긴 팬데믹을 보내고 발표한 《Ora 지금, 2023》은 여전히 이태리 시인들의 작품을 노래한 것이지만, 팬데믹 이후 달라진 삶과 우크라이나 침공 등 무기력하고 고립된, 하지만 여전히 위험한 현실을 위로하고 치유하는 영성의 빛으로 채워 넣었다.

Franco Califano ● 프랑코 칼리파노

평론가들로부터 '이태리의 자크 브렐Jacques Brel', '금세기 최고의 시인' 등의 찬사를 받았던 그는 30년의 음악 경력을 바탕으로 이태리를 대표하는 가수로 기억되고 있다.

프랑코 칼리파노(1938-2013)는 본명이 프란체스코 칼리파노 Francesco Califano로 싱어송라이터이자 프로듀서, 시인이자 배우로서의 삶을 살았다.

그의 별명이 'Il Califfo 왕' 혹은 'Il Maestro 거장'인 이유는 총 32장의 앨범과 1,000개 이상의 시와 노랫말을 썼기 때문이며, 이는 이태리 및 국제 랭킹 1위이기 때문이다.

2천만 장 이상의 앨범을 판매하여, 가장 많은 레코드를 판매한 이태리 가수들 중 한 사람이 되었으며, 미아 마르티니 Mia Martini, 패티 프라보Patty Pravo, 미나Mina, 이바 자니키Iva Zanicchi, 오르넬라 바노니Ornella Vanoni, 페피노 디 카프리Peppino di Capri, 리키에포베리Ricchi e Poveri, 레나토 제로Renato Zero, 카테리나 카셀리Caterina Caselli, 움베르토 빈디Umberto Bindi, 토토 쿠티뇨Toto Cutugno 등 많은 예술가와 협업했다.

이태리 군인인 부친이 복무했던 리비아의 수도 트리폴리에서 출생하여 제2차 세계대전이 발발하면서 어머니의 고향인 이태리 남부 도시 노체라 인페리오레로, 그리고 전쟁이 끝난 후 로마로 이사했다. 하지만 이미 부친은 사망한 후였다. 어머니의 간청으로 기독교 대학에서 의무교육을 받고 밤에는 회계학 코스를 공부했다.

동시에 작시법도 공부하였지만, 시인으로서의 수입은 경제적으로 어려움이 많았기에 작사가로 전향했다.

19세 때 결혼한 그는 예술 분야에서 빈번한 활동으로 1965년부터 유명 가수들과 작업할 수 있었다.

오르넬라 바노니의 히트곡으로 움베르토 빈디가 작곡한 〈La Musica è Finita 음악은 끝나고, 1967〉와 가수 미노 레이타노Mino Reitano(1944-2009) 등과 공작인 〈Una Ragione di Più 또 하나의 이유, 1970〉 등에서 작사력을 과시했다.

1970년 작가로서의 명성에 힘입어 CGD와 계약한 후 1972년에 데뷔작 《'N Bastardo Venuto Dar Sud 남부에서 온 사생아》를 발표했다.

'N Bastardo Venuto Dar Sud

1972 | CGD | FGL 5116

1. 'N Attimo de Vita
2. Un Ricamo Ner Core
3. Gratta Gratta Amico Mio
4. 'N Contadino Nun Deve Avè Pretese
5. Zitta Nun Parlà
6. Ma Che Serata E'
7. 'N Bastardo
8. Quattro Regine E Quattro Re
9. Semo Gente de Borgata
10. L'Urtimo Amico Va Via
11. Beata Te⋯Te Dormi
12. 'Mbriacate de Sole

데뷔작 《'N Bastardo Venuto Dar Sud 남부에서 온 사생아》는 그의 자전적인 내용을 담은 것으로, 마치 증명사진을 이태리 남부지도와 같은 형태로 반복 취부한 커버로 발표되었다. 부드러움과 낭만이 거칢 속에 공존하는 그의 음성을 통해 아름다운 지중해 풍광이 느껴진다.

첫 곡 〈'N Attimo de Vita 삶의 순간〉에는 다소 침울하지만 곧 연인을 안심시키는 따스한 사랑의 위로가 있다.

내 인생의 순간을 앗아갔지만, 난 악몽일 뿐이라 여겼지. 넌 이것이 끝났다고 생각해야 해. 내 잘못이 부끄럽지 않아. 넌 내게 집착했지만 넌 자신을 괴롭히고 있어. 난 돌아왔으니, 걱정 마. 이것이 널 위해서라도 좋은 거야. 네 일을 해, 그러나 나로부터 너 자신을 멀리 두지 마, 웃어 그래 넌 날 보고 잘 웃지, 그리고 맞아 난 네게 가라고 말했지만, 내 말에 귀 기울일 필요는 없어⋯

휘파람 소리가 청각을 환기시키는 포크송 〈Gratta Gratta Amico Mio 훔쳐 훔쳐 내 친구야〉에서는 우리는 훔치기 위해 태어났으니 '훔쳐라!'고 역설적으로 노래하면서, 범죄의 유혹 앞에서 인간으로서의 자존심과 가족들과 삶 의 작은 기쁨을 위해서 항상 꿈을 향해 최선을 다해 살라고 조언한다.

로마에서의 고단한 삶을 그린 듯한 〈'N Contadino Nun Deve Avè Pretese〉, 〈Zitta Nun Parlà 입을 다물고〉는 외로움과 침묵 속에 그려가는 희망을 그린 곡.

〈Ma Che Serata E' 하지만 벌써 저녁인걸〉은 오지 않는 연인에 대한 그리움을 쓸쓸히 곱씹고 있다.

〈'N Bastardo 바보같이〉는 낭만적인 현악의 바람 에 부친에 대한 그리움과 외로움이 흩날린다.
⋯난 지옥에 살지만, 거기엔 아버지가 없네⋯

사랑은 우리가 알아야 할 게임이라고 노래하는 〈Quattro Regine E Quattro Re 네 명의 여왕과 네 명의 왕〉은 서정의 오케스트레이션 속에서 재즈 피아노의 상큼함이 간간이 꽃을 피운다.

가난하지만 사랑에 대한 희망을 녹여 낸 〈Semo Gente de Borgata 시골 사람〉은 남녀 듀오 I

Vianella의 1972년 앨범의 타이틀이 되기도 하였다. 달콤한 코러스와 따스한 선율에 행복감이 흘러간다.

기타 트레몰로가 아름다운 〈L'Urtimo Amico Va Via 추레한 친구들만 남았네〉는 나이가 듦에 따라 멀어지고 소원해지는 친구들과의 추억들에 대한 그리움 을 노래했다.

노래가 아닌 낭송인 〈Beata Te···Te Dormi 당신의 축복을, 잠든 당신께〉는 상상컨대 잠든 (혹은 임종?) 노모를 바라보며 슬픈 감정을 노래한 듯하다.

〈'Mbriacate de Sole 태양의 분주함〉에서는 아내와 어린 딸과의 사랑과 가장으로서 느끼는 소소한 행복의 일상을 묘사하고 있다.

로마 방언인지 곡목 번역이 안되는 부분이 있어 그 의미를 명확하게 알 순 없지만, 전체적으로 이태리 깐쏘네 특유의 아름다운 멜로디와 남성적인 그의 보컬이 잘 조화되는 앨범이다.

1973년에는 이태리 음악의 이정표가 되었다고 평가받는 노래 〈Minuetto 미뉴에토〉를 싱어송라이터 다리오 발단 벰보 Dario Baldan Bembo와 함께 작곡, 미아 마르티니Mia Martini (1947-1995)가 발표한 이 싱글은 당해 베스트셀러 싱글이 되었고 22주 연속 차트에 머물렀다.

또한 정미조님이 번안해 불렀던 페피노 디 카프리Peppino di Capri의 1973년 산레모가요제 우승곡 〈Un Grande Amore e Niente Più 위대한 사랑〉을 공동 작곡했다.

L'Evidenza dell'Autunno

FRANCO CALIFANO
L'EVIDENZA DELL'AUTUNNO

1974 | CGD | 69055

1. Teneramente
2. Oltre Ad Amare Te
3. Mi Vuoi Sposare
4. Dove Il Cane Mio Vorrà
5. Un Libro D'Autore
6. Roma E Settembre
7. Fesso Proprio No
8. L'Evidenza Dell'Autunno
9. Che Immensa Donna
10. Si Nun Ce Fossi Tu
11. Tua Madre
12. Quando Sarai Vecchia

그는 두 번째 앨범 《L'Evidenza dell'Autunno 가을의 흔적》을 발표했는데, 해변에서 뒤를 바라보고 있는 자신과 바닥을 바라보는 자신을 부축한 듯 앞을 바라보며 걷는 인상적인 커버로, 마치 과거와 현재를 짊어지고 미래로 힘겹게 걸어가는 듯하다.

싱글로 커트된 〈Mi Vuoi Sposare 나와 결혼해 줄래〉에서는 파도가 몰아치는 듯한 피아노 서주가 지나면 사랑의 열망으로 애원하는 그의 보컬이 붉게 물든다.

내가 아닌 널 위해 해변에서 조개껍질을 훔쳤네, 그러나 네 인생에서, 난 거기서 살고파… 9월은 미쳐가지? 그날 내가 청혼해도 될까? 나와 결혼해 줄래? 침묵한 네 앞에서 사랑이 멈춘 것을 그리고 싶네…

유연하고도 재치한 팝 발라드 〈Un Libro D'Autore 작가의 책〉은 작가의 꿈을 키웠던 과거의 자신에 대한 회상처럼 느껴진다. 어떤 포장된 위선이랄까? 혹은 현실의 자신과는 다른 내용을 써야 하는 괴리일까? 진솔한 반성의 느낌도 이어진다.

낭만적인 멜로디의 〈Che Immensa Donna 엄청난 여자〉는 자신을 믿어주고 이해하며 기다리는 여인에 대한 찬가이다.

…내가 사랑한 엄청난 여자, 얼마나 네 눈이 다정했는지, 어느 순간 넌 떠나고 싶은 내 욕망을 이해했지, 난 우리의 게임을 읽네, 너의 시선 속에 있는 꿈, 미래의 우울함은 이미 네 가슴에서 터져 나왔지, 내가 당장 죽지 않는다면, 더 이상 무엇을 해야 할지 모르겠어, 난 떠난 대로 돌아올 거야, 하지만 내게도 약간의 자존심이 있네.

고색창연한 현악이 우울한 〈Si Nun Ce Fossi Tu 그래 네가 아니었다면〉은 가장의 책임감을 그린 것이 아닐까 싶다.

때때로 난 집을 떠나 사라져버리고 싶네, 모든 것을 어두운 바다로 집어던져 버리고 멀리 떠나고 싶네, 인생이란 참 어리석은 것, 하지만 1/4은 날 필요로 하지, 내 어린 소녀가 아니었다면 난 한동안 이미 도망쳤을 터, 내 어린 딸, 네 앞의 나, 적어도 넌 잘못되면 안 돼. 한밤에 난 생각을 시작하지, 네가 내게 준 것만큼 내가 싸워야겠다고…

Secondo Me, L'Amore…

1975 | CGD | 69123

1. O.K. Papà
2. Io Me 'Mbriaco
3. Poeta Saltimbanco
4. Devo Dormire
5. Malinconico Tango
6. Primo di Settembre
7. Secondo Me, L'Amore… *(So' Distrutto)*
8. Felici Noi
9. Domani Che Ne So
10. Notti D'Agosto
11. Eri Mia
12. È La Malinconia

세 번째 앨범 《Secondo Me, L'Amore… 내 견해에 따르면, 사랑이란…》은 사랑 시 모음으로, 서정적인 멜로디에 아트록을 연상시키는 연주로 구성되어 있다.

첫 곡 〈O.K. Papà 그래요 아빠〉는 현악의 레가토와 마칭 리듬 그리고 여성 백 보컬과 전자음향으로 가장으로서의 떨림을 노래한다. 부친 없이 자란 그에게 주어진 아빠라는 자리, 저세상에서 걱정하고 있을 부친께 좋은 아빠가 될 것을 약속한다.

싱글로 커트된 〈Io Me 'Mbriaco 난 울었네〉는 사랑의 고통에 대해 노래한 것으로, 바이올린 연주가 이채롭다.

기타가 서정적인 〈Poeta Saltimbanco 야바위꾼 시인〉에서는 화젯거리를 원하는 대중의 입맛에 맞춘 노래가 아닌, 소수라 할지라도 그들의 진솔하고 슬픈 삶을 노래할 수 있는 가수가 되길 희망한다.

지난 풋사랑에 대한 후회를 노래한 〈Malinconico Tango 우울한 탱고〉는 애처로운 현악 춤곡이다.

아련한 첫사랑의 추억을 노래한 〈Primo di Settembre 9월의 첫날〉과 함께 클래시컬한 오케스트레이션이 아름다운 타이틀곡 〈Secondo Me, L'Amore…〉에는 〈So' Distrutto 파괴〉란 부제와 같이 육체에 대한 집착으로 파괴된 사랑을 낭송으로 이어간다.

〈Felici Noi 행복한 우리〉는 여전히 사랑하지만 열정이 식어버린 권태에 대한 것으로, 마치 영화음악같이 드라마틱한 전개가 돋보인다.

아련하고도 감상적인 〈È La Malinconia 우울해〉는 떠난 사랑이 돌아오길 바라는 간절한 슬픔이 푸르게 맺힌다.

동년에 라이브앨범 《Dalla Bussola, 1975》가 발매되었지만, 아이러니하게도 다른 가수들에 준 곡들만큼 초창기 앨범들은 큰 성공을 거두진 못했다.

Tutto Il Resto E' Noia

1977 | Ricordi | SMRL 6199

1. Me 'Nnamoro de Te
2. La Vacanza di Fine Settimana
3. Roma Nuda
4. Moriremo Insieme
5. Bimba Mia
6. Tutto Il Resto È Noia
7. Buona Fortuna Annamaria
8. Un Passo Dietro un Passo
9. Sto con Lei
10. Vivere e Volare
11. Una Favola D'Estate
12. Pasquale L'Infermiere

그의 성공은 본작 《Tutto Il Resto E' Noia 나머지 모든 건 지루하지, 1977》에서부터였다. 천만 장 이상 판매되고 차트에 7주 동안 머무르는 예상치 못한 대중적 성공을 거두어, 주요 가수로서 큰 주목을 받게 되었다.

Rolling Stone Italia에 따르면 '역사상 가장 아름다운 100대 이탈리아 앨범 순위'에서 57위에 올랐다고 한다. 타이틀 곡과 〈Me 'Nnamoro de Te 너와 사랑에 빠졌네〉, 그리고 〈Bimba Mia 내 아기〉가 빅 히트의 견인차였다.

〈Me 'Nnamoro de Te 너와 사랑에 빠졌네〉에서부터 거담제를 복용할 것만 같은 그의 허스키 보이스는 '당신은 나의 마지막 기회이자 마지막 남은 사람'이라 노래하며 로맨틱함을 드라마틱하게 뽐낸다.

〈La Vacanza di Fine Settimana 주말 휴가〉는 애조띤 아코디언의 멜로디에 전체를 낭송으로 이어간다. 주중에는 직업적 일을 하고 주말에도 자신만의 시간을 오롯이 가족을 위해 쓰는 가장의 일상이 소재이다.

집시음악을 듣는 듯한 〈Roma Nuda 벌거벗은 로마〉는 밤에 느끼는 절망감을 그렸다.

…나는 어떤 골목에서 길을 잃고 맨발로 걸었네, 네가 일어날 때까지… 집은 텅 비었고, 나를 망친 여자가 있었네, 이 길모퉁이에 이대로 있으면 난 충분해, 누가 알았겠나, 난 내일 다시는 여기서 잠에 들 수 없을 거야…

〈Moriremo Insieme 우리는 함께 죽을 거야〉는짧지만 절절한 로맨스로, 전체가 낭송이다.

내가 늙으면, 나는 불 옆에서 당신의 연애편지를 읽을 거야, 차근차근 마음으로 읽고 또 읽겠지, 당신을 사랑했던 그 나날들, 콧수염은 눈물 아래서 시들 거야. 그 행복했던 시간을 기억하면서, 나는 몰래 당신을 떠올릴 거야… 겨울바람의 칼날 사이로, 당신은 내가 밤낮으로 비명을 지르는 걸 듣게 될 거야, 우리 인생은 미쳤어, 평화로운 순간이 돌아올 거야, 내 마음에 좋은 것만 가득 담아, 나의 아름다운 여인이여, 돌아오라, 어서 와 나를 붙잡아 줘, 그러면 우린 함께 죽을 거야.

〈Bimba Mia 내 아기〉는 사랑하는 연인과의 이별노래로, 오랫동안 모든 것을 바쳐 사랑했지만, 헤

어질 수밖에 없는 슬픈 운명이다.

〈Tutto Il Resto È Noia 다른 건 다 지루해〉는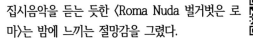일종의 자기최면으로, 집중할 수 없이 반복되는 또 다른 만남을 그는 지루하다고 노래한다.

〈Buona Fortuna Annamaria 행운을 비네, 안나마리아〉는 달콤한 보사노바의 향내가 너울거리지만, 이는 이별가이다.

너의 것이 된 나, 내 집, 내 음악. 지금은 떠나야 할 때, 이런 일은 누구나 겪는 일이지… 바보 같은 짓은 안 하려고 떠나는 거야, 떠날 때 모든 것을 잊어버리면, 그리움 또한 지나갈 거야…

다시 만날 날을 위해 헤어지는 〈Un Passo Dietro un Passo 한 걸음 한 걸음〉에는 여름날의 뜨거운 추억이 회상적으로 그려진다.

〈Sto con Lei 그녀와 함께 있네〉는 현재 자신의 여자와 살고 있지만, 잊지 못하는 여인을 추억하는 미묘한 감정을 그렸다. 이는 그가 작사한 오르넬라 바노니Ornella Vanoni의 1970년 발표곡 〈Sto con Lui 그와 함께 있네〉를 남성 버전으로 노래한 것이다.

〈Una Favola d'Estate 여름 동화〉는 트로피컬의 향취가 물씬 난다. 사랑과 이별이 반복되는 젊은 날의 초상이다.

전체가 낭송으로 녹음된 〈Pasquale L'Infermiere 간호사 파스칼레〉는 병원에서 일하는 한 여자가 간호사 파스칼레와 자신과 양다리를 걸친 후, 임신한 채 자신을 찾아와 아들을 안겨 준 것에 대한 독특한 드라마를 들려준다.

Tac…!

1977 | Ricordi | CDOR 8469

1. Tac
2. Monica
3. Io Non Piango
4. Pier Carlino
5. L'Ultima Spiaggia
6. Balla Ba
7. Capodanno
8. La Pelle
9. Ma Che Ci Ho
10. Cesira
11. Il Campione

전작과 함께 그의 대표적인 히트 앨범으로 꼽히는 본작은 글쓴이가 제일 처음 구매한 그의 앨범이다.

그의 음성은 파우스토 레알리Fausto Leali처럼 거친 야성미가 넘친다. 전작에 이어 Francisco Aranda라는 편곡자의 팝적이고 클래시컬한 오케스트레이션은 매우 부드럽다.

이태리 아트록 음반에서 자주 접할 수 있는 재지한 짧은 서주와 파워풀한 록풍의 〈Tac 닥쳐〉는 특유의 낭만이 그대로 배어있다.

…갑자기 이는 내 주변의 공허함처럼, 집에 갇힌 채 널 기다리네, 잠시 혼자라도 괜찮을 텐데도, 네가 내 걱정을 덜어주려면, 걱정하지 않도록 살아줘, 제발. 어제보다 좀 더 여유롭고 바람도 쐬기를, 네가 거기 있다는 걸 알아, 네가 거기 없더라도 난 널 원해…

〈Monica 모니카〉는 달콤한 연애시로 밝고 화사하다.

…너의 순진함과 억제력, 너의 모든 의심과 우유부단함에 대해, 내가 가진 청정수는 너의 물이 될 거야, 작은 사랑의 꽃이며, 넌 거의 내 것이야, 그리고 난 꼼짝하지 않고 널 기다릴 거야…

현악이 비애를 건너 비장미까지 자아내는 〈Io Non Piango 나는 울지 않아〉는 여전히 애청곡이다. 이 곡을 친구인 싱어송라이터 피에로 참피Piero Ciampi(1934-1980)에 헌정했다.

나는 사람이 죽어도, 전쟁이 터져도 울지 않아… 세상에는 우리 둘뿐이야, 그 이름 없는 눈빛에 길을 잃었네… 하지만 난 울고 있어, 두 생명이 침해당한 우리의 삶 때문에… 그래서 갈증이 나고 기분이 나빠, 우리에게 남은 시간 내내 난 울고 있어…

서두에 파도 소리와 갈매기 울음소리 등을 삽입한 〈L'Utima Spiaggia 마지막 해변〉은 죽음 같은 외로움으로, 역시 본작에서 빠뜨릴 수 없다.

…넌 내가 높은 곳으로 마음을 끌고 가는 걸 보고 있네, 바다 한 모금, 태양의 칼날, 동물 인간의 최후의 수단으로, 네가 날 밀어낸 그곳, 난 내 차례를 기다리네… 당신의 자비로 아무것도 풍성하게 하지 마.

〈Capodanno 새해〉는 권태와 우울 그리고 슬픔에 가깝다. 둘만의 시간을 보내고픈 자신과 여러 파티에 친구들과 함께

하고픈 연인의 의견 충돌에서 오는 섭섭함으로 혼자 돌아서는 감정이다.

〈La Pelle 껍데기〉는 바이올린과 하모니카의 애틋한 향수가 서정을 더한다. 사랑에 대한 환상으로 현실을 부정하는 연인에게 하는 권고일까?

…사랑은 다른 곳에 있지 않아, 우리가 여기 있을 뿐. 우리 사이의 관계에서, 너도 알겠지만, 껍데기만 남았네, 심장과 달과 별 말고는 없어, 꿈도 희망도 없어, 넌 사랑을 발견하지 못해…

잔잔한 통기타의 선율과 아름다운 피아노 선율에 마음을 빼앗기게 되는 〈Ma Che Ci Ho 하지만 내게 무엇이 있나〉에서는 사랑에 낙관적인 연인에게 넌 세상의 끝이라며 절절함을 고백한다.

알비노니Albinoni의 〈Adagio 아다지오〉를 연상시키는 슬픈 피아노 연주에 그의 중후하고 거친 목소리로 유서를 읽어 내려가는 듯한 〈Cesira 세시라〉는 전체가 낭송이다. 성형술처럼 모든 걸 바쳐 자신만의 독선적인 사랑을 만들어가며 자신마저도 점점 파멸되어 가는 몰락을 그렸는데, 완벽과 그 대상으로서의 여성에 대한 집착을 그린 문제작이었다.

〈Il Campione 영웅〉에서는 자신을 미혹한 사람에게 진다면, 그러면서 자신의 사랑에 대한 광란을 멈추지 않는다면 챔피언이라 말한다.

그의 디스코그래피 중에서 최고작을 꼽으려면 아마도 본작이 아닐까!

Ti Perdo…

FRANCO CALIFANO

ti perdo…

1979 | Ricordi | CDOR 8516

1. Ti Perdo…
2. Che Faccio
3. Alla Faccia del Tuo Uomo
4. Amore Dolce Miele
5. La Seconda
6. Amante del Pensiero Tuo
7. Nun Me Portà a Casa
8. Autostop
9. L'Amazzone di Ieri
10. Avventura con un Travestito

연주는 가벼워졌지만 좀 더 감미롭고 투명한 서정을 들려주는 〈Ti Perdo… 당신을 잃었네〉는 연인에게 용서를 구하는 내용이다.

넌 성자가 아니고, 난 예수가 아니라네, 우리는 유다와 그 장면을 놓쳐버렸지만, 최후의 만찬이 남았을 거야. 넌 내게 변화할 시간을 주었건만, 나는 그 시간을 탕진하고 말았어. 내가 널 잃으면 나는 나 자신마저 잃게 될 거야. 떠나지 말라고 더 이상 말할 수도 없지만, 이번에는 마음이 바뀌지 않을 거야. 네가 무엇을 할지, 넌 이미 알고 있지, 내가 널 잃으면, 나 자신마저 잃게 될 거야…

⟨Alla Faccia del Tuo Uomo 네 남자의 얼굴⟩은 밀정을 즐기는 연인을 신뢰하는 불쌍한 남자에 관한 이야기이다.

⟨Amore Dolce Miele 달콤한 사랑⟩의 부드럽고도 애타는 심정을 그린 연가이다.

…시간도 우리를 배신해… 이런 황홀한 순간이라니, 우리는 시간을 영원히 입어야 해, 우린 아직도 이렇게 갇혀있지, 내 사랑, 넌 날 죽게 해…

기타 로망스 ⟨La Seconda 두 번째⟩는 색정증에 걸린 아내를 주제로, 섬세한 애정의 산문 낭송이다.

⟨Amante del Pensiero Tuo 네 생각을 사랑하는 사람⟩에서도 사랑은 들끓는다.

…나는 여전히 당신의 생각을 사랑하는 사람이라네, 오직 나만이 너의 깊은 곳으로 내려가지, 그리고 계속해서 내 방식대로 널 사랑했지, 넌 서둘러 너로 돌아가려 해, 그래서 난 항상 받아들이고 삼켜, 그리고 계속해서 널 더욱 사랑했네…

전체가 낭송인 ⟨Nun Me Portà a Casa 날 집에 데려가지 마⟩에서 들려오는 평화로운 하모니카의 전원곡은 하나의 단편소설이다. 부족한 자신으로 사랑에 거리를 두고 친구로 지내자고 하는 줄거리지만, 그는 자신을 집에 들이지도 말라며 마지막 변명을 한다.

끝 곡 ⟨Avventura con un Travestito 이성의 옷을 즐겨 입는 자의 모험⟩도 전체가 낭송으로, 소수의 독특함을 소재로 하고 있다. 이는 그의 낭송 작품 중 가장 널리 알려진 곡이라고 한다.

…그 사람들은 남자일까? 아니면 여자일까? 진실을 원하는 사람은 먼저 진실을 어루만질 줄 알아야…

이러한 작가적 재능과 남다른 진솔함으로 그는 '**Pasolini della Canzone 깐쏘네의 파솔리니[15]**'라는 별명을 얻게 되었다.

---

15) 시인이자 영화감독이었던 거장 피에르 파올로 파솔리니Pier Paolo Paso-lini(1922-1975)는 사회의 허상과 어두운 면을 파헤친 작품으로 네오레알리스모Neorealismo 문학의 기수였다.
네오레알리스모Neorealismo는 1930년대 이탈리아에서 발생한 문학 유파로, 이탈리안 리얼리즘이라 부르기도 한다. 정치적, 사회적 전환기에 계급과 빈곤과 기아 등 비참한 현실을 배경으로 하며, 자유와 정의, 민주주의를 지향하고, 편견에 맞서 변혁을 희구하고자 하였다.

Tuo Califano

Tuo Califano

1980 | Ricordi | CDOR 8677

1. Chi Sono Io
2. Mentre Fuori Piove
3. La Solitudine
4. Io Continuo A Pensare A Te
5. Ce Stanno Altre Cose
6. Guapparia
7. Amore Sacro Amor Profano
8. Un Uomo da Buttare Via
9. Causa Mancato Matrimonio
10. La Porta Aperta

그의 7번째 앨범 《…Tuo Califano 여러분의 칼리파노》는 이후에 발표되는 1980년대 작품의 시작이라기보다는 1970년대를 마무리하는 듯한 인상이다.

건반과 색소폰이 이끌어가는 록발라드 〈Chi Sono Io 나는 누구인가〉에서 그는 자신이 환상에 여지를 두지 않고, 행복

은 바보들의 특권이라는 걸 알며, 더 이상 유리로 만든 산에 오르지 않는다고 이야기한다. 그리고 당신처럼 대단한 여자를 만날 자격이 있는지 모르겠다고 덧붙이며, 연인에게 사랑의 선택권을 준다.

〈Mentre Fuori Piove 밖에 비가 내리는 동안〉은 흥겨운 리듬터치의 재즈 발라드로, 은은하면서도 로맨틱한 분위기를 되살린다.

밝으면서도 서정적인 〈La Solitudine 외로움〉은 거친 보이스의 멋이 두툼한 입체감을 보다 가깝게 느껴진다. 외로움은 잊어버리고 성공으로 거인이 된 이들에게 주는 따스한 마음이다.

본작의 백미 중 하나로 꼽을 수 있는 〈Ce Stanno Altre Cose 다른 것들이 있네〉는 TV 탤런트 로레타 고지Loretta Goggi가 1978년에 부른 것으로, 이는 잠시의 기다림도 없이 자신을 데려가는 연인의 사랑에 의심이 없지만, 연인을 만나기 전 이곳의 소중한 청춘의 추억과 작별할 시간이 필요하다고 말하는 듯하다.

〈Guapparia 구아파리아〉는 나폴리 가곡의 고전으로, 미소년과 명예로운 갱스터를 의미한다고 한다. 만돌린 연주의 원곡은 다소 청승맞고 밝지만, 그의 해석은 우울하고 비장하다.

일어나! 지하세계 여러분, 이 세레나데에 매우 화가 나. 난 마르게리타의 남친이야. 엔프라스카타에서 가장 아름다운 여인은 누굴까? 내 노래에 더욱 흥을 돋우기 위해 지휘자를 데려왔어, 나는 와인 한 잔을 마셨지. 왜냐면 오늘 밤은 그녀를 화나게 하고 싶거든… 전화를 걸어, 젊은이들이여, 바쁘더라도, 실망하지 말고, 목소리는 의기양양하게. 난 내일까지 노래할 수 있어, 그리고 나를 십자가에 못 박은 사람에게 되갚아줄 거야. 만돌린은 왜 템포를 맞추지 못하지? 기타 소리가 왜 들리지 않아? 어째서? 오케스트라가 울고 있네, 나도 울어야만 하나? 일어나! 지하세계 여러분…

〈Amore Sacro Amor Profano 신성한 사랑, 모독적인 사

랑〉은 1970년대의 전형적인 깐쏘네의 향수에 젖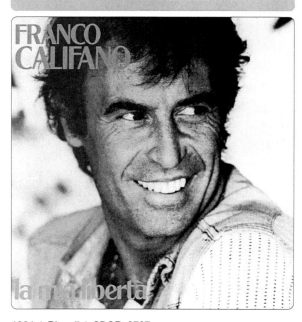
을 수 있다.

…죄를 지었지만 후회하지 않아, 어릴 때부터 기
도하며, 후회 한번 없이, 나는 너의 제단 아래서 널 바라보
고 있어… 신성한 사랑, 불경스러운 사랑, 그것은 너와 헤어
졌지만, 그것들은 내 안에 합쳐져 있네. 하지만 그것만으로
기도할 수는 없을 것 같아, 나도 십자가에 달렸는데, 없어진
건 제단뿐. 성경에는 나에 대한 언급은 없어, 어쩌면 내가
모래를 구하기 위해 황금을 파는 방법을 모르기 때문이네…

〈Un Uomo da Buttare Via 버려야 할 남자〉는 건반의 즉
흥과 허밍으로 보다 풍성한 서정의 감명을 전한
다. 이별을 고하는 연인에게 다시 한번 믿음을 간
청한다.

…나를 네게서 멀어지게 하면, 내 음악은 존재하지 않아, 나
의 시는 더 이상 살 수 없어, 난 현실이 광기인 곳에서 살
지만, 너도 그걸 알고 있었지, 이제 난 널 위해 버려야 할
남자야…

〈Causa Mancato Matrimonio 결혼 실패의 원
인〉은 마치 자신의 아내에게 고하는 노래 같다.

낭송으로 구성된 〈La Porta Aperta 열린 문〉은
돌아오지 않는 이를 위해 믿음을 가지고 문을 열
어두는 한 여인의 사연을 모노드라마의 화자가
되어 들려준다.

La Mia Libertà

1981 | Ricordi | CDOR 8707

1. La Mia Libertà
2. Ma Che Musica
3. Non So Fare di Più
4. Boh!
5. Bambina del Nord
6. Reginella
7. Semplicemente
8. Auguri
9. Cos'è L'Età
10. Parliamone
11. Ma Poi

본작 《La Mia Libertà 나의 자유》는 차트 3위에 올랐고 10
주 동안 머물렀다. 최근 발매 40주년 기념 컬러 LP로 재발
매되기도 하였다.

음악적으로는 확연하게 1980년대로 진입한 것이 드러난다.
다소 가벼운 팝 전자음향이 전작보다 더 두드러진다. 글쓴

이에게는 이가 약점이지만, 그의 거칠고 두툼한 고재 같은 재질감과 중량감은 여전히 이를 만회한다.

그의 베스트앨범에 항상 실리는 타이틀 〈La Mia Libertà 나의 자유〉는 그가 노래하는 이유를 진솔하게 이 야기하고 있다. 기타를 앞세운 포크 팝 스타일이 화사하다.

…난 사랑하지 않으면 내게 허락되지 않아도 소리치네, 나는 늘 하고 싶은 말을 하지…

〈Boh! 모르겠어〉는 온풍 같은 오케스트레이션이 부드럽게 다가선다. 이는 마치 자신의 결혼생활을 예견한 듯한 가사인데, 사랑에 대한 불확실성과 자신의 우유부단함으로 각자의 시간을 가지자고 한다.

〈Semplicemente 간단히〉는 풍성한 현악과 여성 허밍으로 쓸쓸한 서정을 흘려보낸다.

그냥 끝났어, 모든 게 끝나듯이, 우리에겐 나쁜 순간만 남았을 뿐, 우리도 사랑의 예외가 아니었네, 이미 알고 있었어, 내 방식대로 할게, 넌 너의 일상으로 돌아가, 우리는 작별 인사를 하네, 세상의 절반을 발견했으나 사라져 버렸네…

〈Cos'è L'Età 나이가 무엇이라고〉는 1970년대의 향수를 고스란히 가진 아름다운 서정이다. 사실 이 곡이 아니었더라면, 본작은 리뷰에서 제외되었을 것이다. 보다 많 은 고통과 주위의 반대에 부딪히게 되는 세대 차이가 나는 사랑을 줄거리로 하고 있다.

많은 세월들이 나로부터 널 분리시켰지만, 난 널 위해 젊게 돌아올 것을 약속해, 우리 사이에는 한 세대가 있지, 생각도 꿈도 다르지만, 우린 다가올 손길을 위해 붙어서 걷네. 소녀여, 널 보면 볼수록 더 바라보고 싶어져, 네가 원하면 널 위한 시간을 멈출게, 네가 원한다면 이미 나와 하나가 될 수 있어, 네가 원하는 무엇이든 받아들일 거야. 나이는 문제 되지 않아…

〈Ma Poi 하지만〉은 아코디언과 바이올린 그리고 열기를 지닌 현악이 사랑의 간절함을 농축시켜

간다.

그리워, 연락 줘, 편지해. 주변에 네 안부를 묻지만, 매일 다른 날이 흐르고, 우리의 기억은 언제나 떠나가네… 사소한 약속을 잡지만, 여성들에게 난 가짜 열정을 품고 살아, 그들은 내게 아무것도 남기지 않아. 네가 보고 싶지만, 두려움이 내게 몰려와. 난 너의 사랑이 필요하지만, 아무것도 대체할 수 없지, 사라져 버렸으니까, 넌 못하겠지… 네가 먼저 돌아섰으니, 돌아오면 안 되겠니? 난 이제 결정했어, 충분히…

그는 1979년부터 영화 「Gardenia, Il Giustiziere della Mala 지하세계의 자경단 가르데니아, 1979」, 「Due strani papà 이상한 두 아빠, 1984」로 배우로서의 활동을 추가했으며, 영화 「Viola Bacia Tutti 비올라는 모두에게 키스해, 1998」과 「Questa Notte ê Ancora Nostra 이 밤은 아직 우리의 것, 2008」의 사운드트랙 주제의 가사를 썼다. 또한 앨범 타이틀이기도 한 「Ti perdo」 등 다수의 저서를 출판했다.

그리고 Dischi Ricordi의 자회사인 Lupus Records에서 자신이 발굴한 그룹 리키에포베리Ricchi e Poveri 등 다수의 음악인과 함께 작업하면서 음반 프로듀서의 이력도 더했다. 산레모가요제에는 1988년부터 세 차례 참여했으며, 2000년대 말까지 앨범을 꾸준히 발표, 2012년에는 마지막 영화를, 2013년에는 마지막 콘서트를 열었다.

Franco Simone • 프랑코 시모네

1972년에 신인가수 등용문이라 할 수 있는 Castrocaro 음악 축제에서 자작곡 〈Con Gli Occhi Chiusi 눈을 감고〉로 우승하면서 음악 경력을 시작했다. 이는 1957년부터 현재까지 거행되어 온 것으로, 우리에게 잘 알려진 질리오라 칭퀘티Gigliola Cinquetti도 1963년 우승자였으며, 전년도 우승자는 알리체Alice였다.

이듬해 《Se Di Mezzo C'è L'Amore 사랑이 열중한다면, 1973》이라는 데뷔작이 발표되었고, 1974년에는 〈Fiume Grande 큰 강〉으로 산레모가요제에 참가했다. 본선에 들지 못했지만, 불어와 스페인어 버전도 상당한 성공을 거두었다고 한다.

세 번째 앨범 《Il Poeta con la Chitarra 기타를 든 시인, 1976》는 백만 장 이상 판매된 플래티넘레코드로, 〈Tu…e Cosi Sia 네가 그렇게 해줘〉의 빅 히트는 견인차가 되었으며, TV Sorrisi e Canzoni의 Telegatto를 수상했다.

이어 《Respiro 호흡, 1977》과 《Paesaggio 풍경, 1978》으로 2년 연속 명망 높은 '황금 곤돌라'를 수상했으며, 1977년 비평가들은 모골Mogol, 바르도티Sergio Bardotti(1939-2007), 칼라브레스Giorgio Calabrese(1929-2016)와 같은 이름을 제치고 올해 최고의 '작사가상'을 수여했다.

그의 노래는 도메니코 모듀뇨Domenico Modugno(1928-1994) 이후 미국에서도 16주 동안 차트에 등장했다.

《La Città del Sole 태양의 도시, 2000》로 2001년에는 브뤼셀에서 민족음악 문화 부문 유럽 그랑프리 WAMWeb Award of Music을, 2003년 칠레 비냐델마르 국제 페스티벌에서 전 세계 언론인 130여 명으로부터 평생공로상을, 2005년에 평생 공로로 황금 사자상Palazzo del Cinema di Venezia을 수상했다.

2008년부터 2011년까지 Star Rose Academy에서 보컬 교사로 재직했으며, TV 프로그램 Dizionario dei Sentali에서 문화와 음악을 이야기하는 작가이자 진행자로도 활약했다.

1949년생인 싱어송라이터 프랑코 시모네는 본명이 프란체스코 루이지 시모네Francesco Luigi Simone로, 풍부한 음악적 환경에서 어린 시절을 보내고, 밀라노 대학에서 공학과 수학을 전공했다. 또한 세계 각국의 다양한 음악들을 접하며 작사 작곡한 노래를 불렀다고 한다.

La Notte Mi Vuole Bene

1974 | Rifi Music | RDZ-ST 14240

1. Il Corvo (Il Vulcano e la Notte)
2. Mi Darai da Bere
3. Darling Christina
4. Non Ti Vendere, Rosa
5. La Bella Spettinata
1. Fiume Grande
2. C'È la Notte Tra di Noi
3. Che Cosa Vuoi?
4, Un Uomo con Qualche Peccato
5. La Notte Mi Vuole Bene

본작 《La Notte Mi Vuole Bene 밤은 나를 사랑해, 1974》
는 두 번째 앨범으로, 미국의 싱어송라이터 세버린 브라운
Severin Browne의 1973년 작 〈Darling Christina〉의 이
태리 커버곡을 제외하고 시모네가 모든 곡을 작곡했다.
이 앨범에는 당해 산레모가요제 참가곡이자 그의 대표곡 중

하나인 〈Fiume Grande 큰 강〉이 수록되었다. 국내에서는
〈흘러간 청춘〉으로 소개되었는데, 슬픔에 젖은 기
타는 따스한 현악과 코러스와 함께 변박하며 피우
지 못한 사랑의 결실에 대해 한탄한다.

내 사랑, 넌 생각해 본 적이 있나? 우리 둘을 위한 시간이
언제였는지? 난 영혼 속 수천의 의구심에 항상 승리하는 것
같았네, 하지만 너한테는 통하지 않았지, 다시 시작할 수 있
다는 의지는 없었네, 네 영혼만을 남기고 떠나는 내 사랑,
큰 강이여, 적어도 넌 알 거야, 사랑을 위해 숨을 가다듬지
않고 시간조차 찾지 못하면, 그 시간의 공간 속에서 사랑은
죽는다는 걸. 바람이 잦아들면 마음은 알 수 없지, 더 나아
갈 힘도 잃고, 그저 두 사람에게만 환상으로 남을 뿐. 너의
우울함, 그림자 그리고 나의 육신, 욕망도 이유도 없이, 외
로움으로 깨어졌네, 엄청난 괴로움은 나에게로 와서 패배자
라 말했지, 내 사랑은 서곡에 갇혀 버린 콘체르토라네…

〈Non Ti Vendere, Rosa 널 팔지 마! 로사〉의 현악 드라마
도 애틋하다. 이는 꿈을 안고 일자리를 찾아 마을로 전입한
소녀에 관한 이야기로, 이방인으로서의 따가운 시
선과 직장을 잃은 슬픔에 굴복하여 어리석은 방법
을 선택하지 말라는 위로와 용기의 노래이다.

〈C'È la Notte Tra di Noi 우리 사이엔 밤이 있네〉는 전원
적인 포근함이 향기롭다. 옆에서 자신과 함께 길
을 걸어준다면 작은 빛이 되어 두려움 따위는 사
라질 것이라고 말하며 손을 건넨다.

짝사랑에 관한 〈Un Uomo con Qualche Peccato 죄 있는
사람〉도 1970년대의 전형적인 깐쏘네 스타일로,
긴장감은 하모니카의 떨리는 간절함으로 변모한
다.

나 자신을 찾았네, 밀밭에서, 황량한 거리에서, 먼 미소 속
에서, 어느 밤 욕망 속에서, 여인의 맑은 눈망울 속에서, 아
이의 선함 속에서. 그리고 네가 주위에 있었을 때, 나는 좀
더 사랑을 기대했지, 하지만 내 안에서는 무언가 이미 죽어

가고 있었어, 내가 이야기하고 있었을 때, 넌 내 곁에 있지 않은 것 같았지, 나는 나 자신을 찾았네, 그리고 가끔 죄 있는 사람을 찾았네…

성공작 《Il Poeta con la Chitarra 기타를 든 시인, 1976》도 지노 파올리Gino Paoli의 〈Il Cielo in una Stanza 방 안의 하늘〉의 커버를 제외하고 자작곡으로 채웠다.

그중 〈Tu… e Cosi Sia 네

가 그렇게 해줘〉가 빅 히트곡으로, 이는 비 오는 날, 차로 데려다주며 보내는 청춘의 밤 데이트 이 야기이다.

…내가 너와 함께하면 어떨지, 기다렸네. 너랑 영원히 얘기 하려고, 네가 얼마나 중요한지, 진심으로 존재해서 고마워, 그리고 사랑해, 천천히 부드럽게 죽는 순간까지 널 데려갈 게. 열정적인 너의 욕망 (오늘 밤 넌 내 것), 어둠과 침묵 속에서, 너의 세계와 뿌리는 내 세상을 만들어 주었네 (너도 그랬을 거야), 지금 내 모든 것이 무너지더라도 나는 알아차 리지 못할 거야. 가장 달콤하고 미친 게임이 열리네, 지친 눈빛은 날 보며 웃고, 내가 네 몸을 찾는 동안, 말은 기도가 되네, 사랑해…

Respiro

1977 | Azzurra Music | TBP1517

1. Respiro
2. Cara Droga
3. Al Tramonto
4. Ti Sento
5. Il Vecchio del Carrozzone
6. Dubbi
7. Lontani
8. Ogni Giorno Nuovo (È Un Giorno Mio)
9. Poeta, Forse
10. Io Che Amo Solo Te

본작 《Respiro 호흡》은 시모네의 디스코그래피 중 걸작이라 평가받는다.

세르지오 엔드리고Sergio Endrigo(1933-2005)의 1962년 발표 곡 〈Io Che Amo Solo Te 너만을 사랑하는 나〉를 제외하 면, 전곡이 그의 자작곡이다.

타이틀곡 〈Respiro 호흡〉이 많은 사랑을 받았으며 이는 시 모네의 대명사가 되었다. 몽롱한 전자음향에 뭉클한 현악이 꽃을 피우면, 목마른 가창이 애절한 사랑의 간청을 올린다. 국내 라이선스 발매작 《Voce Piano, 1990》의 해설지에서 가사를 옮겨 본다.

그대의 모든 것을, 노래할 수 있게 해주오, 우리 둘 사이에서 춤추는 시간을, 멈출 수 있게 해주오, 그대 여기 머무르는 한, 그댈 절대 떠나보내지 않기 위해, 매일매일의 인사가, 휴식일 수 있기를. 나의 오랜 방황이 그대로 인해 끝나길 바라오, 그리곤 우리에게 있어, 헤어지고 다시 만나는 모든 사랑의 존재들이, 휴식일 수 있기를…

짧은 기타 로망스 〈Al Tramonto 일몰〉에도 그의 영원한 사랑의 맹세는 이어진다.

…인생의 해 질 녘, 내가 잊도록 몇 번이고 넌 몸을 숨기지만, 널 사랑하도록 놔둬, 인생의 마지막까지, 나는 널 사랑할 거야.

〈Ti Sento 널 느껴〉는 피아노 로망스로, 창연한 현악과 함께 점차 하늘이 푸른빛을 더해간다.

침묵이 탄식으로 변할 때, 물이 슬픔으로 울 때, 난 널 느껴. 네가 말로 확신을 줄 때, 이 사랑이 소모되지 않고 자란다는 걸 느껴. 바람이 피부에 닿을 때, 널 만나고픈 마음이 일 때, 난 널 느껴. 돌아서는 널 보며 아쉬울 때, 너도 내가 그립다며 손짓으로 말할 때, 난 널 느껴. 나는 결코 더 많은 것을 바라진 않아, 내가 널 이렇게 느낄 때, 네가 멀어지면 더 크게 다가와, 내 인생은 네게 달린 것 같아,

〈Il Vecchio del Carrozzone 마차의 노인〉은 슬픈 영화음악의 엔딩처럼 서글프고 드라마틱하다. 국가적 의무도 다하고 자식을 위해 살았지만, 어느 추운 밤 미소를 띤 채 홀로 버림받고 죽은 마차꾼의 이야기이다.

이듬해 발표한 《Paesaggio 풍경, 1978》 역시 그의 성공을 이어간 작품으로, 파두의 전설 아말리아 로드리게스Amália

Rodrigues(1920-1999)가 1968년에 발표한 〈Vou Dar de Beber à Dor 술로서 고통을 잊네〉의 커버곡인 〈La Casa in Via del Campo 비아 델 캄포의 집〉을 제외하고 전곡을 자작곡으로 수록했다.

그의 명곡 중 하나로 꼽히는 〈Gocce 물방울〉은 고뇌하는 듯한 커버처럼 기타와 현악이 우울한 서정에 떨고 있다.

끝이 날까 봐 숨는 것이 사랑이 살아가는 법, 기쁨은 삐걱거리고 침묵 속의 사랑은 힘들게 하지, 난 네 사랑의 몸짓을 물방울에 모아, 너의 상처를 사라지게 할 거야, 널 만나기 위해서 모든 거리를 걸으며, 난 아무것도 보지 못한 척할 거야, 의심이 마음에 가득 찬다면, 난 고통을 견디며 기다릴 거야, 시간이 우리의 아픔을 치유할 때까지. 너의 기쁨을 물방울에 모아, 너의 온화함으로 진주를 만들 거야, 너의 몸에 입 맞추고, 난 내 마음속 물방울로 돌아가 죽을 거야, 너의 존재, 너의 손길을 기억하며. 네가 없다면, 널 생각하는 것만으로도 충분할 테니까.

〈Si Può Anche Nascere 넌 사랑으로 태어날 수 있네〉는 기다림에 지쳐도 사랑에 확신을 가지라는 노래로, 역시 현악은 점점 열기에 불타오른다.

…넌 나에 대해 노래하고 있어, 여기 네가 있고, 우린 자유야. 네가 노래하고 미소 지으면 우린 잘될 거야, 그리고 넌 이제 우리만으로도 충분하다는 것을, 네가 고통으로 죽을 수 있다는 것도 알고 있네, 하지만 너도 사랑으로 태어날 수 있어…

Vocepiano

franco simone VOC**e**PIANO

dizionario dei sentimenti

1990 | Discomagic Records | CD 486

1. Il Manichno
2. Respiro
3. E Mi Manchi Tanto
4. Meraviglioso
5. Orizzonte
6. Fenesta Vascia
7. Il Nostro Concerto
8. Gocce
9. Alfonsina y el Mar
10. Francesca
11. Ne Me Quitte Pas
12. Fiume Grande

1995년에 국내 라이선스로 소개된 음반으로, 그의 이름을 널리 알린 계기가 되었던 히트작이다. 피아노 반주를 중심으로 그의 주요 곡들을 다시 연주했으며, 월드뮤직 커버곡들도 수록하고 있다. (해설지에는 바이오그래피와 가사도 포함되어 있다)

〈Il Manichno 마네킹〉은 지노 파올리Gino Paoli가 1974년에 발표한 것으로, 변덕으로 자신을 아프게 했던 여자 대신 마네킹을 사랑하게 된 남자의 이야기이다. 파올리의 노래는 회상적이지만, 시모네의 피아노 왈츠는 현재진행형으로 광기에 서려있다.

〈E Mi Manchi Tanto 네가 너무 보고 싶어〉는 팝 밴드 알루니델솔레Alunni del Sole의 1973년 작으로, 포근한 현악이 바람처럼 불어오는 클래시컬한 원곡을 현대적인 발라드로 각색했다.

〈Meraviglioso 신비하여라〉는 도메니코 모두뇨Domenico Mo-dugno(1928-1994)의 1968년 작으로, 삶의 향기를 더하는 사랑에 대한 감탄이다. 나폴리 가곡 같은 폴카풍의 황홀함은 재즈의 여유로운 향취로 편곡되었다.

〈Il Nostro Concerto 우리의 콘체르토〉는 움베르토 빈디Umberto Bindi(1932-2002)의 1960년 발표곡으로, 라흐마니노프Rachmaninov의 장중한 피아노협주곡을 연상시키는 서주에 우아한 코러스가 이어지는 로맨스 명곡이다. 시모네는 맑은 피아노의 터치가 일출의 감격을 바라보는 듯한 사랑의 찬가를 들려준다.

아르헨티나 작곡가 아리엘 라미레즈Ariel Ramirez(1921-2010)의 명곡 〈Alfonsina y el Mar 알폰시나와 바다〉와 벨기에의 음유시인 자크 브렐Jacques Brel(1929-1978)의 영원한 샹송 〈Ne Me Quitte Pas 떠나지 마〉도 커버했으며, 1700년대의 민요 〈Fenesta Vascia 낮은 창문〉도 불러주고 있다.

그의 대표곡 행렬로는 1977년 동명의 앨범 타이틀곡 〈Respi-ro 호흡〉을 먼저 듣게 된다. 유려한 피아노의 따스한 숨결에 더 가까이 들리는 호소력이 일품이다.

〈Orizzonte 수평선〉은 《Camper 캠핑카, 1984》 수록곡으로, 잔잔한 부드러움이 밀려든다.

…넌 나의 동반자, 날 원해? 넌 내 영혼, 너도 알고 있지,

태양이 선택의 수평선에서 너의 쓸모없는 두려움에 환한 빛을 줄 시간이 되었어, 내 삶을 투영시키는 모든 장면에서 너의 포옹을 그리네, 오늘 이 길은 내 것처럼 느껴져…

〈Gocce 물방울〉은 《Paesaggio 풍경, 1978》 수록 곡으로, 뭉클한 물방울이 흐르는 것 같은 피아노의 음색으로 더욱 여리고 감상적이다.

〈Francesca 프란체스카〉는 《Gente Che Conosco 내가 아는 사람들, 1982》에서 투명하고 간결한 기타의 서정시였는데, 피아노의 풍부한 감성 드라마로 재연되었다. 해설지 가사를 옮겨 본다.

프란체스카는 기쁨으로 날 취하게 하는, 그런 꿈을 닮았네, 프란체스카는 운명에 기원하네, 단지 나와 함께이기를, 그녀는 항상 말하네, 한 남자로서 내가 그녀 곁에 머물기 원한다고, 난 언제나 그녀의 눈망울에서, 내가 알고 있는 하늘보다 더 넓은 하늘을 보네. 밤은 언제나 빛을 잃지 않는 불빛, 도와줄 손이 되고, 오염되지 않은 강이 되네, 모든 것이 환희 드러날 때, 우리는 지치고 헐벗은 기쁨이 넘치도록 입맞춤하리. 그리고 나는 종종 이성을 잃은 번민과 이야기하네, 하루하루 더욱 힘에 겨울 땐, 그녀의 눈길 속에서 날 쉬게 하네, 그녀의 순수함으로 목을 감싸고 삶을 지우네, 그녀의 리듬에 맞춰, 그리고 매일 밤 우주는 더 넓어지네, 달은 내게로 와 나의 침대에서 잠시 쉬고, 다시 또 일어날 모든 일을 기다리고 있네, 프란체스카, 그녀의 입맞춤과 그녀의 순수함이 날 설레게 하네, 그래… 그녀의 순수함.

끝으로 그의 1974년 산레모가요제 참가곡이자 대표곡 〈Fiume Grande 흘러간 청춘〉에서는 피아노의 잔물결이 회한의 고독으로 범람한다.

깐쏘네의 서정시인
Gino Paoli ● 지노 파올리

이태리 대중음악에서 가장 아름다운 페이지를 장식하고 있다는 평가를 받았던 그는 국내에서도 사랑받고 있는 싱어송라이터 중 한 사람이다.

1934년 몬파르코네Manfalcone에서 태어나 어린 시절을 제노바Genova에서 보냈다. 부모의 희망에 따라 공증인이 되기 위해 법률학교를 졸업하고 직장 생활을 하였으나, 피아니스트인 어머니의 재능을 물려받았던 그는 음악에 대한 열망을 버리지 못하여 친구였던 브루노 라우지Bruno Lauzi(1937-2006)와 루이지 텐코Luigi Tenco(1938-1967), 움베르토 빈디Umberto Bindi(1932-2002)와 함께 이태리 작곡가 협회의 효시가 된 '제네바 학교'를 창단한다.

밀라노로 거주를 옮긴 그는 텐코와 빈디와 함께 Dischi Ri-cordi와 계약하고 1959년에 싱글을 발표하며 음악계에 등단한다.

1960년도 싱글 〈La Gatta 수고양이〉가 주목을 끌었고, 1961년에는 명반으로 평가받는 셀프 타이틀 데뷔앨범을 발표했다. 이에는 깐쏘네의 고전 〈Il Cielo in una Stanza 행복은 가득히, 원제 : 방안의 하늘〉과 〈Senza Fine 끝없이〉 등 주옥같은 작품들을 수록되어 있다.

1961년에는 데뷔작에 수록된 〈Un Uomo Vivo 활기 있는 사나이〉로 산레모가요제에 참가하여 10위를 기록했다.

그러나 뜻하지 않은 동생의 죽음과 알코올중독으로 두 번째 앨범이 출시되었던 1962년 노이로제로 자살미수에 이른다. 총알이 가슴에 박힌 채로 살아야 했지만, 당시 휴식을 위해 여행을 하며 클럽에서 만난 젊은 여배우와의 스캔들이 보도되었고, 이 두 번째 사랑은 재기의 발판이 되었으며 1970년대 말까지 길게 이어진다.

1964년에 발표된 그의 세 번째 앨범에서는 〈Sapore de Sale 소금 맛〉과 〈Che Cosa C'è 뭐야〉가 히트하며 성공을 이어갔고, 산레모가요제에서 〈Ieri Ho Incontrato Mia Madre 어제 내 어머니를 뵈었네〉로 4위에 입상한다.

안나 마리아Anna Maria Izzo와 루치오 달라Lucio Dalla(1943-2012)가 참여한 라이브 《Gino Paoli Allo Studio A, 1965》를 끝으로 CGD레이블로 이적하였으나, 1966년 산레모가요제에서 입상하지 못하고 연이은 앨범의 상업적인 부진과 끔찍한 교통사고 등의 악재가 겹치면서 또다시 위기의 긴 시간을 보내야 했다.

하지만 《Le Due Facce dell'Amore 사랑의 두 얼굴, 1971》로 재기에 성공하며 매스컴의 성숙된 음악에 대한 관심으로 연이은 앨범들이 히트했다.

1984년에는 연인 산드렐리가 출연한 「Una Donna Allo Specchio 거울 속의 여자」의 음악을 담당, 주제곡 〈Una Lunga Storia d'Amore 긴 사랑 이야기〉가 크게 히트한다.

Una Sera con Gino Paoli

2001 | Sony BMG | 743218705120

1. Senza Fine
2. Anche Se
3. Un Uomo Vivo
4. Le Cose dell'Amore
5. Il Cielo in una Stanza
6. Non Andare Via
7. Sassi
8. La Gatta
9. Grazie
10. Me in Tutto il Mondo
11. Perdono
12. Devi Sapere

본작은 초기 편집으로 데뷔앨범 《Gino Paoli, 1961》와 《Le Cose dell'Amore 사랑의 일, 1962》에서 추려져 있다.

스페인·캐나다 영화 「My Life without Me, 2006」는 시한 부 선고를 받은 23세의 젊은 여성이 두 딸과 실직한 남편을 남겨두고 죽기 전에 하고픈 10가지 리스트로 주변을 정리해 나가는 잔잔한 감동을 담아냈다. 이를 본 사람이라면 그 배경에서 흐르던 낭만음악 〈Senza Fine 끝없이〉를 기억하고 있을 것이다. 우아한 현악 속에서 무심한 듯 사랑의 시를 읊고 있는 그의 보컬은 유유한 해방감을 부여하고 동시에 더 가슴을 아프게 해주었다.

끝없이 당신은 우리의 인생을 끌어당기네, 잠깐의 휴식도 없이, 이미 우리가 살아왔던 것을 꿈꾸고 기억하기 위해. 끝없이, 당신은 끝없는 순간이야, 당신에겐 어제도 내일도 없지, 모든 것은 지금 당신 손에 있어, 끝없이 위대한 당신 손에. 난 달을 가질 수도, 별을 가지고 올 수도 없어, 내게 당신은 달과 별이야, 내게 당신은 해와 하늘이야, 내가 끝없이 가지길 원했던 전부야…

영화 「Appuntamento Ad Ischia 노래하라 태양이여, 1960」에 출연한 미나Mina가 직접 불러 히트시킨 〈Il Cielo in una Stanza 행복은 가득히, 원제 : 방안의 하늘〉은 재즈 록과 클래식이 결합된 아름다운 조화가 지금도 빛을 발한다.

당신이 나와 함께 있으면, 이 방안은 더 이상 벽으로 막혀 있지 않아. 내 가까이 당신이 있을 때 나목들은 무성해지지. 보랏빛 천정은 온데간데없고 우리 위로 하늘이 보여. 남은 것이 아무것도 없는 세상에 버려진 듯한 우리, 내 하모니카 소리는 당신을 위해 날 위해 떨리는 풍금 같아, 천국의 당신과 나를 위해 끝없이 펼쳐지는 하늘 위로…

하모니카의 향수와 엷은 여성 스캣에 묻어나는 고독과 슬픔의 노래 〈Sassi 알다시피〉는 후미의 파도 소리가 더욱 감정을 증폭시킨다.

알다시피 당신을 향한 사랑을 쓰기에는 바다도 모자라네. 당신에 대한 사랑을 몰랐어. 나는 당신이 원하는 것을 줄 수 없었지. 우리가 수천 번을 이야기했던 모든 말들, 우리가 살아왔던 수천의 순간마다, 지금은 알다시피 당신을 향한 사랑을 쓰기에는 바다도 모자라…

가볍고 우아한 고양이의 발걸음이 연상되는 〈La Gatta 수고양이〉는 그 호젓한 운치가 황홀하다. 이는 그의 별명이 되었다.

푸른 하늘을 맞댄 창문이 있는 바다 근처 오래된 다락방에 코에 검은 반점이 있는 수고양이가 있었네. 내가 기타를 연주하면 이내 순해진 그 수고양이는 작은 별을 향해 미소 지으며 다가갔지. 하나도 바뀐 것은 없지만, 모든 것은 변화되었네. 당신이 원하던 만큼 아름다운 집을 가지게 되었지…

사랑하는 당신의 존재에 감사하다는 추억의 로큰롤 〈Grazie 감사합니다〉는 오르간 사운드로 오히려 신성하게 느껴진다.

이 외에도 사랑에 빠진 사나이의 삶을 서정적으로 노래한 〈Un Uomo Vivo 활기 있는 남자〉와 〈Me in Tutto il Mon-do 모든 세상에서 내가〉가 그의 첫 데뷔작에 수록된 작품들이다.

《Le Cose dell'Amore, 1962》에 수록된 〈Anche Se 그렇다 해도〉는 다른 곳에 있더라도 당신을 그리워하며 그 사랑이 필요하다고 애절하게 고백하는 연가로, 그의 허밍과 피아노와 빈티지 현악이 따뜻함과 감미로움으로 채워준다.

그리고 벨기에 출신의 음유시인 자크 브렐Jacques Brel(1929-1978)의 명곡 〈Ne Me Quitte Pas 떠나지 마세요〉를 이태리어로 부른 〈Non Andare Via〉도 주목할 만하다.

이 앨범을 CDP에 올려놓으면 오래된 음원으로 흡사 LP를 듣고 있는 듯한 과거의 향수에 어김없이 빠져들게 된다. 음악과 술과 친구는 오래될수록 좋다고 했다. 친구(?) 같은 그의 음악에는 그윽한 술 향기가 배어있는 것 같다.

Sapore Di Sale

1994 | Ricordi | CDOR 9066

1. Sapore di Sale
2. Albergo a Ore
3. Amare per Vivere
4. Se Dio Ti Da
5. Basta Chiudere Gli Occhi
6. Col Tempo
7. Indolence
8. Di Vero in Fondo
9. Un Amore di Seconda Mano
10. Invece No
11. Non Andare Via
12. Mamma Mia
13. Come Si Fa
14. Non Si Vive in Silenzio
15. Il Tuo Viso di Sole
16. Donna di Balera

이 앨범도 많은 컴필레이션 앨범 중 하나로, 1968년에서 1976년까지 녹음된 레퍼토리 중에서 선곡되었다.

먼저 그의 1960년대 대표곡들을 다시 연주한 《Rileggendo Vecchie Lettere d'Amore 오래된 연애편지 다시 읽기, 1971》에서 선별된 노래들이다.

〈Sapore di Sale 소금의 향미〉는 본래 1963년 싱글로 《Basta Chiudere Gli Occhi 눈을 감으면 돼, 1964》에 수록된 곡이다. 부드러운 재즈 현악도 재편된 버전도 나쁘진 않지만, 엔니오 모리꼬네Ennio Morricone(1928-2020)가 연주한 1963년 버전이 훨씬 낭만적이다. 이 곡은 시칠리아에서 작곡되었으며, 결혼 중이었지만 젊은 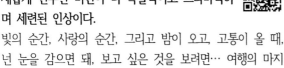 여배우 산드렐리와 만남이 영감이 되었다고 한다.

…여기 시간은 입가에 짠맛을 남기며 느긋하게 가네, 넌 물에 뛰어들고, 난 혼자 남아 널 지켜보고 있어, 모래 위에서, 햇살 아래서. 그런 후 넌 돌아와 해변 위에 쓰러지며 눕지, 그리고 내 품에 안겨 키스하네, 소금의 향미로, 바다의 풍미로, 너의 맛으로.

〈Basta Chiudere Gli Occhi 눈을 감으면 돼〉는 새롭게 연주된 버전이 더 폭발적이고 드라마틱하며 세련된 인상이다.

빛의 순간, 사랑의 순간, 그리고 밤이 오고, 고통이 올 때, 넌 눈을 감으면 돼, 보고 싶은 것을 보려면… 여행의 마지막에서 넌 자신이 더 외롭다고 생각하지, 반복되는 기타 선율이 널 기억하게 하고, 널 울게 하지… 그리고 넌 누군가를 만나러 다시 돌아가네…

다음은 《Le Due Facce dell'Amore 사랑의 두 얼굴, 1971》에 수록된 노래들이다.

〈Albergo a Ore 대실 호텔〉은 침울한 서주는 미주에서 반복되지만, 주 멜로디는 너무나 온후하다. 이는 대실 호텔에서 자살을 선택한 사랑하는 단골 커플 이야기이다. 1970년 유대계 이태리 예술가 에르베르트 파가니Herbert Pagani(1944-1988)가 발표한 곡으로 1971년에 오르넬라 바노니Ornella Vanoni도 취입했는데, 파올리의 노래는 서주와 미주가 다르게 편곡되었다. 이 노래의 또 다른 버전으로는 에디트 피아

프Édith Piaf(1915-1963)가 1956년에 취입한 〈Les Amants d'un Jour 단 하루의 연인〉으로, 조금씩 다른 뉘앙스를 지닌다.

자작곡 〈Se Dio Ti Da 신이 준다면〉은 한편의 고혹적인 클래식이다. 조금 멈췄다가 가는 사랑은 미친 짓이 지만, 신이 주는 위대한 사랑을 놓치지 말고 꼭 손에 쥐어야 한다고 노래한다.

〈Di Vero in Fondo 밑바닥의 진실〉은 기타와 현악의 야상곡으로, 이별 후 후회로 뼈저리게 남는 그리움을 묘사했다. 동년에 패티 프라보Patty Pravo도 취입했다.

〈Mamma Mia 맙소사〉도 우울한 서정으로 가득 차 있다. 하지만 이는 사랑스러운 연인에 대한 감탄이다.

…맙소사 넌 너무 아름다워, 어린아이처럼 내 품속에 묻혀, 살며시 잠든 너의 얼굴, 내 품에 안긴 내 사랑이여, 내 뜻대로 그대로 있어 주길.

〈Come Si Fa 어떻게 해야 하나〉는 비장감마저 감도는 사랑의 고통으로, 영혼이라도 주고 싶을 정도로 한 순간도 허비할 수 없다는 사랑의 간절함이 끓어오른다. 오르넬라 바노니도 1973년에 취입했다.

〈Il Tuo Viso di Sole 너의 햇살 가득한 얼굴〉에 이어, 움베르토 빈디Umberto Bindi(1932-2002)가 작곡한 〈Invece No 하지만 아니〉는 1971년 싱글 발표곡이다. 무심한 연인에 대한 질투와 사랑의 처절한 고통을 담았다.

다음은 《Amare per Vivere 삶을 위한 사랑, 1972》에서 선곡되었다.

자작곡 〈Amare per Vivere〉은 사랑과 믿음으로 가득한 연인에 대한 찬사로, 피아노의 침울한 타건이 뇌리에 명료한 인상을 심어주는 걸작이다.

〈Col Tempo 시간이 지나고〉는 레오 페레Léo Ferré(1916-19

93)의 〈Avec le Temps〉 번안곡으로, 더 처절한 드라마로 각색되었다.

〈Non Si Vive in Silenzio 넌 침묵 속에 살지 않아〉에는 자신을 거절한 이기적이고 오만한 여인을 노래했다. 〈Donna di Balera 춤추는 여자〉는 만인의 연인이었으나 한 남자만을 사랑했던 댄서가 어느 날 다시는 볼 수 없었던 아쉬운 추억을 들려준다. 〈Un Amore di Seconda Mano 간접적인 사랑〉은 1973년, 그리고 〈Indolence 나태〉는 1976년 싱글 발표곡이다.

L'Ufficio delle Cose Perdute

1988 | Dischi Ricordi | CDMRL 6395

1. L'Ufficio delle Cose Perdute
2. Questione di Sopravvivenza
3. Uomini Piccoli
4. Hey Ma'
5. Io Vado con l'Anima
6. Coppi
7. Parigi con le Gambe Aperte
8. Le Mie Ali di Ieri
9. Il Fantasma Blu

《L'Ufficio delle Cose Perdute 잃어버린 것들의 터》의 작사와 작곡은 그와 결혼한 세 번째 여인 파올라 펜조Paola Penzo의 협력으로 이루어졌다.

그의 명곡들 중 하나인 〈L'Ufficio delle Cose Perdute 잃어버린 것들의 터〉는 감미롭고 행복이 넘치는 발라드이다. 직접 나무를 심은 정원 그리고 자신을 기다려 주는 사랑하는 이가 있는 가정의 소중함을 노래했는데, 지천명을 넘긴 나이에 느끼는 성찰은 자신의 젊은 시절 내버려 둔 진정한 꿈을 돌이켜보며 코웃음을 치는 것으로 나타난다.

〈Questione di Sopravvivenza 생존의 문제〉는 부드러운 퓨전재즈로 낙관적이고도 긍정적인 멜로디를 그린다.

…너와 똑같이, 하루를 채워주고, 사람에 대한 열망을 가진 사람은 없어… 너와 함께 살든가 너 없이 지내든가는 생존의 문제야.

〈Uomini Piccoli 작은 남자〉역시 색소폰의 열기로 희망적인 발라드를 차분하게 그려간다. 이는 소년들이 꿈을 가지고 현명한 어른이 되길 응원하는 노래인 듯싶다.

어린이 합창과 남녀 코러스를 가미한 〈Hey Ma' 안녕 엄마〉는 인생에서 큰 힘이 되는 어머니를 위한 찬가로, 어머니의 존재 자체가 곧 축복이라 이야기하며 다시금 어린 시절로 돌아가고픈 소망을 담았다.

맑은 피아노의 선율이 마음의 평화를 안겨다 주는 걸작 〈Io Vado con l'Anima 내 영혼과 함께 간다〉는 본작의 가치를 더욱 빛내준다.

나는 내 영혼과 함께 가네, 외로움과 함께 이 얼굴로, 친구로서, 경쟁자로서, 아버지로서, 난 술과 분노와 함께 가네, 지옥이라도… 나는 물과 태양과 함께 가네, 이방인으로, 연인으로, 아들로… 난 늦더라도 도착할 거야, 아이의 손을 잡고 바다에 들를 거야, 점점 더 천천히, 그것은 쓰고 또한 달콤할 것이며, 점점 분명해질 거야…

아름다운 명연 〈Coppi〉는 전후 시대 이태리의 전설적인 사이클 세계챔피언 파우스토 코피Fausto Coppi(1919-1960)의 끊임없는 투지에 헌정하는 작품이다. 서정적인 현악과 만돌린의 트레몰로에 이어, 아름답고 영롱한 건반의 즉흥이 귓가에 오래 남는다.

세상으로부터 온 바퀴의 남자… 진흙의 도로도 내달리지, 이조아드Izoard(프랑스 코스의 고개 지명)가 거부해도 다시 오르고 그건 계속되지, 우리가 가진 다섯 개의 영광, 프랑스에서 두 번, 세상에서 세 번의 환희… 바람을 거슬러 눈보라를 뚫지, 앞을 바라보는 진중한 눈… 푸른 하늘에서 내려오는 눈도 당신의 주위를 돌며 노래하지… 절대 멈추지 않는 작은 거인…

〈Parigi con le Gambe Aperte 도개교가 있는 파리〉에서는 성악적인 보컬의 리키 지안코Ricky Gianco와 듀오로 사랑과 자유의 도시 파리에서 사랑의 환상을 좇는 청춘의 이야기를 들려준다.

역시 감성을 자극하는 〈Le Mie Ali di Ieri 어제의 내 날개〉는 이별과 그리움의 정서가 묻어난다. 열린 창을 통해 들리는 새의 날갯짓으로 시작하며 피아노와 색소폰의 즉흥이 떠나면 우리를 향해 날아왔던 새가 다시 창밖으로 날아간다.

걸작 〈Il Fantasma Blu 푸른 유령〉은 서정적이고도 영롱한 건반 연주와 함께 푸른 동심과 사랑을 향한 소망을 채색한다.

여기 우리 집에 있었지만, 더 이상 거기에 없네, 기쁨을 가져다준 내 푸른 유령이 사라졌어, 내게 시를 준 바로 그 사람, 누구든 그를 만나면 내가 찾고 있다고 말해줘, 나의 푸른 유령이 돌아올 수 있게 해줘, 나의 푸른 유령이 돌아온다면, 어쩌면 너도 돌아올지도 모르지…

동년에 히트곡을 새롭게 연주한 《Sempre 항상, 1988》을 발매하고, 이듬해 산레모가요제에서 〈Questa Volta No 이번엔 아냐〉를 불러 13위를 기록했다.

1987년부터 1992년까지 정치가로 활동했으며, 다시 가수로 돌아와 딸 아만다 산드렐리Amanda Sandrelli와 함께 디즈니 영화 「미녀와 야수」의 주제곡 〈La Bella e la Bestia〉를 녹음한 것을 시작으로 1990년대에도 건재를 과시했다.

Se

2002 | Sony | 5075192000

1. All'est Niente di Nuovo (L'elmetto)
2. Un Altro Amore
3. Se la Storia
4. Come Ieri
5. Se Tu Se Io
6. Un Altro Mondo
7. Come Fosse Normale
8. La Mela
9. Certi Giorni
10. I Viaggiatori
11. Padre Papa'

칠순에 근접하여 발표한 《Se 만약》은 자신의 과거에서부터 현재까지의 사진들을 모은 커버에서 보이듯, 자신의 인생을 돌이켜보고 있는 회고록 같은 작품이다. 과하지도 않고 덜 하지도 않은 담백한 음악 속에서 세상을 바라보는 관조적이고 따스한 관념들이 유유히 흐른다. 자신과 타인, 가족애와 사랑 등 그의 깊은 눈매처럼 우리에게도 잠시나마 그러한 '감사'의 기도를 올릴 수 있는 시간을 선물한다.

어쿠스틱기타와 피아노의 맑음으로부터 시작되는 첫 곡 〈All'est Niente di Nuovo 모든 것이 새롭진 않아〉는 포크송 같은 전원적인 서정이 담담하게 전개된다. 타인에 대한 배려 없는 현실을 전쟁터에 비유, 이를 지켜내기 위한 'L'Elmetto 철모'가 부제가 되었다. 그의 따사로운 휴머니즘이 가슴속 깊이 전해진다.

머리에 철모를 쓰고 전쟁에 출전할 때, 그건 총격으로부터 보호해 주지, 반대편의 그들도 당신처럼 생각할 거야, 고통을 겪고 죽을 수도 있지, 당신도 마찬가지야, 당신이 그렇게 이야기했듯, 그들은 당신을 적이라 부르지, 그리고 가족을 이야기하고 영웅을 이야기하지, 그리고 그녀에 대해서도… 깃발도 군복도 철모도 없는, 당신이 사살한 한 남자가 보이네, 오늘 누군가는 태어나 달콤한 꿈을 꾸는 하루가 되겠지, 오늘 누군가는 죽으며 슬픈 고통의 하루가 되겠지, 만약 누군가 태어나면 세상은 똑같지 않아. 만약 누군가 죽는다면 역시 세상은 똑같지 않아, 머리에 철모를 쓰고 전쟁에 출전할 때, 우리는 필요해, 나로부터 파생되는 다양한 생각의 머리가…

애잔한 클래식 기타의 선율과 오케스트레이션이 감상에 빠뜨리는 〈Un Altro Amore 다른 사랑〉에서는 사랑에 대한 영원을 다짐한다. 너무나 가벼워진 현재의 사랑에 전하는 진지한 충심이 느껴진다.

백번 나는 만남에 대해 생각하고, 백번 나는 오해하지, 하지만 그건 단지 당신의 작은 몸짓을 통해 봐왔던 나의 논리에 불과해, 당신을 당신 자체로 이해하기 위해, 다른 사랑은 없어, 다른 시간도 없어, 더 이상 자유를 가질 수 없어, 다른 이야기 공간도 없어, 다른 시간도 다른 사랑도 아니야. 난 알고 있었어, 어딘가 존재하는 당신을, 난 천의 사랑을 찾아 다녔네, 그러나 모든 시간을 허비했어, 그래, 작은 몸짓도 보지 못했지, 그리고 마침내 당신을… 나의 길에서 누락된 당신, 마침내 당신이 걸어 나왔지, 다른 사랑은 없을 거야, 그건 불가능해, 가끔은 일어나기도 하겠지만 다른 시간은 없을 거야, 다른 사랑은 없을 거야.

불어오는 현악의 숨결과 기타와 클라리넷의 목가적인 인상으로 뭉클한 감동을 전하는 〈I Viaggiatori 여행 자〉는 자신의 인생에서 만난 타인들에게 바치는 감사의 시이다.

그들이 있을 내가 사랑하는 곳, 그들은 내 인생에 빛깔을 주었네. 그들이 떠나간 그 길을 따라, 난 발걸음을 멈추네, 그 마을에서, 어느 밤 어느 아침, 우울한 어느 날 저녁, 길을 잃고 잠을 청하려 그들은 여행을 중단했지, 내게 믿음을 주었던 그들, 내가 알았던 그곳, 내 삶에 끼어들지 않고 분쟁도 없었던 그들, 내 생을 그 여행자들에게 조금씩 할애했기 때문에, 다른 길로 가지 않고 내게 들렀기 때문에, 난 이곳을 기억해. 기억하네. 어느 밤, 어느 아침, 어느 저녁에 그들은 돌아오겠지. 그들이 있을 내가 사랑하는 곳…

잔잔한 피아노 솔로의 재즈 서정이 오래 머무는 〈Padre Papa' 아버지 아빠〉는 이 세상 모든 아 버지께 전하는 진심 어린 짧은 편지이다.

난 당신을 이해하지 못했습니다. 당신도 날 이해하지 못했습니다. 당신에 관해 그 어떤 것도 이야기하지 않았죠. 지금은 난 원합니다. 사랑과 이해를, 지금은 당신을 더 많이 사랑하길 원합니다. 아버지, 아빠!

이 외에도 〈Come Ieri 어제처럼〉에서 첼로와 하모니카가 그려가는 성찰적인 일기장을 엿볼 수 있으며, 〈Un Altro Mondo 다른 세상〉에서는 소박한 축제와도 같은 풍물들이 그려진다.

2002년에는 〈Un Altro Amore 또 다른 사랑〉으로 다시 산 레모가요제에 섰으며 3위에 입상, 아름다운 가사로 비평가 상을 수상했다.

그의 나이 85세에 발표한 《Appunti Di Un Lungo Viaggio 긴 여행의 노트, 2019》는 그의 음악 여정 60년을 기념하는 앨범으로, 인생과 사랑을 위한 사계를 여름, 겨울, 봄, 가을 순으로 들려주었으며, 그의 주옥같은 히트곡들도 재즈 피아노 연주로 편곡해 실었다.

처음 그의 음악을 라디오로 들었을 때가 생각난다. 그 훌륭한 음악은 즉각적으로 두 귀를 쫑긋 세우게 하였지만, 개인적인 기호에서 사실 그의 음성은 가수로서 그다지 호감을 주지 못했다. 이태리 특유의 허스키 보이스도 아니고 그렇다고 미성도 아닌 까닭이다. 하지만 세월이 흐를수록 질리지 않는 그의 목소리에 진실한 매력을 느꼈고, 그 어떤 이태리 명인들보다도 또렷하게 기억되고 있다.

La disciplina della Terra
Ivano Fossati

로망스 건축가
Ivano Fossati • 이바노 포싸티

으로서는 이례적으로 6위를 기록, 비평가들의 대단한 호평을 얻어냈다. (우승은 니콜라 디 바리Nicola di Bari의 명곡 〈I Giorni dell'Arcobaleno 무지개의 나날〉이었으며, 밀바 Milva(1939-2021)의 〈Mediterraneo 지중해의 장미〉는 12위였다)

이후 솔로로 독립하여 동명의 영화 주제곡 〈Beati i Ricchi 행복한 부자〉를 노래했고, 데뷔앨범 《Il Grande Mare Che Avremmo Traversat 탐색해야 할 대양, 1973》과 작곡자 오스카의 협력으로 탄생한 《Poco Prima dell'Aurora 새벽이 오기 전, 1974》 그리고 《Good-Bye Indiana, 1975》로 재지한 포크록을 선보인다.

이후 팝으로 선회한 그는 1977년 여가수 미아 마르티니Mia Martini(1947-1995)의 《Per Amarti 사랑을 위해》에 참여하면서 그녀와의 우정을 쌓아갔고, 자작곡 〈E Non Finisce Mica il Cielo 결코 하늘은 끝나지 않을 거야〉을 1982년 산레모가요제에서 마르티니가 불러 입상한다.

자신의 앨범도 꾸준히 발표함과 동시에 그의 시적인 음악은 많은 가수들에 환영받았다. 미나Mina, 패티 프라보Patty Pra -vo, 오르넬라 바노니Ornella Vanoni, 마르티니의 여동생 로레다나 베르테Loredana Berté 등의 성공을 이끌었고, 피오렐라 마노야Fiorella Mannoia, 안나 옥사Anna Oxa, 마르셀라 벨라Marcella Bella 등의 당시 신인들의 음반에도 참여했다.

그는 아름다운 가사로 저명한 텐코상Targa Tenco을 수상했는데, 1988년 〈Questi Posti Davanti al Mare 바다 앞에서〉와 1997년 파브리지오 데 안드레Fabrizio de André(1940 -1999)와 부른 〈Princesa〉로 두 차례 노래상과, 《700 Gior -ni, 1986》, 《Discanto, 1990》, 《Lindbergh, 1992》와 《Mac ramè, 1996》로 네 번이나 앨범상을 받았다.

3매의 라이브앨범과 영화음악, 뮤지컬, 국제사면위원회를 위한 캠페인 노래 등을 발표했던 그는 오히려 가수들과 평론가들에게 더 존경받고 있다.

1951년 제노바에서 출생한 이바노 알베르토 포싸티Ivano Al -berto Fossati는 어려서부터 플루트와 피아노를 배웠다고 한다.

1960년대 후반에 비트 음악을 행했던 Sagittari라는 그룹으로 활동했으나, 그가 음악계에 본격적으로 알려지게 된 것은 1970년대 초 불어닥친 프로그래시브 록에 편승했던 수퍼그룹 데릴리움Delirium부터였다.

《Dolce Acqua, 1971》라는 전위적인 데뷔앨범에서 그의 독특한 플루트 연주와 보컬을 과시하였는데, 이듬해 산레모가요제에 오스카 프루덴테Oscar Prudente가 작곡하고 자신이 가사를 쓴 〈Jesahel 예자헬〉이란 곡을 들고 참가하여 그룹

La Pianta del Te

1988 | CBS | 460644

1. La Pianta del Tè
2. Terra Dove Andare
3. L'Uomo Coi Capelli da Ragazzo
4. La Volpe
5. La Pianta del Tè (part II)
6. Questi Posti Davanti al Mare
7. Le Signore del Ponte-Lance
8. Chi Guarda Genova
9. La Costruzione di un Amore
10. Caffè Lontano

본작 《La Pianta del Te 당신의 초목》은 사랑을 찾아 혹은 사랑을 떠나 방랑하는 여정이 그 콘셉트였다.

팬들로부터 가장 사랑받고 있는 명곡이자 미아 마르티니Mia Martini(1947-1995)에게 써주었던 〈La Costruzione di un Amore 사랑의 건설〉은 록풍

으로 각색되어 수록되어 있기도 하다.

본작에서 가장 아름다운 작품이라 할 수 있는 〈La Volpe 여우〉는 여가수 테레사 데 시오Teresa de Sio와 함께 불렀다. 그녀는 1976년 에우제니오 베나토Eugenio Bennato가 이끌었던 그룹 무지카노바Musicanova에 참여한 것을 시작으로 1978년부터 포크 음악을 선보이고 있다. 여우가 산에서 내려오는 겨울이면 그 여우와 함께 자신의 사랑도 찾아올 것이라는 믿음을 노래했는데, 허스키한 포싸티의 음성을 데시오의 부드럽고 구성진 가창력이 따사롭게 감싼다.

묵시적인 연주곡 〈La Pianta del tè Part II〉는 신비스러운 전자음향의 맑은 파장 가운데 아르헨티나 출신의 우나 라모스Uña Ramos가 연주하는 안데스 플루트의 구슬픈 이야기가 꽃을 피운다.

1988년 텐코상의 노래상을 받은 〈Questi Posti Davanti al Mare 바다 앞에서〉는 파브리지오 데 안드레Fabrizio de André (1940-1999)와 프란체스코 데 그레고리Francesco de Gregori 가 보컬로 참여했다. 여인들을 시원한 바람의 낭만과 함께 사랑으로 이끌 바다에 대한 경배시이다.

후속작 《Discanto 가곡, 1990》에서는 아름다운 다큐 스타일의 뮤직비디오로 제작된 〈Lusitania 포르투갈〉과 서정의 발라드 〈Pass -alento 느리게 걷기〉, 세르반테스Cervantes의 「Don Quixote 돈키호테」 등장인물의 사랑 이야기를 그린 〈Confessione di Alonso Chisciano 돈키호테의 고백〉 등을 수록하고 있다.

Lindbergh

I V A N O   F O S S A T I

LINDBERGH
LETTERE DA SOPRA LA PIOGGIA

1992 | CBS | EPC 471496

1. La Canzone Popolare
2. La Barca di Legno di Rosa (Un Gran Mare di Gente)
3. Sigonella
4. La Madonna Nera
5. Il Disertore
6. Mio Fratello Che Guardi il Mondo
7. Notturno delle Tre
8. Poca Voglia di Fare il Soldato
9. Ci Sarà (Vita Controvento)
10. Lindbergh

'Lettere da Sopra la Pioggia 비에 젖은 편지'라는 부제의 《Lindbergh 린드버그》는 1927년 처음으로 대서양을 무착륙 비행한 미국 비행가 린드버그Charles A. Lindbergh(1902-1974)를 주제로 한 콘셉트 앨범이다.

먼저 우리의 귀를 사로잡는 〈Sigonella 시고넬라〉는 나토

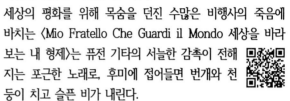

NATO 동맹에 의해 카타니아 근처에 세워진 미 공군기지가 있는 마을 이름이다. 항상 굉음과 함께 이착륙을 거듭하는 비행기의 모습을 보며, 희망과 사랑을 지킬 수 있을까 하는 마음을 목가적인 풍경 음악에 담아낸다. 평화로운 새소리와 대기의 이동, 서정적인 피아노의 깊은 울림과 클라리넷의 소야곡, 부드러운 가창은 푸르른 지중해 하늘에 잔잔한 파장을 일으킨다.

세상의 평화를 위해 목숨을 던진 수많은 비행사의 죽음에 바치는 〈Mio Fratello Che Guardi il Mondo 세상을 바라보는 내 형제〉는 퓨전 기타의 서늘한 감촉이 전해지는 포근한 노래로, 후미에 접어들면 번개와 천둥이 치고 슬픈 비가 내린다.

역시 본작의 히트작이자 그의 대표곡 중 하나인 〈Notturno delle Tre 세 시의 야상곡〉은 서정적인 삼바이다. 멀리서 지켜볼 수밖에 없는 가슴 시린 사랑의 그리움은 감미로운 쿨재즈의 즉흥과 리듬에 실려 밤공기를 타고 흐른다. 말이 필요 없는 명연이다.

포싸티가 연주하는 뭉클한 피아노 반주에 따사로운 오케스트레이션이 배경이 되는 포크 〈Poca Voglia di Fare il Soldato 병사가 되고픈 작은 소망〉은 애조띤 휘슬의 셀틱 향연이 더해져 보다 목가적인 감동을 안겨다 준다. 군인이 되고픈 꿈을 위해 지금은 이별하지만, 곧 다시 태어난 모습으로 당신과 함께할 것이니 이 작별을 절망하지 말라며 위로하고 약속한다.

가볍고 새하얀 빛으로 충만한 타이틀 〈Lindbergh 린드버그〉는 작은 비행기에서 린드버그가 느꼈을 외로움과 별의 신호에 따라 연인 곁으로 가고픈 그리움을 흐르는 대기 속에 불어넣는다. 포싸티의 유영하는 듯한 전자음향에 클래식 기타가 쓸쓸함으로 떨리고 있다.

결론만 이야기하자면 놓치지 말아야 할 명작이다.

Lampo Viaggiatore

2003 | Sony | 510540

1. La Bottega di Filosofia
2. Pane e Coraggio
3. Lampo, Sogno di un Macchinista Ferr
4. C'è Tempo
5. Contemporaneo
6. Il Bacio Sulla Bocca
7. La Bellezza Stravagante
8. Io Sono un Uomo Libero
9. Ombre e Luce (domenica al cinema)
10. Cartolina

해먼드오르간의 중후함에 아코디언의 따스한 들숨과 날숨이 오가며 애수의 순간에 빠뜨린다. 밤의 꿈을 위한 축복의 시간을 기다리는 마음이 진솔하게 다가오며 우리의 온몸에서 서서히 힘이 빠지고 콧날이 시큰거린다.

피아노 반주에 이어 우울한 블루스 록으로 변모하는 〈Il Bacio Sulla Bocca 입술의 키스〉는 자신의 세상을 지배하고 있는 연인을 향한 사랑의 감정을 표현했는데, 유유하고 느슨한 템포지만 아코디언이 가세하면서 더욱더 떨리는 긴장의 시간이 연속된다.

여가수 알리체Alice가 작사한 〈La Bellezza Stravagante 사치스러운 아름다움〉은 시간이 갈수록 무게를 싣고 있으며, 아드리아노 첼렌타노Adriano Celentano가 작사한 〈Io Sono un Uomo Libero 난 자유인이야〉는 상큼함이 돋보이는 레게이다.

'Domenica al Cinema 영화 속의 일요일'이란 부제가 붙은 〈Ombre e Luce 빛과 그림자〉는 꿈과 사랑의 시네마천국 같은 인생찬가로, 한없이 부드럽게 흐르는 재즈의 서정이 감미롭기 그지없다. 포싸티가 연주하는 피아노의 멜랑꼴리에 클라리넷의 전원적인 낭만감이 포개진다.

우리에게 여행지의 추억에 다시금 빠지게 하는 〈Cartolina 엽서〉는 사랑하는 이에게 소식을 전하고픈 가벼운 경수필로, 매우 청량하고 신선한 감흥이 이어진다. 밝은 피아노의 전주곡에 맹꽁이의 울음소리와도 같은 효과음으로 호젓함마저 되살리고 있다.

이번에는 운송기기 시리즈로 오래된 전차가 커버에 등장한 《Lampo Viaggiatore 여행객의 램프》이다. 이 앨범은 그의 라이브에서 어김없이 등장하는 히트곡 〈Pane e Coraggio 빵과 용기〉와 〈C'è Tempo 시간〉을 수록하고 있다.

〈C'è Tempo 시간〉은 하염없이 잔잔한 피아노를 기본으로

이 앨범 커버를 보고 있으면 기차를 타고 여행한 시점이 꽤 오래되었다는 것을 직감하고 갑자기 여행 계획을 세우고 싶어진다. 이태리 기관사 이바노 포싸티가 들려주는 푸근한 여유에 귀 기울이면 글쓴이도 라이트를 켜고 기적을 울리며 밤을 달리는 기관사가 되고 싶다.

Musica Moderna

IVANO FOSSATI

MUSICA MODERNA

2008 | EMI | 5099923781825

1. Il Rimedio
2. Miss America
3. Cantare a Memoria
4. Il Paese dei Testimoni
5. D'Amore Non Parliamo Più
6. Last Minute
7. Musica Moderna
8. La Guerra dell'Acqua
9. Parole Che Si Dicono
10. Illusione
11. L'Amore Trasparente

또 하나의 운송기기 시리즈로 붉은 달 표면을 연상시키는 사막 위로 흡사 날아다닐 것만 같은 벤츠사의 콘셉트카가 그려진 《Musica Moderna 현대음악》은 록 뮤지션으로서의 이바노 포싸티의 재능을 확연하게 엿볼 수 있는 작품이다. 우선 우리의 감성을 사로잡는 것은 전반부를 훌쩍 넘어가서 접하게 되는 〈D'Amore Non Parliamo Più 더 이상 사랑을 말하지 마세요〉이다. 아련한 인상주의의 피아노와 아코디언이 내뿜는 온풍의 호흡이 섬세하게 어우러진다.

나는 소녀의 입술을 다시 보네, 꿈과 함께 마시는 맥주, 너의 많은 도서들, 그리고 나는 하늘을 붙잡네, 너의 무릎 사이, 나는 키스의 챔피언이었지, 그리고 그건 거짓말이야. 나는 노래를 써왔지, 난 음악의 소작농이야, 그러나 더 확신과 예의가 있지, 나는 다가오는 대로 달의 이동로를 따라가네, 그 아름다움에 대해서는 논쟁하고 싶지 않아. 아름다움은 곧 사라지지. 대기가 벌써 어두워지는 이맘때 넌 혼자 있지, 동쪽에 빛나는 도시, 내가 당신을 데리러 가겠어, 내가 당신을 미소 짓게 하겠어, 그리고 더 이상 사랑을 말하지 마…

〈Last Minute〉은 밀레니엄 프로그레시브 록이다. 사랑하는 연인과의 이별 후 그리움으로 방황하는 애달픈 심정을 급박한 템포와 거친 기타 리프 그리고 비명을 내지르는 베이스의 음성으로 발산한다.

타이틀 〈Musica Moderna〉는 록발라드로 조국과 미래와 사랑에 바치는 음악이다. 기타, 키보드, 피아노, 아코디언, 해먼드오르간 등의 음향들이 어우러져 애상감을 불러일으키며, 후반에는 그 무게를 벗어던지고 풀 향기가 가득한 하모니카의 포크로 마무리한다.

환경을 위한 캠페인 노래 〈La Guerra dell'Acqua 물의 전쟁〉은 멋진 재즈 록으로, 과히 폭발의 조짐을 내재한 듯한 오르간과 강렬한 기타에 호쾌한 드럼과 시원한 그의 보컬이 폭포수 아래의 물길처럼 역동적으로 솟구친다.

사랑과 약속의 서정시로 다소 우울한 록발라드 〈Parole Che Si Dicono 이야기했던 말〉에 이어, 멕시코 밴드 라사Lhasa를 연상시키는 정열의 라운지 〈Illusione 환상〉은 자신의 욕망을 보상해 줄 수 있는 연인을 향한 애타는 기다림이다.

Di Tanto Amore

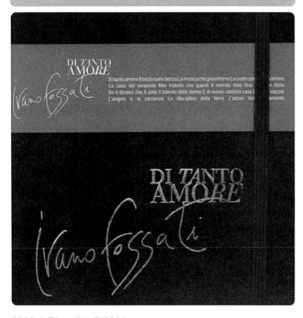

2009 | Ricordi | RI0901

1. Di Tanto Amore
2. Il Bacio Sulla Bocca
3. La Musica Che Gira Intorno
4. La Costruzione di un Amore
5. La Casa del Serpente
6. Mio Fratello Che Guardi il Mondo
7. Vola
8. Una Notte in Italia
9. Se Ti Dicessi Che Ti Amo
10. Il Talento delle Donne
11. E di Nuovo Cambio Casa
12. I Treni a Vapore
13. L'Angelo e la Pazienza
14. La Disciplina della Terra
15. J'Adore Venise
16. L'Amante

《La Mia Banda Suona il Rock 내 밴드의 록 사운드, 1979》

에 수록된 곡명을 타이틀로 한 베스트앨범 《Di Tanto Amore 더 많은 사랑》은 그의 더없는 입문서이다.

이태리 깐쏘네의 보석으로 평가받는 〈La Costruzione di un Amore 사랑의 건설〉은 미아 마르티니Mia Martini(1947 -1995)의 《Danza 댄스, 1978》에 수록되었으며, 자신의 앨범 《Panama e Dintorni 파나마모자와 스커트, 1981》에서도 노래했다.

…사랑의 건설, 이는 손의 모세혈관을 끊는 것, 이는 피와 땀을 섞는 것, 만약 이것이 당신에게 조금이라도 남아있다면… 사랑의 건설, 이는 고통을 상환하지 않는 것, 이는 강에서 바다로 떠내려가는 모래와 같은 것. 그러는 동안 나는 이 천국과 가장 가까운 사랑을 보네, 여전히 하늘에 충만한 더 많은 사랑처럼…

1977년에 발표한 동명 타이틀곡 〈La Casa del Serpente 뱀의 집〉은 서정적인 멜로디 라인과 현악의 화사함에 달콤한 코러스까지 만끽할 수 있다. 사랑을 기다리지 못하고 자신의 기쁨과 욕망을 성급히 요구하는 이 기적이고 어리석은 일면을 담은 듯하다.

《700 Giorni, 1986》에 수록된 히트곡 〈Una Notte in Italia 이태리의 밤〉은 탐색과 행복, 사랑과 미래의 밤으로 초대하고픈 간절한 마음이 주제이다.

사랑에 대한 욕망에 앞서 천사의 순수함과 인내심이 필요하다는 〈L'Angelo e la Pazienza 천사와 인내〉는 《Ma -cramè, 1996》에 수록된 곡으로, 열풍의 반도네온과 타이트한 리듬으로 일구어진 탱고이다.

2000년도 발표한 동명의 앨범 수록곡 〈La Discip -lina della Terra 지구의 근간〉은 자신에게 사랑과 인생을 준 연인의 아름다움에 바치는 찬가이다.

미나Mina와의 듀엣 작품 《Mina Fossati, 2019》는 두 거장의 중후하고도 깊은 연륜에 압도당하는 작품이다.

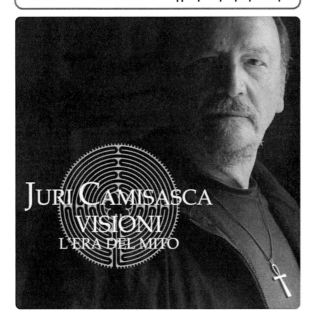

음악의 구도자
Juri Camisasca ● 유리 카미사스카

싱어송라이터인 그는 월드뮤직 팬들보다는 이태리 아트록 마니아들에게 더 잘 알려져 있다.

1951년 밀라노 근처 멜레냐노Melegnano 출생으로, 본명이 로베르토 카미사스카Roberto Camisasca인 그는 군 복무 때 만났던 프랑코 바티아토Franco Battiato(1945-2021)로 인해 음악에 인도되었다.

데뷔앨범 《La Finestra Dentro 내면의 창, 1974》은 비범한 표현의 강렬함과 예민함으로 비평가들의 관심을 사로잡았다고 한다. 그해 바티아토의 《Clic, 1974》에 보컬로 참여했으며, 이듬해엔 바티아토가 결성한 프로그래시브 록 프로젝트 그룹 Telaio Magnetico에도 참여하여 콘서트를 열었다. 또한 바티아토의 《Juke Box, 1978》에도 참여했다.

그러나 그를 늘 괴롭혔던 불안감으로 종교에 답을 찾고 약 11년 동안 수도사 생활을 했으며, 은둔자로 전향하여 에트나 산기슭에 살았다.

13년의 공백 끝에 두 번째 앨범 《Te Deum, 1988》을 발표했는데, 남성 보컬과 함께 묵시적인 미사곡은 숭엄한 영적 안식을 위한 음악이었다.

음악계로 복귀한 후, 알리체Alice, 밀바Milva(1939-2021)의 작품들을 썼고, 세 번째 앨범 《Il Carmelo di Echt 진실의 카르멜, 1991》을 발표했다.

지우니 루쏘Giuni Russo의 작품을 작곡했으며, 아트록 그룹 PFM과도 협력했다. 그리고 예술적인 팝 록인 네 번째 앨범 《Arcano Enigma 신비한 수수께끼, 1999》를 발표하였다.

《CristoGenesi 예수 탄생, 2021》까지 불과 몇 개의 앨범들을 냈을 뿐이지만, 그의 호소력 있는 가창과 숭엄한 음악들은 음의 침례식처럼 성찰과 정화 그리고 안식에 이르는 신성한 체험이다.

Il Carmelo di Echt

JURI CAMISASCA
IL CARMELO DI ECHT

1991 | EMI | 077779720224

1. Il Carmelo di Echt
2. Nuvole Bianche
3. Revolution Now!
4. L'Urlo Degli Dei
5. Primo Motore
6. La Nave dell'Eterno Talismano
7. Curva del Cielo
8. Il Viaggio Degli Umani
9. La Acque di Siloe

다행히도 세 번째 앨범인 《Il Carmelo di Echt 진실의 카르멜》을 국내에서 수입 앨범으로 손쉽게 구할 수 있었는데, 이는 매우 대중적인 취향을 나타낸다. 지적이며 서정적인 이태리 싱어송라이터의 매력을 잘 보여준다.

그의 매력 있는 미성은 움베르토 발사모Umberto Balsamo나 프랑코 바티아토Franco Battiato(1945-2021) 보다 좀더 저음

이 굵은 목소리를 상상하면 될 것 같고, 스페인 싱어송라이터 아우테Aute의 음성과도 닮았다. 이러한 포근한 음색으로 듣기에 더없이 감미로운 음악이라 하겠다.

〈Il Carmelo di Echt 순수의 카르멜〉는 본작에서 가장 주목할 만한 작품들 중 하나이다. 이는 여가수 지우니 루쏘도 불렀고, 프랑코 바티아토도 《Fleurs 2》에서 은은한 피아노와 오케스트레이션 그리고 천상의 코러스를 동원하여 부르기도 했다. 숭엄하고도 안온한 심포닉으로 전쟁의 참혹함을 고발한 이 곡은 독일의 철학자이자 아우슈비츠 수용소에서 죽어간 카르멜회 수녀 에디트 슈타인 Edith Stein의 추모와 안식을 기원하는 노래이다.

진실의 경계선에서 평화와 침묵으로 고독한 삶을 살았습니다. 아우슈비츠에 강한 피바람이 불어왔습니다. 자비를 베푸소서, 당신은 이제 세상의 모든 것들로부터 떠납니다. 불가해한 비행과 심오한 사려심, 당신 내면의 빛을 통한 보이지 않는 진실… 에디트 슈타인은 어디 있나요? 5월의 어느 아침, 공기를 가득 채우는 회랑의 피비린내 속에 순결한 카르멜이 있습니다. 금입제(완전한 기도를 위한 완전한 침묵)에 들어간 어떤 이, 천사의 선택과 하늘을 향한 열망, 공기 중에서 그녀의 목소리를 들은 사람은 아무도 없습니다. 트럭이나 오토바이가 당신을 아우슈비츠로 데려갔습니다. 에디트 슈타인은 어디 있나요?…

서정적인 발라드 〈Nuvole Bianche 흰 구름〉은 침묵 속에 흐르는 평화에 대한 예찬이다. 그는 맑은 보컬과 자유로운 허밍으로 불법과 쾌락으로 망각의 늪에 빠진 세상 위를 잔잔히 흘러가는 하얀 구름은 하나님의 자아라고 노래한다.

록적인 〈Revolution Now!〉은 타락한 성性과 어지러운 정치에 대해 순결과 서로에 대한 이해를 구하는 메시지를 담아냈으며, 부드러운 록발라드 〈L'Urlo Degli Dei 외침〉에는 스스로 외로움을 선택하는 현대인들의 삶에 서로를 사랑하는 마음을 불어넣고 있다.

성스러운 종교음악과 록의 결합으로 다시 한번 깊은 상념에 빠트리는 〈Primo Motore 첫 원동력〉은 거짓된 어둠 속에서 진실한 자신의 모습을 되찾을 수 있도록 한줄기 빛을 구원하는 기도를 담아낸다. 정적이고 슬픔 가득한 교회 오르간의 랩소디에 순결한 코러스가 이어지 고 이내 록적인 폭발을 거듭한다.

〈La Nave dell'Eterno Talismano 영원의 부적을 단 배〉는 초창기 뉴에이지 일렉트로닉 사운드에 자유에 대한 열망을 심었다.

〈Curva del Cielo 하늘의 곡선〉과 〈Il Viaggio Degli Umani 인간의 여행〉을 지나 의미심장한 마지막 곡 〈La Acque di Siloe 실로암의 물〉을 만난다. 안온한 신시사이저의 음향과 함께 그의 보컬은 마치 신의 전령처럼 엄숙하게도 느껴지는데, 많은 기적이 행해졌으며 또한 인류에게 풍요로운 삶을 주었던 실로암의 의미를 마음의 정원 속으로 이끌어 자신의 본질을 찾기 바라는 구원을 상징했다. 그레고리안 성가가 가미되어 보다 평온하고 성스러운 느낌을 받게 된다.

매우 오래전에 그에 대한 어떠한 정보도 없을 때 이름의 독특함으로 구입하게 되었지만, 첫 청취를 기다리며 기대했던 것보다 더 깊은 인상을 이후에 받았다.

거부감이 없는 음악 속에 담긴 철학적인 그의 음성 메시지는 따스한 휴머니즘으로 전해진다.

참고로 본작의 예술감독은 프로그레시브 록그룹 PFM에 몸담았던 마우로 파가니Mauro Pagani가 맡았다.

시칠리아의 암자에 기거하며 고독과 영적 탐구를 했던 그는 무려 8년 만에 《Arcano Enigma 신비한 수수께끼, 1999》를 들고 돌아왔다. 그는 존재 방식의 전형적인 세계와 좀 더 외부적인 에너지가 될 수 있는 것 사이를 결합한 영적 이미지에 보다 현대적이고 세련된 팝 록 멜로디의 양식을 입혔고, 그의 친구 프랑코 바티아토가 프로듀스했다.

〈Tocchi Terra Tocchi Dio 대지와 신을 어루만져라〉는 서서히 최면에 이르는 듯 증폭되는 리듬과 치유되는 듯한 안개의 전자음향이 샘솟는다.

가을의 색은 여전히 강렬하지만, 오늘도 여름 폭풍 같은 상황이 반복되네, 나를 짓누르는 무게감이 느껴져, 허상은 추락하네. 대지를 어루만지고, 신을 찾으면, 나는 더 이상 내가 누구인지 몰라…

고대 로마의 기독교 신학자이자 철학자로 기독교 교리를 체계화한 인물을 소재로 한 〈Sant'Agostino 성 아구스티노〉는 엄숙하면서도 감미로움이 더해진 작품이다.

너무 늦게 당신을 흠모하게 되었네, 오래된 빛과 새로운 빛, 당신은 나와 함께 있었지만, 난 당신과 함께 있지 않았네… 당신은 빛나고 전파했지만, 나는 당신과 멀리 있었지, 그리고 당신을 갈망해…

〈Ecce Panis 빵을 보라〉는 기도문을 고대 로마의 카톨릭 미사의 형식으로 바꾼 것이라 하는데, 테크노 앰비언트로 무장한 중독의 테크를 연다.

…참으로 선한 빵의 목자, 예수님 자비를 베푸소서, 우리를 먹이시고, 보호해 주시며, 살아있는 땅에서 우리를 살게 하십니다…

아마도 이 앨범은 그의 디스코그래피 중에서 가장 혁신적이고 이색적인 작품으로 기록될 듯하다.

Spirituality

JURI CAMISASCA   ROSARIO DI BELLA

SPIRITUALITY

2016 | Sugar | 8024709185723

1. Pace
2. Gabriel
3. Il Canto della Beatitudine
4. Deus Meus
5. Se Incontri Il Buddha…
6. Cogli L'Essenza
7. Uriel
8. Space and Flowers
9. Suprema Identità
10. Il Mondo È Costruito Sull'Amore
11. Il Sole Nella Pioggia
12. Luce Dell'India
13. Spirituality
14. Shlom Lech Mariam

그는 무려 17년 만에 《Spirituality 영성》을 들고 다시 돌아왔는데, 이 앨범은 1963년생 남성 작곡가 로사리오 디 벨라

Rosario Di Bella와의 공작이다. 여전히 그는 영적 탐색이 잃어버린 우리 존재의 의미를 재발견하는 유일한 방법이라는 확신을 가지고, 팝과 그레고리안 성가의 경계를 넘나드는 세련된 일렉트로닉 음악으로 본질을 표현하고 있다.

전작에 비하면 매우 포근하고 안온한 것이 특징이다.

〈Pace 평화〉는 끊임없이 질주하고 시간이 빠르게 경주하는 긴박함이 느껴진다. 듀엣 보컬이 노래하 는 염원은 엄숙하고도 따스하다.

난 당신에게 백만 가지를 바랄 수 있지만, 금과 모래로 된 성과 꽃이 피는 날들보다, 더 많이 당신의 평화를 기원하네, 미소에 평화를, 마음에 평화를. 눈망울에 평화를, 고통에 평화를, 땅에 있는 자들과 짐승들에게 평화를, 하늘에 있는 바람과 별들에 평화를, 밤을 달콤하게 하는 모든 어머니의 노래에 평화를, 길을 잃은 사람들에게, 십자가에 달린 모든 그리스도에, 사랑을 말하지 않는 이 시간에 평화를…

〈Il Canto della Beatitudine 행복의 노래〉는 그 의 독창으로, 엄숙하고도 고요한 축복의 시간을 구원한다.

…새로운 존재 방식으로 행복이 있을 거야, 풍요의 왕국에서는, 우는 이들도 위로를 받고, 마음이 청결한 자는 빛을 보게 될 거야, 모든 것이 변화하지만, 아무것도 잃지 않을 거야…

감동적인 라틴어 기도곡인 〈Deus Meus 나의 하 나님〉은 그레고리안 성가로 이니그마Enigma의 환상을 불러낸다.

〈Space and Flowers〉는 영어곡으로, 우주적인 앰비언트의 유영을 경험하게 된다. 이는 침묵으로 자신을 통제하면 자유롭고 시대를 초월한 존재가 되며, 우주의 오디세이로 마음을 열고 자연을 향해 미소를 열라고 조언한다.

〈Il Mondo È Costruito Sull'Amore 세상은 사랑 위에 세워졌네〉는 로사리오 디 벨라의 온유한 찬양으로, 마치 성수

가 이슬비가 되어 내리는 듯하다. 감동적인 진실함으로 겸손이 종종 더 충만하고 행복한 삶의 열쇠라는 것을 상기시켜 준다.

…세상은 사랑으로 지어졌네, 그것은 최면의 묵주처럼 당신의 손에서 빠져나가지, 그것은 천사의 바구니 안에 있는 간단한 기도문이네, 그것은 깨지기 쉬운 꿈처럼 은둔처에서 나오지, 그것은 고요한 존재들로부터 온 고상한 메시지라네…

〈Il Sole Nella Pioggia 빗속의 태양〉은 알리체Alice에 1989년에 써 준 곡으로, 그 신비한 자연의 생명력은 비장한 운명으로 재탄생한다. 그가 말하는 비는 출산의 고통이며, 태양은 위대한 생명의 은유이다. 축복받은 이 우주의 섭리에는 전율과 탄식이 가득하다.

너무나 아름다운 〈Luce Dell'India 인도의 빛〉은 감동적인 순간이며, 탄생에 대한 감사의 기도이다.

샛별이 희미해졌을 때, 내 안에서 인도의 빛을 만났네, 그리고 아무것도 원하지 않고 아무것도 모르는 사람처럼 살기 시작했지. 새벽이 오면 나는 태양에 경의를 표하네, 정의할 수 없는 이름으로, 그런데 왜 세상에 모든 것은 태어나 죽을까 궁금했지. 운명의 리듬에서 누가 그 시간을 피할 수 있을까? 누가 한 박자라도 더 잡을 수 있을까? 생명의 숨결에서, 누가 바람을 거스를 수 있을까? 누가 한 번 더 숨 쉴 수 있을까? 나마스테…

〈Spirituality 영성〉은 연주곡으로 인간의 존엄성에 대한 신비한 우주적 일렉트로닉스가 펼쳐지며, 짧은 〈Shlom Lech Mariam 아베마리아〉로 연결된다.

숭엄함이란 이 작품을 두고 하는 말이다.

Laudes

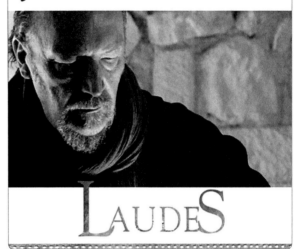

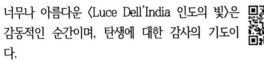

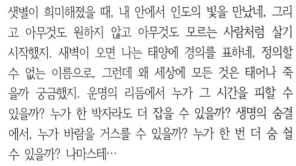

2019 | Edizioni Paoline | PCD 461

1. Laudes
2. Inno Alla Luce
3. Panis Angelicus
4. Oltre L'Uomo
5. Exultet
6. Nomadi
7. Israel
8. Talita Kum
9. Flos Carmeli
10. L'Impermanenza
11. Gloria Laus
12. Pange Lingua

미공개작을 포함한 《Laudes 찬가》 역시 그의 일련의 작품들과 다르지 않다. 전작 《Spirituality 영성》의 2부라 할 만하며, 그레고리안 성가를 통해 영적 탐색을 반영하고 있다. 명상적이고 고요하며 리드미컬한 우아함의 순간은 감상자의 내면과 직결된다. 성찰을 불러일으키고 빛을 향한 길을 열어주고 있다.

웅장하고도 신비로운 서주 〈Laudes 찬사〉는 대 자연에 대한 경배로, 몽환적인 일렉트로닉스의 바람결을 들이킬 수 있다.

…모든 세계에 퍼져있는 불멸의 어머니, 당신을 찬양합니다. 생명은 공기와 태양으로, 그리고 영광으로 덮여있습니다. 영원한 신비 속에서 가장 오래된 추억과 끝없는 찬사는, 영혼에 날개를 달아줍니다. 바람에 날리는 투명함으로.

〈Panis Angelicus 천사의 빵〉은 그레고리안 성가로 《Arca -no Enigma 신비한 수수께끼, 1999》 수록곡인 〈Ecce Panis 빵을 보라〉와 다르지 않다. 미사와 성무일도를 위한 기도는 전자음향의 향연이다.

라틴어로 부르는 〈Exultet 기쁨〉은 서정의 대서사로 하얀 구름으로 뒤덮인 지구를 조망하게 된다.

…거룩한 빛의 놀라운 광채에 나와 함께 가소서, 전능하신 하나님의 자비를 불러주소서… 하늘의 천사 군단은 신성한 신비를 기뻐하네, 그리고 왕의 큰 승리를 위해 구원의 나팔이 울려 퍼지네.

명곡 〈Nomadi 유목민〉은 1980년대 후반에 알리체Alice, 지우니 루쏘Giuni Russo, 프랑코 바티아토Franco Batti -ato(1945-2021) 등이 취입했는데, 본작에서 자신의 노래로 수록하고 있다.

북쪽 안개와 문명의 혼란 속에서, 고요함을 찾는 유목민들, 빛과 그림자와 단조로움 사이로 지나가는 나날들, 보행자여, 황혼 무렵 평화를 찾는다면, 길의 끝에서 그것을 찾게 될 거야…

〈Gloria Laus 영광 찬양〉은 그레고리안 성가로 은혜와 감사가 흐르는 찬송이다.

…당신은 이스라엘의 왕이십니다, 다윗과 그의 후손들, 주님 안에 있는 이들의 이름으로, 왕을 축복하소서, 당신께서 오셨습니다, 영광과 찬송과 존귀를 받으소서, 왕이신 그리스도여, 당신은 경건한 호산나를 약속하셨습니다…

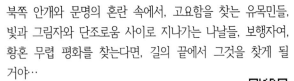

기독교인이 아니라 할지라도 마음의 평안을 얻게 되는 이 앨범 이후로, 또 하나의 영험한 성소 찬송가 《CristoGenesi 예수 탄생, 2021》을 발표했다.

하늘과 영광의 왕에 대한 찬송 〈O filii et filiae 오 아들딸들아〉, 하늘과 땅에 주의 거룩한 영광이 가득하기를 기도하는 〈Sanctus 상투스〉에 이어, 전쟁과 전염병 등의 재앙으로부터 구원의 기도가 이어지는 〈Stella Caeli 천국의 별〉 등 감상실에 작은 교회당을 건축한다.

하얀 집에서 들려오는 청춘의 노래
Marisa Sannia ● 마리사 산니아

마리사 산니아(1947-2008)는 1960년대 초 이태리 사르데냐 지방의 칼리아리 출신 음악 그룹 I Principi의 여성 보컬로 경력을 시작했으며, Fonit Cetra 레이블이 주최한 새로운 목소리를 위한 전국 대회에서 2위를 차지했다. 중반에 이태리 대표 주니어 농구선수로도 활약했다고 한다.

이태리 공영 방송 Rai의 전국 신인 성우 선발대회에서 우승하고 Fonit Cetra 레이블과 4년 녹음 계약을 한 후, 심사위원이었던 세르지오 엔드리고Sergio Endrigo(1933-2005)의 눈에 띄었고, 루이스 바칼로프Luis Bacalov(1933-2017)와도 관계를 맺었다. 두 사람은 그녀의 1966년 데뷔곡 〈Tutto o Niente 전부 아니면 전무〉를 썼으며, 이듬해 엔드리고가 작곡한 크리스마스 노래 〈Una Cartolina 성탄 카드〉로 방송을 통해 호평받았다.

1967년 여름 Festivalbar에 〈Sarai Fiero di Me 넌 내가 자랑스러울 거야〉로 신인부문에서 3위를 차지, 두 편의 뮤지컬에서 주연을 맡을 수 있었다.

1968년에 돈 바키Don Backy가 작곡하고 오르넬라 바노니 Ornella Vanoni와 함께 부른 〈Casa Bianca 하얀 집〉으로 산레모가요제에서 2위를 차지한다. 이는 5십 만장 이상 판매되었으며, 이후 영화 「Alfredo Alfredo, 1972」 사운드트랙에 포함되었다.

〈Colpo di Vento 돌풍〉은 TV 프로그램 엔딩 시그널로 사용되었으며, 유명 제과회사의 광고 스타가 되었다.

Marisa Sannia

1968 | Warner | 5053105-2444-5-4

1. Casa Bianca
2. Sono Innamorata (Ma Non Tanto)
3. Non È Questo l'Addio
4. Quando Torni
5. Una Cartolina
6. Sarai Fiero di Me
7. Tutto o Niente
8. Gli Occhi Miei
9. E Se Qualcuno S'Innamorerà di Me (La Playa)
10. Lo Sappiamo Noi Due

셀프 타이틀로 발표된 마리아 산니아의 데뷔 앨범이다. 이 태리 여가수 중 그녀만큼 물기 촉촉한 보이스가 또 있을까? 본작에는 대표곡으로 꼽히는 1968년 산레모가요 제 2위 곡 〈Casa Bianca 하얀 집〉이 첫 곡으로 수록되어 있다. 이는 〈언덕 위의 하얀 집〉으로 번

안되어 국내에 소개되었다. 바이올린의 애절함과 함께 그녀의 음성은 그리움으로 흐른다. 마치 순수한 '어린 왕자'를 떠올리듯.

절대 잊지 못할 하얀 집, 내 어린 시절과 함께 마음속에 남아있네, 오래전이었어, 어리고 고통스러운 난 마음속으로 울고 있었지. 난 그 집에 들어가고 싶지 않았네, 아이들은 무엇인지 모르지만 두려움을 느끼곤 하지. 떠나길 바라지 않았던 그 하얀 집은 절대 돌아오지 않을 어린 시절의 추억이네.

〈Sono Innamorata (Ma Non Tanto) 사랑에 빠졌네 (많진 않지만)〉은 풋풋함이 전해지는 연가로, 초록 향기가 풀풀 난다.

…널 수천 번 생각하지만, 항상 그런 건 아니야, 넌 내가 존재하는 유일한 이유도, 내 미래의 전부도 아니지만, 넌 나에게 선물하는 미소야, 넌 나에겐 여름 하늘 아래 잃어버린 봄으로 남아있네…

달콤한 비트 음악의 전형 〈Non È Questo L'Addio 이건 작별 인사가 아니야〉에 이어, 〈Quando Torni 네가 돌아올 때〉는 기타의 트레몰로에 떨리는 갈망을 떠나보낸다.

…여름은 더 길어, 그리고 가장 따뜻한 겨울, 계절은 사랑을 가져온 사람과 지나가 버렸네, 하지만 네가 돌아올 때, 더 좋은 모습으로 올 거야, 난 네가 떠나는 걸 참을 수 없지만, 네가 남을 거란 걸 알아, 나와 함께.

〈Una Cartolina 성탄 카드〉는 그리움의 왈츠로 애상감마저 포근하게 감싼다.

적어도 성탄절에는, 네가 어디에 있는지, 카드라도 보내줘, 별과 오렌지 사이, 트리 위에 걸어 놓게. 적어도 성탄절에는, 네가 뭘 하는지, 편지라도 보내줘, 별과 촛불 사이 트리 위에 걸어 두게…

〈Sarai Fiero di Me 넌 내가 자랑스러워질 거야〉는 우리에게 잘 알려진 장-프랑수아 미셸Jean-Fran

-cois Michael의 1968년 히트곡 〈Adieu, Jolie Candy〉의 소프트 버전인 양, 사랑이 퐁퐁 솟는다.

…넌 날 사랑하게 될 거야, 더 이상 바라지도 않아, 넌 날 막을 수 없어, 나에겐 사랑이 주는 힘이 있으니까, 넌 알게 될 거야, 널 내가 어떻게 이기는지. 넌 내가 자랑스러워질 거야, 널 사랑하는 나처럼.

보사노바의 상큼함이 곁들어진 〈Gli Occhi Miei 나의 눈〉은 동년에 남자가수 디노Dino, 여가수 윌마 고이크Wilma Goich 등도 취입한 노래로, 영국 가수 Tom Jones의 1968년 히트곡 〈Help Yourself〉의 번안곡이다. 이태리어 가사는 모골Mogol이 썼다.

…너에게 말하지 않아도, 넌 내 비밀을 알게 될 거야, 언젠가 그날이 오면, 넌 나의 눈을 읽게 될 거야. 그러나 왜 넌 내 눈을 쳐다보지 않는지 말해줘. 그런데도 난 알아, 네가 어느 정도 날 원하고 있다는 걸.

〈E Se Qualcuno S'Innamorerà di Me 누군가와 사랑에 빠진다면〉은 벨기에 작곡가 조셉 반 베터Joseph Van Wetter 와 프랑스 가수 피에르 바루Pierre Barouh(1934-2016)의 가사로 마리 라포레Marie Laforet(1939-2019)가 1964년에 취입한 〈La Plage 해변〉의 번안곡으로, 라포레가 눈물 마른 망연한 그리움이라면, 산니아는 눈물 고인 열망이다.

〈Lo Sappiamo Noi Due 우리 둘은 알고 있네〉는 온화한 달빛이 환한 사랑의 야상곡으로, 그녀의 음성에 벚꽃 향기가 퍼진다.

…사랑의 길은 멀어, 우리 둘 다 그것을 알고 있지, 우리는 길을 잃을 거야, 수없이, 하지만 난 널 기다리는 법을 체득할 거야, 왜냐하면 넌 나에게 다시 돌아올 것이기에…

Canta Sergio Endrigo E··· Le Sue Canzoni

1970 | Warner | 5053105-2444-5-4

1. Canzone per Te
2. Girotondo Intorno Al Mondo
3. Il Treno Che Viene Dal Sud
4. Io Che Amo Solo Te
5. Mani Bucate
6. Adesso Sì
7. Perché Non Dormi Fratello?
8. Come Stasera Mai
9. Una Lacrima
10. L'Amore È una Colomba
11. La Finestra Illuminata
12. La Canzone di Orfeo (Chanson d'Orphée)
13. Guarda
14. La Compagnia
15. Io Darei la Vita Mia (Eu Daria Minha Vida)
16. La Sirena

두 번째 앨범 《세르지오 엔드리고와 그녀의 노래를 부릅니다〉는 그녀의 데뷔를 도왔던, 그리고 가장 존경했던 싱어송라이터 세르지오 엔드리고Sergio Endrigo(1933-2005)의 노래를 A면에, 그녀의 기발표된 싱글과 신곡을 B면에 수록했다. 처음 수록된 노래는 엔드리고의 1968년 산레모가요제 우승곡 〈Canzone per Te 널 위한 노래〉이다. 역시나 차디찬 겨울바람처럼 몰아치는 현악에 회한이 그렁한 그녀의 음성은 서리가 되어 내린다.

〈Girotondo Intorno Al Mondo 세계 일주〉는 엔드리고의 1966년 싱글로, 화사하고도 낭만적인 선율로 전 세계의 사랑과 화합을 전한다.

〈Il Treno Che Viene Dal Sud 남쪽에서 오는 기차〉는 1967년 싱글로, 기차가 달리는 듯한 템포에 사랑과 일을 찾아 도시로 오는 어린 이방인들의 현실과 꿈을 싣는다.

〈Io Che Amo Solo Te 너만을 사랑하는 나〉는 1962년 싱글로, 이태리 롤링스톤지가 선정한 가장 아름다운 깐쏘네 200에서 10위를 차지했다. 엔드리고의 피아노와 고색창연한 현악이 너무나 감미로운데, 산니아의 노래는 늦은 봄바람 같은 온후함에 휘감긴다.

세상에는 좋은 것이든 나쁜 것이든 수천을 가진 사람이 있지만, 나에겐 너밖에 없네, 난 널 잃지 않을 거야, 새로운 모험을 찾기 위해서 널 떠나보낼 수 없네. 세상의 거리에는 많은 것을 사랑하고 잃어버리는 사람들이 있지만, 난 너만을 사랑해, 그리고 내게 남은 젊음을 네게 줄 거야…

1965년 싱글 〈Mani Bucate 양손 가득〉은 애틋한 발라드로, 두 손 가득 모든 걸 가졌지만 주기만 할 뿐 지킬 줄 몰랐기에 사랑마저 잃은 이들에게 연민을 표한다.

엔드리고의 많은 대표곡 중 하나인 〈Adesso Si 이제 그래〉는 1966년 싱글로, 어디든 당신이 떠나도 마음만은 함께 하겠다는 사랑이 그녀의 음성으로 더욱 풋풋하고 순수하게 전해진다.

1967년 싱글 〈Perché Non Dormi Fratello? 형 왜 안자?〉에 이어, 1966년 앨범 수록곡인 〈Come Stasera Mai 오늘 밤은 결코〉는 부드러움과 은은함이 향기처럼 확 퍼지는 세레나데로 밝고도 열렬한 감정이 황홀하다.

산니아의 1969년 싱글 〈Una Lacrima 눈물〉은 이별의 슬픔을 빠른 템포의 라틴팝으로 풀어냈다. B-side곡인 〈Io Darei La Vita Mia 내 생명을 바칠 거야〉는 브라질 여성 싱어송라이터 마르치냐Martinha가 1968년에 노래한 〈Eu Daria Minha Vida〉의 번안곡으로, 재료가 우수하니 번안곡도 멋지다는 생각을 하게 된다.

…널 기다리고 있어, 알아, 더 이상 의미가 없다는 걸. 내가 널 잊어야 한다는 것도. 하지만 난 할 수 없네, 난 내 목숨을 바쳐서, 다시는 널 보지 않을 거야, 더 이상 너에 대해 생각하지 않을래… 그 아름답고 슬픈 눈, 내가 정말 좋아했던 것. 난 내 목숨을 바칠 거야, 만약 네가 돌아온다면, 다시는 널 떠나보내지 않을 거야.

1970년 싱글 커트곡 〈L'Amore È una Colomba 사랑은 비둘기〉는 다소 비장한 매력의 트랙이다.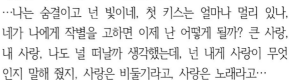

…나는 숨결이고 넌 빛이네, 첫 키스는 얼마나 멀리 있나, 네가 나에게 작별을 고하면 이제 난 어떻게 될까? 큰 사랑, 내 사랑, 나도 널 떠날까 생각했는데, 넌 내게 사랑이 무엇인지 말해 줬지, 사랑은 비둘기라고, 사랑은 노래라고…

1969년 싱글인 〈La Finestra Illuminata 빛나는 창문〉은 로맨스의 꽃이 별처럼 피어난다. 밤늦게 불이 켜진 창가를 보며 창문 뒤에 있을 연인을 부러워한다.

〈La Canzone di Orfeo 오르페의 노래〉는 브라질의 시인이자 음악가 비니시우스 지 모라이스Vinícius de Moraes(1913-1980)의 연극을 원작으로 한 영화 「Orfeo Negro 흑인 오르페, 1959」의 주제곡으로, 친숙한 명곡의 선율에 가슴이 두근거린다.

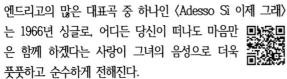

매일 태양은 빛나고, 매일 마음은 노래할 거야, 너에게 헌정하기 위해, 너에게 비밀을 털어놓으려니 수천의 상념에 사로잡히네, 내 모든 사랑이여, 매일 태양이 빛나고, 세상은 모든 사랑 노래를 듣게 될 거야, 넌 나와 함께 있을 테니까…

1969년 싱글 〈La Compagnia 연인〉은 1976년 루치오 바티스티Lucio Battisti(1943-1998)도 부른 노래로, 어제는 이별로 아팠지만 오늘 새로운 사랑과 함께 마음은 다시 노래한다고 기쁨에 젖어있다.

이후 그녀는 두 편의 뮤지컬에 집중했으며, 세르지오 엔드리고의 비니시우스 지 모라이스의 노래 모음집인 《L'Arca 노아의 방주, 1973》에 출연하였다.

싱어송라이터로 돌아온 세 번째 앨범 《La Pasta Scotta 너무 익숙한 파스타, 1976》을 발표하고 딸을 낳았다.

1980년대 초에 TV 드라마로 복귀했고, 영화의 주연도 맡았다.

사르디냐 시인 안티오코 카술라Antioco Casula(1878-1957)의 작품을 노래한 《Sa Oghe de Su Entu E de Su Mare 그는 신부와 바다에 대해 알고 있네, 1993》를 발표함으로써 그녀는 다시 마이크를 잡았다.

이어 발표한 《Melagranada 석류, 1997》도 한 곡을 제외하고 사르디냐 작가이자 문화학자 프란체스코 마살라Francesco Masala(1916-2007)와 작업한 사르디냐어 앨범이다.

국내에 라이선스로 소개되었으며, 국내 드라마에 삽입된 그녀의 대표곡 〈Casa Bianca 하얀 집〉을 보너스로 삽입했다. 풋풋한 처자의 음성은 이미 중저음이 매력적인 원숙한 여인이 되었으며, 거의 모든 곡을 작곡한 재능이 빛나는 현대적인 작품이다.

세 번째 사르디냐어 앨범으로 요정의 자장가를 의미하는 《Nanas e Janas 나나스와 야나스, 2003》를 발표하고 세르지오 엔드리고의 추모 콘서트에 참여했다.

사후에 출시된 《Rosa de Papel 종이 장미, 2008》는 스페인의 시인 로르카Federico García Lorca(1898-1936)의 시에 그녀가 곡을 붙인 앨범이었다.

많은 작품을 발표하진 않았지만, 깐쏘네의 선명한 아름다움을 촉촉한 음성으로 노래했던 그녀의 하얀 노래의 집은 여전히 밝게 빛나고 있다.

사랑이 시로 변할 때
Massimo Ranieri ● 마시모 라니에리

마시모 라니에리는 가수, 배우, TV 진행자이자 연극 감독이다. 가수로서 23장의 스튜디오 앨범을 발표했다.

조반니 칼로네Giovanni Calone가 본명인 그는 1951년생으로, 나폴리에서 8자녀 중 다섯 번째로 태어났다.

어릴 때부터 제빵사, 배달원, 점원, 바텐더, 행사 연예인으로 일했는데, 관광객을 위해 노래하다 바에서 노래를 부르게 되었다고 한다.

1964년 한 술집에서 노래하는 그를 팝오케스트라 지휘자가 알아봤고 싱어송라이터 세르지오 브루니Sergio Bruni(1921-2003)의 조수가 되어 13세 소년은 미국 투어를 떠나 브루클린 아카데미에서 처음 무대에 오른다.

이러한 성공으로 누나의 결혼을 도왔으며, 피아니스트 엔리코 폴리토Enrico Polito의 주선으로 15세 때 라니에리란 예명으로 데뷔, TV쇼 Canzonissima에 참여했고, 1967년 칸타지로Cantagiro 경연에서 우승한다.

17세 때는 비트 그룹 지간티 Giganti와 함께 〈Da Bambino 소년〉으로 산레모가요제에 출전하여 7위에 입상했다. (세르지오 엔드리고Sergio Endrigo(1933-2005)와 호베르투 카를루스Roberto Carlos가 부른 〈Canzone per Te 너를 위한 노래〉가 1968년 우승곡)

18세 때 오리에타 베르티Orietta Berti와 함께 산레모가요제에서 〈Quando L'Amore Diventa Poesia 사랑이 시가 될 때〉를 노래하여 10위에 올랐다. (1969년 우승곡은 바비 솔로Bobby Solo와 이바 자니키Iva Zanicchi가 노래한 〈Zingara〉였다) 이 곡은 차트에 올랐으며, 스페인어 버전은 스페인과 남미, 일본에까지 발매되었다.

《Tutti i Sogni Ancora in Volo 모든 꿈은 여전히 날아다니고 있네, 2022》를 발표하며 음악 인생 50년을 훌쩍 넘긴 라니에리. 이 나폴리 소년의 애타는 연애편지는 여전히 향수가 짙다.

Massimo Ranieri

1970 | Rhino Records | MR 09 01

1. Rose Rosse
2. Il Mio Amore Resta Sempre Teresa
3. Parla Tu, Cuore Mio
4. Piangi Piangi Ragazzo
5. Quando L'Amore Diventa Poesia
6. Pietà Per Chi Ti Ama
7. Se Bruciasse La Città
8. Rita
9. Magia
10. È Diventato Amore
11. Ma L'Amore Cos'È
12. 'O Sole Mio

그의 셀프 타이틀 데뷔작으로, 그를 음악시장으로 불러낸 엔리코 폴리토Enrico Polito(1932-1998)가 프로듀스했고, 오케스트레이션 편곡과 지휘를 맡았다.

본작의 백미는 유명 작곡가 피에로 소피치Piero Soffici(1920 -2004)와 작시가 모골Mogol이 쓴, 1969년 산레모가요제 입상곡이자 대표곡 〈Quando L'Amore Diventa Poesia 사랑이 시가 될 때〉이다. 은은하면서도 구슬픈 현악의 폭풍 속에서 단단한 힘으로 노래하는 라니에리의 절창이 영원한 고전의 감동을 안겨준다.

널 향한 사랑을 노래해, 이 밤은 시가 되네, 내 목소리는 그리움의 눈물이야, 왜 나를 떠났는지 절대 묻지 않을게, 나에게 넌 항상 옳았으니까, 사랑한다고 외치고 싶지만, 영혼의 목소리는 부드럽게 노래해, 오늘 밤은 울까 봐 말도 못 하겠어, 나는 내 안에 있는 슬픔을 노래해, 이 밤은 멜로디가 될 거야, 어리석지만 난 아직도 너 때문에 눈물짓네, 네가 더 이상 내 것이 아닌 이유는 이제 묻지 않겠어… 사랑해…

프로듀서를 맡은 엔리코 폴리토의 작곡들도 풍성한 현악이 동반한 깐쏘네의 매력을 잘 보여준다.

사랑 고백 〈Rose Rosse 빨간 장미〉는 1968년 싱글로, 당해 칸타지로Cantagiro 경연 우승곡이다.

〈Parla Tu, Cuore Mio 내 마음아 말해〉의 향수 어린 감성은 언제나 심장을 설레게 한다. '실수한 이는 인생에서 대사를 치르게 되지…'로 고해를 시작하며, 연인을 떠나버린 과오를 자책하고 용서를 구한다.

〈Magia 마법〉도 애타는 로망스로, 서주의 기타에 이어 현악이 운명적인 질주를 내달린다.

…외로운 해변이 기다리는 밤이 오면, 사랑하는 눈망울 속에 눈망울을 담고, 우리 둘은 언제나 가까워지네, 왜인지는 모르겠지만, 오늘 저녁 바다는 매혹적이야, 사랑에 대한 꿈은 진실이란 걸 처음 느껴서겠지. 밤의 기타 연주, 모래 위에 핀 꽃, 당신이 걷는 곳, 모두가 마법인걸. 내 인생은 이미 네 손에 달렸어, 그리고 사랑해…

〈È Diventato Amore 사랑이 되었네〉는 짧지만 드라마틱한 선율이 다시금 청자의 감성을 끌어당긴다.

…사랑이 되었네, 이것이 진실이야, 왜 숨기려 하니? 이제

사랑이라고, 너의 눈 속 깊이 네 마음이 비치네, 행복하다고…

CD로 재발되면서 앨범 발표 전 싱글로 발표한 7곡의 보너스가 수록되었다.

1968년 산레모가요제 출전곡인 〈Da Bambino 소년〉은 순수한 태양의 꿈을 가진 소년이 사랑을 희망하는 남자로 성장하는 이야기이다.

1968년 싱글 〈Preghiera Per Lei 그녀를 위한 기도〉는 오르간 서주에 이어 전형적인 나폴리 깐쏘네를 듣는 듯하다. '그녀를 내 곁에 두기 위해 내 인생의 모든 나날을 바칠 거야…'라고 노래하는 앳된 그의 음색이 귀엽고도 청명하다.

Andy Williams(1927-2012)의 목소리로 우리에게 친숙한 영화 「Love is a Many - Splendored Thing 모정, 1955」의 동명의 주제곡을 이태리어로 부른 〈L'Amore È Una Cosa Meravigliosa 사랑은 놀라운 일〉도 포함되었다.

엔리코 폴리토Enrico Polito가 제작한 두 번째 앨범 《Vent'Anni 스무 살》은 당해 말에 발표되었다.

13화의 TV 프로그램 경연 Canzonissima 1970 에서 쟁쟁한 인기가수들과 경합하여 우승한 〈Vent'Anni 스무 살〉이 타이틀곡이다.

영국의 프로그레시브 록밴드 Procol Harum의 1969년 작 〈A Salty Dog〉을 커버한 〈Il Marinaio 선원〉이 돋보인다. 원곡에도 믹스된 바다의 구상음은 뱃사람의 고독감을 더욱 증폭시킨다.

스페인의 작곡가 로드리고Joaquín Rodrigo의 〈Il Concerto di Aranjuez 아랑훼즈 협주곡〉도 주목할 만한데, 사랑과 이별의 추억은 매우 처량하다.

엔리코 폴리토가 작곡한 곡 중 〈Sogno D'Amore 사랑의 꿈〉은 달콤한 발라드지만, 작별 후 새로운 사랑에 대한 꿈을 가질 수 있을까 하는 의구심의 노래이다.

…아직도 날 생각하는지 궁금해, 봄이여 지나가려무나, 넌 다른 사랑을 하겠지… 안녕 점점 멀어지는 사랑의 꿈이여, 난 날개가 없어서 날지 못해, 하지만 네가 있는 곳으로 가진 않을 거야.

낭송과 톱 연주가 신선한 〈Mio Caro Amore Eva-nescente E Puro 덧없고 순수했던 내 사랑〉에는 호젓한 밤의 서정이 흐른다.

…넌 세상의 모든 용기라네, 하지만 나는 아침이면 도망자가 되지, 그래 난 시간을 낭비한다는 걸 알고 있네, 네게 똑같은 단 하나의 사랑을 말한다는 것도. 내일이면 널 목마르게 하지 않을게, 날 오롯이 네게 주려고 내 운명을 바꿀 거야…

Via del Conservatorio

1971 | Rhino | MR 09 04

1. Via del Conservatorio
2. Cronaca di un Amore
3. Jesus
4. Senza Amore
5. Momento
6. L'Amore È un Attimo
7. Io e Te
8. Che Pazzia
9. A Lucia
10. Adagio Veneziano
11. Tu Somigli a Lei
12. Che Cosa Pazza L'Amore

엔리코 폴리토Enrico Polito가 제작한 세 번째 앨범 《Via del Conservatorio 음악학교 거리》는 11화의 TV프로그램 경연 Canzonissima 1971에서 타이틀곡이 준우승에 진출했다. (우승곡은 니콜라 디 바리Nicola di Bari의 〈Chitarra Suona Più Piano 기타는 더 부드럽게〉였다)

〈Cronaca di un Amore 사랑의 연대기〉는 이별의 슬픔이 폭발하는 엘레지로, 망연하지만 용기를 내어 그녀를 기억하고 이 사랑을 끝내야 한다는 감정이 비장할 정도이다.

영화음악가 엔니오 모리꼬네Ennio Morricone(1928-2020)가 작곡한 〈Io e Te 너와 나〉는 본작을 빛내주는 작품이다. 현악의 선율은 애잔한 러브스토리의 명암을 깊게 드러낸다.

당신과 나, 어느 날 초원 한가운데서 잠에서 깨어나, 사랑을 나눠요, 그리고 나무들 사이에서 잠들어요, 사랑 후에 우리는 자유로울 거예요. 당신과 나, 당신이 더 이상 원하지 않는다면, 다른 삶을 시작하거나, 헤어져요. 진실은 당신 눈 속 깊은 곳에 있고, 내 인생도 당신의 눈 속에 있어요, 난 당신을 생각하지만, 그건 쓸모없죠, 당신은 지금 다른 사람을 사랑하고, 당신의 손에는 또 다른 삶이 꽃이 피었으니까요… 이제 당신의 길을 가세요, 나는 여기 머물다 죽겠어요, 내게서 멀어져 간 사랑이여 안녕.

〈Adagio Veneziano 베네치아 아다지오〉도 이별가로, 침울한 피아노는 눈물처럼 뚝뚝 떨어지고 오보에는 고요히 울부짖는다.

…정원은 시들 거야, 사랑의 풀을 심는 사람 하나 없으니, 하지만 내일의 태양은 어떻게든 빛나고, 우리의 이 삶은 계속될 거야. 작은 깃털이여 안녕, 이제 겨울이네, 내가 널 찢어버렸던 봄날에는 바람이 없었건만, 이제 우리 사이에 바람이 불고 있어. 사랑의 계절은 이미 끝났고, 우리의 이 삶은 여전히 계속되네…

후속작 《'O Surdato 'Nnammurato 너무 과분한 사랑이여, 1972》는 1972년 1월 23일 로마 시스티나 극장 공연을 담은 것으로, 나폴리 전통음악에 대한 해석이다. 군복을 입은 라니에리의 커버는 그가 출연했던 TV 미니시리즈 「La Scian

-tosa 세 여자, 1971」의 장면이라 한다.

또한 같은 해에 11화의 TV 프로그램 경연 Canzonissima 1972에서 우승한 타이틀곡을 수록한 《Erba di Casa Mia 우리 집 잔디, 1972》를 발표했다.

1973년에 움베르토 빈디Umberto Bindi(1932~2002) 의 《Il Nostro Concerto 우리의 콘체르토》 등을 비롯한 1900년에서 1960년대까지의 깐쏘네 고전 들이 담긴 《Album di Famiglia 가족 앨범》을 발표했으며, Canzonissima 1974의 2위 곡을 타이틀로 한 《Per una Donna 여인을 위하여, 1974》를 발표했다.

그리고 제2차 세계대전을 배경으로 한 영화 「Salvo d'Acqui -sto 살보 다뀌스토, 1974」에 출연, 22명의 민간인 인질을 구하기 위해 자신을 독일군에 넘겨주는 하사관 주인공을 맡았다. 이듬해엔 TV 드라마 「A City at the End of the Road」의 주인공이 되었다.

1976년에는 쇼팽Chopin, 슈베르트Schubert, 알비노니Albino -ni 등 클래식 고전들을 노래한 《Meditazione 명상》을 10 번째 앨범으로 발표했으며, 나폴리의 고전으로 초대하는 라이브앨범 《Macchie 'E Culore 점과 엉덩이, 1976》가 뒤이었다.

La Faccia del Mare (Odyssea)

1978 | Rhino | 5051865-1498-5-9

1. Introduzione
2. Il Cuore Del Mare
3. New York City
4. La Faccia Del Mare
5. I Lotofagi
6. Penelope
7. Il Dirottamento
8. Stephanos
9. Sole Sulla Banda
10. Odyssea
11. Finale

라니에리의 가장 특별한 작품 《La Faccia del Mare 바다의 얼굴 (오디세이)》는 이미 특징적인 콘셉트와 아름다운 서정을 표출했던 프로그레시브 록이 쇠퇴기에 접어들었음에도, 호머Homer의 「오디세이」에서 영감을 받아 트로이전쟁을 겪은 영웅 오디세우스의 20년에 걸친 장대한 모험담을 현대적으로 재해석한 작품이다. 나폴리에서 뉴욕까지의 여정으로, 장엄하고도 서정적인 사운드에 다양한 서사의 구성이 펼쳐진다.

본래 프로듀서 비토 팔라비치니Vito Pallavicini(1924-2007)가 라니에리에게 제안한 것으로, 바다 소년 라니에리가 꿈을 찾아 모험하는 모습에서 오디세우스를 착안하여 썼다고 한다. 깐쏘네 팬들보다 아트록 팬들이 더 호감을 가질 만한데, 라니에리는 가수라기보다는 뮤지컬 배우로서 등장한다.

장대한 바다 풍경으로 안내하는 〈Introduzione 서곡〉에 이어, 〈Il Cuore del Mare 바다의 심장〉에서는 목적지 뉴욕으로 향하는 오디세우스가 연인 페넬로페에게 사랑의 작별 인사를 전한다.

사랑, 내 사랑이여, 오늘 이별의 아침이 다가왔네, 더 이상 울지 마… 당신을 데리고 갈 순 없어, 당신은 이 일과 무관하지, 내가 찾고 있는 건 나의 자유라네, 하지만 나를 기다려줘, 그리고 절대 날 배신하지 마…

〈New York City〉에는 휘황찬란한 꿈의 도시지만, 전장 같은 난관과 위험 속에서 'Nobody'로 살아가는 순간이 폭발적인 록뮤지컬로 그려진다. 이는 신화의 트로이전쟁을 비유한 것.

〈La Faccia del Mare 바다의 얼굴〉에는 코러스와 함께 재즈 뮤지컬의 무대가 열린다. 바닷사람으로서 그는 고향을 향해 다시 항해에 오른다.

…바다, 난 바다의 얼굴을 가졌고, 바다에서 자랐지, 하지만 내일 정복당하지, 다시 바다로 싸우러 갈 시간이야. 파도여, 깊은 밤들, 엉덩이 위의 달, 이미 지친 사랑, 그건 내 피 속에 있네, 바다는 내 것이야…

〈I Lotofagi 로토파고스〉는 귀향 중에 폭풍우를 만나 들른 로토파고스족의 땅에서 그들이 내어준 환각성 식물을 먹고 귀향을 거부했던 동료들을 이끌고 배에 오르는 시련이다.

〈Penelope 페넬로페〉는 10년이 지나고 도착한 고향에서 많은 남자들의 구애를 받는 페넬로페를 멀리서나마 몰래 바라보는 대목이다.

다시 올게, 페넬로페여, 내가 돌아왔다는 걸 곧 알게 될 거야. 너의 눈은 바다 위에서 춤을 추네, 오렌지빛 노을 속에서, 정말 감동적이야…

스릴러물처럼 긴장감 넘치는 록 넘버 〈Il Dirottamento 납치〉는 구애자를 물리치고 드디어 페넬로페와의 재회를 위해 달려가는 떨림이 진동한다.

애틋한 대표곡 〈Stephanos 스테파노스〉에는 여자를 구하기 위해 일곱 바다를 건넜던 전설의 어부 스테파노스를 노래하며, 유일하게 자신을 알아봐 준 그의 사냥개 아르고에 인사를 전하는 감격적인 장면이다.

〈Sole Sulla Banda 밴드 위 태양〉에는 트로이전쟁에서 승리하고 20년 만에 돌아온 오디세우스를 위한 성대한 환영식이 거행된다. 퍼레이드와 관중들의 환호, 그리고 축제.

〈Odyssea 오디세아〉는 오디세우스와 페넬로페 둘만의 20년간의 회포를 푸는 사랑의 시간이며, 45초간의 짧은 〈Finale 결말〉로 대서사는 막이 내린다.

그는 1988년 산레모가요제에서 〈Perdere l'Amore 사랑을 잃고〉로 우승을 차지했다. 마치 20년의 모험을 마치고 귀향한 영웅 오디세우스처럼.

…어제까지 네가 세상의 전부였기에. 사랑을 잃고 어두워질 때, 머리 위로 은빛으로 물들 때면, 난 미쳐가고 심장이 터질 것 같아, 내 여자를 잃었기에 죽고 싶어, 하늘을 부정하며 비명을 지르게 놔둬… 모든 꿈은 여전히 날아다니고 있네, 돌을 던져 하나둘씩 떨어뜨리고 싶어, 이 운명의 날개를 꺾고, 네 곁에 있고 싶어…

밀라노의 로맨티시스트
Memo Remigi • 메모 레미지

1938년생인 메모 레미지는 본명이 에미디오 레미지Emidio Remigi로 이태리의 싱어송라이터이자 TV쇼 인사였다.

그는 부모님의 고향인 코모Como에서 자랐으며, 학창 시절에 많은 그룹을 거치며 피아노를 연주했다.

작곡가 조반니 단치Giovanni D'Anzi(1906-1974)에 의해 발굴된 그는 1960년대 초부터 싱글을 발표하다 1963년 리지 가요제Festival della canzone di Liegi에서 〈Oui, Je Sais 네 알아요〉를 불러 우승하며 존재를 알렸는데, 그를 일약 성공적인 스타덤에 오르게 한 것은 1965년 발표 싱글 〈Innamo-rati A Milano 밀라노에서 사랑에 빠지다〉였다.

이후 가수와 작곡가의 활동을 병행하였는데, 1967년에는 세르지오 엔드리고Sergio Endrigo(1938-2005)와 함께 〈Dove Credi di Andare 넌 어디로 가고 있니?〉로 산레모가요제에 처음으로 참가하였으며, 오르넬라 바노니Ornella Vanoni와 이바 자니키Iva Zanicchi 등 많은 가수들에게 곡을 써주었다.

1960년대 후반까지 싱글을 발표했던 그는 1969년에 첫 앨범을 내고, 또한 1971년부터 여러 TV 방송국의 프로그램 진행을 맡기 시작, 2021년까지 무려 50년이 넘는 방송 진행 이력을 이어갔다.

그의 보컬은 밀도가 좋고 낭만적인데, 특히 빈티지의 매력이 농후하게 밴 그의 초창기 음악들이 더욱 그렇다.

그의 최고 명곡이라 할 수 있는 〈Innamorati a Milano〉는 이후 많은 버전으로 리코딩했고 다른 가수들도 불렀지만, 1965년 최초의 버전이 가장 아름답다.

Innamorati a Milano

1995 | Replay Music | RSCD 8004

1. Innamorati a Milano
2. Aspetta Domani
3. Adesso Si
4. Se Fossi Veneziano
5. La Carta Vincente
6. Seguendo il Capo
7. Ho Bisogno di Vederti
8. Mi Credono Povero
9. Io Ti Darò di Più
10. Come Se Noi Due
11. E Tu
12. Senza Schei
13. C'era la Notte
14. Uno e uno Due
15. L'Amore
16. Tanto Io

이 앨범은 그의 첫 LP가 발표되기 전인 1960년대의 싱글을 모은 편집 앨범으로, CD로 발매된 후 3곡이 줄어 2015년에 디지털로 발매되었다.

1965년에 발표된 그의 대표곡 〈Innamorati a Milano 밀라노에서 사랑에 빠지다〉는 최고로 감미로운 낭만 트랙이다. 이 노래는 밀라노의 근교 코모에 있었던 21세의 시골 청년 레미지가 도시 여인인 연인을 만나러 매일 기차를 타고 밀라노를 오가며 대도시에서의 서투름과 혼란을 겪었던 연애사에서 기인했다. 대성당 아래서 그는 이 촉발된 감정을 노래로 만들고 싶었다고 했는데, 1966년 결혼에 앞서 아름다운 프러포즈 곡이 되었다.

기묘한 걸 느꼈네, 사랑에 빠진 걸까, 밀라노에서. 꽃도 없고 잎도 없는, 하늘도 사라지고 그 아무것도 없는 듯한 느낌. 사람들 중에, 그 많은 사람 중에, 난 기묘한 걸 느꼈네. 밀라노에서 약속 잡기, 백화점에서, 광장에서 그리고 화랑에서. 이 광기, 그럼에도 불구하고, 이 불가능한 곳에서, 당신은 내게 사랑한다고 고백했지. 나도 당신을 사랑한다고 화답했지, 사랑한다고…

〈Come Se Noi Due 마치 우리 둘이서〉는 싱글 〈Innamora-ti A Milano〉의 B-side곡으로, 가사는 알 수 없지만 역시나 떨리는 기타의 서정이 가득한 노래이다.

〈Io Ti Darò di Più 더 많이 줄게〉는 1966년 발표 싱글로, 오리에타 베르티Orietta Berti와 오르넬라 바노니Ornella Vanoni는 그해 산레모가요제에서 이 노랠 불러 6위에 랭크되었고, 앨범으로도 취입했다. 간절함이 뜨겁게 적셔진다.

한 번, 딱 한 번이야, 내 말이 틀리지 않으면 좋겠어, 하지만 이번엔 상관없네, 난 널 위해 내 인생을 바칠 거야, 어떤 대가도 없이, 더 많이 줄게, 모든 것을 난 네게서 얻을 거야, 네가 나를 사랑하더라도, 한 번도 사랑한 적 없는 것처럼 더 많이, 훨씬 더 많이 줄게…

〈C'era la Notte 밤이 있었네〉는 〈Io Ti Darò di Più〉의

B-side곡.

〈Aspetta Domani 내일까지 기다려〉는 작곡한 프레드 봉구스토Fred Bongusto(1935-2019)와 영국 여가수 Kiki Dee가 1965년 산레모가요제에서 부른 곡으로, 원곡보다 여성 허밍이 강조된 레미지의 편곡도 좋다.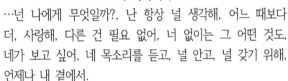

…인생이여, 내 인생아, 날 떠나지 마, 내일까지 기다려줘, 내일의 사랑을. 얼마나 내가 이기적인지, 널 위해 어떻게 해야 하는지를 알아, 그러나 넌 여전히 몰라, 내가 널 얼마나 사랑하는지. 내일까지 기다려줘, 그리고 그에게 아니라고, 넌 날 사랑한다고 말해줘, 네가 나만 원한다고.

〈Ho Bisogno di Vederti 널 보고 싶어〉는 1965년 산레모가요제에서 질리올라 칭케티Gigliola Cinquetti와 미국 여가수 Connie Francis가 부른 피에로 참피Piero Ciampi(1934-1980)의 작곡이다.

…넌 나에게 무엇일까?, 난 항상 널 생각해, 어느 때보다 더, 사랑해, 다른 건 필요 없어, 너 없이는 그 어떤 것도, 네가 보고 싶어, 네 목소리를 듣고, 널 안고, 널 갖기 위해, 언제나 내 곁에서.

〈Mi Credono Povero 그들은 내가 가난하다고 생각해〉와 〈E Tu 그리고 너〉는 1966년 싱글 발표곡으로, 힘찬 그의 가창을 들을 수 있는 트랙이다.

1964년 싱글 〈Tanto Io 그래서 나는〉은 특색 있는 드럼과 로맨틱한 올드 감성이 마음을 확 끌어당긴다.

난 미쳤나 봐, 하지만 널 사랑해. 넌 내가 찾던 여자야, 네가 날 떠날 거란 것을, 어느 날 고통스럽게 할 거란 것을 알아. 난 누군가가 널 좋아한다는 것도 알아, 난 그것이 곧 끝날 거란 것도 알아, 내가 그렇게 할 거니까…

1966년 싱글 발표곡인 〈L'Amore 사랑〉은 배우이자 가수 돈 백키Don Backy가 1965년에 발표한 것이다. 원곡도 1960년대의 낭만을 고스란히 간직하고 있지만, 레미지는 우렁찬 드럼과 브라스 그리고 전자

오르간의 합주로 더 진한 노스텔지아를 발산한다.

…정말 고마워, 내게 태양을 그리고 드넓고 푸른 바다를 선물해 줘서, 정원의 장미와 강물은 위대한 고요 속으로 흐르네, 바다를 품기 위해서. 이게 사랑이야…

〈Adesso Si 지금 그래〉는 1966년 싱글로, 동년에 세르지오 엔드리고Sergio Endrigo(1933-2005)가 발표한 노래이다.

〈La Carta Vincente 승리의 카드〉는 1966년 지노 파올리Gino Paoli의 발표곡으로, 역시 힘찬 가창이 돋보인다.

…또 하루가 끝났네, 그리고 너와 난 함께 여기 있네, 난 궁금해, 인생이라는 미친 게임 속에서 우연히 내게 비장의 카드가 생겼다는 것. 예쁜 혜성, 넌 나만을 위한 비장의 카드야…

영화음악 같은 깐쏘네 〈Se Fossi Veneziano 네가 베네치아 사람이었다면〉과 흥겨운 비트 음악 〈Senza Schei 돈 없이〉는 1966년 싱글 발표곡이다.

〈Seguendo il Capo 대장을 따라라〉와 〈Uno e uno due 하나와 하나 둘〉은 1965년 싱글로, 디즈니 영화 『Peter Pan 피터 팬』의 이태리 사운드트랙이다.

Un Ragazzo, Una Ragazza

1969 | Carosello | PLP 326

1. Un Ragazzo, Una Ragazza
2. Innamorati a Milano
3. Non Dimenticar le Mie Parole
4. La Notte Dell' Addio
5. Cerchi Nell' Acqua
1. Quando Si Spegne La Luce
2. Io Ti Daro di Più
3. Quando Ti Stringi a Me
4. Un Ragazzo Che Ti Ama
5. Pronto… Sono Io

《Un Ragazzo, Una Ragazza 한 소년, 한 소녀》는 그의 첫 LP로, 훌륭한 일러스트의 커버가 눈에 띈다.
타이틀곡은 여성 백 보컬리스트와 함께 다정다감 하게 대화하듯 노래했는데, 고요함과 달콤함은 이 내 강렬한 간절함으로 탈바꿈한다.

여기 내 옆에 머물래? (내가 무엇을 할지 모르겠어) 너에게 내 인생을 줄게 (네 옆에 내가 있을게) 우리 주위의 새로운 세상 (내가 원하는 건 단 하나 너와 함께 있고 싶어) 내가 무엇을 할지 모르겠어 (내 인생을 너에게 줄게) 나는 네 가까이에 머물 거야 (그리고 모든 것이 바뀔 거야) 우리 주위의 새로운 세상, 자기야, 난 네 옆에서 다른 생각을 해 본 적이 없네, 너도 알다시피, 난 잠시라도 상상조차 할 수 없어, 네가 존재하지 않는다는 걸…

히트곡 〈Innamorati a Milano 밀라노에서 사랑에 빠지다〉는 휘파람과 함께 나른한 재즈풍으로 편곡하였는데, 동년에 오르넬라 바노니Ornella Vanoni도 안개 같은 그녀의 목소리를 재즈에 녹여 취입했다.

〈La Notte dell' Addio 이별의 밤〉은 이바 자니끼Iva Zani -cchi의 1966년 발표를 위해 쓴 곡으로, 나른한 라운지풍의 전원곡 같은 레미지의 해석은 담백한 멋을 전한다.

…이제 네 삶은 내 인생에서 멀어지고 있네, 아무 말도 없는 이별의 밤, 넌 혼자 있고 싶지 않은 내 가슴 가까이에 있네, 약속해, 사랑해, 기억할게, 네가 내게 주고 내가 네게 준 아름다운 것들, 잘 가, 우리의 빈집에 태양이 쏟아지면, 넌 여기 없을 거고, 난 널 그리워할 거야. 내 사랑…

〈Cerchi Nell' Acqua 물속의 원〉은 샹송 가수 프랑수아즈 아르디Francoise Hardy(1944-2024)의 1967년 발표 명곡이자 클로드 를루슈Claude Lelouch 감독의 영화 「Vivre Pour Vivre 삶을 위한 삶, 1967」에 삽입되기도 한 〈Des Ronds dans l'Eau 물속에 그린 그림〉의 이태리어 버전으로, 레미지의 1967년 싱글 버전을 그대로 수록한 듯하다.

…그 이상의 무언가로 사랑을 기다리며, 물속에서 원을 그리며 남은 건 너뿐이야… 물속의 네 그림은 끝나지 않아…
짧아서 아쉬운 〈Quando Si Spegne la Luce 불이 꺼지면〉은 라디오에서 들려오는 듯 향수를 자극한다.

불이 꺼지고, 사랑은 우리 안에서 빛나네, 네가 절대 날 떠나고 싶지 않을 거라고 단언할 수 있네, 그런 날이 와도 안 돼. 네가 다가와서 내 손 을 잡네, 우리에겐 아무것도 중요하지 않아, 영원히 함께할 것이고, 너와 난 하나일 테니까.

〈Io Ti Darò Di Più 더 많이 줄게〉는 1966년 발 표곡으로, 이번 앨범에서는 느슨한 재즈를 가미해 편곡했다.

〈Quando Ti Stringi A Me 네가 날 가까이 안을 때〉는 1935년에 미국 여가수 Frances Langford(1913-2005)가 부른 라디오 시대의 인기곡 〈I'm in the Mood for Love〉가 원곡이다. 레미지는 별이 빛나는 밤의 세레나데로 편곡했다.

〈Un Ragazzo Che Ti Ama 널 사랑하는 소년〉은 미국의 트럼펫 주자이자 작곡가 Herb Alpert의 1968년 발표곡 〈This Guy's in Love with You〉를 이태리어로 노래한 것으로, 부드러운 재즈 발라드로 풋풋한 청춘의 사랑 고백을 들려준다.

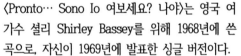

〈Pronto… Sono Io 여보세요? 나야〉는 영국 여가수 셜리 Shirley Bassey를 위해 1968년에 쓴 곡으로, 자신이 1969년에 발표한 싱글 버전이다.

…바보같이 이미 눈물을 쏟아버렸네, 미안, 너도 알다시피 오늘 저녁이 아마 마지막이겠지? 넌 내일 떠날 거고, 너도 알다시피 넌 내 인생도 가지고 갈 거야, 괜찮아, 내게 '안녕'이라고 인사하지 말아줘, 내가 괴로워하지 않도록. (여보세요?) 안녕 어디야? 내 말이 들리지 않니? 잘 가, 내 사랑!

In Tema d'Amore

1971 | Carosello | CLN 25013

1. Lo So Che È Stato Amore
2. Mi Succede D'Amare
3. Cento Donne, Poi Maria
4. …Tra I Gerani e L'Edera
5. Amore Romantico
1. Tu Sei Qui
2. Il Vino dell'Amore
3. Libertà
4. Apri la Finestra
5. Una Famiglia
6. Monamì

커버 일러스트가 아름다운 《In Tema d'Amore 사랑의 주제》에는 인생에서 누군가 혹은 무언가를 사랑한 모든 사람들에게 바친다는 레미지의 메모가 있다. 그의 차분하고도 따스한 감정으로 남녀의 사랑뿐만 아니라, 가족과 사회 내의 사랑도 녹여낸다.

〈Lo So Che È Stato Amore 사랑이었던 걸 알아〉는 싱글로 커트된 곡으로, 슬픈 이별의 드라마가 너무나 촉촉하다.

…햇살 아래 눈을 깜빡이는 네 얼굴, 미소의 그림자 속에 널 홀로 남겨두고 싶어, 그리고 사랑 없이 주어지는 키스는 구하지 않을 거야, 입은 거짓말을 할 수 있으되, 마음은 그럴 수 없으니까. 난 그게 사랑이었다는 걸 알아… 벌써 아침이야. 파티의 시간은 베개에 남아있네, 네가 있어서, 내가 네 곁에 있어서 좋았어…

첫 곡과 함께 싱글 커트된 〈Tu Sei Qui 넌 여기에 있네〉는 2부라고나 할까? 슬픔을 숨긴 담담함이 더없이 처연하다.

…그리고 넌 침묵 속에 있네, 날 사랑하려 노력했던 너의 안간힘도 여기 있네, 이 시점에서 난 떠나며, 널 사랑했다는 것을 알게 되었네, 그리고 중요한 것은 네게 준 게 아무것도 없다는 거야. 내 사랑, 용서해…

〈Cento Donne, Poi Maria 100명의 여자, 다음은 마리아〉은 1970년대 깐쏘네의 전형으로, 백 명의 여성인들 무슨 소용이며 오직 자신의 진실한 사랑은 마리아뿐이라고 고백한다.

〈…Tra I Gerani E L'Edera 제라늄과 아이비 사이〉는 덧없는 첫사랑에 대한 회환이다.

…오아시스 같은 내 가난한 뒷마당의 분수, 제비가 마셨고, 제라늄과 아이비 사이에서 넌 언제나 날 바라봤지… 뒷마당에는 연처럼 혜성이 날아가고, 우리가 젊음의 눈을 뜬 후, 넌 더 이상 나와 함께 있지 않았네, 내 첫사랑. 4월의 태양처럼, 안뜰을 밝혔던 스무 살의 사랑, 더 이상 빛나지 않았네, 제라늄과 아이비 사이, 넌 더 이상 여기 없네.

〈Amore Romantico 낭만적인 사랑〉은 추억을 위한 발라드로 부드러운 전원곡 같다.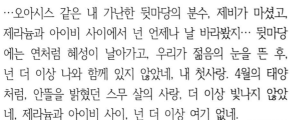

…후회하겠지, 우리의 긴 산책과 우리의 유일한 봄은, 여름이 되지 못하고 한순간에 날아가 버렸어, 잘 가, 하지만 난

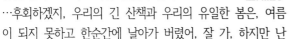

널 잊지 않을 거야, 낭만적인 사랑은 내 인생이었으니까. 너 없이는 이제 인생은 맛이 없고 걸작도 될 수 없을 거야…

〈Il Vino dell'Amore 사랑의 포도주〉는 고혹적인 현악 오케스트레이션이 비상하는 사랑의 찬가이다.

네 안에는 사랑의 포도주가 있네, 네 눈의 태양 아래서 성숙해지는, 그리고 네가 내 품에 안겨 있을 때, 가볍게 날아가는 나를 알 수 있었지. 넌 내게 사랑의 포도주를 주었네, 점점 더 날 네게 묶고 있어, 넌 내게 생명을 주었지만, 어쩌면 넌 그걸 모르겠지, 너 없이 난 살 수 없다는 걸, 넌 내가 가져본 적이 없는 전부라는 걸…

〈Libertà 자유〉는 1970년에 발표한 싱글로, 경쾌하면서도 질주하는 젊은 심장의 팝이다.

…자유, 모든 사람의 고향이지만, 그것을 가진 사람은 없네, 그것을 갖는 것에 대한 두려움은 당신에게만 남을 거야, 달리는 오토바이, 그리고 나는 홀로 남을 거야…

〈Libertà 자유〉와 함께 싱글로 발표한 〈Mi Succede d'Amare 내게도 사랑이〉는 장단조를 오가는 멜로디, 부드러운 여성 코러스, 그리고 떨리는 열병을 앓는 레미지의 보컬이 일품이다.

바람의 목소리가 내 안으로 들어오네, 창 앞 나뭇가지 사이로, 모두의 이 새벽은 내게도 잦아드네… 거울 속에는 내 곁에 네가 없는데. 그래, 우연히 사랑하게 됐어. 사랑해, 널 생각하고, 널 찾아, 널 원해, 넌 달콤하고, 날 꿈꾸게 해, 넌 바람 속에 있고, 난 네게서 숨 쉬어…

〈Apri la Finestra 창을 열어봐〉에는 사랑의 꿈을 향한 도약을 위한 따스한 권고를 담았다.

1969년 싱글로 발표된 동년의 산레모가요제 참가곡 〈Una Famiglia 가족〉은 서정의 끝을 향해 내달리는 피아노협주곡으로 감동을 선사한다. 이는 대화 단절에 대한 충고이며 가족에 대한 사랑이다.

저녁이 오면, 넌 집으로 돌아가, 아무 말도 없이 넌 테이블

에 앉겠지, 언제나처럼 네 자리에. 그러면서 넌 '날 내버려 둬'라고 말하면서 한 시간 동안 신문에 시선을 고정하겠지. 하지만 어머니께 무슨 일이 있는지 눈 속을 읽어봐, 너와 조금이라도 이야기를 나누길 원한다는 걸 깨달아봐, 그녀와 공유할 게 하나도 없다면, 네가 그녀에게 준 이 삶을 삶이라 부르지 마. 네가 어머니를 깊이 사랑한다는 사실을 네가 부정하지 않는다는 걸 알아. 그녀가 감내하도록 하지 마, 그런 삶이 네게 주는 건 일상의 비통함뿐이야… 집에 오면 미소를 지어봐, 그러고는 함께 이야기해, 그래야 진짜 가족인 거야.

〈Monamì 내 친구〉는 비 오는 날 다가온 떠돌이 개와의 에피소드이다.

…모나미, 난 내게 해줄 수 있는 게 없지만, 나에게 네 생명을 바치겠지, 내가 세상을 바칠 그녀는 나에 대한 사랑이 조금도 없단다, 모나미, 그녀에게 사랑을 가르쳐 줘, 너처럼 사랑하는 법을 가르쳐 주겠니. 이름을 모르니 모나미라 부를게, 넌 나와 함께 왔지, 너도 혼자였지…

1974년에 동일한 일러스트 커버로 발매한 《Le Canzoni D'Amore 사랑의 노래》라는 타이틀이 발매되었는데, 본작에 《Un Ragazzo, Una Ragazza 한 소년, 한 소녀, 1969》의 수록곡 일부와 앨범에 미수록된 싱글곡, 그리고 1973년 산레모가요제 참가곡이자 싱글 〈Il Mondo È Qui 세상은 여기에〉와 〈Amare e Poi Scordare 사랑과 망각〉이 포함되었다.

특히 〈Amare e Poi Scordare 사랑과 망각〉은 프레드 봉구스토Fred Bongusto(1935-2019)가 1975년에 취입하기도 했는데, 이태리 팝의 아름다움을 담은 서정의 트랙이다.

난 원치 않지만, 태양은 지평선을 불태우며, 방에 수천의 그림자를 드리우네, 우리의 사랑은 몇 시간밖에 남지 않았네. 그러는 동안 여전히 우리는 거친 숨을 몰아쉬고, 후회 없이 꿈과 만나네, 상념을 잠재우기 위해 얘기나 해. 왜 여기 머무는 것은 불가능하니? 왜 부스러기만 있으면 될까? 네가 날 사랑한다면 조금은 죄책감을 느낄 것 같으니까? 사랑하고 잊어버리는 건 쉬운 것 같아, 하지만 사랑이 습관인 경우만 그렇겠지. 우리 사이는 그렇지 않아. 이제 넌 다시 그의 품으로 돌아가겠지. 넌 그 사람의 얼굴을 보는 것이 두려울 거야, 왜냐면 나와의 사랑이 있으니까.

이듬해 《"Emme" Come Milano 밀라노 같은 M, 1975》을 발표했는데, 밀라노에 헌정한 앨범답게 히트곡인 〈Innamorati a Milano 밀라노에서 사랑에 빠지다〉를 새로운 버전으로 실었다.

이후 팝으로 완전히 선회한 셀프 타이틀 《Memo Remigi, 1979》를 내고 1980년대를 넘어 그가 음악계로 다시 컴백한 것은 《Innamorato 사랑에 빠지다, 1990》였다.

2001년에 그를 발탁했던 작곡가 조반니 단치Giovanni D'Anzi(1906-1974)의 레퍼토리를 들고 다시 마이크를 잡았고, 2009년까지 4매의 앨범을 더했다.

1970년대 초부터 라디오 프로그램의 진행자로 활약했으며, TV의 버라이어티 쇼는 큰 성공을 거두었고, 연극배우로도 활동을 확장했다. 2021년에는 아내 루시아가 먼저 세상을 떠났다고 한다.

비애의 드라마
Mia Martini • 미아 마르티니

1964년에는 Festival di Bellaria에서 〈Come Puoi Farlo Tu 당신이 할 수 있는 것처럼〉으로 우승했으며, 세 번째 싱글 〈Il Magone 마고〉는 매스컴에서 좋은 평판을 얻었다.

그러나 1966년 싱글 〈Non Sarà Tardi 늦지 마〉는 대중적으로 냉담한 반응을 보였고, 이에 실망한 그녀는 로마로 이사를 한 후 여러 소일거리를 하며 생계를 유지했다. 그때 여동생의 친구 레나토 제로Renato Zero와 친분을 쌓으며 다시 가수에 대한 의욕을 불태운다.

그러나 1969년 싱글 〈Coriandoli Spenti〉를 발표한 후, 약물 소지죄로 기소되어 4개월간 투옥 생활을 하게 되고 이디스크는 얼마 못 가 수거되는 지경에 이른다.

1970년에 팝오케스트라 지휘자였던 알렉산드로 알렉산드로니Alessandro Alessandroni(1925-2017)의 작품에 합창단원으로 여동생과 참여했는데, 피아니스트 토토 토르콰티Toto Tor -quati(1942-2023)는 그녀의 음색을 발휘할 수 있는 가수로서의 길을 다시 걸을 것을 설득한다.

순탄치 못했던 인생은 로마의 최대 나이트클럽 Piper의 책임자 알베리고 크로체타Alberigo Crocetta를 만나면서 성공 대로를 걷는다. 우선 그는 집시 소녀 같은 이미지의 그녀를 위해 유명 여배우인 미아 페로우Mia Farrow와, 피자와 스파게티와 더불어 이태리의 명물인 마티니Martini를 결합한 새로운 이름 '미아 마르티니'를 지어준다.

1971년 새로운 싱글 〈Padre Davvero 아빠 정말〉이 발표되었는데, 이는 아버지의 폭력에 반기를 품은 딸의 이야기로 검열 대상이 되었지만, 일부 대담하고도 혁신적인 평을 얻는다. 이 노래로 전위음악 축제에 참가하여 Osanna, Banco, PFM 등 당시 아트록 그룹들을 제치고 우승한다.

또한 클라우디오 발리오니Claudio Baglioni와 작곡가 안토니오 코지오Antonio Coggio의 〈Amore… Amore… un Corno 사랑 사랑 나팔〉과 〈Gesù è Mio Fratello 예수는 내 형제 | Lacrime di Marzo 3월의 눈물〉에 이어 첫 앨범 《Oltre la Collina 언덕 너머》를 발표한다.

미아 마르티니(1947-1995)는 본명이 도메니카 베르테Domeni -ca Bertè로 이태리 구두코에 위치한 작은 마을 바냐라 칼라브라Bagnara Calabra에서 네 딸 중 둘째로 태어났다. 부모는 모두 교사였고, 셋째인 1950년생 로레다나 베르테Lore -dana Bertè도 가수로 성장한다.

어린 시절부터 음악과 노래에 대한 재능을 발휘했던 그녀는 각종 경연을 거치며, 1962년 레코드 계약을 위해 밀라노로 온다. 유명한 음반 제작자이자 작곡자인 카를로 로씨Carlo Rossi는 당시 유행하던 예예족 여가수를 찾고 있었고, 이듬해 그의 덕분으로 그녀는 미미 베르테Mimì Bertè라는 이름으로 여동생과 함께 싱글 〈I Miei Baci Non Puoi Scordare 당신의 키스를 잊을 수 없어〉을 발표하며 가수의 길을 내딛는다.

Oltre la Collina

mia martini / oltre la collina...

1971 | RCA | ND 74550

1. Tesoro Ma è Vero
2. Padre Davvero
3. Gesù è Mio Fratello
4. Prigioniero (Stop, I don't wanna hear it any more)
5. Nel Rosa (Into White)
6. Ossessioni (Taking off)
7. The Lion Sleeps Tonight
8. La Vergine e il Mare
9. Lacrime di Marzo
10. Testamento (Au Voleur)
11. Amore… Amore… un Corno!
12. Oltre la Collina

국내에 라이선스로 소개된 첫 앨범으로, 신화의 풍경 같은 커버가 시선을 사로잡는다.

포크풍의 슬픈 현악이 잔잔히 깔리며 여린 기도로 시작되는 〈Tesoro Ma è Vero 보물 그러나 진실〉은 하나님의 딸로 서 불안한 자신의 손을 잡아달라고 간청하는 고해 성사로, 폭발적인 록의 호흡과 함께 애끓는 절규 와 호소로 나타난다.

투명한 기타와 록 연주 그리고 코러스와 함께 눈물로 울부 짖는 〈Padre Davvero 아빠, 정말 난 알고 싶어요〉에서는 축복을 꿈꾸었지만, 가정을 내팽개친 아버지를 향 해 '정말 사랑하지만 내가 아빠의 딸이 확실한가 요?'라고 묻는다.

교회 종소리와 목자들 사이에서 기쁨의 찬양 기도를 올리는 〈Gesù è Mio Fratello 예수는 내 형제〉는 포크 와 비트 그리고 클래식이 혼합되어 성스러움과 강 렬함에 중후함까지 느낄 수 있다.

〈La Vergine e il Mare 처녀와 바다〉는 회한의 한숨 같은 엷은 스캣 그리고 순결을 잃은 것에 대한 자비를 비는 기도로, 느린 록비트는 점점 폭풍우가 몰아 치는 바다처럼 거칠어진다.

발리오니의 1970년 데뷔앨범에 원곡이 수록된 〈Lacrime di Marzo 3월의 눈물〉에 이어, 〈Amore… Amore… un Corno! 사랑 사랑 나팔〉에서는 연인을 사랑하는 줄 몰랐던 그녀가 사랑임을 확인하고는 내일의 희망을 꿈꾸며 떠나지 말라고 간구한다. 로맨틱한 서정에 팝적인 경쾌함 그리고 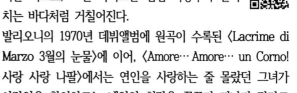 팀파니와 코러스에 용기를 북돋우는 듯한 손뼉 소 리가 가미되어 독특한 낭만의 색채를 선보인다.

〈Oltre la Collina 언덕 너머〉는 몽환적인 보이스 이펙트와 애수의 오케스트레이션 위로, 믿음과 희망을 잃어버린 한 여인의 사랑을 갈구하는 간절한 바람을 독백하고 있다. 노래의 멜로디도 없고 2분여의 짧은 연주시 간이지만 영화 같은 환상을 불러일으킨다.

사랑과 참회에서 인생으로 흐르는 콘셉트는 이태리 팝 영역 에 좋은 예시가 되었으며, 이후 이 앨범을 능가하는 작품은 다시 창작하지 못할 최고의 걸작이라는 평가가 뒤따랐다.

Nel Mondo, Una Cosa

1972 | Ricordi | 74321445192

1. Donna Sola
2. Neve Bianca
3. La Nave
4. Madre (Mother)
5. Un Uomo In Più
6. Valsinha
7. Io Straniera (Border Song)
8. Questo Amore Vero
9. Amanti
10. Il Tuo Cuore di Neve (Sing A Song)
11. Tu Che Sei Sempre Tu
12. Piccolo Uomo

레이블을 이적하고 발표한 두 번째 앨범 《Nel Mondo, una Cosa 하나의 세상에서, 1972》은 음악 평론가들로부터 올해의 최우수 앨범으로 선정되었고, 히트 퍼레이드 차트에서 5위를 차지했다.

다수의 번안곡이 수록되었는데, 자신의 레퍼토리에서 가장 좋아하는 노래로 선언했던 쉬쿠 봐르키Chico Buarque와 모라이스Vinicius De Moraes(1913-1980)의 작품 〈Valsinha 작은 왈츠〉는 첫 키스와 함께 서로의 것이 되고 새벽을 맞는 첫 데이트를 뜨겁게 그렸다.

〈Donna Sola 외로운 여인〉은 국제 경음악 전시회에서 수상한 곡으로, 싱글은 35만 장 이상이 판매되었다.

〈Un Uomo In Più 또 다른 남자〉는 또 다른 남자가 아니라 유일한 남자임을 확신하는 사랑 노래로, 작곡자인 벰보는 《Aria, 1975》에서 〈Mondo Nuovo 새로운 세계〉로 다시 불렀다.

〈Questo Amore Vero 진정한 사랑〉은 그녀만의 폭발적인 샤우팅과 호소력이 더 크게 다가온다.

내겐 더 이상 가질 수 없는 넓은 하늘인 네가 밉지만, 널 사랑하는 것 같아, 난 태어나 네 곁에서 죽어가고 있어, 네가 이 여자에게 얼마나 해를 끼치는지 봐, 나에게 진정한 사랑을 줘, 두 팔을 벌려 날 꼭 안아줘, 이제 곧 밤이야…

〈Amanti 연인〉은 잘 마른 목화솜 같은 목소리로 자신에겐 연인이었던 친구에게 마음을 고백한다. 기타와 현악과 부드러운 코러스도 로맨틱하다.

…난 많은 실수를 저질렀지, 하지만 가장 중요한 건 너였어, 내가 어떻게 널 떠나고, 넌 나 없이 어떻게 지낼 수 있니? 오늘 떠나면 내일은 없어…

〈Tu Che Sei Sempre Tu 언제나 넌 너〉에서는 미숙했던 시절에는 온실이었지만, 여전히 어떤 표현도 없이 다가오는 연인에게 이젠 더 이상 누구도 아니고 여름날 시원한 저녁도 아니라고 말한다.

자신에게서 떠나지 말라고 연인에게 호소하는 〈Piccolo Uo-mo 작은 남자〉는 그녀에게 첫 성공을 안겨준 대표곡 중 하나이다. 매년 여름 개최되는 Festival-bar에서 첫 우승을 차지했으며, 판매 부문에서 첫 골드레코드를 획득했다.

Il Giorno Dopo

1973 | Ricordi | 82876502782

1. Ma Quale Amore
2. Picnic (Your song)
3. Il Guerriero
4. Bolero
5. Dimmelo Tu
6. Minuetto
7. Mi Piace
8. La Malattia
9. Tu Sei Così
10. La Discoteca
11. Signora (Señora)
12. Dove il Cielo Va a Finire

세 번째 앨범 《Il Giorno Dopo 그날 이후》는 그녀의 대표 명곡인 〈Minuetto 미뉴에트〉를 수록하고 있다. 프랑코 칼리파노Franco Califano(1938-2013)가 가사를 쓴 이 노래로 음악 축제 Festivalbar에서 연이어 정상을 차지했다.

모차르트를 연상시키는 동심의 미뉴에트에는, 밤마다 잦아드는 외로움과 사랑하는 연인을 기다리는 우울함이 진솔하고도 맑게 그려진다.

…우리를 위한 미뉴에트 선율, 내 마음은 결코 멈출 수 없어. 나는 미소를 가져다주는 사랑의 진실은 모르겠어. 상념은 오고 가고, 인생은 너무…

우리의 귀에 친숙함을 더하는 전형적인 1970년대 초반의 악곡 구성이지만, 그 따사로운 향기가 그리운 〈La Malattia 질병〉 역시 가슴 시리다.

…난 섬이라네. 난 체득했지, 당신의 질병도 내 것이라는 걸. 당신과 함께 휴식하고 싶어. 과거는 이미 멀리 떠난걸. 지금 별은 가까이 불타올라. 난 느끼고 있어, 이미 당신의 질병이 내게로 왔다는 걸.

자신의 삶에서 사랑의 고통을 안겨다 준 그대가 지금 너무 필요하다고 그리움을 토로하는 〈Tu Sei Così 당신은 너무 해〉도 수채화같이 잔잔한 포크의 낭만으로 그려지고 있다.

바람에 실려 흘러가는 석양을 바라보며 푸른 우주 같았던 사랑을 회상하는 〈Dove il Cielo Va a Finire 하늘이 끝나는 곳〉도 고색의 현악으로 아름다운 서정을 더한다.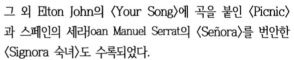

그 외 Elton John의 〈Your Song〉에 곡을 붙인 〈Picnic〉과 스페인의 세라Joan Manuel Serrat의 〈Señora〉를 번안한 〈Signora 숙녀〉도 수록되었다.

È Proprio Come Vivere

mia
martini
è proprio come vivere

1974 | Ricordi | 74321 57375

1. Inno
2. Il Viaggio
3. Domani
4. ⋯E Stelle Stan Piovendo
5. Alba
6. Agapimu
7. Un'Età
8. Gentile Se Vuoi
9. Luna Bianca
10. Ritratti della Mia Incoscienza

본작 《È Proprio Come Vivere 그것은 살아있는 것 같아요》는 짙게 화장을 한 커버가 고전적인 느낌을 준다. 투명한 기타의 멜로디와 집시같이 끈적한 그녀의 목소리가 질감 대비를 이루는 〈Domani 내일〉에서는 밤바람 같은 오케스트레이션이 쓸쓸한 감정을 불러일  으킨다. 사랑에는 시간이 필요하며 희망적인 내일

이 올 것이라 이야기한다.

⋯무엇이 나와 당신을 연결하고 있는지는 내게 묻지 마. 내겐 그 어떤 것도 대신할 수 있는 것은 없어. 그러나 나는 내게 준 누군가에 의해 당신과 함께 있네. 만약 내가 조금이라도 그래야 한다면 기꺼이 지불할 거야. 내가 더 많이 그래야 한다면 울어버릴지도 몰라. 당신은 요구하고 묵묵히 기다려. 당신은 아직 나를 도울 수 없지만, 당신이 많이 비어있고 어리석은 나날들의 고리를 깰 내일이 올 거야. 조금만 시도하면 내일 당신은 이해할 거야. 여전히 마음이 우리를 현혹하더라도 결코 우리가 그 공백을 뛰어넘지 못한다는 것을⋯

지금은 어둡지만 곧 사랑의 해가 뜰 것이라 차분하게 노래하는 〈Alba 여명〉은 서정과 희망의 볼레로로, 코러스와 건반 그리고 호젓한 오케스트레이션의 행진이 매우 감미롭다.

기타와의 조화가 잔잔한 서정으로 이끄는 〈Ritratti della Mia Incoscienza 내 무의식의 초상화〉는 이별 후의 그리운 감정을 노래한 작품으로 늦여름에 만개한 들국화의 향이 은은하게 머문다.

그는 기타와 꽃에 있네, 그리고 다음에 여름으로부터 촉촉이 젖어 빛을 내지. 왜 내가 그를 그리고 있을까? 다락방, 고양이 그리고 우리의 빨간 양초, 내겐 당신에 대한 신념이 있어, 진심이 아닐까? 난 당신과 함께 있어. 왜 그렇지 않을까? 내 무의식의 초상, 당신은 어디로 가나? 당신 눈에서 읽는 맑은 날의 환한 빛들⋯ 그는 여기 있지만, 절대 도달하진 않았어. 가벼운 숨죽임 이전에 부드러운 수면, 난 당신을 생각해. 왜 그를 생각할까? 당신이 원한다면 난 당신의 배우자가 될 거야. 나의 말문은 이미 구름이 끼어 있는걸, 지금은 잊힌 기억들의 요정처럼⋯ 나는 그와 함께 있네.

온화한 그녀의 사랑 고백들은 슬픔에 잠긴 커버의 그녀의 초상화처럼 고혹적인 추억의 잔상을 남겨준다.

본 앨범으로 그녀는 올해의 가수로 선정되었다.

Sensi e Controsensi

1974 | Ricordi | 74321 737322

1. Al Mondo
2. Occhi Tristi
3. Tutti Uguali
4. Nevicate
5. Piano Pianissimo
6. Controsensi
7. Padrone
8. Donna Fatta Donna
9. Principessa di Turno
10. Notturno
11. Amica
12. Sensi
13. Volesse il Cielo

국내 깐쏘네 팬들에게 사랑받고 있는 대표작 《Sensi e Con
-trosensi 감각과 모순》은 가까운 일본에서는 라이선스로
소개되었다.

사랑과 슬픔을 안겨주는 세상에 대한 긍정적인 찬
가 〈Al Mondo 세상〉에 이어, 〈Nevicate 강설〉은

지난 슬픈 사랑에 대한 발자국들을 덮어버리고 순
수한 흰색처럼 새로운 내일을 시작하고픈 소망을

그려간다.

서정적인 에세이 〈Controsensi 모순〉은 고고한 현악에 또
하나의 솔로 현악처럼 세피아 빛깔의 음색을 이어
가는 명곡이 아닐 수 없다. 머리와 가슴 사이에서
겪는 사랑의 고통에 대한 난센스를 그렸다.

〈Padrone 주인님〉은 선명한 키보드와 오케스트

레이션이 연결해가는 서정적인 전주와 폭발적인
록풍의 후렴부가 드라마 속으로 초대한다.

맑고 호쾌한 현악의 감촉을 이어가는 〈Donna Fatta Donna
여자로서의 여자〉는 사랑을 알아가는 여성으로서
두려움을 떨쳐내고 달콤한 인생을 포용하고 싶은
욕망의 에세이이다.

처절한 연주곡 〈Sensi 감각〉과 하나로 이어지는 〈Volesse
il Cielo 간청〉는 짧은 트랙이지만 강렬한 인상을
남긴다. 비니지우스 지 모라이스의 〈Ai Qu-em Me
Dera〉에 가사를 입힌 걸작 중의 걸작이다.

하늘에 간청하네, 이미 흘러간 바람이 노래를 싣고 돌아오
지 않도록, 당신이 그 노래를 듣고 울음을 멈출 수 있도록,
세상이 더 이상 슬퍼하지 않도록, 절대 돌려보내지 마. 하늘
에 간청하네, 숙명에 대하여 열정을 가진 천사로 태어나도
록, 빛이 드리워지고 평화가 내려앉도록. 아, 모두가 다르다
면, 항상 함께 노래를 부를 수 있게, 모두가 서로에게 진실
로 다가갈 수 있도록, 항상 원하는 바대로 노래할 수 있도
록. 하늘에 간청하네, 인생이 무엇인지 몰라도 그저 아름답
기를. 항상 내 곁에 머물 형제가 되어주기를…

니콜 크로와질Nicole Croisille의 〈Une Femme avec Toi 당
신의 여자〉 번안곡 〈Donna con Te〉로 Festivalbar에서 7위
를 기록, TV 인기투표에서도 최우수 여자가수로 선정된다.

Un Altro Giorno con Me

1975 | Ricordi | 74321 737322

1. Questi Miei Pensieri
2. Sabato
3. La Porta Socchiusa
4. La Tua Malizia
5. Tu Uomo, Io Donna
6. Io Ti Ringrazio
7. Le Dolci Colline del Viso
8. Milho Verde
9. Come Artisti
10. Malgrado Ciò
11. Un Altro Giorno con Me
12. Tenero e Forte
13. Veni Sonne di la Muntagnella

동년에 또 하나의 앨범 《Un Altro Giorno con Me 나의 또 다른 날》을 발표했는데, 더 많은 상업적 성공을 얻었음에도 자신의 의향과 거리가 먼 작품이라는 이유로 많은 시간이 지난 후 자신의 최악의 앨범이라 술회하기도 했다. 〈La Tua Malizia 당신의 악의〉에서 사랑의 늪으로 빠져들게 하는 연인에게 원망 섞인 행복감을 털어놓는다.

…당신의 악의는 천천히 미로의 형태를 갖추네, 난 어디로 탈출해야 할지 모르겠어. 그리고 마음을 제압하는 단순한 욕망만이 돌아서네…

환상적인 현악의 향연이 펼쳐지는 〈Le Dolci Col-line del Viso 얼굴의 달콤한 언덕〉은 호소력이 애틋함을 넘어 강인한 확신을 향해 내달린다.

…품에는 하늘이 없지만, 그건 부드럽게 여운을 남기네. 밤의 공원은 빛나지만, 곧 그 빛을 잃네. 내가 옷을 입은 모습을 보더라도 그건 얼굴의 달콤한 주름을 보는 것. 그건 결국 얼마나 오랫동안 살고 사랑했는지를 말해주는 것이지. 우리는 연인이 될 거야, 마주한 두 손 사이에서 예측할 수 없는 신비한 공간감처럼…

부드러운 향기가 코끝을 스치는 듯한 풍성한 현악이 여울지는 명곡 〈Un Altro Giorno con Me 나의 또 다른 날〉은 당신에게 화를 내고도 사랑할 수밖에 없는 것에 질투와 지루함을 느끼지만, 또 다른 인생을 산다 하더라도 그럴 것이라 맹세하는 사모곡이다.

〈Veni Sonne di la Muntagnella 작은 산에서 자러 내려오렴〉은 남부 이탈리아 칼라브리아에서 방언으로 전승되어 오던 자장가를 노래한 것으로, 영혼을 울리는 명작이 아닐 수 없다.

…내 땅으로 잠들러 와, 내 아들은 나의 잔소리를 싫어하지만, 자장가를 불러달라고 하네, 이제 잠자리에 들 준비가 되었네…

영국의 로큰롤 스타 Barry Blue의 1973년 히트송 〈Dancing on a Saturday Night〉을 커버한 〈Sabato 토요일〉과 지우지우베르투Gil Gilberto의 흥겨운 삼바 〈Milho Verde 푸른 옥수수〉의 커버도 들을 수 있다.

Che Vuoi Che Sia··· Se T'Ho Aspettato Tanto

1976 | RCA | ND 74845

1. Ma Sono Solo Giorni
2. Io Donna, Io Persona
3. Che Vuoi Che Sia··· Se T'Ho Aspettato Tanto
4. Se Mi Sfiori···
5. In Paradiso
6. Fiore di Melograno
7. Una come Lei
8. Noi Due
9. Elegia
10. Preghiera

1976년 〈L'Amore è il Mio Orizzonte 사랑은 나의 수평선입니다〉로 산레모가요제에 출전권을 따내고, 본작 《Che Vuoi Che Sia··· Se T'Ho Aspettato Tanto 당신이 원하는 걸 너무 오래 기다려야 한다면》을 발표했다. 루이스 바칼로프Luis Bacalov(1933-2017)가 현악 편곡을 맡았다.

싱어송라이터 아메데오 밍기Amedeo Minghi가 작곡한 〈Ma Sono Solo Giorni 외로운 나날〉은 비 내리는 소리에 묵직한 첼로를 시발로 현악과 기타가 아련함을 남긴다. 무료한 일상에서 외로움이 잦아들 때 약간의 상상과 자유를 누릴 것을 권한다.

투명하고도 낭만적인 피아노에 화창한 현악 선율이 감성을 자극하는 〈Se Mi Sfiori··· 내가 도달할 수 있다면〉은 싱어송라이터 망고Mango(1954-2014)의 작품으로, 그의 데뷔작 《La Mia Ragazza è un Gran Caldo 내 여인은 정열적이야, 1976》에 수록된 노래이다.

···내가 달에 가까이 가면, 당신 쪽으로 떨어질 거야. 당신의 품, 푸른 하늘, 이해를 위한 비행으로, 잊을 고통을 위하여. 내가 바람에 가까이 가면, 당신의 삶에서 휴식할 거야, 그러면 당신의 손으로 날 데려가 줘, 산 위의 눈이 녹은 물속으로, 우리가 아는 시간에서 시간으로 난 당신을 따를 거야···

지저귀는 새소리로 청각을 환기하는 〈Fiore di Melograno 석류 꽃〉은 청아면서도 눈부신 리코더가 포크록 연주를 이끄는데, 추억을 회상하며 배신과 이별에 대한 회환으로 여울진다.

바칼로프의 편곡이 빛을 발하는 〈Preghiera 기도〉는 이해할 수 없는 세상의 부조리와 불합리 속에서도 평화로운 눈과 옛 소망을 간직한 당신에게 자신의 남자가 되어줄 것을 청원하며, 자신의 이 기도를 잊지 말라고 당부한다. 청명한 피아노와 고혹적인 현악에 향수를 불러일으키는 하모니카로 더욱 애상적인 분위기를 들려주는, 명실공히 마르티니의 최고의 노래 중 하나이다.

이 명작으로 그녀의 명성은 유럽뿐만 아니라 캐나다에도 소개되었으며, 프랑스 TV에 출연하여 리사이틀을 가졌고, 프랑스의 명인 샤를 아즈나부르Charles Aznavour(1924-2018)의 올랭피아 극장 라이브에 초대되어 갈채를 받았다.

Per Amarti

1977 | RCA | ND 74895

1. Se Finisse Qui
2. Da Capo
3. Sentimento
4. Se Ti Voglio
5. Un Uomo per Me
6. Per Amarti
7. Innamorata di Me
8. Shadow Dance
9. Ritratto di Donna
10. Canto Malinconico

1977년에는 유로 페스티벌 참가곡으로 싱글 〈Libera 자유〉를 발표, 이는 여러 언어로 녹음되었으며, 스페인과 영국, 캐나다, 일본에까지 출반된다.
이어 《Per Amarti 사랑을 위해》를 발표하였는데, 고혹적인 여성의 아름다움이 전해지는 커버가 무척 인상적이다.

드럼이 멋진 이바노 포싸티Ivano Fossati의 작품 〈Sentimen-to 느낌〉, 리카르도 코치안테가 가사를 쓰고 미나Mina도 취입한 〈Da Capo〉에 이어, Supertramp의 〈Give a Little Bit〉의 번안곡 〈Se Finisse qui 여기서 끝난다면〉, Queen의 〈Somebody to Love〉를 번안한 〈Un Uomo per Me 날 위한 단 한 사람〉, Albert Hammond의 올디스 〈When I Need You〉를 번안한 〈Se Ti Voglio 당신이 원한다면〉 등이 포함되었다.

깐쏘네 중에서 가장 애절한 사랑 노래가 있다면 그것은 아마도 〈Per Amarti 사랑을 위하여〉가 아닐까 싶다. 가슴 뭉클한 피아노에 서정의 오케스트레이션이 공간을 서서히 메우고 있다. 자신이 얼마나 사랑하는지 모를 것이라고 그리고 그 사랑으로 어떻게 서서히 죽어가고 있는지를 심장 속 피를 전부 쏟아내듯 포효한다.

또 하나의 절대 명곡 〈Canto Malinconico 우울한 노래〉에는 맑은 눈물이 소리 없이 흘러내린다. 그녀의 인생과 너무나도 닮아서 가슴속의 연민을 멈출 수 없다.

마지막 가로수 너머로, 버스가 사라지고 나는 꿈의 가방을 들고 남아있네. 내 주위에 펼쳐진 사막에서. 나는 흙먼지 속에서 혼자 있어. 난 울어서는 안 된다고 자신에게 강요하지. 내 꿈이 얼마나 헛된 것이었는지 이해하면서. 그리고 내 추억과 당신에게 싸움을 거네. 내 인생의 나무 오두막을 따라 우울한 노래가 들려. 구석의 슬픈 기타는 미친 듯 포도주를 들이키고, 그러곤 마법처럼 그의 가까이에 앉으려 다가가네. 나는 꿈의 가방을 내려놓을 거야. 나는 나 자신과 내 추억으로부터 쉬고 싶어.

이후 이바노 포싸티와 사랑을 키워갔는데, 《Danza 춤, 1978》에서는 〈La Costruzione di un Amore 사랑의 건설〉을 비롯한 전곡을 이바노 포싸티의 작품으로 채웠으며, 〈Buonanotte Dolce Notte 좋

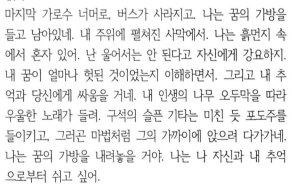

은 밤 달콤한 밤〉은 듀엣으로 노래하기도 했다. 상업적 대성공이 따랐고 사랑도 꽃을 피워 1970년대의 미아 마르티니는 최고의 전성기를 누린다.

그러나 1980년대의 시작은 레이블 이적 문제와 다음 작품을 위해 피노 다니엘레Pino Daniele(1955-2015)과 만나면서 포싸티와의 사랑은 거리가 멀어지기 시작했다.

《Mimì, 1981》에서는 가수로서뿐만 아니라 거의 모든 곡을 작사·작곡함은 물론이고 뮤직비디오도 제작하여 놀라움을 주었는데, 특히 일렁이는 파도 앞에서 기타를 치며 노래하는 〈Del Mio Amore 내 사랑에서〉는 잔잔한 아픔을 전해준다.

자신의 몇 자작곡과 모골Mogol, 리카르도 코치안테, 이바노 포싸티가 참여한 《Quante Volte… Ho Contato le Stelle 얼마나 많이 별을 세었던가, 1982》에 이어, 국내외를 막론하고 친분이 있던 유명 뮤지션들의 작품을 노래한 《Miei Compagni di Viaggio 내 여행의 동반자》를 발표하면서 그녀의 성공은 계속되는 듯했다.

그러나 1982년에 이바노 포싸티가 만든 〈E Non Finisce Mica il Cielo 결코 하늘은 끝나지 않아〉로 6위에 입상한 것을 제외하면 유달리 산레모와 인연이 없었던 그녀는 1985년에 산레모가요제 참가가 좌절되자 모든 활동을 접고 시골로 숨어버린다.

다시 재기한 것은 《Martini Mia, 1989》으로, 그녀는 새로운 각오를 말해주듯 짧은 머리를 하고 연륜이 느껴지는 깊고 진한 목소리로 무대에 선다. 이전 작품에서 명곡들을 썼던 브루노 라우지와 마우리치오 파브리지오의 〈Alme-no Tu nell'Universo 마침내 당신의 우주가〉가 산레모가요제에서 9위에 입상했다.

그리고 〈Donna 여자〉와 마우리지오 파브리지오가 쓴 명곡 〈Notturno 야상곡〉을 불러 Festivalbar에서 '황금의 디스크'상을 수상함으로써 다시 자신감을 회복했다

다음 해에는 《La Mia Razza 나의 경주》에 수록된 프랑코 칼리파노 작곡의 〈La Nevicata del '56 56년 로마의 폭설〉로 산레모가요제 4위, 1992년에는 《Lacrime 눈물》 수록곡 〈Gli Uomini Non Cambiano 변치 않는 남자〉로 2위, 1993년 에는 여동생과 함께 부른 〈Stiamo come Stiamo 우리처럼 우리는〉으로 14위를 기록했다.

1994년 새로운 레이블 Polygram은 동년 산레모의 출전 명단에 그녀의 이름을 올렸으나, 참가곡에 대한 불확신으로 출전을 포기한다. 그리고 이바노 포싸티를 비롯한 유명 동료들을 초대한 《La Musica Che Mi Gira Intorno 내 주위를 감도는 음악》을 발표했다.

1995년 3월 팬클럽 Chez Mimì를 통해 다음 앨범에 대한 발표가 있었는데, 이바노 포싸티가 참여할 〈Canto alla Luna 달을 향한 노래〉가 앨범 타이틀이 될 것이라고 했다. 그러나 이 앨범은 영영 발표되지 못했다.

그녀는 1995년 5월 12일 자신의 집에서 47세의 나이로 사망했다. 자궁섬유종으로 수개월 동안 항응고제를 투여했던 그녀의 사인에 대해 매스컴은 심장마비라 했고, 위키피디아는 자살이라 기록했다.

TV와 라디오에는 추모를 기리는 특집이 마련되었고, 여동생 로레다나 베르테와 레나토 제로 등 많은 가수들이 그녀의 빈자리를 노래했다. 산레모가요제의 시상식에는 그녀의 이름을 딴 미아 마르티니 비평가상이 매년 수상되고 있다. 성공과 좌절을 반복하며 억새 같은 그녀의 인생은 결국 불운으로 막을 내렸지만, 그녀가 남긴 노래들은 못 다 노래한 시간들에 이어 긴 생명력으로 남을 것이다.

전율의 프리마돈나
Milva ● 밀바

'크레모나Cremona의 호랑이' 미나Mina, '리곤치오Ligonchio 의 독수리' 이바 자니키Iva Zanicchi와 함께 '고로Goro의 암 표범'이란 별칭을 얻으며 깐쏘네의 짐승녀(?) 트로이카로 알 려져 있는 밀바는 깐쏘네 하면 즉각 떠오르는 등식으로 이 른바 깐쏘네의 여왕으로 군림했다.

밀바는 본디 장미의 한 품종 이름이라 한다. 장밋빛을 닮은 붉은 머리칼과 입술로 '지중해의 장미'란 애칭으로도 알려진 밀바(1939-2021)는 본명이 마리아 일바 비올카티Maria Ilva Biolcati로 이태리 북부의 작은 마을 고로에서 출생했다.

오페라 가수가 꿈이었지만, 1959년 이태리 국영방송 RAI가 주최한 '뉴 보이스 콩쿠르'에 참가하여 7천 명의 경쟁률을 뚫고 우승하면서 이태리 전역에 이름을 알리게 된다.

1960년에 첫 녹음한 에디트 피아프Édith Piaf(1915-1963)의 〈Milord 각하〉를 발표하며, 이듬해 산레모가요제에 〈Il Mare nel Cassetto 서랍 속의 바다〉와 〈Io Amo Tu Ami 나도 당신도 사랑해〉로 출전, 3위와 4위를 기록했다.

1962년에는 세르지오 브루니Sergio Bruni(1921-2003)와 함께 부른 〈Tango Italiano〉와 〈Stanotte al Luna Park 오늘 밤 루나파크에서〉로 2위와 5위를, 1963년 〈Ricorda 리코루다〉 와 〈Non Sapevo 몰랐어〉가 5위와 10위를 기록했다.

1964년에는 순위에 들지 못했지만 〈L'Ultimo Tram 마지막 트램〉, 1965년 12위 〈Vieni con Noi 검은 죽음〉, 1966년 9위 〈Nessuno di Voi 비련〉, 1967년 순위에 들지 못한 〈Uno come Noi 태양의 승리, 우리 중 하나〉, 1968년 3위 〈Canzone 깐쏘네〉, 1969년 3위 〈Un Sorriso 사라진 미 소〉 등 무려 9년 동안 연속으로 출전한다.

1972년에는 〈Mediterraneo 지중해의 장미〉로 12위를 기록 했으며, 1973년에는 〈Da Troppo Tempo 너무 오랫동안〉 으로 3위를, 그 이듬해엔 〈Monica delle Bambole 인형 모 니카〉로 본선에 진출했다.

《Milva Canta Brecht 베르톨트 브레히트를 노래하다, 1971》 를 발표하면서부터 대중의 인기보다는 작품성에 심혈을 기 울이며, 프랑코 바티아토Franco Battiato(1945-2021)를 비롯 하여 세계적으로 유명한 거장들과 함께 작품을 발표하고 또 한 오페라에 출연했다.

본국 이태리를 넘어 독일과 일본에서도 많은 인기를 얻었으 며, 60년이 넘는 음악 인생을 거치며 불세출의 표현력으로 이태리 깐쏘네를 대표했다.

La Filanda e Altre Storie

la filanda
e
altre storie

MILVA

1972 | Ricordi | 74321664072

1. La Filanda (È Ou Não É)
2. La Nostra Storia d'Amore (For All We Know)
3. Bella Ciao (Canto delle Mondine)
4. Un Uomo in Meno (Les Jardins de Marmara)
5. Iptissam (Love's Song Adelina)
6. La Pianura
7. Sola
8. Surabaya Johnny
9. Uno Dei Tanti
10. Alberge a Ore (Les Amants d'un Jour)
11. Bandoneon Arrabalero (Il Cantastorie Col Bandoneon)
12. Mediterraneo

밀바는 《Canzoni di Edith Piaf, 1970》를 발표하며 프랑스 샹송의 영원한 디바 에디트 피아프에 대한 존경을 표했다. 그해 일본 동경에서 가졌던 라이브앨범이 출시되었고, 1971년에는 20세기 독일의 가장 영향력 있는 극작가 베르톨트

브레히트Bertolt Brecht(1898~1956)의 오페라 작품들을 엄선한 《Milva Canta Brecht》가 제작되었다.

이듬해 발표한 본작 《La Filanda e Altre Storie 방적공장과 다른 이야기》는 자신의 애칭이 된 명곡 〈Mediterraneo 지중해의 장미〉를 수록하고 있는 대표작이다.

〈La Filanda 방적공장〉은 경쾌한 무곡으로, 사랑을 방적공장에 비유한 그녀의 대표곡 중 하나이다. 간드러지는 기타의 연주와 공장의 소음을 연상시키는 규칙적인 박자감이 무척 정겹다. 후미의 박수소리도 들뜬 심장박동을 잘 표현하고 있다.

〈La Nostra Storia d'Amore 우리의 사랑 이야기〉는 1970년대 특유의 오케스트레이션 서정으로 마감하고 있는 걸작이다. 밀바의 호소력 넘치는 가창과 달콤하기 그지없는 여성 코러스에 화려한 피아노가 부가되어 낭만의 꽃을 피운다.

〈Bella Ciao 아름다운 사람아 안녕〉 또한 깐쏘네의 명곡으로, 힘 있는 밀바의 절창은 전쟁에 대한 증오심마저 느껴진다.

어느 날 아침 나는 잠을 깼다. 오오, 사랑스러운 사람아, 차오. 그리고 나는 침입자를 발견했다. 오오, 빨치산이여, 나를 데려가 주오. 사랑스러운 사람아, 차오. 나는 죽을지도 모른다. 만약 내가 의용군으로서 죽는다면, 그대는 나를 묻어주지 않으면 안 된다. 저쪽 산에 묻어주오. 오오, 사랑스러운 사람아, 차오. 아름다운 꽃그늘에, 그것은 의용군의 꽃이다. 자유를 위해 죽어간 의용군의 꽃이다.16)

〈Un Uomo in Meno 잃어버린 남자〉는 앙드레 팝André Popp(1924-2014)이 작곡하고 달리다Dalida(1933-1987)가 부른 샹송 〈Les Jardins de Marmara 마르마라의 정원〉의 번안곡이다. 연인이 묻힌 묘지

---

16) 박홍진 「이야기 샹송 칸초네 여행」 1995, 삼호, 314~315p

434

에서 목놓아 슬피 우는 한 여인의 비애에 그리움이 잔뜩 서려있다.

〈Sola 홀로〉도 색 바랜 복고의 향수를 느끼기에 너무나 충분한 트랙이다. 심금을 울리는 피아노 서주에 이어 쓸쓸한 오케스트레이션은 격정적인 구성미를 거친다. 영화음악처럼 엷게 담채된 여성 스캣도 따사로움을 부여해 주지만, 진한 고독의 바람이 한차례 휩쓸고 간 기분이다.

〈Uno Dei Tanti 너무 많은 하나〉에도 영원한 사랑을 소원하는 밀바의 내지르는 호소력에 감탄사가 절로 나온다. 충동에 휩싸이게 되는 템포와 다소 비장한 트럼펫이 인상적이다.

〈Bandoneon Arrabalero 빈민가의 반도네온〉도 널리 알려진 월드뮤직 명곡이다. 아르헨티나 출신으로 파리에서 활동했던 탱고의 선구자 후안 바우티스타 데암부로지오Juan Bauti-sta Deambrogio(1890~1963)가 1920년대에 발표한 곡으로, 장·단조를 넘나들며 반도네온의 우수는 물론이고 바이올린의 애수가 더해져 애간장을 녹인다. 영혼의 고통과 갈망을 달래는 내용인데, 가을과 겨울밤에 LP로 들으면 아주 제격일 듯하다.

최고의 히트곡 〈Mediterraneo 지중해의 장미〉는 기타의 트레몰로, 구슬픈 리코더, 남녀 허밍과 황금색 현악으로 절절한 한탄을 쏟아낸다.

…나를 사랑하는 사람들을 위해 살았네, 올리브 나무는 칼날처럼 빛나고, 당신의 심장은 더욱 강하게 뛰네, 떠나는 뱃고동처럼. 그러나 태양이 열정을 불태우고, 난 널 보네. 사랑에 빠진 널. 난 바다의 노래를 결코 들어 본 적이 없네, 지중해의 사랑으로 울부짖는 바다의 노래를…

Dedicato a Milva da Ennio Morricone

1972 | Ricordi | 74321664102

1. La Califfa
2. Ridevi
3. Chi Mai
4. Imagini del Tempo
5. Metti una Sera a Cena
6. Viaggio Senza Bagagli
7. D'amore Si Muore
8. Canzone della Liberta'
9. Mia Madre Si Chiama Francesca
10. Dio, uno di Noi
11. Questa Specie d'Amore
12. Se Ci Sarà

밀바는 1972년에 일본과 국내에서 콘서트를 가졌다.

라디오 방송과 뮤직 비즈니스 쪽에서 일하시는 분이 들려주었던 1972년 내한 기념앨범 《Milva in Seoul, 1972》에는 우리 가곡 〈Barley Field 보리밭〉이 수록되어 있었다. 워낙 오래된 레코드임에도 턴테이블과 바늘을 통해 들려오는 어눌한 한국어 노래에서 밀바의 특유의 열정을 느끼기에는 충분히 남음이 있었다. 이 땅에서 불렀다는 사실에 전율을 느꼈고 고음역 부분에서 뻗어 나오는 가창력에서 또 한 번 소름이 돋았다. 글쓴이에게는 그녀의 내한공연이 그저 전설 같은 이야기로 남아있을 뿐이지만, 가슴을 향해 돌진해 오는 그녀의 육성은 시간을 초월한 감동이 그대로 전파되었다. 〈Barley Field 보리밭〉은 라이브 컴파일 CD 《The Classic Collection, 1994》에 수록되어 있기도 하다.

동년에 밀바는 또 하나의 주목할만 레코드를 선보이는데, 그것은 영화음악의 전설 엔니오 모리꼬네와의 조우로 제작된 본작이다.

엔니오 모리꼬네Ennio Morricone(1928-2020)는 1928년 로마 출생으로 산토 세실리아 음악원에서 트럼펫과 작곡, 편곡 및 합창지휘를 전공하고 1959년 독일 아름슈타트 현대음악제에서 존 케이지John Cage(1912-1992)에게 사사했다.

이듬해에는 베네치아 라페니체 극장에서 관현악을 위한 협주곡을 초연하면서 순수음악의 꿈을 꾸었다. 하지만 생활고에 시달리면서 라디오, TV, 영화음악에도 손을 대기 시작, 이것이 오히려 결국 호재가 되어 세계적인 영화음악가가 되었는데, 영화 「Il Federale 파시스트, 1961」가 그의 영화음악가로서 첫 작품이며, 「A Fistful of Dollars 황야의 무법자, 1964」로 세계적인 명성을 얻었다.

엔니오 모리꼬네가 편곡하고 지휘한 오케스트라 연주와 최고의 가창력을 자랑하는 밀바의 호흡은 세월이 많이 흐른 지금까지도 고전 중의 고전으로 기록될 만큼 아름다움의 극을 보여주고 있다.

은막의 여배우 로미 슈나이더Romy Schneider(1938-1982)가 주연한 「La Califfa, 1970」의 주제를 노래한 〈La Califfa 칼리파〉를 들으며 마음속으로 감동의 눈물을 얼마나 쏟아냈던가! 온화한 오케스트레이션과 부드러운 음성은 말할 것도 없고, 대사를 읊는 간주와 여성 스캣으로 매혹의 드라마를 들려주고 있다.

장-폴 벨몽도Jean-Paul Belmondo(1933-2021) 주연의 고전인 「Le Professionnel 어느 연약한 짐승의 죽음, 1981」에 삽입된 명곡 〈Chi Mai 그 누구도〉에서는 격정의 서정을 남긴다.

은은한 피아노와 슬픈 현의 협주가 흩어지는 〈Ride-vi 미소〉에서의 폭발적인 보컬도 잊을 수 없다.

…더 이상 사랑에 빠지고 싶지 않네, 그건 그림자 우물인걸, 빛의 틈새, 시간, 너와 사랑의 어둠 속에서 태어났어, 그것은 지금 두려움의 존재야… 내가 울고 있는 게 보이지 않니? 그런데 왜 웃니?

〈Imagini del Tempo 시간의 인상〉에서는 피아노의 환상에 사로잡힌다.

…사랑의 게임에서는 네가 왕이었네, 바람 속에서 난 너의 메아리지, 우리 안에서 장미가 피었고, 그건 우리의 사랑을 터뜨렸네… 별은 절대 죽지 않아, 마음에 진실이 있기에, 나는 결코 잊지 않을 거라 맹세해, 네가 내게 준 사랑을.

그리고 〈Metti una Sera a Cena 어느 저녁의 만찬〉에서는 로맨틱한 보사노바의 세계를 열어 보인다.

밀바가 직접 출연한 영화 「D'Amore Si Muore 사랑에 죽다, 1972」의 주제곡에서는 서서히 깊은 상념 속으로 끊임없이 빠져들게 된다.

〈Mia Madre Si Chiama Francesca 내 어머니의 이름은 프란체스카〉는 우울한 기타와 여성 스캣 그리고 현악으로 가슴을 쓸어내리게 한다.

내 엄마 이름은 프란체스카, 수천 번의 외침이 내 안에서 메아리치네, 상념으로 돌아오는 고대 소리의 마법, 프란체스카라고 불리는 사람들, 여자와 바다의 신비, 이미 시간이 흘러도 그 모든 색과 아름다움은 기억되리.

Sognavo Amore Mio

1973 | Ricordi | 74321664082

1. Un Uomo una Donna｜Oltre le Colline (Golgotha)
2. Se Ti Va Sono Qui (Ou Vas Tu Mon Amour)
3. E' l'Ora (Theme the Pepper)
4. Una Cosa (L'Etranger)
5. Un Uomo una Donna
6. Sognavo Amore Mio
7. Vigliacco Che Sei (Soleil J'ai Peur…)
8. Io Sono Sempre Io
9. Love Story

프랑스 영화음악가 프란시스 레Francis Lai(1932-2018)와 함께 한 《Sognavo Amore Mio 내 사랑을 꿈꿨어》는 프란시스 레의 팬들에게는 필수품목이라 할 수 있다. 사실 이 음반에서의 프란시스 레는 영화음악가라기보다 작곡자로 봐야 할 듯싶다.

감미로운 밀바와 레의 대화를 들을 수 있는 〈Un Uomo una Donna 남과 여〉에서 마치 영화의 한 장면을 보는 듯하다.

그의 앨범 《Canta Francis Lai》에도 수록된 〈Golgotha 골고타〉를 부른 〈Oltre le Colline 언덕 넘어〉 역시 둘의 호흡이 재지한 록에 실린다.

〈Se Ti Va Sono Qui 여기에 가면 · Ou Vas Tu Mon Amour 내 사랑을 가져가요〉에도 프란시스 레 특유의 멜랑꼴리한 서정을 밀바의 여린 음성으로 들을 수 있다.

…내 집은 너에게 있네, 내 세상은 너와 같아, 난 너에게 숨을 주었고, 그게 내 유일한 사랑이야…

강렬한 열정의 탱고 〈Una Cosa 한 가지〉에는 뜨거운 회오리가 인다.

…입술도, 키스도 당신의 것, 그리고 이 몸은 네가 원할 EO마다 너의 것이 될 거야, 난 너에게 모든 것을 빚졌고, 넌 나의 모든 것이야…

포크 세레나데 〈Sognavo Amore Mio 내 사랑을 꿈꿨어〉는 담백한 사랑의 흔적을 남긴다.

한없이 상념에 잠기게 하는 애수의 연가 〈Vigliacco Che Sei 겁쟁이 당신〉은 르네 클레망Rene Clement 감독의 「La Course du Lievre a Travers les Champs 들판을 달리는 토끼, 1972」 수록곡 〈Soleil J'ai Peur de l'Ombre 태양 난 그림자가 두려워〉이다.

…내가 널 원하는데, 왜 침묵인가? 네가 여기 있고, 난 널 느껴, 한마디만 할 게, 넌 겁쟁이야…

회색의 녹턴 〈Io Sono Sempre Io 난 항상 나일 뿐〉은 외로움이 달빛 그림자가 되어 일렁인다.

…난 항상 나일 뿐, 하지만 내게 아무것도 남지 않았어, 난 집에서 홀로 잠을 청하네, 이제 너 없이는 모든 것이 낯설어…

〈Love Story 러브스토리〉는 왈츠풍의 재즈 록 서주에 심금을 울리는 현악의 주제가 흐른다.

Da Troppo Tempo

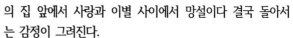

1977 | Seven Seas | 260E 52067

1. Da Troppo Tempo
2. Le Torte
3. Lettera A Coco
4. Allo Specchio
5. Edipo
6. Non Voglio Essere
7. Non Pianger Più Argentina
8. Presidente
9. Magra
10. Un' Altra Stagione
11. A Levante

셀프 타이틀로 발매된 본작의 일본 라이선스 음반이다. 1973년 산레모가요제 3위 입상곡 〈Da Troppo Tempo 너무 오랫동안〉을 추가하여 이를 타이틀로 했다. 이 곡은 국내가요에서도 정미조의 〈그토록 오랜 세월〉로 번안된 바 있다. 쓸쓸한 현악과 함께 연인

의 집 앞에서 사랑과 이별 사이에서 망설이다 결국 돌아서는 감정이 그려진다.

나 자신을 너무 오랫동안 방치해 왔어, 그래, 근데 나도 이런 게 신기해, 이제 거의 밖에 나가지도 않아, 널 책망하며 난 모든 것에 대한 의욕을 잃었어. 난 너무 오랫동안 고민했지만, 내 모든 용기는 널 상대로 무너져버렸어, 넌 나보다 강하지, 그래도 나한테 요구하지 마, 난 네게 이 즐거움을 주지 않을 거야. 난 갈망하고 난 믿어, 난 불가능한 일을 해냈지만, 결국 너와의 대화는 진부한 말들로 소진되어 버렸네. 그토록 오랫동안 우리 사이는 많은 평화를 누렸지, 네가 원할 때마다 돌아와도 좋아, 우리는 여전히 서로를 충분히 이해하지 못했지만, 이 한 번의 사랑으로는 충분하지 않지. 너무나 오랫동안 난 내 안의 매듭에서 벗어나려 노력했어, 이제 너도 알아차렸을 거야, 이렇게 말해야 할 것 같아 "내가 여기 있을까 생각도 했지만, 떠날게, 그게 나은 것 같아"

다시 1977년으로 돌아와 〈Le Torte 케이크〉는 포근하지 그지없는 사랑의 전원적 환상을 펼쳐 보인다.

…나는 사랑에 빠졌네, 우리처럼 연인들이 놀라워, 이런 일은 한 번도 없었으니까, 나를 위해, 널 위해, 평범함을 위해, 그리고 고요한 강물 위로 가을이 왔네, 우리는 이제 막바지에 이르렀어, 케이크를 앞에 두고 어떻게 말해야 할까. 그리고 나는 두 손을 모두 사랑하게 되었어, 나는 나 자신을 포기했네, 진실, 거짓, 공모, 사랑, 우리 안의 깊은 곳을 맛보며…

〈Edipo 오이디푸스〉는 테바이의 왕으로 신탁에 따라 아버지를 죽이고 어머니와 결혼하는 비극적 운명을 겪은 그리스 신화의 인물로, 맘마보이의 사랑에 대한 경고를 보사노바의 경쾌함으로 풀이했다.

〈Non Voglio Essere 나는 되고 싶지 않아〉는 피아노와 코러스로 다소 비장함을 자아내면서, 사랑하는 연인의 인형, 가구, 에필로그가 되고 싶지는

않다고 항변한다.

〈Non Pianger Più Argentina〉는 Andrew Lloyd Webber 의 뮤지컬 「Evita 에비타」의 〈Don't Cry for Me, Argentina〉의 번안곡으로, 힘찬 가창이 뜨거운 애국심을 불러일으킨다.

…나는 자유를 원했고, 신선한 공기도 찾고 있었네, 인생은 안된다고 했고 그건 아무것도 주지 않았지. 더 이상 울지 마, 아르헨티나여, 정말 난 널 떠난 적이 없어, 정말 미친 인생이야, 하지만 난 약속을 지켰어, 당신에게 나 자신을 주 겠다고. 부와 명예는 무엇일까? 난 정말 그것들을 원치 않 았어, 네게 비난을 받아도. 그것은 환상이야, 그것은 나에게 약속된 해결책이 아니야, 답은 하나지, 당신은 내 것이야, 난 당신을 사랑하고 당신도 원해, 더 이상 울지 마, 아르헨 티나여…

〈Un'Altra Stagione 또 다른 계절〉에서는 비장한 현악과 함께 그녀는 사랑하는 이를 떠나보내야 하 는 인생에 대한 신탁을 표명하는 것 같다.

…나는 침묵 속에 감정도 없이 내 책을 만지작거리네, 그리 고 나의 야망은 여전히 묶여 있어, 당신의 조용한 시선은 아직도 나에게 묻네, 나도 생각해 보면, 저항의 때가 왔다는 당신이 옳기를 바라네. 그리고 우리가 갈 수 있는 밤을 기 다려, 당신은 작별 인사도 없이 집을 나서지, 그리고 어깨에 기관총과 두려움을 안고, 굶주림, 분노, 증오 그리고 모험 속으로.

La Rossa

1980 | Ricordi | CDOR 8708

1. La Rossa
2. Non Finirà Mai
3. Il Dritto
4. E Io Ho Visto Un Uomo
5. Soldato Nencini
6. Chissà Se È Vero
7. Per Un Basin (& Enzo Jannacci)
8. Quando Il Sipario…

본작 《La Rossa 빨간 머리》는 싱어송라이터이자 배우인 엔 조 야나치Enzo Jannacci(1935-2013)가 제작, 작곡, 편곡한 앨 범이다.

타이틀곡 〈La Rossa 빨간 머리〉는 밀바의 가수 생활 20년을 기념하는 것으로, 작가가 밀바에 주 는 용기와 찬사가 담겼다.

봄도 지나갔네, 그때 내렸던 비는 이미 그쳤네, 불쌍한 빨간 머리의 소녀는 10년 전 앨범에서 행복한 척했지… 감자와 콩에 대한 이야기, 늘 미소 짓는 눈, 그리고 그녀의 아름다운 20년의 세월, 빨간 머리 여자는 노래를 부르기 시작했지, 분장은 너무 빨리 끝났고, 목구멍은 조여왔네. 큰 침묵이 흐르고 곧 자정처럼 어두워졌네. 그녀는 창백해졌고, 죽고 싶은 기분을 느꼈지, 박수소리가 끝날 때까지, 마치 바다 밑으로 가는 것처럼. 봄도 지나갔네, 비가 이상하게 멈췄어, 아름다운 빨간 머리 여자가 나에게 기쁨을 주네, 10년 전 앨범에서…

〈Non Finirà Mai 끝나지 않을 거야〉는 1968년 야나치가 발표한 곡으로, 색소폰과 블루스 기타 그리고 흐르는 현악으로 마치 밤 도시를 드라이브하는 하는 듯한 우울한 서정이다.

내 연인에게 씨 없는 체리를 주었네, 뼈 없는 닭을 주었고, 절대 울지 않는 아기를 주었네, 절대 끝나지 않을 작은 이야기를 들려주었지. 하지만 어떻게 그것이 있을 수 있나, 절대 끝나지 않을 이야기를 들어본 사람이 있던가? 그러나 벚꽃이 만발할 때 안에는 씨가 없지, 병아리가 부화하기 전에 뼈는 없네, 그리고 어린 아기가 잠들면 울지 않아, 그리고 내 사랑 이야기는 절대 끝나지 않을 거야…

〈E Io Ho Visto un Uomo 그리고 난 남자를 보았네〉는 1966년 야나치가 투명한 재즈 포크로 노래한 것으로, 밀바의 앙칼진 노래는 보다 드라마틱한 쓸쓸함을 남겨준다. 유부녀의 눈에 들어온 꿈이 있는 남자에 대해 그녀는 자신이 미친 걸까? 라며 진단한다.

역시 1966년 야나치의 발표곡인 〈Chissà Se È Vero 그것이 사실인지 누가 알까?〉에는 세월이 흐르면 사랑도 잊히는 인생사가 너무나 아득하다.

…그는 그렇게 말했을 수도 있지, 전에 나한테 오기 싫다고 말했으니까… 그는 내게 사랑에 관해 이야기하고 싶다고, 나한테 아름다운 머리카락을 같이 보내줬지, 그는 내게 이

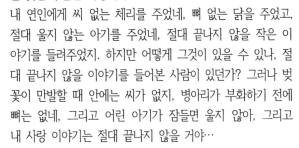

렇게 말했었지, 한 번 키스하고, 한 번 더 키스할게, 내일은 떠나야 하니까… 군인이 되어 떠나간 사람… 해외 파병을 갔다는 것… 그것이 사실인지 누가 알까…

야나치의 1976년작인 〈Quando Il Sipario… 막이 내리면〉은 청중과의 무대를 마친 가수로서의 감정을 그린 것으로, 하모니카의 노스텔지아가 낙관적인 위안과 희망을 준다. 공연자와 같은 모든 이들에게 주는 내일의 용기가 아닐까.

막이 내리면 난 벗어날 거야, 모든 조명은 사라질 것이고 난 갈 거야, 누군가는 울 것이고, 누군가는 웃고, 누군가는 나를 증오할지도 모르지, 하지만 쇼는 끝났어… 하지만 내일은 분명 많은 사람들이 올 거야, 내일부터 공연은 리뉴얼될 거야…

Ich Hab' Keine Angst

1981 | universal | 811631

1. Ich Hab' Keine Angst (To the Unknown Man)
2. Sie Sind Noch Jung (La Petite Fille de la Mer)
3. Christine (Attenes Ma Ville)
4. Kennst Du das Auch (It's Five O'Clock)
5. Er (So Long ago so Clear)
6. Freunde, die Keine Sind (Ignacio)
7. Ich Bin So Gern Allein
8. Du Hast Te Gut
9. Der Morgen Danach
10. Kinder
11. Da Oben ist Sein Zimmer

밀바의 수많은 앨범들 중 명연을 거론할 때 항상 빠지지 않는 작품이 있다. 바로 국내에도 소개되어 많은 사랑을 받았던 본작이다.

밀바는 그리스 출신의 세계적인 전자음악가 반겔리스Vangelis(1943-2022)의 두 번째 솔로작인 《Fais Que Ton Reve Soit Plus Que la Nuit, 1972》에 참여하면서 그들의 우정은 시작되었는데, 그와의 조우로 탄생된 이 걸작은 전자음악가인 반겔리스의 팬들에게까지 호응을 얻으며 장르와 상관없이 영원불멸의 팝 넘버가 되었다.

가사는 1943년 독일에서 출생한 서정 시인이자 작시가 토마스 보이트케비치Thomas Woitkewitsch가 썼다.

진보적인 행진곡 〈Ich Hab' Keine Angst 난 두렵지 않아〉는 불혹을 넘긴 여인의 성숙한 연륜으로 여장부와도 같은 강렬한 이미지를 받게 된다.

난 두렵지 않아, 맞서라고 내게 각인하지… 난 그리 쉽게 상처받지 않아, 내게 충실할 뿐, 내가 단지 원하는 건 내가 신호탄이 되는 것이야, 그 어떤 사람도 날 무시할 순 없어… 위기에도 두렵지 않아, 내가 두렵지 않은 것은 용기가 있기 때문이야, 누가 내 적이 되더라도 조기에 정복할 거야, 위험을 직감하더라도 그들은 무력할 뿐이야… 난 이미 오랫동안 알고 있었지, 더 이상 망상이 아니라는 걸…

보석과도 같은 서정미의 걸작 〈Sie Sind Noch Jung 그들은 아직 어려〉는 인생에 대한 의미를 전달하는 듯 숙연해진다.

저기 한 쌍을 봐, 누군들 그들을 부러워하지 않을까. 서로 교감하지 않는다면 다른 것을 느끼게 되지, 아직 어린 그들은 기뻐하며 앉아있어, 그들은 주위의 눈치도 보지 않아, 그들을 성가시게 해도 그들은 들리지 않지. 그들은 아직 어려. 그들은 열렬해, 그들은 저 웃음과 열망으로 인생을 살아가겠지. 그들은 아직 어려. 그들은 부끄러움도 없이 행복해하지, 그들은 아직 어려.

Jon Anderson과의 협연으로 들려주었던 〈So Long Ago so Clear〉에 가사를 붙인 〈Er 그〉도 웅장한 오케스트레이션과 함께 사랑에 대한 여인의 감정을 그려낸다.

…나는 확실히 포근해. 한 여자로서 그렇게 느끼지… 그가 날 인지하든 간에, 나는 조금은 면밀하게 알아… 난 깨달았

지, 단번에 그를 열렬히 좋아하게 되었다는 걸. 그가 처음 날 향해 뛰어왔지… 격앙된 어깨와 굳은 얼굴로, 난 단지 불러봤을 뿐인데, 그러나 내겐 용기가 없었어, 내게 행운이 날아왔는지 그 시간은 오랫동안 지속되었지. 그는 나의 믿음으로부터 그 어떤 망설임도 없었어… 내가 신뢰하는 그는 나를 따라왔지… "나는 더 이상 바랄 것이 없어!"라고 그가 내게 했던 말, 이것이 나의 삶을 신중하게 해.

특별히 사랑받고 있는 세 곡만을 언급하였지만, 독일어 특유의 남성적인 힘이 느껴져 더욱 강력한 그녀의 카리스마에 빠져들 수밖에 없다. 참고로 본작은 불어 버전 앨범 《Moi, Je n'ai pas Peur》도 발표되었다.

후속작 《Unverkennbar 틀림없이, 1983》에서도 반겔리스와의 우정을 이어갔는데, 그의 〈I'll Find My Way Home〉을 〈Mehr Glück als Verstand 생각보다 많은 행운〉으로 노래했다. 가사는 태만, 신용 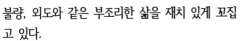 불량, 외도와 같은 부조리한 삶을 재치 있게 꼬집고 있다.

…당신은 밝은 대낮에 계획을 세우지, 계약서에도 없는 걸. 직장을 땡땡이치고 영화관람, 당신은 숨이 멎는 것 같았지, 당신의 상사가 거기 있었으니까, 그는 잠에 빠져버렸더군… 당신은 의심했지, 당신의 신용상태를 세무서에도 알렸는데, 국가는 인내심이 부족했지, 간청하고 애원하는 것만 남았네, 사무실이 불에 타버렸어… 음식이 맛있었어, 지금은 샴페인을 마시고 있지, 당신은 그녀의 귀에 조용히 속삭이지, 그녀를 위해 다른 계획이 있다고, 그런데 두려움으로 잿빛으로 변했네, 당신 아내의 친구는 당신을 알아보지 못했어, 당신은 생각보다 행운이 많아.

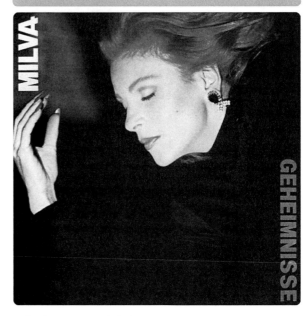

Geheimnisse

1986 | metronome | 829 656

1. Du Gibst Mir Mehr
2. Wie Wolken
3. Deine Frau
4. Etwas Mehr (The Painter)
5. Wünsche (Thursday Morning)
6. Ich Weiss, Was Ich Will (Silence in the Dark)
7. Dreizehn Türen
8. Venedig im Winter (Shady Lady)
9. Die Letzte Carmen (Carmen)
10. Arie (Spanish Down)

밀바와 그리스 출신의 세계적인 전자음악가 반겔리스Vange-lis(1943-2022)와의 조력은 《Geheimnisse 비밀》에서도 계속되었다.

첫 노래 〈Du Gibts Mir Mehr 당신은 내게 많은 것을 주었네〉는 전형적인 반겔리스의 밝은 행진곡풍의 발라드로 그녀의 힘찬 가창을 들을 수 있다.

평범한 팝 〈Wie Wolken 구름처럼〉과 색소폰의 블루지한 열기가 자욱한 로맨틱 발라드 〈Deine Frau 당신의 아내〉에 이어 〈Etwas Mehr 좀 더〉에는 몽글몽글한 신시사이저의 음향이 달콤함을 남긴다.

〈Wünsche 소원〉은 반겔리스와 밀바의 매력이 넘치는 본작의 백미이다. 서늘한 기운의 바람결을 통해 울려 퍼지는 밀바의 간절한 기도조의 음성은 마치 순간순간 빛을 달리하는 저녁놀처럼 신비롭다.

나는 당신의 숨결을 듣네. 그리고 당신을 주위의 생각으로부터 조용히 그려보네. 난 당신과 가까이에 있어. 당신의 피부를 어루만질 수 있기를. 조용히 하지만 열렬히 요청하네. 당신을 놓칠 때마다 나는 당신이 더 또렷해져. 가끔 당신에게 더 많이 이야기하고 싶지만, 할 말을 잃어 침묵하곤 하지. 때로는 당신에게 파묻히고 싶어. 당신은 항상 나와 함께 있네. 이 얼마나 바보 같은 소리인가. 이 갈망을 열릴 때마다 나는 당신으로 더 따스해지네. 나는 당신의 꿈을 만질 수 있길 소원하네. 아침이면 당신에게 묻고 싶어, 눈 비비며 온화하게 그리고 무엇이 우리를 다시는 헤어지지 않게 묶어 놓았는지…

〈Dreizehn Türen 13번째 문〉은 반겔리스가 몸 담았던 그룹 Aphrodite's child의 〈Spring, Sum-mer, Winter And Fall〉의 커버곡이다.

슬픔에서 격분으로 치닫는 고독의 엘레지 〈Venedig im Winter 겨울의 베네치아〉도 본작의 가치를 빛내준다. 마른 눈물과 그리움에 사무친 듯 그녀의 보컬은 힘이 빠져있으며, 심장박동과도 같은 리듬에 스산한 바람이 머문다.

…당신 없는 겨울의 베네치아, 곤돌라는 애도하고 여행자는 얼음이 되지. 나의 꿈은 죽어 바다로 침몰하네…

〈Die Letzte Carmen 카르멘〉은 비제Bizet의 오페라 〈카르멘〉의 주제를 코러스를 대동하여 일렉트릭 탱고풍으로 변모시킨 것.

〈Arie 아리아〉는 그 신선하고도 유유한 매력이 탁월한데, 나지막한 밀바의 보이스와 맑은 성악 코러스 그리고 감미롭고도 풍성한 신시사이저 음향이 어울려 마치 꿈결을 거니는 듯한 몽환에 빠지게 된다.

커튼 앞에 놓인 기다림 그리고 억제된 목소리, 빛나는 예복과 보석, 나는 놀라 자리에 앉았지, 그리고 난 내가 드러나는 것을 원치 않았지만 시선을 느꼈네. 불이 꺼진 극장에서 나는 음악에 빠지네. 사랑과 행운과 고통 위의 다른 것을 위한 노래였지. 하지만 나는 심장을 찌르는 아리아를 만났어. 그리고 난 거기 어둠 속에서 마음속의 아리아를 느끼며 나를 닮은 또 하나의 좌석을 알게 되었네.

하지만 이 앨범은 전작 《Ich Hab' Keine Angst》에 비해 전자음악팬들에게는 그다지 호응도를 얻지 못했다고 한다. 몇 곡을 제외하고는 반겔리스의 풍모는 엿보기 힘든 팝적인 작품들이었기 때문인데, 밀바의 팬이라면 소중한 음반임에는 틀림없다.

이듬해 이태리어 버전 《Tra Due Sogni 두 꿈 사이에》가 발표되었는데, 〈Venedig im Winter〉가 누락되고 〈In Sogno 꿈에서〉라는 짧지만 현의 결이 아름다운 작품이 피날레를 장식한다.

Uomini Addosso

1993 | Dischi Ricordi | CDMRL 6461

1. Uomini Addosso
2. Non Ce l'ho con Te
3. Pierre
4. Per Cosa
5. Una Giornata al Mare
6. Mon Amour
7. Ci Vorrebbe il Mare
8. La Notte Dei Miracoli
9. E Ti Amo Veramente
10. Sono Felice

1990년대 대표작 중 하나인 《Uomini Addosso》에는 서정미 넘치는 싱어송라이터의 음악을 다채롭게 수록하고 있다. 타이틀곡 〈Uomini Addosso 위에 있는 남자〉는 1993년 산레모가요제 참가곡으로, 입상하지는 못했지만 오케스트라 앞에서 특유의 우렁찬 가창력을 뽐내는 밀바에 압도당하게 된

다. 이는 서정파 그룹 뿌Pooh의 로비 파키네티Roby Facchine -tti가 작곡했는데, 바람기가 다분한 남성의 습성을 향해 조소를 보내는 듯한 연극적인 표현과 함께 코러스와 반도네온이 구성되며 탱고풍의 연주가 강렬하다.

역시 로비가 작곡한 명곡 〈Non Ce l'ho con Te 당신과 난 없어〉는 따사로운 건반과 현악이 가슴을 촉촉하게 적셔준다.

…당신과 난 바보같이 그것을 가지지 못했어, 난 아무것도 지불할 수 없어, 난 당신의 달에서는 낮일뿐이야, 난 무릎을 꿇고 당신에게 애원하지, 날 떠나지 마, 나를 다치게 하지 마, 나를 죽게 내버려두지 마, 하지만 내가 당신과 함께 그것을 가질 수 있다면…

역시 로비의 곡인 〈Pierre 피에르〉는 뿌의 《Poohlover, 1976》에 수록된 것이 원곡으로, 자신의 슬픔을 숨긴 채 가족을 위해 인생을 살아가는 세상 모든 아버지를 위한 존경과 위로가 담겨있다.

이 앨범을 더욱 고혹적인 것으로 만드는 〈Per Cosa 무엇을 위해〉는 재지한 음악으로 잘 알려져 있는 싱어송라이터 빠올로 콘테Paolo Conte의 동생이자 변호사이기도 한 조르지오 콘테Giorgio Conte의 작품으로, 그가 직접 기타를 연주하고 있다. 서정의 기타 선율을 타고 아련히 흐르는 오케스트레이션, 호소력의 극치를 달하는 밀바의 눈물어린 보컬이 쓰라린 가슴을 파고든다.

무엇을 위해 항상 그렇게 달려야 하는지 누군들 알까? 우리의 주위에서 단지 비어있는 모든 것을 쫓아서, 무엇을 위해? 아마도 달콤하고 요리하는 사과나무 아래의 집으로 갈 시간이 된 거야. 이 하늘을 떠날 시간이 온 거야, 작은 별들의 빛도 없는 이 하늘, 당신 없는 나의 품, 당신 없는 나의 눈, 무엇을 위해? 한밤의 이 혼란, 잠들지 않는 사람들, 무엇을 위해? 나의 낯선 운명의 힘으로 아마 집으로 갈 시간이 된 거야. 키스와 함께 당신에게 인사하며 강하게 포용할 시간이 된 거야. 이야기할 사람 없이 혼자 버려진 나를 느껴, 텅 빈 극장 그리고 아무도 없는 관객석, 난 갇혔어. 내겐 아직도 탈출할 힘이 있어, 확신으로 걸어가야 할 나의 그 길.

마티아 바자르Matia Bazar의 기타리스트였다가 솔로로 독립한 카를로 마랄레Carlo Marrale의 곡 〈Mon Amour 내 사랑〉으로 그리움이 맺힌 사랑의 정경을 호젓하게 그려간다.

가장 왕성한 활동을 하고 있는 이태리 신세대 싱어송라이터 마르코 마지니Marco Masini의 1990년도 데뷔앨범 수록곡 〈Ci Vorrebbe il Mare 바다를 그리며〉는 원곡에서는 찾을 수 없는 처절함으로 나타나며, 피아노의 잔향과 오케스트레이션의 밀도가 더해져 운명적이고도 드라마틱한 감동을 쓰고 있다.

…당신의 사랑이 부러지면 난 또 구할 거야, 하지만 사랑을 이루기 위해 난 맹세해, 죽기 위하여 해안 가까이 돌아오는 바다를 원해. 왜 그런지 아무도 모르는 돌고래의 이상한 전설처럼, 난파가 기다리는 우리의 바다가 그리워. 왜냐면 난 아직도 당신과 사랑하기를 원하기 때문이야. 사랑을 주지 않을 바다를 그리며, 다시 환생하는 이 세상의 바다를 그리며…

슬픈 연가 〈E Ti Amo Veramente 진정한 사랑〉에 이어, 1990년 산레모 입상곡 〈Sono Felice 나는 행복해〉는 싱어송라이터 론Ron이 작곡한 것으로 느긋하며 낙관적인 감흥을 받게 된다.

깐쏘네 최고의 해석자로서 발군의 가창력은 원곡보다 더 짙은 감동을 부여하고 있다. 가까운 일본에서도 발매되었다.

Volpe d'Amore

1994 | EMI | 7243 4 80538 2 4

1. Mamma
2. La Lunga Notte
3. Stranieri
4. Chi Sei
5. Anna Non Piangere
6. Il Canto di un'Eneide Diversa
7. Profumo d'Amore
8. Guarda Che Notte
9. Volpe d'Amore
10. La Lettera
11. Thalassa

밀바는 《La Mia Età 내 나이, 1979》에서 그리스의 대작곡가 미키스 테오도라키스Mikis Theodorakis(1925-2021)의 명곡들을 노래한 바 있는데, 15년 뒤 다시금 그리스 레퍼토리를 발표했다.

본작 《Volpe D'Amore 사랑의 여우》는 그리스 예술음악의 중요 작곡가 중 한 사람인 타노스 미크로우치코스Thanos Mikroutsikos(1947-2019)와 협업했다.

그는 어린 나이에 고향인 파트라의 음악협회에서 그리고 그리스 음악원에서 피아노, 이론, 화성학 등을 공부하고, 그 후 아테네대학교 수학과를 졸업했다. 20대 초반에 작곡을 시작하여, 1975년에 첫 앨범을 발표했다. 무조의 음악을 실험한 당대 선구적인 작품인 〈Kantata Gia Ti Makroniso 마크로니소스를 위한 칸타타, 1976〉로 국제 페스티벌에서 주목을 받았고, 오페라, 교향곡, 실내악, 연극 및 영화 음악, 실험 음악 등 거의 모든 장르의 음악에 참여했다. 그는 그리스와 해외에서 수백 회의 콘서트를 열었고, 아테네 콘서트홀에서 뮤지컬 아날로그의 예술감독을 거쳐 문화부 차관(1993~1994)에 이어 문화부 장관(1994~1996)도 역임했다.

그의 아름다운 뮤즈로는 마리아 디미트리아디Maria Dimitria-di(1951-2009), 하리스 알렉시우Haris Alexiou 등을 들 수 있으며, 디미트라 갈라니Dimitra Galani와 바실리스 파파콘스탄티누Basilis Papakonstantinou 등과도 협업했다.

본작은 《Vento d'Amore 사랑의 바람》과 《Canta Thanos Mikroutsikos 타노스 미크로우치코스를 노래하다》란 타이틀로도 재발매되었는데, 대부분의 곡들은 싱어송라이터 마우리치오 피콜리Maurizio Piccoli가 이태리어 번안을 맡았다.

〈Stranieri 이방인〉은 하리스 알렉시우가 1986년에 부른 〈Eleni 엘레니〉가 원곡으로, 타향살이를 하는 외국인들의 노스텔지아가 아코디언의 애수로 진하게 흐른다.

…우리 외국인들에겐 새벽과 땅 그리고 유독한 공기가 우리를 죽이지, 지난날에 대한 생각으로 사랑하는 나의 세상과 또 다른 작별을 노래해, 우리의 상념은 그 열병을 아는 바람으로 돌고, 시간과 마음이 돌 때, 이번 생에 언제라도 내 일로 날아가네…

〈Anna Non Piangere 안나 울지 마〉는 마리아 디미트리아디가 1978년에 부른 〈Anna Min Kles〉가 원곡으로, 밀바는 낭송과 함께 꿈을 짓밟힌 안나의 눈물에 대해 자신의 나약함을 몰아내고 혼자가 아니라며 위로한다.

〈Il Canto di un'Eneide Diversa 다른 에네이드의 노래〉는 하리스 알렉시우가 1990년에 발표한 명곡 〈Mia Pista Apo Fosforo 미로, 인의 흔적〉이 원곡으로, 트로이가 함락된 후 고향을 떠나 로마인의 조상이 된 트로이인 에네이드를 비유한 사랑의 노래이다.

…나는 꿈을 꿀 거야, 남쪽에서 나는 기도할 거야, 오늘 나는 불꽃을 만들 거야. 너의 육체가 아직 오아시스라면 올림푸스에 올라, 다른 에네이드의 다정한 노래에 취해서, 너의 깊은 곳에 나는 도시를 세울 거야, 당신의 밤이 여전히 음악이라면, 혹은 돌아오는 파도이거나 휘파람 소리라도, 더 이상 당신에겐 불안이 없을 거야, 독수리의 비행만이 있을 뿐, 우리는 다시 사랑하며 살 수 있을 거야…

〈Profumo d'Amore 사랑의 향수〉 또한 하리스 알렉시우의 《Kratai Hronia Afti I Kolonia 수년간 지속되는 향수, 1990》의 타이틀곡으로, 낭만적인 바이올린이 따사롭다. 상처받은 영혼을 씻고 다시금 열광적으로 살자는 희망이다.

〈Volpe d'Amore 사랑의 여우〉는 〈Mamma 엄마〉 등과 함께 신곡으로, 밀바의 강렬한 절창이 인상적이다. 피아노와 바람결같이 온화한 현악이 행복감을 불러준다.

달콤한 저녁이 왔을 때, 당신이 나타났지, 사랑의 여우, 어두운 밤에 내 위로 내리는 눈처럼. 그래 너였네, 너뿐이었어, 나에게 키스하고 행복을 주고는 떠나는 너. 너는 나의 위대한 악기 비올라, 하늘빛 둥지에서 분노를 노래하며 울었던. 새벽이 끝날 때, 당신은 내 손안에서 울었고, 나에게 물었지, 왜 모든 것이 끝나면 사라지냐고.

〈La Lettera 편지〉는 요르고스 달라라스George Dalaras가 1991년에 노래한 〈Karanti 카란디〉가 원곡이다. 방황하며 어머니께 쓴 편지로, 다시금 자신의 쓰라린 삶을 성찰하며 이겨낼 수 있으리란 한 줄기 희망에 아련한 연민과 공감이 느껴진다.

…사랑하는 어머니, 당신을 못 뵌 지도 너무 오래되었네요, 아직도 레몬처럼 웃나요? 나는 청춘을 애도했고 여기 희망을 걸었어요, 또 다른 삶과 더 나은 남자를 위해. 꿈은 작은 불꽃처럼 흘러가고, 생명의 불은 조금씩 천천히 꺼지네요, 여기 이 도시에는 수천의 불가사의가 있어요, 하지만 누구도 내 고통을 열풍으로 바꾸지 못했어요, 다시 걷게 하는 강한 바람, 더 행복한 세상을 위한 나의 희망, 새를 사냥하는 무서운 이야기가 그리 많지 않은 세상을 바랐을 뿐인데. 그래요, 천둥이 치지 않는다면 번개도 괜찮아요, 이 사막 위 조명으로 빛나는 도시에서 죽음의 탱고도 괜찮아요, 하지만 눈을 뜬 내 별이 묻히진 않기를.

그리스 유명 작사가 리나 니콜라코풀루Lina Nicolakopoulou 가 노랫말을 쓰고 그리스어로 노래한 〈Thalassa 바다〉는 특유의 애수와 열망이 일렁이는 걸작이다.

난 돌며 춤을 춰, 해초가 있는 겨울 해변에서, 나는 아픈 바다를 치유하며 별들로 귀걸이를 만드네, 이 시간의 바다에서 두근거림이 남아있네, 내 인생의 배는 닻을 구걸해, 바다의 깊이 같은 사랑을 원해. 나의 어머니고 젖줄인 바다여, 당신의 푸른 운명대로 황금빛 태양을 가져다줘, 나의 어두운 은빛 마음을 가져가 바람의 섬을 거칠게 만들어줘…

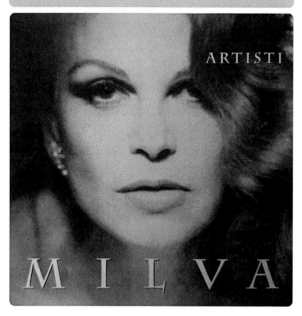

Artisti

2001 | BMG | 74321 76550

1. Weitergehn
2. Aria
3. Komm Zurück
4. Falsches Spiel
5. Liebe Wagen
6. Liebe ist (Perhaps Love)
7. Du Liebst Nicht mit dem Herzen
8. Artisti
9. Komm Halt Mich Fest (Abrazame)
10. Nach all den Jahren (Da Troppo Tempo)
11. Ave Maria
12. Yo Soy Maria

본작 《Artisti 예술가》는 그 고전적인 기품과 우아함으로 기억되는 애장반이다. 물론 그녀는 가수로 데뷔하자마자 프리마돈나였지만, 그 야성의 카리스마는 원숙함과 강대함으로 청자를 사로잡는다.

바람이 불어오는 곳을 향해 그녀는 하늘과 땅의 평화와 안식을 위해 〈Aria〉를 노래한다. 특히 장대한 오케스트레이션에 여성 성악 코러스도 가미되어 숭엄하고도 성스러운 감동을 전하고 있다.

아리아의 숨결에 새로운 멜로디, 그리고 세상의 노래와 세레나데, 여기 내 머릿속으로 그리고는 가고, 내 양손 사이로 하모니가 보여. 바다 건너 불어오는 바람의 교향곡, 그리고는 사막에 다다르는 싱그러운 삶, 그리고 밤의 열정과 어머니의 포옹. 천상의 오페라, 이것은 나를 연주하지, 축복하는 대지의 향기, 다시 내 머릿속으로 그리고는 가고, 호흡하는 동안 새로운 하모니, 아베 마리아!

John Denver(1943-1997)의 팝 명곡 〈Perhaps Love〉를 노래한 〈Liebe ist 사랑은〉에 이어, 〈Du Liebst Nicht mit dem Herzen 당신은 충심으로 사랑하지 않아〉는 온화한 가스펠로 시작하여 호쾌한 록으로 맺음을 한다.

예술가들의 고행을 향한 월드퓨전 찬가 〈Artisti 예술가〉를 지나면, 훌리오 이글레시아스Julio Iglesias의 〈Abrazame 안아 주세요〉를 독일어로 부른 〈Komm Halt Mich Fest 날 꽉 잡아줘〉를 만나는데 열정적이고 애절한 인상이 가슴이 와닿는다.

〈Nach all den Jahren 많은 시간이 지난 후〉는 밀바의 고전이며 1973년도 산레모가요제 3위 입상곡인 〈Da Troppo Tempo 사랑은 아득히〉가 그 원곡이다. 비탄에 젖은 듯한 처절한 멜로디 라인이지만, 그녀의 목소리는 마치 모든 것을 체념한 듯한 담담한 느낌으로 다가온다.

너무나 많은 시간 동안 나는 자신을 방치했어. 하지만 나 자신을 그렇게 한 것에 대해 놀랐지. 지금도 난 거의 벗어나지도 못했고, 모든 것에 관한 관심도 잃었네. 그러나 누군가에 잘못이 있다면 그건 당신이야. 오랜 시간 동안 사람들은 변하지. 당신은 알고 있나? 내 모든 촉수는 당신으로 인해 파괴되었어. 그래, 당신은 나보다 강해. 내게 이것을 묻지 마, 그러나 당신도 기쁘진 않겠지. 난 원망하고 또 갈망해. 나는 이뤄질 수 없는 믿음을 가졌어. 하지만 몇 개의 문구로도 쓸 말이 없다면 나는 당신에게 조금씩 이야기할 거야. 나를 대신해서 하나님은 알고 있지, 당신을 만나길 원한다는 것을. 그러나 내성적인 당신으로서는 껍질 속에서 자신을 닫겠지, 그리고 당신은 모든 것을 자신의 탓으로 돌리겠지. 오랫동안 사랑하는 우리 사이는 그렇게 평화로울 수 없었지. 당신이 원할 때 평화는 돌아올 거야. 우리는 여전히 현실적인 문제에 대해 동의하고 있으니까. 그러나 이것만으로 사랑은 충분치 않아. 너무나 많은 시간 동안 나 자신과의 논쟁거리들을 녹여냈어. 조금씩 벗어나기 위해 내가 대부분을 이야기했다는 걸 당신은 알아. 아니, 우리가 여기서 끝낸다고 해도 나는 나의 길을 갈 거야. 나는 괜찮아.

아스토르 피아솔라Astor Piazzolla(1921-1992)의 작곡에 라틴어 가사로 부르는 〈Ave Maria〉에는 파이프오르간과 대규모의 현악 위로 안녕과 축복의 천상이 열리고 있다. 현악의 숭고하고도 엄숙한 분위기에 하늘에 닿을 듯한 그녀의 클래시컬 판타지아가 기염을 토한다.

Milva Canta Merini

2004 | NAR | 224093

1. Gli Occhi di Milva
2. Sono Nata il 21 a Primavera
3. Nella Notte Che Geme il Tuo Patire
4. Gli Inguini
5. Canzone dell'Uomo Infedele
6. I Sandali
7. Prima di Venire
8. Johnny Guitar
9. La Terra Santa (recitata da Alda Merini)
10. Spazio
11. L'Albatros

현대 여류작가 알다 메리니Alda Merini(1931~2009)의 작품을 노래한 앨범이다. 11대 이태리 전 대통령 조르지오 나폴리따노Giorgio Napolitano는 그녀를 '영감을 주고 영혼이 맑은 시적 목소리'라 칭송했다.

작곡은 지오바니 누티Giovanni Nuti가 최고의 역량을 더했다. 참고로 1964년생인 그는 엔리코 루게리Enrico Ruggeri의 도움을 받아 데뷔앨범《Al Parco dei Silenzi 고요한 공원, 1989》을 시작으로 1991년에는 산레모가요제에 참가하기도 했으며 대가들인 루이치 달라Lucio Dalla(1943-2012)와 로베르토 베키오니Roberto Vecchioni 등의 작품에도 참여했다.

본래 밀바와 알다 메리니, 그리고 지오바니 누티의 회합은 1990년대부터 틈틈이 이루어졌고, 2003년에 녹음한 신곡들과 함께 이듬해서야 CD로 발매되었다. 국내에서는 그리 잘 알려진 작품은 아니지만, 화려한 건재를 뽐내며 스케일이 큰 아름다운 서정을 만날 수 있는 걸작임이 분명하다.

작시가 알다 메리니가 육성으로 밀바에 대한 시를 읊고 있는 짧은 서두 〈Gli Occhi di Milva 밀바의 눈〉에 이어, 본작의 백미라 할 수 있는 〈Sono Nata il 21 a Primavera 나는 청춘 21세로 태어났네〉에서는 지중해 민속음악의 고동과 함께 불어오는 현악에 시련으로 고뇌하는 젊음의 시를 밀바는 힘차게 절창한다.

난 청춘 21세로 태어났네. 그러나 그 소요는 미처 몰랐어. 폭풍이 일어나 땅을 가르고, 지옥의 여왕이 깨어난 듯 풀밭 위로 폭우가 쏟아졌지. 넓은 밀밭에 저녁이 오면 항상 울부짖으며 기도해…

매우 현대적이고 감각적인 〈Nella Notte Che Geme il Tuo Patire 당신이 고통으로 신음하는 밤에〉 역시 밀바의 가창력을 한껏 누릴 수 있는 수작이다. 현의 따사로움과 규칙적이고 차가운 리듬 사이에 불어오는 바람결은 너무나 부드럽다가도 때론 거세다. 사랑하는 연인의 두려움과 불안마저 포용하고픈 감정을 미풍으로 흘려보내는, 꿈결같은 속삭임이 아닐 수 없다.

보다 긴박하고 두려움에 휩싸이는 〈Gli Inguini 사타구니〉는 마치 에덴동산에서 아담과 이브가 선악과를 베어 물고는 하나님의 말씀을 거역한 것에 대한 두려움과 그리고 부끄러움에 몸을 가렸던 창세기의 절정을 지켜보게 된다. 영혼을 강

탈할 만큼 쾌락으로 빠지게 하지만 생명의 씨앗으로 고통을 겪게 하는 이중적 의미를, 여제사장 밀바는 서늘한 오케스트레이션과 현의 주술로 풀어낸다. 드라마틱하며 신비롭고 진보적인 연주가 일품이다.

이전 곡과 자연스레 연결되는 〈Canzone dell'Uomo Infede-le 부정한 사람의 노래〉는 급박하게 진화하는 대기의 풍경을 현으로 그려내며 밀바는 해설자처럼 시가를 읊조린다.

걸작 로망스 〈Prima di Venire 내게 오기 전에〉는 온유한 사랑의 색으로 물들어 있다. 피어나는 성스러운 순백의 오케스트레이션, 푸르른 기타의 떨림, 더없이 부드러운 밀바의 음성이 포근함으로 감싼다.

오기 전에 붉은 장미 세 송이를 가져다줘. 오기 전에 나에게 큰 소식을 가져다줘. 왜냐하면 난 내 마음을 수선해야 하고, 사랑에 다가가기 위해 길고 큰 인내심을 가져야 하기 때문이야. 오기 전에 앞의 벽을 향해 달려, 빛으로 내 사랑을 찾는 것처럼. 내게 다가오기 전에 문을 조용히 닫고, 그리고 내가 울면 바이올리니스트를 불러줘. 오기 전 이미 당신은 떠났다고 말해, 내가 무서워할지도 모르니까. 그리고 떠나기 전에 나를 향한 인사를 멈춰. 내가 살 수 없었던 오랜 시간들은 끝났으니까.

작곡자인 지오바니 누티도 이 노래를 불렀는데, 그의 노래는 안쓰럽고 연약하게 들리지만, 밀바의 노래는 따사롭고 환상적이다.

〈Johnny Guitar〉는 동명의 1954년 할리우드 영화의 주제로, 알다 메리니의 솔로 피아노 반주에 밀바의 스캣이 즉흥적으로 이뤄지는 이채로운 단편이다.

첫 곡처럼 알다 메리니의 푸르른 파노라마가 펼쳐지는 낭송곡 〈La Terra Santa 성지〉에 이어, 음성을 위한 실험적인 주술의 극음악 〈Spazio 공간〉은 우리를 충격에 빠뜨린다.

첫 곡에 등장했던 알바트로스의 지저귐을 삽입한 〈L'Albatros 알바트로스〉도 어김없는 걸작이다. 하얀 새털구름과 푸른 하늘을 향해 흐르는 애틋한 현의 아다지오와 두려울 것이 없는 바다의 행진곡이 감동과 함께 끝없이 밀려온다.

나는 하얀 가슴의 고상한 새라네. 누군가 내 목을 비틀며 웃을지라도 난 상관 안 해, 난 바다 위를 여행하는 큰 알바트로스라네. 누군가 내 여정을 막는다면, 그건 어림도 없어. 그러나 나는 광활한 대지에서 지금 당신을 위해 노래해. 내 사랑의 노래를…

지오바니 누티와 함께 두 매의 싱글을 발표한 밀바는 2005년 알다 메리니의 75번째 생일 축하 기념으로 리사이틀을 가졌다. 한편 본작에서 작곡자로서의 역할을 너무나 훌륭하게 수행했던 지오바니 누티는 알다 메리니와의 긴 인연을 이어 갔고, 그 결과로 3매의 아름다운 앨범을 발표하기도 했다.

밀바처럼 다양한 장르를 오가며 정력적인 음악을 선보이는 가수는 찾기 쉽지 않다. 그녀는 글쓴이가 아는 아티스트 중 가장 깐쏘네의 매력을 예술적으로 승화시킨 대가이며, 가장 대중들과 가까워서 깊이 공감했던 친구였다.

깐쏘네의 영원한 여왕
Mina ● 미나

1960년에 영화 「Appuntamento Ad Ischia 노래하라 태양이여」에 출연하여 직접 불러 히트시킨, 지노 파올리Gino Paoli 자작곡이자 명곡인 〈Il Cielo in una Stanza 행복은 가득히〉는 빌보드 차트 100에 진입했으며, 스페인과 일본에서 투어 콘서트에 이어 1962년에는 파리 올랭피아 극장을 시작으로 유럽에서 남미의 무대에 섰다.

1962년에는 별거 중이던 유부남 배우 코라도 파니Corrado Pani와 불륜설에 휩싸이게 된다. 임신한 후 이 사실을 스스럼없이 밝혔는데, 이가 카톨릭의 교리와 사회윤리를 위해한다는 이유로 방송 출연을 금지당했고, 이후에는 섹스 어필의 행동과 흡연을 이유로 국영방송에서 노래도 거부당했다.

1964년에 방송에 복귀한 후 발표한 커버곡 싱글들은 대단한 반향을 얻었고, 일본어로 부른 〈Suna Ni Kieta Namida 모래 위에 눈물은 사라지고〉는 일본에서 싱글 차트 1위를 기록하며 베스트 인터내셔널 아티스트로 꼽혔다. 파니와의 관계도 그녀가 바빠지면서 자연스레 끝이 났다.

1965년부터 《Studio Uno》라는 시리즈 음반을 출시하였는데, 첫 쇼케이스에서 모나리자처럼 면도한 눈썹과 금발의 모습으로 등장, 이는 그녀의 전매특허가 되었다. 그해 남자 형제의 죽음으로 이듬해 가족들이 스위스로 이사를 하였으나 자신은 이태리에 남아있었다.

1967년에는 브라질 음악에 대한 관심으로 발표한 쉬쿠 바르키Chico Buarque의 노래 〈La Banda〉와 Johnny Dorelli의 1967년 산레모 9위 입상곡 〈L'Immensità 광대함〉 등을 불러 히트시킨다. 또한 전년에 부친의 도움으로 설립한 인디 레이블 PDU에서의 첫 앨범 《Dedicato a Mio Padre 내 아버지에게 헌정합니다》를 발표, 《Canzonissima '68》가 뒤이었다.

1960년대 후반에는 엔니오 모리꼬네Ennio Morricone(1928-2020)와 음유시인 루치오 바티스티Lucio Battisti(1943-1998) 등과 조우하는 등, 정통 깐쏘네에 블루스와 R&B 그리고 소울 등의 요소를 가미하며 자신만의 드라마틱한 음악을 행한다.

3옥타브를 넘나드는 풍부한 음역의 가창력을 소유한 미나는 '진정한 깐쏘네의 여왕'으로 불린다.

안나 마리아 마치니Anna Maria Mazzini가 본명으로, 이태리 북부 롬바르디의 Busto Arsizio에서 1940년에 태어나, 크레모나에서 미국 로큰롤과 재즈를 들으며 어린 시절을 보냈다. 1958년 회계학과를 입학함과 동시에 여름방학 기간에는 Bussola Club 무대에 섰다. Happy Boys라는 밴드를 결성하고 2,500여 명의 청중 앞에서 콘서트를 열었고, 소규모 레코드 회사와 계약하여 '미나'라는 이름으로 첫 싱글 〈Non Partir 떠나지 마세요 | Malattia 질병〉을 발표했다.

1959년에는 이태리 여성 로큰롤 싱어로서 처음으로 TV에 모습을 보였고 화려한 무대매너는 '크레모나의 호랑이'란 별명을 얻게 이른다.

...quando tu mi spiavi in cima a un batticuore...

1970 | EMI | 5362152

1. Nessuno al Mondo
2. Dominga
3. Io Tra di Voi (Et Moi dans Mon Coin)
4. L'Uomo della Sabbia
5. Ero Io, Eri Tu, Era Ieri
6. Adagio
7. Il Mio Nemico è Ieri
8. Insieme
9. Una Donna, una Storia
10. Che Meraviglia
11. Mi Guardano
12. Questa Cosa Chiamata Amore

미나는 1969년부터 위대한 작사가 모골Mogol과 음유시인 루치오 바티스티Lucio Battisti(1943-1998)와 조우, 《Bugiardo Più Che Mai… Più Incosciente Che Mai… 거짓말은 하면 할수록 무모해, 1969》에서 커트된 모골의 작품 〈Non

...bugiardo più che mai... più incosciente che mai...

Credere 믿지 마〉는 그해 가장 많이 팔린 세 번째 싱글이었고, 앨범은 그녀의 레이블 발매작 중 앨범 순위 정상을 차지하며 그해 가장 많이 팔린 앨범으로 기록되었다.

…넌 순간 변심하는 그 사람에겐 장난감에 불과해. 나에게 넌 생명이야, 그녀가 널 사랑했다면, 난 널 생각하며 고통으로 죽었을 거야, 그 사람을 믿지 마…

본작 《정열의 최고조에서 당신이 날 탐색할 때》는 당해 총 앨범 순위에서 7위를 기록하였으며, 모골과 바티스티의 명곡 〈Insieme 함께〉가 수록되었다. 이 곡은 풍성한 오케스트레이션의 서정적인 선율을 타고 미나의 폭발적인 가창이 어우러진다.

…난 당신을 몰라. 당신이 누군지… 어제 내 꿈은 당신에 대한 생각으로부터 태어났지만, 지금 당신과 함께 있어… 내 삶에서 가장 힘든 시간, 내가 하루하루를 살아갈 수 있을지 알 수 없지만, 난 중단하진 않을 거야, 당신은 지금 나인걸…

포근한 현악으로 청자를 사로잡는 열애의 드라마 〈Nessuno al Mondo 세상에서 아무도〉는 아무도 자신을 사랑하지 않는다고 믿는 연인에게 당신의 마음을 알고 함께 살고 싶은 자신을 잡아달라고 간청한다.

샤를 아즈나부르Charles Aznavour(1924-2018)의 〈Et Moi dans Mon Coin 그리고 구석의 나〉를 커버한 〈Io Tra di Voi 당신과 나 사이에〉는 느린 왈츠풍의 템포와 촉촉한 재즈 피아노로 서글픈 짝사랑의 시를 들려준다. 원곡처럼 후반의 대화로 드라마를 심는다.

…그녀는 당신을 몰래 보고 있어. 당신은 너무 태연하게 이

야기하지. 그녀는 날 통해서 당신에 가까이 가려 해. 당신은 환하고도 우울한 웃음을 짓지. 그리고 구석의 나, 내가 어떤 말도 하지 않는다면, 내 심장은 눈물을 흘리겠지. 나는 슬픔을 들이키네. 왜냐하면 사랑이 옮겨갈까 봐.

사랑과 이별에 대한 유감의 노래 〈Ero Io, Eri Tu, Era Ieri 내가 당신에게 어제〉는 아트록 한 편처럼 중후한 편곡이 따사롭다.

〈Adagio〉는 서정적이고도 포효하는 크레모나의 호랑이 미나의 록 보컬을 감상할 수 있다. 죽음에 치닫는 것처럼 날 미치게 하고 숨 막히게 하는 그에게 자신을 사랑스럽게 바라보지 말라고 부르짖는다.

〈Il Mio Nemico è Ieri 나의 적은 어제〉는 자신을 잃은 듯한 현재에서 꿈으로만 여겼던 너무나 큰 사랑을 연인으로부터 깨닫게 된 과거의 시간이 원망스럽다고 한탄한다.

완벽한 현악 클래식 작품인 〈Una Donna, una Storia 한 여인 이야기〉는 항상 같이 있을 거란 믿음으로 한 남자와 사랑하고 결혼하고 중년에 이른 후, 새롭게 찾아든 다른 사랑의 유혹에 흔들리는 고통을 비탄에 잠긴 채 노래했다.

미나는 약 3년간 작곡가 아우구스토 마르텔리Augusto Martelli와의 열애가 끝난 후, 저널리스트 비르질리오 크로코 Virgilio Crocco와 1970년에 결혼식을 올렸다.

Mina

1971 | EMI | 5362772

1. E Penso a Te
2. Capirò (I'll be Home)
3. Le Farfalle Nella Notte
4. Non Ho Parlato Mai
5. Sentimentale
6. Alfie
7. Grande Grande Grande
8. Amor Mio
9. Al Cuore Non Comandi Mai (Plus Fort Que Nous)
10. Something
11. Vacanze
12. Mi Fai Sentire Cosi Strana

1971년에는 이후 시리즈로 발표되었던 베스트의 첫 디스크 《Del Mio Meglio》가 출시 된 후, 새로운 셀프 타이틀의 걸작 《Mina》를 발표한다. 본래 라이브가 계획되어 있었으나, 임신으로 취소되어 두 앨범으로 대체되었다.

커버에는 이색적으로 새끼 원숭이를 실었는데, 아기의 출산을 상징하고 싶었을까? 어미 원숭이를 찾는 듯한 애처로운 눈빛은 눈썹을 밀고 유독 화장으로 큰 눈을 강조했던 미나의 모습과도 닮은 듯하다.

모골과 루치오 바티스티의 작품 〈E Penso a Te 너를 생각해〉는 국내에도 발매된 바티스티의 《Umanamente Uomo : Il Sogno 인간미의 남자 : 꿈, 1972》에 실려 많은 사랑을 받았던 작품이다.

난 일하면서도, 집에 돌아가서도, 전화를 보며 널 생각하지. 잘 지내니? 난 널 생각해. 우리는 어디로 가는 걸까? 눈을 감고 슬픔을 느끼며 난 널 생각해. 지금 누구와 있는지, 무얼 하는지 알 수 없지만, 난 네가 무슨 생각을 하는지 알아… 기대는 하지 않지만 되찾고 싶어. 너무 늦어 미안해, 당신과 함께하고파… 어둠 속에서, 눈을 감고도, 밤을 지새우며 난 널 생각해.

잔잔한 여운이 전해져오는 〈Capirò 이해해〉는 미국 싱어송라이터 Randy Newman의 곡 〈I'll be Home〉을 번안한 것으로, 깊고도 따스한 시선이 느껴진다.

〈Non Ho Parlato Mai 난 이야기하지 않았어〉는 자신의 고통을 사랑하는 이에게 알리고 싶지 않다는 내용으로 마치 오페라의 한편을 듣는 듯하다.

루치오 달라Lucio Dalla(1943-2012)가 작곡한 〈Sentimentale 감상적〉은 여리면서도 때론 강하게 내지르는 그녀의 보컬이 오케스트레이션과 재즈 피아노와 함께 물결처럼 흐른다.

…당신의 눈은 날 원한다고 말하네. 그리고 당신은 결코 변치 않을 미소를 짓네. 이 사랑의 시는 태양보다 뜨거움을 당신은 알 거야. 이 사랑이 식지 않길 원한다면 말이야. 당신의 감상은 보다 가까이 있어, 난 당신을 따를 거야. 당신의 꿈은 이미 내 것인걸…

산레모 우승자 토니 레니스Tony Renis의 작품 〈Grande Grande Grande〉은 사랑에 빠질 수밖에 없는 당신을 정복

하고 싶다는 내용으로, 그해 두 번째로 많이 팔린 싱글이었다.

창연한 오케스트레이션과 박력 있는 기타 반주 그리고 코러스가 상큼한 〈Amor Mio 내 사랑〉은 모골과 루치오 바티스티가 썼다.

프랑스 영화음악가 프란시스 레Francis Lai(1932-2018)의 「Un Homme et Une Femme 남과 여, 1966」의 삽입곡 〈Plus Fort Que Nous 우리보다 더 강한〉을 노래한 〈Al Cuore Non Comandi Mai 결코 휘둘리지 않는 마음〉에는 푸른 우수가 가득하다.

내게 일어난 일로, 다시는 시도하지 않았을 거야, 그런데 널 만났어, 너도 알다시피 넌 결코 마음을 명령하지 않았지, 조금 머뭇거리며 서로를 바라보았네, 우리는 연인이 되고 싶지 않았지만, 사랑이 다 해냈네. 사랑이 떠나면 난 떨리고 네 안부를 생각해…

Beatles의 《Abbey Road, 1969》에 수록된 〈Something〉을 미나의 포근한 재즈 스타일로 부른 후, 움베르토 빈디Umberto Bindi(1932-2002)의 1962년 히트곡 〈Vacanze 휴가〉로 흑백영화의 고풍스러운 낭만을 부드럽게 열어준다.

마지막 곡 〈Mi Fai Sentire Cosi Strana 당신은 날 이상하게 해〉 역시 풍성한 가창력으로 애틋한 사랑의 감정을 고백한다.

Altro

MINA ALTRO

1972 | EMI | 5350892

1. Non Ti Riconosco Più
2. I Giorni dei Falò (Long Ago and Far Away)
3. Ballata d'Autunno (Balada de Otoño)
4. L'Amore, Forse… (Ao Amigo Tom)
5. Volendo Si Può
6. Fate Piano
7. Rudy
8. L'Abitudine (Daddy's Dream)
9. Amore Mio
10. Ossessione 70

1971년 11월에 딸을 출산한 후, 이듬해 봄 국영방송 버라이어티 쇼 'Teatro 10'에 출연하여 루치오 바티스티와 함께 그의 음악을 선보인다. 또한 아르헨티나 누에보 탱고의 기수 피아솔라Piazzolla(1921-1992)의 〈Balada para Mi Muerte 내 죽음을 위한 발라드〉에 가사를 입혀, 그의 반도네온과

아르헨티나 그룹 Conjunto 9의 연주로 〈Suoneranno le Sei 6시가 되니〉를 노래했다.

…사랑에 빠진 죽음, 그리고 그 순간의 정점에, 6시가 되니, 오늘 언제 떠날지 생각하네, 방황하며 애타게 널 찾고 있어, 내 안의 불안을 언제나처럼 진정시켜줄 너를. 그 죽음을 느끼니까 꼭 안아줘…

마지막 쇼에서는 〈Parole Parole〉를 영화배우 알레브토 루포Alberto Lupo(1924-1984)와 함께 불렀는데, 이 곡은 1974년에 프랑스에서 달리다Dalida(1933-1987)와 영화배우 알랭 드롱Alain Delon(1935-2024)이 리메이크하여 세계적인 히트를 얻은 작품이기도 하다.

또한 작곡가 엔리코 리카르디Enrico Riccardi는 모골과 바티스티의 성공에 힘입어 바티스티의 스타일로 작곡한 〈Fiume Azzurro 푸른 강〉을 미나에게 주어 성공을 거둔다.

주목할 만한 이 작품들은 별 보잘것없는 커버로 출시된 《Cinquemilaquarantatre 내 어두운 사십 중반, 1972》에 담겨있다.

이후 미나는 9월 16일 투스카니의 Bussola 나이트클럽 라이브 실황을 담은 《Dalla Bussola 부쏠라에서》를 출시함과 동시에 《Altro 타인》을 발표한다. 이 앨범은 간결하지만 미나의 눈매를 강조한 지아니 론코Gianni Ronco의 일러스트가 퍽 인상적이다.

〈Non Ti Riconosco Più 당신을 더 이상 볼 수 없어〉는 피아노 솔로에서 점점 웅장한 오케스트레이션으로 확장되면서 이별의 괴로운 감정으로 상실감에 젖어 울부짖는다.

〈Ballata d'Autunno 가을의 발라드〉는 스페인의 싱어송라이터 조앙 마누엘 세라Juan Manuel Serrat의 〈Ba-lada de Otoño〉곡을 번안한 것으로, 역시 백미라 할 수 있다.

…가을의 발라드는 애도가를 노래하는 바람처럼 연약한 목소리로 애원하네. 난 당신에게 이야기하고 싶어. 마지막 나무가 붉게 불탄 후에는 이 가난한 여인마저 태울 것이라고. 그리고 난 미소 짓지, 지금은 혼자지만, 곧 그 외로움은 끝날 것이라고. 나는 당신에게 이야기하고 싶어. 이 어린이는 너무 어려 아무것도 모를 것이라고, 아니, 이것은 삶이 아니야. 아름다운 것은 더욱 아니네. 마음을 휘어 젖고 난 이 사실을 알아. 더욱이 내일이 오면 과거는 묻겠지. 나의 꿈이 무엇이었는지. 그러나 시간은 흐르고 당신을 향해 천천히 노래하네. 점점 쇠약해지는 목소리로, 가을의 발라드를…

잔잔한 기타 연주가 호쾌하고도 거친 록풍으로 변모하는 〈Volendo Si Può 갈망〉은 조르지오 콘테Giorgio Conte가 자살에 대한 주제로 가사를 썼고, 〈Rudy〉 역시 사회 문제를 다룬 것이었다.

〈Fate Piano 약한 요정〉은 당시 전성기였던 이태리 아트록의 영향을 감지할 수 있는데, 서정적이고도 강력한 파워가 돋보인다.

행복한 사랑의 순간을 노래한 연가 〈Amore Mio 내 사랑〉에 이어, 선배 가수 파우스토 킬리아노Fausto Cigliano(1937-2022)의 노래를 커버한 〈Ossessione '70 집착 1970〉은 달콤한 소프트 재즈의 그루브로 열기에 지친 감상자의 가슴을 시원하게 적셔준다. 이는 1970년 멕시코 월드컵에서 독일을 제치고 준우승의 결과를 거둔 행복감을 노래한 것이다.

Frutta e Verdura

1973 | EMI | 5355092

1. Fa Qualcosa
2. Non Tornare Più
3. Devo Tornare a Casa Mia
4. Domenica Sera
5. La Vigilia di Natale
6. Questo Si, Questo No
7. E Poi…
8. Dichiarazione d'Amore
9. La Pioggia di Marzo (Aguas de Março)
10. Tentiamo Ancora

1973년은 미나에게 시련의 해였다. 취재차 미국으로 갔던 남편을 차 사고로 잃었다. 그러나 뼈아픈 슬픔을 뒤로 한 채 그해 3장의 앨범을 발표한다. 《Del Mio Meglio n.2》에 이어, 유사한 커버의 두 앨범을 내놓았는데, 그중 《Frutta e Verdura 과일과 채소》는 커플을 상징화한 작품이었다.

〈Fa Qualcosa 말이라도 좀 해봐〉는 매우 행복에 겨운 듯한 멜로디와 무드이지만, 남편의 죽음 뒤 망연자실한 슬픔을 노래했다.

난 죽어가고 있어. 뭐라도 말 좀 해봐, 날 죽이고 싶었다고, 날 증오한다고. 하지만 우리 손엔 아무것도 없어. 고아처럼, 주검처럼. 당신이 거기 있다는 환상에, 난 향수를 느껴…

프랑코 칼리파노Franco Califano(1938-2013)가 가사를 쓴 〈Non Tornare Più 다시는 돌아가지 마〉에 이르러 마침내 정신이 돌아왔는지 북받치는 슬픔과 고통을 참지 못한다.

내가 저지른 실수, 난 아직도 당신을 원해. 아무것도 없이 당신을 보낼 순 없어. 어제 분명 당신을 느꼈는데… 내겐 끝없는 밤이야. 당신은 길을 떠났지만, 그건 서로를 찾을 수 없는 머나먼 여정이잖아…

〈Devo Tornare a Casa Mia 내 집으로 돌아가야 해〉에 이르면 그녀의 울분은 오한에 걸린 듯 떨고 탄식한다.

내 집으로 돌아가야 해. 다른 방법은 없어… 죽는다는 것은 난센스야. 아니, 미안하지만 난 두려워. 삶은 모험이 아니라고 그는 내게 말했지. 그러나 내 남편을 이해할 수 없어… 이건 사랑이 아니야. 이해할 수 없어. 떠나려면 나도 데려가. 집으로 돌아갈 수 없어.

맑고 투명한 컨트리풍의 〈E Poi… 그리고 나서〉는 초연한 슬픔을 노래하는 미망인에게 팬들도 조의를 표했던 히트 싱글이다.

…나와 그는 이미 연인이었어, 나의 반을 잘라내는 것. 당신은 몰라, 얼마나 내게 막막한 일인지. 다시 시작할 수 있을까? 그리고 나서 감각을 되찾을 수 있을까?… 그리고 나면 지금은 없어. 난 못해.

희미한 환상에 싸이는 〈Dichiarazione d'Amore 사랑의 선언〉은 망자와의 사랑을 회상하며 흐리는 그리움의 눈물이다.

태양이 뜰 때 난 당신을 생각해. 죽음의 저녁에도… 당신은 내 마음을 죽게 했어. 이게 무엇인가! 당신은 내 것이야… 당신이 없어 외롭다는 것 외엔 난 아무것도 느낄 수 없어. 난 알아. 당신은 바람과 함께 사라지지 않는다는 걸. 항상 거기 있을 당신을 위해…

카를루스 조빙A.C. Jobim(1927-994)의 보사노바 명곡 〈Aguas de Março〉를 노래한 〈La Pioggia di Marzo 3 월의 비〉는 거칠지 않은 고운 그녀의 보컬로 슬픔을 숨기고 있다.

사랑의 진혼곡 〈Tentiamo Ancora 다시〉에는 목 놓아 부르는 처절한 애원이 흐른다.

…절대 여기서 끝낼 수는 없어, 난 아직도 당신을 사랑해. 다시 이어가고 싶어, 다시…

연작 《Amanti di Valore 가치 있는 사랑, 1973》은 전곡이 프랑코 칼리파노의 작사와 싱어송라이터 카를로 페스Carlo Pes(1927-1995)의 작곡으로 구성되었다.

타이틀곡은 느슨한 재즈 포크에 사랑의 슬픔을 녹여냈다.

…위선이 죽은 이 방에서, 결코 잊지 못할 밤에 살해당한 우리가 떠날 때, 우리는 언제나 그랬던 것처럼 사랑의 두 부르주아가 될 거야, 그리고 다시는 만나고 싶지 않아, 가치 있는 연인들 사이에서 이루어지는 것처럼.

〈Il Poeta Che Non Pensa Mai 생각하지 않는 시인〉에서도 회한이 뿌연 서리처럼 서린다.

…난 낯선 공간에서 길을 잃었어, 왜냐면 난 그에게 더 많은 걸 원했으니까. 지금 그를 만나려 해, 어쩌면 절대 만날 수 없을지도 몰라, 그는 생각하지 않는 시인이니까.

Mina®

1974 | EMI | 5350912

1. Due o Forse Tre
2. Tutto Passerà Vedrai
3. Caravel
4. Una Musica Va
5. L'Amore è un'Altra Cosa
6. Penombra
7. Nuur
8. Distanze
9. Mai Prima
10. Solo Lui
11. Trasparenze

1974년 3월 16일 TV 쇼 마지막 라이브에서 미나는 주로 뮤지컬 스타일의 음악을 선보인 후 대중 앞에서 무대에 서는 일을 중단한다.

그해 에어브러시로 섬세하게 그린 예쁜 커버의 두 매를 발표하는데, 본작 《Mina®》에는 베이컨이 든 햄버거를 먹다 파파라치를 발견한 듯 놀라는 표정을 잡아냈으며, 데뷔 시절 썼던 국제적인 이름을 제목으로 한 《Baby Gate》에는 두 손에 칵테일 잔과 미국 상표의 대명사인 콜라병을 들고 발그레 취한 모습을 담고 있다.

본작에는 이전 작들에서 편곡을 맡았던 피노 프레스티Pino Presti 외에도 수많은 영화음악을 담당했던 지아니 페리오 Gianni Ferrio(1924-2013)와, 아트록 걸작 《Gli Occhi di un Bambino 어린이의 눈동자를 위한 아다지오, 1973》를 발표한 건반주자 토토 토르콰티Toto Torquati(1942-2023)가 각각 두 곡에서 편곡을 담당했다.

뭉클한 건반과 진한 오르간 연주가 록의 비트를 타고 흐르는 서정의 발라드 악곡 〈Due o Forse Tre 두서너 개의 가능성〉에서는 첫사랑의 현재 시점에서 인생에서 마주칠 두세 번의 사랑에 대한 가능성 따윈 중요하지 않다고 진심을 이야기한다.

역시 잘 빠진 아트록 발라드를 듣는 듯한 〈Tutto Passerà Vedrai 모든 것은 지나갈 거야〉는 아직 가시지 않은 남편의 죽음에 대한 슬픔으로 고뇌하고 있는 자신을 위로하고 있다.

…이젠 돌아와, 아니, 지금 어떻게 지내? 당신의 연극은 너무나 거대해, 당신이 느낄 수 있는 기쁨과 고통은 항상 자양분이 될 거야, 그러나 당신은 울고 있지, 무엇이 그렇게 울부짖게 하는지. 모든 것은 지나갈 거야…

서커스 재즈풍의 〈Caravel 범선〉은 기대에 찬 낭만으로 채색되어 있다. 밤마다 고통스러운 여정이 계속되겠지만 그리운 당신에게로 범선을 타고 출발하고 싶다고 노래한다.

하모니카가 전원적이고도 안온한 감성을 전달하는 낭만 시가 〈L'Amore è un'Altra Cosa 사랑은 또 다른 것〉에서는 당신의 다정함과 내가 당신을 원하는 것은 잘 알지만 사랑은 또 다른 문제라고 이야기한다.

지아니 페리오의 작곡과 편곡이 돋보이는 탱고 〈Penombra 어스름〉은 반도네온과 바이올린의 서정을 비장한 미나의 보컬이 힘 있게 장악하고 있다.

…당신은 사랑이라 부르는 것에 날 복종시키네, 반의식 상태에서 미끄러지고 울며, 황혼 속에서 나는 당신의 것, 내 또 다른 패배로 나 자신이 싫어, 하지만 난 당신을 기다리고 있어…

사랑하는 이의 침묵에 대한 고통을 토로한 〈Mai Prima 이전에는〉은 구성진 악곡의 진행이 매우 시원스럽다. 풍성한 현악 선율과 흘러넘치는 맑은 건반의 향연은 토르콰티의 전형적인 스타일이다.

토르콰티 편곡의 〈Solo Lui 단 한 사람〉 역시 가슴 아픈 그리움으로, 남편과의 사랑을 가슴에 묻고 묘지를 떠나는 마지막 인사처럼 들린다.

…이제 난 원합니다. 그를 위해 살 수 있다는 믿음을, 혹은 그를 떠나면 죽는다는 믿음을. 그리고 조용히 떠납니다, 지금.

마지막 〈Trasparenze 투명〉는 지아니 페리오의 작·편곡으로 따스하고도 다소 몽환적인 전원곡을 들려준다.

지금은 아니야, 널 위해 내가 결정할게, 지금은 아니야, 나중에 시간이 있을 거야, 난 우리에 대해 생각하고 있어, 거의 투명에 가까운… 큰 고요함 속에서, 당신이 느끼는 것보다 당신은 이미 이렇게 내 것이 되었네. 내면 깊은 곳에서 찾아봐, 평범한 단어의 소리를, 우리는 절대 이야기하지 않지, 당신과 나.

La Mina

LA MINA

1975 | EMI | 5362122

1. Uappa
2. Ti Accetto come Sei
3. Quasi come Musica (A Song for You)
4. Racconto (C'est comme l'Arc en Ciel)
5. Signora Più Che Mai
6. Immagina un Concerto
7. L'Importante è Finire
8. Come un Uomo (Comme un Homme)
9. Tu No
10. Di Già

1975년에도 2년을 주기로 발표했던 베스트앨범 《Del Mio Meglio n.3》과 싱어송라이터 루치오 바티스티의 노래를 부른 《Minacantalucio》와 《La Mina》 총 세 음반을 발표한다.

《Minacantalucio》는 바티스티의 《Emozioni 감동, 1970》을

연상시키는 커버에 우리에게 잘 알려진 히트곡들을 들려주어 국내 팬들에게도 많은 사랑을 받기도 했다.

보통명사로서의 여걸을 상징하는 본작의 커버는 그녀가 울고 있는 것인지, 혹은 웃고 있는 것인지 애매모호한 인상을 준다. 전작 《Mina®》에서 들려주었던 아트록 분위기는 서서히 힘이 빠졌지만, 보다 대중적인 팝의 면모가 드러난다.

작곡자 엔리코 리카르디Enrico Riccardi가 직접 편곡한 〈Ua-ppa 웁스〉는 그 어떤 로맨스보다도 아름다운 백미라 할 수 있다. 감미로운 오케스트레이션에 너무나 청명한 건반 터치와 감탄사 'Uappa'를 노래하는 달콤한 코러스 그리고 여느 때보다 부드러운 미나의 가성이 찬란하게 빛난다.

더 이상 말할 수 없어, 자꾸만 내게 재촉한다면. 그것은 내게 조금 혼란스러워, 날 잡아줘. 당신이 도망가면 내가 잡을 거야. 그러니 멈추지 마. 난 항복할 준비가 되었어. 난 당신 없이 할 수 없어. 난 소유하지 못했지만 그럼에도 난 당신을 원해. 당신도 알다시피 난 술에 익숙하지 않아. 반 잔이면 충분하지, 친밀한 말투 정말 좋아. 당신의 손가락이 내 모자를 눌렀을 때, 난 부끄러웠어. 웃지 마, 내가 울더라도 웃지 마.

이 촉촉한 작품을 패티 프라보Patty Pravo는 〈Non Posso Fare a Meno di Te 난 당신 없이 할 수 없어〉라는 제목으로 취입했다.

지노 파올리Gino Paoli가 가사를 쓴 〈Ti Accetto come Sei 당신처럼 받을래〉는 당신의 눈에서 자신의 꿈인 위대한 사랑을 발견한다면 더 이상은 바라지 않는다는 애모의 노래로, 목마른 미나의 음성이 애처롭다.

Leon Russell의 〈A Song for You〉를 번안한 〈Quasi come Musica〉의 블루스 필링에 젖고 나면, 니콜 크루와질 Nicole Croisille의 〈C'est comme un Arc en Ciel〉을 영화음악가 가브리엘 야레Gabriel Yared의 재즈 감성으로 편곡된

〈Racconto 이야기〉를 들을 수 있으며, 역시 번안곡인 〈Come un Uomo 한 남자처럼〉도 가브리엘 야레의 편곡이다.

다소 우울한 히트 싱글 〈L'Importante è Finire 중요한 것은 끝〉은 성애적인 욕망을 담은 것이었다.

…조명은 천천히 꺼지고, 입은 목을 애무하네, 뜨겁게 호흡하고, 난 결심하지, 그러나 어찌할 줄 모르네, 혹은 이 고통에서 떠나든지, 중요한 것은… 끝. 죽음으로 떠나는 마지막 시간, 그는 내 마음을 사로잡는 구애에 탁월한 재능이 있어, 얼굴은 일그러지고, 나는 사랑한다고 말하지, 거친 호흡은 다시 시작되고, 난 죽을지 계속 남아야 할지 모르겠어. 중요한 것은… 끝.

〈Signora Più Che Mai 아가씨 때보다 더〉에는 뭉클한 건반에 빛보다 가벼운 현악에 용암처럼 뜨거운 그녀의 가창이 쏟아진다.

…나는 고대의 전투에서 승리했고, 당신의 것이 되어도 지치지 않아, 그 사람이 오면 시간에서 계절을 훔치고, 내일을 소망하는 것이 내게 어떤 이유를 줄까?

〈Tu No 너 말고〉 역시 토로카티의 건반 위주의 편곡이 화사한 매력을 더하는 트랙이다.

…예술과 상상력을 갖춘 당신, 당신은 내 삶을 소유하고 있네… 이제 당신은 내가 가진 전부야, 나의 세상이여, 넋을 잃고 널 바라보고 있어…

Singolare

1976 | EMI | 5354512

1. Sognando
2. Devo Dirti Addio (Pra Dizer Adeus)
3. Colpa Mia
4. L'Ultima Volta
5. Terre Lontane
6. Ancora Dolcemente
7. Io Camminerò
8. Triste
9. Cablo
10. Nuda

1976년에도 문법 용어인 두 앨범 《Singolare 단수》와 《Plu-rale 복수》를 유사한 이미지 커버로 발표했다. 본작은 이태리의 오리지널 작품들로 구성되었고, 《Plurale》는 월드팝의 커버곡을 실었다.

〈Devo Dirti Addio 작별 인사〉는 마리아 베타니아Maria Bethania나 조빙Tom Jobim(1927-1997)의 목소리로 익숙한 브라질 뮤지션 에두 로부Edu Lobo의 〈Pra Dizer Adeus 작별 인사〉이다. 잔잔한 기타에 나른한 목 소리 그리고 고색창연한 현악이 처연하다.

안녕, 난 작별 인사를 해야 해, 난 갈 거야, 혼자 있고 싶어, 외롭겠지만 난 익숙해지겠지. 그리고 새로운 인생은 살수 없겠지. 당신이 줄 수 없었던 더 많은 사랑을 이해하지만, 우리 사이는 이미 끝났어. 이제 우리는 둘이 아니라면, 나는 매일 새로운 작별 인사를 할 거야.

파우스토 레알리Fausto Leali가 작곡한 〈L'Ultima Volta 마지막 시간〉에는 송곳같이 날카로운 보컬과 화염에 휩싸이는 아트록이 펼쳐진다. 다정다감하지만 더 이상 자신의 연인이 아니라고 이별을 고한다.

〈Ancora Dolcemente 아직도 부드럽게〉는 아직도 가슴 깊이 자리하고 있는 연인을 그리며 이별 의 고통에서 벗어나지 못하는 눈물의 절규이다.

몽환적인 서두에 이어 록 연주로 변화하는 〈Io Camminerò 나는 걸을 거야〉는 움베르토 토찌Umberto Tozzi가 쓴 곡으로, 사랑하는 이를 따라 죽음을 결심한 듯한 사랑과 영혼의 진혼곡이다.

서정의 보사노바 〈Triste 비애〉 역시 이별의 상처를 그린 작품이다. 모든 생활의 부분들이 슬프고, 욕망을 잃어버린 자신에 대해 또 슬프고, 다시 사랑하는 이를 찾을 때 응답이 없어 슬프다고 노래한다.

커버에서 애써 미소를 짓고 있는 그녀는 이제야 자신이 '단수Singolare'임을 인정하는 듯하다. 의욕도 힘도 느껴지지 않는 그녀의 노래는 전후 앨범들에 비해 특출하다고 할 수는 없지만, 말라버린 피와 눈물의 노래들로 매우 건조하고 쇠약한 인상으로 애달프게 한다.

Mina con Bignè

MINA con BIGNÈ

1977 | EMI | 5354492

1. Da Capo
2. Ma Che Bontà
3. Amante Amore
4. Oroscopo
5. Balla Chi Balla (Bala com Bala)
6. Giorni
7. Ormai
8. Tradirò
9. Una Ragazza in Due (Down Came the Rain)
10. Señora Melancolía
11. La Tua Voce Dentro l'Anima
12. Che Lui Mi Dia (Basta um Dia)

《Mina con Bignè 크림빵을 든 미나》는 두꺼운 돋보기안경을 쓰고 진분홍빛의 커버에 등장했다. 실로 다양한 음악 장르를 넘나들었던 미나였지만, 이 앨범만큼 정신이 혼미할 만큼 다채로운 악곡을 수록한 작품도 없을 듯하다.

첫 곡 〈Da Capo 처음부터〉는 리카르도 코치안테Riccardo Cocciante가 작곡한 것으로, 음성만 미나일 뿐 그의 서정적인 앨범을 듣는 듯하다. 미나의 노래는 지극히 회심과 고뇌에 싸여있다.

…당신은 돌아가고 싶지 않죠. 내가 이해해야 한다는 것을 알아요, 내가 새로운 삶을 살게 될 것이라고 항상 날 설득해야 한다는 것도, 하나님이 끝내지 않았다는 것도. 당신이 기대하는 완벽한 여자가 될 겁니다. 내가 다시 시작해야 한다는 걸 알아요, 더 이상 미련은 두지 않겠어요, 이 우울한 집에, 이 끝없는 밤에, 이 무기력한 상태에서. 하지만 그 누군가가 이유 없이 생각이 나요…

미아 마르티니Mia Martini(1947-1995)도 《Per Amarti 사랑을 위하여, 1977》에서 취입했다.

가슴을 촉촉하게 적시는 명연 〈Ormai 지금〉은 오페라의 한 장면을 보는 듯하다. 클래시컬한 대규모 오케스트레이션의 부드러운 서정을 타고 노래하는 이 사랑의 아리아는, 혼자인 자신이 증오스러우며 당신 없이 더 이상 살 수 없다고 술회한다.

이태리에서 활동했던 칠레 출신의 뮤지션 윌리 모라레스Willy Morales의 작품인 〈Señora Melancolía 우울한 여인〉은 이태리의 극적인 멜로디와 서정적인 남미의 월드뮤직의 혼합물로, 맑고 투명한 기타와 애처로운 휘슬 연주로 온기를 불어넣어 준다.

또 다른 서정의 걸작 〈La Tua Voce Dentro l'Anima 영혼의 당신 목소리〉는 점점 뜨거워지는 오르간과 오케스트레이션, 감정을 극대화하는 코러스, 천국의 하프시코드 등으로 비애미를 거둔다.

당신, 당신의 노래, 꿈, 심장을 울리는 음악, 삶, 무한한 기쁨, 나의 하늘, 나의 열리는 우주. 나의 하나님, 내게 힘을 주세요. 난 혼자서는 결코 살아갈 수 없습니다. 난 살고 싶어요. 난 성숙하길 원합니다. 당신의 깊은 사랑, 그것은 내가 볼 수 있는 빛이요, 내가 들을 수 있는 영혼의 목소리입니다. 그것이 내게 도달하기 원합니다. 날 잡아주길 원합니다. 매일 보다 가까이에서 듣길 원합니다…

쉬쿠 봐르키Chico Buarque의 작품 〈Basta um Dia〉를 번안한 〈Che Lui Mi Dia 그를 내게 주세요〉에서 미나의 처연한 슬픔은 부드러운 오케스트레이션의 바람과 함께 아련하게 흩날린다.

…그 사람이 내게 주게 놔둬, 한 시간만이라도. 그럼 난 떠날게, 하지만 환상에 사로잡힌 그를 위해, 광기를 내가 풀어줄게, 난 알아, 한 시간이면 충분해… 더 많은 시와 함께, 그 사람이 내게 주게 놔둬, 진정하는데 한 시간이면 족해, 출혈, 그리고 이 고통의 독…

비록 3년여의 세월을 남편과 함께했지만, 더 긴 시간 동안 상실감으로 아파해야 했던 미나의 고뇌는 여전히 지워지지 않는 고통으로 남아있었다.

Mina Quasi Jannacci

1977 | EMI | 5354502

1. Rino
2. E l'Era Tardi
3. Saxophone
4. Vincenzina e la Fabbrica
5. Tira a Campà
6. La Sera Che Partì Mio Padre
7. Vita Vita
8. E Sa Vè
9. Sfiorisci Bel Fiore
10. Ecco Tutto Qui

동년에 발표한 《Mina con Bignè》와 함께 미나의 아름다운 회색의 초상을 담고 있는 본작 역시 그녀의 많은 디스코그래피 중에서 아름다움을 발견할 수 있는 걸작으로, 엔조 야나치Enzo Jannacci((1935-2013)의 음악을 노래한 것이다.

그는 싱어송라이터이자 배우이며 스탠딩 코미디언으로도 활동했다. 그가 발표한 30장 이상의 앨범과 사운드트랙은 이태리 대중음악의 역사에서 하나의 이정표로 자리하고 있으며, 아드리아노 첼렌타노Adriano Celentano, 루이지 텐코Luigi Tenco(1938-1967), 조르지오 가베르Giorgio Gaber(1939-2003) 등과 함께 이태리의 로큰롤을 개척하며 영향력을 행사했던 아티스트로 평가받고 있다.

침울한 피아노 솔로에 포근한 오케스트라 선율이 겹쳐지는 〈Rino 리노〉는 야나치의 《Secondo Te… Che Gusto C'è? 당신의 견해는 어떻습니까?, 1977》에 수록된 작품이다.
마치 한 작품처럼 이어지는 〈E l'Era Tardi 그리고 늦었습니다〉는 《La Milano di Enzo Jannacci, 1964》에 수록된 것으로, 원곡은 우울한 트럼펫과 재즈 피아노 연주에 불렸다. 서글픈 왈츠풍의 오케스트라 반주와 중반부에 대화하는 듯한 야나치의 음성이 어우러져 마치 영화 「대부」처럼 비정한 영화를 보고 있는 듯하다.
〈Rino〉와 함께 그의 1977년 작에 수록된 〈Saxophone〉은 미나로 하여금 흥겨운 재즈 뮤지컬의 디바로 변모시킨다.
영화 「Romanzo Popolare 로망스 파퓰러, 1974」 수록곡 〈Vincenzina e la Fabbrica 빈센치나와 공장〉은 아련한 볼레로풍의 재즈곡이다.
공장 앞의 빈센치나, 그녀는 다시 스카프를 두르진 않았네. 이미 면전에 문은 활짝 열렸어. 다른 공장이 아니었다 해도, 세척액 냄새는 코를 찔렀고, 일은 간단하지 않았지. '가난은 과거야. 나는 여기 밀라노에 있어. 지금 난 눈 밖에 나선 안 돼.' 공장장은 여기에서의 슬픈 이야기는 하지 않았네. 빈센치나는 공장이 마음에 들었어. 그러나 공장 일에 대해서는 몰랐었네…
야나치의 《O Vivere o Ridere 살거나 웃거나, 1976》에 수록된 〈Tira a Campà 탭을 당겨라〉역시 재즈 뮤지컬을 연상시킨다. 사람이 죽더라도 삶은 계속 되는 것을 이해하고 삶이 고통스럽더라도 그 우울

한 탭을 풀어 버리라고 권고한다.
《Vengo Anch'io. No, Tu No 나는 갑니다. 아니 당신은…, 1968》에 원곡이 수록된 〈La Sera Che Partì Mio Padre 아버지가 떠난 밤〉은 하모니카로 노래하는 소저한 전원의 밤 풍경에 저릿한 이야기를 담아낸다.
아버지가 떠났던 밤, 우리는 그가 가는 것을 보기 위해 창밖을 바라봤다. 멀리 가버려 손도 흔들지도 못했지, 아버지가 가버린 밤, 라디오방송에서 흘러나오는 음악조차 듣지 못했어, 그리곤 아버진 절대 돌아오지 못할 곳으로 갔지… 어머니가 돌아온 밤, 그녀는 숨도 쉬지 못하고 하얗게 질려 있었어, 손에는 전보가 들려있었지… 내가 떠나는 밤, 크리스마스에 모두 집에 모여 이야기하고 술 마시고 음식을 먹고 있었지, 난 조용히 혼자 떠나길 원했어. 내가 떠나는 밤, 나는 가야 한다고 이야기할 거야. 전방으로 간다고는 말하지 않을 거야. 그러나 이미 난 거짓말을 하고 있다는 것을 알고 있어.
황량한 바람 소리와 휘파람으로 시작하는 〈Vita Vita 삶〉은 영화 「Gran Bollito 거대한 거품, 1977」의 사운드트랙으로 사용되었다. 애잔한 부주키의 트레몰로가 인상적이며, 영화 「부베의 연인」의 주제곡을 연상시키기도 한다.
〈E Sa Vè 그리고 알고 있어〉는 《Sei Minuti all'Alba 새벽의 6분, 1966》에 수록된 것으로, 중후한 오케스트레이션의 결을 따라 쓸쓸한 심경이 전해진다.
《Enzo Jannacci in Teatro 1965》에서 선곡된 〈Sfiorisci Bel Fiore 아름다운 꽃송이〉는 민요나 복음성가 같은 안온함과 평화로움이 잔잔히 흐른다. 사랑을 꿈꾸는 순수한 내면의 모습을 의인화한 노래로, 잘 알려진 독일 민요 〈소나무〉와도 많이 닮은 듯하다.
《Fotoricordo 기념사진, 1979》의 수록곡인 〈Ecco Tutto Qui 여기 있어〉는 서두의 전자음향과 전자기타의 즉흥연주

등의 요소로 편곡되었는데, 다채로운 구성과 함께 미나의 창법 또한 다양하게 전개된다. 이해되지 않는 일의 불연속으로 채워진 부조리한 인생에서 죽음과도 같이 고통스러워하는 사랑에 대해 노래했다.

이듬해 미나는 TV프로그램에 출연하여 〈Ancora Ancora Ancora 아직도〉를 노래했고, 이것이 그녀의 마지막 TV 쇼였다. 그리고 13회로 기획된 라이브는 갑작스러운 병세로 인해 8월 23일 부쏠라도마니 공연이 마지막이었다.

이는 두 장짜리 《Mina Live, 1978》로 출시되었는데, 싱어송라이터 이바노 포싸티Ivano Fossati가 작곡한 스튜디오 오프닝 작품 〈Stasera Io Qui 오늘 밤 여기 있어〉와 19곡의 라이브 실황으로 채워져 있다.

흑백의 라이브 비디오에서 두 손으로 금발머리를 쥐어 감싸고 흔들며 비통에 찬 모습으로 울부짖는 〈Ancora Ancora Ancora〉는 팬들에게 전한 사랑의 약속과 맹세였다.

네가 가길 원한다 해도 널 이해해, 널 배신하도록 날 내버려둔다 해도, 그래. 그러나 네 품에서 잠들 수 있다면 내 사랑을 멈출 수 없을 거야. 절대로. 멋진 당신의 사랑은 내 가슴을 두근거리게 해, 정말로. 네 슬픔을 잠재울 수 있다면, 그건 내겐 중요해, 너와 네 품과 네 포옹과 네 사랑이 필요해, 그리고 다시 한번 날 잡아주길 원해, 널 사랑하기 때문에 내가 다시 죽어도 괜찮아. 네 마음은 혼란스럽겠지만, 완전하게 사랑할래, 그래, 그에 대한 이해로, 내 의도의 요점을 알아주길, 당신을 아직도 사랑하니까…

1979년부터 코라도 파니 사이에서 태어난 아들 마씨밀리아노 파니Massimiliano Pani는 프로듀서로 성장하여 미나의 앨범을 전담하기 시작하며, 또한 거의 모든 앨범을 더블로 발표한다. 마치 자신의 병세를 암시하는 듯한 커버의 《Attila》는 밴드 Attila의 연주로 영어 커버곡과 이태리 오리지널 곡을 수록하였다. 그녀의 많은 디스코그래피 중에서 세 번째로 많이 팔린 앨범으로 기록되고 있다.

《Kyrie 키리에, 1980》에서는 실험적인 록 음악을 들려주었으며, 《Salomè 살로메, 1981》에는 New Trolls와 함께 연주한 〈Uh Uh〉와 〈Una Canzone〉를 수록했다.

동년에 스위스 심장전문의 에우게니오 콰니Eugenio Quaini와 교제하기 시작, 1989년에는 스위스로 완전히 귀화하여 그와 2006년에 정식으로 결혼식을 올렸다.

스위스로 국적을 옮기고 이후 안나 마리아 콰니Anna Maria Quaini로 살고 있지만, 이태리 대중 앞에 '미나'의 이름으로 컴파일과 새 앨범을 꾸준히 선보이며, 많은 동료 후배 가수들과 조우했다.

《Vereno, 2002》에 이어 《Bula Bula, 2005》는 앨범 차트 정상을 차지하며 그녀의 변치 않는 인기를 확인시켜 주었다.

근작 《Gassa d'Amante 연인의 그릇, 2024》을 발표하며 여전히 열렬한 사랑의 찬가를 노래하고 있는 관조의 음성에서 프랑스의 에디트 피아프Édith Piaf(1915-1963)를 떠올리게 되는 것도 어쩌면 지극히 당연하리라.

끝으로 사랑에 대한 갈망을 몽환적으로 노래한 〈Amami E Basta 그냥 나를 사랑해 줘〉를 링크한다.

거장이란 찬사가 어색하지 않은 그녀의 방대한 음악 일생 중에서 1970년대만 일부 추려 소개한 점이 미안할 따름이다.

고혹적인 유행의 선도자
Patty Pravo ● 패티 프라보

패티 프라보는 니콜레타 스트람벨리Nicoletta Strambelli가 본명으로 1948년 베네치아에서 출생했다.

어린 시절부터 피아노와 댄스 수업을 들었고, 10세 때 베니스 음악원에 4학년으로 바로 입학했다. 14세 때 런던으로 가서 영어를 배우고 다양한 문화를 접한 후 17세 때 로마로 돌아온 그녀는 'Guy Magenta'라는 이름으로 공연을 하였으며, Piper Club의 매니저에 발탁되어 클럽 가수로서의 캐리어를 쌓으며 'Piper Girl'이란 별명을 얻는다.

1966년에 라디오 방송 진행자이자 TV 작가였던 지아니 본콤파니Gianni Boncompagni는 그녀에게 '패티 프라보'라는 이름과 함께 미국의 팝 부부 듀오 Sonny & Char의 〈But You're Mine〉 번안곡인 첫 싱글 〈Ragazzo Triste 슬픈 소년〉을 제작해 주었다. 이는 라디오방송을 타면서 그해 가장 많이 팔린 싱글 20위에 드는 흥행을 기록한다.

이듬해 싱글 〈Qui e La 여기 그리고〉에 이어 첫 앨범 《Patty Pravo, 1968》를 발표했는데, 〈La Bambola 인형〉이 전국 방송 TV쇼 프로그램 이름으로 발매된 컴파일앨범 《Canzonissima 68》에 수록, 이 앨범이 무려 9백 만장 이상 팔리면서 23주간 차트에 머무르는 성공을 거둔다.

두 번째 《Concerto per Patty, 1969》에는 모골Mogol과 루치오 바티스티Lucio Battisti(1943-1998)의 작품 〈Il Paradiso 천국에서〉, 파올로 콘테Paolo Conte가 작곡한 〈Tripoli 1969〉, 반겔리스Vangelis(1943-2022) 작곡인 Aphrodite's Child의 명곡 〈End of the World〉에 가사를 붙인 〈Sola in Capo al Mondo〉, 팝의 명곡 〈First of May〉의 번안곡 〈Un Gior-no come un Altro〉 등이 수록되어 있다.

국내에도 발매된 세 번째 앨범 《Patty Pravo, 1970》에는 Beatles의 〈Something〉과 〈And I Love Her〉 번안곡인 〈La Tua Voce 너의 목소리〉, 영화 「태양을 향해 쏴라」 주제곡을 번안한 〈Goccie di Pioggia su di Me 내 마음에 비가 내리네〉, 모골과 바티스티의 〈Per Te 널 위해〉 등이 수록되었다.

이후 다양한 장르와의 결합으로 유행을 선도하는 인기가수로 왕성한 활동을 이어 갔지만, 1980년대 초 이태리 언론의 적대감과 음악계에 실망을 느껴 미국으로 이주했다. 산레모 가요제에도 참여하고 의욕적인 활동을 벌였지만 상업적으로는 부진했다.

1996년 음악 데뷔 30주년을 맞이하며 새로운 전성기를 맞았고, 칠순에 접어들었음에도 《Red, 2019》를 발표했다.

Bravo Pravo

1970 | Ricordi | 74321546832

1. Tutt'Al Più
2. Torna Insieme a Lei (Once There Was a Love)
3. Cry Me a River
4. Un Poco di Pioggia
5. Chissà Come Finirò
6. Il Poeta
7. Non Andare Via
8. Metti una Sera a Cena
9. You Make Me Love You
10. Chi Ti Darà
11. The Long And Winding Road
12. Parlez Moi

국내에도 발매된 세 번째 앨범 《Patty Pravo, 1970》에 이어 그해 12월에 발표한 네 번째 앨범 《Bravo Pravo》에서도 해외 번안곡들과 칸쏘네를 특유의 가창력으로 해석했다. 〈Tutt'Al Più 기껏〉에서는 피아노에 앉은 그녀가 독백에 이어 잔잔한 우림의 가창이 지나면 폭풍과도 같은 현악과 함께 화염 같은 절창이 폭발한다. 그녀는 아직 끝나지 않은 사랑을 위해 연인에게 다시 돌아가고픈 마음을 고백했다. 프랑스의 달리다Dalida(1933-1987)도 〈Tout au Plus 기껏해야〉를 싱글로 발표했다.

…내가 떠나면 당신은 나를 쫓아올 거야, 용서를 구하고 나를 포옹할 거야, 당신은 내 이름을 기억하게 될 거야. 그게 현실이었으면 좋겠어…

〈Torna Insieme a Lei 그녀와 함께 돌아와〉는 호세 펠리시아노José Feliciano의 대표곡 〈Once There was a Love〉의 번안곡으로, 원곡의 슬픈 러브스토리를 삼각관계로 각색했다.

…넌 두렵지, 그녀가 기다리고 있는 걸 생각하면, 난 더 이상 할 말이 없네, 나에겐 널 원할 권리가 있지만, 난 절대 또 다른 여자는 되지 않을 거야, 내가 널 원해도 그녀를 다시 만나, 그녀는 널 있는 그대로 받아들여, 부정하지 마, 날 생각한다면 그녀와 다시 만나…

이태리 팝 그룹 The Rokes의 멤버였던 영국 출신의 뮤지션 Shel Shapiro의 작곡 〈Un Poco di Pioggia 부슬비〉는 그녀의 두툼한 바이브레이션이 호쾌한 팝 록이다.

…언젠가 네가 나를 미워하게 된다면, 이 모든 것을 기억해, 하루, 하루만 살아온 날들을, 약간의 비를, 나를 떠나고 원한다면 기억해 줘, 우리의 손은 침대 베개에서 늦은 새벽에도 여전히 흔들리고 있어, 아직도 사랑하고 싶은 마음을 외치며.

불어로 노래한 〈Il Poeta 시인〉은 싱어송라이터 브루노 라우지Bruno Lauzi(1937-2006)이 작곡하고 프랑스의 장 슈미트Jean Schmitt가 가사를 썼다. 서글픈 왈츠에 담긴 무상함과 연민이 잔잔하다.

라 부테 카페에 모여, 친구들끼리 그림에 대해 이야기를 나누었네, 혹은 스포츠, 여자, 자동차, 그 사람은 끝없이 너

얘기만 했지. 우리는 일요일에 소년들이 정복한 작은 댄스 파티에 갔었네, 그 몽상가 너에 대해서만 말하고는 파티장을 떠나버렸어. 그는 카드 게임 타짜였지, 그때까지 누구도 이길 수 없었어, 하지만 어느 날 저녁 그는 돈을 잃었지, 그의 카드가 너의 이미지로 변했으니까. 그러던 어느 날 아침 센 강변에서 그의 시신이 발견됐지, 너무 기이했어, 그는 삶에 대해 이야기를 많이 했었으니까. 특히 너에 대해서. 어떤 사람들은 그가 시인이었다고, 다른 사람들은 미치광이였다고 말했지만, 그게 무슨 상관이야, 모든 그의 아름다운 시어가 죽어버렸는걸. 이제 더 이상 그는 너에 대해서 말할 수 없기에.

〈Non Andare Via 떠나지 마세요〉는 자크 브렐Jacques Brel(1929-1978)의 1959년 발표 명곡 〈Ne Me Quitte Pas〉이다. 〈Metti Una Sera A Cena 어느 날 밤의 만찬〉은 엔니오 모리꼬네Ennio Morricone(1928-2020)의 1969년 동명의 영화음악으로, 가사 없는 스캣송으로 들려준다.

미국 여가수 어마 토머스Irma Thomas의 1986년 R&B 넘버 〈I'm Gonna Cry' Til My Tears Run Dry〉와 Beatles의 1970년 발표곡 〈The Long And Winding Road〉, 그리고 캐나다 가수 로베르 샤를부아Robert Charlebois의 〈Parlez Moi 내게 말해줘〉를 실었다.

Di Vero in Fondo

1971 | Philips | 842 824

1. Foglie Morte
2. …E Tornò la Primavera
3. Samba Preludio
4. Canzone Degli Amanti
5. Di vero in Fondo
6. Soolamoin
7. Emozioni
8. Love Story
9. Wild World
10. Il Buio Viene con Te

1971년에 Philips로 이적한 후 발표한 《Di Vero in Fondo 숨겨진 진실》에서도 전작의 레퍼토리에서 등장하기 시작했던 프랑스의 음악들을 비롯, 다양한 선곡을 통해 최고의 해석자로서의 모습을 잘 보여주고 있다.

〈Foglie Morte 고엽〉은 가을이면 어김없이 들려오는 이브

몽탕Yves Montand(1921-1991)의 고전 〈Les Feuilles Mortes〉 번안곡으로, 스산한 가을바람을 연상시키는 클래식컬한 오케스트레이션과 함께 감상적인 모노드라마를 다시 쓰고 있다. 간결한 프랑스 스타일의 우수도 좋지만, 이태리의 오페라 같은 해석도 마음에 든다.

싱어송라이터 프란체스코 구치니Francesco Guccini와 미국 출신으로 이태리에서 활동했던 여성 포크 가수 Deborah Kooperman이 만든 〈…E Tornò la Primavera 그리고 돌아오라 봄이여〉에서는 따사로운 현악과 코러스와 함께 처연한 계절적 상념을 노래하고 있다. 말이 필요 없는 백미이다.

작곡자 비니시우스 지 모라이스Vinicius de Moraes (1913-1980)와 함께 부르는 〈Samba Preludio 삼바 전주곡〉은 고독에 목메는 보컬을 들을 수 있다.

〈Canzone Degli Amanti 연인을 위한 노래〉는 자크 브렐 Jacques Brel(1929-1978)의 1967년 명곡 〈La Chanson des Vieux Amants 노부부를 위한 노래〉를 번안한 것으로, 피아노의 물결과 함께 사랑을 향한 처절한 고백이 너무나 사실적이다. 브렐의 노래에서 절제된 듯한 남자의 감정으로 담담함과 쓸쓸함을 느끼게 되지만, 너무 격앙되어 감정을 추스를 수 없는 프라보의 버전도 가슴에 와닿는다.

지노 파올리Gino Paoli가 동년에 발표한 〈Di Vero in Fondo 밑바닥의 진실〉의 따스한 실내악 편곡에는 부드러운 힘을 느낄 수 있다. 이별 후 여전히 남아있는 그리움을 노래한다.

모골Mogol과 바티스티Lucio Battisti(1943-1998)의 명곡 〈Emo-zioni 감정〉은 고색창연한 오케스트레이션과 부드러운 코러스에, 담담한 듯 노래하는 보컬이 한 편의 아련한 영화 같은 인상을 준다.

프란시스 레Francis Lai(1932-2018)의 명곡 〈Love Story〉도 본작의 매력이다.

Per Aver Visto Un Uomo Piangere E Soffrire Dio Si Trasformò in Musica e Poesia

1971 | Philips | 842 825

1. Morire… Dormire… Forse Sognare
2. Lanterne Antiche
3. Poema Degli Occhi
4. Storia di una Donna Che Ha Amato Due Volte un Uomo Che Non Sapeva Amare
5. Preghiera
6. Un Uomo una Donna una Bambina
7. Un Volto Bianco sulla Neve
8. T.L.&R. (Thunder Lightning And Rain)
9. Follow the Lamb

본작은 《인간의 절규와 고통을 하나님은 음악과 시로 바꾸셨네》라는 매우 긴 제목을 달고 발표되었다.

〈Morire… Dormire… Forse Sognare 죽음, 잠드는 것, 그것은 아마 꿈같은 것일 거야〉는 아트록 그룹 New Trolls 의 동년에 발표한 《Concerto Grosso per I》의 〈Adagio〉

를 노래한 것이다. New Trolls와 협연한 듯한 착각을 불러일으킬 만큼 원곡에 충실한 연주에, 성숙한 그녀의 목청은 비탄을 삼키는 듯한 바이브레이션으로 셰익스피어의 「Hamlet 햄릿」 스토리를 더욱 비극적으로  그린다.

〈Lanterne Antiche 오래된 랜턴〉은 호주 출신의 애시드 포크 여성 싱어 Marian Henderson의 1970년 작 〈Antique Annie's Magic Lanten Show〉가 원곡으로, 현악과 기타 그리고 플루트 등이 그려가는 맑고 투명한 전원적 풍경을 만나게 된다.

브라질 팝의 대부 비니시우스 지 모라이스Vinicius de Moraes(1913-1980)의 〈Poema dos Olhos da Amada〉를 번안한 〈Poema Degli Occhi 눈망울의 시〉는 투명한 라틴 기타의 아르페지오와 우수의 현악 속에서 애달픈 떨림으로 상념에 빠지게 한다.

〈Un Uomo una Donna una Bambina 남자 여자 소녀〉는 당시에 불꽃을 피웠던 아트록의 영향이 감지되는 너무나 아름다운 사랑의 시이다. 서정적인 블루스의 라인을 따라 울리는 벨 소리와 코러스는 순수함과 평화로움을 느낄 수 있는 복음성가처럼 안온하다.

창을 열면, 낮이 들어오네, 더 이상 볼 수 없는 넌 내 눈에 키스하네, 웃어보라고. 이 밤 난 네 곁에 있어, 생각은 달로부터 마시고, 이 인생은 가네… 인생은 네게 준 걸 결코 떠나지 않지, 그리고 너와 함께 한 내 꿈은 내 안에서 죽었네. 창을 열면, 너의 세상이 거기 있고, 그걸 닫을 방은 어디에도 없네, 네가 떠날 때 날 보지 마, 난 사랑이 많아서 울어본 적이 없으니까.

〈Un Volto Bianco sulla Neve 눈 위의 하얀 얼굴〉은 니콜 크루아질Nicole Croisille이 동년에 발표한 〈I Do Love You〉이다.

Sì··· Incoerenza

PATTY PRAVO
«SÌ... INCOERENZA»

1972 | Philips | 842 823

1. La Solitudine
2. A Modo Mio
3. Lover Man
4. Valsinha
5. Non So Perché Mi Sto Innamorando
6. Col Tempo
7. Solo un Uomo
8. Per Me Amico Mio
9. Io
10. Un Po' di Più
11. Piccino
12. La Solitudine

Philips에서 발표한 3부작 고전의 마지막 앨범이다. 프랑스의 음유시인 레오 페레Leo Ferré(1916-1993)와 협업하여 경의를 표하고 있는 작품으로, 두 곡의 해석과 〈La Solitude 고독〉의 연주곡을 수미상응으로 배치했다. 커버 또한 페레의 1969년도 셀프 타이틀 앨범과 유사하다.

그녀의 부드럽고도 풍부한 표현력으로 재현되는 번안곡 〈A Modo Mio 나의 길〉은 Frank Sinatra(1915-1998)가 불렀던 팝의 고전 〈My Way〉로, 본래 프랑스의 클로드 프랑수아Claude François(1939-1978)가 1967년에 녹음한 〈Comme d'Habitude 습관처럼〉이 원곡이다.

〈Valsinha 왈츠〉는 비니시우스 지 모라이스Vinicius de Mo -raes(1913-1980)와 쉬쿠 봐르키Chico Barque의 노래로, 짧은 연주시간이지만 푸른 기타로 전해지는 구슬픈 인상에 자꾸만 반복하게 된다.

Cher의 〈The Way of Love〉 번안곡 〈Non So Perché Mi Sto Innamorando 이유를 모르겠지만 사랑에 빠졌어요〉가 끝나면, 레오 페레의 허무주의 명곡 〈Avec le Temps 시간과 함께〉를 노래한 〈Col Tempo〉이 흐른다.

…시간이 흐르면 모두 사라질 거야, 그러다 우연히 침대 한 구석에서 얼음장 같은 한기를 느끼겠지, 지친 말처럼 창백해짐을 느낄 거야, 그리고 아마도 온전히 혼자인 기분이 들겠지만 그리 힘들진 않을 거야, 잃어버린 날들 때문에 몽롱함도 느끼겠지, 그리고 시간이 흘러가면, 우린 이제 더 이상 사랑하지 않게 되겠지…

레오 페레의 《Amour-Anarchie 사랑 아나르키, 1970》의 수록곡 〈Petite 작은〉를 노래한 〈Piccino〉는 너무나도 순수한 작은 소녀를 만나 사랑에 빠지면서 세상의 때가 묻은 자신으로 그녀가 다칠까 봐 고뇌에 휩싸이는 한 남자의 이야기이다. 레오 페레의 가녀린 현악 야상곡을 서정적으로 재편한 파티 프라보의 노래는, 자기혐오와 더불어 조용히 자신을 떠나라고 하면서도 곧 자신에게 돌아와 달라고 애원하는 연약함을 드러낸다.

Pazza Idea

pazza idea - patty pravo

1973 | RCA | 743217 766122

1. Pazza Idea
2. Morire tra le Viole
3. Poesia
4. Per Gioco per Amore
5. Sono Cosa Tua
6. Per Simpatia
7. I Giardini di Kensington
8. Limpidi Pensieri

본작 《Pazza Idea 미친 생각》에는 오리지널 곡을 위주로 수록했다. 또한 전체적으로 이태리 아트록의 향수를 느낄 수 있는 연주 스타일을 들려주고 있다.

그녀의 대표곡 중 하나인 〈Pazza Idea〉은 9주 동안 정상을 차지한 히트곡으로, 회심에 잠긴 보다 가녀린 그녀의 노래가 가슴을 따스하게 해준다.

…그와 사랑을 나누는 미친 생각, 여전히 당신과 함께 있다

는 착각, 당신이 여기 있다는 말도 안 되는 상념, 내 눈을 감으면 나는 당신입니다… 그와 함께 여기 있다는 미친 생각, 그러나 혼자인 당신을 보게 되죠, 이는 정말 상상인가요? 난 당신을 원해요. 당신을 보고 싶어요.

〈Morire tra le Viole 화려하게 죽다〉는 기타와 오케스트레이션이 그리는 목가적 풍경과 함께 로 망스의 서정을 더한다.

태양 아래서 가벼운 차림으로, 가늘 수 없을 만큼 따스한 바람은 불어오고, 거친 호흡, 내 작은 가슴, 두려움 없이 감은 눈과 준비된 손. 너무나 아름다워, 허락된 사랑, 태양 아래서의 사랑, 그리고 제비꽃 초원에서의 죽음…

리카르도 코치안테Riccardo Cocciante의 작품인 〈Poesia 시〉는 투명한 기타가 중심이 된 포크 사 운드로 포근하고도 청초한 이미지가 묻든다.

우울한 사랑의 보사노바 〈Per Simpatia 공감을 위해〉에서 본작의 위력은 극대화된다.

당신이 좋아, 처음 만난 당신에게 연민을 느끼고 키스를 했었지. 단지 연민이었지만, 다음날 집에서 난 당신에게 말했지. 그만! 떠나지 마, 곁에 있어 줘. 나와 함께 있어 줘… 그리고 이 수많은 연민, 그것은 바람과 함께 돌아오는 환희의 숨결이야. 아름다운 미소의 예기치 못한 탄생, 난 모르겠어, 그러나 분명 좋은 감정일 거야. 끝내긴 어려워. 그리고 부드럽게 부를 거야. 내 사랑…

〈I Giardini di Kensington 케싱턴의 정원〉은 벨벳 언더그라운드 출신 루 리드Lou Reed(1942-2013)의 히트곡 〈Walk on the Wild Side〉가 원곡이다.

연인이 자신을 떠날까 염려하는 사랑의 고통을 담은 〈Limpidi Pensieri 생각 지우기〉에서는 더욱 클래시컬한 연주를 들려준다.

《Mai una Signora 그러나 한 여자, 1974》는 더욱 여성적인 우아함을 만날 수 있다. 모든 노래는 지오반니 울루Giovan

-ni Ullu가 작곡했고 마우리치오 몬티Maurizio Monti(1941-2021)가 가사를 썼다.

히트 싱글인 〈Come un Pierrot 광대처럼〉은 놀이동산에서의 낭만 을 유희하게 되는 잔잔한 왈츠이다.

…네가 웃고 사랑하길 원한다면, 광대가 되길 원한다면, 난 기꺼이 너만을 위해 뛰고 춤추며 움직일 거야, 광대처럼 웃기기도 하고 진지하기도 하면서, 당신의 사랑에 따라 행복하고 눈물지을 거야, 넌 나의 이런 행복을 모르지, 하지만 당신은 날 사랑하기에 항상 찾고 있지, 넌 떠났지만 늘 돌아와, 인생은 당신과 함께 계속되네…

컨트리풍의 〈La Valigia Blu 파란 여행 가방〉도 좋은 반응을 얻었다. 이는 우울함을 뒤로하고 다시 미소를 찾기 위해 떠나는 여행의 기대감이다.

전체적으로 밝고 포근한 포크풍으로 완성했다. 그녀의 앨범 중에서 가장 많이 팔린 세 앨범 중 하나이다.

Incontro

incontro
PATTY PRAVO

1975 | RCA | 743215 468622

1. Incontro
2. Mercato dei Fiori
3. Questo Amore Sbagliato
4. Stella Cadente
5. Rispondi
6. Io Grande Io Piccola
7. Roberto e l'Aquilone
8. Come un Ponte sull'Acqua Che Va
9. Eppure è Amore
10. Le Tue Mani Su di Me

본작 《Incontro 만남》은 당시 유행하던 이태리의 달콤한 팝 스타일에 여성 특유의 내밀함을 기록한 걸작이다.
싱어송라이터 마우리치오 파브리지오Maurizio Fab -rizio가 곡을 쓴 《Incontro 만남》은 빛바랜 앨범 이나 흑백영화 같은 향수를 불러일으키는 감상적

인 노래로, 잊히지 않는 소중함으로 남아있는 이별 후의 감정을 싣고 있다.

…난 당신에 대한 그리움을 억누를 수 없어, 당신은 내게 자유로움을 가르쳐 주었지, 그리고 지금 난 당신도 자유롭길 바라. 당신의 모든 것을 가져갈 순 있어도, 우리가 만났던 순간을 떠날 순 없을 거야…

《Questo Amore Sbagliato 잘못된 사랑》은 매우 연약한 감성을 들려주며, 고색창연한 현악에도 쓸쓸함이 묻어 있다. 이는 아직도 자신에 대해 잘 모르는 연인에게 '이 사랑은 틀렸어'라고 통첩하지만, 그럼에도 함께 있고픈 사랑의 내성적인 감정이다.

《Rispondi 대답》은 뿌Pooh의 달콤한 발라드처럼 감미롭기 그지없다. 이 역시 불확실한 사랑의 감 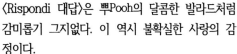 정이다.

지금 내 인생은 내게 내리는 차가운 비, 유리로 만든 듯한 여인의 그림자 같아. 슬프지만 시간을 피할 수 없네, 그리고 내일 하루 더, 다른 사람들을 만날 거야, 그 모든 눈 속에서 나 자신을 발견하고 싶어… 나는 내일의 포로야, 흘러가는 시간이 빈손으로 만드네… 모르겠어, 내가 무엇을 잃고 있는지, 나도 이미 당신을 잃었다면…

사랑의 안온함을 노래한 《Io Grande Io Piccola 난 대단해 난 작아》는 피아노와 오케스트레이션이 마치 드뷔시Debussy의 《Claire de Lune 달빛》을 연상시킨 다.

…우리의 사랑은 침묵으로 만들어졌어, 당신의 선한 신비 안에서 나는 위대해, 난 네 눈 속에 조금 깊이 빠져있어… 당신은 당신이 원하는 대로 내 꿈을 꾸는 방법을 알고, 나를 원하는 방법을 알고 있지, 매번, 다른 시간에, 당신을 위해 태어날 수 있는, 항상 나뿐이지,

《Roberto e l'Aquilone 로베르토와 연》은 높이 날다 땅에 떨어지는 연으로 소년에서 노인이 되는 인생을 연민으로 그린다.

⟨Come un Ponte sull'Acqua Che Va 흐르는 물 위의 다리처럼⟩은 기억과 욕망 사이에서 흘러 가는 영원을 지켜보며 자신을 성찰한다.

깐따우또레 안토넬로 벤디티Antonello Venditti의 작품인 마지막 곡 ⟨Le Tue Mani Su di Me 내 위의 당신 손⟩에는 따스한 온기로 오히려 더 열렬한 사랑을 요청하는 듯하다.

…당신의 손이 나에게 온다 해도, 당신을 사랑이라 부르는 건 어려워. 세상을 살 때, 사랑에 빠진 몸에는 허영심이 있 지… 날 사랑하지 마, 당신 자신을 사랑하지 마, 당신은 성 공적이지 못할 거야…

Tanto

1976 | RCA | 743215 468929

1. Tanto
2. Per Te Che Mi Apri l'Universo
3. Io Ti Venderei
4. La Mia Stagione in Più
5. Assurdo
6. Le Cicale
7. Per Amarti d'Amore
8. E Io Cammino
9. Dove Andranno i Nostri Fiori
10. Eri la Mia Poesia

본작은 그리스의 전자음악가 반젤리스Vangelis(1943-2022)가 참여하여, 그의 팬들에게도 많은 주목을 받았다. 그는 이미 클라우디오 발리오니Claudio Baglioni의 《E tu…, 1974》에 참여한 바 있었고, 패티 프라보에 이어, 리카르도 코치안테 Riccardo Cocciante의 《Concerto per Margherita, 1976》에 도 참여하게 된다.

대표곡 〈Tanto〉는 커버 이미지처럼 전자음향의 바람이 불어오는 듯 그녀의 보컬이 고난과 역경에 맞서는 부드러운 용기를 전한다.

내 잘못이야, 당신 말이 맞아, 아마도 인생에서 가질 수 있는 것보다 더 많이 소유할 수 있겠지, 더 넓은 초지, 많은 황금, 더 큰 열정, 더 많은 모든 것을… 아마도 인생에서 더 많이 가지게 될 거야. 더 황량한 사막, 더 큰 상심과 외로움, 많은 소금, 작은 것에서, 불필요한 것까지도… 가난하고 상처투성이지만 지금의 당신이 내게 줄 수 있다는 걸 알아. 더 많은 모든 것들을…

〈La Mia Stagione in Più 내 마음의 계절〉은 신비한 전자음향과 함께 부드러운 음성으로 보다 낭만적인 사랑에 대한 꿈을 들려준다.

…난 당신과 함께 나의 진실을 찾을 수 있는 계절을 원해, 내 한 줄기 꿈과 당신의 삶, 내 마음의 계절, 당신이 내 곁으로 다가와, 강물처럼 달콤할 때면, 푸른 산들 아래서, 제비와 바다 사이에서, 난 눈을 잃네…

웅장한 일렉트로닉 심포니에 들끓는 샤우팅으로 록의 기운을 발산하는 〈Assurdo 터무니없어〉에서는 연인을 위해 기다리며 위험을 감수하고 자신의 인생이 사라지는 것에 대한 괴로움을 토로한다.

서정의 발라드 걸작 〈Per Amarti d'Amore 사랑하는 연인을 위하여〉에는 서글픈 멜로디와 숭엄함을 더하는 코러스 그리고 전자기타의 열기로 가득하며, 서사적인 반겔리스 특유의 감동이 전해진다.

…난 당신을 다시 가질 거야, 나를 위해, 나의 목마름을 위해, 나는 분홍빛 하늘의 땅을 거닐 거야, 사랑으로 당신을 사랑하기 위해…

포크음악의 대부 Pete Seeger의 〈Where Have All the Flowers Gone?〉를 번안한 〈Dove Andranno i Nostri Fiori 우리의 꽃이 있는 곳으로 가요〉는 코러스와 맑은 전자음할이 빛나는 가스펠이다.

미국으로의 유학 여행을 마친 뒤, 동년 말에 발표한 《Patty Pravo》는 깡마른 누드에 헝겊 인형을 두르고 비둘기를 바라보는 커버로 발표했다. 당시 어려운 임신에 지친 상태에서 자유롭고픈 그녀의 심리 상태를 알 수 있다. 하드록과 펑키 그리고 신시사이저를 가미한 뉴웨이브 등 다양한 음악을 선보였는데, 자신의 음악적 실험에 만족하며 애착 앨범으로 꼽았지만, 상업적인 참패를 면치 못했다. 그러나 이후 이 앨범의 시대를 앞서간 음악적 위업은 재평가받았다.

그 중 〈Sconosciuti Cieli 알 수 없는 하늘〉은 반겔리스와 Jon Anderson의 노래로 유명한 〈So Long Ago so Clear〉를 노래한 것으로, 반겔리스가 참여하진 않았지만 은하수를 바라보고 있는 듯한 풍성한 전자음향에 오페라 성악 스캣을 가미하여 원곡이나 밀바Milva(1939-2021)의 노래 〈Er 그〉와는 또 다른 매력을 발산한다.

저 멀리, 창백한 행성의 오솔길에서, 천 개의 달이 뜨는 내 눈에서, 멀리 저 멀리, 힘없는 소년들 사이에, 떨어지는 별처럼, 그리고 다음에, 가벼운 몸으로, 난 멀리 갈 거야, 거대한 푸른 바다에서 난 단지 점일 뿐. 고대의 전령처럼, 미지의 하늘을 통해서, 내 환상은 실현되지, 밀물 저편에, 반짝이는 이미지로…

애잔한 〈Stella Cadente 유성〉에서는 뉴웨이브풍의 록 싱어로서의 면모를 보여주고 있으며, 레나토 제로Renato Zero의 《Trapezio, 1974》 수록곡 〈Motel〉을 프로그래시브 록으로 변모시킨 〈Grand Hotel〉도 주목해야 한다.

1977년에는 커버처럼 뉴웨이브풍의 음악에 관능적인 창법을

선보인 《Miss Italia》를 발표하였는데, 싱어송라이터인 이바노 포싸티Ivano Fossati가 쓴 작품이자 성숙한 여유로움이 돋보이는 대표곡 〈Pensiero Stupendo 멋진 생각〉이 수록되었다. 이는 타인과의 관계에서 생겨나는 욕망에 관한 것이다.

…멋진 생각은 조금씩 기어가면서 생겨나는 것, 사랑이 필요할 수도 있고, 말하지 않는 것이 좋을 때가 있네, 조만간 그런 일이 일어날 수도 있으니까. 말로써 된다면 실수할 수도 있으니까, 이는 마음의 문제야.

이듬해에는 TV 호스트로 활약했으며, 1979년에는 독일인 프로듀서와 세션 음악가들로 완성한 《Munich Album》을 선보인다.

1970년대 말의 프라보는 완전한 뉴웨이브 팝 앨범과 함께 유행을 선도하는 패셔니스타였다.

모든 가사를 직접 쓴 록 앨범 《Cerchi 바퀴, 1982》를 출시한 후, 14년 만인 산레모가요제 1984에 참가한 그녀는 전위적인 외모로 〈Per una Bambola〉를 불러 기성 부문 10위를 기록하고, 그해 얼터너티브 작품 《Occulte Persuasioni 내면의 신념》을 냈다.

《Oltre l'Eden… 에덴 너머로, 1989》는 팝으로 선회한 앨범으로 〈La Viaggiatrice - Bisanzio 여행자 - 비잔티움〉이 특히 아름답다.

…그녀의 이름은 비잔티움, 그녀의 맹세는 신비이고, 존재는 망각이며, 불안한 고대의 이미지라네… 그 침묵 속으로 터져 나오는 붉은색은 눈부신 보랏빛 비처럼 공허의 끝을 향해 깨어남의 너머로 데려가네, 나는 존재하거나 존재하지 않네, 시간 속에서 기억 속에서 사라질 때까지.

《Pazza Idea Eccetera Eccetera… 미친 생각 기타 등등, 1990》에서 이전의 히트곡들을 새롭게 불렀고, 긴 공백기 중에 중국을 여행하고 받은 영감으로 가사를 쓴 《Ideogrammi 한자, 1994》가 발표되었다.

1998년에는 최고의 인기앨범 《Notti, Guai e Libertà 밤, 고뇌 그리고 자유》를 발표하였는데, 이태리 대중음악의 거장들과 후배 뮤지션이 대거 참여했다.

2000년대에 들어서도 신보의 행렬을 멈추지 않는데, 그중 《Spero Che Ti Piaccia… pour Toi 당신이 좋아하길 바랍니다, 당신을 기리며…, 2007》는 이태리 출신의 프랑스 가수 달리다Dalida(1933-1987) 사망 20주기 헌정작이었다.

27번째 스튜디오 앨범이자 그녀의 음악 인생 50주년을 기념하는 《Eccomi 내가 여기에, 2016》이 발매되었으며, 2024년에는 그녀의 삶을 다룬 다큐멘터리 「A Modo Mio 나의 길」이 방영되었다.

파란만장한 연애사로 매스컴과 대중의 가십거리에 오르내리기도 했지만, 미나Mina, 오르넬라 바노니Ornella Vanoni, 이바 자니키Iva Zanicchi, 밀바Milva와 함께 1970년대의 이태리 팝을 이끌었던 여가수 5대 주역으로서, 깐쏘네 팬들의 고혹적인 디바로 기억되고 있다.

카프리섬의 세레나데
Peppino Di Capri ● 페피노 디 카프리

compil album 《1000 Giorni》

'카프리섬의 페피노' 페피노 디 카프리는 본명이 주세페 파이엘라Giuseppe Faiella로 카프리섬에서 1939년에 태어났다. 조부는 카프리 밴드 음악가였고, 부친도 다양한 악기를 연주했다고 한다. 그는 4세 때부터 피아노 연주와 노래를 시작, 카프리섬에 주둔했던 미군 부대의 미국 팝 레퍼토리를 즐겼다 한다. 클래식 음악 공부와 카프리의 나이트클럽 연주를 약 6년간 병행한 후, 그는 그룹 I Rocker를 결성, 1958년에 첫 싱글 〈Malattia 아픔〉과 〈Nun è Peccato 그건 죄악이 아니야〉를 발표했다.

싱글은 즉각적인 인기를 얻었고, 이듬해엔 대부분의 시간을 투어로 보냈다. 미국의 로큰롤과 트위스트, 이태리 나폴리 가곡 등의 레퍼토리들로 가장 인기 있는 공연 가수 중 한 명이 된다.

1965년 Beatles의 이태리 투어의 개막 공연자로 섰고, 이의 성공은 브라질에서 이태리 이민자 커뮤니티에서도 호평을 얻는다.

1970년대에 그는 새로운 밴드 I New Rocker를 재정비하고, 1973년 산레모가요제에서 〈Un Grande Amore e Niente Più 위대한 사랑 그 이상은 없네〉로 우승을 차지한다.

동년에 〈Champagne 샴페인〉을 발표, 이 노래는 이태리뿐만 아니라 스페인과 브라질에서 큰 성공을 거둔다.

1976년에는 〈Non lo Faccio Più 더 이상 안 해〉로 다시 산레모가요제에서 우승하였으나, 이벤트 기간 동안 상당한 논란이 있었으며 상업적으로도 성공하지 못했다. 이유인즉 성숙한 남자 앞에서 일종의 스트립쇼를 펼치는 어린 소녀에 관한 이야기였기 때문이다.

1991년에는 유로비전 송 콘테스트에서 〈Comme ê Ddoce 'O Mare 달콤한 바다 그대로〉로 7위에 올랐다.

2008년에 음악 경력 50주년 콘서트를 열었고, 2019년에 39번째 앨범 《Mister… Peppino Di Capri》을 발표했다.

Peppino Di Capri & I New Rockers

1973 | Splash | SPL X 604

1. Un Grande Amore E Niente Più
2. Che Cosa Mi Dai
3. Piano Piano, Dolce Dolce
4. In Quel Portone Sotto Casa Mia
5. Intanto T'Ho Amata
6. Il Musicista
7. Non Dire Mai
8. La Prima Sigaretta
9. Per Cominciare Ancora Insieme A Te
10. Non Penso Più A Lei
11. Per Favore Non Gridare
12. Magari

본작은 1970년대 이태리의 낭만적인 트랙들로 수록된 그의 대표작 중 하나이다.

1973년 산레모가요제 우승곡인 〈Un Grande Amore e Niente Più 위대한 사랑 그 이상은 바라지 않아〉는 본작의

백미로, 프랑코 칼리파노Franco Califano(1938-2013) 가 가사를 썼다. 담담한 그의 보컬과 이태리 특유의 서정적인 현악이 잘 조화되는 명곡이다.

난 네게서 멀리 떨어져 있네, 머나먼 바다의 어부처럼, 태양 볕에 타들어 가는 외로움과 우울함에, 술 한 잔이 간절해… 너와 나, 우리의 오두막 아래 끝에 우리가 매달려 있네, '오늘 밤 사랑을 원해'라고 네가 말했던 그곳, 사랑의 밤, 침묵 속의 너와 나의 이름, 그러나 강물은 오르지 아니하고, 네 사랑조차 내게 돌아오지 않네, 모든 거리의 구석구석, 고독과 우울함만이. 네가 실망스러운 단 하나야, 내게 미안하다고 말이라도 할 수 있었을 텐데, 너와 나 사이에, 위대한 사랑 그 이상은 바라지 않았건만, 너와 나…

연인의 향수 냄새가 날 듯한 우아한 카바레 블루스 〈Piano Piano, Dolce Dolce 천천히 부드럽게〉는 사랑의 쓰라린 인내를 노래했다.

…죽음을 초래하는 이 질병으로, 넌 나를 조금씩 사랑에 빠지게 했네, 아무것도 남지 않더라도, 널 헛되이 사랑하는 건 달콤하고 또 달콤해.

〈Il Musicista 음악가〉는 쓸쓸한 기타와 시린 현악 그리고 비통한 피아노의 드라마가 너무나 아련하다.

그는 새들이 날아가는 걸 지켜보았고, 그도 날개를 타고 날았네, 10월 바람이 불면 나뭇잎이 노랗게 물들고, 그의 가을은 떨리는 목소리로 노래했지, 슬픈 표정의 노래는 달콤한 미소의 은혜가 되었네, 그가 몰랐던 달콤한 미소, 그가 누구인지 아는 이는 없었네, 그는 방 2개에 주방이 있는 구멍에서, 아침과 저녁에 한 끼씩 먹고 살았네, 조율 안 된 피아노를 연주했을 때, 그는 자신이 더러운 부자라고 생각했지, 소리가 나고 누렇게 변한 벽돌의 방은, 황량한 초원 같았지. 그의 방에는 푸른 하늘이 열렸고, 마법 같은 비행으로 아름다운 사랑 노래를 썼지. 피아노로 연주하고 마음으로 노래했네. 입맞춤도 사랑도 몰랐던 사람, 그는 신성한 여자

에게 사랑한다고 말했네, 매일 밤 친밀함을 느꼈지만, 아침에 일어나 베개를 안고 울었네, 소리는 더 커졌고, 피아노는 바람의 휘파람을 더했지, 그의 노래는 통곡으로 끝났고, 그의 몸은 누렇게 변한 건반 위에 축 늘어졌네. 그것은 그가 완성한 꿈의 마지막 화음이었어.

사랑의 미스터리를 노래한 〈Non Dire Mai 절대 말하지 마〉의 몽상적이며 세련된 전반과 이태리 현악의 서정이 흐르는 후반으로 구성되었다.

…넌 내게 입맞춤하고 싶지 않겠지만, 아마도 하게 될 거야, 넌 너의 운명을 맹세할 수 없어, 우리 마음은 수수께끼인걸. 무슨 일이 일어날지 누가 알까? 절대 안 된다고 말하지 마…

이별 후의 상념을 쓴 〈Magari 어쩌면〉은 다정다감하고도 달콤한 뉘앙스가 가벼워 좋다.

어쩌면 네 말이 맞을 수도 있어, 위대한 사랑은 시인이나 하는 말이라고… 우리를 다시 생각하면 슬퍼, 난 네게 어떤 존재였니? 네가 읽고 버린 구겨진 종이 한 장이었나, 더 이상 부르지 않는 음악이었나, 언젠가는 웃을지도 모르지, 너의 전쟁과 나의 패배에 대해, 그럴 수도 있고 아닐 수도 있고, 또 언제 만나게 되면, 훌륭한 배우처럼 연기해 볼 게, 내 알 수 없는 자존심은, 아마 눈물이 없어도 울 거야, 아닐지도 모르고.

Il Giocatore

1974 | Splash | SPL 708

1. Il Giocatore
2. Lei, Signora
3. Lasciamo Stare
4. Giuseppe
5. Dove Vai?
6. Amore Grande, Amore Mio
1. Non È Possibile
2. Ami Solo Te
3. Sarebbe Bello
4. Finale Scontato
5. Domani
6. Champagne

아직도 이 앨범은 CD화가 되지 않았는데, 본작 역시 그만의 낭만으로 가득한 앨범이다.

〈Il Giocatore 갬블러〉에서 밀려오는 기타의 선풍과 잔잔한 초록의 향기는 너무나 싱그럽다. 정말 카프리섬만의 전원곡이 아닐 수 없다.

…그에게는 성자가 없었네, 하지만 그에겐 하나님이 있었을 거야, 어쩌면 그는 자신의 방식으로 신을 믿었을 거야, 그는 꿈의 테이블에서 감정을 섞었고, 행운을 찾아 우리를 떠났네. 왜 그랬는지 누구랑 함께했는지는 모르겠어. 그는 다시 게임을 시작했지, 그날 저녁부터 그는 여기로 돌아오지 않았네, 그는 생계를 위해 위험을 무릅쓰며, 그는 갬블러가 되었네, 이제 다들 그를 그렇게 불러. 그리고 그날 한 여자가 그에게 "우리 떠나요!"라고 말했지, 그는 평소처럼 아이러니하게 대답했네, "당신은 항상 내가 이기는 걸 보죠, 하지만 어쩌면 당신은 모를 수 있어요, 인생의 게임에서 난 단 한 번도 이긴 적이 없어요."

〈Amore Grande, Amore Mio 위대한 내 사랑〉도 서정적인 발라드에 전원적인 풍경이 겹쳐지는 로맨스이다. 달콤한 코러스, 하모니카의 한숨, 묘하게 전조되는 구성, 따스한 현악 등 푸근함이 좋다.

…위대한 사랑, 내 사랑, 내 유일한 모험은 너와 함께 하는 것뿐이야, 누구라도 어떤 변명도 나와 널 멀어지게 할 수 없어, 그러나 만약 어제 네가 다른 사람 품에 안겼다는 걸 알았더라면, 난 미쳐서 너와 함께 죽었을지도 몰라.

〈Non È Possibile 불가능〉은 애틋한 사랑의 질투와 고통을 푸른 하늘에 녹여낸다.

…넌 나에게 모든 것을 줄 수도 있지만, 아무것도 주지 않을 수도 있네, 내가 너에게 매달린다는 걸 넌 알지, 그리고 네가 원한다면, 난 내 자리에 머물 거야, 내 잘못이야, 단지 내 잘못.

〈Sarebbe Bello 그러면 좋을 것 같아〉의 달콤한 건반의 드라마는 너무나 짧게 느껴진다.

…이렇게 말해주었으면 좋았련만, "더 이상 걱정하지 마, 이 삶이 네가 원하는 방식이 되리란 걸 알게 될 거야," 지금 나의 문제가 너의 문제가 된다면 이렇게 내가 말했을 거야, 마지막 애무로 상념이 멈추도록 "할 수 있으면 잊어버려", 달콤함은 사라지고 모든 게 어제와 똑같아, 바람을 쫓아가며 시간만 낭비할 뿐, 우리에게 멈추지 않았던 그 시간들…

국제적으로 히트한 노래 〈Champagne 샴페인〉은 연주곡으로 들어도 좋을 만큼 회상적인 로맨틱함이 있다. 느긋한 템포는 후반에 이르면 빠른 왈츠로 변모한다. 애인이 있던 여인과의 비밀 연애를 끝내고 그녀와의 추억과도 이별하는 건배이다.

…금지된 사랑, 우리의 달콤한 비밀을 위한 샴페인, 이제 딱 한 잔 남았네, 그리고 마셔버려야 할 추억. 당신이 나를 보고 있다는 걸 알아, 친구도 없이 혼자 마셔대는 게 미친 것 같겠지, 하지만 난 축하해야 해, 사랑의 종말을, "웨이터, 여기 샴페인 하나 더"

Non Lo Faccio Più

1976 | Splash | SPL 711

1. Non Lo Faccio Più
2. Con Te
3. Un Amore Fa
4. In Inglese
5. Amo
6. Pazzo di Te
1. Non Sono Dio
2. Come Un Vagabondo
3. Vorrei, Vorrei, Vorrei
4. Ho Bisogno di Te
5. Un Giorno di Settembre
6. Se Io Vado Via

《Non Lo Faccio Più 더 이상 안 해》는 이태리에서 판매고가 부진하였지만, 전작의 성공으로 브라질에서도 출반되었다. (하지만 CD로 재발매 되지 않았다)
몽롱한 전자음향에 로리타와의 일탈을 꿈꾸는 남자의 환상을 그린 〈Non lo Faccio Più 더 이상 안 해〉는 1976년 산레모가요제 우승곡이다. 이 제목은 소녀 로리타가 성인 남자에게 하는 말인데, 독특한 소재를 다룬 이 싱글은 큰 성공을 거두지 못했기에 그는 대표곡 목록 에도 포함하지 않았다.

참고로 국내에 라이선스로 소개된 토토 쿠토뇨Toto Cutugno (1943-2023)의 〈Volo AZ 504〉가 3위, 파올로 프레스쿠라Paolo Frescura의 2집 수록곡 〈Due Anelli 커플 반지〉가 5위, 서정파 그룹 Opera의 〈L'ho Persa Ancora 그녀를 또 잃었네〉가 9위, 그룹 I Camaleonti의 명작 《Che Aereo Stupendo… La Speranza 놀라운 비행기… 희망, 1976》 수록곡 〈Cuore di Vetro 유리 마음〉이 10위, 세르지오 엔드리고Sergio Endrigo(1933-2005)의 〈Quando C'era il Mare 바다가 있었을 때〉가 15위, 그룹 I Profeti의 〈Cercati un Anima 영혼을 찾아봐〉가 17위 등 우리에게 잘 알려진 쟁쟁한 아티스트들이 본선에 진출했었다.

구애의 노래 〈Amo 좋아〉는 그가 섬사람이란 것을 다시 한번 느끼게 된다. 특유의 낙관적이고 유려한 색채가 번지기 때문이다.

〈Pazzo Di Te 너에 대한 광기〉는 브라질 팝의 제왕 호베르투 카를루스Roberto Carlos와 함께 가사를 쓴 곡으로, 왈츠를 따라 흐르는 따스한 연주와 달콤한 코러스는 매우 황홀하다.

내가 어떻게 너와 사랑에 빠졌는지, 넌 이해하지 못했지, 매번 너에게 '예'라고 말할 준비가 되어있어, 항상 그래, 너무 많이. 내가 너에게 미쳤다는 걸 알겠니? 이대로 끝나면 유감이야… 넌 아름다워, 난 너에게 미쳤어, 네게 해명을 요구하진 않을게, 조금씩 멀어져가지만, 내가 어떻게 너와 사랑에 빠졌을까? 라라라…

〈Non Sono Dio 난 신이 아니야〉는 안개 같은 코러스의 환상적인 서두에 파이프오르간의 숭엄함이 이어지는 걸작이다. 이는 주위의 무관심으로 상처받는 이들을 위한 기도로, 자신도 신이 아니라고 말한다.

대표곡 중 하나인 〈Vorrei, Vorrei, Vorrei 원해, 원해, 원해〉 역시 카프리 특유의 낭만적인 분위기 로 맥주 거품처럼 부드러운 감성을 들려준다.

…난 어리석게도 사랑에 빠졌어, 그때 난 세상에 너밖에 없는 줄 알았었지, 그리고 이제 나는 너의 모든 잘못에 감사해, 그래, 날 믿어, "넌 지는 법을 알아야 해"라고 내게 말했을 때, 넌 무엇을 알고 있었니? 그때는 깨닫지 못했지만, 우리 중에 누가 승리자였을까? 바로 나야… 난 원해, 원해, 원해… 난 더 이상 바랄 것도 없어, 넌 여기 없기에…

영국 그룹 Bee Gees의 1974년 노래 〈Voices〉의 번안곡 〈Un Giorno Di Settembre 9월의 어느 날〉에 이어, 〈Se Io Vado Via 내가 떠난다면〉에서는 이별은 감정 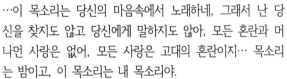 에 충분하지 않은 서로의 잘못이라 노래한다.

후속작 《E Cominciò Così 그리고 이렇게 시작되었네, 1976》에는 부부 둘만의 온유한 밤을 노래한 〈Voce 'E Notte 목소리와 밤〉이 수록되었다. 로맨틱한 가사 지만, 음악은 다소 우울하다.

…이 목소리는 당신의 마음속에서 노래하네, 그래서 난 당신을 찾지도 않고 당신에게 말하지도 않아, 모든 혼란과 머나먼 사랑은 없어, 모든 사랑은 고대의 혼란이지… 목소리는 밤이고, 이 목소리는 내 목소리야.

이어 발표한 《Aiere 공기, 1977》에도 감성을 사로잡는 곡들이 수록되었다.

〈Serenata Napulitana 나폴리 세레나데〉는 황홀하리만큼 낭만으로 가득한 연주를 들려주지만, 이는 작별가이다.

…난 그림자를 보네, 그 그림자는 바로 당신이지, 은빛 달이 뜬 밤은 시원해, 하늘은 드높고 서리가 더욱 짙어지네… 조심하지 않았던 그 밤, 왜 그것은 나를 멀어지게 할까? 하지만 운명은 있겠지, 나는 그것을 믿고 그렇기를 바라, 하지만 넌 행복하지 않지. 연인이여, 이제 난 당신을 떠나, 이 모든 사랑은 망가졌어, 모든 것이 말라 버렸네… 사랑하는 연인들은 당신에게 말하지, 넌 번역되었고, 뒤에 남겨졌다고…

〈Maria Marì 마리아 마리〉는 푸른 밤 카프리섬의 잠 못 드는 사랑의 간절함을 담은 세레나데로, 선율조차 열기가 느껴진다. 연인을 향해 노래해도 그 노래가 부족하니 편히 잠들게 해달라고 간청한다.

《Verdemela 그린애플. 1978》에 수록된 〈Volo 비행〉은 안온한 선율로 사랑을 확신하는 한 남자 의 순간을 들려준다.

…비행은 끝났어, 너무 많은 노래할 곡을 끝냈어, 고요한 바람 속에 나는 홀로 남았네, 바다 없는 슬픈 갈매기처럼. 너의 말은 분명하고 순수하며 가볍지, 그것은 나에게서 모든 것을 순식간에 훔쳐 갔기에, 더 이상 나를 위해 바랄 게 없었네, 우리의 저녁은 오직 모험만을 추구하는 미친 남자에 의해 불타버렸지, 번드레한 아이돌처럼, 너무 급히 혹은 지루하게 쓰인 소설처럼. 하지만 이제 시간이 됐어. 두려움이 나를 잡아당기네, 너무나 슬프고도 맑은 새벽이야, 그것은 사랑의 마지막 창문이네.

끝으로 시간을 거슬러 올라가 그가 1965년에 발표했던, 쓸쓸한 가을 우수의 노래〈Melancolie 멜 랑꼴리〉로 카프리섬의 세레나데를 마치고자 한다.

…9월에 넌 더 이상 나를 사랑하지 않는다고 말했지, 9월에 너의 미소는 사라졌어, 사진은 누렇게 변했고, 이미 떨어진 나뭇잎처럼 어쩌면 흐릿한 기억으로 남았네, 내게 남은 건 너뿐이었는데…

페피노 갈리아르디(1940-2023)는 나폴리 출생으로. 어렸을 때부터 아코디언을 연주했고, 동네에서는 신동이라 불리며 기타와 피아노도 습득했다. 10대 시절 그는 'I Gagliardi'란 이름으로 나폴리 곳곳에서 공연으로 큰 성공을 거둔다.

또한 첫 노래를 쓴 후, 친구 가에타노 아멘돌라Gaetano Amen -dola(1906-1981)가 나폴리어로 쓴 가사를 결합하여 세련된 시성을 만들어간다.

1962년 그의 첫 싱글 〈A Voce è Mamma 엄마 목소리〉가 나폴리 레이블을 통해 발표되었고, 두 번째 싱글 〈T'Amo E T'Amerò 널 사랑하고 앞으로도 사랑할 거야〉는 입소문과 젊은이들의 관심으로 이태리 전역으로 퍼진다.

1963년부터 많은 나폴리 축제에 참가했고, 1965년에는 두 영화음악에도 기여했으며, 1965년 〈Ti Credo 널 믿어〉, 1966년 〈Se Tu Non Fossi Qui 네가 여기 없었다면〉, 1968년에는 〈Che Vale per Me 내게 적용되는 것〉으로 산 레모가요제에 참가했다.

상업적인 성공이 저조한 와중에, 1967년 〈Che Vuole Ques -ta Musica Stasera 이 음악이 필요한 오늘 밤〉을 발표한다. 이는 영화 「Plagio 유리로 된 방, 1969」에 이어, 「Profu -mo di Donna 여인의 향기, 1974」, 「Aspettando Il Sole 태양을 기다리며, 2009」, 「The Man from U.N.C.L.E. 2015」 등에 커트되었고, 이후 해외에서 가장 많이 사용되는 이태리 깐쏘네로 기록되는 명곡이 되었다.

과거의 잃어버린 사랑에 대한 슬픈 감정에 따라 밤하늘에 별들이 드러나며 서서히 빙글 도는 듯한 은은한 피아노가 인상 깊다.

오늘 밤 이 음악이 필요해, 나는 다시 과거로 회귀하고, 달은 우리를 하나로 묶네, 난 네가 내 것인 줄 알았네, 오로지 나의 것! 널 내 가까이 여기에 두고 싶어, 지금은 우리 사이에 남은 게 없지만, 네 목소리를 다시 듣고 싶어, 네 목소리는 더 이상 들리지 않네. 우리 주변의 세상은 인식할 필요 없었지, 네가 나에게 준 행복이 있었기에. 지금은 어떻게 해야 하나, 내 모든 나날이여, 나의 나날에는 당신은 더 이상 존재하지 않네. 오늘 밤, 이 음악이 필요해, 나는 다시 과거로 회귀하고, 너의 작은 사랑 속으로 돌아가, 당신 가까이 조금씩 다가가네. 지금은 어떻게 해야 하나, 내 모든 나날이여, 더 이상 나의 나날에는 당신이 존재하지 않네.

예술적 성숙과 더불어 성공적인 성과를 거두었던 1970년대를 보내고 1990년대에는 가족에 대한 헌신과 건강상의 이유로 점차 활동을 줄였다. 2019년에는 평생공로상을 받았다.

Un Anno··· Tante Storie d'Amore

1971 | King Universal | NLP 101

1. Sempre···Sempre
2. Passerà
3. Ti Amo Così
4. Pensando a Cosa Sei
5. Settembre
6. Al Pianoforte
1. Love Story
2. La Ballata dell'Uomo in Più
3. Gocce di Mare
4. Visione
5. Accanto a Chi
6. Ti Voglio

1970년대를 연 《Un Anno··· Tante Storie d'Amore 1년 간의 많은 사랑 이야기, 1971》은 그의 대표곡들이 포진해 있는 앨범이다.
1970년에 싱글로 발표된 〈Settembre 9월〉은 그의 예술적

인 분수령이 되었는데, '여름을 위한 레코드 축제Un Disco per l'Estate'에서 2위에 올라 대성공을 안겨준 빅 히트작이었다. 고풍스러운 현악과 달콤한 코러스 그리고 구성적인 보컬은 아련한 서정을 남긴다.

며칠 후면 여름이 끝나고, 해변에는 아무것도 남지 않겠지, 지난 시간들은 추억으로 묻고서, 우리는 나와 너로 멀어지 겠지, 여름은 태양과 함께 떠날 거야, 사랑은 이미 그녀와 함께 가버렸어, 첫 방울은 모래사장에 입맞춤하고, 그것은 이미 내 눈을 적시고 있네, 곧 9월이 올 거야, 하지만 이 태양은 아니겠지. 그리고 어쩌면 또 다른 사랑이 시작되겠 지, 곧 9월이 올 거야, 하지만 당신을 찾지 못하고, 내 눈은 절규할 거야.

〈Gocce di Mare 바다의 물방울〉은 쓸쓸한 기타 선율에 호젓한 감정이 담백하게 밀물처럼 밀려든 다.

···바다의 물방울이 너의 눈이었네, 난 내 인생을 그 밑바닥 에 두고 왔고, 아무것도 남지 않았어, 단 한마디도, 고개를 끄덕인 인사도, 손짓도 이미 사라졌어, 바다의 물방울은 내 눈 속에 살아, 네가 여기 있는 것처럼 널 다시 보네. 하지만 널 다시 찾고 생각하는 건 소용없어, 아무것도 남지 않았기 에, 바다 방울···

〈Ti Amo Così 사랑해〉 역시 히트 행렬을 뒤따랐 는데, 뜨거운 그리움이 낙엽처럼 우수수 떨어진다.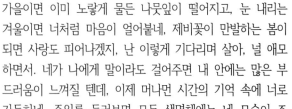

가을이면 이미 노랗게 물든 나뭇잎이 떨어지고, 눈 내리는 겨울이면 너처럼 마음이 얼어붙네, 제비꽃이 만발하는 봄이 되면 사랑도 피어나겠지, 난 이렇게 기다리며 살아, 널 애모 하면서. 네가 나에게 말이라도 걸어주면 내 안에는 많은 부 드러움이 느껴질 텐데, 이제 머나먼 시간의 기억 속에 너로 가득하네. 주위를 둘러보면 모든 생명체에는 네 모습이 조 금씩 있어, 그리고 무관심한 사람들의 얼굴에서 나는 널 보 네, 마음속으로 네 손을 잡으며, 다시 내 세상을 찾으려 이 렇게 살아, 널 애모하면서···

〈Sempre… Sempre 언제나〉는 1971년 '여름을 위한 레코드 축제'에서 2위를 기록한 곡으로, 애틋함으로 시작하여 희망으로 끝맺음한다.

노래는 밤의 어둠으로 들어가고, 너의 눈에서 가져온 듯 주위는 푸른빛으로 물드네, 노래는 달도 울게 하고 내 주변으로 많은 빛을 비처럼 내리게 해, 난 항상 널 사랑할 거야, 영원히 꿈을 꿀 거야, 나한테 준 그 모든 사랑을, 너의 일부라도 내가 가져갈게, 하지만 내 가장 행복한 날들에서 나에게 준 너의 말에는 슬픔이 너무 많아, 연인이라면 이해하겠지. 시간은 지나가겠지만, 너와 함께 살아온 꿈들은 지울 수 없을 거야, 언제나 내 인생에서 너만 사랑할게…

〈Visione 환상〉은 소담한 전원곡처럼 들리지만, 잠 못 드는 자신을 위한 자장가처럼 들리기도 한다.

갈매기가 날아다니는 푸른 하늘을 올려다보네, 이미 끝나버린 그 사랑에서 나는 환상에 사로잡히네, 난 더 이상 헌신할 수 없는 네게 보낼 시를 바람에 전하지. 넌 아름다웠고, 넌 내 것이었다고. 날 미소의 왕으로 만들어 주었다고. 그러나 오늘 그 미소는 절규보다 더 쓰네, 나의 큰 바다, 푸른 바다여, 내게 말해줘, 그 사랑이 어디에 있는지, 내가 왜 행복한 노래를 더 이상 부르지 않는 건지. 봄은 오지 않을 거야, 내 마음은 이미 가을인걸, 난 오로지 그녀만을 생각할 거야…

프란시스 레Francis Lai(1932-2018)의 히트 영화음악 「Love Story, 1970」의 주제곡도 수록하고 있어 향수를 불러일으킨다.

고마워 내 사랑, 나와 함께 세상에 도전해 줘서, 내 곁에서 다른 삶을 살아줘서, 그리고 날 위해 많은 대가를 지불했기에. 고마워, 이 사랑은 절대 끝낼 수 없다는 걸 알아, 세상이 무너지더라도. 난 울지 않을 거야, 하지만 어떻게든 작별 인사를 해야 하는걸. 그러나 네게 작별은 불가능해, 네 눈 속에는 더 이상 미소가 없는데, 널 생각한다는 건… 오 안

돼, 난 작별을 고하는 게 아니야, 넌 내 안에 살고 있기에, 우리는 지금 땅과 나무이고, 빛과 태양인 걸, 더 이상 모르겠어, 그리고 난 네게 말하네, 고마워 내 사랑.

서정적이며 환상적인 〈Al Pianoforte 피아노에서〉도 빠트릴 수 없는 피아노 야상곡이다.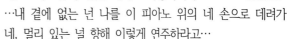

…내 곁에 없는 넌 나를 이 피아노 위의 네 손으로 데려가네, 멀리 있는 널 향해 이렇게 연주하라고…

〈Ti Voglio 널 원해〉에서 기타는 눈물을 멈출 줄 모른다.

사랑해 네 모습 그대로, 난 널 원해, 왜냐면 햇빛 속에서 널 보기에, 어둠 속에서 널 찾기에, 그리고 모든 것의 밑바닥에 내가 찾는 네가 있기에. 난 널 원해, 얼굴을 적시고 애무하는 눈물 한 방울도 행복해, 결국 네 인생은 나이기에…

본작은 CD로 재발매 되지 않았으나, 그의 다양한 베스트앨범에 많은 노래가 커트되었다.

1972 | King Universal | NLP 102

1. Ricordando Andersen
2. Acqua Dal Cielo
3. Un Amore Grande
4. A Soffrire Sarò Io
1. L'amore
2. Ciao
3. Per Una Volta Sola
4. Dopo
5. la Voce Che Cantava

갈리아르디는 1972년에 새로운 싱글 〈Come le Viole 제비꽃처럼〉으로 산레모가요제에 참가하여 2위를 기록한다. 그해 1위는 니콜라 디 바리Nicola Di Bari의 〈I Giorni dell'Arco-baleno 무지개 같은 나날들〉이었으며, 나다Nada의 〈Il Re di Denari 데나리의 왕〉이 3위였다. 이 곡에서 구성진 그의 가창은 사랑의 애수를 하

염없이 읊조린다.

제비꽃이 다시 여기에 돌아왔네, 하지만 나에겐 색깔이 보이지 않아, 네 눈에 담아 주는 그 따뜻한 부드러움이 없기에. 제비꽃처럼 너도 돌아오리라, 봄날에 돌아와 넌 말할 거야, 내 인생을 가졌고, 네 품속에 내 삶을 안았다고. 넌 떠나버렸지, 누구와 함께 떠났는지는 모르지만, 내 꿈속에서, 아마 내일이면, 넌 절규할지도 몰라, 내 사랑을 이해할 거라 믿어, 많은 봄에 꽃이 다시 피면, 제비꽃처럼 넌 돌아오리라⋯

그해 발표된 앨범 《I Sogni Miei Non Hanno Età 내 꿈에는 나이가 없어》도 전작을 잇는 성공작이었다.
무엇보다도 그의 고전인 〈Che Questa Musica Stasera 오늘 밤 이 음악이 필요해〉를 뒤잇는 명곡 〈Un Amore Grande 위대한 사랑〉이 수록되어 있으며, 이외도 많은 곡들이 성공의 견인 역할을 했다. 애절한 바이올린의 드라마는 그리움의 몸부림이다.

위대한 사랑, 세상만큼 큰 사랑, 넌 나에게 아침의 아름다움을 주었네, 내 눈의 미소, 더 이상 짓지 못할 미소, 넌 이 세상보다 큰 위대한 사랑이었네, 인생의 순간과 함께 지워진 너, 내 모든 슬픈 과거, 하루가 태어나는 밤의 새벽처럼. 당신은 거기에 있었지, 오늘 나는 얼마나 많은 밤을 기다림으로 보내야 하나, 얼마나 너의 밀어들을 갑작스레 꿈꾸어야 하나, 그녀의 베개를 꼭 안고, 난 널 기다리네⋯

동화 같은 첫사랑에 대한 아픈 기억을 잔잔히 노 래한 〈Ricordando Andersen 안데르센을 기억하며〉는 따사로운 온풍 같은 전원곡이다.

안데르센을 기억하며, 많은 초록의 목초지를 보네, 우리가 걸리버를 꿈꾸었던 그때처럼, 이상한 나라의 앨리스, 어린 소녀였던 너, 우린 서로 사랑했지, 이상한 나라의 앨리스와

걸리버를 꿈꾸었던 순진함으로, 하늘의 제비는 단어를 그렸고, 태양을 향해 도망치는 화려한 나비는 꽃에 대해 노래했었네, 우리의 인생 노래를, 안데르센을 기억하며, 그 푸른 초원은 어디에 있나? 어린 소녀 너는 내 행복을 앗아갔네…

〈L'Amore 사랑〉은 아지랑이가 피어오르는 봄날의 전주곡이다.

…바이올린이 연주될 때, 너의 마음속에 떠오르는 교향곡의 멜로디, 그러면 넌 내 눈 뒤에 네가 읽고 있는 그 사랑을 이해할 거야. 거기서 모든 단어를 찾아봐, 누가 조용히 너에 대해 이야기하고 있는지도.

〈Per Una Volta Sola 단 한 번만〉의 고요한 현악의 긴 숨과 피아노의 떨림 속에서 그의 노래는 한편의 뮤지컬을 보는 듯하다.

난 네가 누구인지 알아, 그리고 네가 이 천진난만한 삶을 바꾸는 게 쉽지 않다는 것도 알아. 넌 어루만졌다가 그 광대함 속으로 빠져들게 하는 바다와 같아, 너의 문을 두드리는 건 그저 희망으로 남았네, 넌 자신을 가둔 포로니까. 넌 너의 가장 소중한 모든 것을 나에게 주었지, 그리고 오늘 나는 눈물을 쏟네, 네가 거절했는데, 내가 뭐라고 말할 수 있나? 천사처럼 하얀 옷을 입은 누군가의 넌, 받아들이겠지, 하지만 넌 우리와 같은 다른 사랑은 다시 없다는 걸 깨닫게 될 거야.

〈Dopo 이후〉는 휘파람 소리가 청각을 환기시키는 잔잔한 포크 발라드이다.

향수는 마음속 깊은 곳까지 가라앉네, 내가 너에게 한 모든 말은 함께 울고 싶어 하는 소리 없는 외침이야. 하지만 그 이후에는 안 돼, 아니, 그럴 수 없어. 천천히 바다에서 배 한 척이 다가오네, 하지만 그 안에는 너도 나도 없어, 네가 거기에 없는 이유는 내가 널 아는 사람과 함께 가도록 했기 때문이지, 하지만 그 이후에는 안 돼, 아니, 그럴 수 없어…

본작 이후, 1973년 새로운 싱글 〈Come un Ragazzino 어린 소년처럼〉로 다시 산레모가요제 문을 두드렸고 2위를 기록했다. 그해 같은 나폴리 출신의 페피노 디 카프리Peppino di Capri의 〈Un Grande Amore E Niente Più 위대한 사랑 그리고 아무것도〉가 1위, 밀바Milva(1939~2021)의 〈Da Troppo Tempo 그토록 오랫동안〉이 3위였다.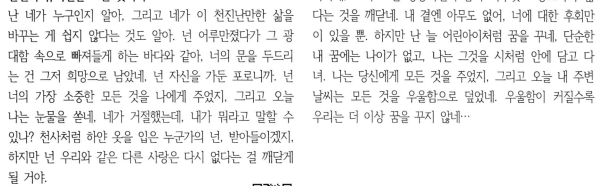

내 앞에는 인생이 있었네, 항상 어린아이처럼 꿈을 꾸었고, 순진하게 쓸데없는 꿈이었지. 하지만 시간이 흐르면 모든 것이 지나가지, 일, 달, 그리고 년, 그들은 빠른 속도로 날아가네, 그리고 넌 성장하면서 꿈이 아무것도 중요하지 않다는 것을 깨닫네. 내 곁엔 아무도 없어, 너에 대한 후회만이 있을 뿐. 하지만 난 늘 어린아이처럼 꿈을 꾸네, 단순한 내 꿈에는 나이가 없고, 나는 그것을 시처럼 안에 담고 다녀. 나는 당신에게 모든 것을 주었지, 그리고 오늘 내 주변 날씨는 모든 것을 우울함으로 덮었네. 우울함이 커질수록 우리는 더 이상 꿈을 꾸지 않네…

Vagabondo della Verità

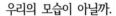

1974 | Philips | 6323 030 L

1. Vagabondo della Verità
2. Ancora Più Vicino a Te
3. La Mia Poesia
4. Ragazzina
5. Incontro a Te
1. Se Mi Telefonassi
2. Che Cos' È
3. Felicità
4. Un Diario

본작 《Vagabondo della Verità 진실의 방랑자》는 더욱 숙달된 Gagliardi-Amendola 듀오의 우아하고도 세련된 음감을 들려주며, 홍보 주력과 함께 아름다운 수록곡들은 성공을 거두었다.

타이틀곡은 하모니카의 우수가 청자의 감성을 사로잡는다. 진실한 사랑을 찾아 인생을 방랑하는

우리의 모습이 아닐까.

우울한 얼굴을 한 그는 시간이 촉박해 보였네, 저녁에 해가 지면 그의 눈은 바다색으로 물들었지. 인생에서 어떤 것도 바랄 게 없었던 이 방랑자 속에 예술가가 있었네, 그는 모든 분수대에서 꿈을 마셨지, 현실은 꿈으로부터 태어나니까. 그는 사랑에 빠져 수많은 입맞춤을 하며, 다사다난한 길을 걸어왔지, 겨울과 봄을 지나 진실을 찾아서. 그의 손으로 천국의 옷을 입은 키메라를 봉인했네, 별빛이 호위하는 그의 온화함과 순수함으로. 우울한 얼굴을 한 그는 여왕의 노예든 왕이든 상관이 없었네, 진실의 눈을 가질 수 있다면.

〈Ancora Più Vicino a Te 네게 더 가까이 다가가〉는 아코디언의 아름다운 도입에 이어 현악의 온정과 록의 폭풍을 가지고 있다.

…이제 내가 바라는 건 널 보는 것, 모든 것이 끝나버린 그 집으로 왜 돌아갈 수 없나? 난 지금 그 문을 두드리고 있네, 하지만 내 마음은 이미 알고 있어, 너의 손은 더 이상 그걸 열지 않을 거란 걸. 네게 더 가까이 다가가 봐, 이 고독한 사랑 속에서, 네 순진함과 온기를 헛되이 찾아다닌다 해도. 하지만 내 인생에는 더 이상 수명이 없네, 네가 만약 이 광대함 속에 있지 않다면 무슨 소용일까.

'여름을 위한 레코드 축제'에서 4위를 기록한 성공적인 싱글 〈La Mia Poesia 나의 시〉에서 고색창연한 현악은 황홀하기 그지없다.

…시인, 시인, 너와 함께라면, 난 시인이 된 기분이었어, 그리고 가장 아름다운 노래를 불렀지, 가장 크고 달콤한 너에 대해 달이랑 얘기하고, 너에 관한 모든 것을 별들과 이야기를 나누었네. 그리고 세상에서 가장 아름다운 꿈을, 너의 깊은 눈 속에서 난 너와 함께 찾고 있었네… 넌 시였네. 나의 시였네.

〈Ragazzina 소녀〉는 따스한 보사노바처럼 부드러운 애정이 느껴지는 로망스이다.

…난 네 이름을 몰라, 너에 대해서 아무것도 몰라, 하지만

너의 하루 중에서, 내가 너와 함께 본 무언가가 너의 눈 속에 남아있었네. 너에 대해 말해줘. 소녀여, 비의 눈물이 네 얼굴에서 떨어지고 있네, 널 향한 나의 부르짖음으로…

⟨Se Mi Telefonassi 내게 전화한다면⟩은 뜨거운 록의 박동에 마음의 절절한 포효를 담아낸다.

마지막으로 한 번만이라도 내게 전화 줘, 네게 우리의 사랑에 대해 아무것도 묻지 않을게, 그런데 잘 지내니? 아마 넌 서로가 아니라 나의 짝사랑이었다고 말하겠지, 아직도 그렇게 믿고 있는 넌 괜찮다고 말하겠지, 네게 모든 걸 준 게 나였기에 난 행복해, 그리고 가끔 울기도 하고 가슴이 아프기도 해… 마지막으로 한 번만이라도 내게 전화 줘, 아무것도 남지 않은 우리 사랑에 대해 아무것도 묻지 않을게, 그런데 잘 지내니?

⟨Felicità 행복⟩은 피아노 야상곡에서 포근한 기타 협주로 변모하며 애상감을 푸르게 물들인다.

…행복이여, 넌 어디에 있나? 순간보다 영원에 대한 꿈에는 그 안에 광대함을 담고 있지… 네가 어디를 가든 난 널 따라갈 거야, 그리고 내 생각으로 날아갈 거야, 매년 봄이 오면 무한한 하늘에서 온 제비는 합창으로 노래할 거야.

Quanno Figlieto Chiagne E Vo' Cantà, Cerca 'Int'A Sacca… E Dalle 'A Libbertà!

1974 | Lucky Planets | LKP 560

1. Addò Vaie ?… Chi Sape Niente…
2. Uocche d'Oro
3. Cumm'Aggio A Fa
4. Sera Napulitana
5. 'O Primmo Ammore
6. Palomma d'Oro
7. N'Aucelluzzo
8. Povero Cane
9. T'Aggio Perduta

두 차례나 CD로 재발된 본작 《내 아들이 노래하고 싶어 할 때, 가방 안을 들여다보고… 자유를 주세요》는 그의 예술적 도착점이자 정점으로 평가된다. 이는 가장 중요한 과거 및 현대 나폴리 시인들의 미출판 시를 음악으로 설정한 것으로, 전통적인 향기에서부터 현대적인 서정이 배어있는, 나폴레타나Napoletana의 아름다운 탄생이라 할 수 있다.

에도아르도 니콜라르디Edoardo Nicolardi(1878-1954)의 시를 노래한 〈Addò Vaie?… Chi Sape Niente… 어디로 가는지 누가 알까〉는 서커스 같은 긴장감이 이완되고 수축하는 춤곡으로, 예측할 수 없이 변화무쌍함으로 가득한 인생에 대한 노래이다.

〈Uocche d'Oro 황금빛 눈〉은 그의 파트너인 작시가 가에타노 아멘돌라Gaetano Amendola(1906-1981)의 가사로, 클래식 오페라처럼 온화하다. 사랑에 빠져 행복감으로 빛났던 황금빛 눈, 그러나 가수는 인생에서 그 황금빛 눈을 잃었다고 조용히 술회한다.

E.A. 마리오E.A. Mario(1884-1961)의 시를 노래한 〈Cumm' Aggio A Fa 어떻게 해야 하나〉는 애조띤 기타 트레몰로가 인상적이다. 짝사랑의 열병으로 마음은 이미 늙어 버렸지만 고백의 의지를 북돋운다.

수필가이자 작곡·작사가인 에토레 데 무라Ettore De Mura(1902-1977)가 가사를 쓴 〈Sera Napulitana 나폴리의 저녁〉은 노을로 물든 지중해의 낭만에 외로움 과 그리움의 물결이 잔잔하게 인다.

나폴리의 저녁, 해초와 달빛의 향기가 메르젤리나 해안에서 노래하는 연인들의 멜로디와 섞이네, 그러다 나폴리는 천천히 잠이 드네, 여왕이 되는 꿈을 꾸는 것처럼, 홀로인 나, 내 눈에는 너로 가득해, 술에 취한 것처럼. 내 손으로 잦은, 바다 한가운데 던져진 그물 속에서, 나는 내 마음을 보네, 나폴리의 저녁, 더 깊은 바다 밑바닥에서…

나폴레타나 싱어송라이터 티토 만리오Tito Manlio(1901-1972)의 가사인 〈'O Primmo Ammòre 첫사랑〉은 심장을 뛰게 만든 첫사랑의 황홀경을 담백하게 그린 것으로, 온화하고 달콤한 재즈 팝이다.

살바토레 디 자코모Salvatore Di Giacomo(1860-1934)의 운문을 노래한 〈Palomma d'Oro 황금 비둘기〉는 지중해의 민속음악처럼 기타와 플루트의 전원적인 연주가 포근하다.

날아라, 내 주위를 나는 비둘기는 날개로 창문을 두드리네, 난 부끄러워 차마 응답할 수 없어, 그에게 내 모든 슬픔을 전해야 하는데. 돌아와! 황금빛 물결이 치는 초목 사이에서 흐르는 물이 말하네, 돌아와! 아름답고 독창적이며 세련된 사랑이여, 돌아와! 비둘기는 나에게 말을 건네고는 숨어버렸네. 황금 비둘기여, 가서 그에게 말해줘, 내가 여기 있다고, 사랑은 부드럽게 물어뜯는 뱀 같아, 그리고 독이라도 있다면 더 이상 아무것도 할 수 없지.

안경사이자 작사가였던 라파엘레 사코Raffaele Sacco(1787-1872)의 〈N'Aucelluzzo 작은 새〉는 구슬픈 사랑의 고통을 기타 트레몰로와 창백한 현악으로 채색한 다.

무례한 작은 새가 내 가슴을 쪼았네, 내 마음을 훔치고서 이제는 내게 돌려주지 않아, 미움도 품지 않으면, 난 어떻게 사나? 나는 마음을 주었건만, 내가 돌려받은 건 상처 나고 찌그러지고 너무 볼품없는…

가수 로베르토 무롤로Roberto Murolo(1912-2003)의 부친인 시인 에르네스토 무롤로Ernesto Murolo(1876-1939)의 가사로 작성된 〈Povero Cane 가련한 마음〉은 전형적인 나폴리의 애잔한 감성으로, 늦은 나이에 사랑을 잃고 길을 잃은 아픔을 지중해의 물살 같은 기타 연주로 떠내려 보낸다.

언론인 페르디난도 루소Ferdinando Russo(1866-1927)의 작시인 〈T'Aggio Perduta 네가 길을 잃기를〉는 실패의 상처를 딛고 더욱 성숙해지길 바라는 마음을 담았다.

Momenti

PEPPINO GAGLIARDI
Momenti

1976 | PG Record | PG.L 1001

1. Se Tu Lo Vuoi Sarà
2. E Ti Ritrovo Qui
3. Paola
4. Un Vecchio Tanto Vecchio
5. Il Tuo Viso Stanco
6. All'Improvviso
7. Amore Bello
8. Non Importa Più
9. Un Uomo Solo
10. Chi Sei Tu

대 중반 이태리 특유의 서정을 놓치지 않고 있다.

사랑의 확신을 노래한 〈Se Tu Lo Vuoi Sarà 원한다면 그렇게 될 거야〉의 풍부한 현악과 달콤한 코러스는 여전히 아름답다.

본작의 백미 중 하나인 〈Il Tuo Viso Stanco 너의 지친 얼굴〉은 식어버린 사랑의 권태와 절망을 노래한 것으로, 건반의 서정도 가창의 쓸쓸함도 주목하지 않을 수 없다.

아트록 발라드를 듣는 듯한 〈All'Improvviso 갑자기〉에는 마치 갑작스러운 폭풍우가 지나고 평온을 찾는 되찾는 듯한 구성의 연주가 이색적인데, 이처럼 예기치 않게 겪어야 하는 거절이나 이별 통보에 대해 낙관적이고 의연함을 가져야 하며 그렇게 될 거라고 조언하는 것 같다.

〈Amore Bello 아름다운 사랑〉을 들으면, 우리에게 잘 알려진 많은 이태리의 서정파 그룹이나 아티스트들을 떠올려준다. 애상적인 건반과 고혹적인 오케스트레이션에 다소 부드러워진 그의 음성이 노래하는 선율은 낭만의 극치를 들려준다.

해를 기다리는 저 맑은 새벽은, 네 안에 피어났네. 네가 느낀 그 감정을, 난 내게서 보았지, 날아온 작은 참새는 사랑을 받아주었네, 네가 바라던 계절이었지. 달콤한 사랑, 소중한 사랑, 아름다운 사랑, 그 순간부터, 조금 겁이 났지만, 넌 도망치지 않았네, 넌 장미, 백합, 푸른 수레국화 사이에서 노래하지 않았네, 하늘에 연을 띄우며 놀지도 않았네, 넌 언제나 그 사람이야, 어쩌면 더 아름다울지도 몰라…

그동안 음반사의 방향과 지침에서 썩 자유로울 수 없었던 그는 자신의 레이블 PG 레코드를 설립하고 본작 《Momenti 순간》을 발표했다. 그러나 음악시장이 요구하는 새로운 사운드를 무시할 수 없었고, 결과적으로는 그의 독창적인 면 보다는 팝 성향이 부각되었다. 그럼에도 이 앨범은 1970년

동년에 그는 가수 브루나 렐리Bruna Lelli와 싱어송라이터 브루노 라우지Bruno Lauzi(1937-2006)와 함께 국영방송 Rai 2에서 버라이어티 프로 'Bim bum bam'을 진행했다.
이의 성공과 함께 발표된 《La Musica, La Gente Ed Io 음악, 사람 그리고 나, 1978》은 변화를 엿볼 수 있는 작품으

로, 〈Piccolo Io 작은 나〉와 〈Se Non Avessi Avuto Te 내게 네가 없었다면〉 같은 블루스 록과, 내가 네 것이 었으면 하는 열망을 노래한 아트록 취향의 〈Fantasia 환상〉을 들을 수 있다.

서정적인 곡도 다 수 포함되었는데, 그중 〈Mia Cara 내 사랑〉은 돋 보이는 연가 중 하나이다.

〈Non Te Ne Andare Via 떠나지 마〉, 〈L'Odio Tanto E L'Amo Tanto 난 그녀를 증오하고 사랑해〉, 〈Niente d'Im -portante 중요하지 않아〉 등도 가슴을 촉촉하게 해주는 넘버들이다.

1970년대 말부터 TV 출연이 뜸해지면서 1980년대 그의 앨범 중 가장 아름다운 《Amore… Ammore 사랑… 사랑, 1980》을 발표했다. 확실히 현대적인 사운드가 감지되는데, 그럼에도 그의 사랑타령은 매력적으로 수긍이 간다. 특히 1970년대의 감성을 누릴 수 있는 〈Pensa 생각〉은 그리움으로 방황하는 듯한 드라마가 그려진다.

1981년에는 그의 음악 동반자 작시가 가에타노 아멘도라 Gaetano Amendola(1906-1981)가 사망했으며, 그는 가족과 함께 나폴리를 떠나 로마 시골로 이주하였다.

그리하여 《Le Canzoni di Sempre 영원의 노래, 1982》는 작곡가가 아닌, 가수로서의 모습만 담아 깐쏘네의 고전들을 발표하게 된다.

라이브와 연극 음악 활동을 병행하면서 나폴리 시인 살바토레 토리노 Salvatore Tolino와 함께 《Io Sto Ccà 난 여기에 있네, 1984》를 발표했다.

1988년에는 시인 빈첸조 벤트레 Vincenzo Ventre와 협력하여 그의 미발표 작곡들을 모은 《Il Viaggio 여행, 1993》을 화려한 오케스트레이션 편곡으로 녹음했고, 〈L'Alba 일출〉로 1993년 산레모 가요제에 참가했다.

…미소를 원하는 세상을 위해 마차는 다시 출발한다, 거리의 쓰레기 사이로, 바다의 목소리가 잠든다, 국민의 손에 모든 것과 아무것도 아닌 이야기가 있다, 하늘 아래 이 삶에 단어의 시간이 흐른다, 인생에서 울음소리와 함께 새벽이 태어난다…

현대적이며 동시에 클래시컬한 사운드를 응집한 세련된 작품이었지만, 1970년대 초 최고 전성기를 지나며 점차 대중들의 관심은 쇠퇴하였기에 크나큰 반향은 어려웠다.

그러나 수록곡 〈L'America〉는 위대한 나폴리 전통 노래의 부활에 힘입어 1996년 프로듀서 렌조 아르보레 Renzo Arbore가 이끄는 Renzo Arbore Orchestra Italiana가 〈Pecchè nun ce ne jammo in America 미국에는 없으니까〉로 리메이크하여 큰 성공을 거둔다.

하지만 이 앨범은 그의 마지막 스튜디오 앨범이 되었고, 이후 피아니스트로 성공한 아들과 함께 콘서트와 싱글을 발표했다.

불손하고 비참한 예술가의 서정시
Piero Ciampi ● 피에로 참피

이태리 북부 항구도시 리보르노에서 가죽 상인의 아들로 태어난 피에로 참피(1934-1980)는 제2차 세계대전 때 비극적인 폭탄 테러로 6천여 명 이상의 희생자가 발생하여 피사 근교의 산골로 숨어 살다가 전쟁이 끝난 후 황폐화된 고향땅을 다시 밟았다.

밀라노 소재 고교를 어렵사리 다녔지만 적응하지 못하여 다시 고향으로 돌아와 그의 형제들과 함께 노래를 불렀고 생계를 위해 군 입대 전까지 항구의 윤활유 회사를 다녔다.

군 복무 시절 병사였던 제노바 출신의 작곡가 지안 프랑코 레베르베리Gian Franco Reverberi과 친분을 맺었으며, 싸움꾼의 성격이 드러나기 시작했지만, 매력적인 외모와 시를 쓰는 데 능했던 그는 군사령관의 딸과 사랑에 빠지기도 했다고 한다.

군 복무가 끝나고 고향으로 돌아온 그는 양조장에서 일하면서 작은 밴드에서 독학한 더블베이스를 연주하며 자신이 쓴 시를 노래한다. 파리 사람들의 모임에서 'Italiano'라는 호칭으로 불렸던 그는 프랑스 작가이자 의사였던 루이-페르디낭 셀린Louis-Ferdinand Céline(1894-1961)을 만날 수 있었고, 자연스레 조르주 브라상스Georges Brassens(1921-1981)의 팬이 되었다.

1958년에 루이지 텐코Luigi Tenco(1938-1967)의 스웨덴 투어에 기타리스트로 참여한 후, 이미 음악계에 몸을 담았던 레베르베리의 제안으로 밀라노로 이사하여 1961년에 그의 파리 친구들이 불렀던 별칭을 딴 Piero Litaliano란 이름으로 첫 싱글을 발표할 수 있었다.

이어 첫 앨범 《Piero Litaliano, 1963》이 뒤따랐지만, 주목할 만한 성공을 거두지 못했다.

이후 귀향과 레이블 이적을 반복하면서 다른 가수의 노래를 작곡하는데 전념하였으나, 거듭 실패를 겪으며 영국, 아일랜드, 스페인 등으로 몰래 떠나버리는 방랑으로 1960년대를 보내야 했다.

Lucia Rango Canta Piero Ciampi

lucia rango canta piero ciampi

1967 | Anni Luce | AL01CD

1. Samba Per un Amore
2. Non Chiedermi Più
3. Il Tuo Volto
4. Stasera Resta Qui
5. Fino All'Ultimo Minuto
6. E Dai
7. Primavera a Roma
8. Ti Ho Sognato
9. L'Angelo
10. Quando il Giorno Tornerà
11. In una Strada Qualunque
12. Qualcuno Tornerà
13. Hai Lasciato a Casa il Tuo Sorriso
14. Sono Stanca
15. Non Chiedermi Più (& Piero Ciampi)

본작은 당시 무명이었던 여성 신인 루시아 랭고Lucia Rango 의 유일한 데뷔작 《Lucia Rango Show》의 재발매 작이다.

3곡은 그의 작곡이 아니지만 (6, 9, 11번 트랙) 피에로 참피의 초기의 곡들과 본작을 위해 그가 작곡한 신곡 6곡 (1, 3, 4, 7, 8, 14번 트랙)이 수록되었기에 타이틀을 바꾼 듯싶다. 참피는 본작을 위해 직접 스튜디오 녹음에 참여하여 감독했다고 하며, 거장 엘비오 몬티Elvio Monti가 오케스트라 편곡과 연주를 맡았고, I Cantori Moderni di Alessandro Ale -ssandron가 참여했다.

발표 당시 상업적인 참패를 면치 못했지만, 이후 수집가들의 표적이 되었고 무려 55년이 지난 후에 스튜디오에서 잠들어 있었던 듀엣곡을 보너스로 하여 재발매되었다.

무명이었던 루시아 랭고에 대해서 알려진 바는 거의 없지만, 그녀의 아름답고도 고전적인 목소리는 훌륭한 멜로디를 통해 당시 유행하던 비트 곡과 예예yè-yès, 이태리 깐쏘네, 강렬한 발라드, 프랑스 여가수 브리지트 퐁텐Brigitte Fontaine 의 스타일을 들려주는 완벽한 1960년대의 노스텔지아이다.

참고로 그의 첫 앨범 《Piero Litaliano, 1963》에도 수록된 곡은 2, 5, 10, 12. 13번 트랙이다.

싱글로 커트된 〈Samba Per un Amore 사랑을 위한 삼바〉는 달콤하기 그지없는 사우다지Saudade 라운지로, 나비 같은 한없이 가벼운 플루트의 날갯짓이 황홀하게 시선을 어지럽힌다.

쓸쓸한 왈츠 〈Non Chiedermi Più 더 이상 묻지 마〉는 랭고의 솔로 버전 외에 참피가 제안하여 녹음된 듀엣 버전이 수록되었다.

우리 중 누가 옳았는지 더 이상 묻지 마, 우리가 함께했던 그때를 생각해 봐, 내가 가져야만 했던 인내심을 생각해 봐. 넌 수년 동안 네 머리와 이야기해 왔지, 오해가 가득했던 몇 년 동안 난 침묵하고 아무 말도 하지 않았네, 서로가 상처받지 않도록 말이야, 난 수년간 느끼고, 생각하고 울어왔어, 어쩌면 운명이었을지도 몰라. 그렇게 그것이 끝나버렸네.

〈Il Tuo Volto 네 얼굴〉에서는 그리움과 슬픔이 스산한 바람처럼 몰려온다.

태양을 향해 빛나는 네 얼굴, 지금은 바람 속의 모래알 같아, 거울처럼 어느 날 조각났지만, 네 미소는 내 눈에, 네 손길은 내 곁에 영원히 남아있네. 내 목소리는 말하리라, 우리의 사랑은 영원하다고…

〈Stasera Resta Qui 오늘 밤은 여기에 머물러〉는 비트와 예예의 낭만 행렬로 오랜 청춘의 순간으로 청자를 돌이켜 준다.

〈Fino All'Ultimo Minuto 마지막 순간까지〉는 외로움이 극에 달한다.

마지막 순간까지, 널 내 곁에 두었네, 네게 작별 인사를 하고 싶지 않았지만, 넌 거기에 없었어, 내 눈이 우는 이 끝없는 저녁에 넌 없네… 네겐 들리지 않겠지, 그 소리 없는 목소리들이. 바다에서 서로를 찾고 있는 사람들에겐 누군가가 필요해, 마지막 순간까지.

〈Primavera a Roma 로마의 봄〉은 그녀의 포근한 음성으로 약간의 애상감마저 드는 비트 넘버이다. 가사를 알 수 없지만, 명화 「Roman Holiday 로마의 휴일, 1951」의 로맨틱한 장면들이 펼쳐진다.

〈Ti Ho Sognato 널 꿈꾸었네〉는 〈Il Tuo Volto 네 얼굴〉과 함께 I Cantori Moderni di Alessandroni가 참여한 작품으로, 코러스와 비애미 가득한 현악이 영화음악처럼 드라마틱하다.

고뇌가 느껴지는 〈L'Angelo 천사〉에 이어, 〈Quan -do il Giorno Tornerà 그날이 돌아올 때〉에는 몽환으로 희망을 가득 채운다.

머나먼 배는 우리가 늘 꿈꿔왔고 가져 본 적이 없는 것들 가깝게 지나가지, 우리는 여전히 여기에 있고, 꿈은 당신이 있는 해변에서 꽃피울 거야. 해가 뜨면 우리의 뒤에는 두 개의 그림자가 있어, 당신과 나처럼 그들은 서로 사랑을 속삭일 거야… 그리고 밤이 되면 우리는 다시 여기로 돌아와, 해변에서 기다릴 거야. 우리 모두를 위한 긴 밤을.

〈In una Strada Qualunque 어느 거리에서〉에는 화사한 현악이 태양처럼 발산하고, 〈Qualcuno Tornerà 누군가는 돌아올 거야〉에서는 아득한 안개를 몰고 온다.

누군가는 돌아올 거야, 네 목소리를 들으려고, 삶에 대해 말하자면, 그것은 초원 한가운데서 하는 게임 같은 것. 그 시간은 끝이 없지, 누군가를 위해 산다면, 누군가는 돌아올 거야, 매일 널 사랑하기 위하여.

부드러운 재즈 〈Hai Lasciato a Casa il Tuo Sorriso 넌 미소를 두고 떠났네〉의 꿈결 같은 서정에는 이별의 아픔보다 추억의 풍경들이 스친다.

…오늘 밤 넌 미소를 집에 두고 떠났네, 그림 아래에 있을 수도 있고, 아니면 정원의 꽃들 사이에 두었을 수도 있네, 우리가 서로를 떠나면서, 이제 길을 잃었음을 느끼네, 그 아주 작은 것들, 간단한 문장들은 단지 묻고 있었네, 너의 미소를.

〈Sono Stanca 피곤해〉의 리드미컬한 비트와 예예 사운드도 추억의 한편에 머물게 한다.

피에로 참피의 절박함과 달콤함이 가득한 시정을 여성 가수 루시아 랭고의 음성으로 들을 수 있다는 것은 진정한 행운이다.

Piero Ciampi

1971 | BMG | 82876598202

1. Sporca Estate
2. L'Amore È Tutto Qui
3. Il Merlo
4. Ma Che Buffa Che Sei
5. Barbara Non C'è
6. Sobborghi
7. Cosa Resta
8. Il Giocatore
9. Livorno
10. Il Natale è il 24
11. 40 Soldati 40 Sorelle
12. Quando Ti Ho Vista
13. Il Vino
14. Tu No

그의 작곡 능력을 알아봤던 지노 파올리Gino Paoli 등 몇몇 밀라노 시절의 친구들은 그를 RCA에 알선했으나, 그는 녹음도 하지 않고 시간을 낭비하다 콘서트에서는 종종 음주로 청중을 모욕하는 행동을 하기도 했다.

1971년 셀프 타이틀로 발표한 두 번째 앨범은 비록 상업적인 성공은 거두지 못했지만, 깐따우또레의 재능을 유감없이 들려주고 있는 주목할 만한 걸작이다. 우아한 현악 오케스트레이션과 서정적인 건반과 방랑자 참피의 보컬은 감성의 아름다움을 보여준다.

사랑하는 이에게 버림받아 공허한 마음을 쓴 〈Sporca Estate 더러운 여름〉은 애처로운 피아노 발라드로 후반의 현악과 피아노의 열정은 고통을 깨끗하게 씻어주는 듯하다.

문제아인 자신을 용서하고 사랑으로 안아달라고 애원하는 〈L'Amore È Tutto Qui 사랑은 여기 있네〉는 유연함이 좋다.

마치 민속음악을 연상시키는 〈Il Merlo 검은 새〉는 외로움을 달랠 자신의 피아노 반주에 검은 새에게 노래를 불러달라는 내용으로, 그의 초라한 신세한탄을 풍성한 음악으로 들려준다.

잔잔한 기타 반주에서 점점 뜨겁게 달아오르는 현악이 비통에 젖은 〈Ma Che Buffa Che Sei 넌 얼마나 재미있니〉는 소외감에 대한 한탄과 분노에 광기마저 느끼게 된다.

친구의 친구를 사랑했네 〈Barbara Non C'è 바바라는 없어〉는 느슨한 재즈풍의 노래로, 첼로의 현이 심장을 가르는 버림받은 회한이 짙다.

다소 빠른 템포의 무곡 〈Sobborghi 교외〉는 평화로운 사랑의 희망이 깃든다.

〈Cosa Resta 남은 것〉은 자존심과 외로움의 대가로 이별한 후 여전히 그리움에 묻힌 감정을 나른하면서도 애틋한 선율로 들려준다.

고향에서 사랑의 방황을 그린 〈Livorno 리보르노〉는 피아노의 '월광' 재즈가 스산함과 외로움의 고통을 투명하게 그린다.

컨트리풍의 〈Il Natale è il 24 성탄은 24일〉은 고독의 방랑을 묘사한다.

애수에 젖은 〈40 Soldati 40 Sorelle 40명의 군인 40명의 자매〉는 청춘들의 사랑을 노래했다.

〈Quando Ti Ho Vista 당신을 보았을 때〉는 사랑을 느낀 떨림을 회상한다.

사랑을 포도주 빛에 비유한 〈Il Vino 포도주〉는 희망을 노래하는 슬픈 기타의 왈츠가 이어지며, 참회와 포효의 〈Tu No 당신 안돼〉는 실망시킨 연인에게 떠나지 말라는 애원을 담았다.

지독한 고독감에 대한 절규를 담은 본작은 상업적 실패를 면치 못했지만, 동년에 그가 작곡한 달리다Dalida(1933-1987)의 〈La Colpa È Tua 잘못은 너의 것〉이 히트하며 그의 작가로서의 역량이 주목을 받게 된다.

참피가 작사한 전율 어린 연가 〈Bambino Mio 내 아기〉를 1971년에 히트시킨 비트 음악의 훌륭한 여가수 카르멘 빌라니Carmen Villani는 참피의 노래로 앨범 전체를 담을 계획이었지만 레코드사로부터 거부당했다.

이처럼 그의 음악적 재능은 당시 작곡가와 가수들에게는 유명했지만, 레코드사와 청중들에게는 외면받았다.

Io E Te Abbiamo Perso la Bussola

1973 | Sony | 88985448131

1. Ha Tutte Le Carte In Regola
2. Te Lo Faccio Vedere Chi Sono Io
3. Il Lavoro
4. Mia Moglie
1. In un Palazzo di Giustizia
2. Bambino Mio
3. Tu Con la Testa Io Con Il Cuore
4. Io e Te Maria

피에로 참피는 패배자에 가까운 고독과 절망을 전작에서 선보인 후, 더욱 다이내믹한 구성과 눈물겨운 이야기로 후속작 《Io E Te Abbiamo Perso La Bussola 너와 난 나침반을 잃어버렸네, 1973》를 발표했다.

전작과 마찬가지로 프로듀서이자 싱어송라이터이며 편곡자이자 오케스트라 연주자인 지아니 마르케티Gianni Marchetti (1933-2012)와의 공조로 탄생한 이 걸작은 더더욱 서정적인 멜로디와 풍부한 오케스트레이션 편곡 위에서 그의 슬픈 감정을 담대한 보컬로 노래한다.

기타와 하모니카 그리고 현악이 우울함을 더하는 〈Ha Tutte le Carte In Regola 모든 규칙을 가지고〉는 예술가로서의 자신의 인생을 요약한 노래로, 자신의 우울하고 겁도 없이 홀로 고독을 즐기며 나태한 성격으로 사랑하는 딸과 아내를 떠나보내야 했던 비참한 심정을 그렸다.

〈Te Lo Faccio Vedere Chi Sono Io 내가 누군지 보여줄게〉는 가난하지만 사랑 앞에서는 바보가 되는 사내의 허풍을 그렸는데, 가사가 낭송으로 연출되어 마치 모노드라마 연극무대 앞에 있는 듯하다. 템포가 빠른 연주도 꽤나 직진적(?)이다.

〈Il Lavoro 작업〉 역시 낭송이 부분적으로 차지하고 있는데, 선율적으로 보자면 은은하면서도 낭만적이다. 이는 해야 할 작업을 미루고 사랑하는 이와 추억을 쌓고픈 데이트의 욕망을 드러낸다. 맑은 재즈 피아노가 더없이 감미롭다.

〈Mia Moglie 내 아내〉는 1년 전 큰 슬픔을 안겨주며 떠나버린 아내를 떠올리며 다시금 그녀가 아무 일 없었다는 듯 옆에 있는 듯한 망상 이야기이다. 후반의 기타 트레몰로와 피아노가 더더욱 애틋한 감정을 가중시킨다.

피아노 엘레지 〈In un Palazzo di Giustizia 법정에서〉는 아직 사랑의 감정이 남아있지만, 이혼까지 오게 된 미친 상황을 넋이 나간 듯 읊조린다.

감미롭지만 서글픈 피아노 재즈 라운지 〈Bambino Mio 나의 아이〉는 곧 엄마가 돌아올 거라는 거짓말로 아이를 달래는 가장의 쓸쓸한 심경을 담은 노래로, 여가수 카르멘 빌라니Carmen Villani의 1971년 히트곡이기도 하다.

〈Tu Con la Testa Io Con Il Cuore 당신은 머리로 난 마

음으로〉는 자신의 자존심과 허영심 그리고 서로에게 저주의 말로 모든 것을 망쳐버린 회환의 피아노 재즈이다.

〈Io e Te Maria 나와 당신, 마리아〉는 그녀가 없는 방랑자임을 고해하고 또다시 그녀를 닮은 여인과의 사랑을 기원하는 기도로 막을 내린다.

자신의 개인적인 상황을 비유하고 있는 소용돌이를 커버로 한 본작은 롤링스톤지 이탈리아가 선정한 이태리 최고의 앨범 100선에 90위에 랭크되었으며, 두 차례나 LP로만 재발되었다.

이후 나다Nada의 《Ho Scoperto Che Esisto Anch'Io 나도 존재한다는 걸 발견했다, 1973》 앨범의 곡을 쓰고 프로듀서를 맡았다.

1974년 오르넬라 바노니Ornella Vanoni는 참피의 곡으로 앨범 전체를 녹음했지만, 그와 연락이 닿지 않아 이 프로젝트는 무산되었다고 한다.

Dentro E Fuori

1976 | Sony | COM 1443-2

1. L'Incontro
2. Canto una Suora
3. Sul Porto di Livorno
4. Uffa Che Noia
5. Raptus
6. L'Assenza È un Assedio
7. Tra Lupi
8. Va
9. Don Chisciotte
10. Disse "Non Dio, Decido Io"
11. Cara
12. Viso di Primavera
13. Momento Poetico

2LP로 발매된 네 번째이자 마지막 스튜디오 앨범 《Dentro E Fuori 내부와 외부》는 리보르노 출신 싱어송라이터이자 영화음악가로 알려진 거장 지아니 마르케티Gianni Marchetti

(1933-2012)와의 컬래버레이션 결과물로, 1975년에 제작이 완료되었으나 이듬해 초에만 유통되었다고 한다. 재즈적인 어프로치가 가미되었고, 그의 자유분방한 사회적 부조리들에 대한 시적 운율은 너무나 잔잔하다.

개인적으로도 가장 좋아하는 앨범인데, 그동안 이 LP의 가격은 고공행진을 거듭하다 2023년이 되어서야 LP와 CD로 재발매되었다.

부드러운 재즈 피아노가 흐르는 〈L'Incontro 만남〉은 친구의 친구를 사랑한 부적절한 만남에 대한 고민의 충돌이다.

…너에게 입맞춤할 수 없겠지, 우리 둘 사이에도 기다림은 신성하니까. 그리고 필요한 불신. 아마 네 손을 잡기 시작하겠지, 그 뒤로는 어떻게 해야 할지 모르겠어…

그리스도 외에 다른 사람을 사랑할 희망을 가진 한 수녀의 이야기 〈Canto una Suora 한 수녀를 노래해〉는 서글픈 허밍과 함께 그의 건조한 음성이 깊은 한 숨을 쉰다.

…그녀는 여전히 작은 희망을 바라고 있네… 이제 당신은 다른 사람들처럼 위험을 감수하네, 이제 당신은 진정한 희생이 무엇인지 알게 되었네.

〈Sul Porto di Livorno 리보르노 항구에서〉는 사랑에 대해 주저하는 외로운 어부 노인의 아들을 애모하는 여인의 사연으로, 서서히 물속으로 떨어지듯 몽환적인 분위기이다.

…돌아왔을 때, 그는 웃었지만 쓸쓸했지, 많이 변했고 낯선 기분이었네, 과거를 찾으러 바다로 간 듯이. 하지만 그가 돌아왔을 때 나는 아직 사랑할 시간이라는 것을 알았네…

〈Uffa Che Noia 정말 지루해〉는 사회 부적응자처럼 염세적이었던 그의 인생 이야기인 듯싶다.

삶과 죽음 사이의 이 뒤엉킨 혼란, 너무 지루해.

정글은 가족으로부터 시작되지, 난 수년간 그 정글에서 싸워왔네, 진짜 전쟁은 무기로 싸우는 것이 아니라, 마음으로

하는 것. 그게 내가 영웅인 이유겠지.

〈Raptus 납치〉는 흡사 이태리 영화 황금시대의 스릴러물 엔딩을 듣는 것 같다. (영화 플롯과는 반대로 감미로운 멜로디가 얼마나 많은가!) 내용은 몽상인지 실제인지는 알 수 없지만, 뜨거운 여름날 황량한 해변가에서 육감적인 여인을 만나 자제력을 잃은 이의 사연으로 보인다. 후반의 재즈 건반 즉흥은 환상적이다.

〈L'Assenza È un Assedio 부재는 포위〉는 블랙홀로 빠져드는 듯한 몽환으로, 사랑의 실패로 균열되는 인생을 포착했다.

…슬픈 두 눈으로 돌아오다, 영원한 문제, 사랑, 인생은 간다, 사랑, 인생은 그런 거지…

〈Tra Lupi 늑대들 사이에서〉는 모노드라마의 독백처럼 인생의 부조리한 이야기를 동화로 들려준다. 그가 말하는 탈출은 중의적인 표현일 듯싶다.

…육신의 배고픔으로 인한 마음의 상처, 몸의 상처는 마음의 고통… 그는 피난처를 찾아 들판을 가로질렀네, 근처 언덕에서, 휴식을 위해 침묵 속에 앉았네, 도적떼에 발각된 수백의 눈, 그들은 합창으로 도둑에게 소릴 질렀네, 그는 고개를 돌려 조용히 시켰지, 그런 다음 그는 탈출을 재개했지, 분노한 존엄성을 쫓기 위해.

〈Va 가자〉는 사랑을 향한 낙관적이고도 긍정적인 행진곡으로, 시원한 바람이 불어온다.

…우리는 사랑을 키우기 위해, 서로 결투에 도전하지, 항상 그럴 거야. 하지만 너보다 더 아름다운 적은 없네.

흥겨운 재즈 뮤지컬 〈Don Chisciotte 돈키호테〉역시 연가이다.

…내가 기타를 잡으면, 치명적인 무기가 되지, 난 쏘고, 격추해, 모두를 구할 수도 있어… 그런데 나의 둘씨네아는 어디에 있나? 나는 이 전쟁에서 우리를 위한 닭을 얻었네. 전쟁에서 돌아오면 난 상처로 가득하지, 사람들이 내 기타를 백 개도 더 부러뜨렸어. 내가 도착하면 당신은 나를 알아보지 못할 거야. 둘씨네아 넌 분명 나와 함께 걷고 있겠지. 사랑은 더 많이 줄수록 더 많이 받는다고 말하고 싶어, 나는 당신의 마음속에 있기 때문에 승자라네.

〈Disse "Non Dio, Decido Io" 신이 아니라 내가 결정해〉는 침울한 장송곡으로, 안락사 혹은 자살에 관한 사회적 문제를 노래했다. 또한 이 곡은 반전反戰에 관한 것이기도 한데, 우리의 삶과 죽음에 손을 댈 수 있는 불순한 세력들에 대한 저항으로 해석되고 있다.

클래시컬한 사랑 찬가 〈Cara 자기야〉는 그의 대표곡 중 하나로, 언제든 이별할 수 있음에도 사랑할 수밖에 없는 운명의 의미를 들려준다.

〈Viso di Primavera 봄의 얼굴〉은 우울하기 그지없지만, 사랑이 남긴 상처와 파괴로 괴로워하는 이들에게 위로와 새로운 희망을 심어주는 가사이다. 아마도 자신에게 들려주고픈 노래가 아니었을까.

자기최면적이고 아련한 〈Momento Poetico 시적 순간〉은 재즈 반주에 낭송으로 녹음되었다. 이는 사랑의 고통으로 황폐화되었지만, 그 상처가 너무 커서 다시 안을 수밖에 없는 십자가 같은 사랑의 운명을 담백하게 읊는다.

대부분의 작품이 자전적인 것임에 의심할 여지가 없다. 이듬해엔 Club Tenco에서 라이브를 열었고, 이 실황은 1995년에 CD로 발매되었다.

1978년 공식적인 마지막 TV 출연 후, 1980년 45세의 나이에 식도암으로 세상을 떠나고 만다. 수줍음이 많고, 무뚝뚝하고, 불손하고 비참한 예술가, 피에로 참피는 혐오와 도발의 영웅이었다.

블루스의 제왕
Pino Daniele • 피노 다니엘레

우리에겐 안나 옥사Anna Oxa, 망고Mango, 라우라 파우지니 Laura Pausini의 음성으로 친숙한 명곡 〈Quando 언제〉, 미나Mina와 지노 파올리Gino Paoli도 노래한 〈Napule è〉, 조르지아Giorgia와 에로스 라마조티Eros Ramazzotti 등이 노래한 〈Quanno Chiove〉 등으로 잘 알려진 그는 이태리 팝계에서 독특한 영역을 차지하고 있는 뮤지션이다.

그의 음악은 룸바에서 재즈, 펑크, 록, 퓨전 팝 등 다양한 장르에 걸쳐있지만, 그는 자신의 분신이라고도 해도 과언이 아닐 기타를 중심으로 음악을 행하며 한마디로 블루스의 제왕으로 평가받는다. 또한 그는 2010년까지 14개 작품의 영화를 담당, 영화음악가로도 활약했다.

보컬리스트로서는 외모와는 약간 상반되는 이미지로 매우 부드러운 하이톤의 음성을 선보인다.

나폴리에서 출생한 피노 다니엘레(1955-2015)는 회계학을 전공한 후, 1976년 그룹 Batracomiomachia와 함께 연주활동을 시작했고, 재즈 록그룹 Napoli Centrale의 베이스 주자로 참여했다.

그가 보낸 데모카세트로 EMI 레이블의 프로듀서에 의해 발탁된 후, 솔로 데뷔앨범 《Terra Mia 나의 땅, 1977》을 발표했는데, 이는 전통적인 나폴리 음악의 멜로디와 블루지한 해석이 완벽하게 조화를 이룬다는 평을 얻는다.

이어 영화 「La Mazzetta 뇌물, 1978」의 사운드트랙으로 영화음악가로서의 행진도 시작되었다.

솔로 데뷔 전 몸담았던 Napoli Centrale의 리더 James Senese의 도움으로 두 번째 앨범 《Pino Daniele, 1979》 등 연이어 성공적인 세 장의 앨범을 제작했는데, 이는 록 음악에 Louis Armstrong의 재즈, George Benson의 블루스 요소를 섞은 작품들이었다.

1980년대부터 그는 다양한 국제적인 뮤지션들과 조우하며 라이브와 앨범 작업을 시작했는데, 잘 알려진 뮤지션들을 꼽자면, 1982년에는 재즈 색소폰 주자 Wayne Shorter를, 1989년 유럽투어 때는 Phil Manzanera와 Jan Akkerman 등과 함께하기도 했으며, 할레드Khaled와 유순두르Youssou N'Dour 등의 월드뮤직 가수들을 초대하기도 했다.

또한 그는 가장 인기 있는 기타리스트이기도 한데, 1980년에 Bob Marley의 밀라노 콘서트에 초대되기도 했으며 쿠바와 파리의 올랭피아 극장에 서기도 했다. Ralph Towner, Mel Collins 등과도 조우했다.

1995년 여름 콘서트에는 Pat Metheny, 조바노티Jovanotti, 에로스 라마조티와 Chick Corea 등과 함께 우정을 나누었으며, 2000년대에도 자국의 유명 뮤지션들과의 교류가 이어졌고, 《Boogie Boogie Man, 2010》에는 미나와 프랑코 바티아토Franco Battiato(1945-2021)등이 참여했다.

라이브앨범 《Nero A Metà Live, 2015》는 그가 남긴 마지막 앨범이었다.

Che Dio Ti Benedica

1995 | CGD | 4509 99791

1. Che Dio Ti Benedica
2. Questa Primavera
3. Fatte 'na Pizza
4. Mal di Te
5. Sono un Cantante di Blues
6. Sicily
7. Two Pisces in Alto Mare
8. Allora Sì
9. Nuda
10. T'Aggia Vedé Morta
11. Un Angelo Vero
12. Occhi Blu Non Mi Mollare
13. Pace e Serenità
14. Soleado up and Dow

이태리 팝의 신성으로 등장했던 라우라 파우지니Laura Pausi-ni가 《Io Canto 나는 노래해, 2006》에서도 커버했던 그의 대표명곡 〈Quando 언제〉가 수록된 《Sotto 'o Sole 태양 아래서, 1991》를 발표한 후, 본작 《Che Dio Ti Benedica 신의 축복이 있기를, 1993》을 발표한다. 글쓴이는 비록 몇 개의 앨범만 가지고 있을 뿐이지만, 그의 명연을 꼽으려면 주저하지 않고 본작에 엄지를 들고 싶다.

본작에는 이태리의 유명 세션 연주자 외에도 재즈 음악가 Ralph Towner가 키보드를, Chick Corea(1941-2021)가 피아노를 담당하고 있다.

상큼한 퓨전 기타의 선율과 감미로운 보컬에 하모니카의 잔잔한 목가가 더해지는 〈Questa Primavera 이 봄날에〉는 사랑 노래로 세상에 평화의 봄이 올 것이라는 희망을 전한다. 점점 가득하게 채워지는 온화한 서정으로 꽃을 틔우는 듯한 아름다움이 특징이다.

바닷새들의 지저귐으로 나폴리 항구 풍경이 파노라마처럼 전개되는 〈Mal di Te 당신의 아픔으로〉는 뮤지션으로서의 자전적인 내용을 담았는데, 우리의 고통이 자신을 외롭게 한다고 이야기하면서 자신이 노래하는 이유를 서정적으로 서술하고 있다.

〈Sicily 시칠리아〉는 시원하면서도 우울한 재즈 피아노의 터치가 파도처럼 밀려오며 퓨전 블루스의 향기가 코끝을 자극한다. 외로운 용암과 태양의 섬 시칠리아에 행복과 희망이 찾아오기를 바라는 소망을 촉촉한 감성 시어로 담아냈다.

남성으로서 사랑할 수밖에 없는 여성의 아름다움을 찬양한 〈Nuda 누드〉는 하모니카와 기타의 달콤한 포크 발라드가 더없이 편안하다. 솔솔 부는 바람결 같은 키보드에 실리는 재즈 스캣도 낭만적인 멋으로 기억된다.

브라질풍의 퓨전재즈 감성을 보여주는 〈Un Angelo Vero 진정한 천사〉는 혼란스러운 대도시의 공포를 잠재울 수 있는 신성한 천사의 재림을 희망한다.

Non Calpestare i Fiori nel Deserto

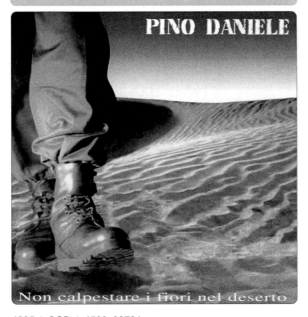

1995 | CGD | 4509 99791

1. 'O Cammello 'Nnammurato
2. Un Deserto di Parole
3. Io per Lei
4. Se Mi Vuoi (& Irene Grandi)
5. Un Angolo di Cielo
6. Fumo Nero
7. Resta…Resta Cu'Mme'
8. Bambina
9. Notte Che Fai
10. E Se Amore Sarà
11. Stress
12. Anima
13. Oasi

《Che Dio Ti Benedica 신의 축복이 있기를》에 이어지는 스튜디오 앨범 《Non Calpestare i Fiori nel Deserto 사막에서는 꽃을 밟지 마라》는 블루스 재즈의 진수가 담겨있다.

타이틀에 매우 의미 있는 개념을 담았다. 그의 꽃은 고귀한 생명과 사랑의 상징이다. 그래서 이 제목은 인간의 윤리와 의무를 말하는 것 같다.

서늘하면서도 진한 사랑의 블루스를 들려주는 〈'O Cammello 'Nnammurato 사랑에 빠진 낙타〉는 시적인 제목으로 그 감흥이 배가된다. 사막의 이슬람 도시에서의 행렬로 시작하여 물이 샘솟는 듯한 전자오르간에 록의 드럼과 청량한 블루스 기타가 점점 몸을 들썩이게 한다. 여기서 낙타는 남성이요 사막은 어머니이자 여성이기도 하다. 낙타의 발걸음은 여성을 향한 애무이며 이로 인한 거대한 모래바람은 곧 사랑이라는 것이다.

사랑의 열망을 노래한 발라드 〈Se Mi Vuoi 당신이 날 원한다면〉은 맑은 목소리의 소유자인 이렌느 그란디Irene Grandi와 함께 불렀는데, 평온하고도 진지한 두 음성은 전자오르간의 따스한 떨림과 함께 더욱 드라마틱하게 그려진다.

그리움으로 잠 못 드는 밤의 서정을 담은 〈Notte Che Fai 당신의 밤〉은 나른하고도 몽롱한 보사노바 블루스로 시작하여 피아노 즉흥이 가미되며 싱그러운 재즈 야상곡으로 변모한다.

〈Anima 영혼〉은 청명하고도 중후한 블루스 감성이 최고조에 이르는 명연이라 할 수 있다. 이 사랑의 영혼을 위한 노래는 오르넬라 바노니Ornella Vanoni와 함께 그녀의 커버 콘서트 앨범 《Più di Te 더 이상 당신을, 2009》에서 열창하기도 했다.

내가 당신에 대해 얘기할 때마다, 난 호흡을 놓치고 무엇을 말했는지 모르겠어, 그리고 아름다운 별에 대한 신념과, 내가 몰입하는 관념으로, 이 순간에, 나는 가끔 숨 쉬는 세상을 망각하곤 하지. 내가 당신에 대해 얘기할 때마다, 난 말문이 막히고 왜 그런지 알겠어, 사랑을 향한 이 저주받을 암시, 이는 우리를 익살스럽게 하고, 개처럼 우리를 학대하기도 하지. 영혼, 이 인생에서는 더 많은 정신이 필요해, 주위의 일들을 인내하기 위하여. 영혼은 당신의 손에 남아있어야 해, 모든 나날들이 똑같지 않기에. 영혼은 당신의 발밑에 너무 오래 머물러있어. 영혼은 내가 확신하지 않으면 불발하지, 영혼은 가끔씩 당신을 이성적으로 만들기도 해, 당신이 놓길 원한다 할지라도…

이어지는 1분의 연주곡 〈Oasi 오아시스〉와 귀뚜라미 소리로 연결되는 점은 시간과 의미의 추이를 잘 전달한다.

이전 작이 따사롭다고 한다면 본작은 시원한 서정을 맛볼 수 있다.

끝으로 영원히 뇌리에 남아 있는 그의 〈Quando 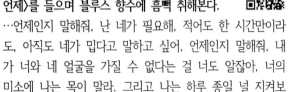 언제〉를 들으며 블루스 향수에 흠뻑 취해본다.

…언제인지 말해줘, 난 네가 필요해, 적어도 한 시간만이라도, 아직도 네가 밉다고 말하고 싶어, 언제인지 말해줘, 내가 너와 네 얼굴을 가질 수 없다는 걸 너도 알잖아, 너의 미소에 나는 목이 말라. 그리고 나는 하루 종일 널 지켜보며 살게 될 거야, 추억과 이상한 광기 사이에서…

자유를 향한 예술혼
Pippo Pollina ● 피포 폴리나

피포 폴리나는 본명이 주세페 폴리나Giuseppe Pollina로, 1963년 시칠리아의 최대의 도시 팔레르모Palermo에서 태어났다.

법학부를 다니면서 클래식 기타와 음악이론 공부를 병행했다. 1979년에 그의 예술 활동은 음악과 문화 단체 'Agrican-tus'에서 시칠리아의 민속음악과 이태리 남부 음악 그리고 라틴음악을 연구하는 것에서부터 시작되었다. 이 그룹은 이태리와 외국을 돌며 콘서트 활동을 했지만, 그는 고등교육 기관을 중심으로 활동했다.

1983년에 작가 주세페 파바Giuseppe Fava에 의해 설립된 단체에서 그는 시칠리아의 기자들과 협업하여 일을 시작했

지만, 그가 마피아에 의해 암살당하자 신변의 위험을 느끼고 1985년에 모든 연구를 포기한 채 이태리를 떠나 헝가리, 영국, 프랑스, 오스트리아, 네덜란드, 독일, 스위스를 거쳐 스칸디나비아까지 정처 없이 방황해야 했다. 거리의 음악가가 되었고 레스토랑에서도 일했다.

그러던 중 리나트 바르딜Linard Bardill이라는 스위스계 독일인 싱어송라이터를 만나 공동 프로젝트 《Nu Passaran 어림없이, 1987》를 발표했는데, 이 디스크는 스위스와 벨기에 그리고 독일에서 좋은 반응을 얻어낸다.

같은 해 스위스에서 발표된 자신의 첫 앨범 《Aspettando Che Sia Mattino 그날 아침을 기다리며》로 시작하여, 독일의 싱어송라이터 콘스탄틴 벡커Konstantin Wecker가 참여한 4번째 앨범 《Le Pietre di Montsegur 몽세귀르의 돌, 1993》이 발표되었을 때 그는 이미 독일어권에서는 유명한 가수가 되어있었다.

1995년에는 프랑스의 조르주 무스타키Georges Moustaki(1934 -2013)와 조우한 《Dodici Lettere d'Amore 12개의 연애편지》를 발표하며, 무스타키, 벡커 그리고 호세 펠리시아노 José Feliciano와 안젤로 브란두아르디Angelo Branduardi와 함께 프랑스에서 이집트에 이르는 투어에 참여한다.

1997년에는 칠레의 저항 가수인 빅토르 하라Victor Jara(1932 -1973)에 헌정한 《Il Giorno del Falco 독수리의 하루》를 발표했다.

그해 「Camminando Camminando 도보 산책」이라는 서적을 출판하며 작가로서의 명성도 독일에서 널리 알려지게 된다.

당시 팔레르모 시장이 브뤼셀에 머물면서 그의 문학적이고 예술적이며 인간적인 음악이 이태리 본국에서는 알려지지 않은 것이 안타까워 만나서 설득한다. 이는 독일과 스위스의 기자들에 의해 각종 매체에 실렸고, 이것이 계기가 되어 그는 고국을 떠나온 지 13년 만인 1998년 겨울에, 로마에서 출발하여 팔레르모에 이르는 콘서트 일정을 포함시켰다.

Le Pietre di Montsegùr

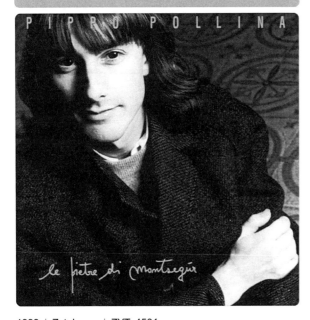

1993 | Zytglogge | ZYT 4501

1. Elegia ai Caduti
2. Insieme
3. Amici di Ieri
4. Ehi Che Stress
5. Lo Sparviero
6. Terra & Konstantin Wecker
7. Lungo Il Fiume dell'Innocenza
8. Primomaggio
9. Ne Pas Se Pencher au Dehors

스위스와 독일에서 성공을 거둔 《Le Pietre di Montsegur 몽세귀르의 돌》은 능히 수긍이 가는 걸작이다.
〈Elegia Ai Caduti 타락한 자들을 위한 애가〉는 스위스의 여성 성악가 타마라 데 비토Tamara De Vito와 합창으로 엄숙한 자유의 찬가를 들려준다.
이 그루터기의 연기로부터 자유가 솟아오르게 하라, 그러면 저녁의 미소와 우리 사이에 자유는 숨결을 남길 거야, 우리는 모든 승리를 노래할 거야, 잔악함에 대한 공격으로 자유를 표방하라, 그러면 자유는 우리의 손을 꼭 잡고 우리의 색깔을 부여할 거야, 어두워질 때까지, 모든 권력과 모든 오만함에 맞서, 드높은 희망 자유로. 모든 고통과 어떤 복수에도 맞서, 모든 공조의 자유로, 무관심의 폭력에 대항하여, 결코 잊지 않기 위해, 자유는 존재하리라!
〈Amici di Ieri 어제의 친구들〉은 깊은 기타의 공명과 첼로의 따스한 위로가 향기의 긴 흐름을 그린다. 그의 거친 보컬과 스위스의 여가수 베라 카Vera Kaa의 듀엣이 사라져간 우정의 그리움을 노래한다.
…네가 어디에 있는지 누가 알까? 어제의 친구, 너의 미소는 여전히 푸른 하늘이야, 절대 어두워지지 않지, 너무 추워서 그럴 수도 있지만, 오늘 그것은 내 인생에 있는 너의 삶 때문일 거야, 밤이라서 그런가, 너 없이는 공허해, 그리고 그건 결코 끝나지 않네.
〈Lo Sparviero 새매〉는 색소폰의 뜨거운 입김이 비장하리만큼 서글픈 랩소디를 쏟아낸다. 이는 검은 안갯속에서도 바람에 길을 잃을지언정 높이 날아가는 매의 비행을 보며, 어두운 현실에서 촛불을 들고 있는 감정과 각오이다.
〈Terra 대지〉는 듀엣으로 노래하고 있는 독일 가수 콘스탄틴 베커Konstantin Wecker의 독일어 가사와 자신의 이태리어 가사로 구성되었다. 이 희망의 찬가는 전자기타의 열기로 붉게 물든다.
…난 세상을 내 슬픔의 항구로 만들 거야, 희망, 꿈, 내 외침이 무엇인지, 그게 나에게 더 낫다고 믿음을 준 이유를 말할 거야, 그것은 우리를 잃어버린 꿈의 끝으로 인도할 거야, 지평선이 사라진 곳에 지평선이 떠오를 거야.
멋진 로큰롤 〈Ne Pas Se Pencher Au Dehors 창밖으로 몸을 내밀지 마〉는 서두의 효과음으로 시네마틱한 이미지를 보여준다. 마치 웅장한 기차역 한가운데서 라이브를 하는

듯. 그의 거친 보컬에는 점차 긍정적인 용기를 북
돋우는 힘이 있다. 연주가 끝나면 그는 다시 기차
에 탑승하고 출발한다.

…너의 긴 숨소리를 듣고 싶어, 영원을 위한 작은 선물처럼,
이에 여기 모든 것은 경이로움과 환호라네, 한계를 뛰어넘
는 폭풍이지, 그리고 우리는 왔던 곳으로 돌아오네, 서로를
다시 찾는 풍요로움으로…

후속작 《Dodici Lettere d'Amore 열두 통의 연애 편지, 1995》에는 고혹적인 피아노 솔로로 연주된 〈Per Amare Palermo 팔레르모 사랑〉이 클래식과 재즈를 오가며 청각을 사로잡는다. 자식을 잃고 남은 자녀들에

게는 버림받았지만 헛된 희망을 품으며 홀로 주
위의 경멸 속에서 살아가는 독거노인에 대한 이
야기를 들려준다.

…당신의 텅 빈 정원은 당신의 천국이자 지옥이지, 10월 바
다는 8월과 같은 냄새가 나, 당신은 이마에 드리워진 희미
한 그림자에서 재빨리 구름을 쫓아내지, 내 시선을 빼앗은
당신은 얼마나 오래 지속될까…

〈La Resa delle Aquile 독수리의 항복〉은 클래
식 같은 연주곡으로, 가슴 시린 선율을 들려준다.

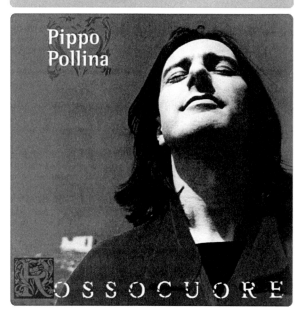

Rossocuore

1999 | ZYX | 20760

1. Finnegan's Wake
2. Cent'anni di Solitudine
3. La Luna e i Falò
4. Due di Due
5. I Fiori Del Male
6. Prima Che Vi Uccidano
7. Alla Ricerca del Tempo Perduto
8. L'Anima Ombrosa del Mio Verbo
9. Sotto la Ruota
10. I Ragazzi della Via Paal
11. Lettera di un Condannato a Morte
12. Il Vecchio e il Mare
13. Ciao Ciao Bambina

본작 《Rossocuore 붉은 심장》은 그에게는 기념비적인 작
품으로, 그가 도피한 고국 이태리에 처음 소개된 앨범이다.
동명의 곡은 존재하지 않지만, 이 타이틀은 고국과 가족과

사랑과 자신의 살아있는 희망을 상징한다. 이태리의 거장 프랑코 바티아토Franco Battiato(1945-2021)와 여가수 나다Nada 외에 빅토르 하라Victor Jara(1932-1973) 헌정작 《Il Giorno del Falco 독수리의 하루, 1997》에 우정 출연했던 칠레의 민중 그룹 인티 이이마니Inti-Illimani의 멤버 호세 세베스José Seves도 참여했다.

대표곡인 〈Finnegan's Wake〉는 그가 감명 깊게 읽었던 아일랜드 소설가 제임스 조이스James Joice(1882~1941)의 마지막 저서 「Finnegan's Wake 피네간의 경야, 1936」를 노래한 것으로, 현실의 오류 예를 들면 '우리는 왜 구속의 무관심 속에서 살아가는가?' 등에 대한 철학적인 의문점을 던져둔다. 바티아토가 보컬로 참여했으며, 구성진 월드 리듬과 시원한 기타가 주가 되어 진취적인 면모의 록 필링을 선사한다.

자신을 숨겨왔던 지독히 외로운 과거를 노래한 〈Cent'anni di Solitudine 고독의 한 세기〉에는 그동안 고백하지 못했던 사랑도 심었는데, 진한 애수의 아코디언과 마치 필름이 돌아가는 듯 반복적인 퍼커션 그리고 지중해의 하늘같이 투명한 기타에 한숨을 싣는다.

운명의 도피 생활에서 항상 힘이 되어왔던 가족들의 용기와 인내 그리고 희망의 시를 썼던 밤의 시간을 노래한 〈La Luna e i Falò 달과 난롯불〉은 단순한 리듬에 설레는 서정과 열정을 퍼부었다.

철학적인 서정시 〈Due di Due 2의 2〉는 너무나 큰 세상에서 사랑과 이별 그리고 희망과 방랑으로 살았던 미미한 존재로서 자신의 정체성에 대해 사색하는 작품으로, 깊은 상념에 빠진 피아노와 현의 묵직한 고독감이 밀려온다.

여가수 나다의 관능적인 랩이 가미된 〈I Fiori del Male 악의 꽃〉은 사랑의 봄날에 대한 그리움과 외로움을 그린 듯 낭만적인 기타의 록 연주에 애틋함을 녹여낸다.

피아노와 첼로로 빚어내는 클래시즘 〈Alla Ricerca del Tempo Perduto 잃어버린 시간을 찾아서〉는 어둠에 몸서리치는 그의 간절한 기도가 강렬한 인상을 남긴다.

해먼드오르간이 주가 되는 불타는 록사운드에 긴 호흡으로 비상하는 트럼펫의 운명 랩소디 〈L'Anima Ombro-sa del Mio Verbo 나와 함께 갈 영혼의 그림자〉는 비장감마저 서린다.

석양의 바다에 하늘이 녹을 때, 내 사랑, 난 당신을 볼 수 없지만, 당신을 느끼네. 폭풍이 파도 위로 비를 내리면, 낮의 모든 시선과 밤의 모든 탄식을 어루만지지. 그리고 우리에겐 단어가 있어, 결코 내가 눈물을 흘린 적이 없었던 그 단어. 그리고 우리에겐 눈이 있네, 결코 희망을 잃지 않을… 그러나 당신은 내 사랑을 알아. 날 아직도 찾고 있지, 그러나 당신은 내 사랑을 잘 알아. 내 사랑이 풋과일이 아니라는 것도…

현악의 행진이 빛나는 푸른 동심의 찬가 〈I Ragazzi della Via Paal 폴 거리의 소년〉에 이어, 스페인의 위대한 시인 라파엘 알베르티Rafael Alberti(1902~1999)의 〈Degli Angeli 천사에게〉를 호세 세베스가 낭독하는 〈Lettera di un Condannato a Morte 사형선고장〉은 처절하다.

기타가 잔잔한 푸른 하늘의 서정을 그리고 하모니카가 향수를 그리는 포크풍의 히트곡 〈Ciao Ciao Bambina 안녕 안녕 소녀여〉는 비와 눈물로 남아있는 어린 시절의 수줍고도 풋풋한 첫사랑을 그렸다.

이후 100일간의 투어 콘서트에서 프랑코 바티아토와 함께 〈Finnegan's Wake〉를 불렀다.

후속작 《Elementare Watson, 2000》은 런던 심포니 오케스트라와 애비로드 스튜디오에서 녹음된 두 곡이 수록되었다.

Versi per la Libertà

2001 | Suonimusic | SDN 020

1. Il Giorno del Falco
2. 19 Luglio '92
3. Leo
4. In Compagnia de Mr. Hyde
5. Amsterdam
6. La Mia Casa
7. Pristina '99
8. Gracias a la Vida
9. Eppure Si Va
10. Versi per la Libertà

자신의 고국 이태리를 위해 발표한 《Versi per la Libertà 자유를 위한 구문》은 일종의 컴파일로, 그동안 이태리에 소개되지 못했던 지난 작품들과 새로운 노래를 엮은 것이었다. 파도에 홀로 작은 배를 탄 음악가가 기타를 연주하는 모습의 커버가 주제와도 무관하지 않음을 보여준다.

〈Il Giorno del Falco 독수리의 날〉의 곡목은 버려진 인권을 의미하는 것으로, 이미 살육된 피 냄새를 맡고 먹이를 찾아 날아든 독수리 떼 가운데서 끝까지 희망을 놓지 않고 자유의 노래를 불렀던 칠레 민중의 영웅 빅토르 하라Victor Jara(1932-1973)의 이야기이다.

1973년 9월 16일 산티아고 경기장에서 군부에 의해 살해된 그에 바치는 추모곡으로서, 마치 총포음 같은 드럼의 타격으로 시작되며 '자유'의 무기였던 기타의 슬픈 서곡에 팬플루트의 숨소리와 남미 차랑고Charango의 바람이 이어진다. 인티 이이마니의 호세 세베스와 함께 노래한 1997년 동명 타이틀 앨범 수록곡이다.

「셜록 홈즈의 모험」으로 알려진 TV 시리즈 타이틀을 제목으로 한 《Elementare Watson, 2000》에서는 〈19 Luglio '92 1992년 7월 19일〉, 〈In Compagnia de Mr. Hyde 하이드 씨의 동료〉, 〈Pristina '99 프리스티나〉, 〈Eppure Si Va 그럼에도 잊히겠지〉, 〈Versi per la Libertà 자유를 향한 구문〉 등 무려 5곡이 선곡되었다.

인간의 이중성과 양심에 대한 제고를 노래한 〈In Compagnia de Mr. Hyde 하이드의 친구〉는 중후한 현악과 기타에 힘이 넘치는 보컬로 노래했다.

…오늘 밤 당신은 누구입니까? 지킬 박사인가요? 아니면 하이드인가요? 당신은 지금 어딜 가길 원하나요? 당신의 인생에서 꽃잎을 세지 말고 나를 따라오십시오. 나는 그것들을 잘 알고 있습니다. 우리는 천국과 지옥에서 만취하고 인생의 거리를 걷고 있습니다…

코소보Kosovo의 수도 프리스티나를 소재로 한 〈Pristina '99〉는 암흑 속의 정치적 현실을 고발한 것으로, 기타와 런던 세션 오케스트라의 묵시적인 현악은 테러와 비명으로 얼룩진 이주민들의 잔혹한 생활상을 그대로 보여주는 듯하다.

〈Eppure Si Va 그럼에도 가겠지〉는 자유와 사랑의 길을 잃고 방황하는 영혼을 위한 노래로, 피아노 솔로가 잔잔하다.

타이틀곡 〈Versi per la Libertà 자유를 위한 구절〉은 알려지지 않은 세상의 어느 한구석에서 자유를 구원하며 목숨을 바치는 운동가들의 숭고한 정신과 영혼을 차랑고의 가벼운 음성으로 달랜다.

〈Leo 레오〉는 프랑스의 음유시인 레오 페레Leo Ferré(1916-1993)를 노래한 것으로 불어 가사는 조르주 무스타키Georges Moustaki(1934-2013)가 번역했다. 레퀴엠과도 같은 런던 세션 오케스트라의 비장한 현악과 피아노에 시간의 무상함을 노래한 이 곡은 《Dodici Lettere d'Amore 12개의 연애편지, 1995》에 수록된 작품이다.

신곡인 〈Amsterdam 암스테르담〉은 벨기에 출신의 음유시인 자크 브렐Jacques Brel(1929-1978)이 1964년도에 발표된 샹송의 고전으로, 암스테르담 항구 선원들의 꿈과 수면, 죽음과 소생, 거칠지만 인간적인 희로애락의 삶을 깐쏘네로 번안했다. 하얀 밤안개에 서린 슬픈 아코디언의 연주에 피아노와 현악이 소리를 더하며 절규하는 듯 끝맺는 결말에서 진한 눈물을 떨쳐낸다.

피아노 솔로 반주로만 노래하는 〈La Mia Casa 나의 집〉에는 마음속에 그려왔던 고향 집에 대한 꿈과 소망을 그리고 있다.

칠레의 비올레타 파라Violeta Para(1917~1967)의 명곡 〈Gracias a la Vida 생에 대한 감사〉를 역시 피아노 솔로에 스페인어로 들려준다.

2002년에는 팔레르모 어쿠스틱 밴드를 결성하고 그의 오랜 친구인 리나트 바르딜Linard Bardill과 함께 즉흥 라이브를 거행하였는데 이는 예상치 못한 성공을 거둔다.

2003 | Suisa | 806007

1. La Memoria e il Mare
2. Sambadiò
3. L'Amore Dopo la Caduta del Muro
4. Marrakesh
5. Banneri
6. Questo Amore
7. Why
8. La Tenda Rossa
9. Centopassi
10. Plötzlich
11. Bonaventura
12. Bella Ciao

어둑하고 희미한 이른 새벽 레스토랑의 일상적 모습을 담은 듯한 이 모노톤의 커버는 12개의 수록곡의 이미지를 고스란히 담고 있다. 비록 《Racconti Brevi 단편》이란 제목이지만, 끝나지 않는 장편처럼 그 여운은 길다.

〈La Memoria e il Mare 기억과 바다〉는 그의 정신적인 스승이자 프랑스의 음유시인 레오 페레Léo Ferré(1916-1993)의 명곡 〈La Mémoire et la Mer〉를 이태리어로 부른 것이다. 현대적으로 각색한 연주와 그의 낭송과 가창은 '원곡보다 훌륭한 해석은 존재하지 않는다'는 것을 뒤엎었다는 평가를 받기도 했는데, 무참하게 시간과 음악의 종말을 고하고 자아적 고독을 울부짖었던 레오 페레의 광기가 붉은 록의 인상적인 주법과 함께 다가온다.

가장으로서 자식에 대한 애정을 그린 비장한 〈Sambadiò 삼바디오〉는 전자 바이올린의 최면적이고도 민속적인 주술이 강렬하게 작용하며 게스트 뮤지션 호삼 람지 Hossam Ramzy(1953-2019)의 아랍 퍼커션이 운명 속으로 깊숙이 빨아들이는 이채로운 걸작이다.

잠들어라 아들아 곧 아침이 올 거야, 태양은 더욱 강렬하게 솟겠지. 그리고 언젠가 전쟁은 끝날 거야, 그러면 성벽에는 네가 심을 꽃들로 만발하겠지. 잠들어라 아들아 곧 밤이 깊어진단다. 밤하늘의 달은 아직 차오르지 않았어. 네가 깬다고 해도 절대 두려워하지 마, 네가 날 볼 수 있도록 마지막 숨을 거둘 그 순간까지 네 가까이에 있을 거야. 잠들어라 아들아 내일 우리가 떠날 수 있게. 배를 타고 세상을 횡단할 거야. 둥근 창으로 바다의 파도 사이로 보이는 수평선으로 우리를 기다리는 새로운 대지가 보일 거야.

그가 작사하고 그의 오랜 독일 친구 리나트 바르딜Linard Bardill이 작곡한 〈L'Amore Dopo la Caduta del Muro 가을의 벽 다음의 사랑〉은 큰 도시의 정오에 린든 나무 아래서 느낀 외로움과 사랑의 기다림을 애틋하게 그린 기타 로망스이다.

'모로코의 붉은 진주'라 불리는 도시 〈Marrakesh 마라케시〉는 이국적인 향취에 이어 심포니가 덧붙여져 마치 영화음악 같다. 강렬한 태양과 붉은 황토색으로 빛나는 이 기행문에는 넝마를 입고 있지만 미소를 잃지 않는 그들의 순수함에 대한 감동을 기술했다.

그의 고향 시칠리아를 위한 노래 〈Banneri 깃발〉은 다분히 목가적이며 민속적인 포크송으로, 전자 바이올린의 부드러움과 오케스트레이션의 평화로움이 마련되어 있다.

심금을 울리는 왈츠 〈Questo Amore 이 사랑〉에서는 사랑의 힘을 주제로 이 위대한 사랑을 꼭 나누라고 권고한다.

잔잔한 피아노 솔로 반주곡 〈La Tenda Rossa 붉은 천막〉은 인생 여행을 자연에 빗댄 시적 운율이 아름답다.

리나트 바르딜이 작사한 독일어 노래 〈Plötzlich 갑자기〉에는 오케스트레이션의 밝은 빛의 향연이 펼쳐진다.

이태리의 스콜라 철학자이자 추기경 보나벤츄라Bonaventura(1217~1274)에 마음을 다잡을 수 없는 두려움을 고해성사하는 〈Bonaventura〉는 호흡이 긴 아코디언의 슬로우 탱고가 뇌리를 감싼다.

〈Bella Ciao 안녕 내 사랑〉은 자유를 위해 숨진 이들의 묘비에 바치는 꽃 인사로, 부분적으로 민요를 차용한 흥미로운 멜로디는 빠른 템포의 폴카로 둔갑한다. 현재 가수로 활동 중인 그의 자녀 줄리앙Julian과 마들레나Madlaina의 어린 꼬마 시절 음성이 삽입되었다. 재발매본에 보너스로 수록된 버전은 원곡의 멜로디를 편곡하여 숭엄한 진혼곡을 들려준다.

불혹이란 나이에 발표한 이 단편들은 그의 타협하지 않는 젊은 예술혼으로 가득 채워져 있다.

이후 《Bar Casablancai 카사블랑카 바, 2005》라는 스튜디오 앨범을 냈고, 이은 라이브앨범 《Ultimo Volo 최후의 비행, 2007》는 골드레코드를 기록했다.

2008년에는 음악적인 동료 리나트 바르딜과 함께 루체른에서 2월에 거행한 라이브 실황을 담은 《Di Nuovo Insieme 새로이 함께》가 출반되었고, 둘의 이름으로 발표한 《Caffè Caflisch 카프리슈 카페, 2008》에서도 우정을 이어갔다. 또한 다른 아티스트들과의 협업도 이어졌다.

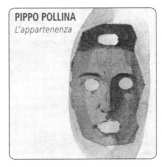

오랜만에 선보인 독집 앨범 《L'Appartenenza 귀속, 2014》는 지천명을 넘긴 나이에 자신의 일생을 돌아보며 가정과 사회에 대한 소속감을 주제로 한 것이었다. 예술적인 것에서 인간적인 의미로 전환되었으며, 이태리 깐따우또레 선배들의 위대한 정신에 대한 헌사이기도 했다.

〈Da Terra A Terra 지상에서 지상으로〉는 피아노와 클라리넷의 슬픈 하모니가 전율을 자아낸다.

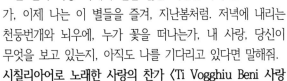

…천 번의 폭풍 속에서 길을 잃은 사람은 누구인가, 이제 나는 이 별들을 즐겨, 지난봄처럼. 저녁에 내리는 천둥번개와 뇌우에, 누가 꽃을 떠나는가, 내 사랑, 당신이 무엇을 보고 있는지, 아직도 나를 기다리고 있다면 말해줘.

시칠리아어로 노래한 사랑의 찬가 〈Ti Vogghiu Beni 사랑해〉는 시칠리아 출신의 여가수 에따 스콜로Etta Scollo와 듀엣으로 노래했다. 기타와 첼로의 애달픈 감성에 두 가수의 열렬함이 하나로 뒤섞인다.

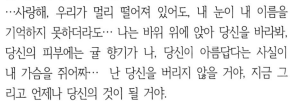

…사랑해, 우리가 멀리 떨어져 있어도, 내 눈이 내 이름을 기억하지 못하더라도… 나는 바위 위에 앉아 당신을 바라봐, 당신의 피부에는 귤 향기가 나, 당신이 아름답다는 사실이 내 가슴을 쥐어짜… 난 당신을 버리지 않을 거야, 지금 그리고 언제나 당신의 것이 될 거야.

〈Adesso Che 이제〉는 자연의 섭리대로 낮은 곳으로 잔잔히 흐르는 물결처럼 실내악의 유려하고 평온한 매력이 전해진다.

…이제 당신은 아침이면 모든 목소리와 모든 노래를 듣네, 나는 다른 아무것도 아니기에, 정원에서 잃어버린 시보다 당신이 가까이 있기를 바라네, 이제 너는 혼자가 아니야…

그리고 불확실함이 없는 내 시선이 널 놀라게 한다면, 응시 없이 널 따라갈게, 손을 잡고 가볍게 안고서.

《Il Sole Che Verrà 다가올 태양, 2017》는 미래세대를 위한 따스한 마음이 녹아있다.

〈Potrò Mai Dirti 결코 네게 말할 수 없네〉는 벨기에 메조소프라노 오딜리아 반 데르크루이세Odilia Vander -cruysse와 합창 그리고 그의 보컬로 구성되었다. 마치 가곡이나 오페라처럼 드라마틱한 클래시카는 인생에 있어서 꿈을 위한 여행을 두려워하지 말라는 메시지를 남긴다.

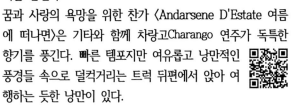

꿈과 사랑의 욕망을 위한 찬가 〈Andarsene D'Estate 여름에 떠나면〉은 기타와 함께 차랑고Charango 연주가 독특한 향기를 풍긴다. 빠른 템포지만 여유롭고 낭만적인 풍경들 속으로 덜컥거리는 트럭 뒤편에서 앉아 여행하는 듯한 낭만이 있다.

감동적인 〈Nell'Infinito 무한대〉는 그의 모든 음악과 가사를 총체적으로 결합한 노래가 아닐까 한다. 힘찬 그의 보컬과 훅이 있는 멜로디는 가슴을 뜨겁게 한다.

…난 꿈속에서만 존재하기에, 거기에서도 나는 찾기 위해 애쓰고 있어, 증오와 사랑 속에서 당신은 누구이고, 나는 누구인가, 당신의 눈 속에 반짝이는 그 밑바닥에서 나는 날개와 나무와 뿌리를 찾을 거야, 나는 거울 속에서 목소리와 노래를 찾을 거야, 바다와 친구들의 나라를 위해. 밤이 내 집을 덮을 때, 가난한 이들의 침묵 속에서 무한 속에 나의 숨결을 불어넣을 거야.

그의 예술음악은 현재진행형이다.

젊은 영혼의 상징

Renato Zero ● 레나토 제로

그는 이태리 대중음악계 있어서 한 살 아래의 클라우디오 발리오니Claudio Baglioni와 더불어 가장 많은 팬을 거느린 거물급 아티스트로, 방대한 레퍼토리와 함께 그의 라이브는 언제나 이태리에서 가장 크고 멋진 무대를 선보이며 금방 매진 사례를 남긴다. 이태리 대중문화에서 그의 존재는 젊은 영혼들의 열정을 불사를 수 있는 돌파구였으며 현실의 구세주였다. 마치 우상숭배와도 같은 인기에는 자신만의 세계에서 전하는 메시지가 분명했고, 젊은 대중들은 그의 세계에 일원이 되고 싶어 했다.

그는 1950년생으로 본명은 레나토 피아키니Renato Fiacchini 이다. 로마에서 간호사와 경찰의 아들로 태어나, 단지 음악과 댄스, 노래, 드라마에 대한 열망으로 TV와 영화예술을

위한 공립학교를 다녔으며, 또한 과장된 의상과 분장을 서슴지 않았고 여학생들의 주목을 받는 것을 즐겼다고 한다. 구제불능 돌아이(?)의 특이한 취향을 친구들은 모욕했고, 그의 가명이 Zero인 이유는 여기서 비롯되었다.

1968년 성인이 되고 Beat Raduno라는 그룹으로 활동했으며, 이 당시 가수 지망생 로레다나 베르테Loredana Bertè와 미아 마르티니Mia Martini(1947-1995)와도 친분을 쌓는다.

그는 페데리코 펠리니Federico Fellini 감독의 영화에도 출연했으며, 티토 스키파 주니어Tito Schipa Jr.의 클래시컬 록오페라 《Orfeo 9, 1973》, 그리고 로레다나 베르테와 함께 뮤지컬 「Hair 헤어」에도 출연했다.

1960년대 후반 강타한 글램록Glam-Rock에 마음을 빼앗겼고 동성애 코드가 다분한 무대의상과 해괴한 분장, 왠지 모를 어눌한 무대매너로 음악 활동을 겸했다.

《No! Mamma, No!, 1973》로 데뷔, 세 번째 앨범 《Trapezio, 1976》의 싱글 〈Madame〉으로 첫 성공을 거두었다.

《Zerofobia, 1977》는 무려 차트에서 57주 동안 머물렀고, 5000석의 텐트극장에서 새의 분장으로 서커스팀들과 이태리 전역을 돌며 공연한 《Zerolandia, 1978》는 앨범 차트 3위에 올랐다. 참고로 'Zerolandia'는 남녀의 성적 구분(혹은 차별)이 없이 사랑과 우정이 넘치는 이상향으로, 자신이 창안한 초현실적 합성어이다.

그를 가장 유명한 가수 중 한 사람으로 만들어 준 이태리 팝의 고전 〈Il Carrozzone 캐러밴〉이 수록된 6번째 앨범 《EroZero, 1979》은 차트 정상을 차지했으며, 그가 출연한 영화 「Ciao Ni, Hi pal!, 1979」는 그해 개봉된 할리우드 블록버스터 「Superman 슈퍼맨」보다도 흥행에 성공했다.

거칠 줄 모르는 인기는 12번째 앨범 《Leoni Si Nasce, 1984》에 이르기까지 7개의 앨범들이 연달아 차트 1위를 달성하는 진기록을 세운다. 그는 이태리 젊은이들의 최고의 우상이 분명했다.

L'Imperfetto

1994 | Fonopoli | FON 477481

1. Amando Amando
2. Aria di Pentimenti
3. Facce
4. Roma Malata
5. Felici e Perdenti
6. Bella Gioventù
7. Digli No
8. Nei Giardini Che Nessuno Sa
9. L'Ultimo Guerriero
10. Vento di Ricordi
11. Dubito
12. Chi

1970년대 제로에게는 데이비드 보위David Bowie(1947-2016)의 추종자라는 비난이 항상 따라다녔고, 1980년대에 들면서 서서히 분장과 과감한 무대의상은 삼가게 된다.
하지만 1980년도 투어에서 백마를 타고 무대에 등장했으며,

1982년에는 오페라 감독 레나토 세리오Renato Serio와의 협연하는 등 대담한 시도들은 여전히 세간의 입에 오르내렸다. 1980년대의 엄청난 성공을 거둔 후 1990년에 들어서며 더 이상 자신만의 세계에 갇혀 있는 아티스트가 아닌, 대중들이 원하는 바에 다가가기 시작한다.

이례적으로 1991년 산레모가요제에 처음 참여한 그는 리카르도 코치안테Riccardo Cocciante의 〈Se Stiamo Insieme 당신과 함께라면〉에 이어 〈Spalle al Muro 벽을 등지고〉로 2위를 차지한다. 이는 그의 오랜 친구인 여성 싱어송라이터 마리엘라 나바Mariella Nava가 작사·작곡한 노래로, 현대적이면서도 고전적인 선율의 향연이었다. 젊은 세대들의 기성세대를 향한 존중과 배려 없는 세태를 담은 것으로, 그들의 늙었다는 조롱에도 남은 인생에 대한 사랑과 열정과 믿음이 있기에 포기하지 말하는 메시지를 전했다.

1993년 산레모에서 오케스트라 반주에 〈Ave Maria〉를 불렀는데, 이는 전형적인 산레모가요제 스타일에서 벗어난 또 하나의 클래식이었다. 기아, 고통, 범죄, 빈곤, 전쟁이 있는 곳이라면 어디든 함께해 줄 것을 마리아에게 간청하는 기도로, 어린이를 위한 사랑의 노래이기도 했다.

곡이 끝나자 1분여의 대중들의 기립박수가 이어졌다. 5위의 성적이 발표되는 순간 관객들은 배심원들에게 야유와 항의를 보냈는데, 그는 새롭게 시작한 Fonopoli 프로젝트를 알리고 싶었을 뿐 우승에는 관심이 없다고 기자회견에서 말했다.

Fonopoli 레이블에서의 새 프로젝트 시작을 알리는 본작 《L'Imperfetto 불완전》은 보다 대중적인 록 뮤지션으로의 면모를 엿볼 수 있는 작품이다.
〈Amando Amando 사랑 사랑〉은 스케일이 큰 팝 록으로 안개가 서서히 걷히며 또렷한 이미지를

점점 형상화하는 듯한 무대가 펼쳐진다.

…우리는 이미 소명을 갖고 태어났네, 더 이상 할 수 없을 때까지 사랑하기…사랑함으로써 행해지는 해악, 그러나 사랑함으로써 자신을 구할 수 있네, 그 존엄성을 회복해, 그건 되찾아야 할 잃어버린 땅이야, 넌 더 이상 조난자가 아니야, 사랑하고 사랑하라…

애틋한 사회 사랑의 메시지 〈Nei Giardini Che Nessuno Sa 아무도 모르는 정원에서〉는 뮤비에서처럼 장애를 가졌거나 사회적으로 고립된 이들을 향한 관심과 사랑을 주창하는 노래이다.

…나는 당신이 보지 못하는 것을 볼 수 있도록 당신이 눈이 되어 줄 거야, 너를 다시 웃게 만드는 에너지와 기쁨이 되어 줄게, 언제나, 그러면 넌 날 수 있을 거야, 네가 원하는 곳으로, 네가 아는 곳으로, 더 이상 아픔의 무게가 없는 곳으로, 널 아프게 했던 그 겨울의 상처를 치유하는 곳으로, 네가 웃는 모습을 보고 또다시 달리는 모습을 보고 싶어… 지금 그들을 떠나지 마, 죽음이 그들을 놀라지 않도록, 우리는 가지고 있음에도 불구하고, 때로는 주지 않는 무정한 사람들이지, 일요일 꽃 한 송이조차 무심하게 잊어버리는 사람들과 침묵은 잊어버려.

명료한 라틴 기타가 호쾌하고도 뜨겁게 불꽃을 틔우는 멋진 록 〈L'Ultimo Guerriero 마지막 전사〉는 긴박한 템포와 간결한 주제부의 반복 그리고 라틴 특유의 서정적 라인에 자신만의 오페라를 불어넣었다. 이는 자연이 파괴된 도시문명과 그로 인한 고독, 범죄 등에 노출된 전사로서 미래를 위한 기도를 담았다.

또 하나의 감성 발라드 〈Vento di Ricordi 추억의 바람〉은 따사로운 오케스트레이션의 결이 다가선다. 변치 않는 사랑의 본질이 있다면 아름다운 그랜드 피날레를 거둘 수 있을 것이라 이야기한다.

세상에 대한 모든 의심에서도 자신에 대한 믿음을 주창하는 〈Dubito 의심〉은 샤우팅과 연극적인 독백, 여성 코러스, 전자음향과 비트에 긴장감을 담아낸다.

마지막 심포니 〈Chi 누가〉 역시 자신의 믿음과 마음의 평화에 대한 것으로, 세상에 드리워진 욕망과 유혹, 공포와 비인간성, 분노와 눈물 등을 돌아보지 말고 빛을 향해 걸어가라고 목소리를 드높인다.

이듬해 연작 《Sulle Tracce dell' Imperfetto 불완전을 찾아서, 1995》를 발표했다. 대중의 사랑을 받고 있는 명곡 〈I Migliori Anni della Nostra Vita 우리 인생 최고의 해〉의 희망 찬가는 일출을 기다리는 감격처럼 벅차다.

…모든 사람들은 모든 것을 원하지만, 그것이 아무것도 아니라는 것을 깨닫게 되지… 어쩌면 어느 날 우리는 결코 길을 잃은 적이 없다는 것도 알게 될 거야, 그리고 그 모든 슬픔도 실제로 존재하지 않았다는 것도. 우리 인생 최고의 해로 영원히 남을 것이기에. 어떤 밤도 무한하지 않도록 꼭 껴안아 줘.

동성애를 향한 차별과 경멸에서 죽음을 선택한 실화를 소재로 한 〈Un Altro Pianeta 다른 행성〉은 이상향을 향해 자유롭게 비행하는 우주적인 록오페라의 향연이 장대하게 펼쳐진다.

이별 노래 〈Fine Favola 결말〉은 스스로를 버리고 배신한 연인의 동화가 왕을 바꾸었다며, 그 결말에서 자신은 더 이상 왕이 아니라고 슬퍼한다.

사랑에 대한 두려움에서 벗어나고 확신을 가져야 한다는 피아노 발라드 〈Nel Fondo di un Amore 사랑을 배경으로〉도 길게 머문다.

Amore Dopo Amore

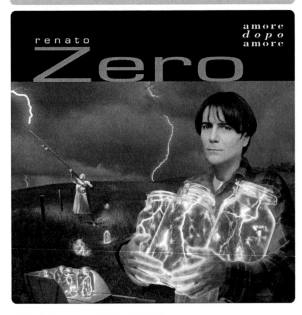

1998 | Fonopoli | FON 489912

1. L'Italiana
2. Cercami
3. Emergenza Noia
4. Mi Ameresti
5. Vive Chi Vive
6. L'Impossibile Vivere
7. Erotica Apparenza
8. Dimmi Chi Dorme Accanto a Me
9. La Grande Assente
10. I Commedianti
11. Pericolosamente Amici
12. La Pace Sia con Te
13. Figaro

《Amore Dopo Amore 사랑 후의 사랑》은 150만 장 이상을 팔아치운 최대의 성공작 중 하나이다. 강한 인상의 제로는 치렁치렁한 긴 머리를 잘랐으며 연약한 표정으로 돌아왔다. 초현실적 상상을 담아내는 사진 예술가 Bryan Allen의 유명 작품 중 노인을 자신의 얼굴로 바꾼 커버가 이색적이다.

〈L'Italiana〉에는 낭만적인 교향악을 닮은 서주가 지나고 행진곡풍의 맑은 반주에 모국에 바치는 사랑을 노래하는 제로의 힘찬 음성을 만난다. 국민의 질문에 화답하는 유토피아적 민주주의로 성숙하길 바라는 희망이다.

히트 싱글인 애달픈 록발라드 〈Cercami 나를 찾아봐〉는 웅장한 현악과 록의 드럼이 뜨겁게 타오르는 강렬한 필링이다.

…날 믿어봐, 당신은 어떤 놀라움도 없을 거야, 내가 당신이 보는 바로 그 사람이야, 나는 아무런 주장도 하지 않아, 당신이 정말로 날 믿는다면, 나를 찾는 것을 멈추지 마, 이 삶은 이미 우리에게 벌을 줬어, 불만은 쉽게 다가왔고, 음란한 자유를 믿으며 우린 너무 무능했지, 내가 여기 있어, 난 당신을 섬길 거야, 당신으로 충분해, 난 멈추지 않을 거야…

또 하나의 히트 싱글이자 걸작 〈L'Impossibile Vivere 불가능한 삶〉은 클래시컬한 현악에 피아노가 창연한 고혹감을 불러일으킨다. 이는 경제 저성장의 고착화와 국가채무 비율 급증 그리고 정치인의 부패 스캔들이 터졌던 상황에서 이태리인의 위로와 희망이 되어주었던 온유한 치유의 노래였다.

수數의 전쟁에서 약자에겐 어떤 희망이 있나? 한순간 어쩌면 빛나다가 어둠으로 돌아가지, 난 아직도 이 불가능한 게임의 공범이지만, 여전히 자유롭게 사랑할 수 있고 돌아올 수 있네, 삶은 두려움에 대한 치료법이야, 예상치 못한 발코니에서조차 자라는 나무를 보면, 내 안에도 모든 것이 지금보다 나은 것 같아… 산다는 것, 살아 내는 것, 당신도 해낼 수 있어, 당신이 내가 살 수 있도록 약속해 줘, 오래도록 생명이 다할 때까지…

싱글 커트된 〈Dimmi Chi Dorme Accanto a Me 내 옆에

서 잠들어 있는 사람이 누구인지 말해줘〉는 재즈
풍의 감미로운 발라드로, 색소폰이 고독과 열망을
토해낸다.

…이 어둠에 대고 나는 맹세컨대, 나 혼자 널 사랑하고 있
어, 당신과 사랑을 나누고 싶지만, 당신은 내 이름을 빼고
많은 이름을 속삭이네, 기억도 나지 않을 정도로. 언제나처
럼 나의 구원은 침대가 될 거야, 내 옆에서 잠들어 있는 사
람이 누구인지 말해 봐… 혼자 있는 것에 대한 두려움, 무
의식, 우울, 나는 자는 동안 네가 돌아오길 기다리네…

〈La Grande Assente 큰 빈자리〉는 세상을 떠난 친구 미아
마르티니Mia Martini(1947-1995)에 헌정한 노래로,
하모니카의 전원적인 무드에 가벼운 리듬을 섞어
그녀의 부드러운 영혼의 안녕을 기원한다.

〈La Pace Sia con Te 평화가 함께 하길〉은 비교적 단순한
멜로디지만 반복적인 구성을 통해 가벼운 트랜스를 이끌어
낸다. 가벼운 트립합 비트와 함께 세련되고도 구슬픈 악곡
을 통해 그는 마치 세기말적인 우울함과 더 자극
적인 것을 찾는 현대에서 영혼과 정신에 숭고한
평화가 함께길 기도한다.

가수로서의 자서전처럼 진솔하게 다가오는 〈Figaro
피가로〉는 풍성한 현악에서 희망과 미래의 시간이
열린다.

…당신이 노래하는 동안 그것은 당신이야, 멜로디는 이렇게
탄생하지, 당신이 내 혈관을 통해 흐르는 동안, 기쁨이든 절
망이든, 난 당신의 세상에서 당신을 훔칠 거야, 그리고 당신
을 성공시킬 거야. 노래로…

본작의 대성공으로 이듬해에는 실황을 담은 《Amore Dopo
Amore - Tour Dopo Tour》이 발표되었다.

Tutti Gli Zeri del Mondo

2000 | Fonopoli | FON 498489

1. L'Imbarco
2. Il Pelo Sul Cuore
3. L'Istrione
4. La Canzone di Marinella
5. La Voce Mia
6. Tu Si 'na Cosa Grande
7. Le Mie Donne
8. Vedrai Vedrai | Lontano Lontano
9. Quello Che Non Ho Detto
10. Il Mio Mondo | Il Nostro Concerto | La Musica è Finita
11. Anche per Te
12. La Zeronave
13. Tutti Gli Zeri del Mondo
14. Via dei Martiri

2000년 봄, 그가 맡았던 TV 쇼 제목을 따서 뉴밀레니엄의
문을 열었다. 하지만 본작은 세련되지 않고 복고적인 편인
데, 자작곡에 다수의 고전 리메이크를 포함하고 있다.

가장 먼저 선보이고 있는 커버곡은 샤를 아즈나부르Charles Aznavour(1924-2018)의 1971년도 고전 〈L'Istrione 희극인〉으로, 이는 마치 그의 인생을 비유하듯 자신감에 넘쳐있다.

본작의 백미인 〈La Canzone di Marinella 마리넬라의 노래〉는 파브리지오 데 안드레Fabrizio de André(1940-1999)의 1964년 발표곡으로, 사랑의 고통이 없는 세상을 소원했던 한 여인의 엘레지이다. 기타와 엷은 오케스트레이션의 원곡은 초연하지만, 제로의 커버는 피아노와 풍부한 오케스트레이션으로 보다 극적이다.

도메니코 모두뇨Domenico Modugno(1928-1994)의 1964년 고전 〈Tu Si 'na Cosa Grande 당신은 내겐 위대해〉에서의 간절함도 잊을 수 없다.

〈Vedrai Vedrai 보게 될 거야 | Lontano Lontano 멀리멀리〉의 접속은 루이지 텐코Luigi Tenco (1938-1967)의 노래로, 슬픔과 낭만적인 분위기를 잇고 있다.

〈Il Mio Mondo 내 세상 | Il Nostro Concerto 우리의 콘서트 | La Musica è Finita 음악은 끝났어〉의 메들리는 움베르토 빈디Umberto Bindi(0932-2002)가 노래한 청춘의 연애시이다.

또한 루치오 바티스티Lucio Battisti(1943-1998)가 1971년에 발표한 〈Anche per Te 당신을 위해〉는 청초한 원곡보다는 전원적인 연주에 열정을 담아 노래한다.

무엇보다도 본작을 빛내주는 것은 다음 세 곡이 아닐까.

고뇌를 곱씹는 듯 비장함이 담긴 〈Quello Che Non Ho Detto 말하지 못했던 것〉은 사랑과 화해에 대해 희망과 긍정의 가르침을 이야기했다.

…슬픔의 강도에서 자신을 발견하고, 인내할 수 없다면 성장할 수 없지, 부딪혀 맞설 때, 넌 다시 이유를 발견하게 될 거야, 진실이 많은 위선보다 더 상처가 된다면, 돌아서서 떠나는 것보다 차라리 용서를 구하는 게 나아…

맑은 피아노와 심포니에 울려 퍼지는 〈Tutti Gli Zeri del Mondo 세상의 모든 제로〉는 여가수 미나Mina와 듀엣으로 불렀는데, 학대받는 세상의 모든 이들에게 전하는 용기와 희망의 메시지로 그 감동이 더욱 뜨겁다. 이태리 최고의 싱글 중 하나로 꼽히는 명곡이다.

…그들의 인내에 대해서 세상의 모든 제로에게 감사합니다, 그들은 양심에 따라 갈망하고 용기 내며 믿음을 잃지 않을 것이기 때문입니다.

〈Via dei Martiri 순교자의 길〉은 충동의 바람에 휩싸이는 마지막 걸작으로, 삶의 길 자체가 순교의 길과 다르지 않기에 보다 의연해질 것을 권고한다. 샘물이 솟고 바다를 향해 거침없이 흘러가는 듯한 스피드에 동화되는 록발라드이다.

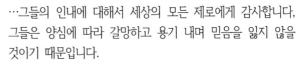

La Curva dell'Angelo

2001 | Tattica | TAT 504971 2

1. Svegliatevi Poeti
2. Qualcuno Mi Ha Ucciso
3. Il Maestro
4. Storie Da Dimenticare
5. La Medicina
6. Nuda Proprietà
7. Libera
8. Fuori Gioco
9. Innocente
10. Anima Grande
11. Un Nemico Sincero
12. Non Cancellate Il Mio Mondo
13. Pura Luce

약 3년 만에 오리지널 곡들로 발표한 본작 《La Curva dell'Angelo 천사의 곡선》은 제목처럼 죽음과 부재와 관련이 있다.

신선함이 생생히 전달되는 신세계 교향악 〈Svegliatevi Poeti 시인들이여 일어나〉는 더 이상 시를 읽지도 쓰지도 않는 현대문학계의 실태를 그린 것으로, 예전처럼 시인을 만나 슬픔과 불행을 털어놓고 영혼을 맡길 운율이 필요하다고 노래한다.

상큼한 합창이 가미되어 더욱 부드럽고 달콤한 팝을 들려주는 〈Qualcuno Mi ha Ucciso 누군가 나를 죽였어〉는 사고와 질병에 노출된 현대사회에서 더 이상 노래를 부르지 않고 비명을 지르는 천사의 마음을 냉소적으로 그렸다.

점점 어두움이 내려앉는 〈La Medicina 약〉은 어려움에 처한 사랑하는 이를 위한 러브송이다. 당시 병석에 있던 그의 모친과 태어날 때부터 후천성면역결핍증에 걸려 1999년 15세의 나이로 사망한 라틴계 아이 Daniele에게 바 치는 헌사로, 시린 현악의 바람이 피부에 스며든다.

명곡 〈Libera 자유〉에서는 죽음과도 같은 사랑의 고통을 처절하게 포효한다. 진혼곡에 가까운 광활한 시련의 드라마이다.

…자유에 대한 나의 경멸, 당신을 자유롭게 해 줄게, 어차피 넌 다시 와야 해, 넌 저항할 수 없어, 넌 춥고 사랑에 배고프니까. 더 이상 구속은 없을 거라고 맹세해… 나를 온 세상이 비웃을 이 지옥에 남겨두지 마, 난 그녀를 꼭 안았네, 그 사람이 다시는 도망치지 않도록.

〈Fuori Gioco 오프사이드〉에서 이미 청자는 가득히 메운 축구경기장의 열띤 관중이 된다. 이는 경기장 폭 력사고에 대한 노래로, 팬들의 열광만큼 성숙한 관람 태도를 권장하는 캠페인송이라 할 수 있다.

…스타디움은 성장하려는 열망으로 환희에 젖네, 하지만 패배하는 것은 언제나 이성이야, 작별을 고하는 마법의 칼이니까.

〈Anima Grande 위대한 영혼〉은 부친의 사망에 부치는 전상서로, 부재에 대한 그리움과 자식으로서의 용서를 구한다. 구름이 걷히며 드러나는 맑고 푸른 하늘에 평안의 눈물이 대신한다.

또 하나의 걸작 〈Non Cancellate Il Mio Mondo 나의 세상을 지우지 마〉는 사랑과 사랑하는 이들을 지키고픈 간절한 소망이 드러난다. 피아노의 잔물결과 웅장한 현악이 보랏빛으로 물드는 일몰의 광경 속에서 태양의 마지막 빛처럼 찬란한 빛이 쏟아진다.

…세상의 또 다른 시간, 방황하는 나날의 세계 속에 자리를 잡고 싶어 하는, 당신이 아는 한계와 함께, 넌 나 자신을 속속들이 지치게 할 거야, 당신이 변하고 이해할 때까지, 당신은 여전히 그리고 언제나 나의 세상이야, 내가 당신을 찾고 있는 게 보이지 않니? 내가 당신을 찾게 해줘… 나는 내 세상을 되찾고 싶어, 모든 악덕과 함께… 하나 남은 내 세상을 지우지 마.

더 이상 곁에 없는 사랑하는 이들에게 바치는 〈Pura Luce 순수의 빛〉은 가스펠과도 같은 경건한 안식의 세상으로, 부드러운 코러스와 함께 역시 본작을 빛내주는 감동의 명곡 중 하나이다.

세상에서 가장 아름다운 음표로 점점 커지는 노래들은 들리지 않네, 우리를 향해 다가오는, 바람 속에 길을 잃은 친구들, 시간을 넘어 사랑이 승리하리라, 비밀은 바로 옆 영혼에 있네, 인생을 넘어서는 이 밤을 위하여, 떨어지는 눈물을 위하여, 포옹은 우리를 용서할 거야… 영원에 대해 이야기하기 위하여, 유일한 진실에 눈을 떠, 폭풍 속의 마음에서 죽음은 우리에게 도전하지, 난 그 손을 알아볼 거야, 그를 따라가는 데 지지치 않을 거야

후속작 《Cattura 캡처, 2003》는 2000년대 들어 가장 많이 팔린 앨범이었다.

〈Magari 아마도〉가 그 성공을 이끈 싱글로, 멜랑꼴리한 맑은 건반과 오케스트레이션이 서정을 이끈다. 오직 사랑만이 자신을 치유할 수 있으며 자

신이 다시 넘어지지 않도록 온정을 소망한다.

〈Figlio 아들〉은 자신처럼 가장과 아버지가 될 아들에게 전하는 용기와 자애로, 후련하고도 뜨거운 전자기타와 함께 부드러운 심포니를 울린 다. 아마 2003년에 입양한 아들을 위한 곡이었을 것이다.

…넌 혼자 너의 하늘을 찾게 될 거야, 나 없이 비행을 시도할 거야, 난 널 위해 기도할 거야, 네가 추락하면 난 침묵 속에서 고통받을 거야, 나는 네가 가질 수 있는 가장 믿을 만한 친구가 될 거야…

이 앨범을 빛내주는 명곡 〈I Miei Miti 나의 신화〉는 가수로서의 인생을 돌아보는 성찰과 여생을 향한 소망을 술회한다.

…당신에게 없는 빛의 움직임이 빛나네, 배고픔 속에 음악이 있다면, 나를 깨워줘, 사람과 영감으로 날 깨우고, 진실로 나를 놀라게 해줘, 당신의 노래 중 하나가 날 깨울 거야, 생겨나는 희망의 허영으로부터… 강렬한 설렘으로 나를 사로잡아줘, 내 안에 고양된 지평선을 다시 불태워줘, 나의 신화여, 잠들지 마, 나를 깨워줘…

오래전부터 자선과 연대 활동으로 자신의 독립 레이블을 통해 젊은이들에게 일자리를 제공하고, 더 나아가 청소년 문제, 마약중독 등에서 암 연구나 유전 질환 그리고 지진 피해자를 위한 모금 등에 이르기까지 사회 사랑을 실천하고 있는 레나토 제로. 그래서 그의 음악은 더욱 값진 감동을 주는 듯하다. 불과 몇 개의 음반들만 언급되었을 뿐이지만, 그의 음악을 듣는 것은 그의 이러한 사회사업에 동참하는 것이라 할 수 있다.

Riccardo Cocciante ● 리카르도 코치안테

그는 이태리 대중음악을 대표하는 가장 유명한 인물 중 한 사람이다. 그의 진보적인 성향의 아름다운 음악들이 꾸준히 국내에도 소개되어 아트록 마니아와 월드뮤직 애호가들에게 널리 알려져 있으며, 프랑스의 대표적인 창작 뮤지컬로 기록되는 「Notre Dame de Paris 노트르담 드 파리」, 「Le Petit Prince 어린 왕자」, 「Giulietta e Romeo 로미오와 줄리엣」의 작곡가로서 뮤지컬 애호가들에게도 잘 알려져 있다.

리카르도 코치안테는 1946년 당시 프랑스령 인도차이나의 사이공(지금의 베트남 호찌민)에서 출생하여, 이태리인 부친과 프랑스인 모친 사이에서 물질적이고 정신적인 풍요를 누리며 자랐다.

11세 때 베트남전쟁이 발발, 아버지의 나라인 이태리 로마로 건너왔으나, 부친의 사업 실패와 이태리어의 힘든 습득으로 불안정한 청소년기를 거쳤지만, 기타와 피아노를 연주하며 이태리와 프랑스의 예술적 감성을 만들어간다.

물론 나중에는 스페인어로 개사하여 음반을 내기도 했는데, 그가 프랑스에서 리샤르 꼬시앙뜨Richard Cocciante란 이름으로 프랑스어 앨범을 낸 것도 어린 시절 불어에 대한 애착과 무엇보다도 어머니에 대한 감사가 담겨있는 이유에서다.

그는 1960년대 후반 로마에서 자신의 작곡에 영어 가사를 붙인 레퍼토리로 공연을 하며 몇 레이블과 접촉을 시도하다 RCA 레이블에서 1968년 리카르도 콘테Riccardo Conte라는 가명으로 〈So di una Donna | Due come Noi〉라는 싱글을 발표하며 데뷔했다. 1971년에 본명으로 〈Down Memory Lane | Rhythm〉을 냈고, 영화 「Roma Bene, 1971」의 음악 〈Don't Put Me Down〉를 썼다.

이후 그는 음악적 동반자가 될 깐따우또레 마르코 루베르티 Marco Luberti와 작시가 파올로 카쎌라Paolo Cassella를 만나, 프로그래시브 록의 절정기에 이태리 록 역사에 길이 남을 데뷔앨범 《Mu, 1972》를 발표했다. 잃어버린 대륙의 이야기를 개념화한 이 록뮤지컬에는 많은 음악가가 참여했는데, 신시사이저와 멜로트론을 담당한 유명 키보디스트 파올로 루스티첼리Paolo Rustichelli와 독일에서 활동했던 프로그레시브 록그룹 Brainticket의 리더이자 플루티스트 조엘 반트루겐브뢱크Joel Vandroogenbroeck의 이름이 눈에 띈다. 시타르 연주도 가미되어 공간감이 느껴지는 거친 사이키델릭을 들려주었는데, 그중 멜로디가 아름다운 〈Coltivò Tutte le Valli 모든 계곡에 신비로움이〉가 전문 방송에서 많은 사랑을 받았다.

Poesia

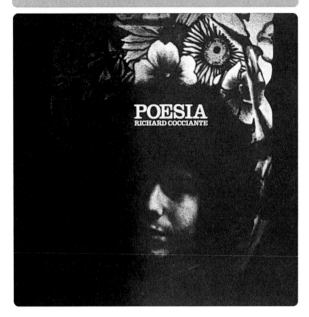

1973 | RCA | ND71912

1. Poesia
2. Lei
3. Bella
4. Canto per Chi
5. Asciuga i Tuoi Pensieri al Sole
6. Noi
7. Soli
8. ···E Parlare d'Amore Sarà Imbarazzante
9. Decisamente Tu
10. Lila

프랑스 이름으로 발표한 두 번째 앨범 《Poesia》는 아름다운 서정시 모음집이다. 전작에서 들려주었던 진보 성향의 록 사운드보다는 현악이 따사로운 발라드로 가득하며, 들끓는 남성적인 그의 허스키 보컬은 나지막한 음유시를 노래하는 포크풍으로 변화했다. 전작에 이어 마르코 루베르티와 파올로 카쎌라가 가사를 썼고, 코치안테가 작곡했다.

타이틀곡 〈Poesia 시〉는 가장 아름다운 소품으로 기록되고 있다. 투명과 서정의 기타, 따사로운 현악, 그리고 열정이 숨어있는 감성적인 노래는 시간을 초월하고 있는 명작임을 증명하고도 남는다. 동년에 패티 프라보 Patty Pravo도 취입했다.

어린 시절로 돌아갈 순 없지만, 그때를 노래하고 놀며 비행을 꿈꾸지. 그 모든 것은 시가 되네. 당신이 손을 잡을 수 없을 만큼 그녀는 멀리 있지만, 더 이상 이유 없이 웃는 어린애가 아니기에, 이 모든 것은 시가 되지. 밤새 깨어 그와 함께 이야기하고 싶지만, 사랑이 끝났다는 걸 어떻게 말해야 할지 모르지만, 그러나 마음속 깊이 시가 되네.

〈Bella 미인〉은 이후 뮤지컬 「노트르담 드 파리」의 기초가 되었던 곡으로, 집시여인 에스메랄다를 향한 프롤로, 콰지모토, 페부스의 열망을 노래했다.

희망의 포크록 〈Canto per Chi 당신을 위한 노래〉는 항상 봄날을 선물하는 연인을 위해 노래하고 싶은 욕망을 담았다. 〈Asciuga i Tuoi Pensieri al Sole 태양 아래 당신 생각뿐〉은 여름날 같은 뜨거운 사랑을 고백했으며, 이어지는 〈Noi 우리〉는 타고난 사랑의 운명임을 확인하고 있다. 달콤한 코러스와 멜로트론이 빚어내는 중후한 현악으로 마치 연작처럼 느껴진다.

〈Soli 홀로〉에는 사랑하는 이와 떨어져 외로움에 불타는 열망을 가사에서처럼 '화산의 붉은 용암이 흘러내리는' 듯 서술한다. 기타와 피아노 그리고 중후한 클래식이 휘젓는 서정의 걸작이다.

〈···E Parlare d'Amore Sarà Imbarazzante 그리고 사랑을 이야기하기 부끄러워〉는 첫사랑 후 더 큰 사랑의 예감을 그린 것으로, 풋풋하고도 낭만적인 푸르름을 남긴다.

이 아름다운 명연으로 그는 보다 대중적인 예술가의 대열로 들어섰다.

Anima

1974 | RCA | 74321 84688

1. Bella Senz' Anima
2. Il Mio Modo di Vivere
3. L'Odore del Pane
4. Qui
5. Quando Finisce un Amore
6. Lucia
7. Puoi Chamarmi Col Mio Nome
8. Se Io Fossi

세 번째 앨범 《Anima 영혼》은 본격적인 상업적 성공을 알린 작품이었다.

일몰 속에서 아슬아슬한 외줄 곡예를 하는 일러스트를 커버에 담았지만, 그는 반대로 탄탄대로를 걷게 되었으며 보랏빛 노을은 영광의 빛이 되었다.

항상 곡을 함께 만드는 트라이앵글 구성은 계속해서 유지되었고, 영화음악가이자 최고의 편곡자인 엔니오 모리꼬네 Ennio Morricone(1928-2020)가 오케스트레이션 편곡을 맡았다.

히트곡 〈Bella Senz'Anima 충심 없는 사랑〉은 식어버린 사랑에 대한 무력감으로 시작하여 점점 고통을 더해가는 거친 보컬로 나타나는데, 포크풍의 안온한 연주와 코러스로 마치 가스펠 록처럼 들린다.

포근한 기타 반주와 바람처럼 다가오는 오케스트레이션이 맑은 서정을 들려주는 〈Il Mio Modo di Vivere 삶을 향한 나의 길〉은 사랑과 이별 그리고 고독을 노래하며 아직도 그 사랑을 그리워하는 자기성찰적인 노래이다. 그룹 스콜라 칸토룸Schola Cantorum이 1976년에 커버하기도 했다.

짧지만 건반과 현의 실내악이 너무나 감미롭게 다가오는 〈L'Odore del Pane 빵 냄새〉는 삶의 순간 마주치는 유혹과 충동에 대해 단편적으로 이야기했는데, 1960년대부터 활동한 가수이자 배우 돈 베키Don Backy는 자신의 앨범 《Io Più Te 내가 당신보다, 1973》에 취입했다.

〈Qui 여기〉는 비트 그룹 Le Stars 출신의 여가수 로셀라 Rossella의 1974년 산레모가요제 참가곡으로, 입상하지는 못했지만 그녀를 주목하게 만들었던 작품이었다.

본작의 백미이자 명곡 〈Quando Finisce un Amore 사랑이 끝날 때〉는 이별에 대한 아픔과 그로 인한 인생에서 도피하고픈 고통을 폭발적인 그의 호소력으로 그려냈는데, 환상적인 스캣과 서정적인 멜로디 라인이 실로 드라마틱하다.

L'Alba

L'ALBA
RICCARDO COCCIANTE

1975 | RCA | 74321 84687

1. Smania
2. L'Alba
3. Il Tagliacarte
4. Era Già Tutto Previsto
5. Vendo
6. E Lei Sopra di Me
7. Canto Popolare
8. La Morte di una Rosa
9. A Mio Padre
10. Comica Finale

찬란한 여명 속에서 철새들이 비상하는 사진으로 커버된 본작 《L'Alba 새벽》 역시 초창기 고전으로 평가받는 앨범으로, 이전보다 밝고 건반이 강조된 작품이었다.

무엇보다도 〈Era Già Tutto Previsto 모든 게 예정되었어〉라는 명곡을 수록하고 있는데, 잔잔한 서정을 타고 흐르는 피아노와 오케스트레이션이 심금을 촉촉하게 물들인다. 반짝이며 공명되는 여음의 건반과 가녀린 여성 스캣을 바탕으로 그의 굵고 거친 허스키 보이스가 운명적인 사랑을 애타게 노래한다. 안드레아 보첼리Andrea Bo-celli가 2013년에 취입하기도 했다.

모든 게 예정되었어, 당신이 은밀히 내게 키스하고 춤추던 순간부터. 아무도 이를 알아채지 못했지만, 친구들과 이야기 했지, 사랑의 순간에서 당신이 말하고 행동했던 것들을. 내가 강하게 당신을 안았을 때, 당신은 낮은 목소리로 이야기 했지 "난 사랑할 수 없어, 사랑하지 않아"… 모든 게 예정되었어, 내가 아는 요점은 오늘 당신이 내게 이렇게 이야기 했다는 거야, 우리는 행복하지 않을 거라고, 난 괜찮아, 당신에겐 남자가 필요해, 당신은 확신하게 될 거야, 혼자 이를 감내하지 마, 게다가 당신은 사랑을 원해, 사랑을… 모든 게 예정되었어, 당신이 선택한 한 남자, 그리고 당신의 그 미소, 예정된 대로 당신에게 다가갈 동안, 난 혼자 집에 남아 있었지, 나는 침대에 날 던지고 당신의 베개를 꼭 안았어, 난 기대할 수도 없었고, 당장 죽어갈 듯했지.

우울함과 슬픔을 떨쳐버리고픈 감정을 노래한 건반의 시 〈Vendo 판매〉는 점진적이고도 반복적인 선율로 담백하면서고 간결한 이미지를 준다.

따스한 피아노 찬가 〈A Mio Padre 나의 아버지〉에는 자식에게 환대받지 못하는 노부에 대한 연민과 함께 여생에 대한 응원도 비친다.

이별 노래인 〈Canto Popolare 파퓰러 송〉은 오르넬라 바노니Ornella Vanoni의 《La Voglia di Sognare, 1974》에서 먼저 리코딩되기도 했다. 다시 사랑하기 위해 눈과 마음을 달라고 요청하지만, 그러면 자신을 잊게 될 테니 무관심을 주겠다고 노래한다.

Concerto per Margherita

1976 | RCA | 74321 62512

1. Nonostante Tutto (I parte)
2. Margherita
3. Sul Bordo del Fiume
4. Inverno
5. Primavera
6. Violenza
7. Ancora
8. Quando Si Vuole Bene
9. Quando Me Ne Andrò da Qui
10. Nonostante Tutto (II parte)

《Concerto per Margherita 마르게리타를 위한 콘서트》는 그리스 출신의 전자음악가 반겔리스Vangelis(1943-2022)가 참여한 명작이다.
전자 교향악의 서주 〈Nonostante Tutto 어떠한 이유에도 불구하고〉에는 진한 애수가 흐른다.

시든 장미에 아름다움이 있을까? 말라죽은 장미에서 아름다움이란 무엇일까? 남루한 인생에서 과연 아름다움이란? 절망의 삶에서 아름다움이 있을까? 어떠한 이유에도 불구하고 그것은 내 인생이야, 내가 살아갈 것이기 때문이지…

가슴 뭉클한 눈물의 명작 〈Margherita 마르게리타〉는 그의 주옥같은 서정시에서 최후의 목적지로 여겨지는 작품이다.

…이미 잠들 시간이지만 나는 쉴 수가 없네, 더 이상 잊지 못해 그렇게 깨어 있을 거야. 이 긴 밤이 칠흑보다 어둡지 않도록, 크고 달콤한 달이여! 하늘을 가득 채우렴. 그리고 그 미소로 다시 돌아와, 여태 그렇게 발산하지 못했던 만큼 찬란하게 비추렴. 더 많은 사랑이 필요한 이유로 우리는 더 세게 포옹하지. 봄이 우리에게 주는 모든 꽃을 모아서, 요람을 만들고, 저녁이면 우리가 사랑할 수 있게 해줘… 마르게리타는 꿈이며, 양식이며, 바람이야, 악의라곤 없는… 마르게리타는 전부요 나의 광기야… 마르게리타는 내 것이야…

〈Primavera 봄〉에 접어들면, 서두의 신비스러운 전자음향의 마법은 이내 따스한 서정으로 스며든다.

땅을 일구듯 너에게 쟁기질을 하겠네, 지난 전쟁의 상처를 지우고, 독초들을 불사르고, 널 생명력 있는 물로 만들 거야. 그리고 내가 심은 초목들에 햇살이 잘 비추도록 기도할 거야. 그리곤 네 미소 주위로 온실을 짓고, 네 삶에 낙원을 만들고 싶어, 나는 너의 땅을 일구는 농부가 될 거야, 널 아무 데도 데려가지 못하도록 바람과 싸우고, 너의 푸른 초지에 내 씨앗을 뿌릴 거야, 그리고 우리는 함께 봄이 오길 기다릴 거야. 봄이 오길…

English Chamber Choir가 참여한 〈Violenza 폭력〉에서 신성함의 극치를 만끽했다면, 로망스에 대한 기대와 향수로 더욱 애틋한 〈Quando Si Vuole Bene 사랑이 필요할 때〉의 열정도 결코 잊을 수 없다.

Riccardo Cocciante

Riccardo Cocciante

1978 | RCA | ND74172

1. Notturno
2. Stupida Commedia
3. Colsi una Rosa
4. Storie
5. A Mano a Mano
6. Stornello d'Amore
7. Non Andartene Via
8. La Lunga Strada
9. Tornerò

본작은 전작의 명성에 가려졌지만, 아름다운 시정과 낭만이 응축된 1970년대 대표작이라 할만하다.

프로그레시브 록그룹 Perigeo 출신의 재즈 베이시스트 지오바니 토마소Giovanni Tommaso가 현악 편곡을 맡았고, 파트너인 마르코 루베르티Marco Luberti가 가사를 썼다.

명곡인 애절한 러브송 〈Notturno 야상곡〉은 호젓한 밤의 서정을 타고 사무치는 그리움이 소리 없이 잦아든다. 담담한 피아노와 폭풍처럼 나부끼는 현악이 열망에 사로잡힌 탄식을 감싼다.

…넌 내게 그 어떤 사랑의 확신을 줄 필요는 없어, 이 사랑의 신념은 죽었지만, 이별의 아픔에도 홀로 사랑을 키워왔으니까. 넌 그 어떤 고통도 내게 주지 않으려 애쓸 필요는 없어, 단지 그림자만으로도 내 마음은 금이 갈 수 있기 때문이야, 당신은 도망가면 갈수록 더욱 가까이 있고, 다가갈 때면 떠나려 해, 날 봐 내가 원하듯이, 내가 애타게 부르듯, 내가 사랑하듯, 당신을 애모하듯…

전자기타의 나른함에 실리는 〈Stupida Commedia 바보 같은 희극〉은 연인의 결점에도 사랑할 수밖에 없는 운명을 그렸다.

짧지만 애틋한 걸작 〈Colsi una Rosa 장미를 꺾었네〉는 장미의 가시처럼 자신을 다치게 할 수 있음을 알지만, 그대를 사랑할 수밖에 없음을 잔잔한 기타와 리코더로 위안한다.

〈Storie 이야기〉에서는 사랑과 연인에 대해 음악가나 시인처럼 계속해서 노래하고 말하고픈 열망이 서사적인 록으로 끓는다.

서정미가 다시 최고조에 이르는 〈A Mano a Mano 차츰〉에서는 가난했지만 사랑의 희망으로 넘쳤던 예전처럼, 잃어버린 미소와 얼지 않는 겨울의 정원을 되찾기 바라는 간절함이 흐른다.

〈Non Andartene Via 멀리 가지 마〉는 잠시라도 떨어져 있으면 죽음과도 같은 아픔을 느끼는 이유로 자신에게서 멀리 벗어나지 말라고 요청한다.

기다림으로 눈물이 마른 회색의 서정시 〈La Lunga Strada 머나먼 길〉에서도 실내악의 포근함이 살아있고, 옛사랑의 시절로 돌아가고픈 야상곡 〈Tornerò 회귀〉에서는 직선적인 현악에 드럼이 과히 폭발적이다.

···E Io Canto

...e io canto
RICCARDO COCCIANTE

1979 | RCA | ND74978

1. Le Mani in Tasca
2. Io Canto
3. Qui Nel Mio Cuore
4. Fiaba
5. Carnevale
6. Il Treno
7. Canzone Ad un Amico
8. Piove
9. Il Cappello

긍정적이며 확신에 가득 차 있다. 그의 대표곡 중 하나로, 이태리 팝의 젊은 여제 라우라 파우지니Laura Pau -sini는 리메이크 앨범 《Io Canto, 2006》에서 첫 타이틀로 취입하기도 했다.

봄볕의 아지랑이로 가득한 〈Qui Nel Mio Cuore 내 마음〉 은 불현듯 사랑에 빠지게 된 한 청년의 혼란스러운 마음을 노래했는데, 시야에 빛이 가득 들어오는 화사한 현악 속에서 솜사탕과도 같은 코러스가 상큼한 향 기를 피워낸다.

고혹적인 피아노 터치와 중후한 현악이 황금비로 맞서는 엘레지 〈Fiaba 우화〉는 이루어질 수 없는 운명의 사랑 이야기로 별자리에 관한 전설이다.

다소 우울하지만 독특함을 남기는 로큰롤 파티 〈Carnevale 축제〉는 전자음향이 물씬 배어있으며, 이별에 관 한 추억의 발라드 〈Il Treno 기차〉에서는 그의 슬픔에서 기적이 울린다.

〈Fiaba〉와 함께 가장 아름다운 소품 중 하나인 〈Canzone Ad un Amico 친구를 향한 노래〉는 어린 시절의 친구 소 식을 신문으로 접하며 추억에 잠기는 노래로, 맑 고 투명한 피아노와 오케스트레이션 그리고 포근 한 코러스의 따스한 숨결이 매우 살갑다.

폭발하는 가창과 규칙적이고 반복적인 비트 그리고 록적인 열기가 후끈 전해지는 〈Piove 비〉는 탈출구 없는 현실에서 비롯된 자신의 고통스러운 눈물이기도 하지만, 반 면 자신을 재생시키는 당신으로부터 내리는 비라 는 의미도 담았다.

참고로 본작의 불어 앨범 《···Je Chante》가 프랑스에서 먼 저 공개되었다.

《···E Io canto 그리고 나는 노래해》는 자신이 직접 편곡을 했으며 피아노를 연주했지만, 전체적으로 전자기타가 가장 앞장서 있기도 하다.

〈Io Canto 나는 노래해〉는 음악가로서 자신에게 영감을 주 는 자연과 어린이, 사랑과 인생, 계절과 기도, 그리고 사소 한 커피의 향내 등의 소재에 대한 경배이다. 내용처럼 밝고

Au Clair de Tes Silences

RICHARD COCCIANTE

AU CLAIR DE TES SILENCES

1980 | Sony | VER 475784

1. Au Clair de Tes Silences
2. Une Petite Chanson Caline
3. Ma Vie de Papier
4. Magali
5. Dans le Braouillard d'une Cigarette
6. Avec Simplicité
7. Télégramme-Moi
8. Un Autre Coeur sous Ta Veste
9. De Temps Qui Passe en Temps Qui Passe
10. Le Coup de Soleil

그는 어머니의 나라이자 자신의 정체성의 반을 차지하고 있는 프랑스를 위해 가끔씩 특별한 배려를 아끼지 않는데, 본작 《Au Clair de Tes Silences 당신의 침묵에 비추어》는 프랑스에서만 발매한 작품이다. 싱어송라이터이며 프로듀서 장-폴 드레우Jean-Paul Dréau가 대부분의 가사를 썼다. 동명 타이틀곡과 〈Magali〉, 〈Le Coup de Soleil 태양의 일격〉이 프랑스에서 인기 정상에 올라 유명한 작품이 되었다.

처음 우리를 맞이하는 타이틀곡 〈Au Clair de Tes Silences 당신의 침묵에 비추어〉는 곡의 분위기상으로는 매우 행복하고 낭만적인 곡일 것이라고 예상된다. 하지만 이별 후 여전히 가슴속에서 떠나지 않는 사랑과 다시는 돌아오지 않을 사랑에 대한 탄식이다.

마치 봄바람에 벚꽃이 향기와 함께 온 세상을 뒤덮는 듯한 환상이 펼쳐지는 〈Une Petite Chanson Caline 귀여운 칼린의 노래〉는 감미로운 남성 코러스와 투명한 기타 연주 그리고 아련함을 남기는 오케스트레이션이 낭만 속으로 빠뜨린다.

또다시 세상에 혼자 버려진 듯한 침통한 고독감으로 절규하는 〈Ma Vie de Papier 종이 위 내 인생〉도 숨은 명곡이다.

미래를 꿈꾸며 오늘도 고된 삶에서 잠이 드는 이웃 소녀에 대한 연민을 〈Magali 마갈리〉에서 읽게 된다.

세르주 라마Serge Lama와 함께 작사한 〈Avec Simplicité 단순하게〉는 세르주 갱스부르Serge Gainsbourg와 주로 일했던 작곡가이자 베이시스트 조르주 오지에 드 무사Georges Augier de Moussac가 작곡했다. 서정적인 현악과 코러스가 1970년대 향수로 이끄는데, 우정을 말하는 그대에게서 사랑을 느낀 뒤 사막에서 오아시스를 발견한 듯 매일 밤 꿈꾼다는 이 고백의 세레나데는 트레몰로 기법으로 우리의 마음마저 떨리게 한다.

〈Le Coup de Soleil 태양의 일격〉은 한여름의 강한 열사병처럼 상사병에 걸려버린 한 남성의 고통을 그린 것으로, 전자기타와 그의 보컬은 활활 타오르고 건반과 풍요로운 현악은 화사함으로 눈부시다.

Cervo a Primavera

1980 | RCA | PD74933

1. Cervo a Primavera
2. Footing
3. Tu Sei il Mio Amico Carissimo
4. Piero
5. Ci Vuol Coraggio
6. Il Soufflé con le Banane
7. Non è Stato per Caso
8. Gomma
9. Carolina Amatissima
10. Suonare Suonare

《Cervo a Primavera 봄의 사슴》은 그의 음악 여정에서 하나의 전환점이었다. 유명 작시가 모골Mogol과 조우했으며, 지오바니 토마소와 함께 이태리 팝그룹 Rokes의 리더 셸 샤피로Shel Shapiro에게도 편곡을 의뢰했다.

신선한 사운드의 변화가 바로 감지되는 타이틀곡은 다시 태어난다면 봄의 교향곡 속에서 두려움도 없고 좌절하지 않는 한 마리 사슴이 되고 싶다고 노래하였는데, 이는 자유와 행복감에 대한 소망이었다.

〈Footing 뜀박질〉은 무엇을 찾고 있는 듯 뛰어다니는 밤비처럼 봄이 오는 아름다운 아침에 산책하며 느끼는 감정을 부드럽게 들려준다.

경쟁과 위험과 질투 등을 함께 했던 우정의 노래 〈Tu Sei il Mio Amico Carissimo 너는 내가 사랑하는 친구〉가 은은한 블루스의 향연을 펼친다.

타이틀곡과 함께 본작을 빛내주는 〈Piero 광대〉는 연인과 헤어진 지금, 어린 시절 함께 했던 친구 광대의 위로가 필요하다는 외로움을 전자 바이올린의 불꽃으로 틔운다.

뮤지컬의 한 장면을 보는 듯한 〈Il Soufflé con le Banane 바나나 수플레〉는 씁쓸한 과거를 잊고 미래와 사랑을 꿈꾸는 한 남자의 성장 이야기로, 미혼모인 모친이 정부와 함께 사랑을 나눈 후 어린 아들에게 요리해 주었던 간식을 소재로 했다.

숙명적인 사랑의 인연을 그린 〈Non è Stato per Caso 우연이 아니야〉는 애상적인 전자바이올린과 우렁찬 드러밍이 점차 거세어진다.

나른하고도 몽상적인 〈Gomma 껌〉은 여성 코러스의 달콤함에 하모니카가 가세하다 컨트리풍의 록으로 변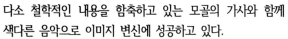신한다. 첫맛은 달콤하지만 점차 풍미가 떨어지고 삼킬 수 없는 껌을 주제로 했다.

다소 철학적인 내용을 함축하고 있는 모골의 가사와 함께 색다른 음악으로 이미지 변신에 성공하고 있다.

Cocciante

1982 | BMG | 74321 34231

1. Celeste Nostalgia
2. Uniti No, Divisi No
3. Un Nuovo Amico
4. Un Buco Nel Cuore
5. È Passata una Nuvola
6. Amore Amicizia
7. Parole Sante, Zia Lucia
8. In Bicicletta

11번째 스튜디오 앨범으로 전작과 마찬가지로 작시가 모골 Mogol과 함께했다. 편곡은 영국 출신의 유명 작곡자인 Paul Buckmaster가 맡았는데, 그는 영국 로열아카데미에서 바이올린을 전공한 재원으로, 영국 아트록 그룹 The Third Ear Band의 멤버로 활동하다가 David Bowie, Elton John, Miles Davis 등 유명인들과 작업했다. 이 외에도 Rolling Stones, Leonard Cohen, Celine Dion 등의 앨범 편곡을 맡기도 했으며, 이태리 가수로는 코치안테에 이어 안젤로 브란두아르디Angelo Branduardi와 테레사 데 시오Teresa De Sio가 있다.

코치안테는 1970년대의 심각하고 침울한 감정에서 1980년대에 점차 미소를 머금기 시작했는데, 본작에서는 행복에 가득 차 있고 편곡에서도 국제적인 감각을 발견하게 된다.

보트를 타고 달콤한 휴가를 즐기고 있는 커버스토리의 주제 〈Celeste Nostalgia 푸른 향수〉는 잠시 사랑과 일에서 벗어나 혼자의 시간을 보내며 다시금 거리를 두고 인생을 바라보는 아련한 상념들을 향한 애정이다. 투명한 창공처럼 간결한 기타와 하모니카가 컨트리풍의 애수를 여리게 드리운다.

구름이 흐르듯 더없이 잔잔한 포크풍의 〈Un Nuovo Amico 새로운 친구〉는 자신의 소중한 사랑과 진정한 우정에 대한 찬가로, 긍정적이고 순응적인 마음을 엿볼 수 있다.

당신이 없다면 그것은 너무 짠 소금과 다를 게 없다며 함께 해달라는 애틋한 연가 〈Un Buco Nel Cuore 마음의 상처〉는 오케스트레이션 속에서 절규한다.

사랑에 빠진 흥분과 들뜬 행복의 박동이 그대로 전해지는 〈È Passata una Nuvola 그리고 구름을 지나가네〉는 공간감과 강세의 변화가 참신하다.

사랑과 우정 사이에서 고민하는 연인에게 맹세하는 〈Amore Amicizia 사랑 우정〉은 신비로운 전자음향으로 유혹한다.

연민과 눈물의 재즈 블루스 〈Parole Sante, Zia Lucia 루시아 아주머니를 위한 경배시〉에는 젊은 시절을 헌신하고 중년에 접어들어 자신의 삶을 찾기 원하는 한 여성의 이야기를 담았다.

사랑과 미래를 위한 행진곡 〈In Bicicletta 자전거에서〉는 산책길에서 느끼는 삶의 여유와 행복을 그렸다.

Vieille

RICHARD COCCIANTE

1982 | Sony | VER 475785

1. Vieille
2. Il Faut Que J'Oublie Qu'Elle M'Oublie
3. Clowns
4. Nous on Se Quiterra Jamais
5. Rue des Soleils
6. Petite Julie
7. Une Chanson
8. Un Fil Tendu sur la Vie
9. Quand Tu T'en Vas
10. Au Bout du Monde

한편 왕성한 창작력을 발휘했던 코치안테는 이태리 앨범과는 별도로 프랑스 팬들만을 위한 귀중한 선물을 준비한다. 그리하여 《Cocciante, 1982》를 발표한 동년에 프랑스에서 또 하나의 신보 《Vieille 나이》를 냈다.
《Au Clair de Tes Silences 당신의 침묵에 비추어, 1980》

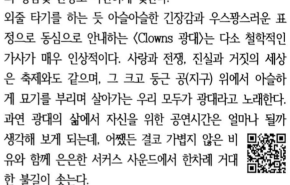

에서 불어 가사를 썼던 파트너 장-폴 드레우Jean-Paul Dréau와 함께 완성한 것으로, 발표 당시 타이틀곡을 비롯하여 〈Petite Julie 어린 줄리〉와 〈Clowns 광대〉가 히트했고 프랑스인들의 가슴에 아름다운 그의 고전으로 기억되고 있다.

드레우가 작곡까지 맡은 〈Vieille 나이〉는 연약한 18세 때의 젊고 아름다운 시절을 그리워하는 한 노부인의 감정으로, 그녀를 향한 연민을 표현하고 있다. 멜랑꼴리한 오케스트레이션이 아쉬움을 길게 남기며, 색소폰의 황금빛 잔상도 아련하게 빛난다.

외줄 타기를 하는 듯 아슬아슬한 긴장감과 우스꽝스러운 표정으로 동심으로 안내하는 〈Clowns 광대〉는 다소 철학적인 가사가 매우 인상적이다. 사랑과 전쟁, 진실과 거짓의 세상은 축제와도 같으며, 그 크고 둥근 공(지구) 위에서 아슬하게 묘기를 부리며 살아가는 우리 모두가 광대라고 노래한다. 과연 광대의 삶에서 자신을 위한 공연시간은 얼마나 될까 생각해 보게 되는데, 어쨌든 결코 가볍지 않은 비유와 함께 은은한 서커스 사운드에서 한차례 거대한 불길이 솟는다.

따사로운 향기에 둘러싸이는 〈Rue des Soleils 태양의 거리〉와, 순수하고 때 묻지 않은 동심의 찬가 〈Petite Julie 어린 줄리〉는 보다 전원적인 포크송으로 기억될 것이다.

끝으로 위치한 걸작품 〈Au Bout du Monde 세상의 끝에서〉는 무한한 희망과 꿈을 실어다 주는 협주곡이다. 비상하는 플루트와 대지에 차분히 내려앉는 첼로의 선율 그리고 대기 속으로 전해지는 온기의 오케스트레이션은 우리의 감성을 치유하는 묘책을 발휘한다.
개인적으로 리샤르보다는 리카르도가 더 좋지만, 그의 주옥 같은 불어 앨범도 주목할 수밖에 없다.

Sincerità

1982 | Sony | VER 475785

1. Sincerità
2. Stesso Treno
3. Sulla Tua Pelle
4. Via
5. Sally
6. Sulla Terra Io e Lei
7. Di Notte
8. Parole della Vita
9. Cercasi Paradiso
10. Bel Tempo alla Radio

《Sincerità 진심》은 보다 국제적인 아티스트로서의 코치안테를 말해주는 것이었다.

프랑스 작가 에티엔 호다 질Etienne Roda Gil(1941-2004)이 작사를 맡았는데, 줄리앙 클레르Julien Clerc의 〈Ce N'est Rien〉와 바네사 파라디Vanessa Paradis의 〈Marilin & John〉 등 많은 샹송의 명작들을 탄생시킨 명인으로, 그의 감상적인 연애시로 본작을 꾸몄다.

도시적 우울함에 보다 파퓰러한 감각을 느낄 수 있는 〈Sincerità 진심〉은 밤하늘의 별과 같은 연인에게 바치는 '진심'이란 이름의 마음이다.

베이스의 규칙적인 리듬감으로 시작하는 〈Stesso Treno 같은 열차〉는 속도감과 열정이 넘치는 록으로, 사랑하는 이와 같은 역에서 같은 열차를 탑승하고 같은 자리에서 같은 환상으로 욕망하며 같은 삶을 살고픈 간절한 바람을 기적소리처럼 강렬하게 분출한다.

본작에서 가장 아름다운 명곡이라 할만한 〈Sulla Tua Pelle 당신의 피부〉는 그 은은하고도 섬세한 현의 여린 울림에 벌써부터 목이 멘다.

별들로부터 신비한 문신이 있는, 네 피부를 건너 얼굴로 여행하네. 네 몸의 거리에서 나는 나의 길을 찾고, 너의 해변에서 나는 '당신을 사랑합니다'라고 쓰지. 향기 나는 아름다운 네 피부. 네 육체 위를 여행하며 피부를 탐험할 때, 너의 고독한 눈망울에 별이 뜨네. 하루 동안 너에게서 길을 잃고 정처 없이 홀로 하루를 보내더라도 널 사랑해…

피아노와 현악이 함께하는 또 하나의 감동 무대 〈Sally 샐리〉는 믿음과 꿈이었던 지난 사랑을 돌이켜보며 흐르는 뜨거운 눈물이다.

시간을 초월한 거대한 사랑의 경작을 염원하는 〈Sulla Terra Io e Lei 당신과 나의 땅 아래〉는 심포니 속에 떨리는 격동과 두려움이 숨어있다.

즐거움으로 심장을 뛰게 하는 사랑의 언어 표현에 대해 노래한 〈Parole della Vita 생명의 단어〉와, 음악과 사랑의 현실을 갈구하는 〈Cercasi Paradiso 낙원을 원해〉에 이어, 〈Bel Tempo alla Radio 라디오의 아름다운 템포〉는 다소 서늘하고도 신선한 몽환적 연주가 촉감으로 다가온다.

불어 앨범 《Sincerite》도 프랑스에서 크게 환영받았다.

Il Mare dei Papaveri

1985 | Columbia | COL 483983

1. Il Mare dei Papaveri
2. Tempo Nuovo
3. Due
4. Sabato Rilassatamente
5. Questione di Feeling (& Mina)
6. Al Centro del Silenzio
7. Marilyn
8. Concerto Nello Spazio
9. La Canzone dell'Infinito
10. Star

《Il Mare dei Papaveri 양귀비의 바다》에서는 또다시 작시가 모골Mogol과 조우했고, 《Cocciante, 1982》에서 호흡을 맞추었던 Paul Buckmaster와 함께 편곡했으며, 영국을 오가며 녹음했다. 결국 '클래식의 바다'라 할 만큼 현악의 중후한 분위기가 고조되어 있다.

타이틀곡은 숨을 멎을 만큼 아찔한 사랑과 영혼의 순간을 찬란한 황금빛 오케스트레이션으로 포착해 낸다.

현대적이고 세련된 감성 발라드 〈Tempo Nuovo 새로운 시간〉은 바람의 율동을 느낄 수 있는 입체적인 흐름이 매혹적이다.

고혹적인 기타 협주곡 〈Due 둘〉은 함께 살 수밖에 없는 운명의 인생사를 '2'라는 숫자를 통해 대조가 아닌 조화의 의미로 풀어낸 걸작이다.

빅 히트를 기록한 〈Questione di Feeling 감정에 관한 질문〉은 직접 가사를 쓴 여가수 미나Mina와 함께 듀엣으로 불렀다. 보다 진지하게 영혼을 담아 감정을 노래할 것을 권유하는 이 노래는 불어 버전 《L'Homme Qui Vole 비행사, 1986》에서는 캐나다 여가수 파비엔느 티보Fabienne Thibeault와 함께 입을 맞추었다.

〈Al Centro del Silenzio 침묵의 중심에서〉에서는 푸른 안개로 뒤덮여 고립된 듯한 초현실적 음의 무대가 그려진다. 사랑과 자유의 둘레에서 어둡고 검은 바다 한가운데 놓인 듯한 절대고독을 그렸는데, 흑갈색의 음의 장막과 별안간 진동하는 드럼이 황홀하다.

〈Marilyn 마릴린〉은 젊은이들의 우상이자 할리우드의 전설로 남은 여배우 Marilyn Monroe(1926-1962)를 기리고 있다.

〈Concerto Nello Spazio 스페이스 콘체르토〉는 말끔한 심포니와 피아노가 있는 순백의 구름 속으로 퍼진다. 불어 버전 앨범에서는 누락되었으며, 뤽 플라몽동Luc Plamondon이 작사한 신곡 〈Si Tu Me Re-venais 당신이 돌아온다면〉이 수록되었다.

사랑의 찬가 〈La Canzone dell'Infinito 끝나지 않는 노래〉에는 내밀하고 진솔한 감정을 담았으며, 별밤에 전해지는 향수 〈Star〉에는 영롱한 빛과 스치는 바람과 호젓한 정감을 새겨 넣었다.

La Grande Avventura

1987 | Columbia | COL 483986

1. Il Mio Nome è Riccardo
2. Un Desiderio di Vita Indicibile
3. La Canzone di Francesco
4. Cuori di Gesù
5. Canzone Indiana
6. Indocina
7. Il Vero Amore
8. Scene di Primavera con Mia Madre
9. Il Funambolo
10. La Grande Avventura

여성의 몸을 가장 아름답게 표현하는 것으로 유명한 삽화가 밀로 마나라Milo Manara가 그린 아르누보풍의 커버 일러스트로 발표된 《La Grande Avventura 멋진 모험》에서는 모골Mogol을 주축으로 루치오 달라Lucio Dalla(1943-2012)와 엔리코 루게리Enrico Ruggeri가 가사를 썼다.

〈Il Mio Nome è Riccardo 내 이름은 리카르도〉는 사랑을 직감한 그가 마음속으로 자신을 소개하고 고백하며 대화하는 내용으로, 구름 위를 걷는 듯한 꿈결 같은 소리풍경을 대동한다.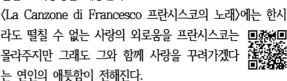

〈La Canzone di Francesco 프란시스코의 노래〉에는 한시라도 떨칠 수 없는 사랑의 외로움을 프란시스코는 몰라주지만 그래도 그와 함께 사랑을 꾸려가겠다는 연인의 애틋함이 전해진다.

노 젓는 소리가 문학적인 은유를 보여주는 〈Canzone Indiana 인도 노래〉는 서정적인 전통악기의 멜로디로 인생의 의미를 찾는다.

〈Indocina 인도차이나〉에는 빠르고 파격적인 록 사운드로 그의 어린 시절 베트남전쟁이 발발하고 죽어간 친구를 회고한다.

색소폰의 랩소디가 덧붙여지는 도회지적인 재즈 블루스 〈Il Vero Amore 진정한 사랑〉에 이어, 새소리로 낙원의 풍경을 그려주는 〈Scene di Primavera con Mia Madre 내 어머니와 함께한 봄〉은 순수한 소년기와 사랑과 열정의 청년기 그리고 이제 어머니를 여읜 장년기에서 인생을 돌이켜본다.

새소리와 피아노가 자연스럽게 이어지는 〈Il Funambolo 줄타기 곡예사〉는 푸르른 꿈과 비행의 동심에서 성장하여 이젠 균형적인 삶을 살아가야 하는 현실의 우울함을 그리고 있다.

〈La Grande Aavventura 멋진 모험〉은 미지의 인생의 바다를 향해 돛을 올리는 두려움 섞인 박동이 점차 증폭하는 파노라마이다.

자국과 프랑스에서 골드디스크를 획득하는 등 성공을 거두고 이듬해 두 번째 라이브앨범 《Vivo!》를 발매했지만, 돌연 매스컴과 팬들의 관심을 끊고서 아내와 함께 미국으로 떠났다.

Cocciante

1991 | Virgin | CDRC 91

1. Energia
2. Vivi la Tua Vita
3. Se Stiamo Insieme
4. Jimi Suona
5. Per Tornare Amici
6. Prima Gita Scolastica Nel Mondo del Jazz, del Blues e del Rock
7. Sì, Maria
8. Non Si Perde Nessuno
9. Il Senso Profondo Degli Uomini
10. E Mi Arriva il Mare (& Paola Turci)

3년 만에 이태리로 돌아와 1991년 산레모가요제에서 우승한 〈Se Stiamo Insieme 만약 우리가 함께라면〉은 개인적으로 가장 아픈 시절을 대변하는 회한의 노래로, 1990년대 대표곡으로 꼽힌다.

우리의 삶에 얼마나 많은 이야기들과 계획들이 존재하고 있는가. 홀로 이루어 나간 위대한 친구들의 이야기를 꿈꾸어 보네, 이 세상에 퍼져있는, 얼마나 수없이 많은 불행한 일들과 마음에 빛을 비추는 열렬한 삶의 이야기를 들었던가. 침묵의 팔로 너를 안고 오늘 밤 생각하네, 저 거대한 산과 같은 삶을 비추는 태양을 느끼며 머나먼 여행길에서 돌아와 너로 인해 상처받을 일상의 생활을 다시 시작하네. 슬픔을 벗고 삶의 의지를 찾아야 하네, 이건 꿈이 아니야. 우리가 함께 있는 데에는 그럴만한 이유가 있을 거야. 오늘 밤 그 이유를 밝혀내고 싶네, 내가 부족한 것, 내가 필요한 것.[17] 이 곡의 성공으로 본작은 《Se Stiamo Insieme》로 불리기도 한다. 모골Mogol의 작사에 작·편곡을 혼자 도맡았다. 마치 모든 눈물을 쏟아낸 것처럼 편곡에는 기교적 화려함이 없어 보다 순수한 이미지로 느껴진다.

스산하고 강력한 록의 바람이 휘몰아치는 〈Energia 에너지〉는 사랑하는 연인에게 이별을 통고받은 후의 괴로운 마음을 담았다. 죽은 듯한 바다 위 보트에서 바람을 기다 리며 갇혀있는 자신에게 이 슬픔과 위기를 견뎌낼 힘이 필요하다고 노래한다.

다소 이완된 록발라드 〈Vivi la Tua Vita 당신의 인생을 살아요〉에는 이별한 이에게 환상과 걱정 없이 용기를 가지고 잘 살아갈 것을 당부한다.

색소폰의 침울한 랩소디 〈Per Ttornare Amici 친구로 돌아가기 위해〉는 영영 이별하는 것보다 차라리 친구로서 남고 싶은 간절한 심정을 힘없는 목소리에 녹여낸다.

종교적인 고해성사 〈Sì, Maria 예, 마리아〉는 사랑에 대한 자신감을 바라는 기도조의 노래로, 숨 막힐 듯 피어오르는 안개 더미의 오케스트레이션에 기타와 색소폰 그리고 전자기타의 연주가 매우 아름답다. 개인적으로 본작에서 최고로 꼽고픈 작품이다.

---

17) 박홍진 「이야기 샹송 칸초네 여행」 1995, 삼호, 368p

아직도 당신은 자신의 일부임을 부정할 수 없으며 당신을 사랑한 인생 또한 잃고 싶지 않다고 고백한 〈Non Si Perde Nessuno 아무것도 잃고 싶지 않아〉는 오히려 담담하고 푸르게 그려진다.

1980년대 후반에 데뷔한 여가수 파올라 투르치Paola Turci 와 함께 노래한 〈E Mi Arriva il Mare 그리고 난 바다로 왔어〉는 그리움에 사무쳐 연인의 숨결을 찾아 헤매는 고독과 고통의 환상곡이다.

〈Jimi Suona 지미 반지〉는 록의 전설이자 천재 기타리스트 Jimi Hendrix(1942-1970)에게 바치는 작품이다.

이 재기작은 성공을 거두었고, 동년에 세 번째 라이브앨범 《Ancora Insieme 다시 함께》가 발표되었다.

Eventi e Mutamenti

1993 | Columbia | COL 483989

1. La Testa Piena
2. Amarsi come Prima
3. Ammassati e Distanti
4. Questo Nostro Grande Amore
5. Gli Alberi della Citta'
6. Scrivilo Sulla Sabbia
7. Eleonora e la Sua Bicicletta
8. Lucy, Quanti Diamanti Nel Ciel
9. Resta con Me
10. La Nostra Lingua Italiana

전작이 슬픔과 상실감에 빠져있는 눈물의 시라면, 《Eventi e Mutamenti 결과와 변화》는 지난날의 자신을 성찰하는 회고록 같은 작품이었다.

본 앨범에서는 초창기 걸작 행렬에 동참했던 마르코 루베르티Marco Luberti, 프로그래시브 록그룹 피에로 뤼네르Pierrot

Lunaire 출신의 가이오 치오치오Gaio Chiocchio, 솔로 앨범과 유명 가수들의 노랫말을 쓴 마시모 비자리Massimo Bizza-rri 등이 작사가로 참여하여 보다 다양한 측면에서 자신과 사랑을 조망했다.

첫 곡 〈La Testa Piena 머릿속 가득〉에서 그의 보컬에는 모든 것을 포기한 듯한 절망감과 가느다란 소망이 혼재하고 있으며, 그를 채우고 있는 불안과 두려움은 증오와 사랑으로 천국과 지옥을 오가는 현실에서 비롯된 것임을 슬피 노래한다.

〈Amarsi come Prima 처음 같은 사랑〉은 캐나다의 싱어송라이터 다니엘 라부아Daniel Lavoie의 1983년 히트곡 〈Ils S'Aiment 그들의 사랑〉을 커버한 것이다. 예기치 못한 사랑의 종결과 변화에 주저하고 힘들 때 어린아이처럼 사랑하고 첫사랑의 시간으로 되돌아가라는 메시지를 담았다.

더더욱 격정을 향해 내달리는 〈Ammassati e Distanti 얽은 것과 멀어진 것〉에서는 이상과 현실의 괴리에서 희극의 삶을 살아가는 우리를 위대한 배우라 노래하며 인생을 풍자한다.

아름다운 서정시 〈Questo Nostro Grande Amore 우리의 위대한 사랑〉은 극단적인 감정과 예상할 수 없는 반전을 보이는 사랑이지만, 영원을 꿈꾸며 순결로 헌신하는 우리네의 연애 모습을 그렸다.

속삭이는 듯 코러스가 더해져 매력을 더하는 〈Gli Alberi della Citta' 도시의 나무〉는 회색 도시에 사랑으로 하늘을 떠받치고 있는 수목들의 시이다.

블루스 록과 켈틱 음악을 융합한 〈Scrivilo Sulla Sabbia 모래 위에 쓰기〉에서는 정박한 군함과 낚시, 부두의 댄스파티, 태양과 비키니 등 낭만적인 단편들 속에서 사랑을 회상한다.

〈Resta con Me 내 곁에 있어줘〉에서는 천년을 기다려온 사랑하는 이에게 시간이 종말을 고하는 순간까지 함께해 달라는 열망을 전한다.

자국어에 대한 예찬을 담은 히트곡 〈La Nostra Lingua Italiana 우리의 이태리어〉는 평화와 문화와 사랑의 언어로서, 그 자긍을 성스러운 느낌이 감도는 천상에 흩날리도록 풀어둔다.

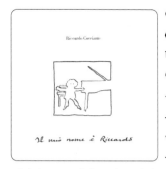

이듬해 발표한 베스트앨범 《Il Mio Nome è Riccardo 내 이름은 리카르도, 1994》에는 3곡의 신곡과 1986년 싱글로 발표된 〈L'Onda〉가 수록되었다.

〈Per Lei 그녀에게〉는 우리는 결코 떨어질 수 없으며 시간과 모든 것이 그녀를 떠나도 그녀를 지켜주겠다는 맹세를, 푸르게 흐르는 간명한 기타의 선율 위에 붉은빛으로 아로새긴다.

〈Il Tempo 시간〉에는 누군가를 모욕하고 저주하며 침묵하고 우울해하며 고통을 느낄, 그럴 시간이 우리의 짧은 인생에서는 주어지지 않았다고 충고하며 사랑을 호소한다.

모골Mogol 작사의 〈L'Onda 물결〉은 희미한 백일몽을 꾸는 듯한 인상이다. 여름날의 파도처럼 갑자기 와서 자신을 흔드는 사랑으로, 항상 그녀가 파도로 남을 끝없는 사랑을 바라지만, 계절과 함께 그녀도 떠나리라는 것을 깨닫는다.

영화감독 프랑코 제피넬리Franco Zeffirelli와 마시모 비자리가 작사한 〈Il Ricordo di un Istante 순간의 기억〉은 풍성한 클래시컬 오케스트레이션에 비애의 연가가 독백처럼 흐른다. 지독한 사랑 후의 당신이 돌아선 이별의 짧은 순간까지도 영원히 지워지지 않을 것이라 노래하는 그의 보컬이 무척 애달프다.

Un Uomo Felice

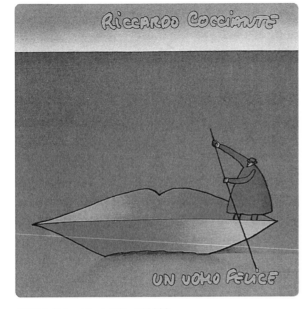

RICCARDO COCCIANTE

UN UOMO FELICE

1994 | Columbia | COL 483992

1. Un Uomo Felice
2. Amore (& Mina)
3. E Pensare Che Pensavo Mi Pensassi Almeno un Po (& Mietta)
4. Due (& Cecilia Gasdia)
5. Io Vivo per Te (& Scarlet)
6. Nel Locale di Jazz (& Baraonna)
7. Sulla Tua Pelle (& Mietta)
8. I'd Fly (per Lei) (& Belenis)
9. L'Amore Esiste Ancora (& Tosca)
10. Sopra un Preludio di Bach

벨기에 출신의 초현실주의 화가 장-미셸 플롱Jean-Michel Folon(1934~2005)의 강렬한 색상대비가 인상적인 일러스트로 발표된 《Un Uomo Felice 행복한 사람》은 여가수들과 함께 듀엣으로 노래한 특별판이다.

타이틀곡 〈Un Uomo Felice 행복한 사람〉은 프랑스의 음유 시인 윌리엄 셸러William Sheller의 《Sheller en Solitaire, 1991》에 수록된 빅 히트곡 〈Un Homme Heureux〉이 원곡으로, 그는 이 곡으로 1992년 Victoire de Musique에서 '올해의 노래' 트로피를 차지했다. 오리지널 편성을 충실히 따라 코치안테도 피아노를 연주하며 따사로운 현악의 막을 포근하게 드리운다.

거리에서 볼 수 있는 서로 사랑하는 사람들은 왜 항상 같은 표정에 같은 욕망인가? 서로 사랑하는 사람들은 문제가 있어도 항상 이렇게 평온할까? 그들은 서로를 사랑하는 사람들… 서로 사랑하는 사람들은 항상 반항적일까? 하지만 그들의 세계가 있고 우리를 강요하지 않지, 그들은 행복하게 사는 법을 알고 있네, 서로 사랑하는 사람들은 항상 조금 잔인할까? 우리가 괴로울 만큼 서로를 칭찬하지만, 그러나 그건 진실이네. 난 그들을 알지 못하지만, 나도 같이 가고 싶어, 하지만 그것이 가치가 없다고 생각하면, 우리는 서로에게 말해야 해, 시간이 걸리더라도, 어떤 대가를 치르더라도, 나는 행복한 사람이 되고 싶네.

미나Mina와 다시 호흡을 맞춘 히트곡 〈Amore 연모〉는 사랑의 빠진 남녀가 서로에게 보내는 망설임과 갈망의 대화로, 굵고 낮은 그와 미나의 가늘고 높은 음성은 서서히 발화하며 화염을 내뿜는다.

1989년 산레모가요제 신인 부문 우승으로 화려하게 데뷔한 1969년생 여가수 미에타Mietta와 노래한 〈E Pensare Che Pensavo Mi Pensassi Almeno un Po 그리고 내가 생각했던 것보다 조금 더 생각해〉는 랩Rap과 힙합 비트로 반복적인 트랜스에 빠뜨린다.

《Il Mare dei Papaveri 양귀비의 바다, 1985》에 수록된 명곡 〈Due 둘〉은 소프라노 체칠리아 가스디아Cecilia Gasdia와의 고혹적이고도 환상적인 호흡에 손끝이 시리다.

1990년대에 활동하며 3매의 앨범을 발표한 영국 출신의 여성 2인조 그룹 Scarlet이 참여한 〈Io Vivo per Te 난 당신

때문에 살아요〉는 피아노가 기본이 되는 가스펠과 소울풍의 노래로, 첫 만남에서부터 사랑의 열정에 휩싸이게 된 한 남성이 근사하게 고백을 할 줄 몰라 망설이는 내용이다.

《Sincerità 충심, 1983》에 수록된 〈Sulla Tua Pelle 당신의 피부〉에는 다시 한번 미에타가 참여하여 잔잔하고도 영롱한 건반 위에서 아름다운 가창력의 비행을 마친다.

전작 《Il Mio Nome è Riccardo》에 수록된 〈Per Lei 그녀에게〉의 영어 버전인 〈I'd Fly〉는 여배우이자 싱어송라이터 프란체스카 벨레니스Francesca Belenis의 독무대가 펼쳐진다.

〈L'Amore Esiste Ancora 사랑은 여전히〉에서는 뤽 플라몽동Luc Plamondon이 만들고 셀린느 디옹Celine Dion이 1991년에 발표하여 히트한 〈L'Amour Existe En -core〉를 이태리 여배우이자 가수인 토스카Tosca 와 듀엣으로 들려준다.

클래식 멜로디 〈Sopra un Preludio di Bach 바흐의 전주곡〉은 다시 수미상응의 구성으로 돌아가 솔로로 노래하였는데, 그 평화와 안식이 고스란히 깃든다.

결과적으로 본작의 타이틀 '행복한 사람'은 청자들이다.

Innamorato

RICCARDO COCCIANTE
INNAMORATO

1997 | RCA | 74321 62512

1. L'Attimo Presente
2. Che Storia!
3. Ti Amo Ancora di Più
4. Harry Loves Mary
5. Questi Momenti
6. Male
7. Ti Scorderò, Ti Scorderò
8. Grande è la Città
9. Pelle sulla Pelle
10. Vacanze Insieme sul Mar Nero
11. Ho Dimenticato
12. Innamorato

지천명에 접어든 시점에 사랑에 대한 최고의 찬사가 뒤따르는 명작 《L'Instant Present 현재의 순간, 1995》이 프랑스에서 발표된다. 이는 캐나다의 유명 작가 뤽 플라몽동Luc Plamondon과 함께 만든 앨범이다.

그는 중견가수 실비 바르탕Sylvie Vartan과 신인 가루Garou 등의 앨범 작업에 참여해야 했기에 이 앨범의 이태리어 버전 제작을 미루어야 했다. 그리하여 1997년에서야 이태리어 버전이 출반되었는데, 모골Mogol과 마시모 비자리Massimo Bizzarri가 작사한 2곡을 더하여 《Innamorato 열애》로 공개했다. 늦긴 했지만 이태리에서도 격찬이 뒤따랐다.

오랫동안 기다렸던 사랑에 대한 욕망에 휩싸이는 〈L'Attimo Presente 현재의 순간〉은 전자기타의 불길이 점점 타오르는 록발라드이다.

…우리가 잊은 걸까? 사랑이 우리 안에 있다는 것을. 아니 더 강렬하게 살아 움직여, 현재의 순간에, 더욱 강렬하게 말이야…

애수의 연가 〈Ti Amo Ancora di Più 난 아직도 당신을 사랑해〉는 자신을 기다릴 연인을 그리워하며 타지에서 정처 없이 방황하는 겨울 서정이다.

로미오와 줄리엣처럼 영화와도 같은 사랑의 인연과 운명을 노래한 〈Harry Loves Mary〉에는 드라마를 연주하는 현악에 그의 허스키 보이스가 더욱 가슴 시리다.

잠들지 못하는 일요일 밤 홀로 다정했던 순간들을 떠올리며 추억에 사로잡히는 〈Questi Momen -ti 이 순간〉은 호젓한 포크풍의 팝에 실린다.

〈Male 아픔〉은 사랑에 대한 병적인 집착과 죽음과도 같은 고통을 노래한 것으로, 그의 목소리는 활화산처럼 붉은 마그마가 되어 분출한다. 가장 무겁고 가장 거칠며 매우 극적인 레퍼토리이다.

멜랑꼴리 에세이 〈Grande è la Città 가장 큰 도시〉는 도시 곳곳에 선명히 배어있는 사랑의 추억을 노래하고 있다.

중독된 사랑의 목마름을 섬세하게 그리고 육감적으로 표현한 라운지풍의 노래 〈Pelle sulla Pelle 피부에 피부〉에는 부드러운 곡선을 따라 흘러내 리는 유려한 건반 워크에 밀어를 속삭인다.

이별의 아픈 상처를 되돌아보며 흘리는 검은 눈물 〈Vacanze Insieme sul Mar Nero 흑해에서의 바캉스〉, 그리고 〈Ho Dimenticato 잊어버렸어〉에서는 당신과의 이별로 삶과 꿈의 방법을 잊어버렸다고 술회하면서 오히려 담백하고도 포근한 음악이 위로를 더한다.

사랑의 종말을 위한 협주곡 〈Innamorato 열애〉에서 차라리 시간이 멈추었으면 하는 사랑의 영원을 갈구한다.

1997년 크리스마스에 플라시도 도밍고Placido Domingo의 오스트리아 콘서트에 초대되었으며, 이듬해 2CD 라이브앨범 《Istantanea Tour 98 스냅사진》이 발매되었다.

한편 뤽 플라몽동과 함께 쓴 불어 앨범 《L'Instant Present 현재의 순간》은 그의 꿈을 실현하는 것에 훌륭한 디딤돌이 되었다. 이것이 인연이 되어 프랑스 창작 뮤지컬의 새 장을 연 작품으로 평가받는 문호 빅토르 위고Victor Hugo 원작 뮤지컬 「Notre Dame de Paris 노트르담 드 파리」를 무대에 올림으로써 또 다른 전환기를 가지게 된다.

1998년 사운드트랙의 발매 이래 총 천만 장이 넘는 판매고를 거두며, OST 앨범 부문 17주간 정상에 올랐다. 〈Belle〉가 싱글 차트 44주간 1위에 이어 1999년 2월 Victoire de Musique에서 '최고의 노래'를 수상했으며, World Music Award에서 불어권 최다 판매 앨범상도 수상했다. 2002년에는 이태리 베로나 라이브앨범 《Notre Dame de Paris Live Arena di Verona》로 이태리 차트도 석권했다.

10월에는 생텍쥐페리Saint-Exupéry 원작으로 프랑스 싱어송라이터 엘리자베스 아나이스Elisabeth Anaïs와 함께 두 번째 뮤지컬 「Le Petit Prince 어린 왕자, 2002」를 프랑스 무대에 올렸다.

Songs

COCCIANTE
SONGS

2005 | naïve | NV806471

1. Songs
2. Loin dans Mon Vertige
3. Sulle Labbra e nel Pensiero
4. Libertad, ¿Quien Eres Tu'?
5. Echoes
6. Tu Italia
7. Si Grand
8. Ella
9. Beatles Generation
10. Ni Dieu Ni Ange
11. Cuando Tu'
12. A Questa Vita
13. Tellement
14. Quiero Mas
15. La Musica Senza Perche'
16. The Singer

뮤지컬 작곡자로서 명성을 확고히 한 그는 이순耳順의 나이

에 새로운 솔로 앨범을 발표하였는데, 《Songs》이란 영어 타이틀의 표지에는 두 개의 R로 도안된 문양 속에 자신의 사진을 넣었다. 이는 자신의 정체성을 상징하고 있는 것으로, 프랑스 이름 Richard와 이태리 이름 Riccardo의 하이브리드를 의미하는 것이었다.

그의 앨범들은 그동안 이태리와 프랑스 외에도 영국과 미국에 그리고 스페인어로 남미 등지에 꾸준히 소개되었는데, 영어 제목에서 예상되는 것처럼, 8명의 작사가 및 뮤지션들이 쓴 영어, 불어, 이태리어 그리고 스페인어 무려 4개국의 언어 가사를 한데 엮어냈다.

8매의 솔로 앨범과, Chicago와 Vanessa Williams 등의 노래를 쓴 미국 출신의 싱어송라이터 Tonio K, 프랑스 출신의 소설가이자 저널리스트이며 가수, 감독, 극작가 등으로 활약하며 엘자Elsa의 노래 가사를 쓰기도 했던 장-룹 다바디Jean-Loup Dabadie, 저명한 싱어송라이터 장-자크 골드만Jean-Jacque Goldman, 여류 작시가이자 가수 엘리자베스 아나이스Élisabeth Anaïs, 뮤지컬 「Les Misérables 레미제라블, 1980」을 썼던 알랭 부빌Alain Boublil, 뮤지컬 「노트르담 드 파리」의 이태리어 가사를 담당했던 작사가 파스칼레 파넬라Pasquale Panella, 역시 유명 싱어송라이터 엔리코 루게리Enrico Ruggeri, 아르헨티나 출신의 싱어송라이터 호르헤 보스Jorge Voss가 그들이다.

각각 다른 4개의 언어로 불리긴 하지만, 장대한 뮤지컬을 두 편이나 창작한 연륜으로 이 앨범은 마치 잘 짜인 한편의 록뮤지컬처럼 유기적이고 일관성을 유지한다. 또한 그의 음악은 원래 스케일이 큰 편이었으나 보다 더 역동적이고 강렬한 음의 덩어리를 증폭시켰고 공간의 범위를 지워냈다.

무겁고 침통한 베이스로 문을 여는 타이틀곡 〈Songs〉은 사랑과 상실 그리고 삶의 노래에 대한 시적 예찬과 영감을 4개의 언어로 작성하였는데, 그는 노래를 부르지만 가끔 침묵이 필요하다고 울부짖는다. 육중한 하드록의 고동과 기타의 붉은 열정이 그대로 전해진다.

〈Loin dans Mon Vertige 내 현기증에서 멀리〉는 간단한 멜로디와 샤우팅 그리고 랩을 연상시키는 동일 음의 가사가 서로 섞여 마치 꿈속을 걷거나 혹은 침례하고 있는 듯한 몽환적인 분위기에 휩싸인다. 주된 내용은 사랑이라는 모험의 슬픔과 눈물에서 벗어나고픈 몸부림이라 할 수 있다.

침묵이 아닌 교감으로 존재를 표현하라는 〈Sulle Labbra e nel Pensiero 입술로 그리고 생각으로〉, 진실한 자유를 찾아 헤매는 현대인의 슬픈 환상을 그린 〈Libertad, ¿Quien Eres Tu'? 자유는 무엇인가?〉, 동심과 순수를 되찾기 위한 후련한 록발라드 〈Echoes〉가 시간 속으로 거슬러 간다.

자국에 대한 자긍을 불어넣은 〈Tu Italia 이탈리아〉는 지중해의 따사롭고도 넘실거리는 낭만 풍광이다.

장-자크 골드만이 노랫말을 쓴 〈Si Grand 멋져〉는 작은 영혼으로 태어나 위대한 사랑을 하는 긍정적 인생찬가로, 역시 중독적인 록의 열기가 화끈하게 전해온다.

그녀를 사랑할 수밖에 없는 이유를 나열한 하드락 비트 〈Ella 그녀〉에 이어, 아무런 보상을 기대하지 않고 사랑을 주라는 복음 〈Ni Dieu Ni Ange 하나님도 아니고 천사도 아니죠〉가 본작을 빛내준다.

끝없는 사랑을 다짐하고 감사하는 〈Cuando Tú 당신이 내 곁에 있어〉, 인생의 소중한 가치를 일깨우는 〈A Questa Vita 인생에서〉, 블루스 기타가 노래하는 미친 사랑에 대한 고백 〈Tellement 더 많이〉, 따스한 영혼을 가졌기 때문에 노랠 할 수밖에 없다는 〈La Musica Senza Perchè 이유 없는 음악〉, 그리고 온화한 평화와 안식을 선사하는 〈The Singer〉까지 음악과 함께 걸어온 그의 60평생의 이야기가 그려진다.

본작 이후에 그에게 또다시 세 번째 뮤지컬 프로젝트가 주어졌다. 셰익스피어Shakespeare의 고전을 원작으로 파스칼레 파콜라가 노랫말을 쓴 「Giulietta e Romeo 로미오와 줄리엣, 2007」이며, 공간적 배경이었던 베로나에서 6월 1일 첫 공연되었다. 10대의 젊은 배우들이 열창하는 보다 클래시컬한 음악으로 팬들의 갈채를 얻어냈으며, 로마와 밀라노 등 투어는 계속되었다.

가장 실력 있고 존경받는 뮤지션으로서 국제적인 성공을 거둔 이 셀러브리티는 이태리에서 미국, 프랑스를 거쳐 영국의 더블린으로 거주를 옮겼다. 또한 2013년 경연 프로그램 The Voice of Italy에 코치로 참여하기도 했다.

가끔씩 대가들의 많은 음반 중에서 추천을 의뢰받는 경우가 있다. 하지만 리카르도 코치안테의 경우에는 먼저 보이는 것부터 구입하는 것이 최상의 방책이라고 버릇처럼 이야기하게 된다.

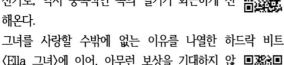

부드러운 감성주의자
Riccardo Fogli ● 리카르도 폴리

compil album 《Io Ti Porto Via》

리카르도 폴리는 우리에게 잘 알려져 있는 이태리의 대표적인 서정파 그룹 뿌 Pooh 출신의 베이시스트와 보컬리스트로서, 솔로로 성공한 싱어송라이터이다.

1947년생인 그는 어렸을 때부터 음악에 푹 빠져 성장했는데, 1960년대에 The Beatles의 열렬한 팬이 되어 가수가 되기를 결심했다고 한다.

17세 때 Slenders라는 록그룹에서 베이시스트로 활동했고, 2년 뒤 뿌의 멤버가 되어 《Alessandra, 1972》까지 5매의 앨범에 참여하고는 그 이듬해 그룹을 탈퇴한다. 당시 그는 이혼이 해결되지 않은 패티 프라보Patty Pravo와 폭풍 같은 연애를 했다.

뿌가 명작 《Parsifal, 1973》을 발표하며 그 명성을 확고히 했음에도 그는 데뷔작 《Ciao Amore come Stai 안녕 내 사랑 요즘 어때?, 1973》로 고전한다.

그의 존재가 대중에게 알려지고 성공을 거둔 것은 1976년에 발표된 두 번째 셀프 타이틀 앨범으로, 이에는 공전의 히트를 기록한 〈Mondo 세계〉가 수록되어 있다.

이 두 번째 앨범과 〈Stella 별〉이 수록된 세 번째 앨범 《Il Sole, l'Aria, la Luce, il Cielo 태양, 공기, 빛, 하늘, 1977》은 이태리 아트록의 마지막 꽃을 화려하게 피웠던 서정파 명작으로 손꼽힌다. 가까운 일본에서는 이 두 매의 걸작들이 두어 차례나 재발매되기도 했는데, 월드뮤직 애호가들뿐만 아니라 아트록 마니아들도 부드럽고 눈부신 오케스트레이션을 또렷하게 기억하고 있을 것이다.

이후 그는 유명 프로듀서 마우리치오 파브리지오Maurizio Fabrizio를 만나면서 보다 상업적인 음악을 발표한다. 두 살 아래의 미모의 여가수이자 아내였던 비올라 발렌티노Viola Valentino와 이혼한 후, 사랑에 관한 노래들 〈Ti Amo Però 그래도 사랑합니다〉, 〈Malinconia 멜랑꼴리〉 등으로 인기를 얻는다.

가장 큰 성공을 안겨주었던 1982년, 그는 산레모가요제에서 〈Storie di Tutti i Giorni 일상 이야기〉를 불러 우승을 차지한다. (우리에게도 잘 알려진 알 바노와 로미나 파워Al Bano e Romina Power 듀오의 명곡 〈Felicità 행복〉이 2위였으며, 이혼한 비올라 발렌티노도 결선에서 〈Romantici〉를 불렀다) 특히 이 노래가 실린 《Collezione 선집》은 백만 장 이상 판매되었으며, 서유럽은 물론이고 일본과 러시아에도 소개된다.

그는 여세를 몰아 1983년 유로비전 송 콘테스트에 참가하여 〈Per Lucia 루치아를 위하여〉로 11위를 기록하기도 했다.

이후 그의 산레모 출전은 1985년 〈Sulla Buona Strada〉로 4위, 1989년 〈Non Finisce Così〉로 4위의 성적을 거두었으며, 후반에는 뿌와 함께 싱글 〈Giorni Cantati 함께 노래한 나날들〉을 발표하며 우정을 이어갔다.

Le Infinite Vie del Cuore

1987 | CGD | 242 322-2

1. La Felicità Possibile
2. Come Passa Il Tempo Stasera
3. Io E Alice
4. Dolce Tristezza
5. Che Notte È
6. Giorni Cantati   (& I Pooh)
7. Silenzio Cantatore
8. Tu Che Sei L'Amica
9. Quarant'Anni
10. Le Infinite Vie Del Cuore

1980년대 특유의 음악적 향수는 뿌얀 안개 같은 신시사이저 오케스트레이션과 맑은 키보드 등 전자악기만의 독특한 가벼움으로 특징지어진다. 당시에는 현대적인 것이었지만 지금은 복고적인 한 이미지로 남았는데, 1970년대와는 다른 싱그러움을 느끼고 싶을 때 폴리의 음악은 정말 제격이다.

그의 《Compagnia, 1982》에 수록된 〈Un Angelo 천사〉는 첫사랑의 추억 속으로 돌아갈 만큼 너무나 맑은 서정을 들려주었다. 이는 1970년대 중후반에 자신의 앨범을 내기도 했던 마우리치오 파브리지오Maurizio Fabrizio가 작곡한 것으로, 1980년대 초반을 대표하는 명곡이 아닐까.

아름답고 슬픈 넌 울고 있네, 넌 다시는 돌아오지 않겠지, 머나먼 도시 속으로. 너의 호기심은 멈췄으니까. 위선과 전쟁이 없는 곳, 일의 기쁨과 완전한 영원의 시간이 존재하는 곳, 너의 친구들과 원하는 대로 살 곳과는 너무 멀리 떨어져 있으니까… 이미 우리 안에 있는 지옥, 무(無), 신, 또 무엇, 우리는 바보야, 결코 운명을 이해하지 못하지, 우리의 사랑과 고민, 넌 아무런 문제가 없어, 넌 날아서 네가 원하는 곳 어디든 가렴, 아름다운 천사여, 떠나가, 다시는 돌아오지 마.

후반에 발표한 10번째 스튜디오 앨범 《Le Infinite Vie Del Cuore 마음의 무한한 길》 역시 그의 부드러운 음성과 1980년대 고유의 음향적 향수로 가득한 앨범이다.

〈La Felicità Possibile 가능한 행복〉은 사랑의 약속 혹은 프러포즈 같은 내용으로, 미세한 안개비가 내리는 환상이 있다.

…난 가능한 행복을 찾을 거야, 그것에 대한 책을 쓸 거야, 넌 그걸 읽고 감동할 거야, 너도 나처럼 사랑한다면, 그것이 얼마나 신비스러운지 느끼게 될 거야, 네가 살아가는 매일의 삶에서. 난 가능한 행복을 찾을 거야, 너의 고통이 비켜가고, 이 세상에 절대 존재하지 않는 것과, 네가 찾고 원하는 것을 이해할 때를 위해, 이 세상은 결코 너와 같지는 않

으니까…

⟨Io E Alice 나와 앨리스⟩는 따스한 온기의 포근
함이 바람이 되어 주위를 감싼다. 동화 속 앨리스
를 그리워하는 연가처럼.

…자작나무 숲에서 널 얼마나 사랑했는지, 내 마음을 너에
게 맡기고, 내 인생은 더 남쪽에 있지, 난 널 배신하지 않
아, 자유를 향해 다리 너머로 날아가, 혼자 멀리 떨어져 있
지만, 때가 올 거야, 앨리스는 존재하지 않는 가장 아름다운
이야기. 누구나 자기 안에 가지고 있는 생각의 비행, 난 너
와 함께 할 거야… 하늘 한가운데 있는 다리, 둘만의 하늘
아래, 내가 널 안을 때, 강물도 멈추고 고요할 거야.

⟨Che Notte È 좋은 밤⟩에는 사랑하는 연인을 만나러 야간
에 이태리행 비행기를 타고 가는 열렬한 심장의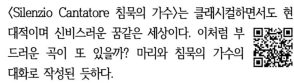
두근거림을 묘사한 곡으로, 별빛 가득한 찬란함이
아름다운 야상곡이다.

⟨Silenzio Cantatore 침묵의 가수⟩는 클래시컬하면서도 현
대적이며 신비스러운 꿈같은 세상이다. 이처럼 부
드러운 곡이 또 있을까? 마리와 침묵의 가수의
대화로 작성된 듯하다.

…말해주세요, 오늘 밤은 날 위한 거라고, 당신의 아름다운
눈은 나에게 '그렇다'라고 말해요… 난 당신에게 사랑의 말
을 하지 않지만, 그러나 이 하늘이 당신은 내 것이라고 말
해요, 난 당신에게 사랑의 말을 하지 않지만, 그러나 이 침
묵이 당신은 내 것이라고 말해요.

⟨Tu Che Sei L'Amica 친구인 너⟩도 사랑의 고
백으로, 애틋하면서도 희망찬 심포니는 창공으로
날아오른다.

…친구인 너, 내 나머지 절반, 너와 너의 연인으로, 네 안에
사네, 넌 나의 운명이고 내가 가진 전부야, 지금도 그리고
언제나 내가 노래할 사람은 너야, 넌 나의 세계야, 내가 어
디에 있든 내가 돌아올 곳은 언제나 너야…

타이틀곡 ⟨Le Infinite Vie del Cuore 마음의 무
한한 길⟩ 역시 사랑의 찬가로, 황홀한 신비가 꿈
틀거리는 에덴동산이다.

내가 네 안에 있을 때, 향수의 문을 열어줄게, 당신이 하늘
을 깨뜨리고 "모든 걸 버리고 떠나고 싶어"라고 말할 때, 나
는 우리의 순간을 매혹시킬 거야, 하늘이 도와주길 기도할
거야, 네가 틀렸다는 것을 진심으로 알고 있으니까. 천천히,
천천히, 부드럽게, 우리는 우리 안의 불을 끄고 내려갈 거
야, 우리는 다시 함께 산을 오를 거야, 그리고 저 위, 저 위
의 언덕들로, 그리고 그것은 우리 마음속에서 터질 거야,
다시 미래를 향한 너와 나의 모든 사랑으로…

Amore di Guerra

Riccardo Fogli
Amore di guerra

1988 | CGD | 244 199-2

1. Una Donna Così
2. Amore di Guerra
3. I Tuoi Mille Anni
4. Se Ti Perdessi Ancora
5. Amore di Guerra
6. Amori Nascosti
7. E Gia' Parlare Di Noi
8. Oggi Ci Sto'
9. Comunque Ci Saro'

11번째 정규작인 《Amore Di Guerra 사랑 전쟁》에도 달콤하면서도 물기 어린 진한 분홍빛 연가들을 노래했다.
가장 인상적인 〈I Tuoi Mille Anni 당신의 천년〉 은 너무나 아름다운 천상의 코러스와 함께 숭고한 전자음향으로 사랑의 가스펠을 들려준다.
…당신의 천년을 이해할 거야, 난 당신의 동굴에서 쉴 거야, 모닥불 옆에서 당신의 말을 경청할 거야, 당신의 경로를 듣고 싶어… 그런데 난 어디로 가는 걸까? 난 더 알고 싶어, 당신의 천년을 찾고 싶어, 당신의 길에서 당신은 날 다시 찾게 될 거야, 당신의 돌 속에 있다면, 나 자신을 다치게 할 거야, 당신의 약초로 당신은 나를 치유할 거야… 당신의 강과 나의 강이 만나는 곳에서…
청자를 연약한 감상주의자로 만드는 〈Se Ti Perdessi Anco-ra 내가 또 길을 잃는다면〉는 그 애절함에 신시 사이저 오케스트레이션이 서늘하다 못해 차갑게 느껴진다.
…잊지 못할 첫사랑과 함께 태어난 우리, 언제나 함께하기 위해 천 가지 난관을 이겨내야 하는 우리, 맨해튼의 고층빌딩의 불빛이 꺼졌다고 상상해 봐, 내가 깊은 고독 속에서 어떻게 일어날 수 있을까? 당신 없이 내가 무엇을 할 수 있을까? 지금 길을 잃었다면 나는 어떻게 균형을 찾을까? 또 길을 잃는다면…
〈Amori Nascosti 숨겨진 사랑〉은 규칙적인 리듬의 패턴 속에서 미묘한 선율의 변화로 사랑의 고통을 점진적으로 토로한다.
오늘 밤 끝이 날 거야, 아침이 올 거고 넌 가겠지, 네 안에 살아야 할 이유가 지금 점점 커지고 있어, 바닥에 던져진 비단 같은 넌 너무나 아름다워, 내게 항상 사랑한다고 말해줘… 네가 어떤 생각을 하는지 모르겠지만, 난 너의 몸짓을 다 외우고 있어… 이 숨겨진 사랑의 끝은 어디로 향할까? 어떤 길로, 어떤 고통으로, 더 이상 막을 수 없겠지, 이 이야기는 끝나겠지, 이성은 돌아올 것이고 추억만 우리에게 계속 남겠지, 네가 여기 내 옆에 있어야 한다는 것, 파도처럼 솟아올라, 침묵 속에 닿고, 깊은 어둠 속에서 너의 입을 찾게 될 거야, 다시 말해줘, 나를 사랑한다고, 나 없이 살 수 없다고…
이듬해 히트곡들과 산레모가요제 참가곡인 〈Non Finisce Così 이대로 끝나지 않아〉가 수록된 컬렉션을 발표했다.

Sentirsi Uniti

RICCARDO FOGLI

È TROPPO IMPORTANTE UN GESTO, LA PRESENZA E LA FORZA DI *Sentirsi Uniti*

1990 │ CBS │ 466570

1. Ma Quale Amore
2. 22 Dicembre
3. È Tempo per Noi
4. Fai Quello Che Vuoi
5. Un Modo per Amare (& Tosca)
6. Cambierò la Mia Esisyenza
7. Non è Facile
8. Oscuro Amore
9. Passeggiando da Solo una Mattina di Marzo

긴 제목의 《그건 너무나 중요한 몸짓이고, 하나 된 느낌을 주는 존재감과 힘이야》는 빛바랜 커버만큼이나 낭만에 젖어 있는 작품이다.

뿌 Pooh의 〈Uomini Soli 외로운 사람〉이 정상을 차지했던 그해 산레모가요제에서 폴리의 기성 부문 참가곡인 〈Ma Quale Amore 그런데 사랑은〉에서 그는 연인의 사랑이 점

점 식어가는 걸 본 후, 아직 헤어질 준비가 되지 않았기에 그 이별의 시간이 늦어지길 바라는 심경 을 그렸다.

〈22 Dicembre 12월 22일〉은 밀라노 중앙역에서 본 한 커플의 해후를 소재로 하였는데, 데자뷔를 본 듯 그 애정을 잊지 말라고 조언한다.

〈È Tempo per Noi 우리를 위한 시간〉은 태양의 빛처럼 밝은 사랑을 꿈꾸며 언제 어디서고 항상 그대를 원한다는 감정을 담았다. 보다 광활한 자연의 풍광에서 장대한 사랑 의 행진이 펼쳐진다.

〈Fai Quello Che Vuoi 당신이 원하는 대로〉는 이별 후에도 사랑하는 그대를 위해 계속해서 자신 은 멀리 있겠다는 마지막 러브레터이다.

토스카Tosca란 예명의 1967년생 여가수 티지아나 도나티 Tiziana Donati와 듀엣으로 노래한 〈Un Modo per Amare 사랑의 방법〉은 서로의 영혼을 느끼고 더 깊이 사랑할 방법을 갈구한다.

〈Cambierò la Mia Esisyenza 난 내 인생을 바꾸고 싶어〉 에서는 연인을 만나기 위해 많은 시간을 흘려보낸 만큼 연인과 함께 음악이 흐르는 새로운 인생을 살고 싶다는 꿈을 고백했다.

고해성사처럼 느껴지는 클래시컬 팝 록 〈Non è Facile 쉽지 않겠지만〉은 난임이란 난관에도 끝까 지 사랑하며 절대 이별하지 않겠다고 맹세한다.

기타와 플루트로 보다 전원적인 향기를 채우고 있는 〈Oscu -ro Amore 어두운 사랑〉은 자신을 죽음으로 몰 고 가는 연인의 어두운 사랑에서 이제는 벗어나고 싶은 소망을 이야기한다.

고전주의에 물드는 〈Passeggiando da Solo una Mattina di Marzo 3월의 어느 날 아침, 혼자 걷다가〉는 겨울 동안 차디찬 외로움을 느끼다가 자신에게 들 어온 한 여인에게 사랑의 봄날을 예감한다.

A Metà del Viaggio

1991 | Columbia | GA 160306

1. Tanta Voglia di Lei
2. A Metà del Viaggio
3. Noi Due Nel Mondo e Nell'Anima
4. Piccola Katy
5. Pensiero
6. Dimmi Chi Sei
7. Io Ti Prego di Ascoltare..
8. Storie di Tutti i Giorni
9. Che Ne Sai
10. Mondo
11. Malinconia

《A Metà del Viaggio 여행의 중반에서》는 자신과 자신이 몸담았던 그룹 뿌 Pooh의 초기 히트곡들을 새로이 연주하여 실었고 신곡도 수록된 정규앨범이다.

〈Tanta Voglia di Lei 그녀를 향한 욕망〉은 뿌의 《Opera Prima, 1971》 수록곡이다. 서정의 현악으로 감성을 파고들

었던 그 명연을 보다 현대적인 연주로 듣게 된다. 연인을 침대에 두고 떠나는 한 남자의 무거운 발걸음을 애틋한 심정을 그렸다.

타이틀 신곡 〈A Metà del Viaggio 여행의 중반에서〉는 다소 평범한 컨트리풍의 팝으로, 인생의 중간지점에서 돌이켜보는 진실에 대한 철학적 기록이다.

〈Noi Due Nel Mondo e Nell'Anima 이상과 현실 속의 우리 둘〉은 뿌의 《Alessandra, 1972》에 수록된 명곡으로, 눈부신 고색의 현악과 보컬 하모니가 너무나 아름다웠다. 이상과는 다른 현실 속의 사랑이지만 진실은 우리 둘에게 있다는 믿음의 노래로, 애절한 원곡보다는 쓸쓸함이 담긴 담백함으로 다가온다.

온통 사랑하는 연인에 대한 생각으로 사로잡힌 한 젊은 청년의 하소연을 그린 〈Pensiero 생각〉은 《Opera Prima》에서 폴리가 메인보컬을 담당했던 작품이기도 하다.

걸작이자 1991년 산레모가요제 참가곡 〈Io Ti Prego di Ascoltare… 당신에게 간청합니다〉는 당신 없이 살 수 없는 자신의 사랑을 간절히 애원하는 세레나데로, 신시 사이저 오케스트레이션 속에서 전자기타의 멜로디 가 빨갛게 타들어간다.

1982년 산레모 우승곡인 〈Storie di Tutti i Giorni 일상 이야기〉는 디스코가 가미된 원곡과는 다른 발라드로 각색되었다. 지루하고 바쁜 일상에서 불현듯 찾아오는 사랑으로 인생은 해피엔딩이 될 것이라는 낙관적인 작품이다.

이별 후의 외로움과 우울한 감정을 노래한 그의 대표곡 〈Malinconia 멜랑꼴리〉는 《Campione 챔피언, 1981》에 수록된 히트곡이다.

…네가 기다리는 문 뒤에 사랑이 있다고 가정해 봐, 궁극적으로 이것이 우리가 사는 이유야…

뿌의 팬이라면 더 반가울 폴리의 입문작으로 추천한다.

이듬해 13번째 스튜디오 앨범 《Teatrino Meccanico 인형 극장, 1992》를 발표했는데, 당해 산레모가요제 참가곡인 〈In una Notte Cosi 이런 밤에〉가 수록되었다. 청량감이 감도는 사랑의 야상 곡에는 별똥별이 하나둘 떨어진다.

…모든 사람과 멀리 떨어져 여기 있어, 선하고 평범한 사람들을 위한 이런 밤에, 난 아직도 믿고 싶네, 아직 이 길에 사랑이 존재한다면, 우리 운명의 어딘가에 하늘이나 그보다 더 높은 곳에, 또 다른 태양이 숨어있다고, 더 이상 날 떠나지 마…

《Nella Fossa dei Leoni 사자의 서재에서, 1994》는 확연히 사운드가 달라졌음을 느낄 수 있다. 경쾌하며 보다 젊은 감각의 팝 록으로 마감되었다.

라디오 프로그램에서 간간이 들을 수 있었던 〈Inver-no 겨울〉은 연인의 부재와 사랑에 대한 용기의 부족으로 더욱 고독감을 느끼는 감정을 그린 것으로, 댄스 리듬에서 록의 드럼으로 옮겨가며 켈틱 요소와 팝 그리고 가스펠의 느낌을 섞어내고 있다.

〈Fango 진흙탕〉은 겨울비 내리던 어느 2월의 이별 이야기로 애틋함이 묻어난다. 광활한 대기를 뚫고 전해지는 월드퓨전의 퍼커션과 두근거리는 박동이 파퓰러한 감성을 낳고 있다.

도회지적인 블루스 〈Caroamoremio 내 사랑에게〉도 아련

하고도 벅찬 감흥에 빠지게 되는데, 삶의 희망인 연인에게 절절한 사랑의 마음을 보내는 편지라 할 수 있다.

백미인 〈Il Tempo di Cambiare 변화의 시간〉에서는 감각적인 트립합 비트와 키보드, 그리고 포근함으로 감싸는 재즈 코러스와 함께, 다소 서글프지만 포근한 인상의 연주가 생생하게 다가온다. 만물이 생동하는 봄날의 밤에 세월의 흐름 속에서 잊고 살았던 사랑을 느끼며 슬픔에 빠지는 감상을 노래했다.

1996년에는 〈Romanzo 로맨스〉로 산레모가요제에 참가하며 1990년대 걸작으로 평가받는 《Roman-zo, 1996》를 발표했다.

…우리는 화염과 서리 사이 지하에서 살더라도, 우리가 있는 것은 여전히 하늘이겠지, 그리고 우리는 문제와 모든 위험을 감수할 거야, 우리 주인공들을 하나로 묶는 열정으로. 언제나 영원히, 어찌할 도리가 없이 우리 둘은 행복을 찾을 거야, 우리 자신의 순수함에 서로 감동할 거야, 우린 소설 속에 있어, 그냥 날 사랑한다고 말해줘, 우린 잘못될 수 없어, 우리는 무적이고 특별하니까.

2000년대에 들어서도 뿌와 우정을 보여주며 꾸준히 라이브를 병행했다. 2004년 5월 초대 리얼리티쇼 Music Farm이란 라이브 경연에 참여하여 많은 동료 가수들을 제치고 우승했다.

이제 노장의 대열에 들어섰지만, 여전히 그의 음성은 우리의 귓가에 부드러운 여운을 촉촉하게 남겨주고 있다.

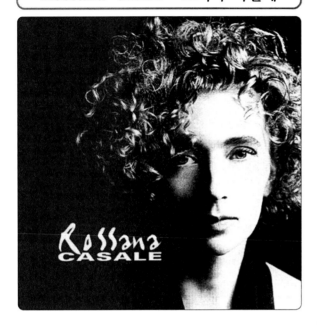

지중해 푸른 밤의 재즈
Rossana Casale ● 로사나 카살레

로사나 카살레는 미국인 부친과 이태리인 모친 사이에서 1958년에 태어났다. 출생지는 미국의 뉴욕이었지만, 곧 베니스로 그리고 밀라노로 옮겨 성장했다.

그녀의 가수로서 캐리어는 밴드 코러스로 시작하여 많은 댄스뮤직 가수들의 보컬리스트로 활동했지만, 동시에 베르디 국립음악원에서 가창과 퍼커션 그리고 일렉트로닉 음악을 배운다.

첫 싱글 〈Didin〉이 1982년에 발표되었고, 이듬해엔 푸피 아바티Pupi Avati 감독의 「Una Gita Scolastica · A School Outing」에서 〈L'Incanto 마법〉과 〈A Tu per Tu 대면〉을 불렀다.

1984년에 발표된 셀프 타이틀의 데뷔앨범은 국내에도 내한한 적이 있는 유명 아트록 그룹 PFM이 프로듀스했다.

1986년에는 마우리치오 파브리지오Maurizio Fabrizio가 쓴 〈Brividi 전율〉로 산레모가요제에 출전했으며, TV 노래 경연 프로그램 'Premiatissima 86'에서 〈Nuova Vita 새로운 삶〉으로 우승했다.

이듬해에는 〈Destino 운명〉으로 산레모에 참가했고, 마우리치오 파브리지오가 제작을 맡은 두 번째 앨범 《La Via dei Misteri 신비한 거리》에 이어, 재즈 페스티벌에 참가했다.

세 번째 앨범 《Incoerente Jazz 불협의 재즈》에 수록된 〈A Che Servono Gli Dei 신들은 없어〉와 네 번째 앨범 《Lo Stato Naturale 생태계》에 수록된 〈Terra 대지〉로 1989년과 1991년에 산레모가요제에 출전한다.

끊임없는 도전 끝에 1993년 그라지아 디 미켈레Grazia di Michele와 듀오로 부른 〈Gli Amori Diversi 다른 사랑〉으로 3위에 입상하였다.

《Jazz in Me, 1994》 이후 그녀는 라파엘레 파가니니Raffaele Paganini의 성공적인 뮤지컬 「Un Americano a Parigi 파리의 미국인」에서 열연했다.

자신이 직접 프로듀스한 일곱 번째 앨범 《Nella Notte un Volo 야간 비행, 1996》을 발표하고, 50회 이상의 클럽 콘서트 투어를 실행했다.

《Jacques Brel in Me, 1999》를 발표한 후, 「A Qualcuno Piace Caldo, Some Like It Hot」이라는 뮤지컬에 참여, 동명의 영화에서 Marilyn Monroe(1926-1962)가 주연한 Sugar 역을 맡는다.

《Strani Frutti 낯선 과일, 2000》 이후에도 그녀는 「La Piccola Bottega Degli Orrori 공포의 작은 숍」이라는 뮤지컬의 주인공 Audrey 역을 맡았으며, 재즈의 고전을 담은 《Billie Holiday in Me, 2004》를 내놓은 후, 250여 차례의 콘서트 투어가 뒤따랐다.

《Circo Immaginario 상상의 서커스, 2006》를 발표한 후 「Otto Donne ed un Mistero 8 여인과 미스터리」라는 뮤지컬에서는 극작과 작곡가로 참여했다.

Lo Stato Naturale

ROSSANA CASALE

1991 | Universal | 848 536

1. Lo Stato Naturale
2. Per Me
3. Siamo Vivi
4. Terra
5. La Grande Strada
6. Che Fare?
7. Pioggia
8. Male
9. Spiaggia Libera
10. Senza

1990년대 초 발표된 《Lo Stato Naturale 생태계》는 로사나 카셀레와의 첫 대면이었다. 사실 본작은 음악의 완성도보다는 커버 아트로 널리 알려져 있다. 수중의 여성 누드와 청록의 색이 주는 에로틱 판타지로 LP 수집가들의 인기는 상당했다.

작곡은 데뷔 초기부터 호흡을 맞춘 마우리치오 파브리지오가 맡았는데, 그는 파브리지오 데 안드레Fabrizio De André(1940-1999)와 안젤로 브란두아르디Angelo Branduardi 등의 아트록 앨범에 참여했으며, 미아 마르티니Mia Martini(1947-1995), 패티 프라보Patty Pravo, 리카르도 폴리Riccardo Fogli 등 많은 유명 아티스트의 명반 작업에 관여했다. 물론 자신의 솔로 앨범도 발표했던 싱어송라이터이기도 하다.

1991년 산레모가요제 참가곡으로 지구 찬가인 〈Terra 지구〉 외에, 청아하고도 달콤한 보컬의 매력에 쉽게 빠져드는 사랑과 자유의 발라드 〈Per Me 날 위해〉, 기타와 퍼커션의 반복적인 리듬의 〈La Grande Strada 대로〉에서 는 사랑을 기다리는 쓸쓸한 서정의 현악이 휘몰아친다.

본작을 빛내주는 걸작이라면 무엇보다도 〈Pioggia 비〉라 할 수 있겠다. 비록 굵은 빗방울을 연상시키는 파브리지오의 피아노 반주에 의존하고 있지만, 그녀의 노래는 처연한 슬픔에 흠뻑 젖어있다.

…무색의 비, 기쁨을 가져다주진 않네, 그건 찾기 힘든 증기이고 공허야, 습기가 남은 길 위에 고정된 기억으로, 나는 잠을 청하네, 하지만 지금 이 순간은 환상과 진흙의 벽, 그것은 손가락 사이로 흘러가는 얼음물… 나처럼 투명하고 비어있네, 비는 누군가의 강렬한 눈물이야.

라틴 기타가 피워내는 뜨거운 열병 〈Male 병〉에 이어, 남성의 부드러운 아카펠라가 곁들여진 〈Senza 없이〉는 마치 보사노바를 연상시키는 멜랑꼴 리 작품으로, 잃어버린 사랑으로 인한 고통스러운 마음의 평화로 다시는 길을 잃지 않을 거라 노래한다.

다양한 음악 장르들에서 만날 수 있는 로사나 카셀레의 목소리는 이채롭고도 소중한 경험임이 분명하다.

Brividi

1992 | Universal | 517 141

1. Brividi
2. Destino
3. A Che Servono Gli Dei
4. Terra
5. La Vie dei Misteri
6. Un Cuore Semplice
7. The Burning Shore
8. You're on My Mind (Radio vers.)
9. Aver Paura d'Innamorarsi Troppo
10. In un Mondo Cosi
11. Mio Nemico
12. Sittin' on the Dock of the Bay

《Brividi 전율》은 그녀의 1980년대를 모은 베스트앨범이다. 두 번째 앨범 《La Via dei Misteri 신비한 거리, 1986》에서 아래 작품이 선곡되었다. 1986년 산레모가요제 20위를 기록한 〈Brividi 전율〉은 무덤

덤한 삶의 시간 속에서 생각지도 못했던 사랑이 찾아온 것을 깨달았을 때를 시적 감성으로 스케치하였다. 뽀송뽀송한 그녀의 목소리는 너무나 가볍다.

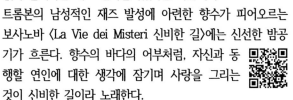

1987년 산레모가요제 12위 입상곡 〈Destino 운명〉은 더 여유롭고 포근하며 다소 우울함을 남기는 매혹의 발라드이다. 인생이란 무한의 게임에서 우리는 사랑의 운명이기에 자신은 저항 없이 흘러가는 대로 받아들이겠다는 마음이다.

트롬본의 남성적인 재즈 발성에 아련한 향수가 피어오르는 보사노바 〈La Vie dei Misteri 신비한 길〉에는 신선한 밤공기가 흐른다. 향수의 바다의 어부처럼, 자신과 동행할 연인에 대한 생각에 잠기며 사랑을 그리는 것이 신비한 길이라 노래한다.

목구멍을 열고 부르는 독특한 창법의 로큰롤을 선보였던 미국의 남성 흑인가수 Otis Redding(1941-1967)의 1960년대 팝의 고전 〈Sittin' on the Dock of the Bay〉도 리메이크했다.

세 번째 앨범 《Incoerente Jazz 불협의 재즈, 1989》 수록곡인 〈A Che Servono Gli Dei 신은 없어〉는 1989년 산레모가요제에서 19위에 랭크된 곡으로, 본격적인 재즈 편성의 연주에 재즈 스캣까지 가미되어 팝적인 감흥을 거두고 있다. 자유로운 사랑으로 마음의 평화를 얻는 유토피아를 인간 스스로가 건설해 야 한다는 메시지를 심었다.

역시 동일작 수록곡인 〈Un Cuore Semplice 단순한 마음〉은 은은한 선율로 시작하여 재즈 향이 깃든 오케스트레이션의 드라마로 끝난다. 변해가는 세상의 불안정한 혼란 속에서 단순한 마음이 자신의 묘안이라 이야기한다.

〈The Burning Shore〉는 저명한 프랑스 영화음악가 미셸 르그랑Michel Legrand(1932-2019)이 음악을 맡은 TV 시리즈 「La Montagna dei Diamanti 다이아몬드의 산, 1991」의 사운드트랙이다. 클래시컬하고 낭만적인 피아노와 현의 향연에 실려 꽃잎처럼 바람에 실리는 그녀의 보컬이 무척 싱그럽다.

1990년에 녹음된 〈Aver Paura d'Innamorarsi Troppo 사랑에 빠지기가 두려워〉는 루치오 바티스티Lucio Battisti(1943-1998)의 《Una Donna per Amico 여자친구, 1978》의 수록곡이다. 서늘한 퓨전 연주에서 King's Singers를 연상시키는 순백의 가스펠 재즈를 들을 수 있다.

1989년 싱글로 발표된 〈In un Mondo Cosi 세상에서〉는 투명한 클래식기타와 엷게 배경으로 드리워지는 따사로운 현악이 평화로움을 남긴다.

그리고 본작에서만 만날 수 있는 매우 귀중한 트랙 〈Mio Nemico 나의 적〉은 아메데오 밍기Amedeo Minghi가 음악을 맡은 TV 판타지 시리즈 「Fantaghirò 판타지로」의 감동적인 테마이다. 2008년 아메데오 밍기의 40주년 기념작에 참여하여 이 곡을 듀엣으로 부르기도 했다.

…나의 적, 그 사람은 날 사랑해요, 쓰라린 기쁨, 자비 없는 사랑이여… 난 받아들일 거야, 그녀를 훔쳐서라도 그녀는 내 것이 될 거야, 나에게 숨을 불어넣는 상처, 우리 안의 상처로 남을 거야…

Alba Argentina

1993 | CGD | 4509-92072

1. Arcobaleno
2. Alba Argentina
3. Semplice
4. Gli Amori Diversi (& Grazia di Michele)
5. Tempo Perduto
6. Davvero Propizio il Giorno per il Toro e il Capricorno (& Giorgio Conte)
7. L'Inganno
8. Difendi Questo Amore
9. Cuori di Tenebra
10. Di Canti e Silenzi
11. Il Tempo

두 눈을 지그시 감고 무엇에 한껏 취해 있는 그녀의 모습을 열고 음반을 플레이어에 걸면, 깐쏘네와 재즈, 제목처럼 아르헨티나의 탱고, 그리고 제목 아래의 문양에서 유추되듯 남미의 토속음악 등을 훌륭하게 접목한 노래들이 줄줄 이어짐에 탄복을 금할 수 없다.

그동안 작곡에 많은 역할을 담당했던 마우리치오 파브리지오는 겨우 3곡에만 참여했고, 여류 싱어송라이터인 그라지아 디 미켈레Grazia Di Michele와 많은 노래들을 작업했다. 그녀는 고전으로 사랑받고 있는 데뷔앨범 《Cliche, 1978》가 국내에 라이선스로 소개되어 청량한 목소리로 깊은 인상을 남긴 바 있다.

〈Alba Argentina 여명의 아르헨티나〉는 격정에 휩싸이게 되는 뜨거운 탱고로, 피아노와 반도네온 그리고 라틴 기타와 현의 거침없는 떨림의 박동이 전해진다. '작가 빅토리오 마샬Victorio Marcial과의 깊은 사랑에 붙여…'라는 부제가 있기도 한데, 아르헨티나의 새벽하늘을 떠올리며 바람과 함께 느껴지는 그의 영혼과 생명과 용기, 따뜻한 성품 그리고 그와의 탱고와 춤, 행복에 빠진 순간을 되뇐다.

긍정적인 사랑 노래 〈Semplice 단순히〉는 아마존의 리듬과 구음을 삽입한 상큼한 기타의 연주로 삼바의 감성이 결합되어 있다.

…당신이 항상 알고 있던 것, 시대를 초월한 노래, 당신이 알고 있는 것처럼 길을 잃지 않을 거예요, 눈을 감으면 돌아올 거예요…

그라지아 디 미켈레와 함께 부른 〈Gli Amori Diversi 다양한 사랑〉은 1993년 산레모가요제 3위 입상곡으로, 미묘한 채도 차이를 유랑하는 듯 두 목소리의 어우러짐이 매우 황홀하다. 사랑은 여러 다양한 모습으로 찾아오지만 원하는 만큼 더 갈구하게 되는 강렬함을 노래했다.

〈Tempo Perduto 잃어버린 시간〉에서는 연인이 떠난 뒤 삶을 잃었지만 여전히 함께하고픈 무의식의 열망을 노래했다. 단순하지만 반복적인 강한 탱고 리듬에 중독되며, 재즈의 황홀한 변화와 함께 카셀레의 스캣 즉흥이 더욱 풍부한 만족감으로 남는다.

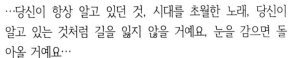

〈Davvero Propizio il Giorno per il Toro e il Capricorno 황소자리와 염소자리를 위한 길일〉은 파올로 콘테Paolo Conte의 동생인 싱어송라이터 조르지오 콘테Giorgio Conte가 작곡하고 듀엣으로 노래했다. 단조로운 키보드와 부드러운 혼성코러스에 이어 바이올린 주자가 열정 어린 세레나데를 연주한다. 매우 화사하고도 낭만적인 이 작품의 후미는 두 주인공이 웃으며 끝맺는다.

소프라노 색소폰과 기타가 울음을 토하는 플라멩코풍의 라틴 재즈 〈L'Inganno 속임수〉는 치명적인 매력에 반한 희열이다.

어떤 규칙도 없는 동화 같은 사랑학 개론 〈Difendi Questo Amore 사랑의 변호〉는 청아한 보컬이 클래시컬한 오케스트레이션 속에서 맑은 파장을 그리며 서서히 푸른 하늘빛의 서정으로 물드는 볼레로이다.

〈Il Tempo 시간〉은 안개처럼 신시사이저 음향이 출몰하고 있는 걸작으로, 어리석은 과거의 시간이 흐르고 연인과 가까이에서 아침햇살을 맞이하는 자신에 대한 성찰과 희망이다.

본작의 깊은 향취는 모두 자랑할 만하며 근사하다. 그녀처럼 지그시 눈을 감고 음악을 흘려보내면 많은 그녀의 팬들이 이 작품을 애장하고 있는 이유가 쉽게 수긍이 간다. 사랑할 수밖에 없는 작품이다.

Strani Frutti

2000 | Vetta | NIKCD 004

1. Overture (Scomponendo)
2. Volesse II Cielo
3. My Heart Belongs To Daddy
4. Strange Fruit
5. Canto de Ossanha
6. Medley
   (Fascinaçao | Inbetween | Au Boi de Pont de Saint-Amand | Somewhere Over The Rainbow)
7. Summertime
8. Piove Su Nantes
9. Upa Neguinho
10. Il Fisarmonicista
11. La Danza di Zorba
12. Notturno

《Jacques Brel in Me, 1999》에 이어 새천년을 연 본작 《Strani Frutti 낯선 과일》도 전부 커버곡으로 상송과 깐쏘네는 물론이고 여자가수가 불렀던 영미의 팝 고전들을 자신 만의 창법으로 재해석했다.

〈Volesse il Cielo 간청〉은 미아 마르티니Mia Martini(1947-19 95)가 《Sensi e Controsensi 감각과 모순, 1975》 에서 노래한 것으로, 우울한 재즈 판타지에는 색 소폰의 즉흥이 뭉클하다.

빌리 홀리데이Billie Holiday(1915-1959)가 1939년에 녹음 했던 〈Strange Fruit〉는 흑인 인종차별에 관한 것으로, 피해자들을 나무의 열매에 비유한 곡이다.

〈Canto de Ossanha 오산야의 노래〉는 브라질의 전설적인 가희 엘리스 헤지나Elis Regina(1945-1982)가 1966 년에 발표한 곡으로, 구상음을 삽입하여 현대적이 며 영화적이다.

…난 가지 않을 거야, 사라진 사랑의 슬픔을 잊었다고 말할 수 없어, 결코, 하지만 새로운 사랑의 아침에 떠오르는 별을 잡을 기회가 주어진다면, 난 갈 거야.

〈Piove Su Nantes 낭트에 내리는 비〉는 프랑스의 바르바라Barbara(1930-1997)의 1964년 발표곡으로, 아버지의 죽음 소식을 듣고 영안실로 달려가는 그 긴 복도의 고요함이 피아노의 공명으로 흐른다.

〈Il Fisarmonicista 아코디언 연주자〉는 에디트 피아프Édith Piaf(1915-1963)의 첫 밀리언셀러였던 1940년 노래 〈L´Accor -deoniste〉가 원곡이다. 아코디언 연주자를 사랑 하는 매춘부는 곧 전쟁터로 떠나야 하는 그의 연 주에 피난처를 찾고 그의 무사 귀환을 소원한다.

그리스 작곡가 미키스 테오도라키스Mikis Theodorakis(1925 -2021)의 〈La Danza di Zorba 조브라의 춤〉에 이어, 미아 마르티니가 《Martini, Mia, 1989》에서 노래한 〈Notturno 야상곡〉은 재즈바에서 듣는 듯한 비 내리는 가을 날 그리움 속에서 자유로움을 소망하는 서정이 내 려앉는다.

그녀의 커버는 계속되어 후속작으로 《Billie Holiday in Me, 2003》를 냈다.

Circo Immaginario

Rossana Casale

Circo immaginario

2006 | Azzurra | DA2001

1. La Bella Confusione (Ouverture)
2. Il Battello di Carta
3. Circo
4. Girasalta
5. Dentro Gli Occhi Chiusi
6. Il Matto del Paese
7. Boscomare
8. Gioir d'Amore
9. Dolce Sofia
10. Vino Divino
11. La Folle Danza di Groppo
12. La Verità
13. Girasalta Reprise
14. La Bella Confusione
15. La Tempesta
16. Il Circo Immaginario
17. Il Circo Immaginario Reprise | Dolce Sofia
18. Micol sul Filo
19. Polvere di Luci
20. La Bella Confusione (Titoli di Coda)

가장 큰 위업으로 영원히 남을 명연 《Circo Immaginario 상상의 서커스》는 자신의 소망이 담긴 결실이었다. 피렌체 출신의 여류작가 사라 체리Sara Cerri의 동명의 작품에서 영감을 받아 본작의 공동 프로듀서인 안드레아 주피니 Andrea Zuppini와 함께 한편의 잘 다듬어진 극음악으로 탄생시킨다. 깐쏘네와 재즈 그리고 고풍스러운 서커스 음악, 탱고, 보사노바 등 다양한 이야기 방식을 포용했으며, 무엇보다도 게스트와 솔리스트 외에 대규모 오케스트라와 협연하여 이전에 선보이지 못한 음악적 스케일과 깊이를 확장하고 있다.

연주곡인 〈La Bella Confusione · Ouverture 아름다운 착란〉은 마치 영화 「Godfather 대부」의 주제를 연상시키듯 운명적인 금관의 랩소디에 구슬픈 피아노와 바이올린 그리고 오케스트라의 서사가 스산한 바람을 뚫고 장엄한 행렬을 이룬다.

이 음악극의 주인공이자 순진무구한 소피아Sofia의 바다를 향한 꿈을 우울한 푸른색으로 채색한 〈Il Battello di Carta 종이배〉에서 클래식과 재즈의 향을 가미한 피아노와 시큰한 애수를 자아내는 아코디언의 슬픈 왈츠가 전개된다. 마치 슬픈 운명을 예고하듯 그 넘실거리는 오케스트레이션과 성악 코러스와 함께 그녀의 목소리는 너무나 청아하게 가슴을 파고든다.

정열적인 탱고풍의 〈Circo 서커스〉는 세세하게 액트Act를 묘사하는데, 동심의 꿈이자 관객을 즐겁게 하는 서커스에 빠져보라고 권유한다. 서커스는 곧 인생을 의미하고 있다. 긴장 어린 퍼커션에 집시 바이올린의 진한 향수가 활개를 친다.

〈Girasalta 회전 점프〉는 무대에서 슬픔을 감추고 재주와 곡예 연기를 해야 하는 어릿광대의 애환을 담은 것으로, 빠른 템포의 브라스 합주에 긴장감을 더하는 바이올린으로 예스러운 천막극장의 열기를 재현한다.

인상주의 피아노 서주에서 애틋한 재즈 환상곡으로 변모하는 〈Dentro Gli Occhi Chiusi 눈을 꼭 감고〉는 눈을 뜨면 꿈꾸던 모든 것이 현실에서 사라져 버릴 것만 같은 불안감을 그린 작품이다.

희극과도 같은 인생을 풍자하는 〈Il Matto del Paese 바보의 나라〉는 격정에 치닫는 합주의 화염이 너무나 뜨겁다. 배우 카를로 레알리Carlo Reali의 자조 섞인 너털웃음도 많은 의미를 던져주는 듯하다.

밤하늘 아래 바다에서의 서정을 그린 〈Boscomare 숲의 바다〉는 잔잔한 파도 소리에 이어 피아노와 오케스트레이션으로 서서히 비밀을 벗고, 순수한 자연의 아름다움을 보랏빛으로 물들인다.

우울한 재즈 블루스 〈Gioir d'Amore 사랑의 기쁨〉은 빅토르Victor 역의 남자배우 파올로 브리굴리아Paolo Briguglia가 참여했는데, 숙명과도 같은 사랑 이야기를 고백하는 그녀의 보컬에 슬픔이 맺힌다.

…사랑의 기쁨을 간절히 원하지만, 이를 대신할 수 있는 건 없어. 왜냐면 사랑의 기쁨이란 불가능하니까. 그래도 난 후회에 빠지진 않아. 내가 아는 것은 당신을 따르고 있다는 거야. 왜일까, 왜…

카바레 재즈 〈Vino Divino 신성한 와인〉은 침묵과 두려움을 날려버리고 싶은 욕망을 투명한 잔에 붉게 채우고 있으며, 우울한 피아노와 바이올린과 트롬본의 취기가 가득하다.

짧지만 강렬한 춤곡 〈La Folle Danza di Groppo 열광의 그룹 댄스〉에 이어, 만돌린의 트레몰로에 합주와 합창이 이어지는 여흥의 춤곡 〈La Verità 진실〉은 연극무대를 그대로 옮겨놓은 듯하다.

서글픈 주제곡 〈La Bella Confusione 아름다운 착란〉은 인생을 걷다가 막다른 낭떠러지에 처했을 때의 막막함을 토로한다.

…흰색은 아름다운 혼란의 색이야. 인생은 밝아지겠지. 그 침묵의 씨실들 그리고 텅 빈 심장, 마음의 감각을 찾아야 해. 나의 시간은 어디로 향하고, 어디서 잠들며, 바람과 함께 일어나 어디로 흘러갈까…

긍정과 낙관의 시선으로 바라보는 세상의 찬가 〈Micol sul Filo 철조망의 미콜〉은 아름다운 자연과 우주, 만물의 경이로운 풍경을 바라보며 그녀는 미콜을 향해 푸른 꿈으로 비상하라고 용기를 북돋운다.

소피아 역의 어린이 로라 포사니Lola Posani가 참여한 〈Polvere di Luci 빛의 먼지〉는 영혼의 평화를 갈구하는 소녀의 염원을, 아슬아슬한 줄타기 같은 음악에 흘려보낸다.

이 훌륭한 음악극을 선보인 후, 본작에 참여한 5명의 배우들과 함께 라이브를 가졌으며 매진과 기립박수의 갈채를 얻어냈다고 한다.

이후에도 독특한 가창력으로 자신만의 재즈를 선보였는데, 근작으로 캐나다의 싱어송라이터 Joni Mitchell의 명곡들을 노래한 《Joni, 2023》를 냈다.

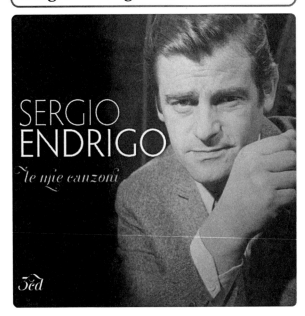

당신을 위한 노래
Sergio Endrigo ● 세르지오 엔드리고

세르지오 엔드리고(1933-2005)는 〈Canzone per Te 당신을 위한 노래〉로 영원히 기억되는 가수이다.

1933년 크로아티아의 폴라에서 출생하여 오스트리아에서 어린 시절을 보낸 그는 화가이자 조각가인 부친을 6세 때 여의고, 제2차 세계대전이 끝난 1947년 어머니와 함께 베니스로 이주했다.

고교를 중단하고 배달일을 해야 했던 그는 이 시기에 기타를 연주하기 시작했고, 다양한 오케스트라에서 베이스 주자로 일하다 색소폰 연주자 리카르도 라우치Riccardo Rauchi의 앙상블에 합류하면서 1959년 첫 싱글을 발표하며 가수로 데뷔했다.

1960년에 오디션에 합격 후 국영 레이블 Dischi Ricordi와 계약하며 싱어송라이터 운동을 펼쳤던 프로듀서 난니 리코르디Nanni Ricordi에 의해 자신의 노래 〈Bolle di Sapone 비눗방울〉을 발표한다.

1962년에 그의 대표 명곡인 〈Io Che Amo Solo Te 당신만을 사랑해〉를 발표하고 첫 솔로 앨범으로 대성을 거둔다. 결혼 후 이듬해 두 번째 앨범 《Endrigo, 1963》에는 쿠바 시인 호세 마르티José Martí(1853~1895)의 작품이 노래가 된 〈Guantanamera 관타나메라〉의 중간 부분을 차용하여 곡을 붙인 〈La Rosa Bianca 백장미〉가 수록되었다. 이는 지심의 담긴 친구를 위해, 자신에 손을 내미는 솔직한 이를 위해, 자신을 미워하고 지치게 하는 사람들을 위해 백장미를 키운다는 가사이다. 또한 〈Era d'Estate 여름이었네〉는 정갈한 가곡풍의 노래로, 오래전 여름날 헤어져 버린 사랑을 노래했다.

1965년에는, 끝날 거라고 말했지만 함께하고픈 사랑의 진심을 담은 〈Te lo Leggigo nei Occhi 당신의 눈에서 그걸 읽었네〉를 발표했다.

Endrigo 1966

1966 | Rhino Records | 5051865-9849-5-1

1. Girotondo Intorno al Mondo
2. Teresa
3. Dimmi la Verità
4. Adesso Sì
5. Io e la Mia Chitarra
6. Questo Amore per Sempre
7. Chiedi al Tuo Cuore
8. Mani Bucate
9. Come Stasera Mai
10. La Donna del Sud
11. La Ballata dell'Ex

꽃이 만발한 들판에서 기타를 매고 산책하는 전원적인 커버의 본작은 히트곡인 〈Teresa 테레자〉로 큰 성공을 이어갔다.

소프라노 보컬리스트 노라 오를란디Nora Orlandi와 I Cantori Moderni di Alessandroni가 코러스로 참여했으며, 다수의 영화음악에도 관여했던 지휘자 마리오 밀리아르디Mario Migli-ardi(1919-2000)가 오케스트레이션을 맡았다.

〈Teresa 테레자〉는 처음도 아니고 마지막도 아니겠지만 지금은 한 소녀에 머물고 싶다는 자유연애 이야기로, 처녀가 아닌 소녀와의 관계는 보수적이었던 당시 다소 민감한 주제로 간주되어 검열의 어려움이 있었다고 한다. 포근한 낭만이 넘실거리는 현악에 이태리 남자 가수에서는 접하기 쉽지 않은 담백한 그의 음성이 진솔한 마음을 고백한다.

〈Dimmi la Verità 진실을 말해줘〉는 우리에게 잘 알려진 영화 「Jeux Interdits 금지된 장난, 1952」의 주제 〈Romance 로망스〉를 오마주한 피아노 서주가 주목을 끈다.

…지난날들을 아직도 기억하고 있다면, 사랑했던 것들을 마음속에 품고 있다면, 내가 아직도 살고 있는 잃어버린 꿈을 위해, 우리 사이에 변한 게 있다면, 내게 진실을 말해줘…

〈Adesso Sì 지금 그래〉는 관악의 연주가 이채로운 가운데, 역시나 고풍스러운 서정이 황홀하다. 1966년 그의 첫 산레모가요제 참가곡이기도 하다.

…나 없이 넌 다른 세상으로 떠나겠지, 넌 길을 잃고 말 거야, 모르는 사람들과 내가 없는 거리에서… 이제 멀리 떠나는구나, 내 생각은 널 따라갈 거야, 어디로 가든 난 너와 함께 할 거야.

〈Questo Amore per Sempre 이 사랑 영원히〉에서는 라틴 기타의 슬픔이 잔잔하게 떨린다.

…널 고통스럽게 하고, 날 잠 못 들게 하는 이 사랑, 네가 말했고 내가 원했던 이 사랑. 더 이상 평화를 주지 않는, 이 배은망덕한 사랑. 잘못된 사랑이고 더 이상 사랑이 아닐지라도, 이 사랑은 영원히.

〈Come Stasera Mai 오늘 밤처럼 절대로〉는 나폴리 세레나데처럼 1960년대의 향수가 촉촉하다. 오늘 밤 연인과의 첫사랑에 대한 감격이랄까.

〈La Donna del Sud 남부 여자〉는 기타와 함께 불어오는 온풍이 피부에 와닿는다.

마리아는 어젯밤 남쪽에서 태양 열차를 타고 왔네, 그녀는 더 많은 것을 가지고 왔지, 산호색 입술 두 개와 커다란 눈, 누구도 그녀에게 키스한 적이 없고, 누구를 허락한 적도 없지. 그녀는 오렌지 바구니를 내려놓았네, 그러고는 내게 손을 내밀었지, 난 그녀를 영원히 데려갈 거고, 그녀는 나와 영원히 함께할 거야, 난 그녀의 손을 잡고 웃었지, 그녀를 놓아주지 않겠다는 마음으로…

〈La Ballata dell'Ex 옛날의 발라드〉는 매우 이색적인 정치·사회적인 트랙으로, 전쟁 전의 이탈리아와 전쟁 후 파시스트 정권과의 투쟁을 촉발했던 레지스탕스의 희망과 종말을 그린 곡이라 한다. 언론인 칼비노Calvino, 저술가 프라톨리니Pratolini와 카솔라Cassola의 낭독을 바탕으로, 작곡가 세르지오 바르도티Sergio Bardotti(1939~2007)와 함께 썼다. 검열에 문제가 되는 부분은 휘파람 소리로 대체되었다고 한다.

그는 두 개의 기관총과 세 개의 수류탄을 들고 숲을 통과했네, 밤에는 바람만이 그의 친구가 되어 주었지, 저 계곡에는 매복 공격이 준비되어 있었고, 빛도 없는 새벽에 우리가 여기 있었지. 오늘 누군가는 대가를 치르겠지. 세상은 개들의 세계지만 이번에는 바뀔 거야, 곧 두려움의 어두운 날은 끝이 날 거야, 완전히 새로운 세상이 펼쳐 지리라, 모두를 위한 자유와 평등, 단 5년 만에 이 전쟁은 끝이 났지, 이탈리아는 자유로워졌고, 억압자는 더 이상 없을 거야, 우리는 햇빛 속에서 웃는 밀밭을 가로질러 노래하네, 사람들이 도시로 돌아오고, 좋은 소식이 들려. 그는 기관총과 수류탄을 반납하러 갔네, 이제 포병은 필요치 않아, 그는 언제나 변함없던 조국으로 돌아왔네, 집은 몇 채 줄어들었고, 종탑은 하나 더 늘었네, 그에게 질문하고픈 늙은 경관이 거기 있네, 그리 형식적인 것은 전혀 아니야. 사람들이 다닐로로 불렀던 나는 여기 있네, 그들은 왜, 언제, 어디서, 무엇이 일어났는지 알고 싶어 했지… 백작과 시장이 떠났다는 것, 그리고 누가 그들을 사사했는지는 알려지지 않았네, 시간이 신사라면 난 누구의 아들도 아니야, 20년이 지났건만 적들은 여전히 존재하지, 하지만 당신의 동료들은 더 이상 여기에 없네, 그들은 모두 사역에 있거나 내세에 있지, 그것을 기억하는 개가 있네. 당신이 두 개의 기관총과 세 개의 수류탄을 들고 숲을 통과했다는 걸…

Endrigo 1968

ENDRIGO|*

1968 | Rhino Records | 5051865-9849-5-2

1. La Colomba
2. La Canzone per Te
3. Il Primo Bicchiere di Vino
4. Dove Credi di Andare
5. La Tua Assenza
6. Anch'Io Ti Ricorderò
7. Marianne
8. Perché Non Dormi Fratello
9. Il Dolce Paese
10. Il Treno Che Viene dal Sud
11. Back Home Someday (A Man Alone)
12. Canzone della Libertà

엔드리고의 앨범 중 가장 유명한 작품 중 하나이다.
1966년 처음 산레모가요제에 참가한 후 드디어 1968년에 브라질 싱어 호베르투 카를루스Roberto Carlos와 함께 노래한 그의 대표 명곡 〈Canzone per Te 널 위한 노래〉로 우승했다.

쓸쓸하기 그지없는 현악은 한겨울에 몰아치는 눈폭풍처럼 시리다.

막 시작되었지만 파티는 이내 끝나버렸네, 하늘은 더 이상 우리의 편이 아니었지, 우리의 사랑은 외로운 이들의 부러움이었고, 나의 긍지였으며, 너의 기쁨이었건만. 너무 커졌기에 이젠 덜어내는 방법조차 모르니… 만약 모든 게 끝이 날지, 새로운 꿈이 주어질지, 네게 했던 말을 다른 이에게 하게 될지, 누가 알까? 그러나 오늘은 말해야겠네, 널 사랑한다는 걸, 그래서 난 노래하고 널 노래해,

기타의 트레몰로가 비장하리만큼 인상적인 〈La Colomba 비둘기〉는 스페인 시인 라파엘 알베르티Rafael Alberti(1902 -1999)의 1941년에 쓴 시 「La Paloma 비둘기」에 아르헨티나의 카를로스 구스타비노Carlos Guastavino(1912 -2000)가 곡을 붙인 〈Se Equivocò la Paloma 비둘기가 틀렸다〉의 커버곡이다.

비둘기가 틀렸네, 그는 북쪽을 찾으면서 남쪽으로 갔네, 그는 밀밭을 바다라 믿었네…

〈Dove Credi di Andare 어디로 갈 것 같아?〉는 흥겨운 비트 스타일로, 사랑하기를 권고한다. 이는 1967년 메모 레미지Memo Remigi와 함께 노래했던 산레모가요제 참가곡이다.

…사람들은 밤마다 지루해, 우리처럼, 어디로 갈 것 같아? 너 안에 이제 더 이상 사랑이 없다면, 많은 배들을 너로부터 떠나보냈기에, 아무도 널 데려가지 않을 거야, 세상은 널 돕지 않아, 세상 모든 사람은 혼자인걸, 너와 나처럼…

〈La Tua Assenza 너의 부재〉는 기차가 달리는 듯한 효과음과 청명한 피아노의 비상 그리고 하모니카의 바람은 감미로운 그리움의 기다림이다.

너의 부재가 내 하루를 가득 채우네… 너의 부재는 진주와 산호의 묵주이며, 우리 사이에 결코 없었던 사랑의 확신에 대한 희망만이…

서글픈 기타 협주곡 〈Anch'Io Ti Ricorderò 널
기억할 거야〉는 혁명가로 불리는 체 게바라Che
Guevara(1928-1967)에 대한 찬사이다.

〈Marianne 마리안느〉는 1968년 유로비전 송 콘테스트 참
가곡으로, 잠시라도 내 옆에 있어 달라고 그리고
내 사랑을 알아봐 달라고 짝사랑하는 심정을 노래
했다.

〈Il Treno Che Viene dal Sud 남쪽에서 온 기
차〉는 사랑과 희망을 가지고 도시로 오는 사람들
에 대한 이야기로, 만돌린의 연주가 애상적이다.

〈Back Home Someday〉는 루치오 풀치Lucio
Fulci 감독의 서부영화 「Massacre Time 대학살
의 시간, 1966」의 사운드트랙이다.

〈Canzone della Libertà 자유의 노래〉는 엔리오
모리꼬네Ennio Morricone(1928-2020)가 맡은 영화
「L'Alibi 알리바이, 1969」의 주제이다.

자작곡, 커버곡, 산레모와 유로비전 송 콘테스트 참가곡, 그
리고 그가 참여했던 영화음악까지, 다양한 그의 활약을 엿
볼 수 있다.

참고로 우리에게 〈Casa Bianca 언덕 위의 하얀 집〉으로 잘
알려진 여가수 마리사 산니아Marisa Sannia(1947-2008)는 그
녀가 가장 존경했던 가수 엔드리고의 8곡을 수록한 《Canta
Sergio Endrigo e le Sue Canzoni, 1970》을 두 번째 앨
범으로 발표하기도 했다.

La Vita, Amico, È L'Arte dell'Incontro

1969 | Rhino Records | 5051865-9849-5-3

1. Samba delle Benedizioni (V. D. Moraes)
2. Chi Sono Io, Se Non··· (G. Ungaretti)
3. Serenata Dell'Addio (Toquinho)
4. O, Che Cosa È in Me··· (G. Ungaretti)
5. Perché (S. Endrigo, Toquinho)
6. In Te Amo··· (G. Ungaretti)
7. Poema Degli Occhi (S. Endrigo, Toquinho)
8. Che Cos'e' Il Mio Amore? (G. Ungaretti)
9. Felicità (V. D. Moraes)
10. Poetica 1 (G. Ungaretti, V. D. Moraes)
11. La Casa (V. D. Moraes, S. Endrigo)
12. La Marcia dei Fiori (Coro Dei Bambini Di Nora Orlandi)
13. Deixa (Toquinho)
14. Sonetto dell'Amore Totale (G. Ungaretti)
15. Se Tutti Fossero Uguali (S. Endrigo)
16. Il Giorno della Creazione (V. D. Moraes)
17. Samba delle Benedizioni (V. D. Moraes)

브라질 시인이자 음악인 비니시우스 지 모라이스Vinicius de Moraes(1913-1980)와 이태리 현대시인 주세페 운가레티Giuse-ppe Ungaretti(1888-1970)는 1937년 브라질에서 처음 만났고, 얼마 후 운가레티는 모라이스의 시집을 번역 출간했다고 한다. 1969년 모라이스가 이태리를 방문하여 그를 다시 만났고, 엔드리고와 토키뉴Toquinho의 협력으로 본작 《La Vita, Amico, È L'Arte dell'Incontro 인생은 친구와 만남의 예술》을 녹음한다.

타이틀은 모라이스의 가사에 바덴 포웰Baden Powell(1937-2000)이 작곡하여 1967년에 발표한 〈Samba da Bençãо 축복의 삼바〉의 낭송 부분 '인생은 게임이 아니야, 친구여, 인생은 만남의 예술이라네'에서 발췌했다고 한다. 이 곡은 클로드 를루슈Claude Lelouch 감독의 프랑스의 고전 명화 「Un Homme et une Femme 남과 여, 1966」에 삽입되어 많은 인기를 얻었다.

첫 곡 〈Samba delle Benedizioni 축복의 삼바〉은 이 곡을 모라이스가 이태리어 가사로 부른 것이며, 시인 운가레티는 곡 사이마다 모라이스의 시를 낭송한다.

슬픔보다는 행복이 더 낫지, 행복은 존재하는 것 중 가장 좋은 것. 마음속의 빛과도 같이… 아름다운 삼바는 하나의 기도라네, 삼바는 흔들리는 슬픔이지, 슬픔에는 언제나 희망이 있기에, 언젠가는 더 이상 슬프지 않네…

〈Perché 왜〉의 원곡은 조빙Antonio Carlos Jobim(1927-1994)의 노래로 엘리스 헤지나Elis Regina(1945-1982)의 음성으로 잘 알려진 피아노 로망스 〈O Que Tinha de Ser 무엇이 되어야만 했나〉이다. 부드러운 엔드리고의 목소리와 토키뉴의 기타가 보사노바의 서정을 정갈하게 그린다.

네가 내 인생의 궁극적인 운명이기 때문에, 널 만나면 난 아이가 되지. 네가 날 원하고 내가 널 원했기에, 그리고 네가 내 곁에 있었으니까, 오직 너와 함께, 왜냐고 묻지도 않은 채 안정을 주었으니까…

〈Poema Degli Occhi 눈망울의 시〉는 모라이스의 〈Poema dos Olhos da Amada 연인의 눈에서 나온 시〉가 원곡으로, 역시 토키뉴의 잔잔한 기타의 고요한 전율이 깊은 파장을 그린다.

내 사랑, 너의 눈은 이별 가득한 밤거리이며, 고요한 항구의 머나먼 빛이고, 어둠까지 가는 길이라네. 너의 눈은 미스터리로 가득 차 있고, 수많은 배가 떠다니며, 수많은 난파선이 있네…

〈La Casa 집〉은 모라이스와 엔드리고의 듀엣으로, 불우한 어린이를 위한 왈츠 동요이다. 미주에는 명랑한 어린이 합창이 가미되었다.

〈La Casa 집〉과 함께 싱글로 발매된 〈La Marcia dei Fiori 꽃의 행진〉은 바흐Bach의 〈칸타타 : 마음과 입과 행동과 삶 BWV 147〉를 주제로, 역시 노라 오란디 어린이 합창단이 전체를 노래하고 있다.

〈Se Tutti Fossero Uguali 모두가 너와 똑같다면〉은 사랑과 인생의 찬가로 부드러운 가곡 같기도 하다.

너의 삶은 사랑의 노래처럼, 평화의 노래처럼 흘러간다네, 두 팔을 벌려 이 마지막 희망을, 네가 원하는 대로 사랑하겠다는 희망을 노래해 봐, 모두가 너와 같다면 인생은 얼마나 멋질까… 삶을 있는 그대로 사랑하라!

본작에서는 싱어송라이터보다는 가수에 머물고 있기에, 사실상 주인공은 모라이스라 할 수 있겠다. 그러나 몇 곡에서나마 엔드리고가 부르는 브라질 서정은 그의 음성만으로도 주목할 만하다 하겠다.

1969년 엔드리고는 〈Lontano dall'Occhi 눈에 띄지 않게〉로 산레모가요제에 또다시 문을 두드렸고 2위를 기록했다. 제목은 'Out of Sight, out of Mind'에서 따왔다고 하며,

애상적인 가사도 '몸이 멀어지면 마음도 멀어진다'를 노래한다. 본래 싱글로 발표한 Aphrodite's Child와 함께 참가할 계획이었으나, 영국의 여가수 메리 홉킨Mary Hopkin과 함께 노래했다.

또한 엔드리고는 엔니오 모리꼬네Ennio Morricone(1928-2020)가 음악을 맡았으며 일본에서도 큰 인기를 끈 청춘영화 「Una Breve Sta-gione 비설悲雪, 짧은 계절, 1969」의 애달픈 주제곡에 가사를 붙여 싱글로 발표했다.

내 것, 너의 청춘, 너의 맑은 눈의 바다에서, 이미 내가 길을 잃을 거란 걸 알고 있네, 너의 행복은 내 것, 우리를 데려가는 바람처럼 손 붙잡고 우리를 데려가네, 네가 가는 곳에 내가 있을 거야, 세상 누구도 이 두 손을 방해할 수 없고, 우리 둘을 갈라놓을 수 없네, 영원한 나의 것, 너의 계절은 끝날 수도 있지만, 이제 넌 내 안에서 죽지 않을 거야…

1970년 산레모가요제에서는 이바 자니끼Iva Zanicchi와의 듀엣곡 〈L'Arca di Noè 노아의 방주〉로 3위에 입상했고, 이 어린이의 미래를 위한 노래를 타이틀로 라이브앨범을 발매했다.

Nuove Canzoni d'Amore

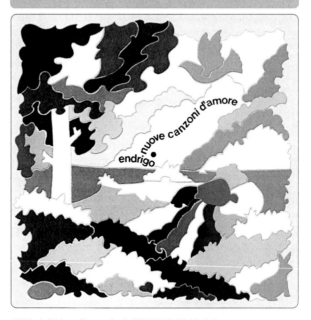

1971 | Rhino Records | 5051865-9849-5-5

1. La Prima Compagnia
2. Erano Per Te
3. Ma Dico Ancora Parole D'Amore
4. Ljubica
5. Quando Tu Suonavi Chopin
6. Le Parole dell'Addio
7. Io Che Vivo Camminando
8. A Mio Favore
9. Chi Sei?
10. Quando Ti Lascio (Will You Miss Me When I'm Gone)

본작 《Nuove Canzoni d'Amore 새로운 연가》는 그의 가장 잘 알려진 앨범 중 하나로, 멋진 커버는 퍼즐 그림처럼 제작되었다. 절반이 넘는 작곡과 함께 오케스트라 편곡은 저명한 영화음악가이기도 한 루이스 바칼로프Luis Bacalov(1933-2017)가 맡았다.

기타의 뜨거운 체온으로 연주되는 〈La Prima Compagnia 첫사랑〉은 청춘의 꽃이었던 슬프고 성숙하지 못했던 첫사랑을 회상하는 곡이다. 싱글로 발매되었으며 본작의 인기를 이은 작품.

바칼로프의 클래시컬한 봄날의 현악 편곡이 확 다가오는 〈Erano Per Te 널 위한 것에서〉에서는 이별도 사랑했던 널 위한 것이었다고 말한다.

그것은 널 위한 것이었네, 내가 심은 장미, 내가 지어낸 이야기들, 내가 불렀던 노래. 그것은 널 위한 것이었네, 인파로 붐비는 바다, 이미 익은 곡식, 날개를 펼친 새들, 그것은 널 위한 것이었네, 널 찾고 있었던 나, 이미 사랑에 빠진 나, 그것은 널 위한 것이었네, 죽어가는 장미, 종결된 이야기들, 증오했던 밤들, 부정적인 노래도. 그것은 널 위한 것이었네, 텅 빈 바다, 어둠이 내린 하늘, 새장 속의 새도. 그것은 널 위한 것이었네, 나는 이미 떠나고 있었고, 널 사랑하지 않네.

아름답기 그지없는 연가 〈Quando Tu Suonavi Chopin 네가 쇼팽을 연주했을 때〉는 쇼팽Chopin의 〈즉흥환 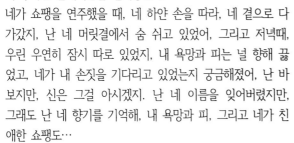 상곡 Fantasie - Impromptu C#단조〉를 오마주하여 우아한 클래시즘을 열어놓는다.

네가 쇼팽을 연주했을 때, 네 하얀 손을 따라, 네 곁으로 다가갔지, 난 네 머릿결에서 숨 쉬고 있었어, 그리고 저녁때, 우린 우연히 잠시 따로 있었지, 내 욕망과 피는 널 향해 끓었고, 네가 내 손짓을 기다리고 있었는지 궁금해졌어, 난 바보지만, 신은 그걸 아시겠지. 난 네 이름을 잊어버렸지만, 그래도 난 네 향기를 기억해, 내 욕망과 피, 그리고 네가 친애한 쇼팽도…

역시 본작을 빛내주는 〈Le Parole dell'Addio 작 별의 말〉은 바칼로프의 고색창연한 오케스트레이션이 슬픔의 끝을 향해 번진다.

…작별의 말, 그것은 상처에 소금이며, 두려움의 발명품이네, 널 데려다주었던 익숙한 길을 잃어버린 외로운 밤의 목소리이네…

〈Io Che Vivo Camminando 걸으며 사는 나〉도 따사로움이 만연한 저녁놀의 풍경이다. 힘든 일과를 보내 고 쉼이 필요한 시간, 사랑과 평화를 갈망하는 일기 같은 작품.

〈A Mio Favore 내 뜻대로〉는 충동과 진정을 오 가는 목가풍의 연주로 가슴을 따스하게 해준다.

…내게 흐름을 모욕하는 벽이 있기를, 중얼거림 너머로 안전한 피난처가 있기를, 다가올 삶에 대한 완고함이 있기를, 낙엽 사이에 숨겨진 배가 있기를, 모험이 다시 시작될 정원이 있기를…

〈Chi Sei? 누구세요?〉는 소울풍의 기타 야상곡으 로, 잔잔히 바람이 마음속으로 들어온다.

…결코 잊히지 않는 당신은 내게 사랑이나 모험을 가져왔네, 두려움 또는 향수인지도 몰라, 난 또 죽어가겠지. 슬픔일까 아니면 기쁨일까. 내일까지 아니 영원히 널 원해, 난 먼저 죽고 싶지 않아, 네가 누군지 알고 싶어.

〈Quando Ti Lascio 널 떠날 때〉는 미국의 컨트리 포크그룹 Carter Family의 고전 〈Will You Miss Me) When I'm Gone〉이 원곡으로, 바칼로프가 이태리어 가사를 썼다.

…내가 널 떠나면, 난 네게 내 작은 부분을 남겨둘 거야, 난 오직 네 안에서 살고 죽어… 네가 날 떠나면, 넌 내게 너의 작은 부분을 남길 거야, 넌 오직 내 안에서 살고 죽을 거야, 그리고 언젠가 인색한 날씨 이 불길이 꺼져버린다면, 네 사랑을 후회할 거라고 내 눈으로 담은 네게 맹세해.

1971년 산레모가요제에 참가한 그는 프로그레시브 록그룹 New Trolls와 함께 〈Una Storia 이야기〉를 불렀다. 이는 우리의 인생에서 끝나지 않을 사랑의 이야기이다.

…예전처럼 돌아오는 이야기, 오늘날에도 여전히 시를 믿지, 푸른 초원과 노란 꽃, 꿈과 생각 속에서 일어나 자고 연인

을 생각하지… 아직도 자유는 새처럼 날아가네, 사랑을 찾을지는 아무도 모르네, 그러는 동안 그것은 날아가고, 그것은 날아가서 사라지지…

이듬해엔 〈La Canzone per Te 널 위한 노래〉의 공작자인 작곡가 세르지오 바르도티Sergio Bardotti(1939-2007)가 제작한 비니시우스 지 모라이스Vinicius de Moraes(1913-1980)의 어린이를 위한 동요 앨범 《L'Arca 방주, 1972》에 참여했다. 모라이스뿐만 아니라 New Trolls의 비토리오 데 스칼지 Vittorio De Scalzi(1949-2022), 리키 에 포베리Ricchi e Poveri, 마리아 산니아Marisa Sannia(1947-2008) 등이 동물들을 위한 헌정곡을 불렀는데, 그중 가장 히트한 노래는 엔드리고가 작곡 연주한 〈Il Parpagallo 앵무새〉라 한다.

1973년 산레모를 찾은 그는 조수潮水와 같은 사랑을 알아가는 소녀의 이야기 〈Elisa Elisa 엘리자 엘리자〉를 노래했다. 루이스 바칼로프의 클래시컬 편곡이 낭만적인 이 곡은 동년에 달리다Dalida(1933~1987)가 소년의 이야기로 바꾼 프랑스어 버전 〈Julien 줄리앙〉으로 취입했다.

La Voce dell'Uomo

1974 | Ricordi | SMRL 6140

1. Da Quando Ero Bambino
2. La Voce dell'Uomo
3. Perchè Le Ragazze Hanno Gli Occhi Così Grandi
4. Nelle Mie Notti
5. Non Sono le Pietre Colorate
1. Una Casa al Sole
2. Tu Sola con Me
3. Lei Non Si Vende per Denaro
4. Gli Uomini Soli
5. Il Nostro West

본작 《La Voce dell'Uomo 인간의 목소리》의 커버는 매우 상징적인 의미를 담은 듯 보인다. 그 비장한 타이틀곡은 정의와 자유를 향해 외치는 누에바 깐시온의 명곡들과 결코 다르지 않다.

…우리에 갇히고 사슬에 묶인 동물들의 비명을 들었네, 빵

을 찾는 참새, 감옥의 침묵, 그리고 병원에서 들려오는 생사의 울음소리도, 인간의 목소리를 들었네. 배고픔과 분노와 사랑의 노랫소리도 나는 경청하네. 박자에 맞춰 깃발이 늘어선 거리를 지나는 전쟁 팡파르를 들었네, 승자의 환호와 패자의 고통을 노래하는 군인들, 폭군과 피살자의 소리도, 사람의 목소리에 나는 화답하네. 이것은 고문보다, 기업의 부정과 법원의 불의보다 강하다네, 바다와 천둥보다 울림이 있고, 테러보다 악마보다 강력하네, 인간의 목소리는 삶과 시간의 바람보다 더 강해, 사람의 목소리가 부르면 나는 화답하네.

서정의 발라드 〈Nelle Mie Notti 나의 밤〉은 인생과 사랑에 대한 피아노 야상곡이다.

…그리고 난 이미 꿈꾸고 있네, 온화한 해안에서 난파당하는 꿈을, 어두운 배경을 발견하는 꿈을, 태양 아래서 사는 꿈을, 그리고 나이를 초월해서 사랑을 느끼는 꿈을… 나는 찾았네, 네 머리카락을 눈물로 적시는 사랑을, 네 손길에 나 자신을 놓아줄 거야…

〈Una Casa al Sole 태양의 집〉은 포근한 현악과 중창의 코러스로 평화와 미래를 위한 자유와 사랑을 노래했다.

동년에 발표한 어린이를 위한 뮤지컬 작품 《Ci Vuole Un Fiore 우리에겐 꽃이 필요해요, 1974》 이후, 1976년에는 루이스 바칼로프Luis Bacalov(1933-2017)와 함께 곡을 쓴 싱글 〈Quando C'era il Mare 바다가 언제부터 있었는지〉를 발표했는데, 이는 산레모가요제 참가곡이기도 하다. 제2의 〈La Canzone per Te 널 위한 노래〉라고나 할까.

황금빛 해변으로 데려가 줄게, 바다가 언제부터 있었는지 말해 줄게. 넌 웃게 될 거야, 친구여, 그리고 넌 나와 함께 놀게 될 거야. 네 머리에 꽃을 꽂아 줄게, 널 포도주와 애무로 지치게 할 거야, 넌 잠들고, 난 고통스러울 거야, 그리고

마침내 널 사랑하게 될 거야. 색깔 있는 거울을 사 줄게, 난 너만 보고 넌 나만 찾을 거야, 내 사랑, 난 널 죽일 거야, 조금씩, 넌 눈치채지 못할 거야. 내가 널 발명할 거야, 항상 내 곁에 두기 위해, 내 안에 널 가둘 거야, 자유롭고 행복하게, 그러고는 내 안을 닫을 거야…

싱글 후면에 수록된 〈A Barbara 바바라에게〉는 낭만이 충만한 왈츠로, 자신의 짝사랑을 고백하지 못하는 소녀에게 아침 인사라도 해주었으면 하는 바람을 담은 듯하다.

또한 엔드리고는 니노 로타 Nino Rota(1911-1979)가 음악을 맡고 엔니오 모리꼬네 Ennio Morricone(1928-2020)가 연주한 TV 미니시리즈 「Alle Origini Della Mafia 마피아의 기원, 1976」에 참여하여 2곡을 노래했다.

〈Scende la Notte 밤이 찾아오네〉는 칠흑 같은 어둠과 비장미로 숨통을 죄는 긴장감이 빼곡하다. 로타와의 공작인 〈E Così Sia 그리고 그렇게 될 거야〉에서도 가녀린 여성 스캣과 함께 운명적인 서글픈 분위기를 이어간다.

내가 돌아올 것을 기다리겠다고 맹세하지 마, 너와 같은 검은 눈, 조만간 난 잃을 것이고 그렇게 될 거야, 난 널 기억할 거고, 너도 날 기억할 테니, 날 생각하지 말고 자유롭게 너 자신을 위해 살기를, 최대한 아름답게 지내길, 네가 원하는 사람을 위해 웃고 노래하기를, 내 영혼이여, 우리와 우리의 젊음을 기억해 줘, 그리고 그렇게 될 거야.

그리고 《Canzoni Venete 베네치아 노래들, 1976》이란 앨범도 발표했는데, 베네치아 이민자가 많은 브라질에서도 발

매되었다. 동요, 민속요, 정치적인 노래 등 다양한 베네치아 방언으로 부른 짧은 18개의 수록곡 중에는 미아 마르티니Mia Martini(1947-1995)와 듀엣곡이 2곡 포함되어 있다.

〈O Dona Lom -barda 롬바르디 여자〉는 사랑하게 된 여인이 유부녀임을 알고 안타까움을 토로하는 남자의 탄식이며, 〈Cecilia 세실리아〉는 감옥에 갇힌 그리 운 남편을 구하는 대가로 선장과 잠자리를 요구받는 비참한 한 여인의 설화이다.

1977년 엔드리고는 오르넬라 바노니Ornella Vanoni가 설립한 Vanilla 레이블에서 《Sarebbe Bello… 좋았을 텐데…》을 발표, 다양한 장르의 실험으로 사운드의 변화를 꾀한다.

달콤한 삼바 〈Gambe In Blue 파란 스타킹〉은 코러스와 관악대를 동반한 카니발 한 가운데서 대담한 복장을 하고 퍼레이드 속으로 사라져버린, 첫눈에 반한 여자를 찾아 헤매는 사연이다. 줄리엣을 처음 본 로미오의 고전 영화 장면이 떠오른다.

전원적인 포크 〈La Volpe 여우〉는 꿈도 없이 놀며 홀로 시간을 보냈던 어린 왕자가 길들지 않은 여우를 만나 우정을 맺고자 하는 순간을 그린 생텍쥐페리 Saint Exupery의 이야기인 듯하다.

반전反戰곡 〈Non Ammazzate I Bambini 어린이를 죽이지마〉에서는 전쟁에 무방비 상태로 노출된 어린이를 노래했다. 어린이 합창이 노래하는 후렴은 천상의 평화로움이다.

서정성이 농후한 〈Madame Guitar〉는 클래식 기타의 애잔함이 계속해서 감돈다. 이는 항상 함께 했던 자신의 기타에 대한 헌시이다.

마담 기타, 널 그렇게 부르곤 했네, 내가 브라상스Georges Brassens과 브렐Jacques Brel을 좋아하고 불렀을 때, 넌 내 품 안에서 세상을 보았고, 난 너와 함께 사랑하고 노래했지. 마담 기타, 용서해 줘. 오랜 시간이 지나도 여전히 널 만질 때 서투르고 환상적이지 않은 것을… 용서해 줘. 넌 꽃이 만발한 아몬드 나무 아래 시인과 함께 갈 수 없을 거야. 그러나 내 잘못이 아니라. 난 시인이 아니라 단지 남자인걸…

참고로 이태리에서 2006년부터 열리는 국제 어쿠스틱 기타 페스티벌 '마담 기타Madame Guitar'는 엔드리고의 이 작품에서 따왔다고 한다.

웅장한 봄의 교향악 〈Altre Primavere 다른 봄날〉은 동심으로 상상했던 낙원에 대한 질문이다.

〈Ofelia 오펠리아〉는 연인 햄릿의 실수로 아버지가 살해되자 스스로 강물에 몸을 던진 비극의 여주인공을 주제로 했다. 말레이John Everett Millais의 그림이 너무나 평화롭게 일렁인다.

Donna Mal d'Africa

1978 | Vanilla | VAL 2010

1. Donna Mal d'Africa
2. La Borghesina
3. Il Pane
4. Cellulite
5. Addio Elena
6. Dove Vanno I Sogni la Mattina
7. I Grandi Temi
8. Mozart
9. Lo Struzzo

본작은 3단으로 펼쳐지는 커버 아트로 발매되었다. 전작도 그러하지만, 예전의 앨범들보다 현대성이 부각된다.

〈Donna Mal d'Africa 아프리카의 병든 여인〉은 꽤나 중후한 퓨전 록을 들려주는데, 아련하고도 우울한 전자기타 연주는 엔드리고의 음악에 있어서 이색적인 것이다. 정치·사회적으로 냉전과 혼란을 겪었던 아프리카 여인들의 고통을 그렸다.

〈La Borghesina 부유한 도시녀〉의 우아하면서도 애조띤 피아노 연주는 단번에 주목하게 한다. 이는 인생의 가치관도 없고 사랑의 진실도 없었던 때, 자기주장이 강하고 부유한 한 여성과 한때 사랑에 빠졌던 자신에 대한 자책이다.

…그녀는 노동과 다른 수많은 형태의 노예제도 모르면서 왜 거리로 나가 자유를 외칠까? 난 그녀의 얼굴에 분노를 외치고 왜 사랑하지도 않으면서 결혼하려는지 물어보고 싶어. 어쨌든 돈이 있지, 어쩌면 난 그녀를 그리 싫어하지 않는 것인지도 몰라, 내가 그 나이네 갖지 못한 것을 지녔으니까. 난 부르주아 여성과 사랑에 빠졌고, 그녀에 대한 내 경험을 잊어버렸네. 개인적인 것과 정치·사회적으로 말하자면, 그녀는 나의 죄라네.

〈I Grandi Temi 큰 주제〉는 점차 고조되는 진격의 행진 리듬과 긴장을 푸는 황홀한 건반 연주가 매끄럽게 교차되는 구성이 매우 인상적이다. 가사는 행사로 수많은 인파가 광장에 모여 갈채를 보내는 낮과, 텅 빈 광장에서 깃발만 날리며 남녀가 사랑을 나누는 밤으로 대비되고 있다.

역시 백미 중 하나로 꼽을 수 있는 〈Mozart 모차르트〉는 우아한 가곡풍의 멜로디와 몽상적인 오르골 그리고 후반의 시원한 전자기타가 이채롭다. 천재가 살았던 시대와 계절은 변하지 않았지만, 천재를 모두 알고 있는 현대의 사회는 많은 것이 변화되었다고 노래한다. 그러면서 '내 노래는 항상 똑같아'라고 한다.

이후 MPB의 고전을 원어로 노래한 《Exclusivamente Brasil 독보적인 브라질, 1979》은 브라질과 포르투갈에서만 발표되었다.

회전목마를 타는 듯한 우아한 왈츠곡 〈Trieste 슬픔〉이 수록된 《E Noi Amiamoci 우린 서로 사랑해, 1981》로 1980년대를 열었다.

1986년 음악가로서의 욕망을 노래한 〈Canzone Italiana〉로 산레모가요제에 마지막으로 참가했고, 2000년에는 브라질 투어가 마지막 라이브였다.

그의 디스코그래피는 히트곡을 낮은 연륜의 목소리로 다시 부른 《Altre Emozioni 다른 감정, 2003》에 이어 프리울리 베네치아 줄리아Friuli Venezia Giulia주 출신 가수들과 함께 한 《Cantando Endrigo 노래하는 엔드리고, 2004》까지 이어졌다.

동료 가수들과 후배들이 그의 노래를 부른 모음집 《Canzoni per Te, 2002》뿐만 아니라, 후배 가수들은 자신의 음반이나 라이브에서 엔드리고의 레퍼토리를 올리고 있다.

사후 그의 음악 친구들 움베르토 빈디Umberto Bindi(1932-2002), 브루노 라우지Bruno Lauzi(1937-2006), 지노 파올리Gino Paoli와 함께 했던 1969~1979년 라이브 트랙 모음 《L'Unica Volta Insieme 함께한 유일한 시간, 2012》과 1970년대 말 작업한 미국 시인들의 작품에 곡을 붙인 영어 노래 《Canta I Grandi Poeti Americani 미국의 위대한 시를 노래하다, 2014》가 출반되었다.

사랑의 바다를 위한 교향곡

Umberto Bindi ● 움베르토 빈디

photo from single 〈Quello Che C'era un Giorno〉

움베르토 빈디(1932-2002)는 브루노 라우지Bruno Lauzi(1937 -2006), 지노 파올리Gino Paoli, 파브리지오 데 안드레Fabrizio De André(1940-1999) 그리고 루이지 텐코Luigi Tenco(1938-19 67) 등과 함께 새로운 이태리 팝 음악을 이끈 리더들 중 한 사람으로, 우아한 멜로디와 화려한 클래시컬 편곡으로 많은 노래를 남겼다.

그는 제노바에서 태어나 12세 때 피아노 공부를 시작했고, 동시에 아코디언을 연주했다. 1950년에 첫 노래 〈T'ho Persodo 널 잃었네〉를 썼으며, 이후 극장과 TV 프로그램의 음악을 의뢰받았다.

프랑스의 샤를 아즈나브르Charles Aznavour(1924-2018)와도 빈번히 작업했던 동반자인 작시가 조르지오 칼라브레세 Giorgio Calabrese(1929-2016)와 함께, 그에게 첫 성공을 가져다준 〈Arrivederci 작별, 1959〉, 〈Il Nostro Concerto 우리의 협주곡, 1960〉, 〈Vento di Mare 해풍, 1961〉, 산레모가요제 참가곡 〈Non Mi Dire Chi Sei 당신이 누군지 말하지 마, 1961〉 등의 고전을 탄생시켰다.

지노 파올리와 함께 한 〈Il Mio Mondo 나의 세상, 1963〉, 〈Un Ricordo d'Amore 사랑의 추억, 1962〉, 〈L'Amore è come un Bimbo 사랑은 아이 같아요〉 등을, 프랑코 칼리파노Franco Califano(1938-2013)의 작사로 오르넬라 바노니 Ornella Vanoni가 부른 〈La Musica è Finita 음악은 끝났네, 1967〉, 이바 자니끼Iva Zanicchi의 노래 〈Per Vivere 삶을 위해, 1968〉 등을 썼다.

1988년에 TV쇼에서 자신의 성 정체성을 커밍아웃하면서 그의 훌륭한 작곡 의뢰와 대중 노출은 점차 줄었다.

1996년 레나토 제로Renato Zero의 가사에 자신이 작곡한 〈Letti 침대〉로 New Trolls와 함께 산레모가요제에 참가했으며, 2002년 5월 사망할 때까지 경제적 어려움과 질병에 시달려야 했다.

Con Il Passare del Tempo

con il passare del tempo   umberto bindi

1972 | West Record | WLP102

1. Io e la Musica
2. Via Cavour in Quel Caffè
3. Il Mio Mondo
4. Scusa
5. Per un Piccolo Eroe
1. Un Uomo Solo
2. Due Come Noi
3. Invece No
4. Con il Passar del Tempo
5. Il Nostro Concerto

본작 《Con Il Passare del Tempo 시간이 지남에 따라, 1972》은 1970년대에 들어 처음으로 낸 LP로, 마치 이지리스닝 음반처럼 일몰 사진을 커버로 하고 있다.
〈Io e la Musica 나와 음악〉은 브루노 라우지Bruno Lauzi (1937-2006)가 가사를 쓴 작품으로, 자신의 고통을 덜어준

음악에 대한 노래로 자전적인 내용을 담았다. 멜랑꼴리한 멜로디와 화려한 현악 편곡이 그 서정을 더한다.

제노바를 덮친 바람, 그건 내 아코디언에도 닿았지, 나의 음악은 약하게 태어났네, 마음속 외로움으로부터, 나처럼… 동화 같은 나날, 빛은 꺼졌고, 어떻게 할 바조차 몰랐던 나는 여기서 자신을 발견했지, 찬 바람이 기적조차 없던 이야기의 페이지를 넘기고, 난 아직 쓸모없던 나날들이 기억나, 실수와 용서할 수 없던 그날들, 그러나 거기에 음악이 있었네, 날 믿어주는 친구조차 없던 쓰라린 나날들, 그러나 지금 난 여기 있고, 자신을 믿었네, 내가 가진 단 한 가지, 사랑, 조금은 동의하지만, 이 세상에선 더 이상 믿지 않아…

해먼드오르간의 서주가 이채로운 〈Via Cavour in Quel Caffè 카보우르 거리 카페에서〉는 사랑의 이별 후의 위로를 담은 곡이다.

…당신의 눈물의 꽃들, 이것에 대해서 잊어버려, 미소 뒤에는 고통스러운 입맞춤이 있는 법, 당신의 눈물의 꽃들, 당신이 원하는 대로 세상을 소유할 순 없어, 더 이상 미련을 가지지 마…

지노 파올리Gino Paoli가 가사를 쓴 명곡 〈Il Mio Mondo 당신은 나의 세상〉을 다시 수록하고 있다.

나의 하루는 당신으로부터 시작하지… 세상은 내게 준 게 없지만, 당신은 내게 힘을 주었네, 내 세상은 너에게서 시작하고 내 세상은 너로 끝날 거야. 날 떠난다면 곧 난 죽을 거야, 날 위한 모든 순간들, 너로 끝날 거야…

B면은 작시가 조르지오 칼라브레세Giorgio Calabrese와의 마지막 공작으로 구성되었다.
내밀하고도 서정적인 피아노가 아름다운 발라드 〈Un Uomo Solo 외로운 사람〉은 자신이 죽어가는 듯한 고독감을 털고 타인과 다시 사랑하고 관계를 맺으라는 따스한 조언이다.

브라질 보사노바풍의 부드러운 재즈 〈Due Come Noi 우리 같은 둘〉과 〈Invece No 하지만〉은 달콤하기 그지없는 연가들이다.

피아노 드라마 〈Con il Passar del Tempo 시간의 흐름을 따라〉는 세월이 흘러가며 식어버리는 욕망과 상처에 대한 두려움으로 사랑에 대해 주저하게 되는 현실감을 노래했다.

10주 동안 차트 1위를 기록하고 롤링스톤지가 꼽은 이태리 최고의 노래 200에서 61위에 꼽혔던 〈Il Nostro Concerto 우리의 협주곡〉은 온화하고 낭만적인 실내악으로 시작하여 교향악으로 발전하는 명곡이 아닐 수 없다. 심포니 구조는 영국 작곡가 리처드 애딘셀Richard Addinsell(1904-1977)의 〈Warsaw Concerto〉에서 영감을 받았으며, 클라우디오 발리오니Claudio Baglioni, 클라우디오 빌라Claudio Villa(1926-1987), 레나토 제로Renato Zero, 페피노 디 카프리 Peppino di Capri, 호세 카레라스José Carreras, 마시모 라니에리Massimo Ranieri 등 많은 가수들이 커버했다.

협주곡의 울림 아래서 우리는 서로를 발견할 거야, 나는 다시금 네게 날 데려가는 그 길을 반복할 거야, 네가 어디에 있든, 들어 준다면 네 옆의 나를 발견하게 될 거야, 내게 말을 건네는 널 보게 될 거야, 당신이 봐왔던 내 손과 함께, 네가 어디에 있건, 네가 귀 기울여 준다면, 날 다시 보게 될 거야, 널 위한 콘서트에서 넌 조금이라도 보게 될 거야, 당신이 있는 그곳에서 날 찾을 수 있을 거야, 네 가까이서…

Io e il Mare

1976 | Durium | AI 77374

1. L'Alba
2. Io e il Mare
3. Il Ragazzo dell'Isola
4. Flash
1. Estasi
2. Genova
3. Albatros
4. Bogliasco Notturno

그가 로마를 떠나 있었던 때인 1975년, 사랑하는 모친이 지인의 오발탄에 사망하는 비극을 맞게 된다.

그 이듬해 발표된 앨범 《Io e il Mare 나와 바다》는 그의 승화된 슬픔이 따스한 사랑으로 녹아있는 작품이었다. 역시 이지리스닝 앨범처럼 바다 풍경을 커버로 하고 있는데, 이는 어머니의 곁으로 돌아가고픈 은유처럼 보인다.

첫 곡 〈L'Alba 새벽〉은 이채롭게도 연주곡으로 수록하였는

데, 이 낭만적이고도 현란하기 이를 데 없는 재즈 피아노
협주곡은 그가 어머니를 처음 만나게 된 경이로
움과 축복을 의미하고 있는 듯 화려한 찬가를 선
보인다.

불후의 명곡 중 하나인 바다의 교향시 〈Io e il
Mare 나와 바다〉는 경건하면서도 포근하고 우울
한 노래이다.

맑은 물은 가만히 서 있는 듯, 하지만 서서히 움직이네, 떨
기 시작하고 질주하기 원하네, 이 영혼의 진동을 내가 직감
하기 시작할 때 간결한 감동이 몰려들지, 그랬던 것처럼 우
리의 시대는 항상 마음이 원하는 곳으로… 바다처럼… 난
결코 바다를 보러 가지 않았네, 그녀의 바다를, 바다를 사랑
하게 만든 강어귀의 해변, 난 그 앞에서 사랑에 빠졌지, 아
니, 난 후회한 적이 없어, 인생이 날 바꾸었을 뿐, 당신도
알 거야, 어렸을 땐 편했지만, 그다음은 힘들지, 냉소와 나
태와 우울감으로, 내버려두는 것이 가치가 있을지 알 수 없
네, 바다처럼, 그러나 내심 알고 있네, 내가 해변의 어귀로
돌아갈 거란 걸, 가장 깊은 바다에서 그물에 갇힌 한 마리
물고기가 되리란 걸…

영화음악처럼 드라마틱한 연주곡 〈Il Ragazzo
dell'Isola 섬 소년〉는 자기 연민으로 한탄하고 있
는 듯 서글픔으로 가득하다.

침묵한 사랑의 대상에 지쳐가는 마음을 달래는 듯한 〈Flash
불빛〉 역시 서정적인 현악이 쓸쓸함을 남기며, 보컬곡
〈Estasi 황홀〉은 여성 허밍이 편안하고도 달콤한 이지리스
닝이다.

연주곡 〈Genova 제노바〉는 하모니카에 이어 힘찬 피아노와
현악 그리고 휘파람이 아련한 향수를 풀어놓는다.
고향이자 음악인으로 성장했던 곳에 대한 웅대한
찬사이다.

〈Albatros 알바트로스〉는 현실과 열망의 괴리를
노래한 것으로 울분에 가득한 감정을 엿볼 수 있

다. 재발매된 본작 LP의 커버스토리가 되기도 했다.
알바트로스는 태양을 향해 날아가네, 조용히 비행하는 알바
트로스, 맑은 하늘에 못 박힌 날개, 그리고 그들은 파란색에
매달린 흰색 십자가처럼 보여, 나는 그들을 보고 울부짖네,
그래도 기도할래, 내가 날고 싶다고, 어서 가, 그렇게 자유
롭게… 난 그들을 따라갈 수 없네, 암울한 삶에 박힌 두 팔,
나는 아무것도 남지 않은 사람이기에, 나는 울고 있네…

제노바 근처 해안 도시를 그린 〈Bogliasco Notturno 밤의
볼리아스코〉는 해먼드오르간으로 그의 감정과 기
도를 담는 마지막 연주곡이다. 파도 소리와 여성
스캣이 더욱 내성적인 감정 속으로 빠지게 한다.

이후 다른 가수들을 위한 곡을 쓰면서 앨범 《D'Ora In Poi
지금부터, 1982》와 그의 히트곡을 다시 부른 《Bindi, 1985》
를, 1990년대에는 그의 마지막 앨범 《Di Coraggio Non Si
Muore 죽지 않을 용기, 1996》를 발표했다.

사망한 당해 2CD 베스트앨범이, 그리고 10주년으로 세르지
오 엔드리고Sergio Endrigo(1933-2005)와 브루노 라우지Bruno
Lauzi(1937-2006) 그리고 지노 파올리, 4인의 1969년부터
1979년까지 10년간의 우정을 담은 라이브 트랙 2CD가 발
매되었다.